地球の歩き方 A11 ● 2019～2020年版

ミラノ ヴェネツィア
と湖水地方
North Italy

地球の歩き方 編集室

NORTH ITALY CONTENTS

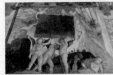

361 旅の準備と技術

413 索引・マップインデックス

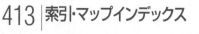

出発前に必ずお読みください! **旅のトラブルと安全情報···405**

本書で用いられる記号・略号

本文中および地図中に出てくる記号で、**❶**はツーリストインフォメーション（観光案内所）を表します。その他のマークは、以下のとおりです。

都市名見出し
掲載都市名と地図上の位置を示しています。

世界遺産に登録されている町、物件については 🏛 マーク、または 🏛 マークを付けています。
本書収録地域の世界遺産一覧は→P.364

○○への行き方
鉄道による移動を優先し、目的地までの移動方法を紹介しています。

❶のデータ
その町のツーリスト・インフォメーションのデータを掲載しています。

○○の歩き方
その町の見どころの巡り方の一例を掲載しています。

Columnと History & Art
知っていたら楽しく、町や見どころをより深く理解できる歴史や情報を短くまとめました。

●郵便番号　35100

パドヴァへの行き方

🚃 電車で
●ヴェネツィアから
S.L.駅
　鉄道は FRECCIAROSSA、EC
　　　　　　　　……26分
　RV……29分、R……49分
パドヴァ
●ミラノから
中央駅
　鉄道は FRECCIAROSSA、EC
　　　　……1時間57分
　R+RV……2時間54分
パドヴァ

🚌 バスで
●ヴェネツィアから
ローマ広場
　　　　BUSITALIA(SITA)社
　　　　ACTV社
　　　　……約1時間10分
パドヴァ
※BUSITALIA社 015番
　30分～1時間に1便
※ACTV社 53E番
　15分～1時間に1便
※乗り場はAutostazioneはfs
　駅前案内

パドヴァ駅のデータ
🏢 Piazzale Stazione
☎ 049-2010080
🕐 9:00～13:00
　14:00～18:00
🚫 1/1、12/25
🗺 P.287 A2
ホテル案内、両替も可。駅構内、駅舎に向かい左。

パドヴァの歩き方

●スクロヴェーニ礼拝堂
　　　　　　　P.288
●市立博物館　P.289
●エレミターニ教会　P.289
●エルベ広場とシニョーリ広場周辺
　○ラジョーネ宮　P.291
　○洗礼堂　P.291
　○パドヴァ大学　P.290
●サンタントニオ聖堂　P.292

パドヴァ
P.15 B3
Padova
パダナ平野のなかに位置する芸術都市

サンタントニオ聖堂とガッタメラータ騎馬像

活気あふれる商業と工業の中心地。パダナ平野と東方を結ぶ重要な拠点として、文化と芸術の中心となってきた。

ローマ皇帝テイトゥス（40～81年頃）の伝説の生まれた地であり、12～13世紀の都市国家の時代には、歴史の渦に巻き込まれたが、この時代は宗教的文化、芸術が充実した時でもあった。

1222年に大学が設置され、アルプスを越えてやってきた学生やダンテ、ペトラルカなどの一流の教授を受け入れた。この頃、ラジョーネ宮、サンタントニオ聖堂、エレミターニ教会が建てられ、スクロヴェーニ礼拝堂のジョットのフレスコ画面が描かれた。

1405年ヴェネツィアの支配下におかれた。15世紀には、ドナテッロやマンテーニャが活躍し、近隣の町をおさえ芸術、文化の中心だったが、その後はヴェネツィアにその座を譲った。

現在のパドヴァは、郊外に大きく広がり、農業の中心地となり、また服飾、繊維、食品業などの工業が主要な産業となっている。世界的な見本市が開かれることでも有名だ。

世界遺産に登録された植物園

パドヴァの楽しい市場

都会的な雰囲気のパドヴァながら、市場がとても充実している。屋台を冷やかして、果物を買ったり、洋服やアクセサリーを探したりするのが楽しい。お値段でも本はは本物の特産のハチミツもおすすめだ。1階に食料品店が並ぶ**ラジョーネ広場**の周辺に市場は集中している。シニョーリ広場（圏 ⑭～⑧8:00～14:00、⑧8:00～20:00、⑧と⑥は植物の市）。エルベ広場（圏 ⑭～⑥7:30～13:30、⑦7:30～20:00）、フルッティ

広場（圏 ⑭～⑥（衣料品は⑥休み）8:00～14:00、⑧～⑥8:00～20:00）。

プラート・デッラ・ヴァッレの一角では平日の午前中に果物や野菜の市が立つほか、土曜（圏8:00～20:00（冬季19:00）は200以上の屋台が出てお祭りのよう。食料品はなく、靴やバッグ、衣料品、植物が中心。

286

表記について

見どころなどの固有名詞については、原則として欧文はイタリア語表記とし、カタカナ表記はできる限り原音に近い物を基本としていますが、日本で広く普及している表記がある場合はそちらを用いた物もあります。

地図の略号

Ⓗ Ⓨ=ホテル、ユースホステルなど　**Ⓡ**=レストラン　**Ⓢ**=ショップ　**❶**=観光案内所　**▮▮**=教会　**♀**=バス停
🚉=イタリア鉄道駅　**✈**=空港　**Ⓜ**=地下鉄駅　**🚕**=タクシー　**Ⓥ**=ヴァポレット乗り場　**Ⓟ**=駐車場
✉=郵便局　**●**=見どころ施設　**●**=そのほかの施設　**wc**=トイレ　**✚**=病院　　=公園・緑地　**🅿**=ピッツェリア
Ⓔ=エノテカ　**Ⓑ**=バカリ　**Ⓒ**=カフェ・バール、軽食　**Ⓑ**=B級グルメ　**●**=ジェラテリア　**●**=パスティチェリア

本書使用のイタリア語略称

V.	= Via	通り	C.po	= Campo	広場	Lungo～	= ～沿いの道	
V.le	= Viale	大通り	P.te	= Ponte	橋	Staz	= Stazione	駅
C.so	= Corso	大通り	P.ta	= Porta	門	Ferr.	= Ferrovia	鉄道
P.za	= Piazza	広場	Pal.	= Palazzo	宮殿	Funic.	= Funicolare	ケーブルカー
P.le	= Piazzale	広場	Fond.	= Fondamenta		Gall.	= Galleria	美術・絵画館
P.tta	= Piazzetta	小広場			運河沿いの道	Naz.	= Nazionale	国立

エレミターニ市立博物館 ☆☆
Musei Civici Eremitani
ムゼイ・チヴィチ・エレミターニ

考古学部門も充実

スクロヴェーニ礼拝堂の入口、共通券の切符売り場がある。かつてのエレミターニ修道院に置かれ、市が収集した美術品を展示。中庭と1階はヴェネト地方の先史時代からローマ時代の葬祭品をはじめとする出土品。2階は絵画館となっている。

必見なのは絵画館で、1300～1700年代のヴェネツィア派の作品が多数収蔵されている。重要な作品は、ジョットの板絵に描かれた『十字架刑』Crocifisso、ジョヴァンニ・ベッリーニ『若き評議員』Giovane Senatore、ジョルジョーネ『白鳥のレダ』Leda col cigno、『牧神の風景』Scena pastorale。ティツィアーノの『神話の光景』Scene mitologiche、マンテーニャの『慈しみの聖母』Madonna della Tenerezza、ティントレットの『ミケーレ家の評議員』Ritratto di Senatore di Casa Micheleほか8点など。

ティツィアーノの大作がすばらしい

14世紀のフレスコ画が残る 　　　　MAP P.287 A2

エレミターニ教会
Eremitani
エレミターニ

戦後修復されたエレミターニ教会

ロマネスク・ゴシック様式で、1276年に建造が始まり、1306年にフラ・ジョヴァンニ・デリ・エレミターニによって完成された。木製の美しい天井、外側の柱廊が見事。1944年に空爆を受け、戦後修復された。市民団結しての修復は今もパドヴァ市民の誇りだ。

内部は大きな身廊で、三弁模様の木の天井で飾られ、14～16世紀の墓碑と彫刻が多く残る。ヤコポ・ダ・カラーラの墓『Jacopo da Carrara（左側）は、ペトラルカのラテン語の詩句が刻まれている。右側は、ウベルティーノ・ダ・カラーラの墓。どちらも1300年代の物。

右側、奥のオヴェターリ礼拝堂Cappella Ovetariには、マンテーニャのフレスコ画が残る。爆撃により消失した物もあるが、祭壇裏手の『聖母被昇天』Assunta、『聖クリストフォロの殉教』Martirio di S. Cristoforoはマンテーニャの作。祭壇飾り棚のテラコッタ『聖母子と聖人』Madonna col Bambino e Santiは、N.ピッツォロの作。

マンテーニャ作『聖クリストフォロの殉教』は復元されたもの

289

■エレミターニ市立博物館
スクロヴェーニ礼拝堂と同様。

✉ スクロヴェーニ礼拝堂+市立博物館に大満足!!
スクロヴェーニ礼拝堂とエレミターニ市立博物館とズッカーマン部は共通券です。スクロヴェーニ礼拝堂に比べて、エレミターニ市立博物館とズッカーマン部が空いていて、いずれも見ごたえはすばりです。エレミターニ市立博物館は歴史上に残る傑作をはじめ、近代絵画も充実していました。ボランティアの人たちがとても親切で、町の民意の高さを感じました。礼拝堂入場の持ち時間で急いで見学したのがもったいなかった。もちろん礼拝堂の見学後にも見ることができますが、疲れてしまってバスしていました。ズッカーマン部は宝飾類が多く、女性にはとても楽しい美術館です。さらにすぐ近くのエレミターニ教会をめぐって、これも1日で回るのはなかなりタフな コースです。
　　　　　　（東京都 有留彩子 '17）

■エレミターニ教会
🏠 Piazza Eremitani 10
☎ 049-8756410
📅 7～8月　8:00～12:30
　　　　　16:00～19:30
　9～6月　7:30～12:30
　　　　　15:30～19:00
🔚 祝日 9:00～12:30
　　　　16:00～19:00

💬 ゆったり滞在したいパドヴァ
旧市街の周辺に川沿いの散歩道があります。緑豊かな道沿いには、パドヴァ大学付属天文台（内部見学は予約が必要）や、ガリレオがその上で天体観測をしたモリーノ門、橋、趣のある家などがあり、気持ちのいい散歩が楽しめます。
　　　（千葉県 ショーラK '15）

NAVIGATOR
見学の目的により主なるものの、丸1日あれば十分だ。ヴェネツィアからも近いので、日帰り旅行にも最適だが、ヴェネツィアのホテル や物価の高さを考えると、パドヴァの宿泊が狙い目。
　見どころは、正面左奥から右側ぐるっとだと大通りCorso del Popoloを600mほど買って進めば町の中心に。町はいくつかの広場をキーに構成され、広場とは都市的ルティコ付きだ。市場の立つ広場をのぞき、歴史を感じさせる風情ある石畳の小路を行くのも楽しい。

本文見出し
名称は、和文・欧文で表されています。欧文横のルビは、できる限りイタリア語の発音に近く振っています。見どころ脇の☆の数は歩き方が選んだおすすめ度と比例します。MAP は地図上で位置を表示。

ヴェネト州 パドヴァ

DATA
🏠住所、☎電話番号、📅開いている時間、🔚閉まっている日、💴料金

✉
読者や地球の歩き方・特派員などの生の声（もちろん調査済み）が新鮮な情報として登場しています。

NAVIGATOR
観光のポイントを移動する際のルートの説明およびそのルート上に現れる注意すべき観光・歴史などのスポット説明をしています。

ミラノ、ヴェネツィアのエリア別解説

本書は、ミラノを4つのエリア、ヴェネツィアを5つのエリアに区分して説明しています。

見どころ
各エリア内で、どうしても見ておきたい物を3～8点に絞って取り上げました。中でも☆の数が多い物ほど、歴史的、文化的な重要度が高い物となります。

マップ
主要な見どころを写真と解説で紹介し、地図上に番号も振りました。エリアによっては、この番号順に見学するとうまく観光ルートができあがります。添付のページ番号は、本文で詳しい紹介記事が掲載されているページです。

7

レストラン

⊗ ロカンダ・クアトロ・クオーキ
Locanda 4 Cuochi　　P.275 B3

アレーナ近く、シンプルな店内だが、プレゼンテーションが楽しいテーブル。季節の素材と料理法にこだわった伝統的な郷土料理が、手頃な値段で味わえる。ミシュランの星付き店と同経営。スタッフも親切。定食がおすすめ。必ず予約を！

🏠 Via Alberto Mario 12
☎ 045-8030311
🕐 12:30～14:30、19:30～22:30
🚫 ㊐、1/26～2/10
💰 €28～45、定食€24
💳 A.D.M.V.

ショップ

ラ・リナシェンテ [デパート]　　Map P.30 B1

La Rinascente

● イタリアのデパートでゆっくりショッピング
ショッピングの町ミラノを象徴するかのような充実の品揃え。衣類、コスメ、香水、雑貨などなどおみやげ品が見つかるはず。

🏠 Piazza del Duomo
☎ 02-8852
🕐 9:30～22:00
🚫 無休(夏季一部㊐)
💳 A.D.J.M.V.
🚇 M1・3線Duomo駅から徒歩1分

ホテル

★★★★ マジェスティック・トスカネッリ

Majestic Toscanelli

旧市街の中心に位置し、街歩きには絶好のロケーション。客室がやや古風だがエレガントで、しっかり手入れをされていて快適。駅まではトラムかタクシーの利用が便利。
URL www.toscanelli.com

🏠 Via dell'Arco 2
☎ 049-663244
Fax 049-876-0025
💰 €82/151　TB €99/223
🛏 朝食 W-F
💳 A.D.J.M.
🚶 エルベ広場から100m

●共通の略号

🏠=住所
☎=電話
Fax=ファクス
🕐=営業時間
🚫=定休日
💳=使用できるカード
A=アメリカン・エキスプレス
D=ダイナースカード
J=JCBカード
M=MasterCard
V=VISA

　カフェ、バール、ジェラテリアなどは、クレジットカードの表示があっても、カウンターでの飲食など、少額の場合は使用できない場合があります。
🚶=最寄りの見どころや駅からの徒歩、あるいはバス、地下鉄、タクシーなどの利用方法について表示してあります。

●レストランの略号

💰=レストランでの一般的な予算。特に高価な料理を注文せず、普通に食事をしたときの目安。( )内の～%はサービス料。コペルトは席料、パーネはパン代を指します。イタリア特有の物ですが、近年付加する店は少なくなりました。いずれも定食料金には含まれているのが一般的。定食はmenu turistico、menu completoなどを指し、各店により皿数は異なります。

| 日本語メニュー =日本語メニューあり
| 要予約 =予約してください
| できれば予約 =予約をおすすめします

| レストランピクト案内 | ⊗高級店 | ⊗中級店 | ⊗庶民的な店 | P ピッツェリア | ♦エノテカ | B B級グルメ | ♦ジェラテリア | ♦カフェ |

●ホテルの略号

YH=ユースホステル
読者割引はホテル側から提供のあった物です。予約時またはチェックインの際にご確認ください(→P.9)。
Low=ローシーズン
High=ハイシーズン
※各料金で、€60/80とあるのは、ローシーズン／ハイシーズン、または部屋の差異などによる料金の違いを示します。€は通貨ユーロ
URL=ウエブサイトのアドレス
e-mail=問い合わせメールの宛先
D=ドミトリー
S=シャワー共同シングル料金
T=シャワー共同ツインまたはダブル料金
3=シャワー共同トリプル料金
4=シャワー共同4人部屋料金
SS=シャワー付きシングル料金

SB=シャワーまたはバス付きシングル料金
TS=シャワー付きツイン料金
TB=シャワーまたはバス付きツインまたはダブル料金
3B=シャワーまたはバス付きトリプル料金
4B=シャワーまたはバス付き4人部屋料金
SU=スイート　JS=ジュニアスイート
W-F=Wi-Fi利用可
※TおよびTBのツインは、リクエストによって、ツインをダブルにすることができる場合もあります。希望がある場合は、予約時に確認またはリクエストすることをおすすめします
料=ユースなどでの諸料金
室=総客室数
※本書では、ホテル名の前に☆印でカテゴリーを示しておきました。ホテルの分類については、旅の技術編「ホテルに関するすべて」の章P.384をご参照ください

読者の皆様へのお願い

　少数の読者の方からですが、ごくたまに割引の適用が受けられなかったという投稿があります。そのようなホテルについては今後の掲載に注意をしていきたいと思います。そこでお願いなのですが、読者の皆様で掲載ホテルやレストランを利用した方で、納得できない料金の請求やサービスを受けた方は、編集部まで投稿にてお知らせいただきたいと思います。あとに続く旅行者のためにも、掲載ホテルなどを利用した読者の皆様のご感想をお待ちしております。新しい投稿には必ず、地図の添付をお願いいたします。写真付きも大歓迎です。　　(編集部　'19)

■本書の特徴

本書は、北イタリアを旅行される方を対象に、現地でいろいろな旅を楽しめるよう、各エリアの説明、エリアごとの歩き方、見どころの解説、レストラン、ショップ、ホテル情報などを掲載しています。また、毎年データの追跡調査を実施し、読者の皆さんからの投稿を参考にして、改訂時には新投稿の差し替えをしています。

■掲載情報のご利用にあたって

編集部では、できるだけ最新で正確な情報を掲載するように努めていますが、現地の規則や手続きなどがしばしば変更されたり、またその解釈に見解の相違が生じることもあります。このような理由に基づく場合、または弊社に重大な過失がない場合は、本書を利用して生じた損失や不都合などについて、弊社は責任を負いかねますのでご了承ください。また、本書をお使いいただく際は、掲載されている情報やアドバイスがご自身の状況や立場に適しているか、すべてご自身の責任でご判断のうえでご利用ください。

■現地取材および調査時期

本書は2018年12月の取材データに基づいて作られています。"具体的ですぐ役立つ情報"を編集のモットーにしておりますが、時間の経過とともに内容に多少のズレが出てきます。ホテルは年に1～2回の料金改訂があることも含め、本書に記載されているデータはあくまでもひとつの目安として考えてご利用ください。より新しい情報が必要なときには、各地のツーリストインフォメーションへ直接問い合わせてください。

■発行後の情報の更新と訂正について

本書に掲載している情報で、発行後に変更された物につきましては、「地球の歩き方ホームページ」の『ガイドブック更新情報掲示板』で、可能な限り最新のデータに更新しています（ホテル・レストラン料金の変更は除く）。旅立つ前に、ぜひ最新情報をご確認ください。 URL support.arukikata.co.jp

■投稿記事について

投稿記事は、多少主観的になっても体験者の印象、評価などをそのまま載せるほうが、ホテルを選ぶ目安ともなりますので、原文にできるだけ忠実に掲載してあります。投稿記事のあとに、（東京都　○○太郎　'18）とあるのは、投稿者の旅行した年を表しています。しかし、ホテルなどの料金は毎年追跡調査を行い新しいデータに変えてあります。その場合は氏名でカッコを閉じ、（東京都　○○太郎　'18）['19]というように表示しデータの調査結果および新年度設定料金を入れてあります。

●ホテルの読者割引について

　編集部では、読者のみなさまの便宜をはかり、掲載したホテルと話し合い、本書持参の旅行者に宿泊の割引をお願いしてあります。同意を得たホテルについてはホテルの記事内に 読者割引 と明示してあります。

　予約時に確認のうえチェックインの際に、下記のイタリア語の文章と本書の該当ページを提示してください。なお、本書は海外ではGlobe-Trotter Travel Guideという名称で認知されています。なお、この割引は、2018年12月の調査で同意された物で、予告なしに廃止されることもありますので、直接ホテルに確認のうえ、利用してください。またこの割引は、旅行会社やホテル予約サイトなど第三者を介して予約した場合は無効となります。ホテル独自のほかの割引との併用もできませんので、ご注意ください。

　確実に割引を受けるためには予約時にファクスやe-mailなどでその旨を送付し、チェックインに際し、再確認することをおすすめします。

　ホテルの値段で、シングル（€40/50）と示してあるのは、オフシーズンとハイシーズンまたは部屋による差異を表します。

　おおむね、ハイシーズンは、4月から10月、ローシーズンは、11月末から2月頃までを指しますが、各ホテルおよび町による差異がありますので、ホテルごとの記述をチェックしてください。

　見本市や祭りなどの期間は季節を問わずハイシーズンとなります。

Spettabile Direttore,
la scritta 読者割引 accanto al nome del Suo hotel indica, come da accordi preventivi, la Vostra disponibilità a concedere uno sconto ai lettori della nostra guida. Pertanto Le saremmo grati se volesse applicare una riduzione al conto del possessore della presente Globe-Trotter Travel Guide. Grazie

ジェネラル インフォメーション

イタリアの基本情報

▶旅のイタリア語
→P.402

国 旗
緑、白、赤の縦縞の三色旗

正式国名
イタリア共和国
Repubblica Italiana

国 歌
マメリの賛歌Inno di Mameli

面 積
30万1328km²（日本の約80%）

人 口
約6060万人（2018年）

首 都
ローマRoma

元 首
セルジョ・マッタレッラ大統領

政 体
共和制

民族構成
ラテン系イタリア人

宗 教
カトリック（95%）

言 語
イタリア語
　地方により少しずつ異なる方言があり、また、国境に近い町では2ヵ国語を話す。

通貨と為替レート

▶両替について
→P.382

▶キャッシングを
活用しよう!
→P.383

通貨はEU単一通貨ユーロ。通貨単位はユーロ€（euro）とセント¢（イタリア語読みはチェンテージモcentesimo／複数形はチェンテージミcentesimi）1€ ＝¢100、1€＝¥128.68（2019年2月15日現在）。紙幣は€500、€200、€100、€50、€20、€10、€5。硬貨は€2、€1、¢50、¢20、¢10、¢5、¢2、¢1。

€1硬貨

€5紙幣

€10紙幣

€2硬貨

€20紙幣

€50紙幣

硬貨の表面は数字とヨーロッパ地図の入った、EU共通デザイン。裏面はコロッセオなど、イタリア独自のデザイン

€100紙幣

€200紙幣

1セント硬貨　2セント硬貨　5セント硬貨　10セント硬貨　20セント硬貨　50セント硬貨

電話のかけ方

▶電話のかけ方、
携帯電話紛失時の
連絡先
→P.380、P.381

日本からイタリアへかける場合

事業者識別番号		国際電話識別番号		イタリアの国番号		相手先の電話番号
0033（NTTコミュニケーションズ） **0061**（ソフトバンク） 携帯電話の場合は不要	+	**010** ※1、2	+	**39**	+	**0123456789** （最初の0も入れる） ※3

※1 携帯電話の場合は010のかわりに「0」を長押しして「＋」を表示させると、国番号からかけられる
※2 NTTドコモ（携帯電話）は事前にWORLD CALLの登録が必要
※3 0からダイヤル。（ローマは06～、フィレンツェは055～、ミラノは02～など）

ビザ
　観光目的での滞在の場合、90日まで不要。
パスポート
　入国に際しては、原則としてパスポートの有効残存期間が90日以上必要。**出入国カードの記入の必要はない。**

▶税関関連の情報
→P.409

日本からイタリアまでのフライトは直行便で約15時間。ヨーロッパ系航空会社なら、ヨーロッパ各地からの乗り継ぎでも当日内にミラノに入れる便がある。

▶北イタリアへ
→P.370

　南北に細長く、温暖で四季がはっきりしている。日本の気候と似ており、ミラノ、ヴェネツィアと東京の気温は年間を通してほぼ同じ。夏は雨が少なく乾燥し、冬にやや雨が多い。梅雨はない。北イタリアでは冬はかなり冷える。緯度が高いので、夏は夜遅くまで明るい。

▶北イタリアの気候
→P.362

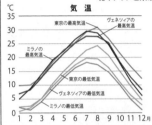

北イタリアと東京の気温と降水量

　日本との時差は－8時間。イタリアの10:00が日本では18:00となる。サマータイム実施時は－7時間の差になる。

　サマータイムの実施期間は3月の最終日曜から10月の最終土曜まで。ただし、変更される年もある。

　以下は一般的な営業時間の目安。商店やレストランなどは、店や都市によって異なる。
銀　行
　月～金曜の8:30～13:30、15:00～16:00。祝日の前日は昼までで終了する場合もある。銀行の外側や駅などのクレジットカード対応のキャッシュディスペンサーは24時間利用可能。
デパート、ブランド店、一般商店
　10:00～20:00頃。ミラノ、ヴェネツィアなどの一大観光都市を中心に、デパートやブランド店などでは昼休みなしで、日曜も営業する店が多い。地方や一部の商店では13:00～16:00頃昼休みとし、日曜と祝祭日を休業とする場合も多い。
レストラン
　昼食12:00～15:00頃、夕食19:00～24:00頃。

▶北イタリアで食べる
→P.392

▶北イタリア
メニュー・ア・ラ・カルト
→P.396

イタリアから日本へかける場合

国際電話識別番号		日本の国番号		市外局番と携帯電話の最初の0は取る		相手先の電話番号
00	＋	**81**	＋	**××**	＋	**1234-5678**

▶現地での電話のかけ方
イタリアでは市外局番と市内局番の区分はない、どこにかけるときでも0からダイヤルする。

祝祭日
（おもな祝祭日）

キリスト教に関する祝日が多い。年によって異なる移動祝祭日（※印）や各都市の守護聖人の祝日（★印）にも注意。

▶北イタリア各地の
おもな伝統行事
→P.362

1月	1/1	元日	Capodanno
	1/6	御公現の祝日	Epifania
4月	4/21（'19）、4/12（'20）※	復活祭	Pasqua
	4/22（'19）、4/13（'20）※	復活祭の翌日の月曜	Pasquetta
	4/25	イタリア解放記念日	Anniversario della Liberazione d'Italia
	4/25	★ ヴェネツィア	
5月	5/1	メーデー	Festa del Lavoro
	6/2	共和国建国記念日	Festa della Repubblica
6月	6/24	★ フィレンツェ、ジェノヴァ、トリノ	
	6/29	★ ローマ	
7月	7/15	★ パレルモ	
8月	8/15	聖母被昇天祭	Ferragosto
9月	9/19	★ ナポリ	
10月	10/4	★ ボローニャ	
11月	11/1	諸聖人の日	Tutti Santi
	12/6	★ バーリ	
	12/7	★ ミラノ	
12月	12/8	聖母無原罪の御宿りの日	Immacolata Concezione
	12/25	クリスマス	Natale
	12/26	聖ステファノの日	Santo Stefano

電圧とプラグ

電圧は220ボルトで周波数50ヘルツ。ごくまれに125ボルトもある。プラグは丸型のCタイプ。日本国内用の電化製品はそのままでは使えないので、変圧器が必要。

プラグはCタイプ。変圧機内蔵の電化製品ならプラグ変換アダプターを差せば使える

ビデオ／DVD方式

イタリアのテレビ・ビデオ方式（PAL方式）は日本（NTSC方式）とは異なるので、一般的な日本国内用ビデオデッキやDVDプレーヤーでは再生できない。

DVDは、パソコンやPAL互換機能、リージョンフリーのついたDVDプレーヤーなら再生可能。ソフト購入時に確認を。

チップ

レストランやホテルなどの料金には、ほとんどサービス料が含まれているので、必ずしもチップ（伊語でmanciaマンチャ）は必要ではない。快いサービスを受けたときや通常以上の手間を取らせたときなどには、以下の相場を参考にしてみよう。

タクシー
料金の10％程度。

レストラン
料理代金に含まれる場合がほとんど。

別計算の場合も、勘定書きには含まれている。店の格により7〜15％程度。

ホテル
ポーターやルームサービスに対して、€1〜5程度。

トイレ
係員が一律に徴収する場合や、机にお皿を置いて任意にとする場合がある。入口のゲートに指定料金を投入する無人タイプもある。€0.70〜1程度。

飲料水

イタリアの水道水は日本とは異なり、石灰分が多い硬水。そのまま飲むこともできるが、体調が不安な人はミネラルウオーターを。レストランやバールではミ

ネラルウオーターを注文するのが普通。ガス入りCon gasとガスなしSenza gasがある。500mℓがスーパーで€0.30〜0.80、バールで€0.50〜2程度。

※本項目データはイタリア政府観光局、外務省、気象庁などの資料を基にしています。

郵便局は中央郵便局と小規模の郵便局の2種があり、営業時間や取り扱い業務(金融、小包など)が異なる場合がある。切手は、郵便局のほか、TのマークのタバッキTabacchi(たばこ屋)で購入でき、ポストも日本同様に各所に設置されている。

中央郵便局の営業時間は月～金曜8:00～19:00。そのほかの郵便局は月～金曜8:00～14:00、土・日曜休み(一部都市により異なる)。

郵便料金

日本への航空便(ポスタ・プリオリタリア)は、はがきや20gまでの封書は€2.40。

▶郵便→P.380

郵　便

ほとんどの商品にIVAと呼ばれる付加価値税が10～22%かかっている。EU以外の居住者は、1店舗€154.94以上の買い物をし、所定の手続きをすれば、手数料などを引いた税金が還付されるシステムがある。買い物をするときや帰国時には、忘れずに手続きをしよう。

税　金

▶タックスフリー(免税)ショッピング→P.401

少し高級だが珍しくておいしい食材を探すならイータリーへ

地下鉄やバスなどの公共交通機関内でのスリ、町なかでは子供や乳飲み子を連れたスリ集団などの被害の報告が多い。力ずくで金品を奪うことは少なく、各個人の注意により未然に防ぐことができると思われる。

警察署 **113**
消防署 **115**

安全とトラブル

▶安全快適に旅するために→P.405

▶トラブルに遭ってしまったら→P.408

ミラノ中央駅などでは、ホームに入るために切符が必要。安全度は高まった

レンタカー会社では、21～25歳以上で運転歴が1年以上、または60～65歳以下などの年齢制限を設けている場合もある。

また数は多くないが、一部の博物館や美術館では、学生や26歳以下、60～65歳以上の場合に割引が受けられることもある。

年齢制限

⊗

▶レンタカーの貸出し条件→P.378

長さはセンチ、メートル、重さはグラム、キロで日本と同じ。食料品店などで表示されるettoエットは100グラムのこと。

度量衡

禁煙法の施行

2005年1月10日より、「禁煙法」が施行され、美術館、博物館、映画館、列車および、レストラン、バールなどを含め、すべての屋内、公共の場での喫煙は禁止。違反者には、罰金が課せられる。

滞在税

'11年より、イタリアの一部の都市での宿泊に滞在税が課されることとなった。各自治体により、呼び方、対象宿泊施設、金額、時期、期間などは異なる。ホテルのランク、時期などにより1泊につき、ひとり€1から5程度。チェックアウトの際に直接ホテルへ支払うのが一般的。

滞在税が課される町はホテル掲載ページに税額などを記載。今後変更される可能性あり。

その他

▶ミラノ市滞在税→P.102
▶ヴェネツィア市滞在税→P.271
▶ヴェネツィア市訪問税→P.183

※滞在税は、宿泊料とともにカード払いできる場合も多い。心配なら最初に確認を。

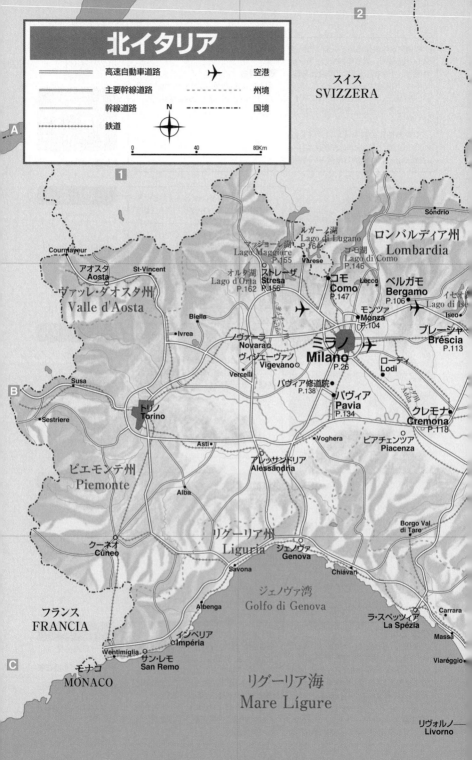

北イタリア

高速自動車道路
主要幹線道路
幹線道路
鉄道
✈ 空港
州境
国境

N

0   40   80Km

スイス
SVIZZERA

ロンバルディア州
Lombardia

Sondrio

Courmayeur

ルガーノ湖
Lago di Lugano P.164
マッジョーレ湖
Lago Maggiore P.155
Varese
コモ湖
Lago di Como P.146

アオスタ
Aosta
St-Vincent

オルタ湖
Lago d'Orta P.162
ストレーザ
Stresa P.156

コモ
Como
P.147
Lecco

ベルガモ
Bergamo
P.106
イセーオ湖
Lago di Iseo
Iseo

ヴァッレ・ダオスタ州
Valle d'Aosta

Biella

ノヴァーラ
Novara
ヴィジェーヴァノ
Vigevano
Vercelli

モンツァ
Monza
P.104

ミラノ
Milano
P.26

ブレーシャ
Brèscia
P.113

Susa

Ivrea

ローディ
Lodi

トリノ
Torino

パヴィア修道院
P.138

パヴィア
Pavia
P.134

クレモナ
Cremona
P.118

Sestriere

Asti

アレッサンドリア
Alessandria

Voghera

ピアチェンツァ
Piacenza

ピエモンテ州
Piemonte

Alba

Borgo Val
di Taro

リグーリア州
Liguria

ジェノヴァ
Genova

クーネオ
Cúneo

Savona

Chiávari

Carrara

フランス
FRANCIA

Albenga

ジェノヴァ湾
Golfo di Genova

ラ・スペッツィア
La Spézia

Massa

インペリア
Impéria

Ventimiglia

サン・レモ
San Remo

Viaréggio

モナコ
MONACO

リグーリア海
Mare Lígure

リヴォルノ
Livorno

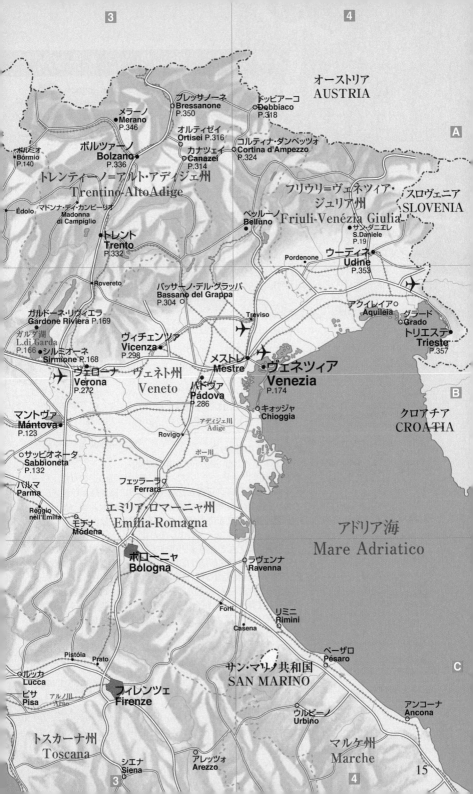

オーストリア
AUSTRIA

A

ドッビアーコ
Dobbiaco
P.318

グレッサノーネ
Bressanone
P.350

メラーノ
Merano
P.346

オルティゼイ
Ortisei P.316

コルティナ・ダンペッツォ
Cortina d'Ampezzo
P.324

ボルツァーノ
Bolzano
P.336

カナツェイ
Canazei
P.314

ボルミオ
Bórmio
P.140

トレンティーノ＝アルト・アディジェ州
Trentino-AltoAdige

フリウリ＝ヴェネツィア・
ジュリア州
Friuli-Venézia Giulia

スロヴェニア
SLOVENIA

Édolo

マドンナ・ディ・カンピーリオ
Madonna
di Campíglio

ベッルーノ
Belluno

サン・ダニエレ
S.Daniele
P.19

トレント
Trento
P.332

Rovereto

バッサーノ・デル・グラッパ
Bassano del Grappa
P.304

Pordenone

ウーディネ
Udine
P.353

ガルドーネ・リヴィエラ
Gardone Riviera P.169

Treviso

アクイレイア
Aquileia

グラード
Grado

ガルダ湖
L.di Garda
P.166

ヴィチェンツァ
Vicenza
P.298

トリエステ
Trieste
P.357

シルミオーネ
Sirmione P.168

ヴェローナ
Verona
P.272

ヴェネト州
Veneto

メストレ
Mestre

ヴェネツィア
Venezia
P.174

B

パドヴァ
Pádova
P.286

マントヴァ
Mántova
P.123

Rovigo

アディジェ川
Adige

キオッジャ
Chioggia

クロアチア
CROATIA

サッビオネータ
Sabbioneta
P.132

ポー川
Po

パルマ
Parma

フェッラーラ
Ferrara

Reggio
nell'Emília

モデナ
Módena

エミリア・ロマーニャ州
Emilia-Romagna

アドリア海
Mare Adriatico

ボローニャ
Bologna

ラヴェンナ
Ravenna

Forlì

リミニ
Rimini

Casena

ベーザロ
Pésaro

Pistóia

Prato

ルッカ
Lucca

サン・マリノ共和国
SAN MARINO

C

ピサ
Pisa

アルノ川
Arno

フィレンツェ
Firenze

ウルビーノ
Urbino

アンコーナ
Ancona

トスカーナ州
Toscana

シエナ
Siena

アレッツォ
Arezzo

マルケ州
Marche

イタリア最高級の生ハムを求めて

サン・ダニエレ
San Daniele del Friuli に
行ってみよう！

生ハム一色のサン・ダニエレの町。切りたてを味わってみよう

バスの到着広場から
階段を上がった眺め

● サン・ダニエレへの行き方
　ウーディネ（→P.353の地図参照）駅を背にして右（東）へ200mほど進んだバスターミナル（値 Viale Europa Unità 37）から、SAF社のプルマンバスSan Daniele行きで約40分〜1時間（経路による）。平日は1〜2時間に1便（ウーディネ発6:25〜19:55、11:00台の運行はない。サン・ダニエレ発6:11〜19:11、10:00台の運行なし。⊕㈷は1日2便（ウーディネ発9:55、18:40、サン・ダニエレ発7:36、17:31発）。学校の休暇期間は減便。切符 €3.30はバスターミナルの切符売り場で、往復購入を。
　終点のサン・ダニエレのPiazza Ⅳ Novembreで下車。正面左のバールの脇から坂を約200m上れば町の中心。また正面右角の階段がドゥオーモ裏手へと続いている。
　時刻表は URL www.saf.ud.it で検索可。

サン・ダニエレの❶
値 Via Roma 3
☎ 0432-940765
営 ㈪〜㈮ 9:00〜13:00
　　　　 14:30〜18:30
　㊏㈰㈷10:00〜13:00
　　　　 15:30〜18:30
URL www.infosandaniele.com

郷土博物館
Museo del Territorio
値 Via Udine4
☎ 0432-954484
開 ㈮〜㈯ 9:30〜12:30
　　㈰ 10:00〜12:30
　　　 14:30〜18:00
　10/1〜5/31の㈰は午後のみ
料 €3
URL www.museosandaniele.it

　イタリアの東端、スロヴェニアと国境を接するフリウリ＝ヴェネツィア・ジュリア州。その中ほどに位置している**サン・ダニエレ・デル・フリウリ**。生ハムで有名なパルマと双璧をなす、イタリア有数の**生ハムの産地**だ。
　ヴェネツィアからウーディネまで列車で約2時間、さらにプルマンバスで約1時間の道のりだ。ウーディネからのバスの正面には屏風のように高き峰々が続き、北イタリアらしい尖塔を頂く教会、オリーブ林などゆったりとした田園風景がどこまでも広がる。終点間近、ひときわ高い丘の上に見えるのがサン・ダニエレの町だ。
　生産量のほとんどがイタリア国内で消費されるサン・ダニエレの生ハム。町なかには切りたての生ハムを食べさせる**プロシュッテリア**Prosciutteriaがいくつもあり、熟成中の生ハムが壁一面に下がる店内で味わえるのも旅の醍醐味だ。町の周囲には多くの**生ハム工場**があり、試食込みの有料で見学（要予約）も可能だ。❶でも紹介してくれるし、URL www.prosciuttosandaniele.it からも予約可能だ。
　また、**生ハム祭**Aria di San Daniele=La Festa del Prosciutto a San daniele（毎年6月下旬の週末、2019年は6/19〜6/23の予定）には、生ハムの屋台が広場にズラリと並び町はまさに生ハム一色のお祭りとなる。この期間は多くの工場が見学でき、セミナーなども開催されるので、旅程を合わせて訪ねるのも楽しい。

運がよければ、生ハムの下で食事も可能。
カーサ・デル・プロシュットにて

サン・ダニエレの生ハムの おいしさの秘密

つま先までついて、やや平べったいのが特徴だ

ちょっと平べったく、つま先までついて楽器のバンジョーを思わせる形が特徴のサン・ダニエレの生ハム。**極薄切りにされ、甘く溶けるような口当たりと繊細で独特の風味**が特徴だ。

生ハムとは、**塩漬け、乾燥・熟成のみで作られる、加熱しないハムのこと**。サン・ダニエレの生ハムは厳選した**イタリア産の豚に海塩**をていねいに擦りこみ、重しをかけて休ませ、ぬるま湯で一度**塩を洗い、乾燥**、さらに皮のない部分には乾燥を防ぐために米粉や小麦粉を混ぜたラードを塗って**熟成させる**。重しをかけて休ませるのがこのハムの特徴で、脂を均等にさせ、塩分を全体に浸透させるという。このため、少し平べったいのだ。熟成は**最低13ヵ月、24ヵ月まで**と規定されている。

かつては日本の米の天日干しのように、長い木を何段にも重ねて、自然のなかで吊るして乾燥熟成させたが、現在は金網が張られた熟成庫や大きな窓を開閉して自然の風が当てられる。アルプスからの冷涼な風とアドリア海からの湿気を含んだ潮風が、おいしさの秘密だ。

郷土博物館1階にて。昔から続く製法などをわかりやすく展示

生ハムに馬の骨を刺して、熟成具合などを確認するSpillatura。ドゥオーモ近くの名店Leviの店頭にて

サン・ダニエレを歩いてみよう

プルマンバスを下車し、坂を上り切った右に見えるのが18世紀に建てられた堂々とした**ドゥオーモ**Duomo。ここが町の中心で広場の左右にポルティコが続いている。ドゥオーモの正面右奥にロッジアがあり、15世紀に建てられた**旧市庁舎**Antico Palazzo Comunaleの一部。内部にはイタリアで最初の一般公開された**図書館**Biblioteca Guarmerianaがある。この横に❶。その正面左、アーチを描く建物は**14世紀の邸宅**Casa del Trecentoで、現在内部は戦争博物館。ドゥオーモ正面左のポルティコには商店やレストランなどが続き、通りの右側の**サンタントニオ・アバーテ教会**S.Antonio Abateは15世紀のヴェネツィア・ゴシック様式。近年の修復により、**ベッレグリーノ・サン・ダニエレのフレスコ画**が後陣いっぱいに描かれた厳かな空間だ。プルマンの発着する11月4日広場近くには**郷土博物館**がある。展示はやや古いものの生ハムやこの町の歴史を知る博物館となっている。2〜3時間も歩けば町の全容を把握できる。

サンタントニオ・アバーテ教会の後陣

堂々とそびえる白亜のドゥオーモ

郷土博物館2階、周辺教会から運ばれた15世紀の木製祭壇画

さっそく生ハムを食べてみよう！

＼簡単に食べるなら／
プロシュッテリアへ

プロシュッテリアの料理はほぼ生ハムとチーズのみ、それにワインなどの飲み物とパンという潔いメニューだ。

カーサ・デル・プロシュット・アルベルティ
Casa del Prosciutto Alberti 1906

住 Via Teobaldo Ciconi 30　☎ 0432-957422
営 ±日のみ11:00〜15:00、18:00〜22:00
URL www.lacasadelprosciutto.com

1906年創業の生ハムの製造場兼プロシュッテリア。店内奥に生ハムの貯蔵庫があり、ズラリと並んだ熟成中の生ハムを見ることができる。店内に入る前に2階の窓を眺めてみると、ここにも生ハムが並び、木の扉が自動に開閉して湿度と温度を調整しているのを見ることができる。メニューは4種類。±日のみの営業。

熟成生ハム Prosciutto crudo stagionato	€18
フリウリのチーズ盛り合わせ Formaggi Friulani	€4
オイル漬けの野菜盛り合わせ Contorni Misti sott'olio	€4
お味見コース Piatto degustazione della casa	€18

郷土菓子のグバーナ

上記メニューを上から3品

ラ・コルテ・ディ・バッコ
La Corte di Bacco

住 Piazza Vittorio Emanuele Ⅱ 15
☎ 0432-957004　営 10:00〜22:00　休 木
URL www.lacortedibacco.com

ドゥオーモのすぐ脇にある、エノテカ兼プロシュッテリア。町の中心のドゥオーモの正面左にあり、わかりやすい立地と長い営業時間が魅力。生ハム盛り合わせの1人分が100g。その量にビックリするものの、ワインと軟らかなパンやサクサクとした太いグリッシーニをお供に軽く食べてしまう。

サン・ダニエレの生ハム20/22カ月熟成 Prosciutto S.Daniele 20/22mesi	100g €8
フリウリ産のワイン（レフォスコ） Refosco dal P.R	€3.50（グラス）

25cmくらいの皿にビッチリ並んだ生ハム200g。グラスワインは€1.20〜、コペルト€1.50

＼生ハムと土地の料理を楽しむなら／
レストランへ

生ハムを堪能したら、レストランで生ハムを使った料理や土地の味わいを楽しもう。

ロステリア・ディ・タンクレーディ
L'osteria di Tancredi

住 Via M.te Sabotino 10
☎ 0432-941594
営 12:00〜14:15、19:00〜22:00
予 €30〜50（コペルト€2）
休 水
URL www.osteriaditancredi.it

郷土料理をエレガントに仕立てたレストラン。夜は要予約。

フレッシュパスタのサン・ダニエレ風
Tagliolini di pasta fresca artigianale
alla S.Daniele ·················· €9

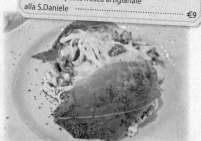

生ハムがタップリ入ったクリームタイプのパスタ。加熱した生ハムが薫り高く、滑らかなパスタと生クリームが絶妙のコンビネーションだ。

サン・ダニエレのマスのタルタラ、
バターとクロスティーニ添え
Tartare di Trota Regina di S.Daniele con Burro e
Crostini ·············· per 1（1人前）€11/per 2（2人前）€16

生ハムに次ぐこの地の名産は「サン・ダニエレの女王」と呼ばれるマスTrota。アルプスからアドリア海へと、自然のままに幅広くゆったりと流れるタリアメント川は、透明度の高い清流。その川で養殖された重さ10kgほどの大型のマスは、軽く燻製され前菜としてサービスされることが多い。脂ののったデリケートな味わい。

美しきルネッサンス都市
だまし絵の手法
がまるで空へ導
くよう

マントヴァ Mantova
を楽しむ!

当時の人々の生活を感じられる、厳かな空間が広がる

ゴンザーガ家の物語

美しきルネッサンス都市マントヴァ。1328年の統治から1708年にハプスブルグ家領のミラノ公国に併合されるまでの約400年間マントヴァに君臨した**ゴンザーガ家**を抜きにしてこの町を語ることはできない。まずは、「結婚の間」の絵画から人物を紐解いてみよう。

この絵は1460〜70年代に、ルドヴィーコ・ゴンザーガが画家**マンテーニャ**に依頼したもので、左上の絵のテーマは「君主**ルドヴィーコの称揚**」だ。

ルドヴィーコ3世に歩み寄る秘書が手にしているのは、次男のフランチェスコが枢機卿に選出されたという吉報。息子が枢機卿になったことで、教皇庁との絆が築かれ、公国が盤石になった喜ばしい画面だ。

一方、入口は行ってすぐ左(西壁)「邂逅 dell' Incontro」では、枢機卿となった息子とルドヴィーコ3世の対面の場面では枢機卿が手紙を手にしている。こちらはミラノ公フランチェスコ・スフォルツァの危篤に際し、ミラノ軍の傭兵隊長として働いていた父親に対しミラノへ帰還することを依頼した手紙だと考えられている。

また、この絵の柱にはマンテーニャの自画像が描かれている。

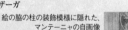
正面右(北壁)「宮廷 delle Corte」
1 ルドヴィーコ3世の秘書
2 ルドヴィーコ3世
3 ルドヴィーコ3世の三男 ジャンフランチェスコ
4 ルドヴィーコ3世の末男
5 ルドヴィーコ3世の末娘 パオラ
6 ルドヴィーコの四男 ロドルフォ
7 ルドヴィーコの妻 バルバラ・フォン・ブランデンブルグ
8 バルベリーナ・ゴンザーガ

絵の脇の柱の装飾模様に隠れた、マンテーニャの自画像

背景は理想化したローマ。遠くには東方三博士の姿もある

1 ルドヴィーコ3世
2 ルドヴィーコの次男 枢機卿フランチェスコ
3 フェデリコ1世の長男 フランチェスコ2世
  (ルドヴィーコ3世の孫でイザベッラ・デステを妻に迎え、文化・芸術に貢献)
4 フェデリコ1世の三男 シジスモンド(後の枢機卿)
5 ルドヴィーコ3世の末男 主席書記官 ルドヴィーコ
6 ルドヴィーコの長男 フェデリコ1世
7 デンマーク王 クリスチャン1世
8 ハプスブルグ家 皇帝フレデリック3世

ドゥカーレ宮殿案内

見学時間に注意!!

　広大なドゥカーレ宮殿は広場に面した**コルテ・ヴェッキア**(旧居城)、湖側の**コルテ・ヌオーヴァ**(新居城)、このふたつの居城に付属する**旧サンタ・バルバラ聖堂、サン・ジョルジュ城**、さらに近年整備された**考古学博物館**に分けられる。2018年12月現在、コルテ・ヌオーヴァ、旧サンタ・バルバラ聖堂は非公開。イザベッラの居室の公開は午前、コルテ・ヴェッキアは季節により午後のみとなっているので、見学時間に注意を。また、公開される部屋が変更される場合も多いので、不明な点は係員に訪ねてみよう。

結婚の間
Camera degli Sposi

　マンテーニャによりゴンザーガ家の人々を描いたフレスコ画で名高い。君主夫妻、家族、家臣などが生気あふれて描かれ、天井からは天使たちが人々を祝福している。かつてのマントヴァ公の寝室であり、後年は謁見の間として使用された場だ。

考古学博物館
Museo Archeologico

　かつてのゴンザーガ家の劇場跡に新設された博物館。マントヴァ周辺と州内から出土した先史時代から中世までの発掘品を展示。1階は主にマントヴァにあてられ、紀元前6世紀のエトルリア、アウグスト帝のローマ時代、ロンゴバルト族の埋葬品や彫像などを展示。珍しいのは、エトルリア時代の墓地から発掘された、抱き合うような2体の白骨。「恋人たち」Due Amantiと呼ばれ、その姿は今も愛を囁きあっているよう。周囲

の自然を取り入れた明るい内部は、未来的ともいえる博物館。

農民風居室
Appartamento della Rustica

夏の居室
Appartamento Estivale

Lungolago Gonzaga

大理石(月)の回廊
Galleria dei Marmi(Mesi)

馬場の中庭
Cortile della Cavallerizza

変容の居室
Appartamento delle Metamorfosi

コルテ・ヌオーヴァ
(新居城)
Corte Nuova

トロイの居室
Appartamento di Troia

馬の間
Camera dei Cavalli

サンタ・バルバラ聖堂
S.Barbara

サンタ・バルバラ広場
Piazza S.Barbara

城の大居室
Appartamento Grande di Castello

王の礼拝席
Tribuna del Duca

サン・ジョルジョ城
Castel S.Giorgio

結婚の間
Camera degli Sposi

◤サン・ジョルジョ城入口

カステッロ広場
Piazza Castello

テラス庭園
Giardini Pensil

考古学博物館
Museo Archeologico

Via San Giorgio

ドゥカーレ宮殿

考古学博物館入口

鏡の間
Galleria degli Specchi

祝典や音楽会に用いられた大きなサロン。明るく華やかな雰囲気で、天井には人徳を擬人化した人々が描かれ、窓と鏡が続く壁面は金で彩色されたネオクラッシック様式。太陽の馬車が夜の馬車を追うシーンは絶え間ない時間の流れを象徴的に描いており、馬が少しずつ向きを変える、おもしろい趣向になっている。

射手座の間
Sala degli Arcieri

この宮殿の最も名高い絵画である、ルーベンスによる『サンティッシマ・トリニタに祝福されるゴンザーガ公爵一族』の絵画が飾られている。この絵画は当初はサンティッシマ・トリニタ教会に飾られた大作だったが分割されてしまったもの。中央に描かれているのは、ヴィンチェンツォ・ゴンザーガとエレオノーラ・デ・メディチ。

タペストリーの居室
Appartamento degli Arazzi

「緑の居室」Appartamento Verdeとも呼ばれ、1700年代にマントヴァアカデミーにより修復された居室に、ラファエッロの下絵によりブリュッセルで16世紀に織られた大きなタペストリー9枚が飾られた4つの居室が続く。同様のタペストリーはヴァティカン博物館にも収蔵されている。

ピサネッロの間
Sala del Pisanello

剥落が見られるが、高く広い壁面の三方に国際ゴシック様式を代表する画家であるピサネッロの「騎士の物語」の連作が描かれている。ピサネッロは15世紀前半、マンテーニャ以前に宮廷画家としてゴンザーガ家に仕えた。フレスコ画とテンペラ画の技法を用い、さらに浮き上がったような銀と金の漆喰で装飾されている。

イザベッラ・デステの居室
Appartamento di Isabella d'Este

イザベッラ・デステのサロン、書斎、グロッタが続く。1490年フランチェスコ2世と結婚した当初は「結婚の間」近くに同様の居室を持ち、そこで読書や音楽の演奏に勤しんだという。年老いてここに移った。かつては美術品で飾られたという部屋だが、現在は簡素な趣だ。天井にはエステ家の家紋、壁面には寄せ木細工でリュートなどが描かれている。

女帝の居室
Appartamento dell'Imperatrice

ゴンザーガ家の終焉後、1778年にマリア・ベアトリーチェ（オーストリアのマリア・テレジアの息子であり、ハプスブルグ家のフェルディナンドの妻）のために改装された居室。ハプスブルグ時代の家具、ネオクラッシク様式のドレッサー、19世紀にミラノから運ばれた天蓋付きベッドなどが豪奢な雰囲気をかもし出している。

地図上のラベル:

Via Scuderie Reali

用植物園
ardini dei Semplice

Via Rubens

射手座の間
Sala degli Arcieri

の間
alleria
egli Specchi

誉の中庭
rtire d'Onore

レーガ・ロンバルダ広場
Piazza Lega Lombarda

ピサネッロの間
Sala del Pisanello

イザベッラ・デステの居室
Appartamento di Isabella d'Este

ペストリーの居室
ppartamento
egli Arazzi

コルテ・ヴェッキア（旧居城）
Corte Vecchia

符売り場
glietteria

女帝の居室
ppartamento
ell'Imperatrice

コルテ・ヴェッキア入口

ソルデッロ広場
Piazza Sordello

ロンバルディア州南東部、ヴェネト州とエミリア・ロマーニャ州にも近い
マントヴァの郷土料理は個性的!

マントヴァ料理を味わう!

「領主と大衆の料理」と称されるマントヴァ料理。ゴンザーガ家ゆかりの**宮廷料理**の伝統と大地に根付いた農民料理がミックスされ、さらに湖と大地からの恵みを生かし郷土色にあふれた料理はヴァリエーションに富んでいる。ワインは特産の発泡性赤ワインの**ランブルスコ・マントヴァーノ**Lambrusco Mantovanoや白ワインの**コッリ・モレニチ・マントヴァーニ**Colli Morenici Mantovaniを。

土地の人に愛されるマントヴァの骨太な家庭料理なら**オステリア・デッレ・クアットロテッテ**へ。伝統的な料理を味わうなら**アンティカ・オステリア・フラゴレッタ**がおすすめだ。

オステリア・デッレ・クアットロテッテ (→P.131)
Osteria delle Quattrotette

スジ肉のサラダ、白インゲン豆と玉ねぎ添え
Insalata di Narvetti con Fagioli e Cipolle €8.50

ロンバルディア州の伝統的な前菜のひとつで、ゆでた牛スジをスライスし、白インゲン豆、玉ねぎ、オリーブ油でマリネしたもの。

ピロタ風リゾット
Risotto alla Pilota alla Classico €7.50

伝統的郷土料理のひとつ。米をゆで、米粒がパラパラの状態に仕上げられたピラフのようなリゾット。骨付きの豚肉やカタツムリや淡水の魚介も用いられる。

湖の魚介のスパゲッティ
Spaghetti con pesce in barile €7.50

湖で獲れた魚介類を細かく刻んでソースにしてスパゲッティで合えたシンプルなひと皿。In barileとは「樽詰め」の意味で、保存食とした軽く塩漬けした魚介類が用いられる。

川カマスのボイル、イン・サルサ
Lucio in Salsa con Polenta €12

水、香味野菜、白ワイン、酢で川カマスをゆで、骨をのぞいて、パセリ、ケッパー、アンチョビーで味付けした伝統料理。昔からグリルしたポレンタが添えられる。

ナシのコンポート クリーム添え
Pera Cotta con Crema €4

赤ワインと砂糖などで洋ナシを煮込んだ、シンプルな昔ながらのデザート。あっさりとした味わいでクリームやアイスクリームを添えることが多い。

アンティカ・オステリア・フラゴレッタ (→P.131)
Antica Osteria Fragoletta

マントヴァ産サラミ盛り合わせ、リンゴのモスタルダとポレンタ添え
Misto di Salumi Mantovani con Mostarda di Mele e Polenta €10

生ハム、サラミ、ラードなどの盛り合わせ。甘酸っぱく煮詰めたリンゴのジャム風のモスタルダとポレンタ添え。

アニョッリのスープ
Sorbir di Agnoli €10

アニョッリはミンチした肉を詰めた指輪型のパスタ。コンソメスープに浮かべてサービスされることが多い。寒い冬や重要なお祭りなどに欠かせない伝統的料理。

カボチャのトルテッリ、溶かしバターとセージ風味
Tortelli di Zucca al Burro Fuso e Salvia €10

カボチャのペーストを詰めたパスタ。甘い口当たりでセージの香りがアクセント。伝統的な農民料理で1500年頃には当地でカボチャの栽培が始まり、その頃からの料理。

馬肉のランブルスコ煮込み、ポレンタ添え
Stracotto di Cavallo,cotto il Lambrusco e Polenta €12

馬肉をランブルスコワインで煮込んだ1種のシチュー。馬肉のほかロバasinoもこの地ではよくテーブルに上がる。肉はホロリとするまで煮込まれてクセはない。

アネッロ・ディ・モナコ、クリーム添え
Anello di Monaco con Crema €5

マントヴァのクリスマスの定番菓子。マントヴァのパンドーロとも呼ばれる。発酵させた生地にナッツ類を巻き込んで高さのあるリング状に焼き上げたもの。

A VITTORIO EMANUELE II. I MILANESI

ミラノと
ロンバルディア州

Milano e Lombardia

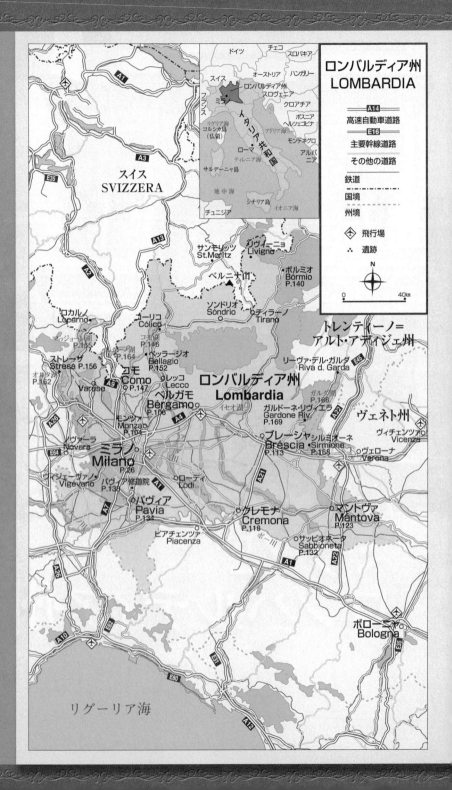

ロンバルディア州の魅力

● 面積 ：23,834km²
● 人口 ：997万3400人
● 州都 ：ミラノ
● 行政区：
　ベルガモ県、ブレーシャ県、
　コモ県、クレモナ県、マント
　ヴァ県、ミラノ県、他

◆ 起伏が緩やかな美しき丘陵地帯

風光明媚なコモ湖畔

　ヨーロッパアルプスの裾野から広がるロンバルディア州は、湖水地方を代表するふたつの湖を東西の境界線にもつ風光明媚な州。南にはイタリアを代表する大河、ポー川がパダーナ平野をゆったりと流れる。イタリアの州のなかでは最大の人口を誇り、州内の半数近い人々が州都のあるミラノ県に集中している。地形的には、山間部、丘陵部、平野部と区分される。スタンダールは、丘陵地帯であるブリアンツァ地方を「野山の緑と豊穣の恵み、見渡す限り果てしなく続く地平線よ！」と詠じた。おいしい空気と美しい木立、山からの風とどこまでも続く青空。ロンバルディア州の田舎は、とても美しい。平野部は、イタリアの工場といわれ、国内総生産の30％近くを産出する工業地帯だ。従事者は少ないものの、豊富な水量と近代的な灌漑設備のもと、農業も盛ん。米、ワイン、飼料がおもな農産物。また、牛の飼育数も多く、乳製品の加工業がミラノの近郊で盛んである。

イタリア最大の消費都市、ミラノ

◆ 複雑な歴史と見事な建造物

　紀元前4世紀頃には古代ローマの属州として、歴史に登場するロンバルディア州。3世紀末には、ミラノが西ローマ帝国の首都になる。その後ロンゴバルド族、フランク族の封建体制の後、11世紀には自治都市の時代になる。14〜15世紀には、ヴィスコンティ家とスフォルツァ家によって、君主制度がひかれた。その後のミラノ公国の時代には、ヴェネツィア、スイス、サヴォイア家によって征服され、ナポレオンの時代を経て、イタリア王国の首都としてミラノは脚光を浴び、イタリアの独立運動の中心都市となっていった。

　この複雑な歴史に呼応するように、さまざまな建造物が州内に残る。ローマ時代の建造物は、ミラノ、ブレーシャ、シルミオーネなどに。フランスでは、ロマネスク様式として発展した中世初期の建築様式は、ここではロンバルディア様式となって確立され、コモ、クレモナ、パヴィア、ブレーシャには、その傑作が残る。13〜15世紀に発展したゴシック様式を代表する建造物が、ミラノのドゥオーモ。ルネッサンス建築としては、パヴィア僧院やベルガモのコッレオーニ礼拝堂が挙げられる。現在のミラノ市街の美しい景観を作り出している、18世紀の新古典様式の館や邸宅も鑑賞に値する。

ロンバルディア様式の教会

1

2

A

Portello M

見本市会場
Fiera Campionaria
Tre Torri

Amendola M
Fiera

Buonarroti M

B

Wagner M
Pagano M

De Angeli M

マジェンタ門
P.ta Magenta

Concilazione M
ミラノ北（ノルド）駅
Staz. Fierrovie Nord Milano

サンタ・マリア・デッレ・グラツィエ教会
S. Maria d. Grazie
『最後の晩餐』

Cadorna
F.N.M

Cairoli M

Domodossola M

平和の門
Arco d. Pace

アレーナ
Arena

センピオーネ公園
Parco Sempione

アルテ宮
Pal. dell'Arte

スフォルツァ城
Castello Sforzesco

スフォルツァ城博物館
Musei del Castello

Lanza M

サン・シンプリチャーノ教会
S. Simpliciano

サン・マルコ教会
S. Marco

クザーニ宮
Pal. Cusani

Moscova M

ガリバルディ門
P.ta Garibaldi

ヴォルタ門
P.ta Volta

トレニタリア
ポルタ・ガリバルディ駅 F. S.
Staz. Porta Garibaldi F. S.

葬地
Cimitero
Monumentale

Monumentale

老古学博物館
Museo
Archeologico

旧マッジョーレ修道院
ex Monastero Maggiore

アンブロジアーナ絵画館
Pinacoteca Ambrosiana

リッタ宮
Pal. Litta

Cordusio M

クレリチ宮
Pal. Clerici

レオナルド・ダ・ヴィンチ記念
国立科学技術博物館
Museo Naz. Scienza e Tecnologia

サンタン
ブロージョ聖堂
S. Ambrogio

M S. Ambrogio

サン・セバスティアーノ教会
S. Sebastiano

カトリック大学
Universita Cattolica

サン・サティロ教会
S. Satiro

M S. Agostino

ツーリング・
クラブ・イタリア
T.C.I.

サン・ロレンツォ・
マッジョーレ教会
S. Lorenzo Maggiore

C

トレニタリア
ポルタ・ジェンヴァ駅
Staz. P.ta Genova F. S.

M Porta
Genova F. S.

サンテウストルジョ教会
S. Eustorgio

サンタ・マリア・プレッソ・
サン・チェルソ教会
S. Maria presso S. Celso

ディチネーゼ門
Arco di P.ta Ticinese

5月24日広場
P.za XXIV Maggio

P.28-29ミラノ中心部

ナヴィリオ地区
イ・カバトスタ
I Capatosta
P.84

マドニーナ
Madonina
P.84

アル・ボンテ・
デ・フェール
Al Ponte de Ferr
P.84

ナヴィリオ運河

26

1

2

ミラノ
Milano

ミラノ中心部

Via Montebello **3** Via Manin **4** M Porta Venezia P.ta Venezia ヴェネツィア門

M Turati ドゥニャーニ宮・Pal. Dugnani プッブリチ公園 Giardini Pubblici P.59

P.87 サン・ノンブラ・デ・ヴィン S. N'ombra de vin マルコ教会 S. Marco 警察署 Questura P.102 カヴール Cavour P.60 自然史博物館 Museo Storia Naturale

V. Pontaccio Via Fatebenefratelli Via dell' Annunciata P.za Cavour Via Palestr

Via Fiori Chiari リソルジメント博物館 Museo del Risorgimento P.za Cavour GAM近代美術館・旧王宮 GAM Galleria d'Arte Moderna・Villa Reale P.60 P.59

クサーニ宮 Pal. Cusani プレラ絵画館 Brera P.54 M Palestro P.za Duse **A**

Montenapoleone サン・ジュゼッペ教会 S. Giuseppe バガッティ・ヴァルセッキ博物館 Museo Bagatti Valsecchi P.50 セーナト宮 Pal. del Senato Via Cappuccini

P.102 スター Star マンゾーニの家 Casa di Manzoni P.52 ポルディ・ペッツォーリ美術館 Museo Poldi-Pezzoli P.50, 52 P.85 デ・パドヴァ de Padova ・ヴィッラ・ネッキ・カンピーリオ Villa Necchi Campiglio P.51 モンフォルテ門 P.ta Monforte

スカラ座 Teatro alla Scala P.49 ガッレリア・ディタリア Galleria d'Italia P.49 Pal. Belgioioso オメノーニの家 Casa di Omenoni P.49 P.za S. Babila サン・バビラ教会 S. Babila Corso Monforte

クレリチ宮 Pal. Clerici スカラ広場 Piazza della Scala P.48 マリーノ宮市庁舎 Pal. MarinoMunic. Corso Matteotti San Babila サン・カルロ・アル・コルソ教会 S. Carlo al Corso Via Mascagni

Cordusio P.za S. Fedele サン・フェデーレ教会 S. Fedele バスティアネッロ Bastianello P.78 V. Borgogna

Duomo V. エマヌエーレ2世のガッレリア Galleria Vittorio Emanuele II P.48 Co. Europa S.M.パッショーネ教会 S. M. d. Passione **B**

メルカンティ広場 P.48 P.za del Duomo ドゥオーモ Duomo P.45 P.za Fontana P.89 タヴェッジャ Taveggia Via Corridoni

クラッコ Cracco P.74 1900年代美術館 Museo del Novecento P.47 王宮 Pal. Reale P.47 大司教館 Pal. Arciv. ドゥオーモ博物館 Grande Museo del Duomo S.P.ゲッサーテ教会 S. Pietro in Gessate

サン・サティロ教会 S. Satiro P.70 P.za Diaz オディーストア ODStore P.93 V. Verziere Largo Augusto V. C. Battisti ヴィットリア門 P.ta Vittoria

ベック(エノテカ) Peck P.87 アル・ベック Al Peck P.78 ベック(食料品) Peck P.93 P.za Missori M Missori P.za S. Stefano Corso di Porta Vittoria 市立図書館 Pal. Sormani Via Fontana

P.30ドゥオーモ広場周辺部 Torre Velasca P.73 旧マッジョーレ病院 カ・グランダ(現、大学) ex- Ospedale Maggiore/Ca'Granda (Universita) ラ・ロトンダ la Rotonda

ツーリング・クラブ・イタリア T.C.I. P.102 ズーリゴ Zurigo サン・ナザーロ・マッジョーレ教会 S. Nazaro Maggiore P.za Umanitaria

P.103 カナダ Canada

Crocetta M

サンタ・マリア・プレッソ・サン・チェルソ教会 S. Maria presso S. Celso P.za Card. Ferarri

Porta Romana **4** M Porta Romana ポルタ・ロマーナ

Porta Vigentina Viale Filippetti

29

ミラノ中央駅周辺のホテル、レストラン、ショップ

Loreto

Via Jacopini
Via Piccinni
Via Monteverdi
Via Spontini

P.le Bacone

Via Bartolomeo Eustachi

0 250 500m

Corso Buenos Aires

Via Mercadante

Santissimo Redentore

P.81 スポンティーニ
B Spontini

P.51 ボスキ・ディ・ステファノ邸美術館
Casa Museo Boschi di Stefano

Via Regina Giovanna

P.81 ラ・ボッテガ・デル・ジェラート
La Bottega del Gelato

リマ広場
P.za Lima

Via F. Redi

P.za VIII Novembre 1917

ドーリア・グランド・ホテル
Doria Grand Hotel
P.98

Via S. Gregorio

Via D. Scarlatti

Via F. Redi

Lima M

P.za Lavater

A

Caiazzo M

Via Andrea Doria

Via Benedetto Marcello

P.80 フリエンノ・マニャーノ
Frijenno Magnanno

P.79 ジャスト・インディア
Just India

フェデリコ・アイレス大通り

P.100 アウロラ
Aurora

サルトーリ
Sartori
P.81

Via Domenico

P.98 スターホテル・アンダーソン
Starhotel Anderson

プント・シンプリー
Punto Simply

P.100 ネットゥーノ
Nettuno

Porta Venezia

空港行き プルマン乗り場
P.za Luigi di Savoia

P.98 スターホテルズ・エコー
Starhotels Echo

P.93 Punto Simply

P.81 ジェラート・ジュスト
Gelato Giusto

Porta M Venezia

トレニタリア ミラノ中央駅
Staz. Milano Centrale F. S.

ミケランジェロ
Michelangelo

Via Luigi Settembrini

ヴェネツィア門
P.ta Venezia

サポーリ・ディントルニ オステッロ・ベッロ・グランデ
Sapori&Dintorni
P.100 P.93

Via Vitruvio

P.99 メディオラヌム
Mediolanum

マルツェッラ
Maruzzella
P.80

セントラル・ステーション
Central Station
P.100

Ostello Bello Grande
P.100

アダ
Ada

Via M. Macch

Via N. Torriani

Via Carlo Tenca

カルフール
Carrefour

Via Lazzaretto

Via Lazzaro Palazzi

Via Lecco

Centrale F.S. M

P.za Duca d'Aosta

フローラ
Flora

コロンビア
Colombia
P.99

シビッラ
Sibilla
P.79

P.za Giovia
P.za 74 ジョイア
Joia

Bastioni di P.ta Venezia

エクセルシオール・ホテル・ガッリア
Excelsior
Hotel Gallia

アトランティック
Atlantic
P.99

Via V. Pisani

Via San Gregorio

Viale Tunisia

Viale Vittorio Veneto

B

S. Agostino Hotel Gallia
P.97

Via Fabio Filzi

Via Finocchiaro Aprile

ザ・ウェスティン・パラス
The Westin Palace
P.97

ブップリチ公園
Giardini Pubblici

B

P.80 イル・タヴォリーノ
Il Tavolino

オステリア・デル・トレーノ
Osteria del Treno
P.79

Viale Tunisia

ラ・ターナ・デル・ルポ
La Tana del Lupo
P.79

Via Galvani

Via Generale Fara

共和国広場
P.za della Repubblica

Repubblica M

Via Melchiorre Gioia

Via G. Galilei

Repubblica M

Pal. Dugnani

Via Francesco Restelli

Gioia M

P.97 プリンチペ・ディ・サヴォイア
Principe di Savoia

Via Manin

Via Turati

Via Appiani

日本総領事館

Turati M

Via Volturno Confalonieri

Via G. De Castillia

Via di Liberazione

Via della Moscova

サンタンジェロ教会
S. Angelo

V.Bertoni

Corso di Porta Nuova

Isola

ヌオーヴァ門
P.ta Nuova

Corso di Porta Nuova

アーバン・ブレラ
Urban Brera

P.za Mirabello

P.83 イル・リバティ
Il Liberty

Via Castelfidardo

ダニエル
Daniel
P.83

Via San Marco

C

Via P. Borsieri

ハイテック
High-Tech
P.85

Bastioni di P.ta Nuova

Via Monte Grappa

P.87 エノテカ・コッティ
Enoteca Cotti

P.82

ビサッコ
Pisacco
P.83

Via San Marco

トラットリア・デル・ランゲ
Trattoria delle Langhe
P.82

ドライ・ミラノ
Dry Milano

Via Solferino

トレニタリア ポルタ・ガリバルディ駅
Staz. Porta Garibaldi F. S.

Garibaldi F. S.

Corso Como

アリーチェ
Alice
P.82 Via Solferino

Via Palermo

Via Statuto

Via Cola da Montano

Via G. Pepe

ディエチ・コルソ・コモ
10 Corso Como
P.85

P.za XXV Aprile

ガリバルディ門
P.ta Garibaldi

ガリバルディ通り
Corso Garibaldi

イータリー P.89
Eataly

イータリー P.83
Eataly

リゴロ
Rigolo
P.82

カーサ・デッラ・ジョーヴァネ
Casa della Giovane
P.99

Viale Crispi

Viale Montebello

パニーノ・ジュスト
Panino Giusto
P.83

Moscova M

サン・シンプリチャーノ教会
S. Simpliciano

1 2

※この地図だけ方角が異なっています。ご使用の際はご注意ください。

31

●郵便番号　20100

■ガッレリアの🛈
住 Galleria Vittorio
　Emanuele Ⅱ
　（スカラ広場との角）
☎ 02-88455555
開 9:00〜19:00
　㊏　　9:00〜18:00
　㊐10:00〜18:00
休 1/1、12/25
地 P.29 B3

■中央郵便局
住 Via della Posta 4
☎ 02-8056430
開 8:30〜19:00
　㊏8:30〜12:00
休 ㊐
地 P.26 B2、P.28 B2

✉ 知ってる!?
　マルペンサ・エクスプレス
を運行する私鉄ノルド線は現
在trenitaliaの傘下になりま
した。イタリア中にバス（プル
マン）網を巡らすSITA社も同
様です。　　　　（鉄子の部屋）

マルペンサ・エクスプレス
　特別な列車ではなく、ごく一
般的なノルド線の車両で運行。
途中で9つの駅に停車。ノルド
線はtrenitalia (fs) 傘下ながら、
各種のバス類は使用できない。
駅は国際線ターミナルの日本か
らの便が到着するエリアからは
離れており、プルマンの乗り場
のほうが近い。途中駅で下車
する場合やミラノ中央駅でfs線
に乗り継ぐ場合、渋滞を回避
するには便利。

✉ 空港からのプルマンバス
　バスが中央駅に到着すると
すぐに数人の男性がカートを
持って近づいて来ます。バス
のトランクを開けて荷物を取り
出し、カートに乗せて運搬料金
を要求してきます。不要なら断
固断りましょう。　　　（KD）

✉ 地下鉄内で
　地下鉄に乗るとき、若い女
の子に囲まれひとりが何か聞い
てきたので、もう一度聞こうと
すると、もうひとりがバッグの
中に手を入れて来ました。叱っ
たら逃げて行きましたが、気が
抜けません。
　　　（愛知県　名古屋　'16）

ミラノはこんな町

①ミラノの中心は、町の象徴ともいえるドゥオーモ。ドゥオーモをぐるりと取り囲んで幾重にも環状道路が走っている。地図を眺めると、同心円状にしだいに拡張・発展していったこの町の歴史がよくわかる。主要列車の発着するミラノ中央駅は、ドゥオーモから2.5kmほど北東に位置することも知っておこう。

②続いてかつての城壁の名残の門を見つけてみよう。北にガリバルディ門、南にティチネーゼ門、西のマジェンタ門、北東のヴェネツィア門など。当時の面影を感じさせてくれる地名とともに、現在でもいくつかの門は姿をとどめている。また戦前には、この外側の円に沿ってナヴィリオと呼ばれる運河が流れていた。

③この一番内側、直径2kmほどの楕円の環状道路の内側に見どころがギッシリ詰まっている。徒歩で十分回ることができるかつての城壁の近くには、スフォルツァ城やレオナルド・ダ・ヴィンチの『最後の晩餐』のあるサンタ・マリア・デル・グラツィエ教会、サンタンブロージョ聖堂などが残る。ショッピングに欠かせない、モンテ・ナポレオーネ通りはドゥオーモから5分ほどだ。

●実践的 ミラノの歩き方
　観光客が一番利用する中央駅は中心街からはやや離れているので、地下鉄3線（M3）の利用がよい。ミラノの町には縦横に地下鉄路線が張り巡らされているので、観光やショッピングの際の移動に便利な存在だ。
　さて、大きな町を言い表すとき、ローマのバロック、フィレンツェのルネッサンスなどと、常に形容される。しかし、ミラノの町は古代ローマから初期キリスト教時代、ゴシック、ルネッサンス、さらにモードやファッションの流行の発進地などのさまざまな顔をもつ。町並みを抜け、角を曲がると新たな発見があるのがミラノを歩く楽しみのひとつでもある。
　地下鉄は最小限に利用し、歩けるだけ歩いてみる、これがミラノを知る一番の早道だ。

イタリアを代表するショップが並ぶ、
モンテ・ナポレオーネ通り

ミラノに着いたら

空港から市内へ、中央駅、長距離バス

飛行機利用なら、ミラノの玄関口はマルペンサ空港とリナーテ空港だ。雪をかぶったヨーロッパ・アルプスを見下ろし、れんが色に赤く染まる北イタリアの町並みが間近に見え始めたら、間もなく到着だ。日本からの直行便は約12～13時間でマルペンサ空港へ到着する。リナーテ空港はヨーロッパ線および国内線中心の発着だ。

●マルペンサ空港 Aeroporto di Malpensa(MXP)
（→P.371）

便名とターンテーブルの番号を確認！

北イタリアのハブ空港を目指し続けられていた拡張工事はほぼ終了し、降り注ぐ自然光が気持ちよい真新しい空港だ。ターミナルは到着と出発のふたつの建物に分かれ、1階に各施設が集中している。飛行機を降りると、バスや徒歩、モノレールで移動して、**入国審査**Immigrazioneへと向かう。乗り換えの場合はTransitoの表示に従う。

入国審査の窓口はEUと NOT EUに分かれているので日本人はNOT EUに並ぼう。審査はいたって簡単で、入国スタンプを押してもらうと終了だ。人の流れに沿って進むと、ターンテーブルが並ぶ**荷物受け取り所**だ。頭上の電光掲示板で乗ってきた便名を確認して荷物を受け取ろう。このあたりには、両替所、ATM／CD、トイレなどもある。出口そばには、税関があるので、必要があれば申告しよう。

荷物受け取り所を出ると、**到着ロビー**だ。両替所をはじめ、バール、郵便局、レンタカーや大手ホテルのカウンター、売店、市内へのバスの切符売り場などがある。空港を出ると、正面が市内へのプルマン乗り場だ。

最近多いのが同種のキャリーの取り違え。目印をつけておこう

●マルペンサ空港から市内へ

市内への交通手段はプルマンと鉄道（2路線）、タクシーだ。タクシー乗り場は空港出口の正面にある。プルマンは中央駅、鉄道はスフォルツァ城近くのミラノ北駅（カドルナ駅）と中央駅に到着する。宿泊場所によって、交通手段を選ぼう。また、いずれも発車前に車内やホーム入口の自動刻印機で時間の刻印をすることを忘れずに。

ミラノへの行き方

🚃 電車で
●ローマから
　　↓ 鉄道 fs FRECCIAROSSA
　　　…2時間55分～3時間20分
ミラノ
●ヴェネツィアから
　　↓ 鉄道 fs FRECCIAROSSA
　　　…2時間25分
ミラノ
●フィレンツェから
　　↓ 鉄道 fs FRECCIAROSSA
　　　…1時間40分
ミラノ

✈ 飛行機で
●ローマから
　　↓ …………約1時間
ミラノ

■マルペンサ空港
Aeroporto di Malpensa
☎02-232323
●市街北西約46km。
※日本からの直行便利用で所要約12～13時間
URL www.milanomalpensa-airport.com

■リナーテ空港
Aeroporto di Linate(LIN)
☎02-232323
●市街南東約10km。
URL www.milanolinate-airport.com

マルペンサ空港からミラノ中央駅へ何で行く？
　プルマンバスを利用する場合は、ターミナルの出口USCITA4から外に出れば、バスが停車している。各社が順次発車。切符はバス入口で係員が販売。荷物は車体横のトランクへ。

中央駅周辺の移動
　マルペンサ空港からのプルマンが到着する側（西側）は小規模なホテルが多く、数も少なめ。反対側（東側）へは、バスを降りたらすぐに駅構内に入って移動しよう。切符売り場の前を通り、真っすぐ進めばすぐに到着。最短距離のうえ、きれいな床なので、駅の外側を歩くよりスーツケースの車輪の進みも軽やか。

ミラノ

ミラノの歩き方 ● ミラノはこんな町／ミラノに着いたら

33

■Autostradale社
☎02-30089000
URL www.autostradale.it
■Air Pullman社
☎02-58583185
URL www.malpensashuttle.com
■Terravision社
URL www.terravision.eu
■マルペンサ・エクスプレス
☎02-72494949
URL www.malpensaexpress.it
URL www.trenitalia.com
■市バスATM☎02-48607607
URL www.atm.it

✉ ミラノ・リナーテ空港
での免税手続き

リナーテ→アムステルダム→日本のルートで帰国しました。免税手続きをどこでするのか悩みましたが、リナーテ空港ですべてできました。税関はルフトハンザ、スイスエアーなどがあるAREA 7の表示の10mほど奥にあります。払い戻しは出てすぐの両替所またはセキュリティチェックを過ぎた所でできます。
（福岡県　松林和弘 '16）
　ミラノ・リナーテ空港で、税金還付の手続きをしました。Global Blueの窓口が、制限エリアの内と外に1ヵ所ずつあるのですが、どちらも現金（円・USドル）のみでの還付で、クレジットカードへの返金はできないとのこと。結局、乗り継ぎ地フランクフルトでクレジットカードに返金してもらいました。€31（€1＝約123円）がリナーテでは約2,500円、フランクフルトでは約3,800円と、1,000円以上もの差がありました。税金還付の手続きは、税関のスタンプさえあればどこでも可能（日本でも）。現金還付のみのリナーテ空港では避けるのが賢明です。　　　　（旅ずき '17）
■警察　Questura
🏠 Via Fatebenefratelli 11
☎ 02-62261、内線327
🗺 P.27 B3、P.29 A3

①マルペンサ空港←→中央駅のプルマン

　空港のほぼ正面（出口4　Uscita4）から中央駅脇のPiazza Ⅳ Novembre（中央駅を正面に見て左側）まで約50分。3社が運行しており、テッラヴィジョン社が€8、アウトストラダーレ社€8（往復€14）とエア・プルマン社が€10（往復€16）。空港発5:00～翌1:20、中央駅発3:45～翌0:15で時間帯によって約15～35分間隔の運行。切符はバス乗車口で係員が販売。空港では出口右側の切符売り場、中央駅では駅構内の売店でも販売。

マルペンサ空港と
ミラノ中央駅を結ぶプルマン

②マルペンサ空港←→ミラノ中央駅の列車

　マルペンサ空港と中央駅間の列車はマルペンサ・エクスプレスMalpensa Expressが運行。2系統あり、ノルド・カドルナ駅Nord Cadorna（私鉄FN線ミラノ北駅Stazione Milano Nord、地下鉄1線カドルナ駅と連絡）発空港行き、fs線ミラノ中央駅発空港行きがある。空港発00:20～23:50、中央駅発4:12～23:52。ほぼ10～20分間隔の運行、所要約1時間。途中、ポルタ・ガリバルディ駅などに停車。一部ノルド・カドルナ駅で乗り換えが必要な便があるので、これは避けよう。ミラノ中央駅では1～3番線ホームからの発車。

定刻着が安心なマルペンサ・エクスプレス

空港ではターミナル1の地下駅から。料金：中央駅、カドルナ駅までいずれも€13。切符はマルペンサ・エクスプレスの空港駅、ノルド・カドルナ駅、またはfs線の切符売り場や自動券売機で。マルペンサ・エクスプレスのホームページ（左記参照）からも購入可。

荷物置き場が充実の、マルペンサ・エクスプレスの車両

市内から空港へ

どこで降りるの？
　マルペンサ空港行きのプルマンは、まずターミナル2（おもに格安航空Easy Jetやチャーター便が発着）に停車。一般利用者は次（終点）のターミナル1で下車しよう。
プルマンの行き先確認を
　中央駅のプルマン乗り場は2ヵ所。駅に向かって左側がマルペンサ空港行き、右側がリナーテ空港行きとベルガモ空港行き。プルマンの行き先を確

認して乗り込もう。
空港を間違えないで!
　ヨーロッパ各都市間やイタリア国内を飛行機での移動を予定している人はリナーテ空港を利用することが多い。間違えないように。
時間に余裕をもって
　バスの運行会社はいずれも「所要50分」としているが、渋滞にはまると1時間以上かかることもある。フライト時間に余裕をもって利用しよう。

●リナーテ空港から市内へ

プルマンや市バスが中央駅へ、市バスATMの73番が町の中心のサン・バビラ広場へ運行している。切符の購入は、①は車内で、②は空港内の切符売り場やタバッキで事前に購入を。

①リナーテ空港←→中央駅

Starfly社が運行。切符は車内で購入可。空港から中央駅脇のルイジ・ディ・サヴォイア広場Piazza Luigi di Savoiaまで所要約25分。空港発7:45～22:45、中央駅発5:30～22:00で約30分間隔の運行。料金€5(往復€9、0～12歳€2.50)。

②リナーテ空港←→サン・バビラ広場

市バスATM社の73番が空港からドゥオーモ広場東のサン・バビラ広場まで30～45分。空港発6:05～翌1:00、広場発5:35～翌0:35、約10分間隔の運行。X73 diretto(直通('18年12月現在休止中))は、月～金曜の7:00～20:00に約30分間隔の運行、所要約25分。料金はいずれも€1.50。

●マルペンサ空港←→リナーテ空港

ふたつの空港を直接結ぶプルマンをAir Pullman社が運行している。所要約70分、料金€13、往復€26(2～12歳€6.50)。ただし、1日約5便の運行なので、中央駅での乗り換えが便利だ。

●固定料金のタクシー利用で市内へ

マルペンサ空港から市内へは固定料金Tariffe Fisseが適用されている。心配なら利用する前に料金を確認しよう。車内にも掲示がある。また、ホテルでも予約してくれる。

マルペンサ空港からミラノ市内€95、マルペンサ空港からミラノ・フィエラ(見本市会場)€65、マルペンサ空港からリナーテ空港€105、逆コースも同様料金。

8人まで乗車できるミニバンなどでの送迎サービスを実施しているところもある。事前予約が必要で、マルペンサ空港から市内までふたりで€80、リナーテ空港から市内までふたりで€35など。トランクがあると、通常のタクシーではふたりくらいしか乗車できないので、人数が多いときには便利。

┌─ マルペンサ、リナーテに続くもうひとつの空港Bergamo(BGY) ─┐

おもに格安航空会社が利用しているのがベルガモのオリオ・アル・セリオ空港Aeroporto Orio al Serio。ミラノ・中央駅までプルマン便が運行している。

Air pullman社のオリオ・シャトルOrio Shuttle便(空港発4:25～22:20、中央駅発3:15(⑤3:40、⑪⑭4:25)～22:45)、所要約50分。見本市開催時には会場Fiera Rho行きも運行、€4～。テッラヴィジョン社

(空港発4:05～24:45、中央駅発3:10～24:00)、€5。いずれも約20分間隔の運行。各社一部ネット割引あり。

オリオ・シャトル
URL www.orioshuttle.com
テッラヴィジョン社
URL www.terravision.eu
アウトストラダーレ社
URL www.autostradale.it

✉ **リナーテ空港からのバス**
リナーテ空港で中央駅への乗り場は6番出口から出た道路を挟んだ向かい側。
(大阪府 かな)

両替 Cambio
●銀行の営業時間
月曜から金曜まで、一般的な営業時間は、8:30～13:30頃。午後、1時間ほど営業する銀行もある。
●自動両替機
リナーテ、マルペンサの両空港、中央駅構内などに両替所がある。近年は自動両替機は少なくなりつつあり、キャッシング可能なATM機が主流だ。
●カードでキャッシング
24時間利用可能な自動現金支払い機ATMが銀行の表側をはじめ繁華街など各所に設けられ、クレジットカードで現金を引き出すのも便利だ。

■タクシーRADIO TAXI
☎ 02-6969、02-8585
■Taxi Malpensa Milano
☎ 334-9748558(予約可)
URL www.taximalpensamilano.it (予約可)
マルペンサ空港から市内料金
1～3人　€80
4～6人　€95　　　['19]
※カード支払いの場合10%加算
■タクシーの送迎サービス
URL www.milanotaxi.it (予約可)
☎ 02-3554182
(予約8:00～20:00)
※利用2時間前までに要予約。
マルペンサ空港→市内€95　['19]

✉ **リナーテ空港の**
　タクシーカウンター
リナーテ空港でタクシー案内カウンターを利用しました。カウンターだから安心と思って、料金を聞くと「市内まで€45」とのこと。高いと思いましたが、「一律料金だ」ということで時差ボケもあり、そのまま乗車。地元の人によると、リナーテ空港から市内までは€20もかからないとか。案内カウンターにはご注意を。
(神奈川県 リョウチャン)

✉ **中央駅地下のスーパー**
奥のほうにお総菜売り場があり、量り売りなので少量でも購入でき、助かりました。
(神奈川県 Verdi)

改札ゲート出現
　ミラノ中央駅のホーム階入口に有人の改札ゲートが設置された。係員に切符を提示して、ホームに入り、乗車。いつも混雑していたホーム階は人が少なくなり、移動もスムーズに。

●中央駅

　ミラノには10を超えるfs線の駅があるが、幹線列車がおもに停車するのは中央駅Milano Centraleだ。駅は1912〜1931年にかけて建てられた重厚で巨大な建物。長期にわたる改修工事がほぼ終了し、歴史的たたずまいを残し近代的な駅に生まれ変わった。行き止まり式の駅なので、車両の先頭に向かって進めば出口だ。列車が発着する2階から緩やかなスロープの動く歩道で中2階、1階、

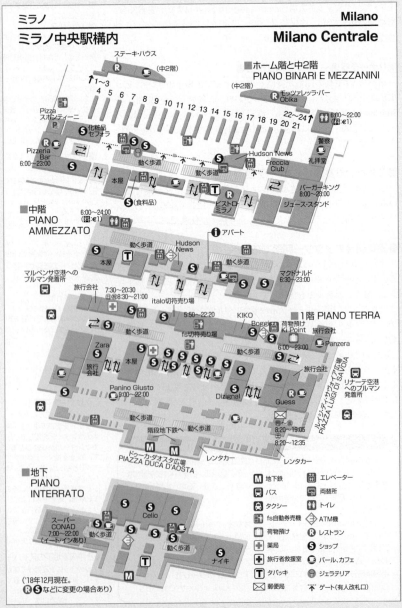

ミラノ　　　　　　　　　　　　　　　　　　　　　Milano
ミラノ中央駅構内　　　　　　　　　　　　Milano Centrale

'18年12月現在。
ⓇⓈなどに変更の場合あり）

Ⓜ 地下鉄	🛗 エレベーター
🚌 バス	💱 両替所
🚕 タクシー	🚻 トイレ
🎫 fs自動券売機	◇ ATM機
🧳 荷物預け	Ⓡ レストラン
✚ 薬局	Ⓢ ショップ
✚ 旅行者救護室	☕ バール、カフェ
Ⓣ タバッキ	🍨 ジェラテリア
✉ 郵便局	⛩ ゲート（有人改札口）

ミラノ中央駅は自動券売機も充実。
親切そうに近づいて来る人物に注意しよう

半地下を結んだ4階建て。各階のコンコースに鉄道切符の自動券売機、各種売店がある。中2階は店舗やトイレ、1階奥に切符売り場（fs線とitalo）と荷物預け、正面（1階と半地下）から地下鉄へ連絡している。

地下にはスーパーもオープン。

切符売り場近くには鉄道切符の自動券売機も多く設置してある。タクシー乗り場は駅舎の左右、各空港行きのプルマン乗り場近くにある。ホーム階からはエレベーターで1階へ下り、切符売り場を越えた出口から出るとやや近道だ。

動く歩道が便利なミラノ中央駅

■薬局
開 7:30（日祝8:30）〜21:00
休 無休
※中央駅構内2階

■ミラノ中央駅荷物預け
開 6:00〜23:00
料 5時間まで €6
　6〜12時間　1時間ごとに €1
　13時間以上　1時間ごとに €0.50
※ビニール製の手提げ袋の類い、食品の入ったバッグは一切受け付けないので注意

工事が終わり美しく生まれ変わったミラノ中央駅

便利な中央駅
各階におしゃれなブティックがある中央駅。トイレ（有料€1）は21番線ホーム脇と中2階にあり。地下のスーパーでは日本食（お寿司）やビールも販売。

タクシー乗り場
タクシー乗り場は駅の西側と東側にある。空港からのプルマンを下車したら、歩道を駅正面方向に進むとすぐにタクシー乗り場がある。

● **長距離バス**
地下鉄1線のランプニャーノ駅上にバスターミナルがある。湖水地方、トリノやアオスタ行き、国際路線のバルセロナ行きなども発着。乗り場手前に切符売り場があり、発車時刻や料金などの情報も得られる。季節や行き先によっては前日までに予約が必要な便もある。国内はおもにアウトストラダーレAutostradale社、国際線はユーロラインEuroline社が運行。

アウトストラダーレ社のプルマン予約はURLやカステッロ広場の事務所でも可能（住 Piazza Castello 1）。

各地へのプルマンが発着するバスターミナル

ミラノにも登場 オープンデッキの赤い観光バスCitysightseeing Milano

バスは一年中運行

ミラノの町を周遊する観光バス。乗り降り自由で日本語のイヤフォンガイド付き。コースは3種類で、各所要90分、10:00頃〜18:30頃に約30〜60分間隔での運行。

コースA　カステッロ→カドルナ→最後の晩餐→マジェンタ通り→ドゥオーモ→スカラ座→マニン→モスクヴァ

コースB　カステッロ→水族館→ガリバルディ→コルソ・コモ→レプッブリカ広場→中央駅→ブエノス・アイレス大通り→ヴェネツィア門→サン・バビラ→ドゥオーモ→スカラ座→ブレラ

コースC　カステッロ→水族館→ガリバルディ→

CITY LIFE→カーサ・ミラン→MICO会議場→ロット→競馬場→サン・シーロ→ロット→ボナパルティ→センピオーネ公園

● **運行間隔**　いずれも所要1時間30分
コースA　月〜金50分、土日25分ごと
コースB　月〜金40分、土日25分ごと
コースC　60分ごと
料 A＋B＋C　48時間券€25（5〜15歳€10）
　　　　　　1日券€22（€10）

このほか、「最後の晩餐」、ドゥオーモ、サン・シーロスタジアムなどの入場券とセットになった割引券もあり。

※出発地はForo Bonaparte 76。カステッロ広場前のカイロリ広場Piazza CairoliとVia Cusaniの角

申し込み、詳細は
URL www.city-sightseeing.it/milano/

■市内交通ATMの❶
ATM Point
開月〜⊕ 7:45〜19:15
☎02-48607607
URL www.atm.it
※地下鉄の中央駅、ドゥオー
モ駅、カドルナ駅などの地
下通路内。1日券、1週間券、
定期券なども販売

✉ 地下鉄切符
　　券売機の使い方
　まずモニター画面をタッチ→
言語選択画面→人数を＋－で
入力→コイン投入口が開く→コ
イン投入。ここから切符が出て
来るまでかなり時間がかかりま
すが、心配しないで待ちます。
時にNo printの切符が出て来
ることがありますが、その場合
はお金が戻って来るので、最
初からやり直しです。券売機の
前でまごついていると、すかさ
ず親切??おじさんが近づいて
来ますが、つり銭泥棒に化け
るので「あわてず、まごつかず」
に。(山梨県 佐藤聖美 '16)

ミラノの交通

●市内交通

　地下鉄、バス、トラム(市電)、フィロブスと呼ばれるトロリーバス、鉄道などが走り、交通網は充実している。観光客が使いこなすのに便利なのが地下鉄だ。朝6：00頃から24：00頃まで運行している。

美しく整備されたミラノ中央駅の地下道。
地下鉄と中央駅の行き来が便利になった

　地下鉄メトロポリターナMetropolitanaは3線あり、1線(赤)、2線(緑)、3線(黄色)、5線(紫)に色分けされて表示されている。わかりやすく、おもな観光ポイントもカバーされている。

地下鉄3線の車内。
懐中物に注意!

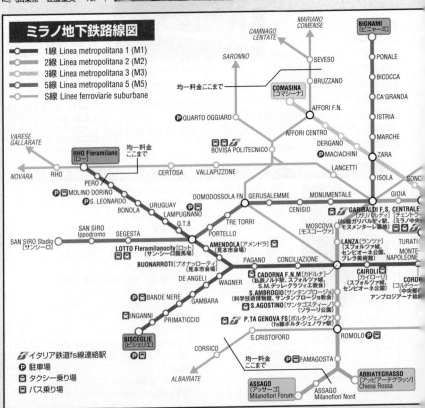

ミラノ地下鉄路線図

- 1線 Linea metropolitana 1 (M1)
- 2線 Linea metropolitana 2 (M2)
- 3線 Linea metropolitana 3 (M3)
- 5線 Linea metropolitana 5 (M5)
- S線 Linee ferroviarie suburbane

MARIANO COMENSE
CAMNAGO LENTATE
SARONNO
SEVESO
BRUZZANO
均一料金ここまで
COMASINA [コマシーナ]
AFFORI F.N.
QUARTO OGGIARO
AFFORI CENTRO
DERGANO
MACIACHINI

BIGNAMI [ビニャーミ]
PONALE
BICOCCA
CA'GRANDA
ISTRIA
MARCHE
ZARA
ISOLA
SOND

VARESE GALLARATE
NOVARA
RHO Fieramilano [ロー]
均一料金ここまで
RHO
PERO
MOLINO DORINO
S. LEONARDO
BONOLA
URUGUAY
LAMPUGNANO
Q.T.8
SAN SIRO Ippodromo
SEGESTA
SAN SIRO Stadio [サンシーロ]
LOTTO Fieramilanocity [ロット] (サン・シーロ競馬場)
BUONARROTI [ブオナッローティ] (見本市会場)
DE ANGELI
WAGNER
GAMBARA
BANDE NERE
PRIMATICCIO
INGANNI
BISCEGLIE [ビシェリエ]

CERTOSA
VALLAPIZZONE
BOVISA POLITECNICO
DOMODOSSOLA FN
GERUSALEMME
MONUMENTALE
LANCETTI
TRE TORRI
PORTELLO
CENISIO
MOSCOVA [モスコーヴァ]
PAGANO
CONCILIAZIONE
AMENDOLA [アメンドラ] (見本市会場)
CADORNA F.N.M [カドルナ] (私鉄ノルド駅、スフォルツァ城、S.M.デレ・グラツィエ教会)
S.AMBROGIO [サンタンブロージョ] (科学技術博物館、サンタンブロージョ教会)
S.AGOSTINO [サンタゴスティーノ] (ソラーリ公園)
P.TA GENOVA FS [ポルタ・ジェノヴァ] (fs線ポルタ・ジェノヴァ駅)
S.CRISTOFORD
CORSICO
均一料金ここまで

GIOIA
GARIBALDI F.S. CENTRALE [ガリバルディ] [チェントラ (fs線ガリバルディ駅、(ミラノ中央 モヌメンターレ墓地)
LANZA [ランツァ] (スフォルツァ城、センピオーネ公園、ブレラ美術館)
TURATI
MONTE NAPOLEONE
CAIROLI [カイローリ] (スフォルツァ城、センピオーネ公園)
CORDU [コルドゥー (中央郵便 アンブロジアーナ美
ROMOLO
FAMAGOSTA
ABBIATEGRASSO [アッビアーテグラッソ] Chiesa Rossa
ASSAGO [アッサーゴ] Milanofiori Forum
ASSAGO Milanofiori Nord
ALBAIRATE

🚉 イタリア鉄道fs線連絡駅
🅿 駐車場
🚕 タクシー乗り場
🚌 バス乗り場

●切符の購入

切符は、地下鉄構内の切符売り場、券売機、新聞売り場、ATM表示のあるバール、タバッキなどで販売。24時間券、48時間券などは地下鉄の中央駅、ドゥオーモ駅内のATM Point、主要地下鉄駅などの切符売り場、キオスクなどで販売。券売機は壊れていることも多いので、切符売り場などでの購入がおすすめ。

駅構内のタバッキでも販売

●乗り方

地下鉄、バス、トラム、フィロブス、市内鉄道などの切符は共通で75分有効。時間内なら、何度でも乗り換えができる。ただし、地下鉄は乗り継ぎは可能だが、一度改札を出たら無効になる。

色分けされた地下鉄の自動改札

改札はローマなどと同様自動改札で、入口の自動改札口に切符を入れると、改札口が開く仕組みだ。1日券などの場合も、改札ごとに自動改札に入れよう。一部の駅では出る際も切符が必要（→P.45）。

地下鉄入口を示すMマーク

ミラノの終電情報
ミラノの地下鉄の始発は朝の6時、終電は24時頃だ。1線のみ終電以降深夜バスの運行がある。(24:00〜翌6:00頃)
オペラなどで遅くなっても、すぐ駅に向かえば地下鉄に間に合う。深夜バス、終電を利用する場合は、事前に確認を。

市内交通の切符
■1回券（90分有効、時間内なら乗り換え可。ただし地下鉄は1回の乗車）
Biglietto Ordinario／ビリエット・オルディナリオ　　　€1.50
■4回券 Biglietto 4 Viaggi (Bi4)／ビリエット・クアトロ・ヴィアッジ（ビ・クアトロ）　　　€6
■夜間券 Biglietto Serale／ビリエット・セラーレ 週末限定で20:00〜深夜便に何度でも利用可能 €3
■10回券 Carnet／カルネ　　　€13.80
■24時間券 Abbonamento Giornaliero／アッボナメント・ジョルナリエーロ　　€4.50
■48時間券 Abbonamento Bigiornaliero／アッボナメント・ビジョルナリエーロ　€8.25
※係員によりスーツケースなどの大型荷物Colloの切符€1.50を請求される場合あり

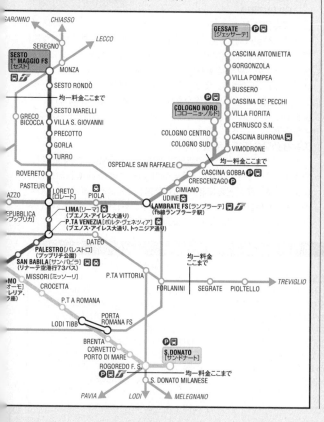

✉ 地下鉄切符と出札

券売機の故障がよくあるので、キオスクで購入しました。何枚かまとめて購入しておくと、購入の手間が省けて便利です。地下鉄を出る際、切符が必要な場合がありました。切符は改札を出るまでなくさないように。　　　（ヒロくん）

クリスマス前はお得に移動
クリスマス前は多くの人が町へ繰り出すのは日本もミラノも同じ。環境のため車の通行を減らすため、毎年12/7〜12/24頃はバスや地下鉄の切符が割引となる。この期間旅する場合は、切符売り場で聞いてみよう。

ミラノのエンターテインメント

オペラの殿堂スカラ座内部

●スカラ座

　ミラノを語るときに忘れてならないのが、世界的にも有名なオペラの殿堂スカラ座Teatro alla Scalaだ。スカラ座の初日は毎年、ミラノの守護聖人・サンタンブロージョの祝日12月7日。この日は着飾った人々で劇場は埋まり、イタリア全土にもその華やかさが放送される。オペラシーズンは冬季と決まっていたが、近年は夏の一時期を除き、オペラのほか、バレエ、コンサートなど多くの演目がかけられている。

座席の種類

　ネットや現地での購入の際は劇場の座席表を見て購入できる。
座席の種類は
①平土間席PLATEA：舞台ほぼ正面の椅子席
②バルコニー席PALCO（PALCHI）：劇場の階上壁面にあり、移動できる椅子が5つ
③席指定の桟敷席前列POSTI NUMERATI DI PRIMA GALLERIA：バルコニー席よりさらに上部にある椅子席
④席指定の桟敷席2列目POASTI NUMERATI SECONDA GALLERIA
⑤天井桟敷席
　座席の種類は同じでも位置により、平土間席以外は料金は異なる。舞台が一番よく見えるのが①、②はグループ利用に最適。席は指定されているが、椅子は移動できるので、慣れた人がよい場所をキープしてしまう場合あり。また、位置によっては見づらい場合あり。
　③④は離れた上部から舞台を眺めることになる。時間があり、一度体験してみたい人には⑤もおすすめ。ただ、人気の演目はかなりの競争率。

天井桟敷席の切符入手法

　劇場左側の切符売り場で当日10:30頃から先着順に名前を登録し、整理番号をゲット。切符引き換え券引き取りのための点呼に18:00頃に集合。その際、人物確認（午前に登録した人物との確認）のためのパスポートが必要。1人1枚のみ。日により、集合時間が異なるのでホームページや現地で確認を。人気演目は早朝から列ができる。

スカラ座の切符購入方法

✉お役立ち情報

　3月初めに10日間ミラノに旅行し、スカラ座でオペラ2演目、バレエ、コンサートを鑑賞しました。切符はスカラ座のホームページから予約。2～4週間で自宅に送られてきました。オペラの人気演目は、予約開始直後に平土間がなくなりましたが、2時間後に再挑戦したところ、空席が出て予約できました。バレエは1列目のA列が取れましたが、実際に座ったらダンサーの足元が見えませんでした。足元までしっかり見たい人は4列目以降がよさそうです。コートのクローク預けは必須ではなく、座席への持ち込み可能です。私は、入場後袋に入れて、座席の下に入れて置きました。

　観客は比較的年配の夫婦が多く、服装は黒のドレスやジャケットが圧倒的。赤や白を着たら、かなり目立つと思います。平土間の席は前方から緩やかなスロープで、日本のように階段ではありません。前に大きい男性が座ったら舞台が見えにくいかもしれませんので、通路脇の席がおすすめです。聴衆のマナーは非常によく、おしゃべりや咳払いはほとんどありませんでした。マナーに注意が必要です。

（ローマのお姉さん）

●市内ツアー

「最後の晩餐」見学が確約されているツアーが人気。数社が催行している。ザーニ社のコースはドゥオーモ（入場）→ガッレリア→スカラ座と博物館（入場）→中心部徒歩散策約30分。9:30、14:30のスタートで所要3時間30分、料金€69〜。ミラノグイダでは「最後の晩餐」のみのガイドつきツアーを実施。「最後の晩餐」の入口に15分前に集合し、所要90分、料金€25。いずれも個人で予約ができなかった場合には利用価値大。休1/1、5/1、8/15、12/25や市内車両通行規制のある日。申し込みは、各社のURL、ホテル、直接営業所で。

■市内ツアー各社
ザーニ社
ZANI VIAGGI
住 Largo Cairoli 18
☎ 02-867130
URL www.zaniviaggi.it
ミラノグイダ
MILANOGUIDA
☎ 02-35981535
URL www.milanoguida.com

日帰りスパでリラックス　QC Terme Milano

地下鉄Porta Romano近く。かつてのトラム倉庫を改装した広い敷地の屋外、室内に広い浴槽、サウナをはじめマッサージが受けられるスパが完備。簡単なビュッフェも無料で利用でき、さらに19:30〜21:00はアペリティーヴォ時間となり、軽食やワインなどがサービスされる。

✉ 水着が必要ですが、ゆっくりとリラックスできます。　　　　　（愛知県　名古屋　'16）
住 Piazzale Medaglio d'Oro 2
☎ 02-55199367　URL www.qcterme.com
開 9:30〜24:00頃
料 €45〜、25分のマッサージ付き€84など

●サッカー情報

常にセリエAの上位をキープするACミランMILANとインテルINTERの2チームが本拠地をおくミラノ。セリエAはホーム・アウェイ方式なので、ほかの町に比べ試合を観戦できる可能性が高い。ふたつのチームが対戦するミラノ・ダービーに巡り合わせたら、町の熱気は最高潮だ。日程が合わず試合を観戦できなくても、このふたつのホームスタジアムのサン・シーロ競技場はガイド付きで見学可能。グラウンドから更衣室まで普段は非公開の場所まで見学できる。また、2チームの輝かしい歴史を一堂に展示した博物館があり、優勝カップ、ユニホームなどを身近に見物できる。

熱戦が繰り広げられる
サン・シーロ競技場

サン・シーロ
競技場の
選手ロッカー
ルーム（更衣室）

サッカーの切符購入法
　各チームのホームページ、ネットで各種切符を取り扱うTICKET ONE、クラブのショップ、イタリア各地のプレイガイド（Box Office）、ミラノ・ドゥオーモ駅のMariposa、一部の旅行社などで可能。購入にはパスポートが必要。
ミラノ・ドゥオーモ広場周辺では
●ミラン CASA MILAN
住 Via Aldo Rossi 8
☎ 02-62284545
開 10:00〜20:00（無休）
※インテルはP.40 Box Officeで
サッカーグッズを買うなら
■サン・シーロ・ストア
San Siro Store
　インテルもミランも どちらのチームのグッズも揃う。試合日はプレーするチームのグッズが中心。
住 サン・シーロ競技場内
開 10:00〜18:00
※ストアのみの利用可

サン・シーロ競技場　San Siro/G.Meazza

行き方 地下鉄M5線の終始点駅のサン・シーロ・スタディオ駅SAN SIRO Stadio下車すぐ。SAN SIROとつく駅はふたつあり、ひとつ前の駅SAN SIRO Ippodromoは競馬場なので間違えないように。または、ドゥオーモ広場横のVia G.Mazziniからトラム16番San Siro行きで約30分、終点下車すぐ。またはLotto駅そばからバス49番で終点Via Capecelato下車。ミラン対インテル戦のみ、ロットからナヴェッタNavetta特別バス便が運行。

巨大なサン・
シーロ競技場

競技場と博物館のガイド付き見学
STADIUM & MUSEUM TOURS

ガイド付き見学は通常所要約30分。ピッチ、VIPルーム、インタビューゾーンなどの見学（メンテナンスにより変更あり）。曜日により、日本語でのガイドあり。
開 9:30〜18:00
　（試合日は変更あり）（ゲート8 Cancello8から入場）
休 試合のない日、⑥以外の試合日
料 €17（14歳以下65歳以上€12）、博物館のみ€7（⑤5）
ツアーは1時間に1回程度。
URL www.sansiro.net
住 Via Piccolomini 5　☎ 02-4042432

エリア・インデックス

ミラノのショッピング・エリア　　　column

モンテ・ナポレオーネ通り周辺

　モンテ・ナポレオーネ通りと東側のスピーガ通り、そしてこのふたつの通りを結ぶサンタンドレア通り。この3つの通りがミラノを代表する高級ショッピング・ゾーン。ここには世界中のブランドが集まっているといっても過言ではない。買い物する人、ウインドーショッピングに余念のない人でいつもにぎやか。ミラノ・コレクションの時期にはファッション関係者が繰り出すので、世界各地からのファッション・ピープルをウォッチするのも楽しい。

イタリアの流行発信ストリートといえば、モンテ・ナポレオーネ通り

ヴィットリオ・エマヌエーレII世大通り

　ドゥオーモ正面左からモンテ・ナポレオーネ通り方向へ続く通り。車の乗り入れが制限された広い通りの左右には、デパートや有名ブランドをはじめ、世界的に人気の手頃なカジュアル系ブランドZARA、H&M、ベネトンなどの大型店が軒を並べる。若者や観光客に人気のエリア。オープンカフェやバールが軒を連ね、昼夜ともにたいへんなにぎわいを見せる。

ブエノス・アイレス大通り

　町の東側、ポルタ・ヴェネツィアからロレート広場までの長い通りに、大小さまざまな店舗が並ぶ。ひと昔前は危険な界隈といわれたこともあったが、周辺一帯が都市整備の下に生まれ変わり、新しい店舗が続々進出している。若者向きの、手頃なカジュアルウエアの店が多い。月に1度程度（不定期）、日曜は歩行者天国となり、食べ物や雑貨の屋台、簡易遊園地も登場して、まるでお祭りのよう。

トリノ通り

　ドゥオーモから南西へ向かう通り。週末は人とぶつからずには歩けないほどに、人があふれるにぎやかな通り。スポーツ用品やスポーツウエアの大型店舗、スーパー、元気のいい若者向けファッションショップ、割引のある化粧品店などがズラリと並ぶ。通りから続く路地に入ると、手頃なレストランが多い。

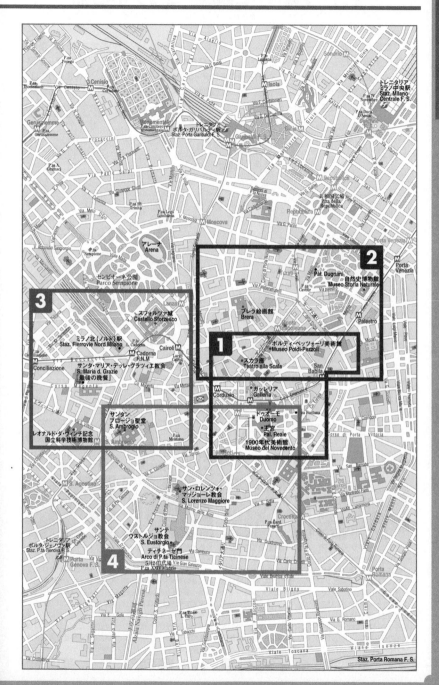

1.ドゥオーモ周辺 ミラノ中心部
Intorno al Duomo

ミラノ観光の中心となるコース。町のシンボル、ドゥオーモを中心に、オペラの殿堂スカラ座、華やかな雰囲気を残すガッレリア、貴族の生活がしのばれる趣のあるポルディ・ペッツォーリ美術館、お買い物フリーク垂涎（すいぜん）の高級ショッピングストリートのモンテ・ナポレオーネ通りが続く。このあたりにはかつての貴族の館も数多く、伝統と華やぎ、そして庶民的なにぎわいが混在し、現在のミラノを象徴するような界隈だ。(所要時間 約4〜5時間)

地 P.30 A〜C

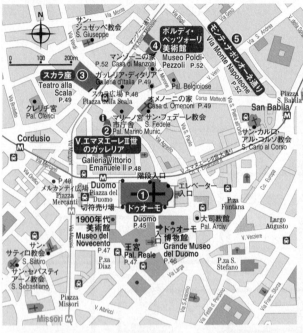

❶ ドゥオーモ

ミラノのシンボルである、イタリアで最大のゴシック建築。ステンドグラスからの光が差し込む内部は荘厳な雰囲気に満ち、頂きにはミラノっ子の心のよりどころである黄金のマリア像、マドンニーナが鎮座する。晴れた日の屋上テラスから望む町並みやアルプスの眺めも鮮烈。

★★★ P.45

❷ ヴィットリオ・エマヌエーレⅡ世のガッレリア

ガラスのアーチが天井を覆い、床には鮮やかなモザイクが紋様を描く、華やかなアーケード。歴史ある高級カフェが並ぶ様子から、「ミラノの応接間」とも呼ばれる。時代によって店舗も様変わりし、現在は流行の先端を行くシックな店舗が並び、時にはファッションショーも開催される。

★★ P.48

❸ スカラ座

オペラの殿堂として世界的に名高い劇場。できれば一夜、舞台を楽しみたい。時間がなければ、付属博物館を訪ねよう。ヴェルディをはじめ、ロッシーニなどの遺品のほか、舞台衣裳などが展示されている。また、博物館からは劇場の一部が見学できるのもうれしい。

★ P.49

❹ ポルディ・ペッツォーリ美術館

貴族で美術収集家であったジャン・ジャコモ・ポルディ・ペッツォーリのコレクションを彼自身の邸宅に展示した美術館。ゆったりとし洗練された雰囲気の館内には絵画や彫刻のほか、食器や時計、レースなども並び、19世紀の貴族の暮らしぶりもうかがえる貴重な場だ。

★★ P.50/52

❺ モンテ・ナポレオーネ通り

イタリアを代表する一大高級ファッションストリート。それほど広くない通りの左右に有名ブティックが軒を連ね、道行く人とともに華やかな雰囲気を醸し出している。ショッピングの場としてのみ注目されがちだが、かつては貴族の館が建ち並んだ歴史ある場所だ。

★ P.52

ミラノのシンボル

MAP P.44、P.30 B・C1

ドゥオーモ ★★★

Duomo　　　　　　　　　　ドゥオーモ

ミラノのシンボル、ドゥオーモ

ミラノの代名詞ともいうべき、壮大なゴシック様式の大聖堂。頂には、マドンニーナMadonninaと呼ばれる黄金の聖母を抱き、高さ108.5m、奥行き157m、面積1万1700平方メートルの大きさを誇る。光によって、ピンクや紫に変化する大理石、2245体の彫刻、天空を突き刺す135本の尖塔……とまるでレース細工のような繊細さをも併せもち、その威容は見る者を圧倒する。

1386年、ミラノの領主ヴィスコンティ家のジャン・ガレアッツォの「ローマのサン・ピエトロ大聖堂に次ぐ大聖堂を建築する」という夢の実現のために着工された。ロンバルディア人、フランス人、ドイツ人の指揮の下で工事は進められ、1800年代にはナポレオンの指揮下にファサードが、1887年に尖塔が完成。実に500年の歳月がかけられた。

ドゥオーモ屋上から眺めたドゥオーモ広場

さて、堂々とした正面を飾るのは、20世紀に造られた**5枚**のブロンズ製の扉。左から第1番目の扉は、コンスタンティヌス大帝が、キリスト教の信仰の自由を認めた『ミラノ勅令』、ミネルヴィ作。2番目は、ミラノの守護聖人である『聖アンブロージョの生涯』、カスティリオーニ作。3番目の中央大扉は、豪華なゴシック様式で描かれた『聖母マリアの生涯』、ポリアーギ作。4番目は、『ミラノの中世の歴史』、ロンバルディとベッシーナ作。5番目は、『ドゥオーモの歴史』、ミングッツィ作となっている。

正面扉には「聖母マリアの生涯」が描かれる

ドゥオーモ広場への行き方

M 地下鉄で

●ドゥオーモ広場へは、地下鉄M1・3線、ドゥオーモDuomo下車

地下鉄出口に注意

ドゥオーモ駅をはじめとするいくつかの駅では出口で切符を改札機に入れる、日本同様のシステムに変更された。下車まで切符はなくさないように。

NAVIGATOR

ルート1はドゥオーモから出発。まずは広いドゥオーモ広場から、ドゥオーモの雄姿を眺めてみよう。時間があればV.エマヌエーレⅡ世のガッレリアの入口と交わるアーケードを抜けて、メルカンティ広場へ向かおう。特徴のある見どころではないが、ミラノの町では珍しい中世の面影が残る広場だ。再び道を戻り、ガッレリアを散策。途中左右に通路は広がるが、コースは真っすぐ進む。ガッレリアを抜けると、左側にスカラ座の建つスカラ広場だ。そのままスカラ座を左に見て歩けば、間もなく右側に瀟洒なポルディ・ペッツォーリ美術館がある。モンテ・ナポレオーネ通りは日をあらためて買い物がてらに出かけるなら、ポルディ・ペッツォーリ美術館見学後はスカラ座まで戻り、**ルート2**（→P.53）を続けてもよい。

ドゥオーモ
観光のコツいろいろ

屋上テラスからは晴れた日には、モンテ・ローザをはじめとするアルプスの山々を望むことができる。

正面からだけでなく、脇にも回って眺めてみよう。

ドゥオーモ正面左奥のラ・リナシェンテの7階のカフェからは、林立する塔と繊細な透かし模様の細工で飾られたドゥオーモを見ることができる。

繊細な尖塔が屋根を飾る

■ドゥオーモ

内部
🚪 8:00～19:00
　（入場18:10まで）
🚫 12/25、12/26
💴 €3（地下礼拝堂と共通）
地下礼拝堂
🚪 ㊊～㊎11:00～17:30
　㊏　　13:30～15:30
　（入場は閉場15分前まで）
　※夏季は催事により時間短
　　縮の場合あり
屋上テラス
🚪 9:00～19:00
　（入場18:10まで）
🚫 5/1、12/25
💴 エレベーター€13、階段€9
　同6～12歳€7または4.50
　（要証明書）
　共通券　ドゥオーモ、地下
　洗礼堂、考古学エリア、ドゥ
　オーモ博物館、サン・ゴッタ
　ルド教会（博物館内）、テラ
　スに共通。エレベーター
　€16（Duomo Pass Lift）、
　階段€12（Duomo Pass
　Stairs）（72時間有効）
　※テラスのオーディオガイド
　€5（日本語あり）
　※切符売り場はドゥオーモに
　向かって正面右側。閉場1
　時間前まで
🔵内部見学は入口で服装チェッ
　クとセキュリティチェック
　があり、ノースリーブ、ミニ
　スカート、短パン、大きな荷
　物などは入場不可。荷物は
　開けさせられる場合あるの
　で、係員の指示に従おう。
🔵屋上への入口は3ヵ所。ドゥ
　オーモの正面に向かって左
　に進み、中ほどに階段用、
　その先にエレベーター用があ
　る。右側にもエレベーター用
　入口が新設。
🔵テラスの行列回避に
　ファスト・トラックFAST-
　TRACK券は10:00～17:00
　のみ利用可で、屋上テラス
　への行列を回避できる券
　で、Duomo Pass Liftと同
　様の見どころで€25.50、屋
　上テラスのみは€22.50。
URL www.duomomilano.
　it/en/fast-track/で予約可

■ドゥオーモ博物館

Grande Museo del Duomo
🚪 10:00～18:00
　（入場17:10まで）
🚫 ㊌
💴 €3（サン・ゴッタルド教会と
　共通）
※入口は王宮中庭左

●内部

5身廊のドゥオーモ内部

　堂々たる柱に支えられ、大きなアーチが幾重も連なる内部は、5身廊で構成され、ステンドグラスから差し込む光が、神秘的かつ荘厳な雰囲気を醸し出している。

　内陣にある、16世紀のペッレグリーニの意匠による高さ68mの円蓋には、バロック風の4つのアーチがそびえている。その奥の中央祭壇の下を、くるみの木で彫られた堂々とした合唱席Coroが取り囲んでいる。

　翼廊右側には、ミケランジェロの影響を受けた、アレッツォ出身のL.レオーニ作によるジャン・ジャコモ・メディチの墓Tomba di Gian Giacomo。

　翼廊左には、トリブルツィオの手になる13世紀のブロンズ製大燭台il Candelabro Trivulzio in Bronzoがある。これは、当時のフランス芸術の粋を集めたものだといわれている。

　身廊左側のふたつ目の柱の間には、ヴェローナ産の大理石に12聖人を描いた12世紀のレリーフが飾られている。

　中央祭壇の下には、1584年に死去した大司教カルロ・ボッロメオの遺骨を祀った地下礼拝堂Scurolo di S.Carloがあり、隣の宝物庫Tesoroには、14～17世紀の銀製の聖具や象牙製品が並べられている。後陣

中央祭壇の下には地下礼拝堂

の左右にある聖具室Sagrestiaの扉はドゥオーモ最古の彫刻で飾られている。

　正面入口近くの階段を下ると、ドゥオーモの前身である、サン・テクラ教会S.Teclaの洗礼堂がある。聖アンブロージョが建立し、聖アゴスティーノの洗礼が行われた。

ドゥオーモの歴史を語る　　　　MAP P.44、P.30 C1

ドゥオーモ博物館 ★
Grande Museo del Duomo
グランデ・ムゼオ・デル・ドゥオーモ

ミラノの守護聖人、
聖アンブロージョ

　ミラノが誇るドゥオーモの歴史や成り立ちを知る博物館。かつては宝物庫に置かれていた宗教儀式に用いられた貴重な金や象牙細工、タペストリーをはじめ、ドゥオーモを飾っていた影像、ステンドグラスなどを間近に見ることができる。このほか、16世紀に製作された精密なドゥオーモの木製模型やドゥオーモの頂点に置かれる「マドンニーナ像」の原形モデルなど。

ドゥオーモを飾ったステンドグラス

ミラノの歴史を一堂に

MAP P.44、P.30 C1

王宮
Palazzo Reale ☆

パラッツォ・レアーレ

ネオクラシック様式の王宮

ドゥオーモを背にした左側、堂々としたネオクラシック様式の建物が王宮だ。ミラノの歴史を語るときに欠かせない場であり、中世にはすでにこの場所にミラノの行政組織がおかれていたという。ミラノの領主であったトッリアーニ家、ヴィスコンティ家、スフォルツァ家によりその役割はより重要な物となった。

現在見られる建築は18世紀にG.ピエルマリーニが改築したもの。フランス支配の時代にはナポレオン家のマリア・テレーザ、続いてイタリア王サヴォイア家のフェルディナンド1世が住居とした。内部は当時の芸術家の粋を集めた絵画や彫刻、調度で飾られていたが、1943年に第二次世界大戦の爆撃により多大な損傷を被った。近年の約20年に及ぶ修復により、当時のすばらしい装飾が一部よみがえった。現在はドゥオーモ博物館や王宮博物館Museo della Reggia、一部に1900年代美術館などがおかれている。

ミラノの芸術を知る

MAP P.44、P.30 C1

1900年代美術館
Museo del Novecento ☆☆

ムゼオ・デル・ノヴェチェント

G.ペッリッツァの『第4階級』。第4階級とは、プロレタリア＝無産者、労働者のこと。彼らの士気を高めたという作品

王宮に隣接するアレンガリオ宮に、ミラノ市に寄贈されたおもにイタリアの20世紀絵画・彫刻を中心に展示。さほど広くないが、時代ごとの傑作が見やすくレイアウトされ、また、戦後の復興とともに活発となったミラノの芸術活動の変遷や当時の芸術的嗜好を知るのに最適な場だ。Livello 0にはG.ペッリッツァの『第4階級』。Livello 1には近代を代表する画家の傑作が集まり、ピカソ『裸婦』Femme nue、モジリアーニ『ポールの肖像』Ritratto di Paul、ボッチョーニの彫刻『空間における連続性の唯一の形態』Forme uniche della continuità nello spazio、モランディなど。Loggiaにはデ・キリコの絵画と彫刻。Livello 2はマルティーニをはじめ、ミラノを中心に活躍した画家たちと、マリーノ・マリーニ。Livello 3は、20世紀のイタリアのモダンアートを代表するルーチョ・フォンターナを展示。

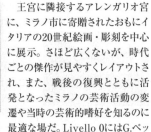

ミラノの未来派を代表するボッチョーニ

■王宮
🏠 Piazza del Duomo 12
☎ 02-860165
開 (月) 14:30～19:30
　 (火水金日) 9:30～19:30
　 (木土) 9:30～22:30
　 12/24、12/31
　　　　　 9:30～14:30
　 12/25 14:30～18:30
　 1/1 14:30～19:30
料 €14、6～26歳、65歳以上
　 €12(オーディオガイド込み)
※入館は閉館1時間前まで

✉ ドゥオーモ内部へ
ドゥオーモ横の切符売り場は長蛇の列で5月の午前中に1時間並びました。入場の列に並ぶと番号札が渡され、それを持って中に入ります。切符の窓口がズラッと並び、銀行のように電光掲示板で番号が表示されるのですが、その手前におみやげ売り場があり、おみやげを買う人、切符の番号待ちの人でごちゃごちゃになっています。柱にも多く、自分の番号が表示されているのに、気づきにくいです。
(大阪府 つむぎちゃん '17)
広場には警察と軍隊がついていて持ち物検査も時間がかかりました。　(なお '16)

■1900年代美術館
🏠 Palazzo dell'Arengario,
　 Piazza Duomo
☎ 02-88444061
開 9:30～19:30
　 (月)14:30～19:30
　 (木土)9:30～22:30
料 €10、65歳以上€8、13～
　 25歳€5
※第1・3(火)14:00～€5

Levello 3の天井に広がるのは、L.フォンターナの『ネオンの構造』

アレンガリオ宮にミラノの近代絵画が揃う

見事な床モザイク

中世の面影を残す　　　　MAP P.44、P.30 B1

メルカンティ広場　★
Piazza Mercanti
ピアッツァ・メルカンティ

石畳の広場を赤れんがの建物が取り巻く広場で、にぎやかなミラノで中世のたたずまいを残した印象的な一角。13世紀に建てられた旧裁判所、飾り窓と柱廊が目を引く16世紀のジュレコンスルティ宮Palazzo Giureconsulti、白と黒の模様を描く14世紀のオシイ家の回廊Loggia degli Osii、17世紀の王立学校Palazzo delle Scuole Palatineなどが並ぶ。19世紀には大規模な

中世ミラノの雰囲気を残す
メルカンティ広場

改築、1990年代後半の敷石の張り替えなど、時代ごとに手を加えられてきたが昔ながらの風情は今も息づいている。

ミラノっ子の社交場　　　　MAP P.44、P.30 B1

ヴィットリオ・エマヌエーレⅡ世のガッレリア　★★
Galleria Vittorio Emanuele Ⅱ
ガッレリア・ヴィットリオ・エマヌエーレ・セコンド

ドゥオーモ広場とスカラ広場を結ぶアーケード。単に「ガッレリア」とも呼ばれる。
鉄とガラスを使い、1865年から12年もの歳月を経て、メンゴーニによって完成された。見事な床のモザイク、光の差し込むガラスの天井、漆喰のレリーフなど、新バロック様式と新ルネッサンス様式の混ざり合った独特な建造物となっている。中央十字路の頭上の4枚のフレス

ガラスの天井が美しい

頭上のフレスコ画にも注目

コ画は、ミラノから見た東西南北にある、アメリカ、中国、アフリカ、北ヨーロッパを象徴的に描いたもの。
ここは何よりもミラノっ子にとって、伝統、華やぎ、そして開放感が混在する特別な社交場だ。

トラムが行き交う　　　　MAP P.44、P.30 B1

スカラ広場　★
Piazza della Scala
ピアッツァ・デッラ・スカーラ

中央に立つのはルネッサンスの天才ダ・ヴィンチ像。ガッレリア出口右側のマリーノ宮Palazzo Marinoは、洗練された色彩感覚にあふれ、ルーベンスが称賛した建物だ。正面玄関からは回廊が続く中庭を見られる。近くには16世紀の宮廷彫刻師レオーネ・レオーニの家、通称オメノーニの家Casa degli Omenoniがある。8人の巨人オメノーニに支えられたユニークな建物だ。

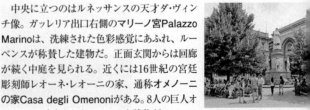

ひと休みに最適な広場

オペラの殿堂

MAP P.44、P.30 B1

スカラ座
Teatro alla Scala ☆

テアトロ・アッラ・スカーラ

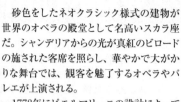

砂色をしたネオクラシック様式の建物が世界のオペラの殿堂として名高いスカラ座だ。シャンデリアからの光が真紅のビロードの施された客席を照らし、華やかで大がかりな舞台では、観客を魅了するオペラやバレエが上演される。

オペラの殿堂、スカラ座

1778年にピエルマリーニの設計によって建設され、かつてのサンタ・マリア・スカラ教会の跡地に建てられたことからこの名前がつけられた。2階には、スカラ座博物館Museo Teatrale alla Scalaがあり、スカラ座と音楽芸術の歴史の展示場となっている。ミラノとのかかわりの深いヴェルディをはじめとする作曲家の胸像や肖像画、ゆかりの品やスカラ座で初演された初版楽譜などの他、舞台衣装も飾られている。

美しい旧銀行内に近代絵画の傑作を展示

MAP P.44、P.30 B1

ガッレリア・ディタリア
Galleria d'Italia ☆☆

ガッレリア・ディタリア

美しい空間、サローネ・スカラ

スカラ座のほぼ対面、1900年代初頭の旧イタリア商業銀行の建物と2つの館を生かして改装された、豪華でエレガントな雰囲気の美術館。収蔵品は、主に銀行の財団が所有する1800年代後半から1900年代前半の絵画や彫刻など。

入ってすぐの広いサローネ・スカラは、歴史ある美しい空間で高い天井、幾何学模様の床、銀行窓口が残されている。周囲の仕切られた展示室には1900年代のデ・キリコ『海辺のマネキン』Manichini in riva al mare、ルーチョ・フォンタナ『ヴェネツィアの月』Luna a Venezia、など。さらに奥に進み、マンゾーニの家と隣接した小さな庭園を過ぎた1〜5室にはカノーヴァのレリーフの13作の連作、アイエツの『ふたりのフォスカリ』I due Foscariなど4点（5室）があり、この美術館の一番の見どころだ。2階には1800年代のミラノの風景画など。順路を途中まで戻った15室からは、未来派のボッチョーニの『3人の女性』Tre donneなど。当地で活躍した画家たちとミラノとロンバルディアへの愛が詰まった美術館だ。

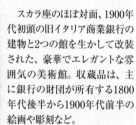
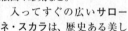
アイエツ作『ふたりのフォスカリ』

■オメノーニの家
地 P.44、P.30 B1

マリーノ宮の裏の小道を入った左側にある巨人に支えられたユニークな建物、オメノーニの家

■スカラ座博物館
住 Piazza Scala / Largo Ghiringhelli 1
　博物館入口は劇場に向かって左側奥
☎ 02-88797473
開 9:00〜17:30
　入場は閉館30分前まで
休 1/1、復活祭の㊐、5/1、8/15、12/7、12/24午後、12/25、12/26、12/31午後
料 €9、学生、65歳以上€6
交 M1・3線Duomo
●リハーサルや公演のない日の9:00〜12:00、13:30〜13:45には劇場内部の見学可能。

■ガッレリア・ディタリア
住 Piazza della Scala 6
☎ 800-167619
開 9:30〜19:30
　㊍9:30〜22:30
　12/7、12/24、12/31
　　　　9:30〜14:30
　切符売り場は閉館1時間前まで
休 ㊊、12/25
料 €10、65歳以上€8、25歳以下€5

かつてのイタリア商業銀行の建物が入口

4つのミラノの邸宅博物館

　1800年代前半から1900年代後半、経済発展を遂げたミラノの町では資産家や貴族たちがその財力にものをいわせ、自らの邸宅をその趣味趣向に合わせて飾りつけた。趣味のよさとその豪華な調度で知られる貴族の館、ポルディ・ペッツォーリ美術館、ルネッサンス回帰を目指したバガッティ兄弟によるバガッティ・ヴァルセッキ博物館、建築家 P.ポルタルッピによる近代的な合理性と当時の豊かさを具現したヴィッラ・ネッキ・カンピーリオ邸、当時を代表する「未来派」、「ノヴェチェント」など近代絵画で家中を埋め尽くしたステーファノ邸。

　いずれも建築、室内装飾のみならず、置かれた家具やそのたたずまいは、当主こだわりの美意識に貫かれた空間であり、また今にも、主人が現れそうな生活感が現在も残された稀有な美術・博物館だ。

■ポルディ・ペッツォーリ
美術館(→P.52)
　Museo Poldi Pezzoli
日本語オーディオガイドあり
(入場料に含む)
※共通券Casemuseocard
ポルディ・ペッツォーリ美術
館、ヴィッラ・ネッキ・カンピ
ーリオ、バガッティ・ヴァル
セッキ美術館と共通。€20、
12ヵ月有効。

■バガッティ・
ヴァルセッキ博物館
　Museo Bagatti
　Valsecchi
住 Via Santo Spirito 10/
　Via Gesù 5
☎ 02-76006132
開 13:00～17:45
休 月祝
料 €9、水(祝を除く)、学生、
65歳以上€6、3館共通券
€20(26歳以下の学生€10)
地 P.30 A2
交 M1線S.Babila、M3線
　Montenapoleone
日本語オーディオガイドあり
(入場料に含む)

ポルディ・ペッツォーリ美術館

Museo Poldi Pezzoli

ジャンはここで過ごすことを
好んだという。当主の思い
の詰まった書斎

　貴族ジャン・ジャコモ・ポルディ・ペッツォーリ (1822～1879) の死後2年たってから開設。ジャンが収集した輝かしいコレクションの数々はヨーロッパでも指折りもの。1300年代から1800年代の彫刻、絵画、武具、ガラス、時計、陶器、布地など。まさに貴族の生活の息吹を感じさせる。第2次世界大戦の爆撃により建物は損傷されたが、ジャンが息を引き取った母の彫像が飾られた書斎 Gabinetto Dante は近年復元され、当時のままのよう。

バガッティ・ヴァルセッキ博物館

Museo Bagatti Valsecchi

　貴族であったヴァルセッキ兄弟により、1880年代にネオ・ルネッサンス様式に改装された。ルネッサンス回帰への熱情は今も、私たちを15世紀へとタイムスリップさせてくれるようだ。調度、ジョヴァンニ・ベッリーニの祭壇画をはじめとする絵画、武具などのコレクションはもとより、洗面台、歩行器やオマルなど子供たちの生活用品もあり、楽しませてくれる。

祖父から受け継いだ武具のコレクションがズラリと並ぶ廊下

ヴィッラ・ネッキ・カンピーリオ

Villa Necchi Campiglio

緑に囲まれた
ヴィッラ・ネッ
キ・カンピー
リオ邸の大理
石のプール

ミシン製造で財をなした実業家のミラノ滞在の際の別邸として、1932〜1935年にかけて建設された。広い庭にプールやテニスコートがある豪邸だ。階段をはじめ、大扉、各所に置かれた彫刻や絵画などにスタイリッシュな当時の豊かな生活が存分に感じられる。バスルーム、キッチンをはじめ、クローゼットにはグッチのバッグやドレスなど当時のままの生活が残る。

'50年代のインテリア
と骨董、彫刻、絵画
で飾られたサローネ

ボスキ・ディ・ステーファノ邸美術館

Casa Museo Boschi di Stefano

ここで暮らしたアントニオ・ボスキとマリエーダ・ディ・ステーファノの夫妻が収集した膨大な**近代絵画**を、彼らが暮らした集合住宅のほぼワンフロアーを占めて展示。戦後の経済発展期は、ミラノの芸術活動が活発になった時代でもあった。間取りや雰囲気などにイタリア映画でよく見られる現代的な生活が感じられる。モランディ、キリコ、カンピーリをはじめとする見応えのあるコレクションは、ドゥオーモ広場の1900年代美術館にも一部展示されている。

生活感と美意識を感じ
させる室内。派手さは
ないが上質な空間

ミラノ

ルート1 ● 邸宅博物館

■ヴィッラ・ネッキ・
カンピーリオ
Villa Necchi Campiglio
🏠 Via Mozart 14
☎ 02-76340121
🕐 10:00〜18:00(最終入場
17:00)
休 月火祝
💴 €14、26歳以下の学生€5、
3館共通券€20(ガイド付き
見学のみ)、15人ごと約30分
間隔のスタート、所要約1時
間。庭園のみは無料
🗺 P.29 A4
🚇 M1線 Palestro、S.Babila
※プール横にガラス張りのカ
フェ兼レストランがオープ
ン(開は美術館と同じ)

✉ **32年ぶりのミラノ**

タクシーはチップが廃止に
なったのでしょうか?少し多め
に渡すと、どの運転手さんも
おつりを用意しようとしました。
チップをあげるとすごく喜んで
いました。32年前、ローマでチ
ップを渡さずに降りようとして、
ものすごい剣幕で怒鳴られた
記憶が鮮明でしたので、変わ
りようにビックリしました。また、
ホテルの部屋の枕チップも受
けとらなかったので、3日目から
置くのをやめました。
(匿名希望)
ミラノのタクシーは日本の感
覚で利用できます。チップや追
加料金も要求されないことがほ
とんど。(編集部)['19]

✉ **ガイド付きで、
理解度アップ**

ヴィッラ・ネッキ・カンピー
リオはガイドツアー(英・伊語)
で回りますが、簡単な日本語
の解説リーフレットもあり。1階
は玄関、図書館、居間、サン
ルーム、ダイニング、その準
備室。2階は寝室&バスルーム
が3室、廊下にはクローゼット
や召使のロッカーなど。ミラノ
の別邸の息遣いが聞こえるよ
うでした。プール脇にカフェが
あり、最後にプールサイドでカ
フェが飲めて最高でした。
(サンパウロ)

■ボスキ・ディ・
ステーファノ邸美術館
Casa Museo
Boschi di Stefano
🏠 Via G.Jan 15、
3階(2°Piano)
☎ 02-88463736
🕐 10:00〜18:00
休 月、1/1、5/1、8/15、
12/25
💴 無料 🗺 P.31 A2
🚇 M1線 Lima

51

■マンゾーニの家
住 Via Gerolamo Morone 1
☎ 02-86460403
開 ⊗～⊗10:00～18:00
　⊕14:00～18:00
休 月祝 料 €5

■ポルディ・ペッツォーリ美術館
住 Via Alessandro Manzoni 12
☎ 02-796334
開 10:00～18:00
　（入場17:30まで）
休 ⊗、1/1、復活祭の⊗、4/25、
　5/1、8/15、11/1、12/8、12/25
料 €10
　11～18歳、学生€4.50
　共通券€20(P.50)
※切符売り場でのクレジットカードの利用可。入場料にオーディオガイド利用料も含まれる。ただし、利用の際にはパスポートなどの身分証明書が必要

かつての貴族の邸宅を利用した
美術館。カフェもオープン

⊠写真OK
　スカラ座博物館、ポルディ・ペッツォーリ美術館、スフォルツァ城博物館は、ノーフラッシュなら撮影可能でした。さすが、芸術の国だと感じました。多くの美術・博物館でもノーフラッシュあるいは別途写真券の購入で撮影ができるようになってきました。
　ポルディ・ペッツォーリ美術館ではオーディオガイドに日本語がありますが、説明を聞ける展示品は限られていました。　　　（大阪府　H.T.）

■スピーガ通り
地 P.44、P.30 A2
■サンタンドレア通り
地 P.44、P.30 A2

ヨーロッパ中のブランドが
揃うイタリア1のショッピング街

マンゾーニの遺品を展示

マンゾーニの家
Casa del Manzoni / Museo Manzoniano　カーサ・デル・マンゾーニ／ムゼオ・マンゾニアーノ

マンゾーニの家

イタリアを代表する小説家のひとりであり、イタリア統一運動の指導者であったアレッサンドロ・マンゾーニの記念館。資料や遺品などを展示。スカラ広場からモンテ・ナポレオーネ通りへと続く、マンゾーニの名を冠したアレッサンドロ・マンゾーニ通りVia Alessandro Manzoniにはかつての貴族の館が連なり、昔日のミラノをしのばせる。

若き日のマンゾーニの肖像

貴族の生活が伝わる

MAP P.44、P.30 A1

ポルディ・ペッツォーリ美術館 ★★
Museo Poldi-Pezzoli　　　　ムゼオ・ポルディ・ペッツォーリ

　ミラノの貴族、ジャン・ジャコモ・ポルディ・ペッツォーリの個人収集品を彼の私邸に展示した、静かで落ち着いた美術館。
　24室に分かれた室内には、16世紀のペルシア絨毯、17世紀のフランドルのゴブラン織、16～19世紀の日時計を含むさまざまな時計のコレクション、金銀製品、ガラス、ブロンズ、家具や武具と多岐にわたる豊富なコレクションが展示されている。
　注目すべきは、ポッライウォーロ作『若い貴婦人の肖像』Ritratto di Donna、ボッティチェッリの『聖母子』Madonna col Bambino、ピエロ・デッラ・フランチェスカの『トレンティーノの聖ニコラ』S. Nicola da Tolentino、マンテーニャの『聖母子』Madonna col Bambino、フォッパの『聖母』Madonna、グァルディの『潟の景色』Veduta della Lagunaなど。

『若い貴婦人の肖像』
ポッライウォーロ作

　このほかにも、ロンバルディア派のベルゴニョーネ、ルイーニなど、ヴェネツィア派のG.ベッリーニなどの一級の作品が収蔵されている。

イタリアファッションの中心地

MAP P.44、P.30 A・B1

モンテ・ナポレオーネ通り ★
Via Monte Napoleone　　ヴィア・モンテ・ナポレオーネ

　ショッピングストリートとしてすっかり有名な通り。華やかなウインドーディスプレイに目を奪われてしまうが、実はローマ時代には城壁が築かれ、中世からは貴族の館が建ち並んだ場所だ。実際、ブティックの店構えは堂々たるネオクラシック様式を現代風に飾り立てた物が多く、通りに風格を与えている。また、ショッピング通りとして名高いスピーガ通りVia della Spiga、サンタンドレア通りVia S. Andreaも歴史を感じさせるたたずまいが残っている。

2.ブレラ絵画館周辺 旧市街北部

Intorno alla Pinacoteca di Brera

イタリア絵画を知るうえで見逃せないブレラ絵画館を中心に、ロンバルディア絵画を中心とした近代美術館、大人も子供も楽しめる自然史博物館など、美術館・博物館が点在しているコースだ。ミラノっ子のお気に入りの散歩道で木々が梢を伸ばすプップリチ公園をはじめ、ブレラ通り周辺には個性的でおしゃれなショップやレストランなどが並びそぞろ歩きも楽しい界隈だ。(所要時間 3〜4時間)

地 P.30 A1、P.29 A3・4

❶ ブレラ絵画館

イタリアでも5指に入る充実した収蔵品を誇る絵画館。18世紀に美術学校の教育用コレクションを母体にスタートし、年ごとに充実を重ね、15世紀から20世紀のイタリア美術を知るうえで欠かせない場だ。16世紀にはイエズス会がおかれた建物も貴重な物だ。

★★★ **P.54**

❷ プップリチ公園

中心街にほど近い、緑あふれるミラノのオアシス。広大な公園内や周囲には、旧王宮(GAM近代美術館)をはじめとするネオクラシック様式の建物が点在し、豊かな空間が広がる。季節によってはポニーの引き馬やメリーゴーランドも出現し、子供連れにもおすすめ。

★ **P.59**

❸ GAM近代美術館

旧王宮におかれた美術館。19世紀からの近代絵画の潮流を知るのに最適な場。館内はかつての優雅な雰囲気を残し、ゆったりと展示品が並ぶ。とりわけ1階は、調度と相まって当時のサロンの雰囲気が色濃い。館内から望む、プップリチ公園の木立も印象的だ。

★★ **P.60**

NAVIGATOR

ルート2はルート1（→P.44）から続いている。1と2を合わせて、1日の観光ルートとするのもよい。ルート1から続けて歩く場合は、再びスカラ座まで戻ろう。ルートのスタートはスカラ座から。スカラ座正面右側のヴェルディ通りVia Verdiを抜けて、ブレラ絵画館へ向かう。通りの途中、右側には17世紀のバロック様式のサン・ジュゼッペ教会S. Giuseppeが建つ。小路を抜け、大通りを渡り300mほど進むと右側にブレラ絵画館だ。絵画館の見学後はさらにブレラ通りを先に進み、交差するファーテベーネフラテッリ通りを右に曲がり、ブッブリチ公園内のGAM近代美術館、市立自然史博物館へ。各美術館の見学具合によって所要時間はかなり変わる。

ブレラ通り界隈への行き方

M 地下鉄で

以下の駅で下車
- ●M1・M3線ドゥオーモ
  Duomo
- ●M1線コルドゥーシオ
  Cordusio

✉ **ブレラ界隈で**

ブレラ通り界隈ではリストランテ・ブレラもナブッコもリゾットがおいしかった。ナブッコは他のメニューも充実していました。私たちはおいしいプロセッコ€30にボンゴレのリゾット、スパゲッティ、セコンドを注文して2人で€145でした。
（東京都 柏 '17）

✉ **無料開館日のブレラ**

2018年1月6日に年に一度の無料開館日で、10:00過ぎに着きましたが並ばずに入れました。11:30頃出てきたときには300人程の長蛇の列でした。早めの時間に行ってよかったと思いました。
（宮城県 Prima '18）

■ブレラ絵画館
- 住 Via Brera 28
- ☎ 02-72263264
- 開 8:30〜19:15
  ㊍8:30〜22:15
  （入館は閉館35分前まで）
- 休 ㊊、1/1、5/1、12/25
- 料 €10（毎月第1㊐は無料）
- 交 M2線Lanza
  M3線Montenapoleone
- ※入口は中庭を抜け、階段を上った2階、ブックショップ奥。オーディオガイド€5あり（身分証明書が必要）

そぞろ歩きも楽しい MAP P.53、P.30 A1

ブレラ通り界隈
Via Brera
ヴィア・ブレーラ

ブレラ通りのにぎわい

スカラ座方面からブレラ絵画館へと続く通り。石畳の細い通りに画廊やブティック、レストランなどが建ち並び、そぞろ歩きが楽しい界隈だ。古くから続く庶民的な地区におしゃれな商店などが立ち並び、ビビッドな今のミラノを知るのにも最適な場所。

ブレラ絵画館内には美術学校があるので、画材屋や画廊、ブティック、アクセサリー店、手頃なレストランやピッツェリアが点在し、若い芸術家や学生たちに愛されている通りとなっている。ブレラ通りから西に延びるフィオーリ・キャーリ通りVia Fiori Chiariや北側のソルフェリーノ通りVia Solferinoにもスノッブな雰囲気の店が多い。毎月第3日曜日（7、8月は除く）には骨董市も開かれる。

イタリア絵画の潮流を知る MAP P.53、P.30 A1

ブレラ絵画館 ★★★
Pinacoteca di Brera
ピナコテーカ・ディ・ブレーラ

イタリアでも5指に入る美術館のひとつ。16世紀、M.バッシによって着工され、1651年F.M.リキーニによって完成された建物は、広い中庭をもち、優美な円柱の支えるアーチによる回廊が2層に重なり、重厚な雰囲気だ。

2本の円柱の支えるアーチの回廊が美しい中庭

門を入ると、カノーヴァ作の『ナポレオンⅠ世の銅像』が迎えてくれる。中庭を抜け、大階段を上った2階から展示が始まる。

絵画館は、1776年、女帝マリア・テレーザによって美術学校とともに創立されたもの。その後、ナポレオン自身の手によってコレクションが増やされ、さらに拡充されていった。現在も、さまざまな研究機関、図書館、国立美術学校などがおかれている。

美術学校の授業風景

······ ブレラ絵画館 ······

展示室の入口は、階段を上ってブックショップから入る。部屋の番号に従う年代順の展示だが、途中の10・11室は、イエージ家の寄贈とユッカー家の委託作品を展示する20世紀のイタリア絵画のコレクションとなっている。

15～18世紀のロンバルディア派とヴェネツィア派の作品が中心だが、現代美術（特に未来派と抽象、20世紀絵画）や彫刻までも収蔵され、イタリア絵画の歴史が一堂に眺められる。館内は、各派別に展示室が分類されてわかりやすい展示になっている。必見の作品を挙げてみよう。

ジョヴァンニ・ベッリーニ作『聖母子』

●1400年代のヴェネツィア派

マンテーニャの『聖ルカの多翼祭壇画』の一部である『聖母子と天使』Madonna col Bambino fra Cherubini、『死せるキリスト』Cristo Morto(必見**1**)。ジョヴァンニ・ベッリーニ『ピエタ』La Pietà(必見**2**)『聖母子』Madonna col Bambino。ジェンティーレおよびジョヴァンニ・ベッリーニの『アレッサンドリアの聖マルコの説教』La Predica di S. Marco in Alessandria(必見**3**)。クリヴェッリの『ろうそくの聖母』

クリヴェッリ作
『ろうそくの聖母』

マンテーニャ作『聖母子と天使』

Madonna della Candeletta。カルパッチョの『聖ステファヌスのいさかい』Disputa di S. Stefano、『マリアの奉献』Presentazione della Vergine al Tempio。

●1500年代のヴェネツィア派

ロットの『ピエタ』Pietà、『男達の肖像』Ritratti Virili。ティツィアーノの『ポルチアの肖像』Ritratto del Conte Porcia、『聖ジローラモ』S. Girolamo。ヴェロネーゼの『最後の晩餐』L'ultima Cena。ティントレットの『聖マルコの遺体の発見』Il Ritrovamento del Corpo di San Marco(必見**4**)、『ピエタ』Pietà。

ロット作
『ピエタ』

●1400～1500年代のロンバルディア派

ブラマンティーノの『聖母子』Madonna Col Bambino e due Angeli、ベルゴニョーネの『聖母子』Madonna col Bambino、フォッパの『聖セバスティアーノ』Martiro San Sebastiano。

ベルゴニョーネ作『聖母子』

●1400～1500年代のエミリア派

コレッジョの『東方の三博士の訪問』Adorazione dei Magi。エルコーレ・デ・ロベルティの『玉座の聖母と聖人』La Madonna col Figlio e Santi。

ブレラ絵画館（2階）
Pinacoteca di Brera

必見ベスト **10**

1 マンテーニャ作
『死せるキリスト』 Cristo Morto 1480年頃

マンテーニャが自らの死を予期した時に描いたといわれる。正確な遠近法と大胆な短縮法の斬新な構図、そして宗教画らしからぬ生々しい描写で人々に衝撃を与えた。

2 ジョヴァンニ・ベッリーニ作
『ピエタ』 Pietà 1470年頃

画家がその人生で取り組み続けた主題、ピエタ。古典的でバランスのとれた構図と悲しみと嘆きの声が聞こえてくるような表現力、洗練された色使いが見事。

9 ペリッツァ・ダ・ヴォルペード作
『洪水』 Fiumana 1895-1896年

色とりどりの点描画で描かれているのは、教会、貴族、ブルジョア、プロレタリアの4階級の男たちだ。画家はラファエッロやダ・ヴィンチから影響を受けた。

```
                    1A
        切符売り場
ブック・    ロッカー    ①        イタリア絵画 1
ショップ
                38        ↑入口

      1700〜1800年代
      イタリア絵画
            37
      35                          中庭
      1700年代    36
    ヴェネツィア派
    宗教画
      34

  33  外国絵画        1600年代
        31      イタリア絵画
  32          30  29    28    27    24
                          中部イタリア絵画
            ブレラ通り
```

8 アイエツ作
『接吻』 Il bacio 1859年

身分違いの禁断の愛を描いて大流行した作品。ふたりの服は当時人気のヴェルディのオペラの衣装だという。

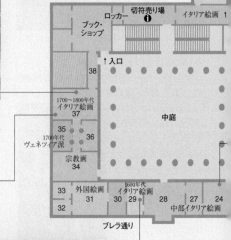

7 カラヴァッジョ作
『エマオの晩餐』
Cena in Emmaus
1605-1606年

イエスの復活を主題とした作品。生き返ったイエスを前に驚く弟子たちを描いている。6年前に描かれた同作と比べ、静謐で精神的。

3 ジェンティーレおよび
ジョヴァンニ・
ベッリーニ作
『アレッサンドリアの
聖マルコの説教』
Predica di San Marco
1504〜1505年

サン・マルコ同信組合の依頼を
受け兄のジェンティーレが着手
し、その後弟のジョヴァンニが
完成させた。サン・マルコ寺院
をモデルとしたかのような聖堂前
には当時のヴェネツィアの有力
者たちが描かれている。

10 モディリアーニ作
『若い女性の肖像』
L'enfant gras
1915年

面長の顔とアーモンド形の瞳で多
数の肖像画を描いたモディリアー
ニ。作品は大胆でエキセントリック
だが、人間味あふれる現代画とし
て高く評価されている。

8
7
**1900年代
イタリア絵画**
●イメージ家の寄贈と
ユッカ家の委託作品）
11
6
**1400〜1500年代
ヴェネツィア派**
9
**1200〜1400年代
イタリア派**
2 3 4 5
10
14
19
**1400〜1500年代
ロンバルディア派**
15
12
18
修復室
13
20
21
**1400〜1500年代
エミリア派**
22
23

4 ティントレット作
『聖マルコの
遺体の発見』
Miracolo di San Marco
1562年

聖マルコが僧院の墓所で発見された瞬間
を描いた名作。ドラマチックな構図とス
トーリー性のある人物配置、強い光の効果
がティントレットらしい。

5 ピエロ・デッラ・
フランチェスカ作
『ウルビーノ公
モンテフェルトロの
聖母子と聖人の
祭壇画』
Pala Montefeltro
1474年

極めて正確な遠近法を用いて
描かれた背景と、美しく明瞭な
色彩で描かれながらも厳粛な
雰囲気の作品。聖人たちの会
話が聞こえてくるようだ。

6 ラファエッロ作
『聖母の婚姻』
Sposalizio della Vergine 1504年

独身者が広場に杖を持って集まり、マリア
の夫として神に選ばれた者の杖先に花が咲
く。神に選ばれたヨゼフとマリアが婚姻を
結ぶ瞬間を描いた作品。右側には選ばれず
悔しがる男も。

●1400～1500年代の中部イタリアの画家たち

ロレンツェッティの『聖母子』Madonna col Bambino。ブラマンテの『柱につながれたキリスト』Cristo alla Colonna、『パニガローラ家のフレスコ画』Affreschi Staccati da Casa Panigarola。ピエロ・デッラ・フランチェスカの『ウルビーノ公モンテフェルトロの聖母子と聖人の祭壇画』Madonna e Santi con Federico da Montefeltro Orante（必見 **5**）。ラファエッロの『聖母の婚姻』La Sposalizio della Vergine（必見 **6**）。

ブラマンテ作
『柱につながれたキリスト』

●1600年代のイタリアの画家

カラヴァッジョの『エマオの晩餐』Cena in Emmaus（必見 **7**）、ベルナルディーノ・ルイーニ『ばら園の聖母』La Madonna del Roseto。

『ばら園の聖母』と
呼ばれる、
ルイーニの『聖母子』

●1700年代のイタリアの画家では、ティエポロ、カナレット、ロンギなど。ロンギの『歯医者』Il Cavadentiは、当時の装束がおもしろい。

ロンギ作
『歯医者』

●1800年代では、アイエツの『接吻』Il bacio（必見 **8**）やセガンティーニの『春の牧場』Pascoli di primaveraなど。また、ジョゼッペ・ペリッツァの『洪水』Fiumana（必見 **9**）は、1900年代美術館に飾られる『第4階級』とともにイタリアの1800年代の最後を飾る作品。

セガンティーニ作『春の牧場』

●1900年代イタリア絵画

モランディ、カルロ・カッラ、未来派のウンベルト・ボッチョーニの『ガッレリアでのけんか』Rissa in Galleriaなどの作品。彫刻では、マリーノ・マリーニ、アルトゥーロ・マルティーニ、このほかピカソやモディリアーニの『若い女性の肖像』L'enfant gras（必見 **10**）が興味深い。

ウンベルト・
ボッチョーニ作品
『ガッレリアでのけんか』

●外国絵画

ヴァン・ダイクの『アメリアの肖像』Ritratto di Amelia di Solms、ルーベンスの『最後の晩餐』Ultima Cena。レンブラントの『妹の肖像』Ritratto della Sorella、エル・グレコの『聖フランチェスコ』S. Francesco。

そのほかには、ベンボによって作られた金で飾られたエレガントな大型の48枚のタロットカード（15世紀）などの当時の豪奢な生活をしのばせる品々もある。

ルーベンス作
『最後の晩餐』

4世紀からの歴史を誇る

MAP P.53、P.28 A2

サン・シンプリチャーノ教会

San Simpliciano　　　　　　　サン・シンプリチャーノ

　ブレラ絵画館の北西に位置する、4世紀に建てられたロマネスク様式の教会。たび重なる改築により姿を変え、当時の面影は正面扉周辺にわずかに残るのみだ。高い天井が広がりを感じさせる内部、後陣クーポラに残るベルゴニョーネの『聖母マリアの戴冠』Incoronazione della Vergineは必見だ。

緑あふれる散歩道

MAP P.53、P.29 A4

プッブリチ公園 ☆

Giardini Pubblici　　　　　ジャルディーニ・プッブリチ

市民のオアシス、プッブリチ公園

　ゆったりとした緑と池の広がる公園。自転車やローラースケートに興じる子供、ときには結婚式を挙げたばかりのウェディングドレスに身を包んだ花嫁の記念撮影姿なども見られ、ミラノっ子に愛されている場所のひとつだ。とりわけ、新緑の季節やマロニエの色づく頃の散策は気持ちよい。

　公園内、大通りに面して見どころであるネオクラシック様式の建物が点在している。品格のある堂々とした建物と相まって、懐かしいような独特な空間になっている。

　公園内のドゥニャー二宮Palazzo Dugnaniの大広間にはティエポロのフレスコ画があり、催事を中心に公開されている。このほかプラネタリウムなどもあり、**自然史博物館**（→P.60）とともにイタリア人の遠足のコースでもある。

メリーゴーラウンドも登場。
大人も子供も楽しめる

優雅さあふれる空間

MAP P.53、P.29 A4

旧王宮 ☆

Villa Reale　　　　　　　　ヴィッラ・レアーレ

　ネオクラシック様式でまとめられた、ミラノを代表する建物。前国王離宮で、1790年に建築家レオパルド・ポラックがベルジョイオーゾ伯爵のために建てた。内部には**GAM近代美術館**がおかれている。

旧王宮らしい美しい緑が広がる

■サン・シンプリチャーノ
　教会
🏠 Piazza S. Simpliciano 7
🕐 7:30～12:00
　15:00～19:00
　⑪祝 8:00～12:30
　　16:00～19:00

正面扉にロマネスク様式が残る
サン・シンプリチャーノ教会

プッブリチ公園への行き方

Ⓜ **地下鉄で**
　以下の駅で下車
　●M1線パレストロPalestro
　●M3線トゥラーティTurati

■プッブリチ公園
🕐 11～2月　　6:30～20:00
　3、4、10月　6:30～21:00
　5月　　　　6:30～22:00
　6～9月　　6:30～23:30
🚫 無休
💰 無料
🚇 M1線Palestro
　●入口はPorta Venezia、Via
　　Palestro、Via Manin。

■ドゥニャー二宮
🏠 Via Daniele Manin 2
※催事のみの公開

✉ **映画博物館は移転**
　現在はプッブリチ公園内ではなく、下記住所に移転しました。M5線のBicocca駅下車が便利。　（まほさく　'18）

■映画博物館
**Museo Interattivo
del Cinema**
🏠 Viale Fulvio Testi 121
☎ 02-87242114
🕐 ⑫～⑮15:00～18:00
　⑯⑪　15:00～19:00
💰 €5.50
🗺 中央駅北西、地図外
※🕐はイベント、プログラムにより変更あり。詳細はURL
//mic.cinetecamilano.it

左段

■GAM近代美術館

住 Via Palestro 16
☎ 02-88445947
開 9:00～17:30
（入館は16:30まで）
休 ㊊、1/1、復活祭の㊐、
5/1、12/25
料 €5、65歳以上€3、18歳
以下無料
交 M1線Palestro
※毎月の第1㊐、第1、第3㊌
14:00～無料

✉ 骨董市に行ったよ～

ブレラ美術館周辺（→P.54）
では第3日曜に骨董市が開かれ
ます。アクセサリーやビーズ、
ファッション小物、ポスターな
ど小さいものが多く女性向け
です。ナヴィリオ運河沿いで
は毎月の最終日曜に骨董市が
あります。食器などのガラス
製品は新聞紙に包んでくれま
すが袋はないので、出かける
際には、スーパーの袋より丈
夫なエコバッグがあると便利
です。
（大阪府　つむぎちゃん　'17）

■自然史博物館

住 Corso Venezia 55
☎ 02-88463337
開 ㊋～㊐9:00～17:30
（入館は16:30まで）
休 ㊊、1/1、5/1、8/15、12/25
料 €5、学生、65歳以上€3、
共通券€12（→P.64）
交 M1線Palestro
M3線Turati
※第1、第3㊌14:00～、毎月
の第1㊐は入館無料

ネオロマネスク様式の
自然史博物館

右段

優雅な近代絵画の館　　　　　　　　　　MAP P.53、P.29 A4

GAM近代美術館 ★★

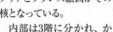
GAM Galleria d'Arte Moderna　　ガム・ガッレリア・ダルテ・モデルナ

　美しい建物とゆったり配
置された収蔵品のすばらし
さやそのたたずまいから、「ミ
ラノの小さな宝石」とも呼ば
れる美術館。収蔵品はミラ
ノ市民の寄贈によるもので、
実業家グラッシとヴィスマラ
による1800～1900年代のイ
タリアとフランス絵画がその
核となっている。

エレガントな内部に彫像が配されて

　内部は3階に分かれ、か
つての典雅なサロンをしのばせる1階はネオクラシック様式の彫刻や絵
画で飾られている。カノーヴァ、アッピアーニ、G.ボッシの作品や、ハ
イエツによる『マンゾーニの肖像画』Ritratto di A.Manzoniをはじめ、
18～19世紀に活躍した文化人たちの肖像画など。同階のヴィスマラ・
コレクションにはピカソ、デュフィ、ルノワールなど。
　2階はロマン主義から写実主義までのイタリア近代絵画がその潮
流ごとに並べられている。インドゥーノ、ピッチョをはじめ、セガン
ティーニの『母たち』Le due Madri、『ギャロップする馬』Cavallo al
galoppoなど。
　3階の大部分を占めるグラッシ・コレクションは19世紀のイタリアお
よびヨーロッパ絵画。一部に仏像などの東洋美術も並ぶ。
　時間があれば、ミラノで最初に造られたというイギリス庭園を散策し、
建物の全体像も眺めよう。

恐竜好きには見逃せない　　　　　　　　MAP P.53、P.29 A4

自然史博物館 ★

Museo Civico di Storia Naturale　ムゼオ・チヴィコ・ディ・ストーリア・ナトゥラーレ

　1838年に設立された自然科学の理解を深めるための博物館。19の
展示室に、化石、剥製、透視画などを展示。1階の1、2、3室は鉱物、
隕石、40kgのトパーズの原石など。4室、古生物の紹介。5室、ロンバ
ルディアの爬虫類の複製品。6室、恐竜類の骨格。特に1億5000万年
前の恐竜アロサウ
ルスAllosauroは
必見。2階の3室は
鳥類。このほか、
哺乳動物と19mも
あるヒゲクジラの骨
格やイタリアの国立
公園の透視画など
が展示されている。

アロサウルス

3.『最後の晩餐』からスフォルツァ城周辺 旧市街西部
Dal Cenacolo Vinciano al Castello Sforzesco

ミラノ繁栄の基礎を築いたルネッサンス時代を代表する見どころを中心に巡るルート。ユネスコの世界遺産に登録されたダ・ヴィンチの壁画『最後の晩餐』のあるサンタ・マリア・デッレ・グラツィエ教会から、市中心部南のサンタンブロージョ聖堂周辺、北西に広がる緑のセンピオーネ公園に付属するスフォルツァ城までをたどる。(所要時間 約4～5時間)

地 P.28 AB1・2

1 「最後の晩餐」

サンタ・マリア・デッレ・グラツィエ教会に付属するドメニコ派修道院の食堂に描かれている大画面の壁画。ルネッサンス時代の天才、レオナルド・ダ・ヴィンチが描いた唯一の壁画として、またその芸術的表現、当時の革新的技法などで注目される作品だ。

★★★ P.62

2 スフォルツァ城博物館

ルネッサンスの時代にミラノを治めたヴィスコンティ家とスフォルツァ家の居城兼城塞。赤いれんがと周囲の緑のコントラストも美しい。内部には美術・博物館がおかれ、ミケランジェロの傑作『ロンダニーニのピエタ』をはじめ、数多い収蔵品が展示されている。

★★ P.66/67

3 サンタンブロージョ聖堂

古代ローマから続く、ミラノの歴史を刻む聖堂。ローマ時代の遺構の上に建てられたロマネスク様式の傑作。同名のミラノの守護聖人が建設に着手し、ここに祀られている。堂々とたたずまいながら外観はシンプル。内部は見事な空間構成と相まって荘厳さにあふれる。

★★ P.65

4 国立科学技術博物館

イタリア最大の科学技術博物館。広大な敷地に1500年代から現代までのイタリアの科学技術の歴史をその実物とともに展示。ダ・ヴィンチのデッサンやその模型をはじめ、発電所、史上初の間接アーク炉の「スタッサーノの釜」から「月の石」と多岐に渡り、楽しく科学が学べる場。

★★ P.68

ルートは直線でたどるだけでもやや長い。さらにスフォルツァ城内やセンピオーネ公園をどう歩くかで距離はかなり変わる。ルートにこだわらず、見たい場所に地下鉄で直行するのもいい。

モデルルートはサンタ・マリア・デッレ・グラツィエ教会からスタート。地下鉄カドルナまたはコンチリアツィオーネ駅からボッカチッチョ通りに沿って進み、ジョヴィーネ・イタリア広場Piazza Giovine Italiaから南に下がるとサンタ・マリア・デッレ・グラツィエ教会だ。教会正面の左側、旧修道院内に『最後の晩餐』がある。教会前の広場から南に延びるVia Zenaleを抜けて、Via S. Vittoreを左に曲がると、すぐ右側の広場にダ・ヴィンチ記念国立科学技術博物館が建つ。さらにVia S. Vittoreを進み、カルドゥッチ通りVia Carducciを渡るとサンタンブロージョ聖堂だ。

S・M・デッレ・グラツィエ教会への行き方

Ⓜ **地下鉄で**

以下の駅で下車
● 地下鉄M1・2線
カドルナ
Cadorna-Triennale
● 地下鉄M1線
コンチリアツィオーネ
Conciliazione
※ドゥオーモ広場そばから
トラム16番

■ **『最後の晩餐』**
🏠 Piazza S. M. delle Grazie 2
🕐 8:15～18:45
休 ⑨、1/1、5/1、12/25
料 €10＋€2(予約料)
※1回30人、15分の見学
オーディオガイド
€3.50（日本語あり、要パスポート）
ガイド付きツアー
英語9:00、15:20。イタリア語9:40、16:00。この時間帯はガイド付き見学のみで、別途€3.50がガイド料として必要。

ダ・ヴィンチの傑作

MAP P.61、P.28 B1

『最後の晩餐』 世界遺産 ★★★
Cenacolo Vinciano

チェナーコロ・ヴィンチャーノ

ダ・ヴィンチの天才を伝える最高傑作『最後の晩餐』

サンタ・マリア・デッレ・グラツィエ教会の向かって左側にある旧ドメニコ派修道院の食堂にある。

レオナルド・ダ・ヴィンチが、ルドヴィーコ・イル・モーロに仕える技師として、ミラノに滞在中の1495～1497年の間に描いたもの。従来のフレスコ画と異なる手法を用いたため、完成間もなくから傷み始め、ナポレオンの時代には、食堂は馬屋に使われ、1943年には戦争による爆撃も受けた。しかし、ベレンソンが「彼（ダ・ヴィンチ）の触れた物で、永遠の美に変身しなかった物はない」と言ったとおり、近年の修復作業により、明確な画像を目にすることができるようになった。

壁面の高みいっぱいに描かれたこの劇的な作品は、キリストが12人の弟子に向かって、自分を裏切る弟子の存在について語っている姿だ。銀貨30枚でキリストを売ったユダは、キリストから左に3人目の人物。手には袋を持ち、顔には光が当たらないように描かれている。

巧みな空間構成、神秘的な光線、人々

「汝らのひとり、我を売らん」

『最後の晩餐』予約方法

ミラノ☎02-92800360(⑨～⑤8:00～18:30)へダイヤル。イタリア語のガイダンスに従い、番号を選択すると、数度目に係員につながる。あるいは係員(英語可)が直接応答する。係員に希望日時、人数を申し込む(クレジットカードのNo.、裏面のセキュリティコードが必要)。その際に、予約番号を告げられるので、それをメモしておこう。その後指示に従い、入館当日は予約時間の20分以上前に、S.M.d.グラツ

ィエ教会脇の窓口(8:15～19:00)で予約番号、人数などを告げて予約料と入館料を支払い、切符を受け取ること。入館の予約状況により最低5～30日くらい前には申し込みを。

URL www.vivaticket.itからも予約可。

キャンセルも同予約☎で受け付け。見学は予約義務なので、事前に予約をしよう。

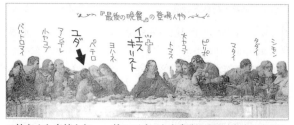

『最後の晩餐』の登場人物

バルトロメオ　小ヤコブ　アンデレ　ユダ　ペテロ　ヨハネ　イエス・キリスト　トマス　大ヤコブ　フィリポ　マタイ　タダイ　シモン

の控えめな表情など……彼の天才ぶりを余すことなく伝える作品となっている。

正面には、モントルファノ（1495年）のキリストの十字架刑Crocifissioneのフレスコ画が描かれている。

ロンバルディア・ルネッサンスの美しい教会

`MAP P.61、P.28 B1`

サンタ・マリア・デッレ・グラツィエ教会 ★★
Santa Maria delle Grazie

サンタ・マリア・デッレ・グラツィエ

ミラノにおけるルネッサンス期最大の建築物。1466〜1490年の間に、ソラーリによってロンバルディア派ゴシック様式に建てられ、その後、スフォルツァ家のミラノ公ルドヴィーコ・イル・モーロが後陣の建築をブラマンテに命じた。これによ

内部はブラマンテ設計のすばらしいルネッサンス空間

り重々しい四角形の上に多角形の尖塔のある丸天井が載り、ダイナミックな物になった。連続したアーチ、円のモチーフが壮麗さを極め、ルネッサンスの空間建築のすばらしい一例だ。はめ木細工が見事な旧聖具室と優美な回廊付き中庭chiostrinoもブラマンテの作。

🏛 世界遺産

サンタ・マリア・デッレ・グラツィエ教会および修道院とレオナルド・ダ・ヴィンチによる「最後の晩餐」
登録年1980年　文化遺産

✉「最後の晩餐」

入場券は「最後の晩餐」を5分割したもの。数回入場、あるいは複数人で1枚の絵画にする楽しみがあります。
（山梨県　佐藤聖美　'16）

予約が取れなかったので、ダメもとでミラノ到着後、ホテルにも寄らずに直行しました。結果、入れることになりました。そのときの私たちの格好は10日分の荷物が入ったバックパック、夫はプラス大きなボストンバッグでしたが、特に預けてとも言われませんでした。
（むく　'16）

身分証明書の持参を

2018年11/1より、ネット購入した切符を引き換える際には窓口で本人確認のために身分証明書の提示が求められる。切符の購入は1人5枚まで。ガイド付きツアーの時間帯にはガイド料€3.50が付加される。

■S.M.d.グラツィエ教会
🕙 10:00〜12:00
　　15:00（7月15:30）〜17:55
　　🟤㉅15:30（7・8月16:00）〜
　　　　　　　　　　　17:55
🈲 1/1、復活祭の🟤、5/1、
　　5/25

「最後の晩餐」情報

✉『最後の晩餐』鑑賞ツアー

コースはドゥオーモ→ガッレリア→スカラ座と博物館の1時間30分くらいはバスに乗らず歩き回るので、老人および子連れにはちょっと大変かも。その後はバスに乗って回ります。利用したのが大雨の日だったのですが、時間を無駄にすることなく『最後の晩餐』も見られて満足でした。1人€55でしたが、3人目は割引で€45でした。
（神奈川県　斎藤健一）

✉電話で予約

見学2ヵ月前に電話で予約しました。予約の際は、クレジットカードの番号、PINコード、予約確認メールを受け取るアドレス（届かなくても、予約番号を控えていればOKとのこと）を伝える必要があります。
（埼玉県　SATOMI）

✉当日にゴー

8:20に現地窓口で「Do you hava a ticket?」と尋ねてみると、9:00の回がありました。日本のGW中でしたが、イタリアでは平日の朝だったからか、9時の回は結局10人ほどしかいませんでした。学生時代に見たときはくすんだ絵という印象でしたが、今回はとても鮮やかな絵になっていました。（匿名希望）

✉写真撮影禁止！

2018年11月7日に再訪。2016年11月に訪れた時はフラッシュ禁止の条件で写真撮影が可能でしたが、今回は写真撮影が一切不可で、撮影禁止の表示もありました。皆マナーを守り撮影せず観てましたが、こっそり撮影しようとした人がおり係員に厳しく注意されてました。
（北海道　わん　'18）

私の見学した回はオーディオガイドではなく、ガイド付き（英語またはイタリア語）になり、別途€3.50がかかりました。ネットで予約しプリントアウトしたものを持って行き、入口から20mくらい西にある建物で切符と交換。予約時間の10分前に、入口から待合に入って待ちます。
（香川県　青い島　'16）

強固な城塞に残る
ヴィスコンティ家の紋章

■スフォルツァ城
住 Piazza Castello
開 7:00～19:30　料 無料

✉ スフォルツァ城前の
ミサンガ売り

　城の入口手前に黒人のミサンガ売りがいました。勝手に手首に巻きつけ€50を要求してきます。巻き付けられても「NO!!」と強く言い、払わなくていいです。ベテラン添乗員さん談。他国の観光客も「NO!!」と大声で言ってました。
（香川県　青い島　'16）

✉ ドゥオーモ近くでも

　ミラノのドゥオーモ付近を歩いていたら、不意にミサンガを肩にのせられた。置いた相手に戻そうとしても受け取らずお金を要求するのが手口と思い、とっさに手で振り払って落としたら怒ったような口調で少し追いかけられました。肩にのせられてもまったく気がつかないフリをして無視して歩き続けたらよかったのかもと思いました。
（北海道　わん　'18）

市立水族館正面

ミラノ統治者の居城兼城塞　　　

スフォルツァ城(→P.66)　★★
Castello Sforzesco　　　カステッロ・スフォルツェスコ

堂々としたスフォルツァ城

　ミラノのルネッサンス期最大の宮殿。かつての領主、ヴィスコンティ家の城跡にフランチェスコ・スフォルツァ公爵の命により、1450年に城兼要塞として建てられた物。15世紀には、イタリア各地からの芸術家たちが、この宮廷でさまざまな技を競ったという。その後、フランス軍、スペイン軍の攻勢に遭い、1766年のナポレオンの到来までの間に城はより強固な城塞となった。18世紀後半、建築家ルカ・ベルトラミによって修復された。

　城の真正面にあるフィラレーテ門から入ると昔の練兵場であった中庭があり、1477年のボナ・ディ・サヴォイアの塔が見える。緑の草の茂る深い堀と跳ね橋を渡ると、右側はかつての領主の住まいであったコルテ・ドゥカーレだ。内部は豪華なフレスコ画で飾られた部屋が続いている。右側には、博物館の入口がある。現在この城は、古代ローマ、エジプト美術、古代楽器、陶器、写真資料、絵画、彫刻、コインといった多岐にわたる分野の博物館と美術館（→P.66～67）となっている。

ライトアップされた武器の中庭

緑あふれる広大な庭園　　　

センピオーネ公園　★
Parco Sempione　　　パルコ・センピオーネ

　スフォルツァ城の裏手に広がるのが、かつては領主の森であった、47ヘクタールの広さを誇る緑あふれる公園。

　城を背にして、正面遠くに見える平和の門Arco della Paceは6頭立ての馬車に乗ったナポレオン像を頂に抱く門。1859年にV.エマヌエーレII世とフランス王ナポレオンIII世が凱旋のためこの門を通過した。右側にはナポレオン時代の美しいネオクラシック様式の競技場、アレーナArenaと市立水族館Acquario Civicoが位置している。左には、建築・デザインのトリエンナーレ展の開催場となるアルテ宮Palazzo dell' Arteがある。

ミラノ市民が憩う公園

ミラノの守護聖人を祀る　MAP P.61、P.28 B2

サンタンブロージョ聖堂 ★★
Basilica di Sant'Ambrogio
バジリカ・ディ・サンタンブロージョ

キリストと聖アンブロージョの伝説を物語る祭壇天蓋（キボリウム）

ミラノの守護聖人である大司教アンブロージョを祀る最古の聖堂。386年にアンブロージョ自身によって建てられ、9～11世紀に再建されたロンバルディア・ロマネスク建築の傑作。にぎやかな広場から聖堂の敷地へ入ると、アーチを描く回廊に続いてふたつの鐘楼に挟まれた三角形の正面が見える。赤茶けたれんが造りの実にひっそりとさびし気な雰囲気だ。

内部は、ビザンチン様式の特徴である柱で区切られた3身廊となっている。主祭壇部分は、赤大理石の4本の柱で支えられ、ロンバルディア・ビザンチン様式（10世紀）の彩色と漆喰（しっくい）で飾られた祭壇天蓋Altare Maggioreが載る。金色の漆喰の浮き彫りは、キリストと聖アンブロージョの伝説を物語っている。

中世の金銀細工の粋を集めた、黄金祭壇

この下には、金銀細工師ヴォルヴィーノの傑作である黄金祭壇があり、宝石、七宝、浮き彫り彫刻が施されている。

祭壇右側奥の礼拝堂、サン・ヴィットーレ・イン・チェル・ドーロS. Vittore in Ciel d' Oroは4世紀に建てられ、5世紀のモザイク画で飾られている。天井も壁面もモザイクで飾られ、青と金で描かれた聖人には、ビザンチンの影響がうかがえる。ここには、聖アンブロージョの唯一の確かな肖像が描かれている。左側からはブラマンテ（1492年）による柱廊に続き、サンタンブロージョ聖堂宝物庫Tesoro di S. Ambrogioがある。

16世紀のフレスコ画を飾る　MAP P.61、P.28 B2

サン・マウリツィオ教会 ★
San Maurizio
サン・マウリツィオ

サン・マウリツィオ教会

現在の市立考古学博物館の場所にあった15世紀から続いたマッジョーレ女子修道院付属の教会。1500年代のロンバルディア・ルネッサンスの優美な建物だ。内部の合唱席はルイーニと弟子らによるフレスコ画で飾られている。とりわけ、右側の第3礼拝堂の『聖カテリーナの生涯』Storia della Vita di S. Caterinaは必見だ。

■サンタンブロージョ聖堂
住 Piazza S. Ambrogio
☎ 02-86450895
開 7:30～12:30
　14:30～19:00
　🅰 7:30～13:00
　　15:00～20:00
🚇 M2線S. Ambrogio

✉️サンタンブロージョ聖堂
見飽きない彫像
　ファサード前、ブラマンテ作の柱廊のある中庭はいかにもロマネスク風。柱頭の怪獣の彫刻は単純な線彫りながら稚拙ではなくユーモラスでありおもしろい。ケンタウロス、天馬、妖獣、馬の頭で鳥の怪獣など、見ていて飽きません。
　　　　　　　　（長野一隆）

■サンタンブロージョ
聖堂宝物庫とモザイク
開 10:00～12:00
　14:30～18:00
　🅰15:00～17:30
休 🅰
料 €2

ロンバルディア・
ロマネスク様式の
サンタンブロージョ聖堂

■サン・マウリツィオ教会／
旧マッジョーレ修道院
住 Corso Magenta 15
開 9:30～17:30
　🅰13:30～17:30
休 🅰
料 €2

✉️5/1頃のミラノ
　2018年4月30日は、休日（学校は休み）だったので月曜休館日のところも開館していました。5/1はメーデーの祝日のため連休となり、イタリア人の旅行客も多かったです。この日は地下鉄も19:00台には終了して、帰りはタクシーに並びました。この時期は公共交通の運転時間の確認を。（東京都　柏　'18）

■スフォルツァ城博物館

住 Piazza Castello
☎ 02-88463703
開 9:00～17:30
（入館は17:00、切符売り場
は16:30まで）
休 ㊗、1/1、5/1、12/25
割 €5、学生・65歳以上€3、
18歳以下無料
共通券€12（→P.64）
※毎月の第1㊐、第1、第3㊌
14:00～入場無料
※閉館時間より早めに退出が
促されるので、時間に余裕
をもって出かけよう

スフォルツァ城への行き方

Ⓜ 地下鉄で

以下の駅で下車
●M1・2線カドルナCadorna
●M1線カイローリCairoli
●M2線ランツァLanza

見る角度によりイエスを天に引
き上げるマリア、悲しみのマリ
アを背負うイエス

ダ・ヴィンチ愛好家、必見
第8室　アッセの間にはレオ
ナルド・ダ・ヴィンチが1498
年頃に描いたモノクロームの壁
画（部分）が残されている。これ
は、当時の当主ルドヴィーコ・
イル・モーロが依頼したもの
の、後年漆喰が塗られ19世紀
末になって発見されたもの。岩
のなかで根を張る植物が天井
へ向かって力強く枝葉を広げ
る構図は「自然の詩」の表現とい
う。描かれた木は、桑の木＝ラ
テン語で「モルス」＝依頼主モー
ロを暗示。桑の木は古来より
賢さの象徴とされるため、ルド
ヴィーコ・イル・モーロを賛辞
した絵だと解釈されている。と
はいえ、解釈の難しさと抑えた
色彩からか、これまであまり注
目を集めなかった。

莫大な収蔵品を誇る総合博物館　**MAP** P.61、P.28 A2

スフォルツァ城博物館

Musei del Castello Sforzesco　ムゼイ・デル・カステッロ・スフォルツェスコ

ロンダニーニのピエタ美術館　★★★
Museo Pietà Rondanini-Michelangelo

ロンダニーニのピエタ美術館。ピエタを360
度から眺められる印象的な空間

2015年、入口から武器の中庭
に入った左奥に「ロンダニーニのピ
エタ博物館」がオープン。「ピエタ
Pietà」とはイタリア語で「哀れみ」
の意味で、ピエタ像そのものを指
すことも多く、イエスの亡骸を抱
いて悲しむマリアの姿は多くの美
術作品で目にするものだ。

ミケランジェロが89歳で死ぬ間
際まで手がけた『ロンダニーニのピエタ』は、苦悩と悲しみにあふれて
いる。素早く作品を仕上げた彼としては珍しく、愛着深く10年以上も
の間手元に置き、手をかけていたといわれている。

古代美術館　★★
Museo d'Arte Antica

手前の切符売り場から、中世ミラノの城
門を抜けて展示室へ

切符売り場から続くのは古代美術
館。スフォルツァ家やスペイン時代のフ
レスコ画が残る部屋に古代から中世、
ルネッサンスの彫刻約2000点を展示。
当時の宮廷文化の花開いた豪華な居
城としての面影を見ることもできる。とり
わけ、第8室アッセ（板張り）の間Sala
delle Asseはイル・ルドヴィーコに招
かれたレオナルド・ダ・ヴィンチによる
設計で、天井と壁面に彼自身による巨大な桑の
木が描かれている。ナポレオンの時代に壁は塗
りつぶされ厩として利用されていた場所だった
が、2015年のミラノEXPOに合わせて修復・復
元されて公開された。内部は暗くやや見づらい
が、モニターで鮮明に室内360度の装飾を見るこ
とができる。地に根を張り、枝をからませて空へ
と伸びる巨木の絵の下に立つと、その壮大さに
圧倒される。これはスフォルツァ領を支えるミラ
ノ公爵イル・モーロへの賛歌といわれている。

聖アンブロージョを讃える、
16世紀のミラノのゴンファロー
ネ（都市国家の旗）

武器庫　★
Armeria

中世から18世紀の武具を展示。

ミラノの町なかにあった、ルネッサ
ンス時代の「メディチ銀行の門」

家具と木工彫刻博物館
Museo dei Mobili e delle Sculture Lignee ★

15世紀末〜20世紀の家具を展示。イタリア・モダンデザインの家具など、デザインの町ミラノとその暮らしを知ることができる。

装飾芸術美術館
Museo delle Arti Decorative ★★

ジノリ、マイセン、セーブルなどの陶磁器、ガラス、タペストリー、銀細工、象牙細工など11〜18世紀の工芸品を展示。

おもに貴族からの寄贈による、中世から20世紀のイタリアのみならず世界中からの陶磁器やカトラリーが並ぶ

絵画館
Pinacoteca ★★

ミラノの至宝と呼ぶべき美術館。時間がなければここだけでも見学したい。ゴシックから18世紀のヴェネツィア派まで約1500点を収蔵。展示は200作品以上にのぼる。ロンバルディアで活躍した画家からイタリア・ルネッサンスの傑作まで、その量と質にはため息。

楽器博物館
Museo degli Strumenti Musicali

ナターレ・ガッリーニが収集したヨーロッパでも屈指の規模の楽器を展示。「グァルネリ」のバイオリンはじめ、装飾細工が施されたビオラやギター、スピネットなど。

繊細に装飾された楽器類は通路にも並ぶ

考古学博物館 [先史・原始時代] [古代エジプト]
Museo Archeologico [Sezione Preistoria e Protostoria] [Sezione Egizia]

紀元前3000年の石器時代から紀元前1世紀のロンバルディア州からの発掘品。[古代エジプト] 部門にはミイラや石棺、碑文をはじめ、イタリア人研究者による発掘品を展示。

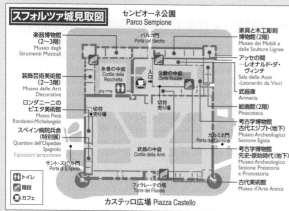

スフォルツァ城見取図

センピオーネ公園
Parco Sempione

楽器博物館（2〜3階）
Museo degli Strumenti Musicali

装飾芸術美術館（2〜3階）
Museo delle Arti Decorative

ロンダニーニのピエタ美術館
Museo Pietà Rondanini-Michelangelo

スペイン病院兵舎（特別展）
Quartiere dell'Ospedale Spagnolo Esposizioni temporanee

バルコ門 Porta del Barcho

糸巻の中庭 Cortile della Rocchetta

公爵の中庭 Corte Ducale

入口

切符売り場

切符売り場

武器庫 Armeria

家具と木工彫刻博物館（2階）
Museo dei Mobili e delle Sculture Lignee

アッセの間—レオナルド・ダ・ヴィンチ
Sala delle Asse-Leonardo da Vinci

絵画館（2階）
Pinacoteca

考古学博物館 古代エジプト（地下）
Museo Archeologico Sezione Egizia

考古学博物館 先史・原始時代（地下）
Museo Archeologico Sezione Preistoria e Protostoria

古代美術館
Museo d'Arte Antica

サント・スピリト門 Porta di S.Spirito

武器の中庭 Cortile della Armi

カルミネ門 Porta del Carmine

フィラレーテの塔 Torre del Filarete

トイレ 階段 カフェ

カステッロ広場 Piazza Castello

15世紀のフレスコ画『グリセルダの物語』が一面に描かれたグリセルダの部屋。パルマのロッカビアンカ城からオリジナルに忠実に移設したもの（絵画館内）

絵画館で見逃せない作品

マンテーニャの『栄光の聖母子、聖人と天使』（20室）、G.ベッリーニ『聖母子』（21室）、フォッパ『聖セバスティアーノ』、『書物を持つ聖母』、ベルゴニョーネ『ピエタ』（21室）、G.ベッリーニ『月桂冠を戴いた詩人』、ロット『若者の肖像』、ティントレット『ソランツォの肖像』（25室）など。

LEONARDO 500 ダ・ヴィンチ没後500年

イタリアを代表する芸術家であり、稀有な天才である『万能人』レオナルド・ダ・ヴィンチ（1452〜1519年）。2019年はダ・ヴィンチの没後500年にあたり、彼の足跡が色濃く残るミラノなどでは特別展が企画されている。

スフォルツァ城では、アッセの間（→P.66）の公開（2015年は部分公開だったが、2019年は全体の公開の見込み）。**レオナルド・ダ・ヴィンチ記念国立博物館**（→P.68）ではダ・ヴィンチ・パレードLeonardo da Vinci paradeと称し、ダ・ヴィンチのデザインした発明を形にした貴重なモデルコレクションの特別展を開催（'19年10/13までの予定）。『**最後の晩餐**』（→P.62）はもちろんのこと、貴重な「アトランティコ手稿」が見学できる**アンブロジアーナ絵画館**（→P.71）も訪れたい。

博物館に疲れたら、競馬場の庭園の自然のなかで躍動する「**巨大な馬**」像Cavallo di Leonardoを見に行こう。

※競馬場への行き方（地下鉄5線San Siro Ippodromo下車。改札を背に右に上がり、そのまま真っすぐ進み、大きな広場＝ロータリーを左折した右側）

MAP P.61、P.28 B1

科学の進歩を一堂に

レオナルド・ダ・ヴィンチ記念国立科学技術博物館 ★★

Museo Nazionale della Scienza e della Tecnologia "Leonardo da Vinci"
ムゼオ・ナツィオナーレ・デッラ・シエンツァ・エ・デッラ・テクノロジア・レオナルド・ダ・ヴィンチ

■レオナルド・ダ・ヴィンチ
記念国立科学技術博物館
住 Via San Vittore 21
☎ 02-48555558
開 9:30〜17:00
　⊕祝9:30〜18:30
休 ㊊以外の㊊、1/1、12/24、
　12/25
料 €10、26歳以下65歳以上
　€7.50(要証明書)
交 M2線S. Ambrogio
※入館は閉館30分前まで
URL www.museoscienza.org
※地下鉄S.AMBROGIOを出
　て、大通りを進み、最初の道
　を左折。しばらく歩いた左側、
　奥に教会の立つ広場の中ほ
　どに入口あり。出口は別館
　の船舶部門先のブックショッ
　プから。通りに出て左に進み
　(スーパーあり)、突き当たりを
　左へ行けばS.AMBROGIO、
　右へ進めばS.AGOSTINO
　の地下鉄駅。

✉ 子供も大人にも
　おすすめ
　科学やメカ好きだけでなく、
いろいろな世代に楽しめる博
物館です。そして、とっても
広い!!日本語の簡単なパンフ
レットをくれるので、見学の参
考になりました。
(東京都　上野パンダ '17)

「アストラリオ」

11世紀に建てられた、かつてのサン・ヴィットーレ修道院にある、科学技術の発展の歴史を豊富な資料とともに展示する博物館。広大な敷地に地上3階、さらに別館に分かれ、計1万点もの展示を誇る。入口で黒光りするのは、イタリアの工場に電力が導入された時代の汽力(火力)発電所。2階で最も注目される

初期の火力発電所を展示

のは、レオナルド・ダ・ヴィンチの有名な「アトランティコ手稿(デッサン)」をもとにした模型で、空を飛び、水の上を歩こうとした

「アトランティコ手稿」をもとにした模型が
展示されるコーナー

彼のアイデアが満載。このほか、1932年製のアルファロメオ、15世紀の天文時計兼プラネタリウムを再現した「アストラリオ」、アポロ17号による「月の石」、イタリア人ノーベル物理学賞受賞者の業績など。身近なものでは世界最初のパソコン、電話やレコードプレーヤーなどもあり、自分の生い立ちと重ね合わせて見ると懐かしい。別館には、機関車やトラム、軍用機や潜水艦、客船などを展示。科学技術にドキドキした子供時代を思い出させてくれる、楽しい博物館だ。

ミラノを初めて走ったトラムが飾られる

お得に旅する情報

　イタリア中の国立の美術・博物館は毎月の第1日曜は無料。
●ミラノだけを旅するならミラノ・カード Milano Card-Milan Tourist card。
　地下鉄、バス、トラムなどの公共交通が無料、多くの美術・博物館で入館料が13〜50%の割引のほか、カードを提示するとfs線のフレッチャ(特急)や一部のレストランやホテル、商店での割引も受けられる。購入はホームページや各所の❶などで。
24時間券 €8　48時間券 €14　72時間券 €19
URL www.milanocard.it
　ただし、美術・博物館で割引を受けないと、交通機関の日にち券の方が割安。

●ミラノをはじめとするロンバルディア州で美術鑑賞三昧ならアボナメント・ムゼイ・ロンバルディア Abbonamento Musei Lombardia Milanoを。
　ロンバルディア州の多くの美術・博物館が無料となるカード。1年間有効(各入場1回)で4〜5ヵ所出かければモトは取れる。ミラノならスフォルツァ城博物館、ポルディ・ペッツォーリ美術館、アンブロジアーナ絵画館など。ブレーシャ、クレモナ、ベルガモでも利用可。利用可能な美術・博物館の切符売り場で購入(住所、氏名などの登録が必要)。
27〜64歳 €45　Junior券 6〜14歳 €20
Young券 15〜26歳 €30　Senior券 65歳〜 €35
URL www.lombardia.abbonamentomusei.it

4.旧マッジョーレ病院付近 旧市街南東部
Intorno all' ex Ospedale Maggiore

ドゥオーモから南に進み、庶民的なショッピング街としてにぎわうトリノ通りを抜け、西ローマ帝国文化をしのばせるサン・ロレンツォ・マッジョーレ教会をはじめ、数々の建築史上重要な建物を回る。さらに足を延ばし、かつてミラノの町に巡っていた運河の跡を訪ね、昔日の面影に触れるルート。(所要時間 4〜5時間)

地 P.28 B·C2〜P.29 B·C3

① トリノ通り

いつも大にぎわいの普段着のミラノっ子のお買い物通り。商店にばかり目がいきがちだが、実は中世から続く通りのひとつでもある。通りの周囲には歴史ある館、教会、ローマ時代の遺構などが点在し、ウインドーショッピングと歴史散歩ができる楽しい界隈だ。

★ **P.70**

② アンブロジアーナ絵画館

F.ボッロメオ枢機卿によって17世紀に開設された絵画館。7年間にわたる長期の修復を終え、1997年に再公開が始まった。ヴェネツィア派、ロンバルディア派を中心に充実した収蔵品を誇る。また、修復により建設当初の美しさを取り戻した壁や天井にも注目したい。

★★ **P.71**

③ サン・ロレンツォ・マッジョーレ教会

ミラノに残る古代ローマ、初期キリスト教時代の建造物で最も保存状態のよい物。正面を飾る16本の古代ローマの列柱が、この聖堂をより鮮烈に印象的な物にしている。聖堂内部の4世紀の壁画も必見だ。また、このあたりは古いミラノが残る界隈でもある。

★★ **P.72**

④ ナヴィリオ運河

かつてミラノの町の周囲には運河が巡り、物や人を運ぶ重要な手段だった。多くはふさがれて、今ではティチネーゼ門南西にわずかに残るのみだ。川辺の洗濯場、鉄の橋などが昔日をしのばせる。現代的な画廊やピッツェリアなども多く、新旧の対比もおもしろい地域だ。

★★ **P.73**

ドゥオーモ近くから出発し、町の南側を回って再び出発地点近くへ戻るルートだ。かなり歩くことになるので、ドゥオーモ周辺とティチネーゼ門付近のふたつに分けてそれぞれ地下鉄などを利用して移動するのも効率的だ。

ドゥオーモそば、王宮の南西に位置するサンタ・マリア・プレッソ・サン・サティロ教会からスタート。まずはドゥオーモを背にし、左側のアーケードを進もう。アーケードが途切れたら、4方向に道が広がる。前方斜め左のトリノ通りを進むと、すぐ左がサンサティロ教会だ。入口は裏側のVia Falcone側。一度トリノ通りに戻り、教会の対面やや左側のP.za S. M. Beltradeを入ると、目の前の建物がアンブロジアーナ絵画館だ。右に回り込むと入口がある。絵画館の見学後、再びトリノ通りに戻り、西へ600mほど進むと、小さな広場があるので左折して、Corso di Porta Ticineseを行く。左にサン・ロレンツォ・マッジョーレ教会が見えてくる。そのままさらに南に進むとサンテウストルジョ教会、ティチネーゼ門Porta Ticinese。門を抜けると、ナヴィリオ運河だ。

✉ トラムの便利な路線

Porta Genova 駅前からトラム2番でドゥオーモへ。ティチネーゼ門からトラム3番でドゥオーモへ。

(千葉県 匿名希望)

S.M.P.サン・サティロ教会への行き方

Ⓜ 地下鉄で

以下の駅で下車
● 地下鉄M1・3線
　ドゥオーモDuomo
● 地下鉄M3線
　ミッソーリMissori

■S.M.P.Sサティロ教会

🏠 Via Speronari 3
　/Via Torino 17
☎ 02-874683
🕐 9:30～17:30
　㊐14:00～17:30
休 ㊐

✉ スーパー発見

トリノ通りを進んだfnacの地下に、スーパーBillaがあります。地元の人が多く、かなり充実の品揃え、手頃なおみやげになりそうなパスタなども揃っています。　(抹茶)['19]

ビッラ Billa
🏠 Via della Palla 2
☎ 02-89504802
🕐 ㊐～㊏8:00～20:00

ブラマンテの遠近法の不思議　MAP P.69、P.29 B3

サンタ・マリア・プレッソ・サン・サティロ教会 ★
Santa Maria Presso S. Satiro
サンタ・マリア・プレッソ・サン・サティロ

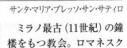

ミラノ最古 (11世紀) の鐘楼をもつ教会。ロマネスク様式の鐘楼と初期ルネッサンスの宝石とも呼ばれる教会がぴったりと調和を生み出している。教会の起源は9世紀に遡るが、1480年頃ブラマンテによって再建された。高くそびえる円蓋、円い洗礼堂の上に載る八角形の柱廊……とダイナミックな印象だ。

建物に挟まれた、ルネッサンスの宝石、サン・サティロ教会の後陣

内部、中央祭壇の周囲の装飾漆喰とアーチが見せかけの遠近法で、奥行きの広さを感じさせる。見事な錯覚の効果には驚くばかりだ。

ファサードは簡素

ミラノっ子でにぎわう商店街　MAP P.69、P.28 B2

トリノ通り ★
Via Torino
ヴィア・トリーノ

ドゥオーモ広場から1kmほど続く通り。土曜や夕方には買い物するミラノっ子でたいへんにぎわいを見せる。一部ローマ時代、そして中世から続いた通りの左右には商店に交じって16世紀のサン・セバスティアーノ教会San Sebastiano、7世紀創建で19世紀に改築されたサン・ジョルジョ・アル・パラッツォ教会San Giorgio al Palazzoなどが点在している。

トラムの走るトリノ通り

若者向きのショップが充実

アンブロジアーナ絵画館 ★★
Pinacoteca Ambrosiana　　　ピナコテーカ・アンブロジアーナ

■アンブロジアーナ絵画館
住 Piazza Pio Ⅺ 2
☎ 02-806921
開 10:00～18:00
（入館は17:30まで）
休 ㊊、1/1、復活祭の㊐、
12/25
料 €15、18歳以下、65歳以
上€10、保護者同伴の14
歳以下無料
交 M1線Cordusio
M1・3線Duomo

17世紀、ミラノ司教フェデリコ・ボッロメオによって建てられた住居を、後に彼の遺志により絵画館としたもの。美術学校や図書館も併設されている。建物の裏手には、ボッロメオの銅像もある。1階にある図書館には、レオナルド・ダ・ヴィンチによる『アトランティコ手稿』をはじめとする、多数の手稿本が残る。

絵画館は、ロンバルディア派、ヴェネツィア派を中心にコレクションが充実している。館内はかつての司教の館そのままに、細かく仕切られて展示室が続く。主要作品はいくつかの展示室にまとめてわかりやすく展示されている。また、主要作品ばかりでなく、広い館内を一周してみよう。美しい壁や天井画など、贅を尽くしたしつらえにも驚かされる。

重厚な司教館の姿をとどめる
アンブロジアーナ絵画館

館内の美しさも見応え十分

必見の展示品を以下に挙げる。
ボッティチェッリの『（天蓋の）聖母子』Madonna col Bambino。レオナルド・ダ・ヴィンチの『楽師の肖像』Il Musico。ラファエッロ『アテネの学堂』のデッサンCartone della Scuola di Atene。ティエポロの『聖ヴェスコーヴォ』Santo Vescovo、『奉献』Presentazione al Tempio。カラヴァッジョの『果物籠』Canestra di Fruttaと前述のダ・ヴィンチの『楽師の肖像』は特に有名。

モレット『聖ピエトロ・マルティーレ』S. Pietro Martire。モローニ『男の肖像』Ritratto di Gentile Uomo。ティツィアーノ『三賢王の来拝』Epifania。チェラーノ『聖アンブロージョ』S. Ambrogio。そのほかにもバッサーノやベルゴニョーネの一級の作品がある。

このほかには、ブリューゲルをはじめとするフランドル絵画や10～11世紀の前期ロマネスク様式の彫刻が展示されている。

『楽師の肖像』
レオナルド・ダ・ヴィンチ作

『果物籠』
カラヴァッジョ作

左サイドバー

■サン・ロレンツォ・
　マッジョーレ教会
🏠 Corso di Porta Ticinese
　35
☎ 02-89404129
教会
🕐 8:00〜18:30
　⑧9:00〜19:00
聖アクイリーノ礼拝堂
※'18年12月現在、修復工事
　のため閉鎖中
🚇 M3線Missoriドゥオーモそ
　ばからトラム16番

✉ サン・ロレンツォ・
　マッジョーレ教会への
　行き方
　M3線のMissori駅が最寄り
駅ですが、非常にわかりにく
い。ドゥオーモからトラム16ま
たは14番でトリノ通りが終わ
る3つ目あたりの停留所で下車し
て、歩くのがいいです。
　　　　　　　　　（匿名　'16）

■サンテウストルジョ教会
🏠 Piazza Sant'Eustorgio 3
☎ 02-89402671
🕐 10:00〜18:00
💶 €6、学生、60歳以上€3
🚇 M3線Missori
ドゥオーモそばからトラム3番

裏に回るとポルティナーリ
礼拝堂の外壁が見られる

✉ おすすめのトラム
　ドゥオーモ広場からトラム
3番に乗車。にぎやかなトリ
ノ通りを抜け、サンロレンツ
ォ・マッジョーレ教会の古代
ローマ時代のコリント式列柱
の脇を通り、壁のアーチを
抜けて走ります。車窓からの
眺めは古い時代のミラノを感
じました。教会Colonne di
Lorenzoで下車し、何回も往
復してしまいました。
　　　　　（愛知県　mie）

右本文

ローマ時代の列柱が飾る MAP P.69、P.28 C2

サン・ロレンツォ・マッジョーレ教会 ★★
San Lorenzo Maggiore
サン・ロレンツォ・マッジョーレ

　古代ローマ時代のコリント式の16本の列柱が正面を飾る聖堂。広場中央にあるのは、316年に「ミラノ勅令」を出したコンスタンティヌスの像。

　教会は、初期キリスト教時代、4〜5世紀の建造で、ギリシア十字型の貴重な物。火災や改築によって構造の変化は見られるものの荘厳な雰囲気は当時をしのばせる。

サン・ロレンツォ教会

　建築史上、特に重要なのは聖堂と同時代に張り出して建てられた右奥の聖アクイリーノ礼拝堂Cappella di S. Aquilino。4世紀の元皇帝霊廟で、キリストを囲む聖人たちのモザイクで彩られている。

コリント式の円柱が教会前広場を飾る

中世ミラノを物語る MAP P.69、P.28 C2

サンテウストルジョ教会 ★
Sant' Eustorgio
サンテウストルジョ

サンテウストルジョ教会のファサード

　中世ミラノの卓越した記念物的教会。4世紀に建てられた教会の跡に、7〜15世紀にかけて再建され続けた。中央祭壇の裏手には、5世紀のバジリカの基礎部分が残る。

　内部には、1300〜1400年代のフレスコ画やロンバルディア様式の彫刻が残る。トスカーナのルネッサンス様式のポルティナーリ礼拝堂Cappella Portinari（1466年）は必見。フォッパ作の『聖ピエトロ・マルティーレの生涯』Storie di S. Pietro Martireを描いたフレスコ画やバルドゥッチョによる『殉教者聖ピエトロの墓碑』Arca di S. Pietro Martire(1339年)などの名作が残る。

ポルティナーリ礼拝堂と『殉教者聖ピエトロの墓碑』

昔日のミラノの面影を残す　MAP P.69、P.28 C1・2

ナヴィリオ運河 ★★
Alzaia Naviglio Grande　アルザイア・ナヴィリオ・グランデ

ナヴィリオ運河に架かる橋

運河は13世紀頃からミラノの経済・交通に欠かせなかった。かつては町を取り巻くように水路が広がっていたが、現在は蓋がされ当時の面影はティチネーゼ門近く（5月24日広場Piazza XXIV Maggio西）の船着場Darsena周辺に残るのみだ。今は使われない洗濯場や水路に渡る昔ながらの橋を眺めて昔日のミラノの雰囲気に触れたい。周辺には画廊やナイトスポットも多く、夜にはにぎわいを見せる。

毎月の最終日曜には運河に沿って骨董市、毎週土曜日には5月24日広場と周辺で衣料や日用品を売る市が店開きする。

昔日の洗濯場

ナヴィリオ地区のアンティークマーケット

ミラノ領主による大規模病院　MAP P.69、P.29 B・C3

旧マッジョーレ病院／カ・グランダ ★
Ex-Ospedale Maggiore/Ca' Granda　エックス・オスペダーレ・マッジョーレ／カ・グランダ

1456年にミラノの領主フランチェスコ・スフォルツァ公爵とその妻により建設が始められた病院。200年間にわたり建設が続けられて完成は17世紀、さらに19世紀にも拡張工事が行われ、文字通り「大きな家 カ・グランダ」となった。病院施設として1939年まで使われ、現在は国立ミラノ大学の校舎となっている。

第2次世界大戦時による爆撃やその後の火災により大規模な修復が行われたが、現在も当時のたたずまいをよく残している。建設が長期にわたったことから見せる、ゴシックからルネッサンスへの建築様式の変遷も興味深い。また、赤れんががアーチを描く回廊付き中庭も印象的だ。

時間が止まったかのように静かな空間カ・グランダ

NAVIGATOR

ティチネーゼ門を背にし、右側のサンブーコ通りVia Sambuco（またはG.ガレアッツォ大通りViale G. Galeazzo）からイタリア大通りCorso Italiaを進むと、右側がサンタ・マリア・プレッソ・サン・チェルソ教会だ。再びイタリア大通りに戻り、サンタ・ソフィア通りVia Santa Sofiaを抜け、ポルタ・ロマーナ大通りを渡り200m程左（北西）に進むと、サン・ナザーロ・マッジョーレ教会のファサードが見える。裏手には旧マッジョーレ病院が続いている。

マッジョーレ教会からドゥオーモへは大通りを行くと約800m。ここまで来ると地下鉄M3線ミッソーリ駅Missoriにも近い。

■ナヴィリオ運河
M2線Porta Genova F.S.

■ナヴィリオ・グランデ骨董市
Mercato dell'antiquariato sul Naviglio Grande
ナヴィリオ運河沿いのRipa Ticinese、Alzaia Naviglio Grandeで、毎月最終日曜日に骨董市が開かれる。
P.28 C1

✉ 私のおすすめスポット
ナヴィリオ運河沿いで夕暮れを見ながらのアペリティーヴォがおすすめです。アペリティーヴォとは本来は食前酒の意味ですが、アペリティーヴォとかハッピーアワーといって、お酒1杯と食べ放題のおつまみ付きで、バールやトラットリアなどで€7～10程度で楽しめます。
（埼玉県　SATOMI）

■旧マッジョーレ病院
Via Festa del Perdono 7
02-58351
M3線Missori
※大学として使用されているので、外観のみの見学

現在は国立ミラノ大学の校舎となっている

グルメレストラン

　世界各国の料理をはじめ、イタリア各州の郷土料理が味わえるミラノ。伝統の味や雰囲気を重視した店、独創性に富む個性的な店、食のトレンドを先取りした店……とレストラン巡りが楽しい。2019年現在、ミシュランの星つきは2つ星が4軒、1つ星が13軒の充実ぶり。下記に紹介した3軒は、長い間星を維持してきたミラノが誇る名店。次ページからは、地域別に、おすすめ店をピクトで分類してご紹介!

✳ イル・ルオゴ・ディ・アイモ・エ・ナディア　Map P.26 B1外

Il Luogo di Aimo e Nadia

現代絵画の飾られた、モダンな店内。
ミシュランの2つ星

絵画と花が飾られた落ち着いた雰囲気のなか、伝統的なイタリア料理をベースにした新感覚の味わいが楽しめる1軒。美しく盛りつけられた料理にはイタリア中から吟味した素材が使われ、バターや生クリーム、脂を控えた味わいは健康志向の現代人のための料理だ。そして家族経営のあたたかなサービスをはじめ、どこか懐かしさも感じさせる。ミシュランの2つ星。 要予約

🏠 Via Montecuccoli 6
☎ 02-416886
🕐 12:30〜14:30、19:30〜22:30

さわやかなトマトを使った前菜

休 ⊕昼、⑥、1/1〜1/8頃、8月の3週間
🍴 €95〜140、定食€110〜200
C A.D.M.V.
🚇 M1線Primaticcio駅から徒歩約3分

✳ クラッコ　Map P.29 B3

Cracco

絵や花が飾られた店内は重厚でエレガント。
ミシュランの1つ星

イタリアを代表する有名シェフ、クラッコ氏によるモダンでエレガントなレストラン。伝統料理を現代風にアレンジした料理はまるで1枚の現代絵画のように美しい。お店のおすすめは豚ホホ肉の煮込みMusetto di maiale、サフランのリゾットRisotto allo Zafferano con Midolloなど。コースも数種類用意されており、シェフのこの10年の料理の軌跡が味わえる定食、Menu "in dieci anni"はグルメには楽しい。ミシュランの1つ星。 要予約

🏠 Via Victor Hugo 4
☎ 02-876774
🕐 12:30〜14:00、19:15〜22:00、

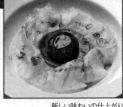
新しい味わいの仕上がり

⊕19:30〜22:00　休 ⑥昼、⑥、クリスマス、復活祭期間　🍴 €120〜200、定食€180　C A.J.M.V.
🚇 M1・3線Duomo駅から徒歩約4〜5分

✳ ジョイア　Map P.31 B2

Joia Alta Cucina Naturale

間口は狭いながら、奥にはふたつのサロンが広がる。ミシュランの1つ星

注目を集めるシェフの店。シンプルで現代的な店内とマッチした料理は、世界各地の料理からインスピレーションを受けたという斬新な野菜料理が中心。色合い、盛りつけ、味わいに驚きの連続。メニューはまるで詩のようでもあり、味わいが重ならないように、お店の人のアドバイスに従うのもいい。種類豊富なチーズも用意されている。ミシュランの1つ星。 要予約

🏠 Via Panfilo Castaldi 18
☎ 02-29522124
🕐 12:00〜14:30、19:30〜23:00
休 ⑥、12/25〜1/7頃、8月の3週間

クレーム・ブリュレ、パンナコッタなど
デザート盛り合わせ

🍴 €70〜100、定食€110、130
C A.D.J.M.V.
🚇 M3線Repubblica駅から徒歩7〜8分

ミラノ

レストラン ● グルメレストラン／ドゥオーモ周辺

ドゥオーモ周辺

　観光客を中心に人波が途切れることのないドゥオーモ周辺。ミラノを代表する高級ホテルには個性的なレストランが併設され、特別な味と雰囲気を求める方にはおすすめ。戦前から続く老舗レストランの伝統の味わいに舌鼓を打つのもいい。おしゃれな町ミラノにふさわしいモダンな店の味わいも充実。新しい食を求めた新傾向の店も次々にオープンして、あらゆるミラノの食が充実した界隈だ。

※ ドン・カルロ　Map P.30 A1
Don Carlos
グランド・ホテル・エ・デ・ミラン(→P.96)のメインダイニング。クラシック音楽が流れ、壁を埋め尽くすようにスカラ座博物館からの絵画が飾られ、テーブルにはキャンドルがともる。この町の優雅な歴史を伝える、ロマンティックな特別な空間だ。料理はロンバルディア料理を中心にした

創造的な物。ワインの品揃えもすばらしい。　要予約
住 Via Manzoni 29
☎ 02-72314640
営 19:30～22:30
休 8月　予 €75～110
C A.D.J.M.V.
交 スカラ座から徒歩1分

※ ヴゥン・アンドレア・アプレア　Map P.30 B1
Vun Andrea Aprea
ホテル・パーク・ハイアット(→P.101)の1階、ラ・クーポール奥にあるミシュランの1つ星レストラン。オークの壁と革張りのソファが配された室内は落ち着いた大人の雰囲気。ナポリ出身のシェフによる軽やかで斬新な地中海料理が味わえる。　できれば予約

住 Via Silvio Pellico 3
☎ 02-88211234
営 19:00～22:30
休 ⑥、⑥、1月の10日間、7/30～8/31
予 €114～127、定食€155、180
C A.D.J.M.V.
交 V.エマヌエーレⅡ世のガッレリア横

※ アルマーニ　Map P.30 A1
Armani/Ristorante
アルマーニ・メガストアーの正面からエレベーターで上がったアルマーニホテル内にある。フロントから続くガラス張りのラウンジの先にあり、ミラノの町を見下ろし、まるで空に浮かんでいるかのよう。朝食も営業。　要予約

住 Via A.Manzoni 31, Armani Hotel内
☎ 02-72318645
営 7:00～11:00、19:30～22:30
休 8月3週間
予 €75～130(コペルト€5)、定食あり　C A.D.J.M.V.
交 地下鉄3線Montenapoleone駅すぐ

※ イル・サルマイオ　Map P.30 A2
Il Salumaio di Montenapoleone
日本でもなじみのある高級食料品店の経営。2011年6月に邸宅博物館の一部に移転。以前同様、歴史ある館と中庭に、店舗、レストラン、カフェなどが広がり、静かで落ち着いた雰囲気。ハッピーアワーは18:00～。　できれば予約

住 Via Santo Spirito 10(バガッティ・バルセッキ博物館内)
☎ 02-76001123
営 12:00～22:30
休 ⑧、12/21～1/7、8/4～8/26
予 €60～75(コペルト€6)　C A.D.J.M.V.
交 M3線Montenapoleone駅より徒歩3分

⊗ スパツィオ・ニコ・ロミト　Map P.30 B1
Spazio Niko Romito
ドゥオーモ広場に面した総合レストランビル、イル・メルカート・デル・ドゥオーモ4階にある、3つ星シェフNiko Romitoによるレストラン。繊細で素材にこだわった創作イタリア料理が味わえる。ドゥオーモの眺めも楽しめる。

住 Galleria Vittorio Emanuele Piazza del Duomo
☎ 02-878400
営 12:30～14:30、19:30～22:00
休 ⑥、8月中旬から2週間
予 €35～60　C A.D.J.M.V.
交 ガッレリア内Il Mercato del Duomo 4階

ミラノのレストラン

🍴 ペーパー・ムーン　　　　Map P.30 B2

Ristorante Paper Moon

モダンな店内は、ビジネスマンやファッション関係者、観光客で、昼も夜も大にぎわい。おすすめはパッパルデッラや熱々の牛肉のタタキ風ロベスピエールなど。生地が薄い、軽めのピッツァの種類も豊富。デザートもおいしい。人気店なので、早めの入店か予約が必要。　要予約

- 🏠 Via Bagutta 1
- ☎ 02-76022297
- 🕐 12:30〜15:30（㊏17:00）、19:30〜24:00
- 休 ㊐
- 予 €50〜70（コペルト€3.50）、定食€50〜100
- C A.M.V.
- 🚇 M1線San Babila駅より徒歩約1分

🍴 パーパ・フランチェスコ　　Map P.30 B1

Papà Francesco

ガッレリアの北、S.フェデーレ広場に面してあり、便利な立地。町の人に長く親しまれている1軒。壁いっぱいに有名人の写真が飾られている店内は明るく、テラスでの食事も楽しい。サービスも充実。　要予約　日本語メニュー

- 🏠 Via Marino Tommaso 7
- ☎ 02-862177
- 🕐 12:00〜22:30
- 休 一部の㊗
- 予 €50〜70（コペルト€3.50）
- C A.J.M.V.
- 🚇 M1・3線Duomo駅から徒歩3分

Ⓟ 🍴 ピッツァ・グルマン　　　Map P.30 B1

Gino Sorbillo Pizza Gourmand

ナポリの超人気店Sorbilloがミラノにも堂々オープン。ソルビッロ一族の息子21人がすべてピッツァ職人というから驚きだ。自慢の品はもちろん生地のよさとソースのジューシーさ、新鮮なモッツァレッラチーズを堪能できるマルゲリータ。他にも多種多様なピッツァが充実。

- 🏠 Largo Corsia dei Servi 11
- ☎ 02-80502300
- 🕐 12:00〜15:30、19:00〜23:30
- 休 一部の㊗
- 予 €8〜21
- C M.V.
- 🚇 ドゥオーモから徒歩3分

Ⓑ イル・メルカート・デル・ドゥオーモ　Map P.30 B1

Il Mercato del Duomo

総合レストランビル、イル・メルカート・デル・ドゥオーモ3階の、巨大なフードコート、ビストロ・ミラノ・ドゥオーモBistro Milano Duomoは、観光客から大人気のセルフレストラン。ピッツァ、パニーニ、パスタ、ハンバーガー、サラダにスイーツなどカジュアルでお手軽なメニューが多い。

- 🏠 Piazza del Duomo
- ☎ 02-86331924
- 🕐 11:30〜16:00、18:00〜22:00
- 休 無休
- 予 €5〜60
- C A.D.J.M.V.
- 🚇 ドゥオーモそばIl Mercato del Duomo 2階〜3階

Ⓑ デ・サンティス　　　　　　Map P.30 B1

De Santis

リナシェンテの最上階のフードコートにあるパニネリエ（パニーノ屋）。ちょっと軟らかめのフランスパン風のパンに、たっぷりの具が挟まれている。定番のハム、チーズ、野菜から神戸ビーフとワサビまである種類豊富さ。1個€6.50〜12。作りたてが座って食べられる。

- 🏠 Piazza Duomo, La Rinascente 内、8階(7°Piamo)
- ☎ 02-8852457
- 🕐 9:30（㊐10:00）〜24:00
- 休 一部の㊗
- 予 €8〜15
- C A.D.J.M.V.
- 🚇 ドゥオーモから徒歩3分

Ⓑ ルイーニ　　　　　　　　　Map P.30 B1

Luini

ピッツァの生地にチーズやトマトソースを挟んで揚げた大きな半月状のパンツェロッティのお店。熱々をその場でかじりつくミラノっ子で、毎日大にぎわい。おやつはもちろんのこと、ボリュームもたっぷりで簡単な食事にもピッタリ。
✉ 地元の人に有名な安くておいしいお店。

種類も豊富。頼めばその場で温めてくれます。　　　　　　　　（Hero）['19]
- 🏠 Via S. Radegonda 16
- ☎ 02-86461917
- 🕐 10:00（㊐15:00）〜20:00
- 休 ㊐、8月
- 予 €2.60〜10　C 不可
- 🚇 M1・3線Duomo駅から徒歩2分

ミラノ

レストラン ● ドゥオーモ周辺

🍵😋🎯 カフェ・マルケージ `Map P.30 B1`

Caffè Marchesi

約200年の歴史を誇るミラノの老舗パスティチェリア。近年プラダの傘下となり、市内中心部（モンテナポレオーネ通りとV.エマヌエーレ2世のガッレリア2階）に2軒の優雅なカフェをオープン。本店（→P.89）の通好みの渋いカウンターもすてきだが、こちらはクラシックで優雅なしつらえで、ゆったり上質な時間を過ごせる空間となった。コーヒー（€5、カウンター€1.30）などのほか、軽食、ケーキ、特製クッキーなどが味わえる。クリームとスポンジのバランスが絶妙な特製ケーキのオーロラ（€10）をぜひ味わってみたい。クッキーやドラジェはおみやげにも最適。

ガッレリア店
🏠 Galleria V.Emanuele Ⅱ
（プラダ横の階段を上がる）
☎ 02-9418170
🕐 7:30〜21:00
※8月は両店とも8:00〜20:00の時間短縮あり
🛌 一部の㊗ 🍴 €10〜25
🅲 A.M.V.
🚇 M3線Montenapoleone徒歩2分

モンテナポレオーネ店
🏠 Via Monte Napoleone 9
☎ 02-76008238

🍵😋 カフェ・コーヴァ `Map P.30 B2`

Caffè Cova

ブランド通りにあり、ショッピング中のティータイムに便利な高級カフェ兼バール。老舗カフェとして高級パスティチェリア兼して有名な店。種類豊富な人気のプチケーキがおすすめ。日替わりのパスタ料理もあるので、ランチにも最適。

🏠 Via Monte Napoleone 8
☎ 02-76005599
🕐 7:45〜20:30、㊐9:30〜19:30
🛌 8月10日間、8月㊐
🍴 €5〜
🅲 A.J.M.V.
🚇 M3線Montenapoleone駅から徒歩2分

🍵😋 イリーカフェ `Map P.30 A2`

illy Caffè

日本でも知られたイリーコーヒーが2017年4月にオープンしたカフェ。おなじみのエスプレッソ・カップのコレクションが並んだ店内は明るく近代的。緑が茂る、気持ちよい中庭でのランチや食前酒がおすすめ。

🏠 Via Monte Napoleone 19
☎ 02-83549386
🕐 8:00〜21:00、㊐9:00〜21:00
🛌 一部の㊗
🍴 €3.50〜15
🅲 A.D.J.M.V.
🚇 M3線Montenapoleone徒歩3分

🍵😋 チーニョ・ネロ `Map P.30 A2`

Cigno Nero

重厚な雰囲気の落ち着いたカフェ。パニーノやお菓子類も充実している。お店のおすすめはCioccolata Calda con Panna（生クリーム添えホット・チョコレート）€4。ゆっくりするなら、2階のテーブル席がいい。パスタ類やサラダ、セコンド（€9〜13）もあるので手軽に食事するのにも最適。

`日本語メニュー`

🏠 Via della Spiga 33
☎ 02-76022620
🕐 8:00〜20:00
🛌 ㊐、8月3週間
🍴 €1.60〜 🅲 D.J.M.V.
🚇 M3線Montenapoleone駅から徒歩3分

🍵😋 エンポリオ・アルマーニ・カフェ `Map P.30 A1`

Emporio Armani Caffè

アルマーニ・メガストアーの1階にあるカフェ。ガラス張りで店内は赤と黒を基調にしたエキゾチックな雰囲気。席もゆったりしており、カフェにはクッキーが添えられていたり、冷たい飲み物の量もタップリ。ゆっくり休息したい時におすすめ。
※'18年12月現在、改装のため閉店中。

🏠 Piazza Croce Rossa 2
☎ 02-72318680
🕐 ㊊〜㊎8:00〜21:00、㊏㊐9:00〜21:00
🛌 一部の㊗ 🍴 €10〜
🅲 A.D.J.M.V.
🚇 地下鉄3線Montenapoleone出口裏手

ミラノのレストラン、カフェ、ジェラテリア

🍴 バスティアネッロ　　Map P.29 B4

Bastianello

1950年創業の菓子店兼高級カフェ。店内には目を引くキュートなデコレーションケーキをはじめ、各種ケーキやクッキー、ジェラートなどがズラリと並ぶ。美しいパッケージの商品も多く、おみやげ探しにも最適。優雅な雰囲気でお茶とお菓子、食前酒などが楽しめるカフェを併設。

🏠 Via Borgogna 5
☎ 02-76317065
🕐 8:00〜21:00
🚫 無休
💴 €5〜
💳 A.D.J.M.V.
🚉 サン・バビラ広場から徒歩2〜3分

🍴 サンタンブロース　　Map P.30 B2

Sant'Ambroeus

1936年創業の老舗菓子店兼カフェ。ヴェネツィアングラスのシャンデリアの輝く優雅な雰囲気のなかで美しく、おいしいお菓子を味わうのは至福のとき。定評あるチョコレートはおみやげにも最適。

🏠 Corso G. Matteotti 7
☎ 02-76000540
🕐 7:45〜21:00、⑧9:00〜20:00
🚫 8月
💴 €5〜
💳 A.D.M.V.
🚉 M1線San Babila駅、M3線 Montenapoleone駅から徒歩3分

🍴 アル・ペック／ピッコロ・ペック　　Map P.29 B3

Restaurant Al Peck/Piccolo Peck

高級食品店ペック(→P.93)内。2階にはちょっと高級感のあるレストランのアル・ペック、1階に朝食、ランチ、お茶、軽い夕食に利用できるイタリアン・バーのピッコロ・ペックがある。いずれも、ペックらしいプロフェッショナルな対応と吟味した素材で上質な料理が楽しめる。

🏠 Via Spadari 9　☎ 02-8623161
アル・ペック 🕐 12:00〜15:00
💴 €50〜(コペルト€3)、定食€80、95
ピッコロ・ペック 🕐 9:30〜19:30
💴 €20〜(コペルト2.50)
🚫 ⑧(レストランのみ)、8月中旬1週間
💳 A.D.J.M.V.
🚉 M1・3線Duomo駅から徒歩3分

🍴 チョコラーティタリアーニ　　Map P.30 B1

Cioccolat'Italiani

ガッレリアすぐの超絶人気のジェラテリア。自慢のチョコレート味の濃厚なジェラートが評判。チョコでコーティングされたコーン、ジェラートにかけるソースにいたるまで、多種多様のチョコレートフレーバーが楽しめる。スイーツ好きにははずせない一軒だ。

🏠 Via San Raffaele 6
☎ 02-89093820
🕐 7:30〜24:00
🚫 一部の㊗
💴 €6〜
💳 A.M.V.
🚉 ガッレリアすぐ

🍴 グロム　　Map P.30 B1

GROM

✉ 日本でもおなじみのグロム。ドゥオーモ広場からエマヌエーレ2世のアーケードを(スカラ座方向に)抜けて左に進むとすぐ左側にあります。中心街を回って疲れたときに利用するのに便利な立地です。スカラ座前の公園にはベンチもあるので、休憩に最適。(匿名希望)['19]

※ブエノス・アイレス大通りなど市内に約9店舗あり。
🏠 Via S. Margherita 16
☎ 02-80581041
🕐 4〜9月11:00〜23:30、金⑧12:00〜24:00
10〜3月11:00〜23:00、⑧11:00〜24:00
🚫 一部の㊗
💴 €2.50〜

ドゥオーモ南側のカジュアルレストラン(→地 P.30 C2)

　ドゥオーモ南側に位置するVia Verziereはドゥオーモからも近く、カジュアルな店が多い。サルドゥSardò (🏠 Via Verziere 3　☎ 02-36638630　🕐11:30〜16:30、火〜金11:30〜23:30、⑧12:00〜24:00は、サルデーニャ地方のストリートフードを扱う軽食屋。朝から夜遅くまで営業していて使い勝手がよいのも◎。そして隣接する**ブラーチェ・エ・リゾッティ・ディ・マッサ**ーレBrace E Risotti di Massare (🏠 Via Verziereと Via Merlo 1の角　☎ 02-76341524　🕐12:00〜15:30、19:00〜23:30)は、地元のビジネスマンや学生に人気。自慢のリゾットをはじめ、シーフード、肉料理、ピザやパスタまでメニューが豊富。ランチ定食€13。

リラックス空間のサルド

中央駅／ヴェネツィア門

経済的なホテルから高級ホテルまでが林立し、旅行者が多いことでは群を抜く中央駅周辺。それに比べて駅付近には、レストランやカフェ・バールが少ない。中央駅から500mも歩けば、経済的でおいしいお店を探すことができる。町なかを上手に抜けて、個性的なトラットリアやおいしくて経済的なピッツェリアに出かけてみよう。4つ星以上のホテルに泊まる場合には、ホテルのレストランをチェック。

⊗オステリア・デル・トレーノ

Map P.31 B1

Osteria del Treno

中央駅にもほど近い、レトロな雰囲気のオステリア。厳選された食材を使った伝統的で骨太なミラノ料理が味わえる。ランチはビュッフェスタイルでキッチンから自分で選んで運ぶシステムで、近隣のサラリーマンでいつもにぎやかだ。落ち着いた夜がおすすめ。 **夜は要予約**

[住] Via San Gregorio 46
[☎] 02-6700479
[営] 12:30～15:00、20:00～翌1:00
[休] ㊏㊐昼、クリスマス頃1週間、8月2週間
[予] €40～55(コペルト€3)、定食あり
[C] M.V.
[交] 中央駅から徒歩7～8分

⊗カーサ・フォンターナ

Map P.27 A3外

Casa Fontana

中央駅からはやや遠いが徒歩圏。住宅街の一角にあるリゾット専門のリストランテ。稲作地帯のロンバルディアにふさわしい素材のよいリゾット23種が堪能できる。リゾットは同一種類2人前からで、待ち時間は約25分。コトレッタ・ミラネーゼはバターの香る伝統の味。 **要予約**

[住] Piazza Carbonari 5
[☎] 02-6704710
[営] 12:45～14:00、20:00～22:00
[休] ㊊
[予] €35～70(コペルト€3.50)、定食€45～70
[C] M.V.
[交] 地下鉄3線Zara駅から徒歩5分

●ダ・ジャンニーノ-ランゴロ・ダブルッツォ

Map P.27 B4

Da Giannino-l' Angolo d' Abruzzo

中心街からやや離れるものの、そのぶん落ち着いて料金も手頃なアブルッツォ料理の店。約50年続く家族経営で、夜は常連や故郷の味を求める人たちでいっぱい。量もタップリな骨太な料理が楽しめる。 **夜は要予約**

[住] Via Rosolino Pilo 20
[☎] 02-29406526
[営] 12:00～15:30、19:30～24:00
[休] 無休
[予] €20～38、定食€38
[C] M.V.
[交] 地下鉄1線Porta Veneziaから徒歩7～8分

Ⓟ●ラントロ・デッラ・シビッラ

Map P.31 B2

L'Antro della Sibilla

ミラノ中央駅から徒歩圏内のレストラン兼ピッツェリア。カジュアルな雰囲気だがディナーにはろうそくが灯り、ちょっと薄暗くロマンティックな雰囲気。ピッツァから魚、肉など各種料理が揃い、従業員もフレンドリーで利用しやすい1軒。

[住] Via S./Gregorio 37
[☎] 02-67481054
[営] 12:00～15:00、19:00～23:30
[休] 一部の㊗
[予] €15～30(コペルト€2.50)
[C] A.D.J.M.V.
[交] ミラノ中央駅から徒歩5～6分

中央駅近くでちょっと変わったお店紹介

たまには少し風変わりなお店で食事をしたいという人は**ラ・ターナ・デル・ルーポ**La Tana del Lupo([住] Via V. Veneto 30 [☎] 02-6599006 [営] 20:00～翌1:00 [休] ㊐、1月の1週間、8月 [予] 定食€40 (ワイン込み) [地] P.31 B2)へ。ヴェネト州の山岳料理を山小屋のような雰囲気の店内で楽しめる。毎晩アコーディオンの演奏と歌のパフォーマンスで大盛り上がりだ。イタリアンは飽きた! という人は**ジャスト・インディア**Just India([住] Via Benedetto Marcello 34 [☎] 02-20480385 [営] 12:00～14:30、19:00～23:00 [地] P.31 A1)でインド料理の刺激を。ベジタリアンのメニューも好評。

パフォーマンスが楽しい
ラ・ターナ・デル・ルーポ

レストランピクト案内	✲高級店	⊗中級店	●庶民的な店	Ⓟピッツェリア	🍷エノテカ	ⒷB級グルメ	🍦ジェラテリア	☕カフェ

P マルツェッラ　Map P.31 B2

Maruzzella

いつも地元客で混雑の超人気店。家族連れや友人たちのグループなどカジュアルな雰囲気で大盛り上がりの店内には、世界各国からのファンも多いとか。予約なしなら開店と同時に行くのがおすすめ。入口のすぐ横にある大きな窯では次々とピッツァが焼かれていき、香ばしい香りが食欲をかきたてる。

もちもちでほんのり甘い生地が特徴。ピッツァのメニューはたくさんありすぎて迷ってしまうほどだ。お気に入りの一品を探そう。好みのピッツァの注文も聞いてくれる。前菜やパスタなどのメニューも揃っていて美味。

できれば予約

🏠 Piazza Guglielmo Oberdan 3
☎ 02-29526729
🕐 12:00～14:30、19:00～23:30
休 ㊌、8月
💴 €25～50（コペルト€2）
C A.D.J.M.V.
🚇 M1線P.ta Venezia駅すぐ

P フリエンノ・マニャンノ　Map P.31 A1

Frijenno Magnanno

長い歴史を誇る家族経営のナポリ料理の店。ブルーと白を基調にした店内は清潔感がありおしゃれな雰囲気。カウンターには店自慢の新鮮なシーフードやカンパニア直送のDOCGの水牛のモッツァレッラチーズが並ぶ。ピッツァはもちろん、パスタや揚げ物、シーフード料理が充実している。

メニューはナポリの方言で表記。自慢の揚げ物に敷かれたナポリの新聞のプレゼンテーションが楽しい。店員のサービスも評判よし。中央駅からのアクセスもよく徒歩圏内で便利。イタリア人の食事時の20時を過ぎると混雑するので、予約なしなら開店と同時に行くのがベター。

できれば予約

🏠 Via Benedetto Marcello 93
☎ 02-29403654
🕐 12:00～14:30、19:00～24:00
休 ㊐、8/15前後5日間
💴 €15～30
C J.M.V.
🚇 地下鉄2線Caiazzoから300m

P イル・タヴォリーノ　Map P.31 B1

Il Tavolino

駅から徒歩圏の、窯で焼くパリパリのピッツァがおいしいと定評のある、モダンなカジュアルレストラン。ピッツァ以外のメニューも充実。ランチ時には近くで働くビジネスマンたち、週末は地元客でにぎわう。夕食時は近くのホテルに宿泊している観光客で混雑が予想されるので、できれば予約を。

できれば予約

🏠 Via Fara 23
☎ 02-6703520
🕐 12:00～24:00
休 無休
💴 €20～45
C A.M.V.
🚇 中央駅から徒歩7～8分

P ピッツァ・ビッグ　Map P.27 A4

Pizza Big

中央駅北東、住宅街を控えた地域にある地元の人が普段着で通う店。ピッツァ、飲み物、デザートのみというメニューの潔さは、味への自信の表れ。ピッツァの生地はごくごく薄く、軽くヘルシーな仕上がり。女性でも1枚ペロリといける。ピッツァの種類は約80種。

要予約

🏠 Viale Brianza 30
☎ 02-2846548
🕐 12:00～14:15、19:00～23:00
休 ㊐昼
💴 €10～14（コペルト€2）
C M.V.
🚇 地下鉄M1線Loreto駅から徒歩5分、中央駅から10分

ミラノ

レストラン ● 中央駅／ヴェネツィア門

Ⓑ スポンティーニ　Map P.31 A1

Pizzeria Spontini

1953年から続く切りピッツァの店。テイクアウトする人、店内で食べるために並ぶ人で、いつも店頭には行列ができる人気店。メニューは、チーズとトマトソースの乗った厚くてフワフワの軟らかいピッツァ1種類とラザーニャ€5（昼のみ）、飲み物のみ。ピッツァは2種類の大きさがあり、小＝Trancio Normale€5と大＝Trancio Abbondante€5.50（店により異なる）。

ミラノ市内に10軒あり、ドゥオーモ近く（ガッレリアのサヴィーニ側の出口そば。住 Via Santa Radegonda 11 ☎02-890 92621 営11:00〜翌1:00 地 P.30 B1）は観光途中に便利。モダンな雰囲気の店内で、カウンターあり（1切れ€3.20）でクレジットカードの利用可。

中央駅前広場にもオープン。
住 Piazza Duca d'Aosta 8
地 P.31 B1

住 Corso Buenos Aires 60（Via Spontini 4 との角を少し入る）
☎02-2047444
営11:45〜15:00、18:00〜23:30、⊕11:45〜24:00
休 一部の㊗
予 €5〜
C 不可
交 M1線Lima、Loreto駅から徒歩5分

🍦 ジェラート・ジュスト　Map P.31 A2

Gelato Giusto

イギリスやパリでパティシエの修行を重ねた女性がオープンしたジェラテリア。白を基調にした店内は明るく女性的な雰囲気。ロンバルディアの牛乳と季節の果物を使い、添加物が不使用で、優しい味わい。冬はチョコレートや焼き菓子が並ぶ。2種で€2.50、2〜3種で€2.80。

住 Via San Gregorio 17
☎02-29510284
営12:00〜20:30
休 ㊐、一部の㊗
予 €2.50〜
C A.D.M.V.
交 地下鉄1線Lima駅から徒歩5分

🍦 ラ・ボッテガ・デル・ジェラート　Map P.31 A1

La Bottega del Gelato

1964年から親子2代で続く、昔ながらの雰囲気のジェラテリア。果物を丸ごと使ったシャーベットが壁際のショーケースにズラリと並び、正面のケースにはシャーベットSorbettiやジェラート。50種を超えるという品揃えに圧倒される。

日本語メニュー

住 Via G.B.Pergolesi 3
☎02-29400076
営10:00〜24:00（冬季22:00）
休 ㊌、8/10〜8/20
予 €2〜
C M.V.
交 地下鉄1線Lima駅から徒歩5分

🍦 サルトーリ　Map P.31 A1

Sartori

中央駅（リナーテ空港へのプルマン便が発着する側）の長い駅舎の軒下にあるキオスク風。気取らない雰囲気ながら、1937年創業の長い歴史を誇り、自家製のシチリアンジェラートは濃厚な味わい。ピスタチオやノッチョーラが人気。シチリア風のブリオッシュやグラニータもある。

住 Piazza Luigi di Savoia
☎02-89406958
営11:00〜24:00
休 不定休あり
予 €1.60〜
交 中央駅東側

ジェラートの注文の仕方

まずは店内の値段表示をチェック。観光客の多い地域では、値段表示がなく、事情がよくわからない旅行者に超大型に盛りつけて売りつける場合があるので注意。

さて、場所にもよるが一番小さいコーン（Conoコーノ）か紙製のカップ（Coppaコッパ）を選ぶと€1.60〜2.50で2〜3種類を選べる。これに生クリームを付け

るのがイタリア人のお好み。パンナはサービスの所と有料（€0.50〜1）の所とさまざまだ。生クリームが欲しかったら、「コン・パンナcon Panna」とひと言付け加えよう。

ガリバルディ地区

　再開発が終わり生まれ変わったガリバルディ地区は、地下鉄駅からは少し距離があるがミラノっ子のお気に入りの界隈だ。スメラルダ劇場がイータリー・ミラノになり、最近ではグルメ食品御用達界隈に生まれ変わり、それにともない飲食店が増えている。ミラノっ子注目の、小粋でリーズナブルなトラットリアやピッツェリア、ワインバーが多い。地元の人でいっぱいの店を探して入ってみよう。

✳ アリーチェ-イータリー・スメラルド　Map P.31 C2

Alice-Eataly Smeraldo

イータリー（→P.89）のオープンに伴い、郊外の住宅街から移転。イータリーの3階（2°Piano）広場側にあり、大きな窓からはミラノの町並みが広がる、サボテンや魚のオブジェが飾られた店内は、一部がオープンキッチンで大人のためのカジュアルレストランといった面持ち。カンパニア州の料理をベースに

した独創的な魚料理中心のレストラン。イタリアでは有名な女性シェフと女性マネージャーを中心に、多くの女性スタッフで切り盛りされている。料理は前菜からデザートまで芸術的な色合いと盛りつけで、意表をつく素材の組み合わせや軽やかで繊細な味わいをじっくり楽しみたい。ミシュランの1つ星。　**要予約**

🏠 Piazza XXV Aprile 10（Eataly内）
☎ 02-49497340
🕐 12:30～14:00、19:30～22:00
休 ⑧、1/1、8/15、12/25、12/26
💴 €30～150（コペルト€3）、定食€55、65（平日昼）、125、150
🅒 A.D.J.M.V.
🚇 地下鉄2線Moscova から300m

✖ リゴロ　Map P.31 C2

Rigolo

60年以上続く家族経営の1軒。広い店内は地元の人を中心に、いつもにぎやかに食事する人であふれ、人気のほどがうかがえる。郷土料理を中心にした滋養あふれる味わいも人気の秘密。　**夜は要予約**

🏠 Via Solferino 11（Largo Trevesとの角）
☎ 02-86463220
🕐 12:00～14:30、19:30～23:30
休 ⑧、8月
💴 €30～60、定食€55（コペルト€5）
🅒 A.D.M.V.
🚇 M2線Moscova駅から徒歩2分

✖ トラットリア・デッレ・ランゲ　Map P.31 C1

Trattoria alla Cucina delle Langhe

ミラノのピエモンテ料理店の草分け的存在。店内は落ち着いたクラシックな雰囲気。そして秋と春先の旬には香り高いきのことトリフ料理を存分に味わいたい。　**できれば予約**

🏠 Corso Como 6
☎ 02-6554279
🕐 12:00～15:30、19:00～23:30
休 12/25夜
💴 €50～60（コペルト€3）、定食あり　🅒 A.M.V.
🚇 M2線Garibaldi F.S.駅から徒歩4～5分

🍷 ドライ・ミラノ　Map P.31 C2

Dry Milano

店内はやや狭いながら、モダンでカジュアルな雰囲気でおしゃれなカクテルバー兼ピッツェリア。カクテル（€10～14）とピッツァ（€5～14）が主体。ピッツァはトッピング（€4～9）がいろいろ選べるのが楽しい。

🏠 Via Solferino 33
☎ 02-63793414
🕐 カクテルバー19:00～翌2:00、ピッツェリア19:00～24:00
休 ⑧、一部の㊗
💴 €10～25
🅒 不可
🚇 M3線Moscova駅から徒歩5分

ミラノ

レストラン ● ガリバルディ地区

❌ イル・リバティ
Il Liberty
Map P.31 C2

イーイタリー近く、大通りを少し西に進んだ大きなリバティー様式のパラッツァの一角にある。外観に比べて店内はやや小さいが、中2階が設けられ、シックで現代的で、ミラノっ子に愛されているレストラン。ミラノやロンバルディア州の郷土料理を斬新にアレンジした料理が楽しめる。手ごろなビジネスランチ（€18）をはじめ、定食が充実しており、3皿のコースで€45（ワイン込みで€60）、5皿€60（同€75）、7皿€75（同€90）という具合。スペチャリテの厚切りのミラノ風コトレッタCotoletta alta di Vitello "rosa" Milaneseを味わってみよう。デザートは趣向を凝らしたティラミーLibertytiramisùがおすすめ。 できれば予約

🏠 Viale Monte Grappa 6
☎ 02-29011439
🕐 12:30〜14:30、19:30〜22:45
休 ⊕昼、㊐、1月初旬の1週間、8月中旬の3週間、復活祭の頃3日間
💰 €50〜80、定食€20（昼のみ）、€50、65、80
💳 A.D.M.V.
🚇 M2線Garibaldi駅から徒歩5分

❌ ダニエル
Daniel
Map P.31 C2

斬新で創造的なイタリア料理が楽しめる1軒。高級感のあるエレガントな雰囲気ながらビジネスランチのコースは、1皿€18、2皿€23、3皿€28（水、コーヒー、コペルト込み）というのがうれしい。キッチンを眺められるカウンター席もある。お子様メニューあり。

🏠 Via Castelfidardo 7/Via San Marcoとの角
☎ 02-63793837
🕐 12:00〜15:00、19:00〜24:00
休 ⊕昼、㊐
💰 €25〜70、定食€18（昼のみ）、€70、80
💳 A.D.J.M.V.
🚇 M2線Mosvova駅から徒歩5分

🍴 ピサッコ
Pisacco
Map P.31 C2

星つき有名シェフのアンドレア・ベルトン、美術コレクター、建築家、弁護士などのグループにより誕生した現代的なビストロ。肉・魚料理はもちろんのこと野菜料理が充実。ベルトンのエッセンスを手軽に味わえるのがうれしい。

🏠 Via Solferino 48
☎ 02-91765472
🕐 12:00〜15:00、19:00〜翌1:00（L.O.23:00まで）
休 ㊊、祝の㊐
💰 €30〜50、定食€14（昼のみ）、€35
💳 A.D.J.M.V.
🚇 M2線Mosvova駅から徒歩5分

🍴Ⓑ イータリー
Eataly
Map P.31 C2

3階建ての大店舗、売場のほか、フードコートも充実（→P.89）。1階にはバール、ジェラート、ピッツァ、パスタ、3階にレストラン。まず席の番号札をとり、その札を持ってレジで注文。料理は係がテーブルまで運んでくれるシステムだ。

🏠 Piazza XXV Aprile 10
☎ 02-49497301
🕐 8:30〜24:00
休 一部の㊗
💰 €10〜15（コペルト€1）
💳 A.D.J.M.V.
🚇 M2線Moscova駅から徒歩3分

🍴Ⓑ パニーノ・ジュスト
Panino Giusto
Map P.31 C2

1979年から続く、ミラノっ子に愛されるパニーノ専門店。カウンターにはおいしそうなハムやサラミが並び、切ったばかりの作りたてがサービスされる。サラダやデザート類も充実。ドゥオーモ近く（🏠 Via Agnello 6 ☎ 02-25061444 🕐 11:00〜翌1:00）ほか市内各所、中央駅、マルペンサ空港など

約15店舗あり。ここで紹介した店舗のあるガリバルディ通り周辺はミラノらしいショッピングゾーンとしてもおすすめ。
🏠 Corso Garibaldi 125
☎ 02-6554728 🕐 12:00〜翌1:00
休 一部の㊗ 💰 €10〜20
💳 A.D.J.M.V.
🚇 M2線Moscova駅から徒歩3分

ナヴィリ地区

　かつてはミラノのシンボルであった運河がわずかに残る一帯。ミラノの下町といわれていたのも今は昔。現在は、ミラノの夜を代表するスポットに成長してきた。レストラン、ピッツェリア、ビッレリア（ビヤホール）、エノテカ（ワインバー）などが軒を競い、ミラノのナイトライフには欠かせない界隈となっている。庶民感覚あふれるお店の料理も手が込んでいて、通好みの一帯だ。

⊗ アル・ポンテ・デ・フェール　　Map P.26 C2

Al Ponte de Ferr Osteria con Cucina

ナヴィリ運河の「鉄の橋」近くにある気取らない雰囲気のオステリア。料理は斬新なテクニックと楽しいサプライズにあふれている。スペチャリテを組み合わせた定食が充実している。 **要予約**

URL www.pontedeferr.it

住 Ripa di Porta Ticinese 55
☎ 02-89406277
営 12:30〜14:30、20:00〜23:00
休 無休
予 €60〜90、定食€20（平日昼のみ）、€55、75、130　C J.M.V.
交 2線Porta Genova駅から徒歩7〜8分

⊗ アル・ポルト　　Map P.28 C1

Al Porto

ナヴィリオ運河を望む、魚介類専門のレストラン。海をイメージしたインテリアや磨き込まれた木造の床は古きよき時代の雰囲気を醸し出して、店に風格を与えている。VIPの常連も多いという大人のサロンのような1軒だ。

要予約 **日本語メニュー**

住 Piazza Antonio Cantore
☎ 02-89407425
営 12:30〜14:30、19:30〜22:30
休 ⓐ・⑪昼、12/25〜1/6頃、8月
予 €60〜90（コペルト€3）
C A.D.M.V.
交 M2線Porta Genova F.S.駅から徒歩5分

🍴 トラットリア・マドニーナ　　Map P.26 C2

Trattoria Madonnina

1721年創業、300年も続くトラットリア。店内や緑の中庭は昔日のミラノの面影が色濃い。界隈に住む人の食堂といった気取らない雰囲気でミラノの今風の家庭料理が味わえる。自家製のデザートもおすすめ。やや交通の便が悪いが、経済性も高く、ミラノの若者に人気の店。

住 Via Gentilino 6
☎ 02-89409089
営 12:00〜15:00、20:00〜22:30
休 ⑪、8月の3週間
予 €20〜35（コペルト€2）、定食€30
C M.V.
交 ドゥオーモからトラム3番

🅟 🍴 イ・カパトスタ　　Map P.26 C2

I Capatosta

ナヴィリオ・グランデ運河沿いにある、薪で焼かれた、生地が厚めのナポリのピッツァで人気の店。ティチネーゼ門側からはやや歩くものの、週末はいつも行列ができている。ピッツァのほか、ボリュームたっぷりのCalzoneやフリットをはじめとするナポリ料理も試してみたい。フレンドリーな雰囲気。 **できれば予約**

住 Alzaia Naviglio Grande 56
☎ 02-89415910
営 12:00〜14:30、19:00〜24:00
休 12月中旬の1週間
予 €15〜25
C A.J.M.V.
交 ティチネーゼ門から徒歩7分

🅟 🍴 プレミアータ　　Map P.28 C2

Premiata

ナヴィリオ・グランデ運河の東側にあるピッツェリア兼トラットリア。ピッツァは€6ぐらいから。雰囲気もおしゃれで、地元の若者や家族連れが多い。お店の人も親切。

週末は要予約

住 Via Alzaia Naviglio Grande 2
☎ 02-89400648
営 19:00〜翌1:00
休 12/24
予 €30（コペルト€2）
C M.V.
交 M2線Porta Genova F.S.駅より徒歩6分

 レストランピクト案内 | ❋高級店 | ⊗中級店 | 🍴庶民的な店 | 🅟ピッツェリア | 🍷エノテカ | Ⓑ B級グルメ | 🍨ジェラテリア | ☕カフェ

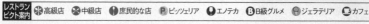

ミラネーゼのように暮らしたい

　身に着ける物だけでなく、身の回りの物から毎日食べる物まで、すべてに自分流を貫くミラネーゼ。そんな彼らが今一番気にしているのは、生活を美しく快適に過ごすこと。ミラノでは、暮らすように旅してみたい。

　デザインの国・イタリアを旅するならインテリア用品や雑貨にも注目してみよう。ミラノにはイタリアンモダンの名にふさわしい品々を扱う店がめじろ押しだ。ドゥオーモ周辺にもセンスのよい店があるが、時間が許せばブレラ絵画館の北に位置するガリバルディ地区（地下鉄Moscova駅下車）に足を運んでみよう。かつては、中小の工場が建ち並んだ地区だが、再開発で生まれ変わり今やミラノの雑貨を語るうえでは外せない。

ディエチ・コルソ・コモ【雑貨】　Map P.31 C1

10 Corso Como

バザールに紛れ込んだよう

●オーナーの個性で選ばれた品々

イタリアン・ヴォーグの元編集長、カルラ・ソッツアーニのおめがねにかなった物だけを並べたセレクトショップ。といっても、洋服やバッグだけでなく、広いスペースにはアクセサリーや食器までと雑貨店のような品

揃え。ファッション誌の元編集長というだけあり、プラダ、ミュウ ミュウなどのブランドも吟味されてセレクトされている。オリジナルのドレスなども好評。カフェ、レストラン、ホテル併設。

休息は木漏れ日の中庭で

🏠 Corso Como 10
☎ 02-29902674
🕐 10:30〜19:30
㈬㈭10:30〜21:00
🗓 8/15、12/25〜1/1　💳 A.D.M.V.
🚇 M2線Garibaldi駅から徒歩4〜5分

デ・パドヴァ【雑貨】　Map P.29 A4

de Padova

使いやすい雑貨

●イタリアンモダンの殿堂でセンスを学ぼう

ファッションブティックが集中するヴェネツィア大通りの一角にあり便利な立地。地上2階から地下3階まで、センスのよい家具や雑貨でコーディネートされている。地階は小さな部屋のように構成されて

いるので、インテリアの参考になる。

イタリアンテイストの家具

🏠 Via Santa Cecilia 7
☎ 02-777201
🕐 ㈫〜㈯10:00〜19:00（㈪〜18:00）
🗓 ㈰㈷、8月
💳 A.J.M.V.
🚇 M1線San Babila駅から徒歩3分

ハイ・テック【雑貨】　Map P.31 C1・2

High Tech

物、物、物の洪水

●しゃれたカントリー風の入口がかわいい

アンティークな建物の中は、雑貨のデパートにふさわしい品揃え。ジャンルもさまざまで雑貨、スカーフ、ステーショナリー、キッチン用品などなど、見応えタップリ。実用的なおみやげを探している人におすすめ

の店。アレッシのキッチングッズや文具も揃う。

懐かしい雰囲気の店構え

🏠 P.za XXV Aprile 12
☎ 02-6241101
🕐 10:30〜19:30、㈪13:30〜19:30
🗓 ㈪午前、12月は㈪もOpen
💳 A.J.V.
🚇 M2線Garibaldi駅から徒歩6〜7分

スプマンテを おみやげに！

イタリアの発泡性ワインの総称がスプマンテ。ミラノのあるロンバルディア州東部のフランチャコルタ地域は高級スプマンテの産地。ミラノの老舗ワイン店コッティ（→P.87）でお手頃でおいしいフランチャコルタを選んでもらった。

フランチャコルタ・サテン フラテッリ・ベルルッキ 2009
（€23.50）

Franciacorta Saten Fratelli Berlucchi 2009

シャルドネ種100%。ステンレスタンクでの低温発酵と熟成後、瓶熟32〜33ヵ月。緑がかった麦わら色で繊細できめ細かなクリーミーな泡立ち。洗練されたスパイスの香りがある。広大な自社ブドウ畑を有し、土地柄を生かしたブドウ作りにこだわるフランチャコルタ、大手の有名生産者。

フランチャコルタ・サテン リッチ・クバストロ 2007
（€21.50）

Franciacorta Saten Ricci Cubastro 2007

シャルドネ種100%。オーク樽での発酵後に瓶熟40ヵ月。輝く麦わら色で熟した果実の香りとトーストしたアーモンドの香りがあり優しい泡立ち。2003年にはイタリアソムリエ協会の品質と値段の最良ワイン、2007年にはロンバルディアの最良ワインにも選出された、中規模のこだわりの生産者。

スプリッツを 作ろう！

夕暮れ時のバールで目立つのがオレンジ色の食前酒スプリッツ Spritz。今やイタリア中で人気の食前酒。オレンジの香りとほんのり甘くてビターな味わい、低めのアルコールが人気の秘密。スーパーマーケットにはすでにミックスされた小瓶も売られているほど。

まずはイタリアで飲んでみよう。そして、イタリアでの楽しい思い出とともに帰国後作って、家族や友人と楽しもう。

［材料］
Ａ アペロール Ｂ プロセッコ Ｃ ソーダ　氷　オレンジの薄切り
［作り方］
グラスに氷とオレンジの薄切りを入れる。Ａ：Ｂ：Ｃの材料を3：2：1でグラスに注いでできあがり。※プロセッコがない場合は白ワインで代用を。

アペロールAperol●パドヴァで1919年誕生した、オレンジ、大黄、キナなどを使ったリキュール。アルコール度は11%。イタリアのスーパーで€8くらい。日本ではサントリーの取り扱いで希望小売価格1370円。

プロセッコProsecco●ヴェネト州のスプマンテ。ブドウ品種はグレラ。近年DOC、DOCGワイン（地域により異なる）に昇格した。フルーティーでカジュアルなワインで、食前酒としてまた食事中に飲むワインとしてヴェネト州では欠かせない。イタリアでは1本€5〜10くらいで値段も手頃。

●スプマンテってなに？

大きく分けて、タンクの中で発酵させる**シャルマン方式**（アスティ・スプマンテやプロセッコなど）と、フランスのシャンパン造りと同様の**メトード・シャンプノワーズ**（瓶内2次発酵）で造られたものがある。

●フランチャコルタとは？

ロンバルディア州ベルガモの東、イゼオ湖南側でメトード・シャンプノワーズにより作られるワイン。ブドウ品種は**シャルドネ、ピノ・ビアンコ、ピノ・ネーロ**。1995年にイタリアワインの最高格付けの**DOCGに認定**され、「フランチャコルタ」という言葉だけで、原産地、生産方法を示し、その規定はとても厳密。

●ミッレジマートMillesimatoとは？

収穫年がつけられたフランチャコルタがミッレジマート（シャンパンのミレジメと同じ）。よいブドウが作られた年に生産されるもので、表記される年のワインを85%以上使用するのが決まり。その年のブドウの味わいが色濃く出ているのが特徴だ。これをさらに長期熟成させたものが、より上級品のフランチャコルタ・リセルヴァFranciacorta Riserva。

●サテンSatenとは？

サテンは、白ブドウ（シャルドネとピノ・ビアンコ）だけで造られたもの。発泡性をおさえた滑らかな口当たりとブドウの甘く優しい香り、口中に長く残る余韻が特徴。

エノテカ

　ワインブームの日本だが、イタリアワインでフランスの高級銘醸ワインと並んで語られる物はそう多くない。ピエモンテ産のバローロと、トスカーナ産のブルネッロ・ディ・モンタルチーノなどがイタリアを代表する高級ワインだ。ミラノが旅の最終目的地であればこれらの1本をぜひ持ち帰りたい。熟成に耐える極上の赤ワインなので、イタリアワインのなかでは高価。ミラノで銘醸ワインが買えるエノテカを紹介しよう。

エノテカ・コッティ 【ワイン】　　　Map P.31 C2

Enoteca Cotti

グラッパ類も充実

●品揃えならミラノNo.1が自慢

20世紀初頭のリバティ様式の建物にイタリアワインはもちろん世界中のワインが揃うエノテカ。広い店内とその倍あるワイン倉庫には1300種のワインが眠る。イタリアを代表する高級赤ワイン、バローロもコッ

ティ・ブランドならお手頃価格。ワイン以外にも500種を揃えるグラッパをはじめ、バルサミコ、食料品の品揃えあり。日本への発送も可。

赤いひさしが目印

🏠 Via Solferino 42
☎ 02-29001096
🕐 9:00～13:00、15:00～20:00
🈺 ㊐㊊(12月を除く)、8月
💳 M.V.
🚇 M2線Moscova駅から徒歩5分

ノンブラ・デ・ヴィン 【ワイン】　　　Map P.29 A3

N' ombra de vin

試飲室はかつての教会

●16世紀の雰囲気のある建物にあるエノテカ

かつての教会の食堂の地下室にワインが並ぶ様子は圧巻。ここは、ワイン上級者にすすめたい店。なぜなら今話題のワインでなく、これから評判になるであろうワインの普及に力を入れているからだ。テイ

スティングに自信のある人は、お気に入りの1本を探せそう。

シックな店構え

🏠 Via San Marco 2
☎ 02-6599650
🕐 10:00～翌2:00
🈺 8月の3週間
💳 A.M.V.
🚇 M2線Lanza駅から徒歩8分

エノテカ・ロンキ 【ワイン】　　　Map P.28 C1・2

Enoteca Ronchi

●ワインコレクターが集まるエノテカ

オーナーのマリア・ルイザ・ロンキさんのワインへの情熱には脱帽。銘醸ワインの品揃えではペックと並ぶ。スプマンテ、グラッパの品揃えも充実。日本への発送もOK。

🏠 Via San Vincenzo 12
☎ 02-89402627
🕐 9:30～13:30、15:00～20:00
🈺 8月、㊐
💳 M.V.
🚇 M2線S. Agostino駅から徒歩10分

ペック 【ワイン】　　　Map P.29 B3

Peck

●特別な人へのおみやげワインを

ミラノの高級食材店の代表ペックだが、高級ワインの品揃えもミラノ有数と評判だ。ペックのよさは、店の人の知識が半端でないこと。迷ったらおすすめの1本に決めよう。

🏠 Via Spadari 9
☎ 02-8023161
🕐 ㊋～㊏9:00(㊏15:00)～20:00、
　㊐10:00～17:00
🈺 ㊊午前
💳 A.D.J.M.V.
🚇 M1・3線Duomo駅から徒歩5分

北イタリアの名物
お菓子を日本へ

日本同様、イタリア各地にはその土地ならではの名物がある。その土地で味わったりお店に出かけて購入するのが旅の楽しみ。でも、そんな時間のない人のために、ミラノのイータリー（→P.89）で購入できる名物をご紹介。

スプリソラーナ・クラッシカ（300g €5.80）
Sbrisolona Classica

マントヴァの名物で、どこででも目にする、平らな大型クッキーのようなトルタ。アーモンドとトウモロコシの粉、バター、砂糖で作られホロホロと崩れる口溶けが特徴。そのままおやつとするほか、食後にエスプレッソや食後酒といっしょに、あるいはザバイオーネ（卵黄とリキュールのクリーム）などを添えることが多い。崩れやすいので、持ち運び注意。

オッフェッレ・ディ・パローナ（250g €2.80）
Offelle di Parona

パヴィア県のパローナで1890年から作り続けられている伝統的クッキー。村の祭りのお菓子としてコッリ姉妹によって考案され、最初に商業的な生産を始めたのが、黄色のパッケージのフラテッリ・コッリヴァッソーネ社（写真）。材料はシンプルに小麦粉、バター、卵、オリーブ油。昔ながらの作り方、さらに焼き具合へのこだわりがおいしさの秘密。ちょっと大きめの先の尖った楕円形で、口溶けのよいクッキー。朝食のお供にするイタリア人も多い。プレーンのほかにココア入りもある。

ビスコッティ・ディ・ノヴァーラ（250g〈18袋〉€3.40）
Biscotti di Novara Camporelli dal 1852年

ノヴァーラはミラノから約50kmに位置するピエモンテ州の町。この町で1852年に創業したカンポレッリ社の代表的なビスコッティ。小麦粉、砂糖、卵、ベーキングパウダーのシンプルな素材で作られる。とっても軽いビスコッティで、老若男女に愛される味わいだ。イタリア人は朝食に愛用する人が多い。個袋に2枚入り。これも崩れやすいので持ち運び注意。

トルティーネ・パラディーゾ・クラッシケ（1個46g×6個 €5.80）
Tortine Paradiso Classiche Vigoni

パヴィア名物、ヴィゴーニのトルタ。パヴィア大学正門前に店を構えるヴィゴーニ（→P.137）が1906年の博覧会で金賞を受賞したもの。すでに100年以上の歴史を誇るお菓子だ。本来は大きなティンバロ（円盤）型だが、これは小型の個別包装されたもの。ホロッとした口溶けの優しいレモン味のマドレーヌ風。ページ右上の物は、本来の大きな型のチョコレート風味。

トッローネ・クラッシカ・マンドルラ（250g €6.50）
Torrone Classica Mandorla

トッローネとは、卵白と蜂蜜をベースにした生地にナッツなどを加えたヌガーの1種で、イタリアの伝統的なお菓子。イタリア中で作られるが北イタリアではクレモナの物が有名だ。15世紀、フランチェスコ・スフォルツァとビアンカ・ヴィスコンティの結婚式のお祝い菓子として出されたのが、トッローネの始まりといわれている。

ミラノ

ショッピング ● 北イタリアの名物お菓子を日本へ／パスティチェリア

パスティチェリア

　友達や家族にミラノのおいしくてこの町ならではのおみやげを探すならお菓子屋（パスティチェリア）がおすすめ。クリーム系のケーキ類は持ち運びには不向きだが、ミラノらしいおしゃれな型抜きや色付けされたクッキー、洗練されたパッケージのチョコレートやマロングラッセなどはおみやげに最適。一つひとつていねいに作られた季節の定番、パネトーネやコロンバも格別な味わいだ。

マルケージ 【お菓子】　　Map P.28 B2

Pasticceria Marchesi

●職人技のお菓子がステキ!
渋いカウンターで飲むカフェもよし。店内はおいしそうなカフェの匂いが漂う。自家製チョコレートは1kg€80。贈り物にしたいシックなパッケージのチョコレートはとてもおしゃれ。季節にはパネトーネやコロンバなどイタリアならではのお菓子が充実。

🏠 Via Santa Maria alla Porta 11/a
☎ 02-862770
🕒 火～土7:30～20:00、日8:30～13:00
休 月(祝)、8月2週間
予 €5～
C A.M.V.
交 M1線Cairoli駅から徒歩6分

タヴェッジャ 【お菓子】　　Map P.29 B4

Taveggia dal 1909

●ミラノっ子の人気が高い
テイクアウトしたくなるドルチェばかり。入口には種類いっぱいのクッキーが並び、どれにしようか迷ってしまうほど。奥のテーブルでは座ってカフェができる。簡単な食事のできるレストランも併設。

🏠 Via Visconti di Modrone 2
☎ 02-84211140
🕒 8:30～20:30
休 一部の(祝)
予 €5～
C D.J.M.V.
交 M1線San Babila駅から徒歩5分

パスティッチェリア・クッキ 【お菓子】　　Map P.28 C2

Pasticceria Cucchi

●歴史的な雰囲気を楽しもう
1936年から続く、家族経営の素朴な自家製ケーキ屋さん兼カフェ兼ジェラテリア。イタリアの歴史的店舗Locale Storico d'Italiaでもあり、店内の雰囲気もよい。作りたてのクッキーやケーキが裏の工房から続々と出てくる。散歩途中のミラネー

ぜたちが立ち寄る場所。
🏠 Corso di Porta Genova 1
☎ 02-89409793
🕒 7:00～22:00
休 月、8月の中旬2週間
C A.M.V.
交 M2線S. Ambrogio駅から徒歩7分

ミラノのイータリー

　都市計画のもと、近代的で斬新なビルが次々と建ち、今、最も注目を集めるガリバルディ地区。ハイセンスなブティック、バールやレストランが多く、昼も夜もにぎわいを見せる。この地域に2014年3月、かつてのスメラルド劇場を改装してイータリーが開店。店内には舞台が設けられ、毎日ライブ演奏があり、音楽や歌を聴きながらの買い物や食事が目新しい。明るい店内の各売り場にはイートインコーナーが設けられている。

1階　野菜、パン、ジェラテリア、ピッツェリア、チョコレートの量り売り
2階　肉・魚、チーズ、フレッシュパスタ、モッツァレラの実演

ロンバルディアの食品が豊富

3階　ワイン、ビール、レストラン(肉・魚) ミシュランの1つ星レストランのアリーチェなどに分かれている。

　レストランはアリーチェ（→P.82）を除き、最初に席を取り、その番号札を持ってレジで注文。料理はテーブルまで運んでくれる。1皿€10～15程度（コペルト€1）。買い物のカートを横に置いて食事ができ、買い物は最後にレジで精算。

かつての劇場が変身

Eataly Milano Smeraldo　　Map P.31 C2
🏠 Piazza XXV Aprilre 10　☎ 02-49497301
🕒 8:30～24:00　休 一部の(祝)　C A.D.J.M.V.
交 地下鉄2線Moscova駅から300m、fs線・地下鉄2・3線Porta Garibaldi駅から400m
URL www.eataly.it

ミラノのスーパーで食材を Get!!
日本で作るイタリア料理

みんな大好きスーパーマーケット。イタリアの生活と食文化、そして今を一番ヴィヴィッドに感じられる場所だ。日本との品揃えや値段を比べてみたり、おもしろそうな食材を買って味わってみたり……。カゴにポンポンと気に入ったものを入れ、最後にレジで精算という気軽さも旅人にはありがたい。そこで、何を買ったらいいか悩むあなたに、おみやげや日本でイタリアン・パーティーをするのに最適な食材を紹介。

おすすめ食材ベスト5

① パルミジャーノ・レッジャーノチーズ

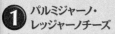

パスタやリゾットに欠かせないパルミジャーノチーズも本場ではお手頃だ。削りたてのおいしさは格別ながら、お手軽にはすでに削ってあるGrattugiato(粉チーズ)を。
Parmigiano Reggiano BIO
168g €3.69

オリーブオイル ②

ひと言でオリーブオイルと言っても、地域、品種により味わいはさまざま。上質な1本は、料理の味を引き立ててくれること間違いなし。これは高級食料品店ペックのもの。
Olio Extravergine di Oliva
Taggiasca(タッジャスカ種)500㎖ €14

インスタントパスタとリゾット ③

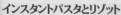

本場の味が簡単に作れるインスタントパスタとリゾット。ちょっと珍しいおみやげに。ミートソース、サフラン、魚介など種類豊富。
1袋1人前 €1.19〜1.35

④ ブロードや胡椒

ブロードとはイタリアのコンソメのこと。ミネストローネやソースに入れるだけで本格的なイタリアの味に。ミル付き胡椒も便利。
Star 30 dadi CLASSICO ブロード・クラシコ 30個入り €1.85、Pepe Nero BIO Tappomacinato 黒胡椒 ミル付き €2.63

⑤ オリジナルのお菓子

簡単なおみやげなら、お菓子が最適。有名メーカーのもいいが、近年は日本同様にスーパーオリジナルも充実。これは1箱€1.99

番外 ハミガキ・マルヴィスMARVIS

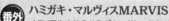

イタリア生まれのハミガキ。おしゃれなパッケージはすてきなおみやげ。効能とフレーバー別に7種類。携帯にも便利なミニ25㎖は1個€1.49

前菜 *Antipasto*

イタリアのバールなどで食前酒に欠かせないのがオリーブやブルスケッタと呼ぶイタリア風カナッペ。まずは簡単なチャレンジ。残った食材はパスタソースやサラダに。カルチョーフィの油漬けはフリッタータ(イタリア風卵焼き)に入れてもグッド。

Ⓐ 種抜きグリーン・オリーブ Olive in Salamoia 350g €1.55
Ⓑ 黒オリーブのパテ Paté di Olive Taggiasche 180g €3.59
Ⓒ カルチョーフィ(アーティチョーク)のクリーム
Crema di Carciofi 185g €3.69
Ⓓ カルチョーフィのオイル漬け
Carciofi in Olio di Oliva 280g €4.15
Ⓔ アンチョビー
Filet di Alici in Olio di Oliva 40g €1.50

オリーブとカナッペ

作り方

① オリーブとカルチョーフィは水気や油を切って器へ。
② ブルスケッタ用にフランスパンを用意して1㎝ほどに切ってトースト。
③ 黒オリーブのパテ、カルチョーフィのクリームを②のパンに塗る。カルチョーフィのクリームの上には①のカルチョーフィを載せると豪華。
④ ②とは別のパンにチーズとアンチョビーを載せて、トーストする。トマトのブルスケッタもお好みで(左下)。

プリモ(パスタなど) *Primo Piatto*

ジェノヴェーゼの瓶2種

A Pesto alla Genovese 180g €7
ミラノの高級食品店ペックのもの。

B Pesto alla Genovese 190g €2.74
100%フレッシュバジリコと記載。Senza aglio (ニンニク不使用)もあるのでお好みで。

インスタント・リゾットやパスタ

作り方

1袋€1.50程度で簡単に本場の味が再現できる。ミラノの定番のサフラン入り、ポルチーニ茸風味、魚介類など種類もいろいろ。ただ、裏の作り方はイタリア語のみ。でも大丈夫!!
水(パスタ類)またはお湯(リゾット)に投入し、かき混ぜながら煮て、最後にバターやパルミジャーノ(魚介類はオリーブ油)で味を調えればOK。水はacqua fredda、お湯はacqua calda、○ minuti(分)は調理時間のことでこれらは太字で記載。水やお湯の量は㎖でチェック。

チーズ4品

C アシアーゴ Asiago 300g €3.19

D 削ったパルミジャーノ・レッジャーノ
Parmigiano Regglano Grattugiato 100g €2.09

E フォンタル(Fontinalによく似ているが、少しお安め)
Fontal 394g €2.16

F ゴルゴンゾーラ Golgonzola 150g €1.99

ジェノヴェーゼ

作り方(2人分)

日本でもスーパーに並び、すっかりおなじみのパスタソース。冷めても食べやすいし、付け合わせに少量使うのも便利。ここでは、本場の作り方をご紹介。崩れたように煮えたジャガイモとソースのハーモニーもクセになる。

材料 お好みのパスタ200g、ジェノヴェーゼ大さじ4、インゲン6本、ジャガイモ中1個(皮をむいて1cm程度の厚切り)、パルミジャーノ大さじ2

① 水に塩、ジャガイモを入れて水から火にかけ、沸騰したらパスタを入れる。ゆでる表示時間の2分ほど前にインゲンを入れる。

② ①のすべてをザルにあげて、軽く水気を切り(ゆで汁を少しとっておく)、再び鍋に戻す(火は切っておく)。

③ ②にジェノヴェーゼを加える。1人分(パスタ100gとして)大さじ2杯程度を加えて、手早くかき混ぜる。水分が少なかったら、ゆで汁、またはオリーブ油を加える。最後にパルミジャーノを加えて出来上がり。

ペンネのクアトロフォルマッジョ

作り方(2人分)

材料 お好みのパスタ200g、各チーズ20g、バター20g、生クリーム100cc、牛乳100cc

① 4フォルマッジョとは4種のチーズの意味。何を使うかは特に決まりはないが、青カビチーズとパルミジャーノはマスト。上記のチーズを使うことが多い。1人で各10gくらいでOK。パルミジャーノ以外を細かく刻む。

② パスタを表示時間の1分前くらいまでゆでる。

③ ②の間に、フライパンにバター、①のチーズ(パルミジャーノをのぞく)、生クリーム、牛乳を入れて火にかけてチーズを溶かす。

④ ③に②のパスタを加えて混ぜ、最後にパルミジャーノを加えて、味を調える。最後に好みで粗びきの黒胡椒をふる。

※余ったチーズはそのままワインのお供や加熱してグラタン用に使ってもいい。冷凍保存も可能。未開封で賞味期限は1〜3ヵ月程度。

セコンド(メイン) Secondo Piatto

グラッサ／クレーマ・バルサミコ

Glassa Gastronomica 145g €2.59

　今やすっかりおなじみの**バルサミコ酢**Aceto Balsamico。イタリアのレストランでも普通の酢Acetoとともにテーブルに並ぶ。これはさらに新タイプのバルサミコで、**クレーマ**Cremaとか**グラッサ**Glassaと呼ばれるバルサミコの濃縮タイプ。酸よりも甘味が強く、クリーミーでほんの少量で風味を添えてくれる便利な存在だ。ただし、バルサミコの含有量は35%程度の「なんちゃってバルサミコ」でバルサミコ専門家はバルサミコとは認めていない。本来のクレーマ・ディ・バルサミコは高価なバルサミコ酢をじっくり煮詰めたものだが、これは手軽にその味わいを楽しめる。バルサミコ同様に、サラダやステーキ、イチゴやアイスクリームにかけるのもいい。

チキンのサラダ バルサミコ風味

作り方

材料　お好みのサラダ菜やトマト、サラダ・チキン、グラッサ・バルサミコ、オリーブ油、塩

① 皿にサラダを盛る。
② サラダ・チキンを好みの厚さにスライスして、①に並べる。
③ 塩、オリーブ油、グラッサ・バルサミコをかける。

グルメなあなたに!

　もう少し、イタリアらしいグルメ食材をゲットしたいあなたに。まずはイタリア特産の**トリフ**Tartufo（黒Nero、白Bianco）を使ったもの。**トリフ塩**やオイルはサラダやステーキに一振りするだけで、魅惑の香りが広がる。塩は今や自家製ポテトチップスやお握りに使うのも人気。**トリフオイル、トリフバター、トリフクリーム**はパンに塗れば、あっという間にトリフのブルスケッタのできあがり。トリフオイルまたはトリフバター、さらにトリフクリームでトリフのパスタも簡単だ。トリフクリームはやや固めなものがあるので、パスタがゆで上がる前にオイルや柔らかくしたバターを混ぜて、クリーミーなソースにしておき、加熱せずに手早く混ぜるのが、おいしく作るポイント。パスタは卵よりのものが相性がいい。これらはスーパー（ミラノ中央駅地下の**サポーリ・ディントルニ**→P.93など）でも品揃えがある場合もあるし、**イータリー**（→P.89）や高級食品店で。

デザート Dolce

サヴォイアルディ・ビスケット

Vicenzovo 200g（12枚×3袋入り）€1.29

ティラミスーに欠かせないビスケットが**サヴォイアルディ**。これさえあれば、ティラミスーは超簡単！いろんな会社のものがあるが、イタリアではほぼどこのスーパーにも置いてある。日本では入手が難しいし、お手軽なティラミスー作りには向かないようなお値段なので、おすすめ。崩れやすいのでプチプチに包んで持って帰ろう。

ティラミスー

作り方

材料　4〜5人分（9.5×8×高さ8cmの1台）、サヴォイアルドクッキー9本、マスカルポーネチーズ100g、卵1個、砂糖20g、エスプレッソコーヒー50cc、アマレット（イタリア産リキュール。なくても可）、ココア

① エスプレッソコーヒーを作って冷まし、アマレットを加える。
② 卵を卵白と卵黄に分ける。卵白に砂糖を3回に分けて加えながら固く泡立てておく。
③ マスカルポーネをボールに入れ、卵黄とよく合わせておく。
④ ③に②の卵白を何回かに分けて加え、泡を消さないよう滑らかなクリーム状にしておく。
⑤ ①にサヴォイアルドを浸し、器の底に隙間なく並べる。
⑥ ④の半量を⑤に流し入れ、ゴムベラなどで均等にならす。
⑦ もう一度⑤、⑥の作業を繰り返す。5時間以上冷蔵庫で冷やす。
⑧ ココアを茶こしなどで⑦の全体にかけてから、サービスする。

※クリームはクレーマ・ディ・マスカルポーネCrema di Mascarponeと呼ばれる。パネトーネに添えるのが今のイタリアの流行。シフォンケーキやイチゴなどにかけたりするのもおすすめ。

※マスカルポーネチーズはデリケートかつティラミスーでは加熱しないので、日本で購入がおすすめ。

　オリーブオイルや**バルサミコ酢**は品質も値段も大きな幅がある。最良の品を求めるなら、高級食品店やワインショップで好みを伝えて購入するのがおすすめ。前出のタッジャスカは茶色の小粒で生産量が少ない品種。フルーティーで繊細な味わいが特徴。

　ミラノで最も有名なお菓子は**パネトーネ**Panettone（左）。発酵生地にドライフルーツがタップリ入ったイタリアのクリスマス菓子の定番。今や1年中売られているが、やはり12月が本番。スーパーなら1kgほどの大きさで€3〜10程度、お菓子屋の手作り品は€25〜35くらい。洋酒とフルーツが香るしっとりとしたお菓子屋さんのものがおすすめ。各お菓子屋のパッケージも個性的で可愛いので、バケ買いも楽しい。

※商品はエッセルンガ（→P.93）、ペック（→P.93）、2018年12月調べ。
※肉製品の日本への持ち込みは認められていません。

ミラノ

ラ・リナシェンテ [デパート] Map P.30 B1

La Rinascente

●イタリアのデパートで
ゆっくりショッピング

豊かなショッピングの町、ミラノを象徴するかのような充実の品揃え。衣類、コスメ、香水、雑貨などなどおみやげ品が見つかるはず。各ブランド店のショップも充実。

📍 Piazza del Duomo
☎ 02-88521
🕐 9:30（圓10:00）〜22:00
休 無休（夏季一部圓）
C A.D.J.M.V.
🚇 M1・3線Duomo駅から徒歩1分

ペック 【食料品】 Map P.29 B3

Peck

●高級イタリア食材が勢揃い

イタリアならではの高級食材が揃う、ミラノの老舗、高級食料品店。1階は肉、魚、野菜、果物などの生鮮食品とソースやお菓子など、2階はレストラン、地下にはワインがところ狭しと並ぶ。

📍 Via Spadari 9
☎ 02-8023161
🕐 火〜土9:00（圓15:00）〜20:00、
圓10:00〜17:00
C A.D.J.M.V.
🚇 M1・3線Duomo駅から徒歩3〜4分

エッセルンガ [スーパー] Map P.27 B3

Esselunga

●充実の品揃え

町の人が利用する落ち着いた大型スーパー。高品質のものが適当な値段で、利用価値が高い。おみやげ探しには、エッセルンガのオリジナル製品を。値段の割においしい。

✉ 混雑もなく楽しくおみやげ探しができました。配りみやげに買った、スーパーの名

前がついたチョコがけクッキーがおいしかった。（東京都 アシックス '18）
📍 Viale Piave 38/40
☎ 02-2047871
🕐 7:30〜22:00、圓9:00〜20:00
休 無休 C A.D.M.V.
🚇 地下鉄M1線Porta Venezia駅から徒歩5分

プント・シンプリー [スーパー] Map P.31 A2

Punto Simply

●新店舗で手軽で便利

中央駅近くには小規模なスーパーが多い。プント・シンプリーは切り売りや量り売りのコーナーが充実して、店内は明るくおしゃれで買い物が楽しい。総菜、パン、飲み物、菓子類、アルコールなど豊富な品揃え。レジは横に並んで順番を待つシステム。

📍 Via Lazzaretto 3
Via Benedetto
☎ 02-29006404
🕐 8:30〜20:00
休 圓、一部の㊗
C A.M.V.
🚇 M1・S線Porta Veneziaから徒歩3〜5分

サポーリ・ディントルニ [スーパー] Map P.31 B1

Conad Sapori & Dintorni

●中央駅地下にオープン

イタリアのおなじみスーパー、コナドConadの新傾向のスーパー。きれいな包装でおみやげにぴったりのパスタやパスタソース、オリーブオイルなどの調味料、お菓子などが並ぶ。もちろん生鮮食品やワインなども充実。お寿司もある。

📍 Piazza Duca D'aosta-Stazione Centrale
☎ 02-67072225
🕐 7:00〜22:00
休 一部の㊗
C A.D.J.M.V.
🚇 中央駅地下

ミラノ / ショッピング ● デパート・食料品店・スーパー

✉ お菓子のアウトレット！ ODStore

イタリア全土に展開するお菓子のアウトレット。広い店内に、郷土菓子からおみやげ向きのご当地写真つきの缶入りクッキーやチョコなど多品種が並ぶ。ミラノではドゥオーモ近くの2軒（①トリノ通り入口🗺P.29 B3）、②ドゥオーモ裏🗺P.30 C1)）が行きやすい。（辛口天子 '18）

① 📍 Via Torino 61
☎ 02-86891150 🕐 8:00〜21:00

② 📍 Piazza Duomo(Via Martiniとの角)
☎ 02-86894455
🕐 8:00〜22:00（金23:00）
休 一部の㊗
C A.D.J.M.V.
🚇 ドゥオーモから1〜2分

目移りしそう！

ミラノの誇るブランドストリートを歩く

　ミラノのショッピングストリートを体感したいなら、地下鉄のドゥオーモ駅からモンテ・ナポレオーネ通りまでを歩いてみよう。ドゥオーモ脇から続くV.エマヌエーレ通りの左右には有名ショップやデパートが華やかに並び、いつも大にぎわい。ハイブランドが軒を連ねるモンテ・ナポレオーネ通りやその周辺はブランド独自の装飾が施され、ウインドーショッピングも楽しい界隈だ。

ジョルジオ・アルマーニ 【ブランド】　　Map P.30 B2

Giorgio Armani

●究極のメンズスーツが揃う
男性ファンの多いアルマーニらしく、ショーウインドーをのぞく人が多い。最新のメンズスーツをチェック。レディスもアルマーニテイストの香る逸品が揃っている。

- 🏠 Via Monte Napoleone 2
- ☎ 02-76003234
- 🕙 10:30～19:30
- 休 ⑪㊗、8月2～3日間
- C A.D.J.M.V.
- 🚇 M1線San Babila駅から徒歩3分

ボッテガ・ヴェネタ 【ブランド】　　Map P.30 A2

Bottega Veneta

●イントレッチャートで名高い
1966年にヴィチェンツァで創業。今やイタリアを代表する高級ブランドのひとつ。なめらかな革ひもを編み込んだイントレッチャートの革製品で知られている。バッグや財布、靴をはじめ、レディス、メンズのコレクションも揃う。

- 🏠 Via Sant'Andrea 15
- ☎ 02-77878115
- 🕙 10:00（⑪11:00）～19:00
- 休 1/1、12/25、復活祭
- C A.D.J.M.V.
- 🚇 M1線San Babila駅から徒歩5分

エトロ 【ブランド】　　Map P.30 B2

Etro

●エトロカラーが人気の秘密
重厚なフォルムとクラシックな雰囲気を醸し出したエトロ。シルクのブラウスをはじめとするアイテムも魅力的。地階と1階はバッグなど。洋服やスカーフ類は2階に。

- 🏠 Via Monte Napoleone 5
- ☎ 02-76005049
- 🕙 10:00～19:30
- 休 一部の㊗
- C A.D.J.M.V.
- 🚇 M1線San Babila駅から徒歩3分

グッチ 【ブランド】　　Map P.30 B2

Gucci

●新作を求めるのならミラノ店で
靴やバッグはもちろん、さまざまなオリジナル製品が揃う。ミラノ店の新作商品の充実ぶりは特筆。

- 🏠 Via Monte Napoleone 5
- ☎ 02-771271
- 🕙 10:00～19:30（⑪19:00）
- 休 無休
- C A.D.J.M.V.
- 🚇 M1線San Babila駅から徒歩3分

プラダ 【ブランド】　　Map P.30 B2

Prada

●モーダなプラダのバッグを
ミラノ最大のプラダ店。洋服を中心にバッグなども充実。メンズ物の新作が並ぶブティックは、6番地に。サンタンドレア店には、少しカジュアルな洋服などが揃う。

- 🏠 Via Monte Napoleone 8
- ☎ 02-77771771
- 🕙 10:30～19:30、⑪11:00～19:00
- 休 無休
- C A.D.J.M.V.
- 🚇 地下鉄M1線San Babila駅から徒歩3分

ドルチェ&ガッバーナ［ブランド］ Map P.30 B2

Dolce&Gabbana

●遊び心を入れたデザイン

ミラノに何軒も店舗があるドルチェ&ガッバーナ。おしゃれなミラネーゼのハートをつかんだ人気のショップ。満を持して2016年末、モンテ・ナポレオーネ通りに進出。

- 住 Via Monte Napoleone 4
- ☎ 02-76001155
- 営 10:30〜19:30
- 休 一部の祝
- C A.D.J.M.V.
- 交 M1線San Babila駅から徒歩3分

モンクレール［ブランド］ Map P.30 A2

Moncler

●大流行中の高級ダウン

フランス生まれでミラノに本拠地をおく、高級ダウンメーカー。メンズ、レディス、キッズ、スキーウエア、小物までの幅広い品揃えだが、ディスプレイされている商品は一部なので、店員さんに好みを伝えて、商品を見せてもらおう。モンテナポレオーネの

- 入口（住 Via Monte Napoleone 1 地 P.30 A2)に新店舗オープン。
- ☎ 02-76341316
- 住 Via della Spiga 7　☎ 02-76025913
- 営 10:00〜19:00、夏季10:00〜19:30
- 休 1/1、復活祭の日、12/25、12/26
- C A.D.J.M.V.
- 交 M3線Montenapoleone駅から徒歩3分

フルラ［皮革］ Map P.30 B2

Furla

●店舗が増えてきた
　イタリアンバッグメーカー

有名イタリアンブランドの仲間入りを果たしたフルラ。シンプルなデザインが特徴のバッグは、通勤にもお稽古用にも使えそう。

- 住 Piazza Duomo 31
- ☎ 02-89096782
- 営 10:00〜20:30
- 休 一部の祝
- C A.D.J.M.V.
- 交 M1・3線Duomo駅から徒歩3分

マックス・マーラ［ブランド］ Map P.30 B2

Max Mara

●イタリア女性に一番人気

ウインドーディスプレイがすばらしいミラノ店。1階にスポーツ・マックス、2階はウィークエンドとブルースクラブ、地下にマックス・マーラと豊富な品揃え。雑貨の取り扱いあり。

- 住 Piazza del Liberty 4
- ☎ 02-76008849
- 営 10:00〜20:00
- 休 一部の祝
- C A.D.J.M.V.
- 交 M1・3線Duomo駅から徒歩3分

ボッジ［ブランド］ Map P.30 B2

Boggi

●カッコいいイタリア男になろう

ミラノの老舗紳士服ブランドでビジネスマンに人気。フォーマルからカジュアルまで揃い、良質で値頃感のあるミラネーゼ風ファッションをゲットするのにおすすめ。ミラノ中央駅、マルペンサ・リナーテ空港など、イタリア各地に支店あり。

- 住 Piazza San Babila 3
- ☎ 02-76000366
- 営 10:00〜20:00、日10:30〜20:00
- 休 一部の祝
- C A.D.J.M.V.
- 交 M1線San Babila駅から徒歩1分

ディーゼル［カジュアル］ Map P.30 B2

Diesel

●大人のカジュアルなら

イタリアを代表する、プレミアム・カジュアル・ブランド。大人気のジーンズをはじめ、レディス、メンズ、小物類も充実。遊び心あふれる、おしゃれなディスプレイは眺めるだけでも楽しい。

- 住 Piazza San Babila 1/3
- ☎ 02-76396762
- 営 10:30〜19:30
- 休 1/1、復活祭の日と翌月、5/1、8/15、8/16、12/25、12/26
- C A.D.J.M.V.
- 交 M1線San Babila駅から徒歩2分

ミラノ

ショッピング ● ミラノの誇るブランドストリートを歩く

MONCLER
ENCHANTED

ミラノの注目ホテル 個性的なふたつのタイプ

数多な芸術家に愛された町の歴史の証人、グランド・ホテル・エ・デ・ミランとミラノのオアシスとして新しいホテルライフを提案する、ブルガリ ホテル&リゾートの新旧対照的な2軒に注目。

★★★★★L
グランド・ホテル・エ・デ・ミラン　Map P.30 A1

Grand Hotel et de Milan

1863年の創業より、数多の芸術家の常宿として、またスカラ座の歌手や観客が集い芸術的な雰囲気に満たされてきた。当時の雰囲気を残す館内にはすばらしい調度品が飾られ美術館のよう。客室もおのおの個性的で、設備は現代的。作曲家ヴェルディが暮らし、没したホテルとしても知られている。

その部屋は「ヴェルディ・スイート」と呼ばれ、現在も当時そのままの内装が残されている。

また、イタリアを代表する歴史的テノール歌手のエンリコ・カルーソがこのホテルで最初のレコードを録音。カジュアルなビストロ風のレストラン・カルーソ（ランチのみ）は彼にちなんで名前が付けられている。すでにヴェルディの生誕から200年余。クラシックファンには、過去の芸術家との夢が交錯する思い出に残るホテルになるに違いない。

URL www.grandhoteletdemilan.it

🏠 Via Aless. Manzoni 29
☎ 02-723141
Fax 02-86460861
SB €360/738
TB €382/771
SU €661/5260
🛏 95室　朝食込み W-F
C A.D.J.M.V.
🚇 M3線Montenapoleone駅から徒歩1分

★★★★★L
ブルガリ　ホテル&リゾート　Map P.30 A1

Bvlgari Hotel&Resort

世界的宝石店として名高いブルガリが手がけたホテル。18世紀のパラッツォをモダンでエレガントに改装。隣接する植物園と広大な緑の庭園が周囲を取り囲み、ミラノの中心街にいるとは思えない落ち着きと静寂にあふれている。

扉を開くと、ブルガリの香りとフレンドリーなスタッフが迎えてくれ、客室は広々としていて、シックで落ち着いた雰囲気。大きくとられた窓やベランダからは庭園との一体感が広がる。部屋によっては、暖炉もあり、まさに気持ちよいくつろぎのひとときを約束してくれる。緑に輝くエメラルドを思わすスパは、ミラノで最も美しく、施術も好評。時間があれば、トライしてみたい。

緑の庭園が眼前に広がるすがすがしいレストランでは、クラシックで現代的なイタリア料理が味わえる。2018年8月から3つ星シェフ、ニコ・ロミト氏のレストランがオープンした。

URL www.bvlgarihotels.com

🏠 Via Privata Fratelli Gabba 7b
☎ 02-8058051
Fax 02-805805222
TB €710/1025
SU €1510/4800
🛏 58室　朝食€23～30 W-F
C A.D.J.M.V.
🚇 M3線Montenapoleone駅から徒歩10分

ミラノ中央駅は、ドゥオーモを中心に発達した旧ミラノ市街から離れていて観光にはやや不便ながら、比較的手頃なホテルの密集地帯である。中央駅周辺にはビジネスマンやツアー客を対象にした中級ホテルが、駅と旧市街の間に位置する共和国広場にはミラノを代表する高級ホテルがある。一方、ガリバルディ駅周辺には、ビジネスマン向けのホテルだけでなく手頃なホステルなども点在する。

★★★★★L プリンチペ・ディ・サヴォイア Map P.31 B2
Hotel Principe di Savoia

ミラノの中心共和国広場にたたずむ、1927年の創業以来、王侯貴族や文化人に愛されているホテル「プリンチペ・ディ・サヴォイア」。ネオ・クラシカルなロンバルディア様式の雰囲気を変えぬまま最新のテクノロジーも完備。2006年にはコンテンポラリー・イタリアン・スタイルの"デラックス・モザイク・ルーム"もお目見え。また、イタリア庭園を望むレストラン「アカント」には新シェフFabrizio CADEIが着任した。伝統を維持しながら常に進化を続けるミラノを代表するホテル。
URL www.hotelprincipedisavoia.com

住 Piazza della Repubblica 17
☎ 02-62301 Fax 02-6595838
SB €269/1030 TB €375/1100
SU €750～ 室 301室 朝食€45
W-F C A.D.J.M.V.
交 M3線Repubblica駅から徒歩1分

★★★★★L エクセルシオール・ホテル・ガッリア Map P.31 B1
Excelsior Hotel Gallia

有名デザイナー、マルコ・ピヴァの手により全面改装を終え、さらに美しくエレガントになったエクセルシオール・ガッリアが、2015年春にリニューアルオープンした。広くて豪華なスパはもちろん、夜景を見渡せる屋上のバーやレストランなどすべてが高水準。内装はモーダで明るく、清潔感があふれる。歴史と伝統を誇る外観と相まって、イタリアの豊かな美的センスを感じさせる新生エクセルシオール・ガッリアの誕生となった。ホスピタリティーがすばらしいのも、リピーターが多い理由のひとつ。

住 Piazza Duca D'Aosta 9
☎ 02-67851 Fax 02-63363600
SB €300/900 TB €300/900
室 235室 朝食€40 W-F
C A.D.M.V.
交 中央駅から50m

★★★★★L ザ・ウェスティン・パラス Map P.31 B2
The Westin Palace

ビジネスエリートの常連が多い最高級ホテル。派手ではないがネオクラシックな内装は豪華。客室は古きよき時代の雰囲気にあふれ、大理石の浴室とアメニティには大満足。地中海料理が売り物のレストラン、Casanova Grillは、宿泊客だけでなく舌の肥えたビジネスマンたちに好評だ。
Low 8月、12月
URL www.westinpalacemilan.it

住 Piazza della Repubblica 20
☎ 02-63361

Fax 02-6336337
SB €217/1250 TB €260/1250
SU €513/5098
室 232室 朝食€40 W-F
C M.V.
交 M3線Repubblica駅から徒歩1分

SS シャワー付きシングル料金　SB バス付きシングル料金　TS シャワー付きツイン料金　TB バス付きツイン料金　SU スイート料金

★★★★ スターホテル・アンダーソン Map P.31 A1

Starhotel Anderson

ミラノ中央駅のすぐ近く。周囲にいくつものスターホテルがあるが、ここは近年改装が施され、デザインホテルを意識した現代的でおしゃれな雰囲気に生まれ変わった。モダンなレストランやラウンジ併設。

✉リナーテ空港からのプルマンが発着する広場に面して建つ近代的なホテル。好立地なうえ、スタッフ、お部屋、朝食、どれをとっても「最高」。おしゃれなバスルームにはTVまで付いていました。「高級ホテルの内容で料金は3つ星程度」という印象でした。また泊まりたいおすすめホテルです。　　　　（クラムチャウダー）['19]

URL www.starhotels.com
🏠 Piazza Luigi di Savoia 20
☎ 02-6690141　Fax 02-6690331
TB €113/878
室 106室　朝食込み W-Fi
C A.D.J.M.V.

★★★★ スターホテルズ・エコー Map P.31 A1

Starhotels Echo

ミラノ中央駅すぐ近く。モダンデザインとエコをコンセプトにしたスターホテルグループの新感覚ホテル。環境に優しく、ナチュラルで自然な居心地のよさに視点をおいている。木目調のブラウンとグリーンの多い内装や家具はモダンで質がよい。ライティングにも気を使っている環境都市ミラノらしいホテルと支持されている。

URL www.starhotels.com
✉部屋は狭いですが、シンプルモダンで美しいです。朝食はイータリーの食品が多く、とてもおいしかった。
　　　　　　　（チョコラ）['19]

🏠 Via Andrea Doria 4
☎ 02-6789　Fax 02-6694024
SB €110/228　TB €130/261
室 143室　朝食込み W-Fi
C A.D.J.M.V.
交 中央駅から100m

★★★★ ミケランジェロ Map P.31 A1

Hotel Michelangelo

中央駅正面を背にすぐ左に位置する高層ビルの大型ホテル。ツーリスト、ビジネスマンと利用客はさまざまだが、長い間支持されてきた優良ホテル。日本語の衛星放送などの設備も充実。

✉建物全体はやや古さを感じさせますし、団体客の利用も多いですが、客室はバス付きで広くて清潔。朝食も充実しています。中央駅へ至近で、便利さは格別でした。

（兵庫県　温泉大好き）['19]
URL www.milanhotel.it

🏠 Via Scarlatti 33
☎ 02-67551
Fax 02-6694232
SB TB €117/465
室 300室　朝食込み W-Fi

C A.D.J.M.V.
交 M2・3線Centrale駅から徒歩2分

★★★★ ドーリア・グランド・ホテル Map P.31 A1

ADI Doria Grand Hotel

1900年代初頭のインテリアに最新の設備を施し、清潔で居心地のよいホテル。総大理石の浴室をはじめ、クラシックにまとめられた客室は落ち着いた雰囲気。

✉ホテル内に日本語表示あり。ホテルの反対側にスーパー（20:00頃閉店）もあって便利でした。
　　　　（ジュンコ2010）['19]
Low 週末、7、8月、11～4月

URL www.adihotels.com

🏠 Viale A. Doria 22
☎ 02-67411411
Fax 02-6696669
SS SB €105/402
TB €124/468
室 124室　朝食込み W-Fi

C A.D.J.M.V.
交 M2線Caiazzo駅から徒歩5分

★★★★ コロンビア　　Map P.31 B1

Colombia

中央駅近く、ホテルが集中する界隈にあるプチホテル。現代美術が飾られたモダンなインテリアでスタイリッシュな雰囲気。朝食室の奥の小さな庭園でくつろぐのもいい。団体客を避け、静かな滞在を望む人におすすめ。
読者割引 5%(P.9参照)
URL www.hotelcolombiamilano.com

住 Via Lepetit 15
☎ 02-6692532
Fax 02-6705829
SS €110/350　TS TB €150/550
室 48室　朝食 €15 W-F
休 8/9〜8/25、12/20〜12/27
C A.D.J.M.V.
交 M2・3線Centrale駅から徒歩3分

★★★★ メディオラヌム　　Map P.31 B1

Hotel Mediolanum

ビジネスマンの利用客が多い、クオリティ・ホテルグループの4つ星ホテル。全室シャワーまたはバス付きで、モダンな室内。中央駅近くで、便利な中規模ホテル。HPに各種割引あり。
Low 1/4〜1/15、7、8、12月、見本市の期間を除く

URL www.mediolanumhotel.com
住 Via M. Macchi 1
☎ 02-6705312
Fax 02-66981921
SS SB €110/603　TB €130/714
室 51室　朝食込み W-F
休 12/21〜1/3　C A.D.J.M.V.
交 M2・3線Centrale駅から徒歩5分

HOTEL MEDIOLANUM

★★★★ アトランティック・クオリティ　　Map P.31 B1

Quality Hotel Atlantic

客室は広々としていてモダン。仕事をするためのデスクが広い。中央駅から200mと非常に近く便利な立地。全室バス付き。静かな庭園に面している。日本人スタッフ勤務。月〜金午前中は日本語サービス可能。
Low 7、8、12月
URL www.atlantichotel.it

住 Via Napo Torriani 24
☎ 02-6691941　Fax 02-6706533
SB €58/289　TS TB €86/360
3B €109/442
室 62室　朝食込み W-F
休 8月、12/24〜12/27
C A.D.J.M.V.
交 M2・3線Centrale駅から徒歩2分

Atlantic Hotel

★★★ フローラ　　Map P.31 B1

Hotel Flora

中央駅からも近くて便利な立地。部屋はセンスよくモダンにまとめられ、清潔。浴室も機能的で使い勝手がいい。
読者割引 ローシーズン10%(P.9参照)
Low 8、11〜12月
URL www.hotelfloramilano.com

住 Via Napo Torriani 23
☎ 02-66988242　Fax 02-66983594
SS €60/120　TS TB €80/160
室 50室　朝食込み W-F
C A.D.J.M.V.
交 駅前広場から南西に延びる大通りVia V Pisaniの左側にあるVia Napo Torrianiを入る。歩いて5分以内

ニュー・ジェネレーション・ホステル・アーバン・ブレラ　Map P.31 C2

New Generation Hostel Urban Brera

YH ツタのからまる風情ある修道院の一角にあるモダンな雰囲気のユースホステル。キッチン、セルフランドリー、貸し自転車あり。24時間受付(チェックイン14:00〜23:00)、全14室。8人部屋のDは男女混合の場合あり。
URL www.ngh.it

住 Via Renzo Bertoni 3
☎ 02-65560201
D €40/65
TS €89.30/160
朝食 €2.70〜5.50 (7:00〜10:00)
W-F
C M.V.
交 M3線Turati駅から徒歩2分

カーサ・デッラ・ジョーヴァネ　　Map P.31 C2

Casa della Giovane(ACISJF)

YH 16〜30歳までの女性のみ利用可。部屋やシャワー室なども全体にゆったりとしていて快適。設備も充実している。鍵のかかるデスクと引き出しも利用できて安全も保証付き。
e-mail protezione@acisjf-milano.it
URL www.acisjf-milano.it

住 Corso Garibaldi 121/A
☎ 02-29000164　Fax 02-29004252
受 8:00〜21:00、門限23:00
S €50　T 1人€40　朝食、夕食込み(夕食のみ要予約)
室 60室 W-F　休 8月中旬　C 不可
交 M2線Moscova駅より徒歩5分、または中央駅よりバス43、94番で

S シャワー共同シングル料金　SS シャワー付きシングル料金　SB バス付きシングル料金　T シャワー共同ツイン料金　TS シャワー付きツイン料金
TB バス付きツイン料金　3S シャワー付きトリプル料金　3B バス付きトリプル料金　4S シャワー付き4人部屋料金

ミラノ

ホテル ● 中央駅〜ガリバルディ駅周辺

99

★★ アダ
Map P.31 B1

Hotel Ada

読者から圧倒的な支持を得ているホテル。部屋数が少ないのでなるべく早めに到着するか、予約しておこう。時期や泊数により料金設定が異なるので、事前に確認をしよう。
URL www.hotelada.it

住 Via G. B. Sammartini 15 3階(2°piano)
☎ 02-66982632
Fax 02-66982565
S €59/90 SS €65/200
TS €73/210
室 18室 朝食込み W-F
休 8月 C M.V.
交 中央駅から150m

★ アウロラ
Map P.31 A2

Hotel Aurora

明るくモダンな、広めの室内。可能なら静かな中庭側の部屋をリクエストしよう。宿の人は感じがよい。年末年始も営業している。
Low 6、7、8、12月
URL www.hotelauroramilano.com

住 Corso Buenos Aires 18
☎ 02-2047960
Fax 02-2049285
S €45/100 SS €60/150
TS €70/180 室 16室 朝食€5
W-F C A.D.J.M.V.
交 M1線Porta Venezia駅から徒歩1分

★ ネットゥーノ
Map P.31 A2

Hotel Nettuno

中央駅近くより割安感がある。部屋は静かで、二重窓なので安全。冷房完備。フロントにはひと晩中人がいて安心。中央駅から徒歩だと15分くらい。
URL www.nettunomilano.it

住 Via Tadino 27
☎ 02-29404481
Fax 02-29523819
SS €40～ TS €60～
4S €96～ 朝食4.50
C A.D.M.V. W-F
交 M1線Lima駅下車か中央駅からバス60番、トラム33番

★ セントラル・ステーション
Map P.31 B1

Hotel Central Station

上記ホテル・アダと同じ建物にある、ホテル・ケネディと同系列のホテル。客室はシンプルで明るく清潔。24時間オープンで門限なし。英語可。観光の相談にものってくれる。4人部屋のドミトリーがある。
URL www.hotelcentralstation.com

住 Via G.B.Sammartini 15 2階(1°Piano)
☎ 02-67071766
Fax 02-67074584
D €20 S €35/95
SS €45/155 T €50/135
TS €55/195 4S €70/240
室 26室 朝食€2.50 W-F
交 中央駅から150m

オステッロ・ベッロ・グランデ
Map P.31 A1

Ostello Bello Grande

YH 中央駅すぐの好立地におしゃれで自由な若者向けユース誕生！宿泊客のほとんどは20代、30代前半、

若くておしゃれでポップな雰囲気のホステル。スタッフもフレンドリーで親身になってくれる。ミラノの穴場スポットなどの紹介もOK。ラウンジでは無料の朝食、夕食、そして24時間営業のバーがあり、いつもにぎやか。シンプルでおしゃれな客室は静かで清潔。鍵もしっかりしているので安全だ。フロントは24時間対応。無料で、鍵、タオル、シャンプーなどの貸し出しもしている。URL からの直接予約が、最も予約がとりやすい。✉ミラノっ子のスタッフにおいしいピッツェリアを教えてもらって大満足。英語がよく通じて安心でした。(ピーチ)['19]

URL www.ostellobello.com
住 Via R.Lepetit 33
☎ 02-6705921
Fax 02-6792867
D €30/62
SS €82/163
TS €124/219
室 13室 朝食込み W-F
C M.V.
交 中央駅から100m

チェントロ地区(ドゥオーモ周辺)

ドゥオーモ広場周辺には、ミラノを代表する名門ホテルがめじろ押しだ。ファッションの町ミラノを代表するおしゃれなホテルフォーシーズンズをはじめ、新しいテイストのホテルが進出中だ。この地区には経済的なホテルは少ないが、泊まりやすい3〜4つ星ホテルを中心に紹介した。観光、ショッピングに最も便利な地区であることは間違いない。

★★★★★L フォーシーズンズ Map P.30 A2

Four Seasons Hotel

1400年代の修道院を改装した最高級ホテル。中央の回廊を囲むように造られた客室、ゆったりしたロビー、大理石を多用した豪華な浴室、いたるところに飾られた生花と、最高の物を求める人のための宿。併設のレストランIl Teatroは、今やミラノを代表する洗練された味とワインのセレクションで有名だ。

Low 1/1〜4/17
URL www.fourseasons.com/milano

🏠 Via Gesù 6/8
☎ 02-77088　Fax 02-77085000
SS SB €590/950
TS TB €590/950
🛏 118室　朝食€35 W-F
C A.D.J.M.V.
🚇 M3線Montenapoleone駅から徒歩2分

★★★★★L パーク・ハイアット・ミラノ Map P.30 B1

Park Hyatt Milano

ミラノを象徴するドゥオーモの近く、ガッレリアのすぐ脇にあるホテル。スカラ座やモンテナポレオーネなどの高級ショッピングエリアに近い。19世紀の建物を美しく改装し、客室は広くスタイリッシュな雰囲気でまとめられている。ガラスの丸天井が広がるレストラン、ラ・クーポールは朝食やアラカルトの郷土料理のほか、ビュッフェが楽しめる。1階奥にミシュランの1つ星レストランVunがある(→P.75)。

URL www.milano.park.hyatt.it

🏠 Via Tommaso Grossi 1
☎ 02-88211234　Fax 02-88211235
TB €520/1575　SU €801/7580
🛏 106室　朝食€38 W-F
C A.D.J.M.V.
🚇 M1・3線Duomoから徒歩2分

★★★★ スターホテルズ・ローザ・グラン Map P.30 C2

Starhotels Rosa Grand

ドゥオーモのすぐ裏側に位置し、モンテ・ナポレオーネなどのショッピングエリアへも徒歩圏内の便利な立地。開放感のある高い天井のエントランスロビー、都会的でエレガントなインテリア、こだわりを感じる照明など、ミラノのスターホテルズの中でも最高級の設備を整えている。客室はシンプルだが洗練されていて、居心地がよい。広さ、設備、インテリアが充実したエクゼクティブ・ルームもおすすめ。枕が選択できるのもうれしい。併設のレストランやバーは、イータリーの食材を使用。

URL www.starhotels.com

🏠 Piazza Fontana 3
☎ 02-88311　Fax 02-88127844
SB €200/879　TS TB €225/1280
🛏 330室　朝食込み W-F
C A.D.J.M.V.
🚇 ドゥオーモから徒歩2分

D ドミトリー料金　S シャワー共同シングル料金　SS シャワー付きシングル料金　SB バス付きシングル料金　T シャワー共同ツイン料金
TS シャワー付きツイン料金　TB バス付きツイン料金　SU シャワー付きトリプル料金　4S シャワー付き4人部屋料金

101

★★★★ マンゾーニ　Map P.30 A2

Hotel Manzoni

モンテ・ナポレオーネ通りとスピーガ通りを結ぶ通りにありショッピングには最高の立地。控えめながらエレガントな雰囲気にリピーターも多い。2007年の改装後、クラシックで洗練された雰囲気になった。
URL www.hotelmanzoni.com

Via Santo Spirito 20
02-76005700　Fax 02-784212
TS TB €310/700
室 47室　朝食€20 W-F
休 8月3週間、12/23～1/2頃
C A.D.J.M.V.
交 M3線Montenapoleone駅から徒歩2分

★★★★ カヴール　Map P.29 A3

Hotel Cavour

ドゥオーモやショッピングエリアからも近くて便利。白を基調としたロビーは、落ち着いた雰囲気。従業員も感じがよい。併設のレストランは、エレガントで洗練されている。
URL www.hotelcavour.it

Via Fatebenefratelli 21
02-620001
Fax 02-6592263
SS SB €123/579　TS TB €148/694
室 127室　朝食込み W-F
休 8月2週間程　C A.D.J.M.V.
交 M3線Turati駅から徒歩2～3分、トラム1・2番

★★★ ズーリゴ　Map P.29 C3

Hotel Zurigo

ドゥオーモからも徒歩圏にあるこぢんまりとしたホテル。室内にはセーフティボックスやドライヤー、ミニバーも備えられ過不足ない内容。サービスも行き届き、無料のレンタサイクルが用意されているのがうれしい。
URL www.zurigo.com

Corso Italia 11/a
02-72022260
Fax 02-72000013
SS €90/350
TS TB €144/597
室 41室　朝食込み W-F
C A.D.J.M.V.
交 M3線Missori駅から徒歩2分

★★★ スター　Map P.29 B3

Hotel Star

スカラ座の西に位置し、旧市街までは徒歩圏の立地。部屋にはハイドロマッサージのシャワーやサウナなどの設備がある。イタリア人の常連が多い宿。
URL www.hotelstar.it

Via dei Bossi 5
02-801501　Fax 02-861787
SS €60/232　TS TB €89/277
室 30室　朝食込み W-F
休 8月中旬、クリスマス期間～新年
C A.J.M.V.
交 1・3線のDuomo駅から徒歩5分、M1線Cordusio駅から徒歩2分

●…2012年9/1よりミラノで滞在税導入　ミラノ市滞在税Imposta di Soggiorno…●

ミラノ市内のホテルに宿泊の際、1泊当たりひとり最大€5、最長14泊まで課税されることになった。シーズン別で、ローシーズンの7～8月、12/10～1/10は半額。18歳以下免除。

支払いはチェックアウトの際、直接ホテルへ。ホテルにより、現金で徴収される場合と宿泊料と込みでクレジットカード決済できる場合がある。旅も終わりに近づき、手持ちのユーロが心配な場合は、最初に支払い方法を確認しておこう。

※ローシーズン期間は年により変更の場合あり

5つ星ホテル	€5
4つ星ホテル	€5
3つ星ホテル、4つ星レジデンツァ	€4
2つ星ホテル、3つ星レジデンツァ	€3
1つ星ホテル、2つ星レジデンツァ	€2

シーズンにより価格差の大きいミラノのホテル。
経済性を追求するなら、季節選びも重要

ミラノ

ホテル ● チェントロ地区（ドゥオーモ周辺）／そのほかの地区

そのほかの地区

　ミラノの旧市街には、いたるところに家族経営のプチホテルがひっそりと構えている。ミラノの最新流行の発信地ブレラ地区や昔日のミラノの面影が残るナヴィリオ地区に宿を取り、ひと味違うミラノ滞在を味わうのも楽しい。

　特に、中央駅東側の地下鉄Loreto駅の付近には、昔ながらの風情を残す、お財布にやさしいホテルが点在している。

★★★ カナダ　Map P.29 C3

Hotel Canada

ポルタ・ロマーナ大通りの西に位置しており、健脚派ならドゥオーモからも徒歩圏。客室は近代的で明るく、ミラノにしてはバスルームが広めで機能的なのもうれしい。行き届いたサロンでの朝食も充実している。
URL www.canadahotel.it

住 Via Santa Sofia 16
☎ 02-58304844
FAX 02-58300282
TS TB €125.80/248
室 35室　朝食込み W-F
C A.D.M.V.
交 M3線Missori駅、Crocetta駅から徒歩5分

★★★ アスプロモンテ　Map P.27 A4

Hotel Aspromonte

天気のよい日なら、おいしい朝食を中庭で取ろう。部屋の備品も充実。サッカーの切符や「最後の晩餐」の切符の手配も可。
Low 1月、6〜8月、11〜12月
URL www.hotelaspromonte.it

住 Piazza Aspromonte 12-14
☎ 02-2361119
FAX 02-2367621
SS €56/105　TS €62/148
室 19室　朝食込み W-F
C A.D.M.V.
交 中央駅からトラム33番でPiazza Aspromonte下車、所要約10分。

★★★ フローレンス　Map P.27 A4

Hotel Florence

1900年代初頭の建物にあるホテル。客室・設備は近代的で、家族経営のよさを残す貴重なホテル。
Low 7、8月、クリスマス、復活祭期間、週末
URL www.hotelflorence.it

住 Piazza Aspromonte 22
☎ 02-2361125
FAX 02-26680911
SS €60/87　TS TB €60/142
室 30室　朝食込み W-F
C A.J.M.V.
交 M1・2線Loreto駅から徒歩7〜8分

★★ サン・フランチスコ　Map P.27 A4

Hotel San Francisco

地下鉄駅近くの便利な場所にあるホテル。料金に十分見合ったサービスと雰囲気。中庭があり、心地よいときが過ごせそう。
✉ スタッフは笑顔でお部屋も満足でした。　　　（東京都　小笠原あゆみ）['19]
URL www.hotel-sanfrancisco.it

住 Viale Lombardia 55
☎ 02-2360302
FAX 02-26680377
SS €49/133　TS €69.70/176
SB €86/227
室 31室　朝食込み W-F
C A.D.J.M.V.
交 M1・2線Loreto駅から徒歩5分

★★ ヴェンティドゥーエ・マルツォ　Map P.27 B4

Hotel XXII Marzo

駅からはやや離れるが、そのぶん値頃感のあるホテル。近代的な室内は広く、明るくて清潔。冷房完備。インターネットの利用可。ホテルの周囲は商店やバールも多い。
URL www.hotel22marzo.com

住 Piazza Santa M. del Suffragio 3, Bonvesin de la Rivaとの角
☎ FAX 02-70107064
SS €45/185　TS €70/310
SB €120/312
室 15室　朝食€5 W-F
C A.D.J.M.V.　交 中央駅からバス60番でPiazza S. M. Soffuragio下車、所要約15分

S シャワー共同シングル料金　SS シャワー付きシングル料金　SB バス付きシングル料金　T シャワー共同ツイン料金　TS シャワー付きツイン料金　TB バス付きツイン料金　3 シャワー共同トリプル料金　3S シャワー付きトリプル料金　4S シャワー付き4人部屋料金　D ドミトリー料金

●郵便番号　　20052

モンツァへの行き方

🚃 **電車で**

●ミラノから
中央駅、ポルタ・ガリバルディ駅
fs線R, Suburbano 7、8、9、11線
‥‥‥‥‥8〜18分
モンツァ
※時刻表は
URL www.trenitalia.comで

■モンツァの🛈

🏠 Palazzo Comunale,
Piazza Carducci 2

☎ 039-323222

🕐 9:00〜13:00
14:00〜18:00

休 一部の㊗

地 P.104 B

■駅前の🛈

🏠 Via Caduti di Lavoro

🕐 8:30〜18:30
⊕8:30〜12:30

休 ㊐㊗

■ドゥオーモ

🏠 Piazza Duomo

🕐 8:00〜12:00
15:00〜18:00
㊐ 8:00〜13:00
15:00〜19:00

✉ **モンツァへ**

ローカル線で大人€2.20。
30分に1便程度ありますが、遅
延が多く後から来た電車のほう
が早く着きました。駅前を右に
進むと大きなロータリーがあり、
デパートのリナシェンテがあり
ます。1階のカフェスペースに無
料のトイレがありました。
（大阪府　つむぎちゃん　'17)

モンツァ

P.14 B2
Monza

●鉄の王冠とサーキット・レースで有名な町

　ブリアンツァの境界にある古都。現在は、フエルト、繊維工業の中心地である。7世紀にロンゴバルド王国の中心として栄え、ドゥオーモの宝物庫には、当時の貴重な収蔵品が収められている。町の宝物は、「鉄の王冠」と呼ばれる、宝石で飾られた金の王冠。歴代のイタリア王の頭上に輝いた由緒ある物だ。町の中心は、旧市庁舎アレンガリオArengarioのあるローマ広場Piazza Roma。北イタリアらしい落ち着いた雰囲気の商店街と豊かな暮らしぶりの町の人々の日常生活を垣間見ることができる一角だ。

『鉄の王冠』

おもな見どころ

歴代イタリア王の頭上を飾った『鉄の王冠』　　**MAP P.104 B**

ドゥオーモ　★
Duomo
ドゥオーモ

　市民の一番の誇り。13〜14世紀にゴシック様式で建造された。大理石を使った優美なファサードは、1396年、マッテオ・ダ・カンビオーネの作。緑と白の大理石の縞模様で、美しい正面扉、驚くべき優美なバラ窓で飾られている。付属の鐘楼は、1606年の建立。

　内部は、1600〜1700年代に改築された。身廊中心部の美しい聖歌隊席も、マッテオ・ダ・カンビオーネの作。聖堂内陣左側にある、テオドリンダの礼拝堂Cappella di Teodolindaは、興味深いフレスコ画で飾られている。テオドリンダの生涯vita di Teodolindaは、ザヴァッタリZavattari 1444年の作。

　天幕で覆われている祭壇には、『鉄の王冠』Corona del ferroがある。（見学には入場券が必要）金、大きなルビー、アメジスト、七宝で美しく飾られた豪華に光る王冠で、歴代のイタリア王の頭上に輝いた物。黄金に輝く王冠が、なぜ「鉄」と呼ばれているのかというと、内部にはめ込まれた王冠を留める鉄の輪に、キリストが十字架に架けられた際の鉄の釘

（地図)

王宮
Villa Reale
公園
Parco
テ・ラ・ヴィル
De la Ville
Giardini
Santuario di
S. Maria d. Grazie

A

Boschetti

S. Pietro
Martire
S. Maria
ローマ広場
アレンガリオ
P.za Roma
ベルガモ38km
P.za
Giustizia
P.za
Garibaldi
Pal. d.
Studi
Carducci
🛈
ドゥオーモ
Duomo
B
S. Maria
in Strada
150 m　300m

モンツァ
Monza

ミラノ15km
トリニタリア
モンツァ駅
Staz. F.S.

優美なドゥオーモのファサードと鐘楼

が鋳直して使われているからだとか。

　身廊左側、小さな階段を下りると、博物館と宝物庫Museo e Tesoroへ続き、このドゥオーモの宝物が陳列されている。古都モンツァにふさわしく、5〜6世紀からの宝物が、保存状態もよく展示されている。鉄製の7羽のひよこと雌鳥Chioccia con 7 Pulcini（6世紀）、詩人とミューズのふたつ折り聖画板Dittico del Poeta e della Musa（5世紀）、助祭用福音書Evangeliarilo（6世紀）、ジャン・ガレアッツォ・ヴィスコンティの金と銀の豪華な盃Calice di Gian Galeazzo Visconti（14世紀）。このほか、中世からルネッサンス期までの聖具、珍しい切符などの収蔵品も貴重な物。

18世紀の広大な離宮

MAP P.104 A

王宮
Villa Reale ヴィッラ・レアーレ

　新古典主義の大きな王宮で、1778〜80年にオーストリアのフェルディナンド大公の命により、ピエルマリーニが設計。大公の郊外での滞在地として建てられた。2014年9月に大規模の修復が終了し、豪華な内装が施された居室、礼拝堂、宮廷劇場などを見学することができる。裏手には、広大な森の広がる公園Parco。正面入口の脇にはバラ園Rosetoが広がっている。
　絵画館も併設。

新古典主義の王宮

F1レースも開催される

MAP P.104 A

公園
Parco ★★
パルコ

　1860年に造られた800ヘクタールの面積をもつ広大な公園。自然のままの森は、散策には1日がかり。芝生の広がるあたりでは、サッカーに興じる少年たちの姿が……。ときには、結婚式を挙げたばかりのカップルが記念写真を撮っている。公園の奥には、F1の開催されるサーキットやプール、ゴルフ場、競馬場、キャンプ場が広がる。

■ドゥオーモ博物館と宝物庫
Museo e Tesoro del Duomo
住 Piazza Duomo,Via Lambro 2との角
☎ 039-326383
博物館
開 9:00〜18:00
鉄の王冠、
テオドリンダの礼拝堂
開 ⊗〜⊕ 9:00〜18:00
　　 14:00〜18:00
休 ⑪、12/24〜12/26、12/31、1/1
料 博物館と鉄の王冠、テオドリンダの礼拝堂　€14
　 博物館　€8
※「鉄の王冠」はガイド付き見学

NAVIGATOR
　モンツァの旧市街地は、ローマ広場を中心にした半径500mほどのものなので、徒歩で十分。ただし鉄道駅と公園は、広場より1kmほどの距離があるので、王宮を最後に見学する場合は、王宮近くのバス停から駅行きのバスに乗るのもよい。

■王宮
住 Viale Brianza 2
☎ 2240024（コールセンター）
開 10:00〜19:00
休 ⑪
料 €10、特別展（3階）込み€19
URL www.reggiadimonza.it

■公園
開 夏季7:00〜20:00
　 冬季7:00〜18:30
※駅からはバスZ221番で

サーキット
Autodromo Nazionale Monza
　サーキットへは入場料を払えば、レースのない日でも入場可。運がよければ、F1チームのテスト走行が見られるかもしれない。サーキット内の売店では、モータースポーツマニア垂涎のグッズも販売。駅からはバス204番で。
開 夏季7:00〜20:30（冬季19:00）
料 €5、行事のない日は無料
F1レースのスケジュールは
URL www.monzanet.it

🏨 HOTEL　　　　　モンツァのホテル

★★★★ デ・ラ・ヴィッレ
Hotel De la Ville P.104 A

王宮と公園の正面にある、モンツァを代表するエレガントなホテル。エトロのアメニティグッズをはじめ、サービスや施設も充実。評判のよいレストランDerby Grillを併設。ランチが特にお値段。
URL www.hoteldelaville.com

住 Viale Regina Margherita di Savoia 15
☎ 039-39421
FAX 039-367647
SS SB €107/400　TS TB €129/535
室 70室　朝食€29 W-Fi
休 夏季約1週間、クリスマス〜新年
A.D.M.V.

P.14 B2

ベルガモ

Bergamo

中世とルネッサンスの息吹が今に残る

ベルガモへの行き方

🚌 電車で

●ミラノから
中央駅、ランブラーテ駅
↓　鉄道fs R
　　…48分
ベルガモ
※ランブラーテ駅からは要乗り換え

ベルガモのオリオ・アル・セリオOrio al Serio空港
　ベルガモの町から約5km。バス1番ATB Linea 1が圓〜土5:30〜22:30に20分間隔で空港と鉄道駅そばのターミナルを結んでいる。切符€2.30。ミラノ中央駅へも頻繁にプルマンが運行（→P.35）。

■郵便局
住 Via A. Locatelli 11
地 P.108 B2

■バッサ、駅前広場の❶
住 Piazza Guglielmo Marconi
☎ 035-210204
開 9:00〜12:30
　　14:00〜17:30
　　土日祝9:00〜17:30
休 1/1、12/25
地 P.108 C3

■ベルガモ、アルタの❶
住 Via Gombito 13
☎ 035-242226
開 9:00〜17:30
地 P.108 A1

✉ アルタへは徒歩でも可
　駅前からフニコラーレの乗り場まで1Aのバス利用もいいですが、実際は行きも帰りも歩く人が多かったです。帰りはバスが来ず、歩きましたが20分ほどで到着です。ミラノへ戻る昼過ぎにはフニコラーレの上駅は長蛇の列でした。ハイシーズンに行くなら、午前がおすすめです。
（広島県　ピーちゃん　'16）

ロンバルディア・ルネッサンスの古都、ベルガモ。サン・ヴィジリオの丘からの眺め

　ベルガモの歴史は複雑で、その影響が各所に残り興味深い。11〜13世紀には、自治都市としてロンバルディア同盟（1167年、ロンバルディアの自治都市が、赤ひげ王、フリードリヒに対抗して組んだ同盟）に参加した。この時代の建物は、ラジョーネ宮、サンタ・マリア・マッジョーレ教会に見られる。

　その後、ミラノのヴィスコンティ家の支配、続いて1796年まではヴェネツィア共和国の支配下におかれた。ロンバルディアの特徴をそのままに残し、ヴェネツィアの影響を受けた1400〜1500年代には、ロンバルディア独自のルネッサンス様式の建築物が建てられ、コッレオーニ礼拝堂が、その代表作となっている。

　美しいベルガモの町は、アルタとバッサに分かれているが、丘の上のアルタからは、ロンバルディアの平野が望める。麓の町バッサは、19世紀にM.ピアチェンティーニの都市計画によって生まれた町である。

　音楽家、ドニゼッティの生まれ故郷でもあり、カッラーラ絵画館ではマンテーニャ、G.ベッリーニ、ロレンツォ・ロットなどのイタリア北部のルネッサンス芸術に触れることができる。

History & Art

ベルガモ生まれの作曲家、ドニゼッティ

　1797年11月29日、アルタの町の城壁の外れ、サン・ヴィジリオの丘の麓で生まれたガエターノ・ドニゼッティ。19世紀初頭、ロッシーニらとともにイタリアオペラの黄金時代を築いた立て役者だ。若者の悲劇的な愛を甘美なメロディーにのせた「ランメルモールのルチア」をはじめ、「愛の妙薬」、「ドン・パスクワーレ」の作曲家だ。彼の生涯を知ることができるのが、ベルガモのドニゼッティ博物館や生家だ。とりわけ博物館は1902年に開設され、自筆スコア、作曲に使用したピアノをはじめ、彼の活躍から病に倒れ死去するまでの生涯が展示されている。目を引くベーゼンドルファー製のピアノは、彼がベルガモの貴族のためにウィーンで1844年に手に入れた物。

おもな見どころ

ベルガモ・アルタ

古きよき面影を残す界隈 MAP P.108 A2

ゴンビト通り ☆
Via Gombito ヴィア・ゴンビト

　細い石畳の坂道の左右には歴史と風情あふれる建物に昔ながらのパン屋、由緒あるお菓子屋などが並び、そぞろ歩きが楽しい通りだ。お菓子屋の店先でひときわ目を引くのはベルガモ名物のポレンタ

に野鳥のローストを乗せた料理を模したお菓子、ポレンタ・タラーニャPolenta Taragnaだ。途中には12世紀のゴンビトの塔、16世紀の噴水も点在する。

名物料理を模したポレンタ・タラーニャ。ムースやチョコレートクリームをスポンジで挟んでドーム状にし、ポレンタを模した黄色のマジパンで包んで砂糖をまぶした甘いお菓子。チョコはスズメ

中世の雰囲気が残るゴンビト通り

ベルガモ・アルタの中心 MAP P.108 A1

ヴェッキア広場 ☆☆
Piazza Vecchia ピアッツァ・ヴェッキア

ドゥオーモ広場に隣接する広場で、ベルガモ・アルタの中心的記念物。中央には、ライオンが取り囲む、1700年代の噴水がある。その奥には、かつての市役所であったラジョーネ宮Palazzo della Ragioneがある。ラジョーネ宮は、12世紀の建造で、

静かな時の流れるラジョーネ宮とヴェッキア広場

1階にはドゥオーモ広場に通じる3つのアーチが続く。2階には、美しいゴシック様式の窓があり、正面のバルコニーの上には、聖マルコの獅子像が残り、ヴェネツィア共和国の支配の歴史を思い起こさせる。
　内部（催事のみ入場可）には、1300〜1400年代のフレスコ画に取り囲まれた大広間があり、なかでも、ブラマンテの『三賢人』Tre Filosofiは有名。
　ラジョーネ宮正面右側の屋根付きの階段から通じるのは、力強い12世紀の市の塔Torre Civica。ラジョーネ宮の対面側には1604年着手、1928年に完成した図書館がある。

🏛 **世界遺産**

16〜17世紀ヴェネツィア共和国建造の軍事防御施設登録年2017年　文化遺産
※1561〜1588年に建造されたアルタの町を取り囲む約6kmにわたる城壁Mura。保存状態も良好。

NAVIGATOR

　まずはバス1Aまたは1とフニコラーレ（ケーブルカー）を乗り継いでアルタの町を目指そう。バスが道を上るにつれ、丘や城壁、鐘楼などが絵のように広がる。途中、城壁の下にフニコラーレ乗り場があり、ここで乗り換えれば約5分でアルタの町だ。
　フニコラーレを降りて、人の流れに従ってゴンビト通りVia Gombitoの坂道を上ると左に❶があり、さらに進むとアルタの中心のヴェッキア広場に到着だ。さらに道を上れば、バスターミナルともなっている眺めのよい広場Piazzale Colle Apertoとヴィジリオの丘へ向かうフニコラーレ乗り場がある。
　フニコラーレに興味がなければ、駅前からの1A番のバスに乗車して終点下車。城壁を抜ければアルタの古い町並みが広がる。

アルタ行きのバス
　駅を出て、正面から真っすぐ延びる通りを100mほど進んだ右側にアルタ行きバスA1のバス停がある。切符は駅の売店などで。バスの切符€1.30(75分有効)。バスはフニコラーレ(バスの切符と共通)駅前のバス停Porta S.Niccoloに停車し、終点はPiazzale Colle Aperto。フニコラーレに興味がなければ、終点下車で門を抜ければアルタの町だ。バスの1日券は€3.50。
　駅前のバス停裏手がバスターミナルで、ベルガモ空港行きのバスはここから乗車。

■市の塔
🏠 Piazza Vecchia 8
☎ 035-247116
🕐 4〜10月 10:00〜18:00
　　土日祝10:00〜20:00
　　11〜3月　9:30〜13:00
　　　　　　14:30〜18:00
　　土日祝　9:30〜18:00
休 ㊊、1/1、12/25
料 €5、11〜18歳€1
地 P.108 A1

ロンバルディア州　ベルガモ

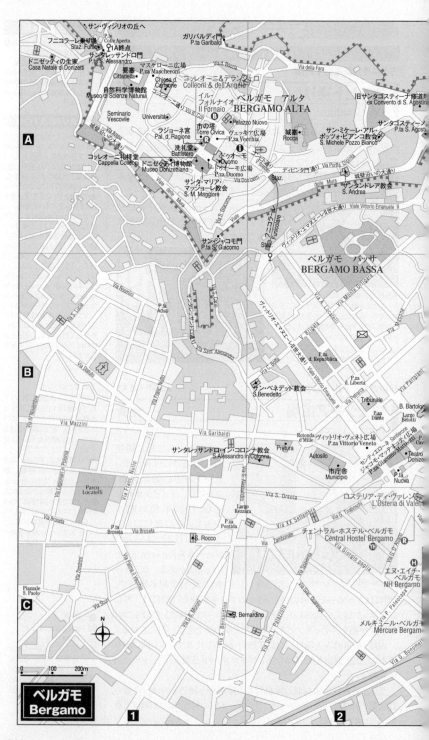

サン・ヴィジリオの丘へ

フニコラーレ乗り場
Staz. Funic.
P.le
Colle Aperto
ドニゼッティの生家
Casa Natale di Donizetti
サンタレッサンドロ門
P.ta S. Alessandro
①1A終点

ガリバルディ門
P.ta Garibaldi

Via della Fara

Via d. Boccia

マスケローニ広場
P.za Mascheroni

要塞
Cittadella

チッタデッラ通り Via B. Coll
コッレオーニ通り

チッタデッラ通り

コッレオーニ&デランジェロ
Colleoni & dell'Angelo

イル・フォルナイオ
Il Fornaio

ベルガモ アルタ
BERGAMO ALTA

旧サンタゴスティーナ修道院
ex Convento di S. Agostin

サンタゴスティーノ
P.ta S. Agosti

自然科学博物館
Museo di Scienze Naturali

Chiesa d.
Carmine

Seminario
Vescovile

Università

ラジョーネ宮
Pal. d. Ragione

Via Arena
城壁沿いの大通り

市の塔
Torre Civica

ヴェッキア広場
P.za Vecchia

Palazzo Nuovo

洗礼堂
Battistero

城砦
Rocca

サン・ミケーレ・アル・
ポッツォ・ビアンコ教会
S. Michele Pozzo Bianco

コッレオーニ礼拝堂
Cappella Colleoni

ドニゼッティ博物館
Museo Donizettiano

ドゥオーモ
Duomo

ドゥオーモ広場
P.za. Duomo

Via Donizetti

Staz.

ディビンガ門通り
Via Porta. Dipinta

サンタ・マリア・
マッジョーレ教会
S. M. Maggiore

Viale delle Mura

delle Mura
城壁沿いの大通り

Viale Vittorio Emanuele II
ヴィットリオ・エマヌエーレ II 世大通り

サンタンドレア教会
S. Andrea

サン・ジャコモ門
P.ta S. Giacomo

Via S. Giacomo

Viale

Funicolare へ

Staz.

ベルガモ バッサ
BERGAMO BASSA

Via Rosmini

P.ta
Adua

Via Statilio

Via S. Lucia

Via Sant'Alessandro

ヴィアンドリア・エマヌエーレ II 世大通り Viale Vittorio Emanuele II

Via Borfa

Via A. Locatelli

Via Monte. Ortigara

Via Masone

Via Palma

Via Partigian

サン・ベネデット教会
S. Benedetto

P.za
d. Repubblica

P.za
d. Libertà

Via Pelarca

Tribunale

B. Bartolo

Via IV Novembre

Via Mazzini

Via Garibaldi

Via Franc Nullo

Parco
Locatelli

Piazzale
S. Paolo

Via Zambonelli

Via Broseta

P.ta
Broseta

Via Broseta

Via Paleocapa il Vecchio

Via Stezzano

サンタレッサンドロ・イン・コロンナ教会
S. Alessandro in Colonna

Pretura

市庁舎
Municipio

Rotonda
d'Mille
P.za Vittorio Veneto

Autosilo

ヴィットリオ・ヴェネト広場

P.za
Dante

センティエローネ
ジャコモ・マッテオッティ広場
P.za Giacomo Matteotti

Teatro
Donize

P.za
Cav

Largo
Belotti

Via S. Orsola

Largo
Rezzara

P.za
Pontida

S. Rocco

Via XX Settembre

Via G. Tiraboschi

Via

Via Zambonata

Via Soperga

Via S. Bernardino

S. Bernardino

Via P. Paleocapa

Via Giorgio paglia

P.ta
Nuova

ロステリア・ディ・ヴァレンテ
L'Osteria di Valen

チェントラル・ホステル・ベルガモ
Central Hostel Bergamo

YH

R

エヌ・エイチ・
ベルガモ
NH Bergamo

H

メルキュール・ベルガモ
Mercure Bergamo

Via G. Bonomel

0 100 200m

N

ベルガモ
Bergamo

A

B

C

1

2

108

きらびやかな金色で飾られた教会　　MAP P.108 A1

サンタ・マリア・マッジョーレ教会 ★★

Santa Maria Maggiore
サンタ・マリア・マッジョーレ

コッレオーニ礼拝堂の正面左側、石を積み上げただけの正面と華麗な柱廊式小玄関がチグハグな印象だが、美しい12世紀のロマネスク様式の教会だ。ロマネスク特有の教会正面の柱廊式小玄関は、1353年のジョヴァンニ・ダ・カンピオーネの作。入口左に回ると、ルネッサンス様式（1491年）の新聖具室に通じる。

簡素なファサード。
左に回ると躍動的な全容が見られる

　内部はきらびやかな金色の塗装と白い漆喰（しっくい）で飾られ、16世紀末と17世紀に改修が加えられている。入って右奥の壁には、16世紀のトスカーナおよび17世紀のフランドルのタペストリーがかかる。タペストリーの右側には、町の誇る大作曲家ドニゼッティの墓がある。1855年V.ヴェーラの作。さらに奥、その左側には、ウーゴ・ダ・カンピオーネ（14世紀）の手による枢機卿ロンギの墓がある。

クーポラや内陣席をはじめ、
どこも華麗で輝くよう

■サンタ・マリア・マッジョーレ教会
住 Piazza Duomo 3
☎ 035-223327
開 月〜水　　9:30〜12:30
　　　　　　 14:30〜18:00
　木〜日、祝 9:00〜18:00
宗教行事（ミサ平日7:45、10:00、日11:00、12:00）などの際は見学不可。

ベルガモっ子の信仰のよりどころ　　MAP P.108 A1

ドゥオーモ／カッテドラーレ ★★

Duomo/Cattedrale
ドゥオーモ／カッテドラーレ

　ベルガモの守護聖人を祀る教会。15世紀に建設に着手され、数百年の歳月をかけて完成された豪華で華麗なバロック様式の大聖堂だ。後陣（正面左）のティエポロの『殉教者ヨハネ』をはじめ、後陣右にはユヴァラによるサンティ・フェルモの祭壇など、多くの芸術作品で飾られている。近年地下から初期キリスト教、およびロマネスクのふたつの教会の遺構が発見され、正面左の入口から見学可能。

内部は見事なバロック空間

■ドゥオーモ
住 Piazza Duomo 91　☎ 035-210223
開 7:30〜12:30、15:00〜18:30
　日7:00〜19:00
宗教行事（ミサ平日7:30、8:15、18:00、土18:00、日祝7:30、9:00、18:00)などの際は見学不可。

109

左段（サイドバー）

■コッレオーニ礼拝堂
住 Piazza Duomo
開 11〜2月　9:00〜12:30
　　　　　　14:00〜16:30
　3〜10月　9:00〜12:30
　　　　　　14:00〜18:30
休 ㉈、1/1、12/25
料 無料

コッレオーニの墓

■洗礼堂
住 Piazza Duomo
※入場不可。外側から内部の
見学可。洗礼式のみのオープ
ン

ベルガモを代表する作曲家を記念
ドニゼッティ博物館
Museo Donizettiano
ムゼオ・ドニゼッティアーノ
　ドニゼッティの生家である
ミセリコルディア宮Misericor
dia（15〜18世紀）におかれて
いる。現在は音楽学校にもな
っている。ベルガモの誉れで
もある、作曲家ドニゼッティ
の遺品、楽器などが置かれて
いる。
住 Via Arena 9
☎ 035-247116
開 火〜金　10:00〜13:00
　土日祝　10:00〜13:00
　　　　　15:00〜18:00
休 ㉈、1/1、12/25
料 €5、26歳以下€3
地 P.108 A1

NAVIGATOR
　アルタの町の北東、バッサ
の町を見下ろす旧サンタゴスティ
ーナ修道院そばからノカ通り
Via Nocaを抜けて、カッラー
ラ絵画館へ向かおう。車の入ら
ない、石畳の散歩道を下るの
で少々心配になるが、200mも
進めば左側が絵画館だ。

美しい別荘地、ヴィジリオの丘

右段（本文）

コッレオーニ礼拝堂　★★★
Cappella Colleoni　　　　カッペッラ・コッレオーニ

　ヴェネツィアの傭兵隊長であり
ベルガモの領主、バルトロメオ・
コッレオーニの墓として建てられ
たもの。装飾の華やかなこの礼
拝堂は、G.A.アマデオ（1476年）の
手により、ロンバルディア・ルネ
ッサンスの一大傑作といわれる。
白と赤の大理石の描く紋様。柱、
扉、窓、彫刻など……細部の一
つひとつの美しさが、正面の豪華
な美を成り立たせている。
　内部は1700年代のきらびやか
さで飾られている。入口を入って
正面、黄金の騎馬像（ドイツ人の
手によるもので1501年に付け加

ベルガモ・ルネッサンスの華、
コッレオーニ礼拝堂

えられた）の下にあるのがコッレオーニの墓。その左にあるのが、コ
ッレオーニの娘、メデアの墓。
　天井のクーポラにはティエポロによるフレスコ画『聖バルトロメイ』、
『聖マルコ』、『洗礼者ヨハネ』が描かれている。

カンピオーネの彫刻で飾られた　　　MAP P.108 A1

洗礼堂　★
Battistero　　　　バッティステロ

　コッレオーニ礼拝堂の右に建つ、八角形の小さくてエ
レガントな建物。中ほどには、ヴェローナ産の赤大理石
の柱廊が周りを取り巻いている。ジョヴァンニ・ダ・カン
ピオーネ（1340年）の設計による物を、オリジナルを損な
うことなく1898年に再建した物。屋根の頂上、八角形の
角に立つ像もカンピオーネの手による物。

洗礼堂

緑の丘にヴィッラが点在する　　　MAP P.108 A1外

サン・ヴィジリオの丘　★
Colle San Vigilio　　　　コッレ・サン・ヴィジリオ

　アルタの町からさらに坂道を上り、城壁を抜けると見晴
らしのよいコッレ・アペルト広場Ple. colle Apertoに出る。
この先にさらに上に向かうケーブルカー乗り場がある。ケ
ーブルカーに乗れば約5分でサン・ヴィジリオの丘に到着
する。ケーブルカーの終点には見晴らしのよいレストラン
兼カフェがある。
　丘に上るケーブルカー乗り場の左側奥の小道に面して、
ドニゼッティの生家Casa Natale di Donizettiが建つ。

イタリア有数の絵画館のひとつ

MAP P.109 A3

カッラーラ絵画館 ★★★

Pinacoteca dell' Accademia Carrara　ピナコテーカ・デッラッカデミア・カッラーラ

15～18世紀のヴェネツィア派の絵画が収められている。系統だった展示は、この国で最良の物という評価もある。イタリア絵画史の理解を少なからず深めてくれる。

ジャコモ・カッラーラが彼の莫大な絵画コレクションをもとに絵画学校と絵画館を1780年に設立したことが始まり。1810年に建てられた、ネオクラシック様式の建物の中にある。2階の15室に後期ゴシックから18世紀ヴェネツィア派まで年代順に展示されている。

2015年4月に修復工事が終了し、7年ぶりにより美しく充実されて再公開された。主要な展示物を

カッラーラ絵画館

挙げてみる。

第1室:ピサネッロ『エステ家のリオネッロの肖像』Ritratto di Lionello d'Este、マンテーニャ『聖母子』Madonna col Bambino、フォッパ『三つの十字架刑』Tre Crocifissi.
第2室:G.ベッリーニ『聖母子』

新絵画館らしい、ゆったりとした入口ロビー

Madonna col Bambino、カルパッチョとその工房の『マリアの誕生』、Nascita di Maria、第4室ラファエッロ『聖セバスティアーノ』San Sebastiano、第15室カリアーニ『G.B.カラヴァッジの肖像』Ritratto di

Giovanni Benedetto Caravaggi、L.ロット『聖カテリーナのけがれなき結婚』Nozze mistiche di santa Caterina d'Alessandria、第17室G.B.モローニ『座る老人の肖像』Ritratto di vecchio seduto、23室カナレット『大運河、カ・フォスカリからリアルト橋の風景』Il Canal Grande da Ca' Foscari verso il ponte di Rialtoなど。

ベルガモ派と呼ばれる、
L.ロット作『聖カテリーナのけがれなき結婚』

■カッラーラ絵画館

住 Piazza Giacomo Carrara 82/a
☎ 035-234396
開 9:30～17:30（入場16:45まで）
休 ㊋、12/25
料 €12、6～25歳、65歳以上€10、4/23€5

G.ベッリーニ作『聖母子』

Ⓑ🍴イル・フォルナイオ Il Fornaio

ベルガモ・アルタの目抜き通り、コッレオーニ通りに面したパン屋兼お菓子屋兼カフェ。通りからガラス張りの店内の様子がうかがえ、チーズ、野菜、魚介類など種類豊富にトッピングされたピッツァがズラリと並んで圧巻。そして、買い求める人の数の多さにもビックリ。テイクアウトもできるし、店内にはテーブル席があるのでイートインも可。切り売りで、好みの大きさに切ってくれる。だいたい1切れ€4～6くらい。デザートのお菓子も充実。

住 Via Bartolomeo Colleoni 3
☎ 035-249376
営 8:00～21:00
休 1/7～2/6
地 P.108 A1

ピッツァやクッキー類も充実。いつも大にぎわいの店内

ロンバルディア州　ベルガモ

古都で人気のモダンな美術館

カッラーラ絵画館の対面にある白い現代的な建物がGAMeCと呼ばれる近・現代美術館。近代ものではバッラ、ボッチョーニ、デ・キリコ、マンズーなどの作品を展示。特別展や催事も多く、そのにぎわいにこの町の美術への意識の高さを感じさせる。入場者以外でも利用できるカフェも併設されているので、ひと休みにもピッタリ。

近・現代美術館
GAMeC=Galleria d'Arte Moderna e Contemporanea di Bergamo
住 Via San Tomaso 53　**☎** 035-270272
開 10:00～18:00
休 ㊋、1/1、12/25（㊗は時間短縮で開館の場合あり）
料 €8

ジャコモ・マッテオッティ広場 ☆

Piazza Giacomo Matteotti　ピアッツァ・ジャコモ・マッテオッティ

都市計画によって造られた広場

新市街の町の中心がマッテオッティ広場。周囲に続くヴィットリオ・ヴェネト広場、ダンテ広場、リベルタ広場を柱廊が結び、歴史ある建物が続く。ルネッサンスに触発された20世紀初頭のピアチェンティーニの都市計画は今も息づき、緑地やカフェをたどって、ゆったりと散歩する人々の姿が印象的な界隈だ。

🍴🏨 RISTORANTE HOTEL　ベルガモのレストラン&ホテル

🍴 ロステリア・ディ・ヴァレンティ
L'Osteria di Valenti　P.108 C2

駅前の大通りを少し入ったところにある、地元の人でいつもいっぱいのトラットリア。ミラノ風カツレツやビステッカ・アッラ・フィオレンティーナなどの肉料理が充実。安くておいしくて、サービスも感じがよい。

できれば予約

🏠 Via Guglielmo D'Alzano 4
☎ 035-243017
🕐 9:30〜15:30、18:30〜23:30
休 ⊕昼、⑧
🍴 €25〜40
C M.V.
🚋 G.マッテオッティ広場から徒歩5〜6分

✉ コッレオーニ・デランジェロ
Colleoni & dell'Angelo　P.108 A1

ヴェッキア広場に面した歴史的な館にあるリストランテ。土地の料理や洗練された魚介料理が味わえる。店内の内装はエレガントで、サービスも高評価。

できれば予約

🏠 Piazza Vecchia 7
☎ 035-232596
休 ⑧　🍴 €55〜100、定食€25(昼)、€65　C A.D.M.V.
🚋 アルタの中心ヴェッキア広場の一角

✉ バレット・ディ・サン・ヴィジリオ
Baretto di San Vigilio　P.108 A1外

サン・ヴィジリオの丘、フニコラーレ乗り場のすぐ脇にあるレストラン。夏は町を見下ろすテラスでの食事が気持ちよい。

できれば予約

🏠 San Vigilio, Via al Castello 1
☎ 035-253191
🕐 11:00〜翌1:00(⊕土1:30)　休 無休　🍴 €35〜60(コペルト€3、€5)、定食€35(平日昼)、€55　C A.D.V.
🚋 サン・ヴィジリオの丘

★★★★ エヌ・エイチ・ベルガモ
Hotel NH Bergamo　P.108 C2

✉ イタリアのチェーンホテル。モダンで快適。種類豊富な朝食、手頃な定食が用意されている夕食にも満足しました。スーパーが隣にあり、目抜き通りへもすぐ。　(東京都 ゴルフ)['19]
URL www.nh-hotels.com

🏠 Via Paleocapa 1/G
☎ 035-2271811
📠 035-2271812
SS €76.71/325　TS €91.60/430
🛏 88室　朝食込み W-F
C A.D.J.M.V.
🚋 駅から徒歩5分

★★★★ メルキュール・ベルガモ
Mercure Bergamo Palazzo Dolci　P.108 C2

堂々としたパラッツォにあるフランスのチェーンホテル。コンテンポラリーな内装で個性的だが、使い勝手はよい。ワインバー併設。駅からも至近で便利。
URL www.mercure.com

🏠 Viale Papa Giovanni XXIII 100
☎ 035-227411
SS €87.50/145
TS TB €93.10/223
🛏 88室　朝食€12 W-F
C A.D.J.M.V.
🚋 駅から徒歩5分

チェントラル・ホステル・ベルガモ
Central Hostel Bergamo　P.108 C2

🆨 駅から徒歩圏のユース。各部屋はシャワー・トイレ付きで清潔。繁華街にもスーパーにも近い。スタッフは明るく親切。直接予約がお得。
URL www.centralhostelbg.com

🏠 Via Antonio Ghislanzoni 30
☎ 035-211359
📠 035-4122237
D €25〜　SS €36/45
TS €56/65　SB €77〜
🛏 40室　朝食€4 W-F
C A.M.V.　🚋 駅から徒歩7〜8分

ブレーシャ

P.14 B2

Brescia

古代ローマ時代からの時代の証人であった町

ヴェネト地方の特徴ある建物に囲まれたロッジア広場
（時計を抱く16世紀の館）

●郵便番号　25100

🏛 世界遺産

ロンゴバルド族の繁栄（568～774年）を伝える地
「サン・サルヴァトーレ－サンタ・ジュリア修道院の複合建築」
登録年2011年　文化遺産

ブレーシャへの行き方

🚃 電車で

●ミラノから
中央駅
｜鉄道 fs FRECCIAROSSA
｜　　……36分
R｜　　……1時間5分
↓
ブレーシャ

■インフォ・ポイント駅前の❶
🏠 Piazzale della Stazione
☎ 030-8378559
開 9:00～19:00
休 1/1、12/25、12/26
地 P.114 B1

■ロトンダ近くの❶
🏠 Via Trieste 1/
　 Piazza Paolo VIとの角
☎ 030-3061266
開 9:00～19:00
休 1/1、12/25、12/26
地 P.114 B2

NAVIGATOR

中心街へは少し距離があるので、駅から地下鉄を利用しよう。Prealpino方面行きに乗って1駅のVittoria下車。所要約1分、8～10分間隔の運行。切符は€1.40（90分有効）。ロッジア広場周辺を見学後は、北側のムゼイ通りを進んでサンタ・ジュリア博物館へ向かおう。途中、左にカピトリーノ神殿を眺めることができる。サンタ・ジュリア博物館は建物も広く、収蔵品も多岐にわたるので、たっぷり時間を取りたい。

✉ 地下鉄駅へ

地下鉄駅は駅を出て右に約100m行った右側。モダンな入口です。
（東京都　匿名希望 '16）['19]

ロンバルディア州 ベルガモ／ブレーシャ

ブレーシャはロンバルディアの活気あふれる町だが、3つの歴史をもつ町でもある。ローマ帝国時代は、カピトリーノ神殿、フォロ遺跡を残し、中世において、町はロンゴバルド公国（7世紀）、自治都市（12～13世紀）、そしてロンバルディア同盟の一員となった。当時の建物は、サン・サルヴァトーレ教会、ドゥオーモ、ロトンダ、ブロレット、サン・フランチェスコ教会などだ。

ヴェネツィアの支配下におかれた1426～1797年には、ルネッサンスの華が咲き、エレガントな建築群を残した。ロッジア、サンタ・マリア・デイ・ミラコリ教会などだ。

またルネッサンスは、この地に輝かしい絵画の歴史を生み出させた。1400年代のヴィンチェンツォ・フォッパVincenzo Foppaに続き、1500年代には、卓越したヴェネト・ロンバルド派の特徴を生み出した3人の画家、ロマニーノRomanino、モレットMoretto、サヴォルドSavoldoを誕生させた。

サンタ・ジュリア博物館の『翼を持つ勝利の女神』

History & Art

銃産業で栄えたブレーシャの町

ミラノに続く、ロンバルディア州第2の町ブレーシャ。町には忙しげなビジネスマン、おしゃれなシニョーラたちが行き交う。人々だけでなく、ロッジア周辺の重厚なたたずまいをはじめ商店のディスプレイもあか抜け、富裕な雰囲気のする町だ。

産業の一端を担うのは、中世の冶金技術に源を発するという武器製造業だ。きな臭い武器は今や影は薄いが、毎年2月には競技用の銃の見本市が開かれ、各地から多くの人が集う。また町のシンボルである丘の上の城には、古代武器博物館 Museo delle Armi "Luigi Marzoli" もおかれ、この町を潤した産業の興隆がうかがえる。

そぞろ歩きが楽しい
ブレーシャ

美しいロッジア広場の周辺
の小路には飲食店が並び、風
情ある雰囲気。広場を眺めな
がらお茶やランチを楽しむの
もいい。天気がよく時間が許
せば、丘の上の城へ向かって
町を見下ろそう。ポルティコ
(柱廊)が続くザナルデッリ大
通りCorso Zanardelliやマジ
ェンダ大通りは店舗が軒を連
ね、ウインドーショッピングに
最適。ここから駅行きのバス
も運行している。

■ロッジア
住 Piazza della Loggia
☎ 030-2977217
開 9:00〜12:30
　　 14:00〜19:00
休 日祝、土午後

堂々たるルネッサンス期の市役所　　　　　　　**MAP** P.114 A1

ロッジア ☆
Loggia　　　　　　　　　　　　　　　　　　　　ロッジア

現在の市庁舎。ヴェネト・ロンバルドのルネ
ッサンス様式で1492〜1574年に建てられてい
る。1階は3つの大きな古典的なアーチで分割されて
いる。上部の飾りメダルに注目。2階は、美しい
柱、窓、帯状装飾で美しく飾られている。ベレ
ッタ、サンソヴィーノ、パッラーディオの設計に
より、数多のブレーシャやコモの石工の手になる。

ルネッサンス様式の
ロッジアとロッジア広場

屋根は、緩いカーブを描き、柱廊の下の大階
段から廟室に通じ、1500年代および近代の絵画で飾られている。1500
年代の大扉は、細やかな彫刻で飾られている。

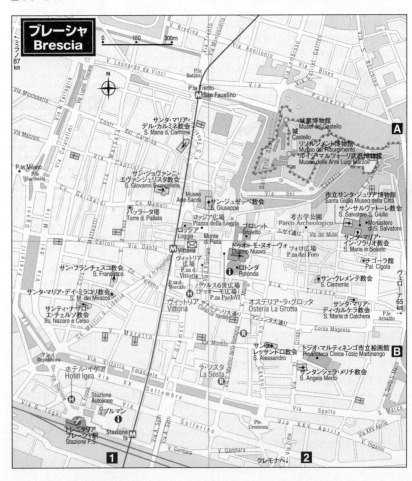

ブレーシャ
Brescia

ロマネスクの貴重な遺品

MAP P.114 B2

ロトンダ ☆
Rotonda (Duomo Vecchio)　ロトンダ(ドゥオーモ・ヴェッキオ)

　この町のロマネスク期を代表する建物。1段低い所に位置しているのは、かつての広場が、この位置にあったからとか。外観は筒状、屋根は丸天井の独特の建物。

　内部は、半球形の屋根の下、どっしりとした柱が回廊となって内部を取り囲んでいる。15世紀に付け加えられた内陣には、ふたつの礼拝堂がある。(左側は、宝物が多く、閉まっていることが多い)右側礼拝堂および、内陣にはモレットによる『聖母被昇天』Assunzioneや『聖ルカ』S. Lucaがある。

　内陣前方から地下納骨所に下りると11世紀の柱廊が並ぶ。回廊上部には、13世紀の墓がふたつあり、床にはローマ時代(紀元前1世紀)の公衆浴場のモザイクが残っている。

■ロトンダ(旧ドゥオーモ)
住 Piazza Paolo VI
開 9:00〜12:00
　 15:00〜18:00
　⑧ 9:00〜10:40
休 ⑧、2月の⑧

ロマネスク様式のロトンダ
(旧ドゥオーモ)

■ドゥオーモ
住 Piazza Paolo VI
☎ 030-42714
開 7:30〜12:00
　 14:30〜19:00
休 ⑧
入口はVia Mazzini。

威容と豊富な美術品を誇る

MAP P.114 B2

ドゥオーモ(新ドゥオーモ)
Duomo Nuovo　ドゥオーモ・ヌオーヴォ

　豪奢なマニエリスム建築で、白い大理石がその容容をより強調している。1604年にギリシア十字架形で建造が始まり、1825年にカニョーラによりクーポラが完成した。内部は三身廊で、入口右側最初の礼拝堂には、モレットによる『イサクの犠牲』Sacrificio di Isaccoがある。オルガンの扉に描かれたロマニーノ作『マリアの物語』も興味深い。

豪奢なドゥオーモのファサード

町を望む、中世の城へ
　ムゼイ通りから、「城Castello」の矢印に従って、階段と坂道を上がると、丘の頂に城がある。イタリアでも屈指の大きさを誇る城塞で、空堀、跳ね橋などが中世そのままに残され、内部にはこの町の伝統を誇る武器博物館がおかれている。周囲には公園が整備され、城や公園からはブレーシャの町並みが一望できる。

■城塞博物館
　Musei del Castello
開 ⑧〜⑧ 9:00〜17:00
　⑧ 10:00〜21:00
　⑧ 10:00〜18:00
休 12/24、12/25、12/31
料 €4、14〜18歳、65歳以上
　€3、13歳以下無料(城内のリソルジメント博物館は'19年1月現在休館中)
　※庭園のみは無料
地 P.114 A2

自由都市の時代を伝える

MAP P.114 A・B2

ブロレット ☆
Broletto　ブロレット

　1187年から1280年にロマネスク・ゴシック様式で建てられ、3つの開口部と3本の柱で4つに分かれた、窓およびバルコニー(かつて布告の行われたロッジア)は、後に改修された。付属の塔は、ポポロの塔Torre del Popoloで11世紀の物。広大な中庭の三方は、中世と後期ルネッサンス。残り一方は、バロック様式で付け加えられた。

ロマネスク・ゴシック様式の
ブロレットとポポロの塔

城への坂道も風情がある

■市立サンタ・ジュリア
博物館
🏠 Via dei Musei 81/b
☎ 030-2977834
🕐 ㊋〜㊎ 9:00〜17:00
㊏ 10:00〜21:00
㊐ 10:00〜21:00
🚫 ㊗以外の㊊、12/25
💰 €10、65歳以上、学生€5.50
🗺 P.114 A2
※切符売り場は閉館1時間前
まで

✉ サンタ・ジュリア博物館へ
　ムゼイ通りに面して入口が
あります。内部はかなり広い
ですが、館内パンフレット
もありますし、案内板がよく整
備されています。見どころは
ロンゴバルドの遺品(1階)とサ
ン・サルヴァトーレ教会、サン
タ・マリア・イン・ソライオ
小礼拝堂。時間がないなら、
これだけ必見です。ふたつは
趣がまったく異なり、サン・サ
ルヴァトーレ教会はアーチと
そこに刻まれた彫刻が美しく、
時間が止まったような空間で
した。一方、ほの暗いサンタ・
マリア・イン・ソライオ小礼
拝堂では天井の夜空のような
星空と内部を埋め尽くすフレ
スコ画に圧倒されました。
(東京都　ミーシャ)

ロンゴバルド芸術の空間が広が
る、サン・サルヴァトーレ教会内部

古代からの歴史を伝える広大な博物館

MAP P.114 A2

サンタ・ジュリア博物館 世界遺産 ★★★
Museo di Santa Giulia
ムゼオ・ディ・サンタ・ジュリア

広大な敷地にあり、見学は半日必要

　古代ローマから続く、この町の歴史と美術が結集した必見の博物館。広く入り組んだ建物は、ローマ時代の遺構の上に建てられた9世紀のサン・サルヴァトーレ教会、ロマネスク様式のサンタ・マリア・イン・ソライオ小礼拝堂などをまとめたかつての修道院だ。

　展示品で名高いのは、1世紀の『翼を持つ勝利の女神』La Vittoria、大理石板に刻まれた『孔雀のレリーフ』La lastra con pavone、『デジデリオ王の十字架』La Croce di Desiderio、『マルティネンゴの霊廟』Il Mausoleo Martinengoなど。見逃せないのが、ロンゴバルド芸術が見事なサン・サルヴァトーレ教会だ。ローマ時代の邸宅跡に建てられ、9世紀に再建されたもの。特別な入口もなく、展示室から続く空間に驚かされるが、内部はアーチ形の柱廊で分割された三廊式。ゆったりとしたアーチや彫刻の施された柱頭、損傷は激しいものの壁面上部のカロリング時代のフレスコ画などが静謐な空間を作り出している。

『デジデリオ王の十字架』

このほか、『デジデリオ王の十字架』が飾られたサンタ・マリア・イン・ソライオ小礼拝堂の壁面いっぱいの16世紀のフレスコ画や地下のローマ・モザイク、ルネッサンス期のキオストロなど、いたるところに美があふれている。

ブレーシャの世界遺産　サンタ・ジュリア博物館 *column*

　世界遺産として登録されたのは、『サン・サルヴァトーレ-サンタ・ジュリア修道院の複合建築 Il Complesso Monastico San Salvatore-Santa Giulia』。これは、後のロンゴバルド王国のデジデリオ王が公爵の時代 (753年) に建立したサン・サルヴァトーレ教会を礎に、大規模な増改築が施されたかつての修道院。現在はサンタ・ジュリア博物館になっており、1万4000㎡の広さを誇る。

　なかでもサン・サルヴァトーレ教会は後期ロンゴバルドの建築としてとりわけ重要な物。内部は柱廊で3分割され、この柱頭飾りやアーチに刻まれた紋様は、ロンゴバルド芸術の最も保存状態のよい物とされている。また、1階の展示室「中世後期ロンゴバルドとカロリング」L'età altomedioevale Longobardi e Carolingiでは、墓から出土した武具、日常品、装飾品、『孔雀のレリーフ』をはじめとする洗練された彫刻など、さまざまなロンゴバルド美術を見ることができる。

繊細な
ロンゴバルド彫刻
『孔雀のレリーフ』

タイムカプセルのような町を物語る

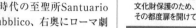

MAP P.114 A2

考古学公園 ★★

BRIXIA.Parco Archeologico di Brescia Romana　ブリクシア パルコ アルケオロジコ ディ ブレーシャ ロマーナ

ローマ期のブレーシャの姿を今に伝える

サンタ・ジュリア博物館の西側、古代ブレーシャの遺構が残る公園。高い基盤に列柱が載る神殿Capitoriumtが印象的な姿を見せ、左に共和国時代の至聖所Santuario Repubblico、右奥にローマ劇場Teatro Romanoが続いている。至聖所の地下には紀元前1世紀の鮮やかなフレスコ画が残り、神殿はオリジナルの姿を伝えている。

ブレーシャ絵画の潮流を知る

MAP P.114 B2

トジオ・マルティネンゴ市立絵画館 ★★

Pinacoteca Civica Tosio Martinengo　ピナコテーカ・チヴィカ・トジオ・マルティネンゴ

1500年代のマルティネンゴ・ダ・バルコ宮にあり、ルネッサンス期のブレーシャ派の絵画を知る絶好の場所。

V.フォッパ、ロマニーノ、モレット、サヴォルドなどの作品を展示。V.フォッパ『聖母と聖人』Madonna e Santi、『キリストの祝福』Cristo Benedicente。『幼子イエスの礼拝』Adorazione del Bambinoを主題にした、L.ロット、モレット、ロマニーノ、G.サヴォルド、C.ピアッツアの5人の画家による5枚の競作がある。ラファエッロの『天使』L'Angelo、『キリスト』Cristo Redentore Benedicente、『聖母子』Madonna col Bambinoやティントレットの『評議員の肖像』Ritratto di senatoreは必見だ。

V.フォッパ作『聖母と聖人』

ロンバルディア州　ブレーシャ

■考古学公園
- 🏠 Via Musei 55
- ☎ 030-2977833
- 開 火～金 9:00～17:00
  - 土 10:00～21:00
  - 日 10:00～18:00
- 休 祝以外の月、12/25
- 料 €8、14～18歳、65歳以上€4.50、サンタ・ジュリア博物館との共通券€15
- ※神殿の外観は切符がなくても見学可。入場する場合は、最初に左側の至聖所から。文化財保護のため、係員がその都度扉を開けてくれる。

ブレーシャのお得な4館共通券
Abbonamento per i 4 Musei
- 料 大人€20、割引券€12、€8

■トジオ・マルティネンゴ市立絵画館
- 🏠 Piazza Moretto
- ☎ 030-2977833(予約センター)
- 開 火～金 9:00～17:00
  - 土 10:00～21:00
  - 日祝 10:00～18:00
- 休 祝以外の月
- 料 €8、14～18歳、学生、65歳以上€4.50、6～13歳€3

🍴🏨 RISTORANTE HOTEL　**ブレーシャのレストラン&ホテル**

❌ ラ・ソスタ
La Sosta　P.114 B2

17世紀の建物にある格式ある店。夏にはテラスでの食事が楽しめる。料理は郷土料理が中心。€25のランチメニューが好評。
- 🏠 Via San Martino della Battaglia 20
- ☎ 030-295603
- 営 12:00～14:00、19:30～22:00
- 休 日夜、月、8月3週間、年末年始 料 €45～80(コペルト€5)、昼定食€25(平日のみ)
- 要予約
- C A.D.M.V.
- ❌ 絵画館の西300m

❌ オステリア・ラ・グロッタ
Osteria La Grotta　P.114 B2

ブレーシャで最も古いオステリア。サロンの壁画が古きよき時代の雰囲気。手切りの生ハムをはじめ、手打ちパスタを使ったラビオリ風のCasoncelliや乱切りパスタのマルファッティMalfattiを。
- 🏠 Vicolo del Prezzemolo 10
- ☎ 030-44068
- 営 11:00～15:00、19:00～24:00
- 休 水、8月 料 €30～45(コペルト€2)、定食€35
- C A.D.J.M.V.

★★★★★ ホテル・ヴィットリア
Hotel Vittoria　P.114 B1

ドゥオーモの近く。古きよきイタリアを思わせるロマンティックなホテル。直接予約なら5つ星ながらお手頃価格なのがうれしい。駅までも徒歩圏内なので観光に最適。
- 読者割引 10%
- URL www.hotelvittoria.com
- 🏠 Via X Giornate 20
- ☎ 030-7687200
- FAX 030-280065
- SB €70/120 TB €100/160
- 室 43室 朝食€10 W-F
- C A.D.M.V.
- ❌ ドゥオーモすぐ

★★★★ ホテル・イゲア
Hotel Igea　P.114 B1

ブレーシャ駅から50mととてもよい立地。シンプルで使い勝手のよい客室と親切なスタッフの対応がリピーターの多い理由。近隣のパーキングに割引あり。
- URL www.hoteligea.net
- 🏠 Via della Stazione 15
- ☎ 030-44221
- FAX 030-44224
- SS €57/290 TS €69/310
- 室 朝食込み W-F
- C A.D.J.M.V.
- ❌ ブレーシャ駅前

SS シャワー付きシングル料金　TS シャワー付きツイン料金　TB バス付きツイン料金　SB シャワー付きトリプル料金

クレモナ

P.14 B2

Cremona

れんが色の建物が町を染める中世の町

トラッツォの大きさがひときわ目立つコムーネ広場

　豊かな中世の面影を色濃く残す町、クレモナ。町の中心のコムーネ広場には町のシンボルのトラッツォ（塔）が立ち、人々はゆったりと石畳の道を散歩する。穏やかな時の流れる古都だ。

　自治都市の時代を経て、ヴィスコンティ家の支配下におかれた。この時代の代表的な建物は、ドゥオーモ、トラッツォ、洗礼堂、ミリティのロッジアなど。ミラノのヴィスコンティ家の下、ルネッサンスが花咲き、当時の象徴的な君主の館をフォドゥリ館、ライモンディ宮に見ることができる。

　クレモナを中心に、絵画の一派も作られ、その主役に、ベンボ、B.ボッカチーノ、カンピなどがいる。

　1500年代には、バイオリンの工房が開かれ、アマティ、ストラディヴァリ、グァルネリなど貴重なバイオリンが作られた。今でも、町中に120以上の工房が点在し、市立博物館には、ギター、マンドリンを中心とした楽器コレクションの「音楽の部屋」、バイオリン製造のための学校やバイオリン博物館などがある。

　16世紀半ばには、ドラマチックなイタリアオペラの原型を築いたともいえるモンテヴェルディ（1567〜1643）がこの地で産声を上げ、19世紀には近郊でポンキエッリが誕生した。音楽で彩られたクレモナの町だ。

History & Art

嫁入り道具のひとつだったクレモナの町

　古代ローマの植民地に源を発するクレモナの町。11世紀に新たに大聖堂が建設され、移り住んだ修道士たちによって町はしだいに拡張していった。ロンバルディアの町々の歴史に欠かせないレニャーノの戦いではミラノと対決してフリードリヒ側に加わり苦杯を舐めた。その後、15世紀にミラノの領主フランチェスコ・スフォルツァに嫁いだビアンカ・マリア・ヴィスコンティは持参金としてクレモナの町を、ミラノに差し出したのだった。この15世紀以降、ヴィスコンティ家の下、クレモナはより美しい町へと変貌を遂げた。今に残る、石畳の道や赤れんがの家々、テラコッタの飾りの数々……。そして、市立博物館の収蔵品に見られるようにベンボ、ボッカチーノ、カンピなどを輩出し、クレモナ派絵画も発展を遂げた。

　また、バイオリン製造の輝かしい時代を築いたのも16〜18世紀の時代のことだった。今もその伝統は受け継がれ、5月にはモンテヴェルディ音楽祭、9月にはストラディヴァリ・フェスティバル、また3年に一度国際弦楽器製作コンクール・トリエンナーレが開催される。

おもな見どころ

町のシンボル

MAP P.119 B2

トラッツォ(塔)
Torrazzo　　　　　　　　　　　　　　　　　トラッツォ　　　⭐

111mの高い鐘楼で、トラッツォ(塔)と呼ばれている町のシンボル。1267年に建てられたどっしりとした外観でれんが造り。上部の白い大理石の装飾は、1284〜1300年代初めに付け加えられたもの。487段の階段を上って上部に出ると眺望がすばらしい。ベルタッツォーラの柱廊 Portico della Bertazzola は、ルネッサンス期の物。アーチの下には、中世の大理石および1300年代の石棺(ボニーノ・ダ・カンピオーネ作)がある。

豪壮なトラッツォは町のシンボル

バスの切符
■1回券　　　€1.30
　　　　　(90分間有効)
■1日券　　　€2.80

■トラッツォ
住 Piazza del Comune
☎ 0372-495029
開 10:00〜12:30
　 14:30〜17:40
休 1/1、復活祭の(日)、8/15、12/25、12/26、12/31
料 €5(Sala Orologio Astronomicoを含む)、洗礼堂と共通券€6

トラッツォへの上り口

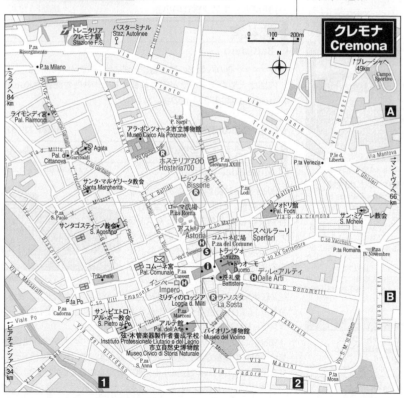

■ドゥオーモ
住 Piazza del Comune
開 8:00～12:00
　15:30～19:00
　⑪⑳ 7:30～12:30
　　15:30～19:00
※ミサ（8:00、9:30、11:00、
　18:00）などの宗教儀式中は
　拝観不可

NAVIGATOR

　まずは、町の中心コムーネ広場へ。中世イタリアを代表する最も美しい広場のひとつに数えられる。トラッツォ、ドゥオーモ、洗礼堂、ミリティのロッジア、コムーネ宮など、この町の記念物に取り囲まれている。
　ローマ広場に出て、広場を背にして立ち、正面建物左側が、ストラディヴァリの2番目の家と工房だった所。右側には、グァルネリの2番目の家と工房、その奥には、アマティの家と工房があった。
　もちろん、本文中のバイオリン博物館や市立博物館の楽器コレクションもお忘れなく。

■洗礼堂
開 10:00～12:30
　14:30～17:40
休 1/1、復活祭の⑪、12/24
料 €3、学生・65歳以上€2
　（トラッツォとの共通券€6）

ロマネスク様式の洗礼堂

■バイオリン博物館
住 Piazza Marconi 5
☎ 0372-801801
開 10:00～18:00
休 ⑪、1/1、12/24、12/25、
　12/31
料 €10、学生、65歳以上€7
　（英、伊オーディオガイド含
　む）6歳以下無料
※日本人職員による日本語ガ
　イドあり（要予約、15人まで
　€30）

お得な共通入場券

ビリエット・ウニコ
Biglietto Unico
料 €16
バイオリン博物館、市立博物館、考古学博物館の3館共通券。3ヵ月有効。

輝くような華麗さで飾られた　　　　　**MAP** P.119 B2

ドゥオーモ ★★
Duomo
ドゥオーモ

　ロマネスク・ロンバルディア様式を代表する傑作。12～14世紀に建てられた。大理石の正面を、整然と並んだ柱列が飾る。高所には、大きなバラ窓（1274年）、空に伸びる上部の飾り装飾は、1500年代のもの。1200年代の柱廊式玄関の正面のレリーフは、農作業を描いたもので、アンテラーミ派のもの。壁龕に置かれた3体の像は、1310年のトスカーナの物だ。

ロマネスク・ロンバルディア様式の
傑作、ドゥオーモ

　内部は、大きな柱で3身廊に分割され、構造的には簡単ではあるものの、一瞬金色に輝いているような錯覚を覚えるほどの華麗さだ。身廊中央の長い壁、および主祭壇を『マリアとキリストの生涯』Vita di Maria e di Gesùの一連のフレスコ画が取り巻いている。ルネッサンスの注目すべき彫刻芸術は、聖堂内陣前のふたつの説教壇に見られる。

八角形のロマネスク様式の小品　　　　**MAP** P.119 B2

洗礼堂 ★
Battistero
バッティステロ

　ロマネスク期の八角形の建築物。上部には、柱廊が取り囲む。
　内部は大胆なクーポラが天井に弧を描く。中央の洗礼盤Fonte Battesimaleは、1500年代の物。

クレモナ待望の博物館　　　　　　　　**MAP** P.119 B1

バイオリン博物館 ★★
Museo del Violino
ムゼオ・デル・ヴィオリーノ

　2013年9月に開館したモダンで開放的な博物館。博物館の中で「宝箱」と特別に呼ばれる第5室には、A.ストラディヴァリ、N.アマティ、A.アマティやグァルネリなどのバイオリンの名工たちの作品を展示。同時にFriends of Stradivari＝FOS（ストラディヴァリアーノ収集家のネットワーク）から貸与されている名品が共に並ぶ。また、

バイオリンの殿堂

第9室にもFOSの所有する傑作が並ぶ。これらの名器を使ったミニ・コンサートが週末を中心に開かれる。
　第6室にはバイオリンのほかに、ストラディヴァリたちが当時使用していた道具や型紙などを見ることができる。第2、3室は、マルチメディアを通してバイオリンの仕組みや発展の歴史を知ることができる。第8室には、国際バイオリン製作コンクールの歴代優勝者の作品が並ぶ。

クレモナの芸術を一堂に集めた

MAP P.119 A1

アラ・ポンツォーネ市立博物館 ★★

Museo Civico Ala Ponzone　　ムゼオ・チヴィコ・アラ・ポンツォーネ

貴族のG.シジスモンド・アラ・ポンツァが19世紀に市に寄贈した16世紀の大パラッツォ内にふたつの博物館がおかれている。教会から運ばれた貴重な品々や個人の寄付による収蔵品が多く、その種類は多岐にわたり、展示数も多い。15〜16世紀のクレモナ派の絵画（アントニオ、ジュリオ、ヴィチェンツォらの**カンピ一族**）や19〜20

ストラディヴァリが迎えてくれる

世紀の近代絵画などが目を引く。とりわけ名高いのは、カラヴァッジョの『**聖フランチェスコの瞑想**』San Francesco in meditazioneや、

クレモナ派の傑作が揃う

野菜や動物などで肖像画を描いたアルチンボルドの『**野菜売り**』L'ortolanoなど。

さらに奥には、'13年12月にオープンした**音楽の部屋**Le Stanze per la Musica（La Collezione di strumenti storici di Carlo Alberto Carutti)がある。コレクターや音楽家、貴族たちが所有した今日では希少な17〜19世紀のバイオリン、リュート、マンドリンなど約60種の弦楽器を展示している。

歴史的に価値のある
古楽器が展示される

■アラ・ポンツォーネ
市立博物館
住 Via Ugolani Dati 4
☎ 0372-407770
開 10:00〜17:00
休 旬（復活祭の翌旬を除く）、
1/1、5/1、12/25
料 €7、学生・65歳以上€5。3
館共通券€16(市立博物館、
バイオリン博物館、考古学博
物館Museo Archeologico
に共通)
※毎月第1旬は無料

ロンバルディア州　クレモナ

伝説のバイオリン職人
ストラディヴァリ
　時間が許せば、クレモナの生んだバイオリン作りの名匠、ストラディヴァリのゆかりの地を散策して回るのはどうだろうか。
　A.ストラディヴァリは、1667年フランチェスカと結婚後、住まいおよび工房をガリバルディ大通りに構えた。その後、サン・ドメニコ広場（現ローマ広場）に居を移し、1729年、サン・ドメニコ教会に、墓を買った。そこにかつての彼の2番目の妻ザンベッリや子供たちと一緒に葬られていた。1869年にローマ広場建設のため教会が解体された際に遺骨は失われ、墓石だけが残されたのだった。現在、墓石のオリジナルはバイオリン博物館の第6室に展示。ローマ広場にはレプリカが置かれている。

✉ **バイオリン博物館に
まさかのギターも!**
　ストラディヴァリやアマティー族の美しい傑作バイオリンはもちろん、世界に5本しかないストラディヴァリ作のギター（現存している演奏可能なギターは世界でこの1本のみ!)など、貴重な品々を見ることができ感激!
（東京都　カンパリ）

クレモナのバイオリン　　*column*

　今やすっかりバイオリンの町として有名になったクレモナ。世界の名立たるアーティストは、ストラディヴァリやグァルネリの名器を今も求める。その希少価値もさることながら、あたたかい音色に誰もが心打たれる。
　バイオリンが登場したのは16世紀初頭。A.アマティがクレモナ初のバイオリン製作者である。彼はフランスのカルロ9世の宮廷楽団のために38の弦楽器を作成。彼の努力により、17世紀にはクレモナがバイオリン作り第1の町になった。その後アマティの孫が技術に磨きをかけて楽器を作り続け、17世紀の半

ばにストラディヴァリの手により、演奏曲目や演奏技術にふさわしい音を生み出す楽器が作られるようになった。ストラディヴァリの仕事は、バイオリンの進歩と創造の歴史であり、彼は、生涯に1000以上のバイオリンを作ったといわれる。

ストラディヴァリの家近くの工房

■サンタ・マルゲリータ教会

住 Via Trecchi
☎ 0372-411263
営 8:00～19:00
　㊗8:00～12:00
地 P.119 A1

クレモナの名物、トッローネ
イタリアのクリスマスからお
正月に欠かせない伝統菓子の
トッローネTorrone。アーモン
ド・ヌガーの1種で、その生まれ
故郷がクレモナ。1836年創業
の**老舗スペルラーリ**Sperlari
へ。

住 Via Solferino 25
☎ 0372-22346
営 8:30～12:30
　㊏午前9:00～13:00
　15:30～19:30
休 ㈰㊗ 地 P.119 B2

老舗のスペルラーリ

クレモナ派の絵画が見事

MAP P.119 A1

サンタ・マルゲリータ教会
Santa Margherita

サンタ・マルゲリータ

町の人の愛する小さな教会

細い小路の角にたたずむ赤れんがと白
い石を高く積み上げたゴシック様式のエ
レガントな教会で背後に鐘楼がそびえる。
クレモナの貴族の生まれで哲学者であり、
後にアルバの枢機卿となったマルコ・ジ
ェローラモが1532～1547年にジュリオ・
カンピをはじめ町を代表する芸術家に依
頼して建てた物。さほど広くない内部に
はジュリオとアントニオの**カンピ兄弟**によ
り「旧約聖書」
を主題にした

フレスコ画が描かれている。とりわけ入口
上部に描かれたバイオリンやリュートを手
にする聖人や天使たちがクレモナらしさを
感じさせてくれる。

楽器を持つ聖人像

🍴🏨 RISTORANTE HOTEL　　　**クレモナのレストラン&ホテル**

⊗ ホステリア700
Hosteria700　　P.119 A1

✉町の人にすすめられたお
店です。入口近くは気取ら
ない雰囲気で、奥に進むと、
天井が高く大邸宅の雰囲
気。広い緑の庭園が広がり、
優雅にくつろいだ気分にさ
せてくれました。料理は伝統

的なクレモナ料理。
　　　　　　　(東京都　ICM)['19]
住 Piazza Alessandro Gallina 1
☎ 0372-36175
営 12:00～14:45、19:00～23:00
休 一部の㊗　予 €50～80
(コペルト€3)　C A.M.V.

⊗ ラ・ソスタ
La Sosta　　P.119 B2

ドゥオーモ近く、1926年か
ら続く、クレモナの郷土料
理が味わえる、落ち着い
た雰囲気の1軒。特産の
サラミやチーズ、季節には
ボッリート・ミストやトリフが
揃う。

住 Via Sicardo 9
☎ 0372-456656
営 12:00～14:00、19:30～
22:00
休 ㈰夜、㈪、8月の3週間
予 €30～45(コペルト€3)
C J.M.V.

★★★★ デッレ・アルティ
Delle Arti Design Hotel　　P.119 B2

ドゥオーモの近くに位置する、
おしゃれなデザインホテル。客
室や廊下など内部は近未来を
感じさせるモダンなしつらえ
で、朝食室はまるでギャラリー
の雰囲気。
URL CREMONAHOTELS.it

住 Via Geremia Bonomelli 8
☎ 0372-23131
📠 0372-21654
SB €88/158　TB €129/197
休 8月、12/25～1/2
客 33室　朝食込み W-F
C A.D.J.M.V.

⊗ アンティカ・トラットリア・ビッソーネ
Antica Trattoria Bissone　　P.119 A1

19世紀の館にある、町で
最古とも言われる歴史ある
トラットリア。手打ちパス
タをはじめ、伝統的な料理
が味わえる。自家製のドル
チェもおすすめ。平日夜は
予約で営業。

住 Via Pecorari 3
☎ 0372-23953
営 12:00～14:30、19:30～22:30
休 ㈰～㉂夜、7月末～8月中旬
予 €35～50(コペルト€2)、
定食€40
C V.

★★★ アストリア・シティホテル
Astoria Cityhotel　　P.119 B1・2

ドゥオーモの近く。経済的な
ホテルながら、全室冷房完
備。駅からはバス1番で。レ
ストラン併設。
URL www.astoriacremona.it
住 Vicolo Bordigallo 19
☎ 0372-461616

📠 0372-461810
SB SS €50/81
TB TS €60/107.50
3B €94/150
客 24室　朝食€9 W-F
C A.M.V.
交 トラッツォの北側すぐ

★★★★ インペーロ
Hotel Impero　　P.119 B1

クレモナの中心、ドゥオー
モ手前の小さな広場に建
つ、古いパラッツォを改装
した懐かしい雰囲気のホテ
ル。観光に便利な立地で、
最上階からはトラッツォや
コムーネ広場が見渡せる。

URL CREMONAHOTELS.it
住 Piazza della Pace 21
☎ 0372-413013
📠 0372-457295
SB €63/130　TB €89/180
客 53室　朝食込み W-F
C A.D.J.M.V.

SS シャワー付きシングル料金　SB バス付きシングル料金　TS シャワー付きツイン料金　TB バス付きツイン料金
3B シャワーまたはバス付きトリプル料金

マントヴァ

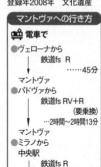

P.15 B3

Mantova

マントヴァ侯爵夫人、イザベッラの夢に浸る

ロンバルディア平野の東端に位置するマントヴァ。三方を湖に囲まれ、緩やかに広がる平野は緑に輝き、豊穣な大地は数々の美しい建築・芸術の至宝に包まれる。

マントヴァの顔、エルベ広場

15〜16世紀にかけてマントヴァは侯爵領となり、続いてゴンザーガ公国となり、政治的な発展を遂げた。これに伴う経済的発展がルネッサンス文化と芸術の町として花開く基礎となっていった。以降、400年にわたるゴンザーガ家の支配は町を華麗に彩っていった。ピサネッロ、レオン・バッティスタ・アルベルティ、マンテーニャ……数々の芸術家がこの町に大きな足跡を残したのだった。とりわけ、隣国フェッラーラからフランチェスコⅡ世に嫁いだイザベッラ・デステの時代には、北イタリア・ルネッサンスの中心としてヨーロッパ中にその名をはせた。芸術・文化のサロンのミューズとして君臨したイザベッラの物語はこの時代を映し出すかのように、野望と栄光、そして悲しみに満ち、まさにゴンザーガ家とマントヴァを象徴するようだ。17世紀、権力闘争の舞台となったマントヴァはゴンザーガ家の手を離れ、18世紀初めのペストの蔓延により終焉を迎えた。

当時の面影が色濃いこの町は、今もロマンに満ち、旅人を魅了してやまない。

●郵便番号　46100

🏛 世界遺産

マントヴァとサッビオネータ
登録年2008年　文化遺産

マントヴァへの行き方

🚃 電車で

●ヴェローナから
　　　　鉄道fs R
　　　　　　　……45分
マントヴァ
▶パドヴァから
　　　　鉄道fs RV+R
　　　　　　　（要乗換）
　　　　…2時間〜2時間13分
マントヴァ
●ミラノから
中央駅
　　　　鉄道fs R
　　　　　　　……約2時間
マントヴァ

■マントヴァの❶
🏠 Piazza Mantegna 6
☎ 0376-432432（コールセンター）
🕐 ㊊〜㊍㊏㊗9:00〜19:00
　 ㊎㊏　　9:00〜20:00
🚫 1/1、3/18、12/25、12/26
🗺 P.124 B2
ホテル予約も可

町の中心までのバス
　徒歩で10〜15分。鉄道駅からドゥカーレ宮殿やテ離宮まではバスCC番（循環Circolare Città）で約10分、約15分間隔の運行。駅前のホテル、ビアンキ・スタツィオーネの前にバス停あり。切符は近くのバールやAPAMの切符売り場（🗺 P.124 B1、🕐 ㊊〜㊏7:30〜18:30、㊏7:30〜13:30）で。
✉ バスCCは左回りだけです。
（東京都　TSUNE '16）

History & Art

数多(あまた)の芸術家の足跡が残る、マントヴァ

12〜13世紀にかけ自治都市となり、1273年ボナコルシ家の支配、1328年にはゴンザーガGonzaga家の支配が始まる。当時の建物としては、ラジョーネ宮、ソルデッロ広場を囲む塔と家々、サン・ロレンツォ教会（ロトンダ）、サン・フランチェスコ教会などが挙げられる。

15〜16世紀にかけては、マントヴァは侯爵領となり、続いてゴンザーガ公国となった。この時代、公国は政治的な発展を遂げ、それに伴い、経済の発展およびルネッサンス文化と芸術の花咲くヨーロッパ第一級の都市となっていった。ゴンザーガ家は、その宮殿をより美しく、壮麗に拡大していった。イザベッラ・デステ（1474

〜1539）を妻に迎えたフランチェスコⅡ世の時代には、マントヴァの名はヨーロッパ中に高まった。

この時代にマンテーニャが、宮殿の結婚の間にフレスコ画を描き、L.B.アルベルティがサンタンドレア教会やサン・セバスティアーノ教会を建てた。1500年代には、ジュリオ・ロマーノが新たな都市作りを指揮した。このとき、郊外のヴィッラであるテ離宮が生まれた。

18世紀になると、北イタリアはブルボン王朝とハプスブルグ家の権力闘争の舞台となり、マントヴァもゴンザーガ家の手を離れ、オーストリアに渡された。

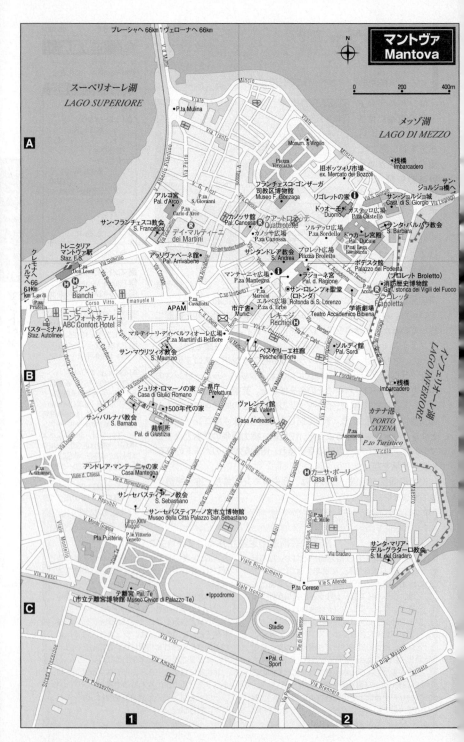

マントヴァ
Mantova

スーペリオーレ湖
LAGO SUPERIORE

メッゾ湖
LAGO DI MEZZO

ブレーシャへ66km ↑ヴェローナへ66km

N

0   200   400m

P.ta Mulina

Viale

V. C. Mulini

Via Trento

Via Porto

V. G. Finzi

Monum. S. Virgilio

Piazza
Virgiliana

Mincio

旧ボッツォリ市場
ex. Mercato dei Bozzoli

桟橋
Imbarcadero

サン・
ジョルジョ橋へ

サン・ジョルジョ城
Cast. di S. Giorgio

フランチェスコ・ゴンザーガ
司教区博物館
Museo F. Gonzaga

リゴレットの家

アルコ宮
Pal. d'Arco

P.za
S. Giovanni

P.za
Carlo d'Arco

ドゥオーモ
Duomo

カステッロ広場
P.za Castello

サンタ・バルバラ教会
S. Barbara

サン・フランチェスコ教会
S. Francesco

カノッサ館
Pal. Canossa

クアットロテンペ
Quattrotette

ソルデッロ広場
P.za Sordello

ドゥカーレ宮殿
Palazzo Ducale

デイ・マルティーニ
dei Martini

P.za Canossa

P.za Lega
Lombarda

トレニタリア
マントヴァ駅
Staz. F.S.

アッリヴァベーネ館
Pal. Arrivabene

サンタンドレア教会
S. Andrea

ブロレット広場
Piazza Broletto

ポデスタ館
Palazzo del Podestà
(ブロレット Broletto)

クレモナ
へ66
6.1km

P.za
Don Leoni

ビアンキ
Bianchi

マンテーニャ広場
P.za Mantegna

ラジョーネ宮
Pal. d. Ragione

消防歴史博物館
Gal. storica dei Vigili del Fuoco

L.go di
Pradella

P.za
Pradella

Corso Vitto. Emanuele II

P.za
Marconi

C.so Umberto I

サン・ロレンツォ聖堂
(ロトンダ)
Rotonda di S. Lorenzo

プラレッタ
Pagoletta

バスターミナル
Staz. Autolinee

APAM

市庁舎
Munic.

P.za
Cavallotti

エルベ広場
P.za d. Erbe

レキージ
Rechigi

学術劇場
Teatro Accademico Bibiena

ABC コンフォートホテル
ABC Confort Hotel

マルティーリ・ディ・ベルフィオーレ広場
P.za Martiri di Belfiore

ソルディ館
Pal. Sordi

サン・マウリツィオ教会
S. Maurizio

ペスケリーエ柱廊
Pescherie Torre

LAGO INFERIORE

インフェリオーレ湖

ジュリオ・ロマーノの家
Casa di Giulio Romano

県庁
Prefettura

ヴァレンティ館
Pal. Valenti

桟橋
Imbarcadero

サン・バルナバ教会
S. Barnaba

1500年代の家

Casa Andreasi

カテナ港
PORTO
CATENA

裁判所
Pal. di Giustizia

P.to Turistico

アンドレア・マンテーニャの家
Casa Mantegna

P.za
A. Gramsci

P.za
Anconetta

カーサ・ポーリ
Casa Poli

サン・セバスティアーノ教会
S. Sebastiano

サン・セバスティアーノ宮市立博物館
Museo della Città Palazzo San Sebastiano

P.za
d. Mille

Pta. Pusteria

Largo XXIV
Maggio

P.le Vittorio
Veneto

サンタ・マリア・
デル・グラダーロ教会
S. M. del Gradaro

テ離宮 Pal. Te
(市立離宮博物館 Museo Civico di Palazzo Te)

Ippodromo

P.ta Cerese

V.le S. Allende

Stadio

Pal. d.
Sport

A

B

C

1   2

124

おもな見どころ

ルネッサンス建築の傑作

MAP P.124 A·B2

サンタンドレア教会 ★★
Sant' Andrea　　　　　　　　サンタンドレア

エルベ広場とつながる町の中心の広場、マンテーニャ広場Piazza Mantegnaにはサンタンドレア教会が建つ。傑出したルネッサンス建築であるサンタンドレア教会は、1470年にマントヴァを訪れた法王ピウスⅡ世に随行したアルベルティが設計し、1472～94年に建設された。クーポラは、1732～82年の間にF.ユヴァッラの設計により付け加えられた。

アルベルティ設計のルネッサンス建築
サンタンドレア教会と鐘楼

正面は、古典的な痕跡をとどめ、凱旋門のような飾りの付いた堂々たるアーチが広がる。左側に続くのは、ゴシック様式の鐘楼（1413年）でエレガントな3つの開口部に分かれた窓Triforaがある。玄関前のポーチの下には、美しい格天井のヴォールトが渡る。扉の繊細なレリーフは、1500年代初頭の物。

内部は、豪壮で古典的な翼廊付き1身廊。壁全体が、漆喰（しっくい）、フレスコ画、象嵌（ぞうがん）などで装飾されている。側面には、大小の礼拝堂が交互にあり、

大きなアーチが続く。さまざまな礼拝堂は、1500年代の画家によるフレスコ画で飾られている。入口、すぐ左側の礼拝堂には、画家アンドレア・マンテーニャ（1506年没）の墓とブロンズ像がある。

大小の礼拝堂が左右に続く古典的な内部

町の中心の風情ある広場　　**MAP P.124 B2**

エルベ広場 ★★
Piazza delle Erbe　　　　ピアッツァ・デッレ・エルベ

にぎやかな市の立つエルベ広場

広場を縁取るように中世の建物が続き絵画的な風景を作り出している。

マンテーニャ広場の角にある1400年代の家のテラコッタの装飾が美しい。続いてロマネスク様式のサン・ロレンツォ聖堂Rotonda di S. Lorenzoが建つ。地元では、ただロトンダと呼ばれる。傘を広げたようなれんがの屋根が付いた丸い聖堂。どっしりとした内部は、中央部分には柱のアーチが丸く続き、その外側を周歩廊が巡っている。壁面には、

バスの切符
- ■1回券(75分有効)　€1.40
- 車内購入　€2
- ■1日券　€3.50

■サンタンドレア教会
- 🏠 Piazza A.Mantegna
- ☎ 0376-328504
- 開 8:00～12:00
  15:00～19:00
  ⊕10:30～12:00
  15:00～18:00
  ⊛11:45～12:15
  15:00～17:00
  （夏季18:00）

NAVIGATOR

マントヴァの町での移動は徒歩で十分。駅前を出て左に進み、右に道を折れて路地を抜け、ヴィットリオ・エマヌエーレ2世大通りに出て真っすぐ500mほど進めば観光の中心のエルベ広場へとたどり着く。エルベ広場からドゥカーレ宮殿までの間にマントヴァの中心的な見どころは集まっている。

■サン・ロレンツォ聖堂
- 🏠 Piazza delle Erbe
- ☎ 0376-322297
- 開 ⊛～⊕10:00～13:00
  15:00～18:00
  ⊕⊛10:00～18:00
- 料 喜捨
- 地 P.124 B2

「ロトンダ」と呼ばれる
サン・ロレンツォ聖堂

■ラジョーネ宮
- 🏠 Piazza Erbe
- ☎ 0376-288208
- 開 10:00～13:00
  15:00～18:00
- 休 ⊛、1/1、5/1、12/25
- 料 €3、65歳以上、学生€1.50
  （時計塔と共通）
- 地 P.124 B2

ロンバルディア州　マントヴァ

湖にも足を延ばしてみよう
　学術劇場の東、あるいはドゥカーレ宮殿の先を5分も歩くと、湖に到着する。オペラ「リゴレット」の舞台として欠かせない場所だが、オペラのなかのような居酒屋はなく、現在の湖は周囲には美しい公園が整備されている。周囲には緑の芝生が広がり、湖水にはスイレンやハスが花咲き、町の人の憩いの場でもある。三方を湖に囲まれ、水から生まれたとも形容されるマントヴァが実感できる。湖と川を巡る遊覧船も運航している。遊覧船の情報は、
URL www.fiumemincio.it

インフェリオーレ湖の遊覧船

■リゴレットの家❶
住 Piazza Sordello 23
☎ 0376-288208
開 9:00~18:00
地 P.124 A2

NAVIGATOR
　主要な見どころの見学が終わったらドゥオーモ脇のサン・ジョルジョ通りVia S. Giorgioを歩いてみよう。右側には堂々たるサン・ジョルジョ城の堀で囲まれた銃眼のある塔が見える。少し先のVia Legnagoを進むと、サン・ジョルジョ橋に行き着く。ここからは、湖と町のパノラマがすばらしい。

■ドゥオーモ
住 Piazza Sordello
☎ 0376-320220
開 7:00~12:00
　15:00~19:00

✉ 暮らしてみたいマントヴァ
　ミラノからはちょっと行きにくいマントヴァ。でも、自然と歴史が残り、商店はおしゃれで町も活気があります。暮らしてみたいすてきな町でした。木曜の午前中にはソルデッロ広場やVia Romaの川沿いまで屋台が出て一帯が市場になっていました。洋服から食料品、雑貨までいろいろあって、散策が楽しい。土曜の午前中には川沿いに農産物を中心にしたファーマーズ・マーケットがオープンするそうです。(東京都　ICM　'18)

受胎告知とキリスト誕生のフレスコ画があるものの、簡素で素朴かつ重厚な雰囲気。続いて建つのは、頑丈な時計塔Torre dell' Orologio (1473年)。その隣に建つのが、ラジョーネ宮Palazzo della Ragione。13世紀の建物で、3つの開口部に分かれた窓と狭間があり、15世紀のポルティコ (柱廊) が1階に続いている。広場の奥にあるのは、ブロレットBroletto。12世紀に建てられ、15世紀に改造された。正面はブロレット広場に続いており、高い塔と並んでいる。

ブロレット広場に面するポデスタ館

ロマンと歴史を伝える　MAP P.124 A2
ソルデッロ広場 ☆
Piazza Sordello　　　　ピアッツァ・ソルデッロ

かつて、町の政治や芸術の中心だった場所。今も中世の面影が色濃く残り、13世紀の館が広場を取り巻いている。広場の東にはドゥカーレ宮殿、広場正面、北側にはドゥオーモが勇姿を見せる。
ドゥオーモ側から広場を望む

各時代の様式美が残る　MAP P.124 A2
ドゥオーモ
Duomo／Cattedrale di San Pietro　ドゥオーモ／カッテドラーレ・ディ・サン・ピエトロ

中世に建てられ (正面、右側にゴシック様式の名残が見られる)、16世紀に再建された。ファサードは1700年代、堂々とした鐘楼はロマネスク様式だ。
　調和の取れた内部は、ジュリオ・ロマーノの設計(1545年)と伝えられる。

マニエリズム様式で再建されたドゥオーモ

まぐさ式構造で5身廊、古典的な痕跡を残す。身廊右には、初期キリスト教時代の石棺(5世紀)と洗礼盤。フレスコ画は1300年代の物。後陣の大きなフレスコ画『三位一体』TrinitàはD.フェッティの物。身廊左側、インコロナータ礼拝堂は、1400年代様式の典型でルカ・ファンチェリによると思われる。

ゴンザーガ家の夢の城

ドゥカーレ宮殿
Palazzo Ducale

MAP P.124 A2

★★★

パラッツォ・ドゥカーレ

ゴンザーガ家の居城であったドゥカーレ宮殿正面

ソルデッロ広場に接するポルティコが続く大建築で、13〜18世紀に建てられたゴンザーガ家の居城。ヨーロッパでも指折りの壮大で豪奢な宮殿で大小500もの部屋が続く。**コルテ・ヴェッキア、コルテ・ヌオーヴァ**（'19年1月現在、非公開）、さらに**サン・ジョルジョ城**、かつての劇場跡に近年新設された**考古学博物館**が見学コースだ。

コルテ・ヴェッキア Corte Vecchia

高く広い壁面に描かれた「騎士の物語」

ドゥカーレ宮殿の核となる部分でサン・ジョルジョ城へ居を移す1459年までここでゴンザーガ一族が暮らした。入口に近い、**イザベッラ・デステの居室** Appartamento di Isabella d'Este は、

趣味のよいイザベッラの部屋

1490年にフランチェスコ2世と結婚したイザベッラ・デステの居室で、天井にはエステの家紋が黄金で刻まれ、壁面には音楽を好んだ彼女らしくリュートなどが寄せ木細工で描かれている。**ピサネッロの間**Sala del Pisanelloは、15世紀中ごろにピサネッロが描いた「騎士の物語」 Ciclo Cavalleresco のフレスコ画とその下絵であるシノピエの断片が残る。**タペストリーの居室**Appartamento degli Arazzi には、ラファエッロの下絵によるフランドル製の9枚のタペストリーで飾られている。ルーベンスの『**サンティッシマ・トリニタに祝福されるゴンザーガー族**』La famiglia Gonzaga in Adorazione della Santissima Trinitá がひときわ目を引くのが、**射手座の間**Sala degli Arcieri。**鏡の間**Galleria degli Specchiは窓と鏡が続く壁面が金色に彩色され、明るく華やかな大きなサロン。祝典や音楽会が開かれ、豪奢な宮廷生活を想像させる場だ。**女帝の居室**Appartamento dell'Imperatriceはゴンザーガ家の終焉後の為政者であったハプスブルグ家のために改装された部屋で豪華な調度に注目だ。

ラファエッロの下絵によるタペストリーが飾られる

ゴンザーガー家の大きな絵がひときわ目立つ射手座の間

華やかな大サロン、鏡の間

■ドゥカーレ宮殿
🏠 Piazza Sordello 40
☎ 0376-224832
🕐 8:15〜19:15
　（入場18:20まで）
　金〜20:15
休 月、1/1、12/25
💰 €13（コルテ・ヴェッキア、結婚の間、考古学博物館に共通）、コルテ・ヴェッキアのみ€6.50、考古学博物館のみ€4、マントヴァ・カード＋サッビオネータ（→P.129）€20の呈示で『結婚の間』のみ要€6.50
※切符売り場は8:15〜18:20
※季節、午前と午後、または催事により公開場所が異なる場合がある。
'19年1月現在は、
結婚の間　　　8:15〜19:15
コルテ・ヴェッキア
　　　　　　　13:45〜19:15
（2019年3/17〜
　　　　　　　8:15〜19:15）
イザベッラ・デステの居室（コルテ・ヴェッキア）　8:15〜13:15
考古学博物館　8:30〜18:30
　　日8:30〜13:30
第1日8:30〜18:30
　　（無料開館日）
コルテ・ヌオーヴァは非公開
最新の開館情報は以下で検索可
URL www.mantovaducale.beniculturale.it/it/informazioni/orari-apertura
※毎月の第1日は無料
「結婚の間」は1日の見学1500人まで。団体は要予約。予約料€20、個人の予約料€1
予約☎ 041-2411897（月〜金8:30〜19:00、土9:00〜14:00）

✉ 結婚の間は5分のみ!?
　2018年12月に訪問。「結婚の間」は誰もおらず、ゆっくりと見学できました。ただ、室内には「滞在5分」との表示があり、夏の混雑時期は規制があるのかもしれません。切符売り場の人は親切で、「まずは午前中のみのイザベッラの居室を見学して、午後はゆっくりコルテ・ヴェッキアへ」とアドバイスしてくれました。10年以上前にも見学しましたが、その時に比べて見学場所が限られているような気がしました。2012年の地震の影響がまだあるのでしょうか。
　　　　　（東京都　ICM　'18）

✉ マンテーニャの代表作「結婚の間」

ヴェルディのオペラ「リゴレット」の舞台となったマントヴァは、三方を囲む湖からの霧が旅情をかき立てます。ルネッサンス文化の華と謳われたフェッラーラから嫁いだイザベラ・デステにより、マントヴァに開花したルネッサンスの結晶がドゥカーレ宮殿の「結婚の間」にマンテーニャが描いたゴンザーガ家の人々の色鮮やかなフレスコ画です。4世紀にわたり繁栄を極めたゴンザーガ公爵一族の息遣いまでが伝わってきそうな迫力をもった傑作です。

（東京都　munimaya）

NAVIGATOR

ドゥカーレ宮殿からの帰りは、古代ローマの詩人ヴェルギリウスを記念した碑を見学しながら公園を抜け、フラテッリ・バンディエーラ通りVia Fratelli Bandieraを行こう。17番地には、1400年代の家が残る。正面にフレスコ画、扉には彫刻が施してある。この先には、1481年のアッリヴァベーネの館がある。

美しい館も必見

豊かな歴史を感じさせるように、美しい建物が続くマントヴァ。緑の街路樹の続くポーマ通りVia C. Poma 地P.124 B1も訪れてみよう。この通りはベンチもあり、中心街から離宮に向かう途中に休憩するにもピッタリ。とりわけ目を引くのが、スタッコ装飾が施された擬古典様式のジュリオ・ロマーノの家。16世紀に彼自身がその晩年に設計した物。一部ピンクに彩色され、伸びやかな彫像が正面を飾っている。（私邸のため、内部見学不可）この手前、大きな彫像が軒を支えるのは現在の裁判所で、かつてゴンザーガ枢機卿が暮らした館だ。このすぐ近くの大通りのアチェルビ通りには、ゴンザーガ家から贈与された土地にマンテーニャ自身が設計した丸い中庭をもつマンテーニャの家もある。

コルテ・ヌオーヴァ Corte Nuova

16世紀に増築された部分で、王の礼拝席Tribuna del Duca、トロイの居室Appartamento di Troia、城の大居室Appartamento Grande di Castello、農民風居室Appartamento della Rustica（特別展の場合公開あり）、夏の居室Appartamento Estivale、大理石（月）の回廊Galleria dei Marmi（Mesi）、変容の居室Appartamento delle Metamorfosi、馬の間Camera dei Cavalliなどが続く。

サン・ジョルジョ城 Castello di San Giorgio

ドゥカーレ宮殿を背に右に進み、柱廊から右に入ったサン・ジョルジョ広場を抜けると入口がある。1300年代にノヴァーラにより建てられ、この塔の隅に有名な「結婚の間」Camera degli Sposiがある。マントヴァ公の寝室、その後は謁見の間として使用されていた部屋で、宮廷

堅固なサン・ジョルジョ城

マンテーニャが描いた「結婚の間」。ゴンザーガ一族が描かれている

画家であったマンテーニャにより1465～1474年に描かれたきらびやかなフレスコ画で飾られている。描かれているのは、ゴンザーガ一族の生活で、絵の中央にはルドヴィーコ1世の家族の肖像画がある。15世紀の末にマントヴァ公爵として権勢をふるったフランチェスコ2世や後の枢機卿シジスモンドの幼い頃の姿が見られる。

「結婚の間」
「邂逅」dell'Incontro

考古学博物館 Museo Archeologico

かつての宮廷劇場の跡地を利用した近代的な博物館。先史時代からのマントヴァとロンバルディア州からの出土品を展示。エトルリア時代の墓から出土した寄りそうような2体の白骨『恋人たち』Due Amantiが珍しい。

湖と緑地が背景に広がる美しい内部

美しい大劇場　

MAP P.124 B2

学術劇場 ★★
Teatro Accademico Bibiena　テアトロ・アッカデミコ・ビビエーナ

優美な大建築で、アントニオ・ビビエーナの設計。舞台を囲むように4階建てのボックス席が設けられている。ライトに照らし出され、緋色に輝く空間は古代様式とルネッサンスを想起する愛らしい劇場だ。ボックス席の壁に

4階建てのボックス席が見事な学術劇場

は絵が描かれ、優雅な雰囲気が漂う。

　ここには、ヴィルジリアーナ・アカデミア宮Palazzo dell'Accademia Virgilianaがおかれる。美しいファサード（正面）は、ビエルマリーニの手になる。現在は会議やコンサート会場として使われている。

緑に包まれるゴンザーガ家の別荘

MAP P.124 C1

宁離宮 ★★★
Palazzo Te　パラッツォ・テ

町の南端にある、壮麗なゴンザーガ家のヴィッラ（別荘）。テとは、この宮殿のある地名Tejetoの略。ジュリオ・ロマーノによる建築（1525〜35年）で、ルネッサンスの趣あふれる素朴なもの。

ゴンザーガ家の別荘、宁離宮

　内部のすばらしい居室には、豪奢なグロテスク装飾（古代ローマ以来の装飾法で、唐草のなかに、人間や果実をあしらったもの）とフレスコ画で飾られている。ほとんどの部分の装飾を担当したのは、ジュリオ・ロマーノとその弟子といわれる。とりわけ、馬の彫刻が台上に置かれているフレスコ画で飾られた馬の間Sale dei Cavalliやまさに倒れんとする巨人を描いた巨人の間Sala dei Gigantiは必見。プシケの間Sala di Psicheやパエトンの間Sala di Fetonteも興味深い。

ジュリオ・ロマーノによる「巨人の間」は迫力満点

　また、ここには、市立宁離宮博物館Museo Civico di Palazzo Teがおかれている。

■学術劇場
🏠 Via Accademia 47
☎ 0376-327653
🕐 10:00〜13:00
　15:00〜18:00
休 11〜3月の⑪、1/1、12/25
料 €2、学生・生徒€1.20
※会議などにより見学不可の場合あり

■宁離宮
🏠 Viale Te 13
☎ 0376-323266
🕐 夏季 9:00〜19:30
　⑪13:00〜19:30
　冬季 9:00〜18:30
　⑪13:00〜18:30
休 ⑪午前、1/1、12/25
料 €12（Palazzo S.Sebastiano、Tempio di S. Sebastianoとの共通券のみ）
　65歳以上€8、学生・12〜18歳€4
※切符売り場は閉館1時間前まで。

お得な共通券

マントヴァカード＋サッビオネータ
Mantova Card＋Sabbioneta
料 €20、12〜18歳（同カード所有の大人の同伴で）€8
※72時間有効
カードに含まれるのは下記の通り。購入は各見どころや❶で。
● ドゥカーレ宮殿
　（€6.50の追加料金が必要）
　Palazzo Ducale
● 国立考古学博物館
　Museo Archeologico Nazionale
● 宁離宮
　Museo Civico di Palazzo Te
● フランチェスコ・ゴンザーガ司教区博物館
　Museo Diocesano Francesco Gonzaga
● サン・セバスティアーノ博物館
　Museo della Città di San Sebastiano
● サン・セバスティアーノ聖堂
　Tempio di San Sebastiano
● アルコ宮
　Museo Palazzo d'Arco
● ラジョーネ宮、時計塔（時計博物館を含む）
　Palazzo della Ragione, Torre dell'Orologio e Museo del Tempo
● 学術劇場
　Teatro Scientifico Bibiena
● 車物館
　Museo Tazio Nuvolari
● サッビオネータの見どころ
　Musei di Sabbioneta
このほか、APAM社のバス・ゾーンA＋B、サッビオネータ行きのバス、自転車シェアリングに共通。自転車シェアリングの手続きはリゴレットの家の❶、バスAPAMの切符売り場（MAP P.124 B1）で。

ロンバルディア州　マントヴァ

129

■フランチェスコ・ゴンザー
ガ司教区博物館
住 Piazza Virgiliana 55
開 9:30～12:00
　15:00～17:30
休 ⑧⑩、1/1、復活祭の⑧、
　5/1
料 €6、65歳以上、11～18歳
　€4

■アルコ宮
住 Piazza Carlo d'Arco 4
☎ 0376-322242
開 9:30～13:00
　14:30～18:00
休 ⑩、1～2月、12/25
料 €7、12～18歳€5、11歳以
　下€2
※切符売り場は閉館1時間前ま
　で
ジュリオ・ロマーノやマンテー
ニャによる「赤色の間」、「オリ
エントの博物館」、「絵画の間」
など。離れには一番の見どこ
ろの「12宮の間」や「台所兼食
堂」がある。
※マントヴァの市立博物館は
毎月の第1⑧(国立の美術・
博物館無料)に続く⑧は無
料。ただし、⑳の⑩、また
はお祭りに近い⑩は除外の
場合あり

■マンテーニャの家
住 Via G. Acerbi 47
☎ 0376-360506
開 10:00～12:30
　15:00～18:00
休 ⑩⑳
地 P.124 B1
通常は事務所として利用され
ているため、入口部分のみ見
学可。催事の際は開館時間、
料金が異なる場合あり。

宗教祭事の品々を展示　　　　　　　　　MAP P.124 A2

フランチェスコ・ゴンザーガ司教区博物館
Museo Diocesano di Arte Sacra Francesco Gonzaga

ムゼオ・ディオチェザーノ・ディ・アルテ・サクラ・フランチェスコ・ゴンザーガ

　新古典様式の建物の中にある。マントヴァ教区の美術史の資料、15
～17世紀の絵画、金銀細工、武具などが並んでいる。

芸術作品で飾られた、貴族の館　　　　　MAP P.124 A1

アルコ宮　　　　　　　　　　　　　　★
Palazzo d' Arco
パラッツォ・ダルコ

　18世紀末に建てられた貴族の館。当時のままに保存された内部には、
マンテーニャ、ボゼッリ、ロット『復活したキリスト』Cristo Risortoな
どの作品が調度とともに展示されている。美しい中庭から続く離れの
12宮の間Sala dello ZodiacoはG.M.ファルコネットによる季節を描い
たフレスコ画が壁面を彩る。

そのほかの見どころ

裁判所のファサードを飾る女身像柱

　サン・セバスティアーノ教会の周辺に
集中している。L.B.アルベルティの設計に
よる簡素な教会の建つアチェルビ通りVia
G. Acerbiを挟み斜め向かいには、マン
テーニャの家(Via G. Acerbi 47)がある。
1476年に建
てられたもので、現在は修復され、特別
展の会場として使われている。近くのポ
ーマ通りVia C. Poma、18番地には、ジ
ュリオ・ロマーノの家。彼の設計(1544
年)による物。22番地には1500年代の家。
その正面には、力強い構築で、正面に女
身像柱が立つ裁判所が残る。

マンテーニャの家

🍴🏨 RISTORANTE HOTEL　　　　　　マントヴァのレストラン&ホテル

　マントヴァでは高級レストランでもかなり手頃なのがうれしい。ちょっと贅沢してグルメを楽しむとよい思い
出になる。手頃に食事するなら、エルベ広場にピッツェリアやオープン・カフェがあり、町中には軽食の充実し
たバールやカフェが多い。町の規模に比べてホテルはやや少なめで3～4つ星がほとんど。駅前には3つ星ホ
テルが2軒続いて建っているので、予約なしで迷ったら部屋を見せてもらって決めるのもいい。

🍴 イル・チーニョ・デイ・マルティーニ
Il Cigno Trattoria dei Martini　　P.124 A1

1500年代の館にあるレストラン。何
代も受け継がれた雰囲気と独自の味
わいを加味したルネッサンス時代のレ
シピに基づいた郷土料理が味わえる。
夏季は庭園にもテーブルが並ぶ。
要予約

住 Piazza Carlo d' Arco 1
☎ 0376-327101
開 12:15～13:45、19:30～21:30
休 ⑩、⑩、8月、年末年始
予 €45～70(サービス料€6)
C A.D.M.V.

🍴 アンティカ・オステリア・フラゴレッタ
Antica Osteria Fragoletta `P.124 B2`

学術劇場のすぐ近くにある、気取らな
い雰囲気のオステリア。伝統的な郷土
料理とそれをアレンジした料理が味わ
える。ワインの品揃えも300種を超え
る充実ぶり。
【できれば予約】

🏠 Piazza Arche 5A
☎ 0376-323300
🕐 12:00～15:00、20:00～23:00
休 ㊊
🍴 €30～40(コペルト€2)、定食
€28、35
💳 A.J.M.V.

🍴 トラットリア・クアットロテッテ
Trattoria Quattrotette `P.124 A2`

ソルデッロ広場近く、小さな路地にあ
るこの地の典型的なトラットリア。昔な
がらの調度と気取らない雰囲気、そし
て他の店ではあまり目にしない昔なが
らの郷土料理が充実しているのが楽し
い。混雑時には相席の場合あり。

🏠 Vicolo Nazione 4
☎ 0376-329478
🕐 12:30～14:30
休 ㊐㊗
🍴 €20～30(コペルト€1)
💳 M.V.

★★★★ カーサ・ポーリ
Hotel Casa Poli `P.124 B2`

現代的に洗練されたモダン感覚のホ
テル。客室はフローリングにシンプル・
モダンな家具、素材を重視したリネン
類、広いバスルームでリラックスでき
る。駐車場は予約で1泊€15。
URL www.hotelcasapoli.it

🏠 Corso Garibaldi 32
☎ 0376-288170
Fax 0376-362766
SS €95/135(ツインのシングルユース)
TS TB €95/170 休 クリスマス
🛏 34室 朝食込み W-F
💳 A.D.M.V.

★★★★ レキージ
Hotel Rechigi `P.124 B2`

エレガントで居心地のよいホテル。
現代美術の作品がさりげなく飾られ、
ひと味違うホテル滞在を求める旅行
通に人気。部屋はモダンで快適。レ
ストラン併設。
【読者割引】ローシーズンに3泊で1泊朝
食込みで€110

URL www.rechigi.com
🏠 Via P. F. Calvi 30
☎ 0376-320781
TB €100/140
🛏 60室 朝食€10 W-F
💳 A.M.V.

★★★ ビアンキ・スタツィオーネ
Albergo Bianchi Stazione `P.124 B1`

駅前にあり白いひさしが目印。1500年代
の修道院を改装した歴史あるホテル。内
部のサロンはモダンな雰囲気。部屋は清
潔でクラシック。ビュッフェの朝食が充実。
【読者割引】本書呈示で5%、2泊以上で10%
Low 1、2、7、8月
URL www.albergobianchi.com

🏠 Piazza Don Leoni 24
☎ 0376-326465
Fax 0376-321504
SS SB €65/75 TS TB €80/95
JS €110/125(ファミリー) 朝食込み
W-F 💳 A.D.J.M.V.
休 12/24～12/26

★★★ エービーシー・コンフォートホテル
ABC Confort Hotel Mantova `P.124 B1`

駅前広場にあるホテル。見かけは小
さいが、部屋数は多い。ベランダ付
きの部屋もあり、建物のところどころ
に古いフレスコ画が残され、全体に
アンティークな雰囲気。
URL www.hotelabcmantova.it

🏠 Piazza Don Leoni 25
☎ 0376-322329
Fax 0376-310303
SS €55/135
TS €72/178 SS €98/250
🛏 31室 朝食込み W-F
💳 M.V.

SS シャワー付きシングル料金　SB バス付きシングル料金　TS シャワー付きツイン料金　TB バス付きツイン料金　JS ジュニアスイート料金
SU スイート料金

ロンバルディア州　マントヴァ

●郵便番号　46018

🏛 **世界遺産**

マントヴァとサッビオネータ
登録年2008年　文化遺産

サッビオネータへの行き方

🚌 **バスで**

●マントヴァ

apam社のプルマ
ンで(→P.133)
…約50分 €4.40

サッビオネータ

NAVIGATOR

町は小さく、迷子になる心配はない。まず、共通切符を販売している❶がある庭園宮殿へ向かおう。

■サッビオネータの❶
Pro Loco
🏠 Piazza d' Armi 1
☎ 0375-52039
🕐 9:30～13:00
14:30～18:00(冬季17:00)
㊏㊐㊗ 9:30～13:00
14:30～18:30
(冬季18:00)
休 ㊊(㊗を除く)
地 P.132 A2
※マントヴァとサッビオネータの共通切符(→P.129)

見どころは共通切符
ドゥカーレ宮殿、古代劇場、庭園宮殿、シナゴーグ(ユダヤ教会)は共通券で€12。1ヵ所券は各€5。切符は❶で販売
※ガイド付きツアー(€1)はイタリア語のみ

サッビオネータ 🏛 P.15 B3
Sabbioneta

◆ゴンザーガ王子の理想の都市造りのモデル

人口約4400人。マントヴァからスイカやメロンの畑の続く道を約30kmほど行くと、六角形の城壁に囲まれた小さな町、サッビオネータに到着する。マントヴァ平野の低地にある農業の町。1500年代の六角形の要塞が当時のまま残る歴史的にも貴重な町だ。ゴンザーガ家の公爵領として、ヴェスパシアーノ王子(1532～91年)が治め、後期ルネッサンスの中心的な理想都市となった。そのため「小さなアテネ Piccola Atene」とも呼ばれた。

4月中旬～5月中旬にかけて、ドゥカーレ広場や、公園などでアンティーク市が開かれ、9月には、古代劇場を中心に、古典劇、コンサートなどが催され、にぎわいを見せる。

各見どころの切符は❶で販売。まずは❶のある庭園宮殿で切符を購入してから出発しよう。

V.スカモッツィによる劇場建築の傑作、古代劇場

ドゥカーレ広場
Piazza Ducale　　ピアッツァ・ドゥカーレ

町の中心にある広場。ポルティコのある建物で囲まれ、古都サッビオネータの特徴をよく残している。ドゥカーレ宮殿Palazzo Ducaleと教区教会Parrocchialeが広場の一角に建つ。教会は1581年に建設され、白とバラ色の大理石で造られた鐘楼が付いている。内部のサクロ・クオレ礼拝堂は1700年代の物で、建築家A.ビビエーナの作。

ドゥカーレ宮殿 ☆
Palazzo Ducale　　パラッツォ・ドゥカーレ

1568年に建てられた、ヴェスパシアーノ王子のための王宮。1階には、ポルティコが続き、階上の大理石の典雅な窓が印象的。

内部は、スペインの影響をうかがわせるカステーリャ様式の木の彫刻を施した天井とB.カンビおよびA.カヴァッリなどの手によるフレスコ画で飾られている。また黄金の間Sala d' Oroの天井には、金色に輝くゴンザーガ家の紋章である4羽のワシが刻まれている。また、黒い双頭のワシは、ゴンザーガ家の末子、ヴェスパシアーノの紋章。

サッビオネータ
Sabbioneta

(地図)
インコロナータ教会
Chiesa dell' Incoronata
P.ta Cimitero
P.ta Vittoria
ドゥカーレ宮殿
Pal. Ducale
宗教美術博物館
Museo di Arte Sacra
市庁舎
Municipio
ドゥカーレ広場
P.za Ducale
教区教会
Parrocchiale (S. M. Assunta)
シナゴーグ
Synagogue
古代劇場
Teatro all'Antica
カステーロ広場
P.za Castello
骨董の回廊
Galleria d. Antichi
庭園宮殿
Pal. d. Giardino
インペリアーレ門
P.ta Imperiale
マントヴァ33km
Via Gonzaga
Via G. Gonzaga
No.420
パルマ29km

王宮内で必見なのは、ゴンザーガ一族がまたがった4体の**木製の
騎馬像**。(この土地の木を使用して作られた騎馬像で、かつては11
体あったが、火事で消失してしまった)

木製の騎馬像

インコロナータ教会
Chiesa dell' Incoronata
キエーザ・デッリンコロナータ

1588年に建てられた八角形の教会でドゥカ
ーレ宮殿裏にある。内部は、クーポラを頂にもち、
1700年代の装飾。ゴンザーガ家のヴェスパシ
アーノの霊廟として造られたもので、ルネッサ
ンス期を代表する「だまし絵」を巧みに使った天
高くそびえる天井は必見。

インコロナータ教会のだまし絵風の天井

古代劇場 ★★
Teatro all'Antica
テアトロ・アッランティーカ

V.スカモッツィの傑作のひとつで、1590年の建設。長方形の建物で、
舞台、階段上の椅子席があり、
壁面には貴重なヴェネト派の
フレスコ画がある。12体の彫刻
が天井にアーチを作っており、
舞台の上方には舞台をのぞき
込むように描かれたカップルの
だまし絵のフレスコ画が愛らし
い。

舞台をのぞき込むカップルのだまし絵

カステッロ広場
Piazza Castello
ピアッツァ・カステッロ

中央にローマ時代の柱が立つ、かつての武器を貯蔵した広場。
周囲を**骨董の回廊**Galleria degli Antichi（1584年）と長い建物が
取り囲んでいる。跨線橋が庭園宮殿へと続いている。

庭園宮殿 ★★
Palazzo del Giardino
パラッツォ・デル・ジャルディーノ

君主のための娼館として1584年に建てられたといわれている。外部
は、木の蛇腹模様で美しく飾られ、内部の大小の居室はフレスコ画、
漆喰細工、グロテスク模様で飾られ、カンピとジュリオ・ロマーノの弟
子の作品と思われる。

光あふれる**骨董の回廊**Galleria degli Antichiの1階部分は湿気に
よってかなり損なわれているが、2階には、ベルナルド・カンピのフレス
コ画がよく残っている。書斎、舞踏の間、鏡の間と続く侯爵夫人の化
粧室には、ポンペイ・ロマーノのモチーフを使ったフレスコ画が続く。

芸術のギャラリーGalleria d' Arteは、96mの明るく長い廊下。入
口と出口のだまし絵は、この長い廊下をより長く錯覚させてくれる効果
十分。壁画の古代ローマ皇帝の像は、足元が浮き上がっているようで、
実に迫力がある。

■インコロナータ教会
開 1〜3月のみ
　　15:30〜17:30

サッビオネータ行きのバス
マントヴァ・サッビオネータカ
ードで乗車可。平日はテ離宮の
庭園手前左の大通りの**APAM**
社のターミナル（Mantova
Risorgimento-Stazione
Passante）からプルマンバスが
運行。17番Viadana行きで所
要約50分。乗り換えには切符の自
販機あり。切符€4.40（車内購
入＋€2）。2018年12/9〜2019
年8/6の時刻表では、マントヴ
ァ発月〜土（*学校の休暇期間
は運休）6:27*、8:25、11:25*、
12:20*、13:35、14:25、16:25*、
17:35*、18:20、19:05。サッビ
オネータ（バス停は4ヵ所）ゴンザ
ーガ広場Piazza Gonzaga発
6:33*、7:01、8:31*、11:31*、
14:02*、16:31、17:38。日祝は
マントヴァ駅前広場から17番S
サッビオネータ行き8:36、10:36、
14:06、15:45発、サッビオネー
タ（Via G.Gonzaga 30始発）
9:20、12:15、14:50、18:30発。

■バスAPAMの切符売り場
住 Piazza Cavallotti 10
開 7:30〜18:30
　　土7:30〜13:30
休 日祝
地 P.124 B1
　　往復分の切符を購入し往復
のバスの時間を確認してから出
かけよう。
※駅を出た左に、切符の自販
機あり
バスの情報は
URL www.apam.it

✉ サッビオネータ
とても小さな町で、見学は
2時間もあれば十分です。
（大阪府 オーマ・オーバ）

パヴィアへの行き方

🚃 電車で

● ミラノから
中央駅
│　鉄道fs IC ……28分
│　…RV、R33分
▼
パヴィア
ミラノ・ロゴレード駅
│　鉄道 fs
│　S13 Suburbano…28分
▼
パヴィア
※Suburbanoはチェルトー
ザ・ディ・パヴィアを経
てパヴィアへ向かう

🚌 バスで

● ミラノM2線FAMAGOSTA
駅上のターミナルから
│　PMT社バス175番
│　…約40分
▼
パヴィア
※平日約30分に1便、
土日祝運休

NAVIGATOR

駅は町の西側。プルマンの
ターミナルも駅の近くだ。駅
からはカヴール大通りを抜け、
ドゥオーモ、サン・ミケーレ
聖堂を見学し、コペルト橋の
あとにヌオーヴァ通りから大
学、ヴィスコンティ城、さら
に西の S. ピエトロ・イン・
チェル・ドーロ教会へ向かお
う。見どころは1km四方ほど
にコンパクトにまとまってお
り、徒歩で十分だ。

■ パヴィアの 🄘IAT
🏠 Via del Comune 18
☎ 0382-079943
🕐 9:00～13:00
　14:00～17:00
　土日10:00～13:00
　　14:00～18:00
休 一部の祝
地 P.135 B2
※駅前広場にも 🄘あり

パヴィア

P.14 B2

Pavia

パヴィア大学とともに発展した町

ティチーノ川が町の南を流れるパヴィア

ローマ時代の地図を基
に、碁盤の目のように整
然と仕切られたパヴィア
の町。赤い石を積み上げ
た教会や建物、小さな広
場、かつての市民の塔が
今も残り、それらが美し
いたたずまいを見せる。
パヴィア大学とともに発
展したこの町では、大学が根強い社会機構の中心となり、現在に
いたっている。2万人の学生が現在も大学に学び、アカデミックで
生きいきとした表情をもたらしている。近代的な駅前周辺から歩を
進めると、歴史が色濃く残る石畳の坂道の先にはティチーノ川が
広がり、現代と中世そして自然が溶け合っている。

✿ おもな見どころ

ロンバルディア・ルネッサンスの傑作

MAP P.135 B2

ドゥオーモ ☆

Duomo

ドゥオーモ

ロンバルディア・ルネッサンス様式の最も貴重
な建物のひとつ。1488年C.ロッキ、G.A.アマーデ
オ、G.G.ドルチェブオノの設計により着手され、ブ
ラマンテ、レオナルド、フランチェスコ・ディ・ジ
ョルジョらにより引き継がれ16世紀に完成した。

　正面に見える巨大なクーポラは、1809年の
もの。イタリア第3の大きさを誇る教会だ。

　広い内部は、ギリシア十字型で3廊式。柱
の上に大きなクーポラが乗っている。美しい
地下納骨堂には、ブラマンテ芸術の証しであ
る力強い天井が渡っている。

ロンバルディア・ルネッサンス
の傑作、ドゥオーモ

History & Art

ミラノと歴史をともにしたパヴィア

　ローマ時代から、軍事上の拠点として重要な
町であったが、6～8世紀ロンゴバルド王国の中心
地となった時代に、最強の都市của。12～
13世紀の中世自治都市の時代には、めざましい
繁栄を遂げ、その名残は当時のロマネスク様式
のサン・ミケーレ教会、サン・ピエトロ・イン・
チェル・ドーロ教会に見られる。

　1359年ヴィスコンティ家の支配の下、美しい
城が築かれ、ミラノ公国の下、ルネッサンス期
には町はより美しくなり、ドゥオーモおよびさま
ざまな美術品が生まれ、芸術都市としての名声
を高いものにした。

　その後、スペイン、フランス、オーストリア
の支配後、イタリア王国に統合された。

　14世紀創立のパヴィア大学は、イタリアでも
古く伝統のある大学のひとつ。

パヴィアを代表する教会

MAP P.135 B2

サン・ミケーレ・マッジョーレ聖堂 ★★

Basilica di San Michele Maggiore　バジリカ・ディ・サン・ミケーレ・マッジョーレ

ロマネスク様式の特徴を示すレリーフが見事

　6〜8世紀のロンゴバルド王国に源を発するバジリカで、ロンゴバルドの国王の戴冠式に使われた。12世紀の半ば、現在の姿に再建された。パヴィアおよびロマネスク建築を代表する建物。砂利を使ったような正面（ファサード）は、砂岩を使ったもの。架空の動物、人間を刻んだ力強いレリーフは12世紀の物。

　内部は斬新な構成で、柱で分割された三身廊。聖堂内陣、右側の礼拝堂には、14世紀のレリーフ、後陣ドームには15世紀のフレスコ画が描かれる。『聖母の戴冠』Incoronazione della Vergineは必見。

　天に召されようとする聖母に冠を授ける壮厳なシーンは、人々に対する教会のあるべき姿を表現している。

　キリストの十字架刑は12世紀の物。床面のモザイクもすばらしい。地下納骨堂の列柱の柱頭にはロンゴバルド芸術が見られる。

砂岩を使ったファサードが素朴

■ドゥオーモ
住 Piazza Duomo
開 9:00〜12:00
　15:00〜19:00

■サン・ミケーレ・
　マッジョーレ聖堂
住 Piazza S. Michele
開 ⑧ 8:30〜12:00
　14:30〜19:00
　⑧〜⑤8:30〜17:00
　⑧㊗11:30〜17:00
宗教行事の際は入場不可。

✉ ファサードや扉飾り、地下納骨堂の柱頭にロンゴバルド芸術を感じました。静かな存在感のある教会でした。
（ローリー）

ロンバルディア州　パヴィア

パヴィア
Pavia

0　150　300m

ミラノへ35km→
パヴィア修道院へ

ミラノへ35km↑
パヴィア修道院へ

サン・ピエトロ・イン・チェル・ドーロ教会・
S. Pietro in Ciel d'Oro

市立博物館
Museo Civico
・マラスピーナ絵画館
Pinacoteca Malaspina

ヴィスコンティ城
Castello Visconteo

バスターミナル
Staz. Autolinee

トレニタリア
パヴィア駅
Staz. F.S.

モデルノ
Moderno

オーロラ
Aurora

ペオ
Peo

エクセルシオール
Excelsior

フラスキーニ劇場
Teatro Fraschini

県庁
Prefettura

カルミネ教会
Carmine

大学
Universita

ボッティジェッラ館
Pal. bottigella

ヴィゴーニ
Vigoni

市庁舎
Municipio

ヴィットーリア広場
P.za Vittoria

ドゥオーモ広場
P.za del Duomo

ブロレット
Broletto

ドゥオーモ
Duomo

サン・テオドロ教会
S. Teodoro

サン・ミケーレ・マッジョーレ聖堂
S. Michele Maggiore

コレッジョ・ボッロメオ
Collegio Borromeo

ティチーノ川
F. Ticino

コペルト橋
Ponte Coperto

デル・プレーヴィ
del Previ

サンタ・マリア・
イン・ベトゥレンメ教会へ

A

B

1

2

135

自然のなかの優美な橋

MAP P.135 B2

コペルト橋
Ponte Coperto

ポンテ・コペルト ☆

ティチーノ川に架かるコペルト橋とパヴィアの町

古くからある屋根付き橋。1354年に再建。1944年の空爆により破壊され再び建てられた。かつての姿に再建されたれんが造りの赤い橋は、ティチーノ川に架かり、水辺の風景とともに美しい。

この橋を南に300mぐらい下ると、左側にロマネスク様式のサンタ・マリア・イン・ベトゥレンメ教会S. Maria in Betlemmeがある。美しい入口をもち、丸屋根を覆う八角形の小さな円蓋が乗っている。

■大学
住 Corso Strada Nuova 65
☎ 0382-9811
開 8:00〜19:00
休 ㊐㊗
大学の開いているときは入場可。
※内部にはパヴィア大学歴史博物館Museo per la Storia dell'Università di Paviaがおかれている。
開 ㊊14:00〜17:00
　㊌㊎9:00〜12:00
休 8月 料 無料

大学の正門。
誰でも気軽に見学できる

現在の町のシンボル

MAP P.135 A2

大学
Università

ウニベルシタ

建物のオリジナルはたいへん古く、10〜11世紀の物。1361年にヴォルタ、フォスコロ、ロマニョージの設計によって再建された。ネオクラシック様式の建物は、C.ピエルマリーニにより改築された。内部には、5つの美しい中庭がある。

ここには、かつてのサン・マッテオ病院ex Ospedale S. Matteo(現在は大学の機関がおかれている)があり、当時のテラコッタによる装飾を見ることができる。

市民の憩いの場

MAP P.135 A2

ヴィスコンティ城
Castello Visconteo

カステッロ・ヴィスコンテオ ★★

■ヴィスコンティ城
市立博物館
住 Viale XI Febbraio 35(入口)
☎ 0382-399770
開 ㊋〜㊐14:30〜18:00
　㊏㊐ 11:00〜19:00
休 ㊊㊗
料 €8、1ヵ所券€4
※5、6、9月の㊎は〜22:00の開館延長の場合あり

城の居室を生かした展示場

れんが造りの四辺形の大きな建物で、建物の角には、城砦の中心であった堅固な塔がある。1365年にヴィスコンティ家のガレアッツォ II 世の命により建築が開始された。その子のジャン・ガレアッツォの時代に完成。1527年のフランス軍との戦

市立博物館がおかれるヴィスコンティ城

いで北側部分は破壊された。三方をポルティコで囲まれた広い回廊式庭園をもつ城で、テラコッタによる美しい装飾で飾られている。

ここには各部門に分かれて、市立博物館Museo Civicoがおかれている。考古学部門には、先史時代からローマ時代までの遺物。彫刻博物館には、ロマネスク様式のモザイクおよび1700年代のロンゴバルド王国の首都であった時代の装飾品、器など。2階のマラスピーナ絵画館Pinacoteca Malaspinaには、12〜17世紀の絵画が展示されており、必見はベルゴニョーネの『十字架を運ぶキリスト』Cristo Porta Croce、G.ベッリーニの『聖母子』Madonna col Bambino、メッシーナの『男の肖像』Ritratto d'Uomoなど。

ロンゴバルド王を祀る

MAP P.135 A2

サン・ピエトロ・イン・チェル・ドーロ教会 ★★

San Pietro in Ciel d' Oro

サン・ピエトロ・イン・チェル・ドーロ

1132年に奉献された赤れんが造りのロマネスク様式の教会。正面は、サン・ミケーレ教会を模倣した物。

内部は、柱で分割された3身廊。主祭壇には、ゴシック様式の8世紀の聖アゴスティーノの墓Urna di S. Agostinoがある（これは8世紀にカリアリからパヴィアに運ばれたものといわれる）。

町の人の信仰の場としての教会だ

大理石製で、豊かな彫刻像とレリーフで飾られている。主祭壇裏の地下納骨所には、ロンゴバルド王や聖人の棺が多数収められている。

聖アゴスティーノの墓は、
詩情豊かなすばらしい彫刻

■サン・ピエトロ・イン・チェル・ドーロ教会
圓 7:15～12:00
　 15:00～19:00

パヴィア名物
トルタ・パラディーゾ
Torta Paradiso

パヴィア大学正門のほぼ対面に位置している、1878年から続く老舗のお菓子屋ヴィゴーニ。1906年の博覧会で金賞を受賞した名物のトルタ・パラディーゾはホロッとしたロどけの優しいレモン味のマドレーヌ風。円盤（ティンバロ）型でひとつずつ個別包装されている（1個€1.10）ので、おみやげに最適。箱入りもある。カフェになっている店内は歴史的な店舗Locale Storico d'Italiaとして指定されていて、雰囲気もいい。バールほか、ランチの営業もあり。

■パスティチェリア・ヴィゴーニVigoni
住 Strada Nuova 110
☎ 0382-22103
地 P.135 A2

パヴィアのレストラン&ホテル

✕ アンティーカ・オステリア・デル・プレーヴィ

Antica Osteria del Previ　　P.135 B2

天井の梁と漆喰の壁は、懐かしく優しい雰囲気。伝統的な郷土料理が味わえる。おすすめは、季節のリゾットや牛肉の煮込みのブラッサート、自家製のデザートなど。

できれば予約

住 Via Milazzo 65, località Borgo Ticino
☎ 0382-26203
圓 12:30～14:30、19:45～22:00
休 ⽕、㊊夜、12/27～1/5、8月中旬～9月初旬
予 €40くらい（コペルト€2）、定食€30
C J.M.V.　🚌 市バス1番でコペルト橋を過ぎたら下車、200m。

🍴 ペオ

Ristorante Peo　　P.135 A1

✉ ホテル・モデルノと同じ建物の1階にあります。駅前にレストランは少なく、ここは町の人と観光客で昼も夜もにぎわっていました。店内は落ち着いた雰囲気で郷土料理が中心。かなりボ

リューミーで満足でした。
（群馬県　温泉好き）['19]
住 Viale Vittorio Emanuele 29
☎ 0382-538449
圓 12:30～14:30、19:30～22:30　予 €25～60
C J.M.V.

★★★★ モデルノ

Hotel Moderno　　P.135 A1

駅前にある近代的なホテル。ロビーの居心地もよい。ジャクージやサウナの利用も可能。無料で自転車のレンタルもあり。レストランも併設。
URL www.hotelmoderno.it
住 Viale Vittorio

Emanuele Ⅱ 41
☎ 0382-303401
FAX 0382-25225
SS €115/156　TB €145/213
室 49室　朝食込み W-Fi
休 クリスマス前後～年始
C A.D.J.M.V.

★★★ オーロラ

Hotel Aurora　　P.135 A1

駅のほど近くにある家族経営のホテル。近年の改装後、白を基調としたインテリアになり、明るくシンプルでモダン。全室冷暖房完備、駐車場やレンタル自転車などのサービスも充実。

URL www.hotel-aurora.eu
住 Via Vittorio Emanuele Ⅱ 25
☎ 0382-23664
FAX 0382-21248
SS €95/115　TS €100/125
室 21室　朝食€6 W-Fi
C M.V.

★★★ エクセルシオール

Hotel Excelsior　　P.135 A1

こちらも駅前にある快適なホテル。部屋は広くはないが、感じのよいインテリア。予算に合わせて選ぼう。
URL www.hotelexcelsior
pavia.com

住 Piazzale Stazione 25
☎ 0382-28596
FAX 0382-26030
SS €76.08/90
TS €99/115
室 24室　朝食込み W-Fi
C A.D.J.M.V.

SS シャワー付きシングル料金　TS シャワー付きツイン料金　TB バス付きツイン料金

パヴィア修道院への行き方

🚌 バスで

●パヴィアから
駅そばVia Trieste のバスターミナルから
↓ PMT社93番、175番
…約17分
チェルトーザ・ディ・パヴィア
※平日30分に1便、土⑪祝減便。

●ミラノから
ミラノM2線FAMAGOSTA駅上のターミナルから
↓ PMT社175番
…約30分
チェルトーザ・ディ・パヴィア
※平日約30分に1便、土⑪祝減便。いずれのバスもチェルトーザ・パヴィアの停留所下車。道を渡り、バールとトラットリアの間の道を約1km進む

🚃 電車で

●ミラノから
地下鉄3線Rogoredo
↓ 鉄道 S13 Suburbano
…20分
チェルトーザ・ディ・パヴィア
※30分に1便程度。S13はトレノルドTrenordoの運行。ミラノでは地下鉄M3線Rogoredo,Repubblica、M1線Porta Venezia、M2,M5線Porta Garibaldiの各駅で連絡。
修道院裏側が駅。修道院まで堀沿いに徒歩10～20分同列車でパヴィアまで約8分

バス、タクシー事情
パヴィアを走るオレンジ色のバスは、パヴィア修道院に行かない。PMT社のバス(プルマン)のみがパヴィア修道院近くを通る。
パヴィア駅前のタクシーはかなり高い料金を設定しているので避けたほうが無難。

■パヴィア修道院
🏠 Viale Monumento
☎ 0382-925613
🕐 4・9月　　9:00～11:30
　　　　　　14:30～17:30
　5～8月　　9:00～11:30
　　　　　　14:30～18:00
　10・3月　 9:00～11:30
　　　　　　14:30～17:00
　11～2月　 9:00～11:00
　　　　　　14:30～16:30
🚫 ㊊(祝は除く)　💰 喜捨
※入場は閉館約1時間前
一部、ガイド付き見学
※ミサの時間
5～9月　11:30、17:30
10～4月　11:30、16:30

パヴィア修道院
チェルトーザ・ディ・パヴィア

P.14 B2
Certosa di Pavia

◆世界的にも名高い壮大、豪奢なる僧院（ごうしゃ）

色大理石の驚くべき豪華さ、パヴィア修道院ファサード

ルネッサンス期のロンバルディア様式芸術の最高傑作。1396年、ヴィスコンティ家のジャン・ガレアッツォの命により、ヴィスコンティ家の霊廟（びょう）のための教会として建立された。1452年頃には、修道院の建築は終わり、1462～64年には回廊付きの中庭が完成された。1473年に教会の概略が整い、続いて、色大理石の美しい巨大なファサード（正面）が手がけられ、全体の完成を見たのは、18世紀になってからだった。

門を入り、中庭を横切ると1500年代のフレスコ画で飾られた玄関の間へと続き、正面建物の右側から回廊中庭へ続く。右側には、修道院で作られたハチミツ、リキュール、おみやげ物などを売る売店がある。

眼前には、驚くべき美しさの大理石による修道院のファサードが見える。1473～99年にかけて、アントニオおよびクリストフォロ・マンテ

カッツァとG.A.アマーディオによって着手され、1500年になってC.ロンバルドが手がけた。(ロンバルドは、上部を完成させた)とりわけ、下部は、巧みな大理石の組み合わせ、彫刻で飾られている。土台部分のメダル模様は、ローマ時代の硬貨を模倣した物。

（図中のラベル）
旧聖具室 Sagrestia Vecchia
（内陣）Presbiterio
洗手室 Sala del Lavabo
聖堂 Chiesa
鉄の門
小回廊付き中庭 Chiostro piccolo
ファサード（正面）
食堂 Refettorio
僧院入口
客室 Foresteria
大回廊付き中庭 Chiostro grande
中庭 Cortile
玄関の間 Vestibolo
門入口
パヴィア修道院

扉は、B.ブリオスコによるマリアとチェルトーザの歴史に題材を取ったレリーフで飾られている。

正面を飾るエレガントな4つの窓は、アマーディオの窓と呼ばれ、聖書のエピソード、キリストの生涯、ジャン・ガレアッツォの生涯などを題材としている。

■内部　奥行き81m、翼廊部分61m、ラテン十字架型

ゴシックからルネッサンスへの変遷を見ることができる。柱廊で分割された3身廊。礼拝堂の並ぶ内部を進むと鉄の門で区切られる。鉄の門までの身廊は1660年の物。

（ここで修道士のガイドを待ち団体で見学する。終わった時点で喜捨する）入口を入ってすぐの左側第2礼拝堂にあるペルジーノ作、『永遠の父』Padre Eternoが描かれた多翼祭壇画Politticoは必見。

小回廊付き中庭

右側第5礼拝堂の1491年のベルゴニョーネによる『聖シーロと4聖人』S. Siro e 4 Santiのタブロー。

右側第4礼拝堂の『キリストの十字架刑』Crocifissioneはベルゴニョーネによるもの。

身廊の中央床には、大理石でふたりの姿をかたどった墓碑が横たわる。C.ソラーリ（1497年）の手による『ベアトリーチェ・デステとルドヴィーゴ・イル・モーロ』Beatrice d'Este e Ludovico il Moroの優雅な姿だ。写実的かつ柔らかな塑像は、レオナルド・ダ・ヴィンチの影響をうかがわせる。旧聖具室でひときわ目を引く、多翼祭壇画Politticoは象牙製で、旧約聖書、新約聖書および聖人をモチーフに実に緻密なレリーフで細かに覆われている。1400年代のバルダッサーレ・デッリ・エンブリアーキの作。

■小回廊付き中庭　キオストロ・ピッコロ　Chiostro piccolo

1462～72年に造られ、絵画的な美しさにあふれ、訪れる人を至福の世界に誘う。庭を取り巻く柱廊は、テラコッタ。

■大回廊付き中庭　キオストロ・グランデ　Chiostro grande

122本の柱で飾られた大回廊には、質素な24の個室が並ぶ。僧侶たちの瞑想と信仰の場でもあるが、一部は、見学も可能。あまりの簡素さに驚きが走る。

ここから売店のある出口へと通じている。

大回廊付き中庭

✉私の行き方

ミラノ・ロゴレードMilano Rogoredo駅から頻繁にあるSuburbano線S13の利用が便利です。約20分で到着、すぐに修道院の塀が見えるので、塀に沿って歩けば到着です。

（東京都　リート）

✉パヴィアへ

ミラノ市内から修道院まで€3.60、修道院からパヴィアまで€1.80、パヴィアからミラノまで€4でした。ミラノで乗車したポルタ・ヴェネツィア駅、修道院の駅ともに無人駅で自動券売機で切符を購入します。修道院駅から修道院までは駅を出てまっすぐ進み、塀に沿って反時計回りに小道を歩きます。看板が出ているので迷うことはありませんが、20分くらいはかかります。修道院の門をくぐった左奥の平屋にトイレがあり、かなりきれいです。

祭壇前で待っていると、修道士による案内があります。聖堂以外は修道士同伴でないと見学できません。私の場合は30分程度で終わりましたが、1時間近くかかる場合もあるようです。見学終了後は喜捨をわたしますが、修道士は€5や€10のお札を持っているのでコインは渡しにくい状況でした。売店ではキャンディがおいしくておすすめです。

パヴィアは学生が多いので、カフェ・レストランも多く、手頃に食事ができます。若者向けのショップが多く、ショッピングも楽しめます。第4日曜の朝から14:00頃までカルミネ教会周辺で市場が開かれます。

（大阪府　つむぎちゃん　'17）

ミラノまたはパヴィアからのプルマン、電車の時刻表は

URL www.pmtsrl.it
URL www.trenord.it
URL www.trenitalia.com

で検索可

ミラノっ子の
アルペンリゾート
ボルミオへ

ボルミオの旧市街の中心に立つ、サン・ヴィターレ教会

ボルミオ2000からリフトなら1度乗り換えてボルミオ3000へ

ボルミオ2000のロープウエイ。町を見下ろし、遠くには山々の大パノラマ

イタリア最大のステルヴィオ国立公園の麓に位置するボルミオBormio。町を取り囲むように山々が広がり、夏にはアルプスの花々が短い夏を謳歌するように咲き、冬はスキーヤーがシュプールを刻む。ミラノっ子の手軽なリゾート地だ。ボルミオの町から2000mの高みへはロープウエイで一飛び。さらにリフトかロープウエイに乗り換えれば3000mまで容易にアクセスできる。町の周辺には牧草地が広がり、石畳の小路に民芸品の店や特産のチーズや乾燥ポルチーニを売る商店が並び、店を眺めながらのそぞろ歩きが楽しい。町なかと近郊には3つの温泉施設があり、また世界遺産に登録されている路線、レーティッシュ鉄道の出発地のティラーノへも約1時間。いろいろな楽しみが待っているボルミオへ出かけてみよう。

ボルミオのあるヴァルテッリーナ地方は、チーズの一大産地

バーニ・ヴェッキオの展望風呂。眼前に広がる山々と打たせ湯でリラックス

140

世界遺産の路線を走り、氷河を望みながらのランチを楽しむ

山肌に弧を描いてゆっくり走るレーティッシュ鉄道。赤い車両が印象的

アルプスの山々をゆっくりと走り抜ける赤い列車＝スイス・レーティッシュ鉄道のベルニナ線。100年の歴史と伝統、周辺に広がる景観が2008年に世界遺産に登録された。登録範囲はスイスとイタリアに渡り、イタリア領はベルニナ線南端の短い区間だ。

ベルニナ線は1910年に開通、イタリアのティラーノからスイスのサン・モリッツを結び、4000m級の山々や氷河を眺め、429mから2253mの高低差を走る。列車は最初はゆっくりと山々の斜面に弧を描くように高度を上げる。ティラーノからサン・モリッツを往復すると5時間以上が必要だ。そこでおすすめは、ティラーノから1時間14分の**アルプ・グリュム**Alp Grüm駅で下車して駅舎にあるレストランでランチを楽しんで帰るプラン。アルプ・グリュムは標高2091m、駅の前方に**氷河**が広がる絶景地点でもある。氷河を見渡すテーブルで伝統的な郷土料理のランチが味わえる。時間があればレストランと逆の高台に上がれば、よりすばらしいパノラマが広がる。

広い窓のパノラマ列車の車内。冬でも車内は暖か

土地の名物の前菜盛り合わせ。アルプ・グリュムのレストランで

スキーを楽しむなら
アクセスの容易なボルミオで

ミラノっ子にとって身近なスキー場でもあるボルミオ。標高3000mからゲレンデが続き、人工降雪機も稼働するので、早い時期からスキーが楽しめるのも魅力だ。町から徒歩圏にロープウエイ乗り場があり、下駅周辺や上駅の構内にレンタルスキーの店があるので手ぶらで出かけてもスキーを楽しむことができる（ウエアのレンタルはない）。ボルミオ2000の上駅には各種のレストラン、バール、屋外のテーブルなどが並び開放的な雰囲気。さらにリフトやロープウエイで上がるボルミオ3000はチーマ・ビアンカとも呼ばれ標高3012m、周囲の山々のパノラマがすばらしい。ボルミオ2000まで約15km、標高差1000mのクルージングが楽しめる。

ボルミオ3000の山小屋にて。シュトゥルーデルとコーヒーでひと休み

ボルミオ3000からはオルトレス山やチェヴェダーレ山3757mの展望が広がる

ゲレンデはよく整備され、コースも様々。初級者から上級者まで楽しめる

ボルミオへの行き方

ティラーノTiranoを経由してアクセスする。ティラーノへはミラノ中央駅からfs線R利用で約2時間30分（切符€11.50、1時間に1便）。ティラーノの正面を出た左にレーティッシュ鉄道の駅がある。列車は1時間に1便程度で、1・2等、屋根がガラス張りのパノラマ車両も連結されている。ティラーノ⇔アルプ・グリュム往復で1等CHF65.20、2等CHF37.20。パノラマ車両には追加料金1等CHF10、2等CHF5が必要。繁忙期を除き、当日の切符をティラーノ駅で購入可。（CHFはスイスフラン。円換算はユーロとほぼ同程度。ユーロ、クレジットカードでの支払い可）
レーティッシュ鉄道
URL www.rhb.ch

アルプ・グリュム駅近くからの眺め。夏はトレッキングで氷河まで行くことも可能

ティラーノ駅の地下道を駅裏に抜けて上がったところにプルマンバスの切符売り場と乗り場がある。駅構内にエレベーターはないが、スロープの通路があるので、重い荷物があっても心配はない。ボルミオまで所要1時間（1～2時間に1便程度。切符€4.60）。
ティラーノ⇔ボルミオのプルマンバス
URL www.busperego.com

ボルミオのバスターミナルから徒歩10分でロープウエイ乗り場。川を渡った先だ。バスターミナルから道路を渡った銀行の隣に❶がある。リフト券は季節により料金が異なり4時間で€23、1日券€27（ICカードのデポジット€5別途）。
ボルミオスキー場、スキーバス
URL www.bormioskipass.eu

ローマ時代から続く
温泉の町ボルミオで、温泉三昧

テルメは水着着用のこと。ボルミオ・テルメは**休**㊋（一部㊊も）、**営**10:00〜20:00/22:00、**料**€17〜26。QCテルメは**営**11:00〜23:00頃、**料**€48〜54（バスローブ、タオル、ビーチタオルは料金に含む。入場制限があるので、事前に宿泊ホテルで予約をしてもらうのがベター。退場はオープン時間内に制限なし）。QCテルメへはタクシー以外の交通機関はなく、タクシーで€13程度。帰りはテルメのレセプションで呼んでもらえる。
テルメ
URL www.bagnidibormio.it
URL www.bormioterme.it

※ベルニナ線を利用する場合は国境越えとなるため、パスポートの持参を。

古代ローマの時代から湯治場として栄えた歴史を誇るボルミオ。あのレオナルド・ダ・ヴィンチもこの湯につかったという。効能は呼吸器系疾患、リュウマチなど。山中から湧き出る天然の温泉で湯温は38〜42℃。山々の風景を愛でながらお湯につかり、旅の疲れを癒やすのも一興だ。

急な山肌に広がるバーニ・ヴェッキの展望風呂

町なかには近代的でまさにプールのような子供も楽しめる**ボルミオ・テルメ**Bormio Terme、町の外れの山間に古代ローマさながらのローマ風呂や洞窟風呂、展望風呂などが点在する**QCテルメ・バーニ・ヴェッキ**QCTerme Bagni Vecchiが。19世紀の華やかなアールヌーボースタイルで飾られた**QCテルメ・バーニ・ヌオーヴィ**QC Terme Bagni Nuoviもある。

名物料理を楽しむ！

ボルミオはロンバルディア州の北に位置し、周辺は**ヴァルテッリーナ地方**と呼ばれる。酪農が盛んで、伝統的なチーズ作りが行われており、**ビット**Bitto、**ヴァルテッリーナ・カゼーラ**Valtellina Caseraなどが有名だ。また、周辺の山々からはジビエ（野禽）類やキノコが食卓に運ばれる。ソバの産地としてもイタリアでは高名で、パスタやデザートに利用される。料理は総じてシンプルながらボリューミー。

❶ブレッサオーラ
Bressaola
乾燥牛肉。塩漬けした牛肉を乾燥させたもの。脂が少なく繊細で淡泊な味わい。イタリアのブレッサオーラのなかでも、この地のものは評価が高い。レモン汁とオリーブ油をかけて食すことが多い

❷シャット
Sciat
チーズにソバ粉とグラッパの衣をつけて揚げたもの。アツアツでフワフワの衣と溶けたチーズが食欲をそそる。この地の名物前菜

❸ビッツォケリ
Pizzocheri
この地方を代表するNo.1の料理（パスタ）。ソバ粉の手打ちパスタをキャベツ、ジャガイモと一緒にゆでてチーズであえたもの。チーズとバターがほぼソースの役目をするほどにタップリと入り、かなりの食べ応え

❹ポルチーニ茸のタリアテッレ
Tagliatelle ai funghi porcini
ヴァルテッリーナ地方はポルチーニの産地。旬はもちろんのこと、乾燥、冷凍、油漬けなどにして1年中食べられる

❺鹿肉のステーキ
Bistecca/Medaglione di cervo
鹿肉は日本人にはあまりなじみがないが、肉は軟らかく淡泊でクセも少ない

湖水地方
Regione dei Laghi

湖水地方

北イタリアの中央部に点在する湖とその周辺を総称する、湖水地方。

氷河によって造られた細長い湖には、アルプス特有の風景と地中海的風景が入り混じる。

湖畔には、エレガントなヴィッラや保養地が広がり、季節の花々が咲き乱れ、ゆったりとした時が漂う。

イタリアに憧れ、アルプスを越えてきた人々を優しく包み込み、数多くの芸術家たちにインスピレーションを与えたこの地は、イタリア屈指の高級リゾート地でもある。

マッジョーレ湖の中心、ストレーザのルンゴラーゴ

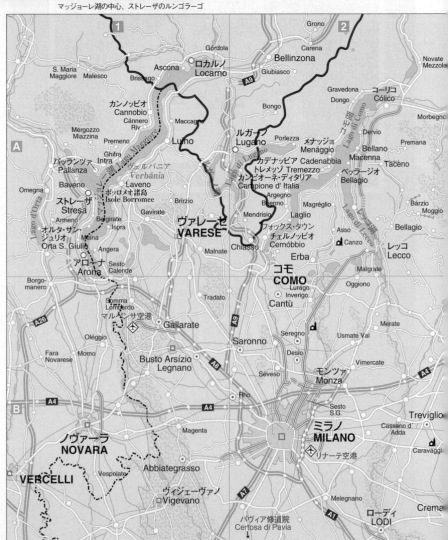

湖水地方観光のコツ

まずは各湖の中心となる町を目指そう。コモ湖の中心はコモ（→P.146）。マッジョーレ湖の中心はストレーザ（→P.156）。コモやストレーザへはミラノから頻繁にある列車利用が便利。オルタ湖はオルタ・サン・ジュリオ（→P.162）。オルタ湖へのミラノからの旅をスムーズにするのは列車の接続がカギ。夏季はストレーザからバス便があり、所要約1時間。ルガーノ湖はルガーノ（スイス領地→P.164）が中心で、イタリアの飛び地領のカンピオーネ・ディタリア（→P.164）へはバスで。

いずれも湖を縁取る町へはバスや遊覧船が運航している。季節によっては船やバスの運航終了時間は早いので、帰りの時間を確認してから乗り込もう。

レンタカーの場合は、ミラノからの高速道路がよく整備され、湖水周辺道路も快適で気ままなドライブが楽しい。ただ、湖水周辺道路の一部は狭く、見通しも悪いので運転は慎重に。また、夏季は渋滞が生じやすい。

湖水地方と呼んでいるが、湖は独立しているので船での各湖への移動はできない。

湖水地方の交通情報は

コモ湖、ガルダ湖の遊覧船やバス、鉄道などロンバルディア州の交通機関の情報や時刻表は

URL www.muoversi.regione.lombardia.it

湖水地方の遊覧船などの情報、時刻表は

URL www.navigazionelaghi.it

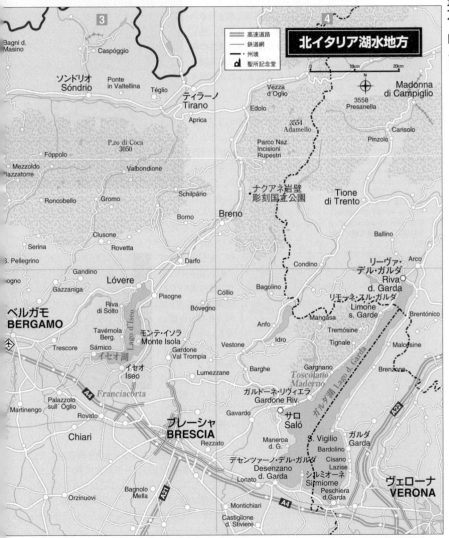

北イタリア湖水地方 MAP

凡例：高速道路／鉄道網／州境／聖所記念堂

コモへの行き方

🚃 **電車で**

●ミラノから
中央駅
↓ 鉄道fs線
↓ …R 36〜42分
コモ(Como S.Giovanni)
※1時間に1便程度

ポルタ・ガリバルディ駅
↓ 鉄道fs線
↓ …S11 Suburbano 約1時間
コモ(Como S.Giovanni)

ノルド・カドルナ駅
↓ 鉄道fs線
↓ …R 約1時間
コモ(Como Nord Lago)

観光に便利!
遊覧船区間限定乗り放題パス
Biglietto di Libera Circolazione
訪問地まで乗り降り自由のパスを購入しておくと、手間とお金の節約になって便利。
コモ→ベッラージオ→トレメッゾ→メナッジョ €23.30
コモ→ベッラージオ→トレメッゾ→メナッジョ→レッコ €28
高速船Servizio Rapidoを利用する場合は追加料金Supplemento per corse servizio rapido €3.80が必要。乗り場と切符売り場はカヴール広場の湖水側の4番埠頭Pontile 4。時刻表や料金は URL www.navigazionelaghi.it で検索可。時刻表は❶でも配布。

コモ湖
Lago di Como

面積146㎢ 最深410m

P.14 A・B2

ラリオとも呼ばれるコモ湖は、ロンバルディア州にあり、アルプスの山々を背後に配し変化に富み、その美しさはイタリア随一といわれる。アッダ川の古代氷河の底に形成されている。「人」の字の形に広がるコモ湖は、南西側(字の左下)をコモ、南東側(右下)をレッコ、北側(字の上部)をコーリコと呼ぶ。この「人」の形に広がった湖は、一般的には温暖な気候ながら、その複雑な地形により、さまざまな気候をもたらしさまざまな表情を見せる。

静かな湖畔にたたずむ小さな教会のあるひなびた村々。華やかな雰囲気に包まれるホテルとそこに集う人々。美しいヴィッラは、地中海性の植物と南国の木々の茂る庭園をもち、色彩にあふれた空間を作り出している。

ヨーロッパ屈指のリゾートである湖水地方でも、ひときわ華やかなコモ湖。ローマ時代にはカエサルが保養のために訪れた歴史を誇り、各国の王室や大富豪たちに愛され、

コモ湖とコモの町

彼らに招かれた芸術家たちがその美しさを讃え、多くの作品を残した。今では、ハリウッドスターたちが別荘を構えることでも話題だ。

コモの古い町並みや湖畔を歩くだけでもリゾート気分を満喫できるが、遊覧船で湖畔の町へ足をのばそう。落ち着いた保養地のトレメッゾのカルロッタ邸の美しい邸宅と庭園は古きよき時代の優雅なリゾートの雰囲気を味合わせてくれる。湖畔のグランドホテルでの滞在は、特別な時間の思い出を心と目に焼き付けてくれるに違いない。

コモ湖畔のヴィッラのひとつ、モナステロ荘にて

近年は湖畔の歴史あるヴィッラが期間限定で公開され、食事やアペリティーヴォ(食前酒)を楽しむことができるので、時期が合えば訪ねてみるのも楽しい。詳細は❶やFAI(イタリア環境基金=文化財保護のための民間団体) URL www.fondoambiente.itのホームページで。

コモ湖

0   12km

SVIZZERA
スイス

L. di Mezzola
Gravedonà
Adda
Add. di Piona
コーリコ Cólico
M.Tabòr 2079
Corenno Plinio
Porlezza
Premana
コモ湖 Lago di Como
L. di Lugano
メナッジョ Menàggio
Bellano
トレメッゾ Tremezzo
ベッラージオ Bellagio
Intròbio
Comacina
Grigna Sett ▲2409
Argegno
レッコ湖 Lago di Lecco
レッツェノ Lézzeno
Grigna Merid 2177
コモ湖 Lago di Como Primo
M.S. 1685
オンノ Onno
Mandello d. lario
Torríggia
Abbadia Lariana
Valbrona
レッコ Lecco
チェルノッビオ Cernóbbio
I. di Garate
コモ Como
L. di Pusiano
L. di Annone
Adda

→ミラノへ   ミラノへ↓   ミラノへ↓

コモ Como

P.14 B2／P.144 A2

コモ湖畔に広がる近代的な町であり、絹および繊維産業、商業の中心地。

世界的な保養地コモ湖の中心都市でもあり、しゃれた店や近代的なホテルも建ち並び、洗練された町でもある。コモの町には、中世の自治都市として繁栄した歴史を思わせる見どころが多い。

とりわけ夏は、細い石畳の路地にも人々がにぎやかに行き交い、避暑地ならではの華やかさにあふれ、そぞろ歩きも楽しい。

また、湖沿いに走る路線バス、湖巡りの遊覧船の基地でもある。

●郵便番号　22100
■コモの❶IAT
住 Via Albertolli 7
☎ 031-304137
開 9:00～13:00
　14:00～17:00
地 P.147 B2
●カヴール広場の奥。
●駅の❶
住 サン・ジョヴァンニ駅構内
☎ 39-3420076403
開 9:00～16:00
地 P.147 B1

右欄：湖水地方　コモ湖　コモ

ラリオ湖畔通り
— Lungolario ルンゴラリオ ★★

新しい遊歩道が整備中

町の北側、フニコラーレ乗り場から船着場周辺までの湖に沿った通り。

船着場の前に広がるカヴール広場P.za Cavourにはしゃれたカフェが軒を連ねる。ラリオ湖畔通りの西側に広がるのは、市民公園Giardino Pubblicoで、木立の中を湖に向かって歩くと、大きなクーポラのある白亜のヴォルティアーノ神殿が見える。中にはヴォルタ博物館Tempio Voltianoがある。1927年に建てられた新古典様式の建物で、電池の発明で有名なヴォルタ(1745～1827年)の発明品や遺品が展示されている。

カヴール広場から湖を眺める

NAVIGATOR

コモには複数の駅があるが町の中心に近いのはComo Nord Lago駅。C10、C30などの湖水周辺を回るバスはこの駅前にも停車する。ノルド・カドルナ駅からは中央駅からに比べ約2倍の時間がかかるのが難点。R、Suburbanoは1時間に1便程度。R、Suburbano線は料金同一の€4.80。ECは10分以上遅く、料金は€13.50。

鉄道fsコモ駅Como S. Giovanniから町へは、約800m。駅前の公園の階段を下り、大きな交差点のPiazza Cacciatori d. Alpiを左にViale Cavallottiを進めば湖畔に出る。これを右に折れて300mも進めばPiazza Cavourだ。また、Piazza Cacciatori d. Alpiを横切って、道なりに真っすぐ進んでもPiazza Cavourへ着く。

左サイドバー

■ドゥオーモ
住 Piazza Duomo
☎ 031-265244
開 10:30～17:30
　⊕13:00～16:30
地 P.147 B2
※ミサ中は拝観不可

⊠ コモへ
　ミラノ中央駅からコモ・サン・ジョヴァンニ駅まで36分とありますが、さほど多くないので、最初に時刻表の確認を。ミラノ・ポルタ・ガリバルディ駅からコモ・サン・ジョヴァンニ駅まで30分に1便、ミラノ・カドルナ駅からコモ・ノルド・ラーゴ駅まで30分に1便あります。カドルナ駅の券売機で切符を購入する際にルートが2種類表示され、1つはモンツァ経由でした。券売機では総距離も表示されるので、迷うことはないと思います。
　帰りのコモ・ノルド・ラーゴ駅には切符の自販機はなく、ホームの売店の宝くじの窓口で購入します。レシートのようなペラペラの紙で、濡らさないよう折らないようにしてください。下車の際に切符のQRコードをかざして改札を出ます。
（大阪府　つむぎちゃん　'17）

⊠ 服装計画は?
　晴れていても急に雨が降ったり、天気予報が雨でも行って見ると晴れたりします。6月下旬は、ややヒンヤリしていて、半袖にウインドブレーカーでちょうどよかったです。
（大阪府　つむぎちゃん　'17）

ヴォルタ博物館のある
ヴォルティアーノ神殿

■ヴォルタ博物館
住 Viale Marconi
☎ 031-574705
開 10:00～18:00
休 ㊊、1/1、1/6、復活祭の㊐、11/1、12/25、12/26
料 €4　地 P.147 A1
※大人が同伴する15歳以下は無料
※2019年1月現在、工事のため1階のみの見学。

■サン・フェデーレ教会
住 Via Vittorio Emanuele 94
☎ 031-267295
開 8:00～12:00
　15:30～19:00

メイン

ドゥオーモとドゥオーモ広場
— Duomo / Piazza del Duomo ★★
ドゥオーモ　ピアッツァ デル ドゥオーモ

　カヴール広場から町なかへ約200m、広々とした石造りの広場がドゥオーモ広場だ。手前には、高い塔を従えたブロレットBroletto（かつての市庁舎）。白・赤・グレーの3色の大理石がアーチを描き、その横にはコマッキオと呼ばれたコモの石工たちによる堂々としたファサードのドゥオーモが建つ。広場の向かいには、カフェがパラソルを広げて開放的な雰囲気だ。

コモの石工によるファサードの装飾が
美しいドゥオーモ

　ドゥオーモはロンバルディア・ルネッサンス様式の典型で1396年に着工され、18世紀まで工事が続けられ、1744年にユヴァッラの設計によるクーポラが完成。優美なファサードはゴシック様式でバラ窓と15～16世紀の彫刻で装飾されている。壁龕にはコモ出身でコモの人たちの誉である、ローマの大博物学者であり軍人だった「大プリニウス」と甥の「小プリニウス」（ヴェスヴィオ火山の噴火の記した資料を残した）の像が置かれている。

　堂々とした内部は、列柱で分割された3身廊で、典型的なゴシック様式。翼廊からは金色に輝く高いクーポラがかかり壮大さを感じさせる。長い身廊中央部には16世紀のタペストリーが飾られている。

　扉口の装飾も美しく、とりわけ正面左側面の扉はラーナ（カエル）の扉Porta della Ranaと呼ばれ、カエルの姿が刻まれているのがおもしろい。

力強いドゥオーモ内部

サン・フェデーレ教会
— Basilica di San Fedele ★
バジリカ ディ サン フェデーレ

風情あるサン・フェデーレ広場に建ち、鐘楼とバラ窓が印象的な教会。初期キリスト教時代の聖堂跡に7世紀、さらに12世紀に修復・再建されて、現在の姿となった。周囲の建物と接続してどこか窮屈な印象だが、後方に回るとクーポラを装飾する列柱の美しい姿やロマネスク彫刻が施された扉口を見ることができ

風情ある広場に建つサン・フェデーレ教会

る。内部はロマネスクとゴシック様式で、後陣には歩廊が巡り、入口右の礼拝堂には16世紀の「聖母子と聖人」のフレスコ画が描かれている。

ポルタの塔

ポルタ トッレ
Porta Torre

城門でもあったポルタの塔

紀元前5〜6世紀にケルト族の要塞都市として誕生し、古代ローマには町の周囲に城壁が築かれていたコモ。現在、ノルド線の線路近くなどに見られる城壁の名残りは12世紀に築かれたもの。とりわけ目を引くのが、ヴィットリア門に建つ**ポルタの塔**（1192年）だ。40mの高さを誇る城門で、町の外に面してはほぼ開口部がなく、一方町側は8つのアーチを描いた窓が並び、4階建ての窓の内側には見張りのための部屋がおかれていた。堅牢さと開放感を併せもった一風変わった建築だが、この様式は古代ローマの軍事建築の伝統で、イタリアでも数少ない現存するもの。

そのほかの見どころ

サンタッボンディオ教会S. Abbondioは、11世紀に建てられたロンバルディア・ロマネスク様式の傑作。町の南側の丘に建つ。石を積み重ねた質素でいて力強さにあふれている教会。脇に1対の鐘楼がある。5身廊の内部は、高い柱で分割されロンバルディア派の画家による14世紀のフレスコ画、「キリストの生涯Storie di Cristo」の連作で飾られている。

絹織物の町と知られるコモならではのものが絹織物教育博物館。町なかから少し離れるが、養蚕から製糸、織機、日本からの輸入証書などを見ることができる。

✉ **コモにて**
コモの町は、徒歩で十分回れました。スカーフのリーズナブル店A.ピッチA.PICCI（住 Via Vittorio Emanuele）で€50〜80のものを3枚購入。地元のマンマのリストランテ、ラ・クチーナ・ディ・エルザLa Cucina di Elsaは花で飾られ美しく、おいしい店でした。前菜とパスタ少な目、2人でワインを飲んで€60でした。　（東京都　柏　'18）

■**サンタッボンディオ教会**
住 Via Regina Teodolinda 35
☎ 348-9008135
開 夏季8:00〜18:00
　冬季8:00〜16:30
地 地図外

■**絹織物教育博物館**
Museo Didattico della Seta
住 Via Castelnuovo 9
☎ 031-303180
開 10:00〜18:00
休 12/31〜1/14頃
料 €10
※ノルド線Borghi駅から約300m。または市バス7番でバス停San Martino/Università下車。

✉ **帰路の便は最初に確認を**
ベッラージオからコモへ夕方までに戻ろうとしましたが、遊覧船は少ないです。2018年7月は16:00、16:50、18:20、19:31発で所要2時間。フェリーの大型船に乗り込むことができました。　（大阪府　マキエッタ　'18）

コモ湖の遊覧船情報とバス

コモ湖の南の基点で、船着場はカヴール広場の前にある。北のコーリコまで遊覧船で約4時間、水中翼船で1時間20分だ。朝の7時頃から夜の8時近くまで、だいたい30分おきくらいに各地へ出発している。湖上から眺めて気に入ったところで下船したりするのも一興だ。ただし、夏とはいえ湖上は冷えるので船での遊覧の際には、ウインドブレーカーやセーターは必需品だ。

船により、行き先、下船地が異なるので、乗船の際には確認を忘れずに。切符は片道、往復のほか、コモ湖の全路線（水中翼船は除く）乗り放題の周遊バスBiglietto Speciale Turistico di Libera Circolazione（1日€28）などがある。夏には蒸気船でのツアーTour del Battello a Vaporeも催される。詳細は❶かNavigazione sul Lago di Comoへ。

また、コモ湖に沿ってバス路線も充実しており、船の時間が空いてしまったときや小さく移動するときなどには便利だ。

また、マッテオッティ広場Piazza Matteotti（湖の東側）には、やや遠い湖水地方の主要な町へも運行するバスのターミナルがある。

■**Navigazione sul Lago di Como**
URL www.navigazionelaghi.it
住 Via per Cernobbio 18　☎ 031-579211
free 800-551801(8:30〜18:00、イタリア国内フリーダイヤル)

コモのバスASF Autolinee
市内Urbanoバス（黄色）と郊外Extraurbanoバス（青色）に分かれ、切符も異なるので注意。市内バス1回券（75分有効）は€1.50（車内購入€3、90分有効）。
郊外バスの切符は車内でも購入可。ただし、割増料金が請求される。

■**ASF Autolinee**
URL www.asfautolinee.it　☎ 031-247249
湖水巡りのバスの時刻表は上記 URL から検索可。英語あり。

コモ湖の遊覧船、切符売り場

フニコラーレで灯台へ

Faro Voltiano
ファーロ ヴォルティアーノ

ヴォルタの灯台

湖畔通りからブルナーテ山のフニコラーレ（ケーブルカー）に乗って、高台からコモ湖を眺めてみよう。フニコラーレの駅は湖畔東側。フニコラーレは乗るだけで、童心に戻れ心が弾むが、残念ながら車窓からは木々の緑が邪魔をして湖水を見るのは難しい。上駅の下側の出口の先には小さな展望台とカフェ兼レストランがある。上の出口からは駅脇の階段が下へ通じている。上駅周辺で眺めを楽しむならこのあたりが最適。

コモの町からケーブルカーが結ぶ高台の町を眺める

上駅を外に出た広場にはバールやみやげ物が並んでにぎやかだが、湖水はあまり望めない。広場から坂を少し進んで、近くのホテルなどのテラスを利用して展望を楽しむのもいい。

小さなケーブルカーで

灯台を目指して

上駅の広場にはバスが停車し、ハイキングコースの道標が置かれている。灯台へは「Faro Voltiano Belvedere」を目指そう。道標によれば、36分、1.43kmの道のりだ。広場を出て正面の道をほぼ道なりに坂を上ろう。途中、やや足場の悪い山道があるが、バスや車の

晴れていればスイスアルプスも見える

通る道を行っても同じ場所に到着する。30分ほどで、バールやレストラン、ホテルのある開けたサン・マウリツィオ広場Piazza San Maurizioに到着する。緑が濃い、左手の緩やかな階段を上がろう。階段を上がった先が灯台だ。灯台の基部も見晴らし台になっており、ここからの眺めを楽しんで小休止。

ヴォルタの灯台 Faro Voltiano

湖畔にあるヴォルティアーノ神殿同様に、コモが生んだ偉人「電池の発明者アレッサンドロ・ヴォルタ」を記念して建てられたもの。1927年に造られ、高さ29m、基部は八角形で、1階にバルコニー、さらに空に伸びるように高く展望台へと続いている。

ヴィッラ・デステも見える

夜間には赤・白・緑のライトが湖水を照らし、50km先からも見えるそうだ。美しいらせん階段を143段上がった展望台からはまさに360°のすばらしいパノラマが広がる。

階段を143段上る

コモの町の湖畔通りの緑がチェルノッビオの町へと続き、少し奥まった所にはヴィッラ・デステもみることができる。さらに「人」の形をしたコモ湖の姿もわかるのも感激だ。さらに奥に目をやれば、夏でも雪を頂くスイス・アルプスの峰々までを見渡せる。湖面に雲が影を落とし、船が白い航跡を描く。鳥の声だけが響き、夏でも涼しい風が吹き抜ける、別天地だ。

バスで

灯台下までは市バスやレンタカーで行くこともできる。バスは上駅の広場から。平日は1時間に1便、㊐㊗は30分に1便程度の運行、所要約6分。切符はフニコラーレの駅の窓口で。

■フニコラーレ（ケーブルカー）
㊟ 6/10～9/10　　6:00～24:00
　　9/11～6/9　　6:00～22:30（㊏24:00）
　　12/25　　　　8:00～12:00
㊑ 片道€3／往復€5.50
30分間隔の運行。乗り場は遊覧船乗り場から湖沿いに北へ約300m。

■ヴォルタの灯台
㊟ Via Giacomo Scalini, Località San Maurizio, Brunate
㊟ 4月～10月10:00～19:00
　　11月～3月㊐㊗のみ10:00～17:30
㊡ 夏季㊌、悪天候時　㊑ €2
※切符売り場は階段を上がった右側の小屋

❌ マーケット・プレイス
The Market Place　P.147 B1

駅からも近い人気のビストロ。店内は簡素で席数も多くない。独創的でモダンな料理に評価が高く、ランチ、ディナーともに、予約は必ず取りたい。美しく洗練された味わいの定食が各種用意されている。
【要予約】

- 🏠 Via Borsieri 21/a
- ☎ 031-270712
- 🕐 12:00〜14:30、19:00〜23:00
- 休 ㊊昼、㊐、1月中旬1週間程、8月の2週間
- 予 €40〜70、定食€45、65
- C M.V.

🍷 エノテカ・カスティリオーニ
Enoteca Castiglioni　P.147 B2

カジュアルながらお洒落な店内には1300種ものワインがずらり！　食事のサービスはないが、ワインと一緒に出されるおつまみが充実。近くの同経営の総菜店（🏠 Via Cesare Cantu 9、🕐 8:00〜13:00、16:00〜19:00）では、平日の12:00〜14:30には店内で食事ができる。

- 🏠 Via Giuseppe Rovelli 17
- ☎ 031-261860
- 🕐 ㊊〜㊎10:00〜20:00（㊏21:00）
- 休 ㊐
- 予 €6〜
- C M.V.

❄ イ・ティグリ・イン・セオリア
I Tigli in Theoria　P.147 A2

魚料理が中心のエレガントなレストラン。シチリアで水揚げされた新鮮な魚がテーブルに並ぶ。ミシュランの1つ星。ランチには手頃な定食がある。
【要予約】

- 🏠 Via B.Giovini 41
- ☎ 031-301334
- 🕐 12:00〜14:30、19:00〜22:30
- 休 ㊊、㊐夜
- 予 €60〜120
- C A.D.J.M.V.

❌ インバルカデーロ
Imbarcadero　P.147 A1・2

19世紀のアールデコ様式のパラッツォにあるレストラン。エレガントな雰囲気の店内もいいが、湖に面したテラスでの食事もよき思い出。魚介料理のメニューが多く、季節の素材を使った伝統料理がお得意。

- 🏠 Piazza Cavour 20
- ☎ 031-270166
- 🕐 12:00〜14:30、19:00〜22:15
- 休 12/10〜1/31　予 €45〜65（コペルト€3）　C A.D.M.V.
- 🚃 カヴール広場の一角

★★★★ メトロポール・エ・スイス
Hotel Metropole e Suisse　P.147 A1・2

湖に面して建つ、歴史ある館のホテル。洗練されたエレガントな雰囲気で贅沢な気分で滞在できそう。
High 4/1〜10/31
URL www.hotelmetropolesuisse.com

- 🏠 Piazza Cavour 19
- ☎ 031-269444　Fax 031-300808
- SS €70/162　TS TB €86/198
- 🛏 71室　朝食込み W-F
- 休 12/10〜1/8
- C A.D.J.M.V.
- 🚃 カヴール広場の一角

★★★ ホテル・コンチネンタル
B&B Hotel Como Continental　P.147 B1

駅からすぐの便利な立地に位置し、シンプルで過不足のない快適な設備、親切なスタッフ、コスパの良い朝食で満足度の高いホテル。近くに24時間営業のスーパーがあるのも嬉しい。
URL www.hotelcontinentalcomo.it

- 🏠 Via Innocenzo XI, 15
- ☎ 031-260485
- Fax 031-273343
- SB €46/210　TB €57/250
- 🛏 65室　朝食€3 W-F
- C A.M.V.
- 🚃 駅より徒歩6分

★★★ トレ・レ
Hotel Tre Re　P.147 B2

町の中心に位置する、かつての修道院を改装したホテル・レストラン。石畳の広がる町並みにマッチしたよき時代の面影に浸れる。
URL www.hoteltrere.com

- 🏠 Via P.Boldoni 20
- ☎ 031-265374　Fax 031-241349
- SS SB €42.30/81
- TS TB €72/167
- 🛏 47室　朝食込み W-F
- 休 年末年始3週間程
- C M.V.

ヴィラ・オルモ
Ostello della Gioventù Villa Olmo　P.147 A1外

YH 受付時間16:00〜23:30（門限24:00）。6泊まで。YH会員のみ。非会員は会員証作成費＋€2が必要。レンタル自転車あり。バールやレストランも併設、夕食€13（19:30〜22:30）。
URL www.ostellocomo.it

- 🏠 Via Bellinzona 2
- Fax 031-573800
- 🏠 朝食込み W-F
- D €21　S €23
- 休 11/15〜3/1　C M.V.
- 🚃 駅からバスNo.1、6、11でVilla Olmo下車。

※コモの滞在税　4/1〜9/30にYH、キャンプは€0.50、★€0.75、★★€1、★★★€2、★★★★〜★★★★★€2.50　10/1〜3/31は半額　4泊まで　14歳以下免除　SS シャワー付きシングル料金　SB バス付きシングル料金　TS シャワー付きツイン料金　TB バス付きツイン料金　D ドミトリー料金　JS ジュニアスイート料金

151

ベッラージオへの行き方

🚢 船で
- コモから遊覧船で所要約2時間10分〜
- コモから高速船で約45分

🚌 バスで
- コモからバスC30番で所要1時間10分。1日約12便

■セルベッローニ邸
🏠 Piazza della Chiesa 14
☎ 031-951555(予約)
開 3/24〜10/29
11:00、15:30 (冬時間の場合14:30)
休 ⊕、11〜3月中旬頃、荒天
料 €9 地 P.152 A・B2
※入口はPiazza Chiesa。約1時間30分、6〜30人までのガイドツアーのみ。所要1時間30分。船乗り場の❶で申し込み可。

■メルツィ邸
🏠 Via Lungolario Manzoni
☎ 339-4573838
開 3〜10月頃 9:30〜18:30
料 €6.50 地 P.152 B1外

≋≋≋ コモ湖畔の町 ≋≋≋

美しい庭園をもつ、ヴィッラの点在する町が湖畔に沿って広がっている。どの町にも、湖に沿って遊歩道が整備され、藤棚の藤の花や夾竹桃の花などの季節の花が咲き競う。青く輝く湖を眺めながら、涼風に吹かれての散策が楽しい。歩き疲れたら、湖畔のカフェやホテルでの休息もよい。

ベッラージオ Bellagio P.144 A2

コモから30km。コモ湖と南に分かれるレッコ湖との中央突端に位置し、眺めもよく、その風光明媚さと温暖な気候から「コモ湖の真珠」とも呼ばれる。**セルベッローニ邸庭園**Parco Villa Serbelloniと**メルツィ邸**Villa Melzi d'Erilの庭園はすばらしい。(いずれも庭園のみの公開。)

セルベッローニ邸庭園の展望台。コモ湖とレッコ湖が眺められる

🏨 HOTEL ベッラージオのホテル

★★★★★ L G.H.ヴィッラ・セルベッローニ
Grand Hotel Villa Serbelloni P.152 A1

湖と周囲の山々を見渡す、避暑地にふさわしいインテリア、雰囲気ともにコモ湖畔を代表する豪華なホテル。湖へと続く階段状の庭園も見事。ミシュラン1つ星のレストランMistral併設。2019年4月にリニューアルオープン。
High 5月中旬〜9月中旬
URL www.villaserbelloni.com
住 Via Roma 1
☎ 031-956435 Fax 031-951529
SB €294/425 TB €473/812
休 冬季
室 91室 朝食込み W-F
C A.D.M.V.

★★★ フローレンス
Hotel Florence P.152 A1

湖に面した風情あるホテル。歴史ある家具が置かれた室内や夏にはレストランがオープンするテラスからの風景もすばらしい。スパも併設。
URL www.hotelflorencebellagio.it
住 Piazza Mazzini 46
☎ 031-950342 Fax 031-951722
SS SB €130〜 TS TB €160〜
SU €270/300
室 27室 朝食込み W-F
休 11〜3月
C A.M.V.

※ベッラージオの滞在税 4/1〜10/31に★€1 ★★€1 ★★★€1.50 ★★★★S〜★★★★★★€2 最長7泊 18歳以下免除

トレメッゾ Tremezzo

P.144 A2

カルロッタ邸から楽園通りと湖を望む

さまざまな木々や花々で飾られた広大な庭園

ベッラージオへの行き方

船で
- ●コモから遊覧船で所要1時間30分〜2時間30分
- ●コモから高速船で約35分

バスで
- ●コモからバスC10番で所要約1時間

■カルロッタ邸
- 住 Via Regina 2/b
- ☎ 0344-40405
- 開 2019年は3/22よりオープン
  - 3/22〜9/29　9:00〜19:30
  - 9/30〜10/27　9:30〜18:30
  - 10/28〜11/3、12/6〜12/8
    10:00〜17:00
- 料 €10、学生€5、65歳以上€8
  トレメッゾまたはヴィッラ・カルロッタ下船。トレメッゾからは約300m、ヴィッラ・カルロッタは庭園すぐ前に停船。
- ※切符売り場は閉場1時間前まで。庭園内博物館は閉場30分前まで

白亜のカルロッタ邸

コモから約30km。温暖な保養地で滞在客が多い。トレメッゾから湖畔沿いの遊歩道を10分ほど歩き、グランド・ホテルを越えると、こんもりと小高い丘に**カルロッタ邸**Villa Carlottaがある。17世紀に建てられたネオクラシック様式の館で、庭内には黄色の実をたわわにつけたレモンの木をはじめ、さまざまな木々や花々で飾られた階段式の庭園が広がる。

館の内部には、**彫刻のコレクション**があり、カノーヴァの彫像やアイエツの絵で飾られている。3階には、当時の生活の様子がしのばれる家具も置かれている。

とりわけ3階のベランダからの眺めは絶景で、対岸のベッラージオ、グリーニョ山、レニョーネ山の高峰も望める。

ここから隣町のカデナッビアCadenabbiaへは、プラタナスの並木道が広がる。その名も楽園通りVia del Paradisoが湖畔沿いを通り、散策にぴったり。1kmほどあるが、徒歩で向かうのが楽しい。

湖水地方
コモ湖　ベッラージオ／トレメッゾ

🏨 HOTEL　　トレメッゾのホテル

★★★★★ グランド・ホテル・トレメッゾ・パラス
Grand Hotel Tremezzo Palace

緑の庭園の広がる、19世紀の館にある歴史あるグランドホテル。湖を望むテラスからの眺めもすばらしい。温水プールやサウナも完備。レストラン併設。カルロッタ邸の庭園に隣接。
URL www.grandhoteltremezzo.com

- 住 Via Regina 8
- ☎ 0344-42491
- Fax 0344-40201
- SB TB €468/1077
- 室 76室　朝食込み W-Fi
- 休 11月〜4/10
- C A.D.J.M.V.

★★★ ルサッル
Hotel Rusall

山と湖を望む緑のなかのロケーション。田舎風のインテリアや家庭的な雰囲気もいい。プール、テニスコート完備。レストラン併設。
読者割引 直接予約で2泊目から10%。P.9参照
URL www.rusallhotel.com

- 住 Via San Martino 2, località Rogaro
- ☎ 0344-40408　Fax 0344-40447
- SS SB €95/115　TS TB €128/138
- 4B €170(ファミリー)　室 23室　朝食込み W-Fi
- 休 12/26〜3/23
- C A.D.J.M.V.　交 町から2km、コモからバスC10番トレメッゾからホテルの送迎あり

※トレメッゾの滞在税　4/1〜10/31に★★€1　★★★€1　★★★€1.50　★★★★S〜★★★★★€2　最長7泊　18歳以下免除

SB バス付きシングル料金　TS シャワー付きツイン料金　TB バス付きツイン料金　SS シャワー付きシングル料金　SL スイート料金

メナッジョへの行き方

🚢 船で
- コモから遊覧船で所要2時間20分～2時間40分
- コモから高速船で約50分

🚌 バスで
- コモからバスC10番で所要約1時間10分

パスポート必携
　メナッジョからルガーノなどのスイス領に入る場合は、パスポート必携のこと。

メナッジョ Menaggio　P.144 A2

コモから35km。湖の西側にある美しい保養地。ルガーノへのバスも船着場のすぐ脇から出発している。ルガーノ湖の中心、ルガーノへはC12番のバスで約1時間（バスは1時間に1本程度）。ルガーノへの道は、山あいの村を抜けて走るバスからのひっそりとした風景の広がる眺めとなる。

花の咲き競うメナッジョの町

🏨 HOTEL　メナッジョのホテル

★★★★ グランド・ホテル・ヴィクトリア
Grand Hotel Victoria

湖沿いの緑の遊歩道に面した、優雅な雰囲気のホテル。木陰の下に広がるレストランでの食事は特別な思い出に。5～10月のみ。
URL www.grandhotelvictoria.it

🏠 Lungolago Castelli 9
☎ 0344-32003
Fax 0344-32992
🛏 53室　朝食込み W-F
C A.D.M.V.　🚢 船着場から約1km
※'19年1月休業中。'20年4月にリニューアルオープンの予定

★★★★ グランド・ホテル・メナッジョ
Grand Hotel Menaggio

20世紀初頭の邸宅を華やかなネオクラシック様式で飾ったホテル。湖のすぐ脇に建ち、プール、緑濃い庭園が周囲を囲み、リゾート気分満点。
URL www.grandhotelmenaggio.com

🏠 Via IV Novembre 77
☎ 0344-30640
Fax 0344-30619
SB €166/181
TB €166/342
🛏 94室　朝食込み W-F
休 12/4～3/31　C A.M.V.

チェルノッビオへの行き方

🚢 船で
- コモから遊覧船で約10分

🚌 バスで
- コモからC10番などで所要約10～15分

ヴィッラ・デステへは船の利用が便利。バス停からはやや距離がある。ただし、ヴィッラ・デステは宿泊者や利用者のみ入場可。守衛のチェックがあるので、宿泊しない場合は事前にレストランなどを予約して、食事の前後に庭園を見学しよう。

✉ ドライブ注意地帯

　ComoからBellagio,Lecco間は道幅が狭く、大型トラックとのすれ違いが頻繁にあります。（神奈川県　りあ）['18]

チェルノッビオ Cernobbio　P.144 A2

コモから約5km。緑の多い、こぢんまりとした保養地。この地で有名なのが、ヴィッラ・デステVilla d'Este。16世紀に建てられたかつての枢機卿の館。その後イギリス女王の館となり、現在はグランド・ホテルとなっているのが、エステ家の館だったヴィッラ・デステだ。ホテルの裏側には、噴水を配したひな壇状の美しいイタリア式庭園が広がる。

コモ湖遊覧の折、時間があれば少しおしゃれして出かけて、お茶かランチでも楽しめば、自然美と洗練された保養地というコモの魅力を十分に堪能できるに違いない。

ヴィッラ・デステのイタリア式庭園

🏨 HOTEL　チェルノッビオのホテル

★★★★★ L　グランド・ホテル・ヴィッラ・デステ
Grand Hotel Villa d' Este

世界中の憧れのホテルの1軒。歴史を刻んだ館、雛壇状の庭園、エレガントなレストラン、湖に溶け込むプールなど、贅沢な滞在を約束。部屋によって眺望、広さなどがかなり異なるので予約時に確認を。
URL www.villadeste.com

🏠 Via Regina 40
☎ 031-3481　Fax 031-348873
SS SB €590/813
TS TB €590/1420　US €943/2610
🛏 145室　朝食込み W-F
休 11月中旬～3/7　C A.D.J.M.V.
🚢 船着場から500m

マッジョーレ湖

面積212k㎡ 最深372m

Lago Maggiore **P.14 A・B2**

北はスイス、西はピエモンテ州、東はロンバルディア州に接し、イタリア第2の大きさを誇る**マッジョーレ湖**。スイスに源を発するティチーノ川が北から流れ込み、湖水の色も濃い緑から鮮やかな青へと変化しながら、南へと抜ける。アルプスの山々に守られた湖は、1年を通じて温暖な気候に恵まれ地中海性の植物もよく育ち、ボッロメオ諸島のボッロメオ家の邸宅やターラント邸などの美しい庭園が広がっている。

コモと同様に湖畔のリゾートながら、こちらは少しだけ気取らない雰囲気。湖沿いには気持ちよいプロムナードが続き、湖畔のそぞろ歩きが楽しい。

モッタローネ山、
山腹の高山植物園のテラスから
マッジョーレ湖を望む

マッジョーレ湖の中心地がストレーザ。ミラノから列車で約1時間の道のりだ。島や湖畔の見どころへは遊覧船の利用が便利。湖に沿ってバスが運行しているものの、便数が少ない。

町の中心はストレーザの船着場から道を渡って中に入ったカドルナ広場。小さな三角形の広場周辺にはカフェやレストラン、ジェラテリア、みやげ物屋、スーパーなどがあり、小路の散策も楽しい。

時間があれば、緑のなかに湖水が点在する風景を眺めにモッタローネ山に行ってみよう！

ストレーザへの行き方

🚃 **電車で**

● ミラノ・中央駅

　　　鉄道fs EC
　　　……56分

　　　鉄道fs R
　　　……約1時間8分

ストレーザ

● ミラノ・P.ガリバルディ駅

　　　鉄道fs R
　　　……約1時間26分

ストレーザ

ボッロメオ諸島のシンボル、
白孔雀

✉ 駅にご注意

ミラノからスーツケースを持って鉄道で出かけました。ストレーザ駅にはエレベーターはありません。1番線発着なら階段を利用しなくてもよいのですが、Rを利用したため、階段を利用せざるを得ませんでした。帰りのミラノ行きのほとんどは1番線の発着でした。駅前にタクシー乗り場がありますが、台数は少ないようでしばらく待つことになりました。駅からストレーザのホテルは均一料金€10でした。船着場までは駅を右に出て、次の角を左に下って大通りに出たら、右へ。徒歩10分程度です。
（東京都 ルル '17）

遊覧船情報

公共の遊覧船はNavigazione Lago Maggiore。湖畔の船着場で切符を購入して乗り込む。湖畔周辺では個人営業のモーターボートなどの客引きも盛んなので、利用しない場合は注意しよう。

夏季でも遊覧船の運航は早く終わってしまう。太陽は高くても、最終18:00台と考えて観光しよう。

ホテル情報

湖畔には高級ホテル、中央の船着場付近は中級ホテル、駅を山側に出たほうにはお値頃のホテルが多い。

マッジョーレ湖

Intragna　ロカルノ
Locarno

Ascona

Melezzo

S. Maria
Maggiore

Piággio
di Valmara

SVIZZERA
スイス

Zenna

M. Zeda
2193

カンノッビオ
Cannobio

Maccagno

ヴェルバニア
Verbania

マッジョーレ湖
Lago Maggiore

Luino

Tresa

パッランツァ
Pallanza

Ghiffa

Porto
Valtravaglia

Ponte
Tresa

バヴェーノ
Baveno

イントラ
Intra

ボッロメオ諸島
I. Borromee

S. Caterina
d. Sasso

Campo
dei Fiori
▲1226

モッタローネ山
Mottarone
1491

ストレーザ
Stresa
Belgirate

Gavirate

ヴァレーゼ
Varese

Ispra

アンジェラ
Angera

*Lago
di Varese*

アローナ
Arona

Sesto
Calende

N

0　　　8km

ノヴァーラへ

ミラノへ

●郵便番号　28838

■ストレーザの❶IAT
🏠 Piazza Marconi 16
☎ 0323-31308
🕐 10:00～12:30
　　15:00～18:30
🈺 11～2月の⑧と⑥午後、
　　1/1、12/25
🗺 P.156 B2
マルペンサ空港からの
プルマン
　マルペンサ空港ターミナル
1(出口2/3前)からストレーザの
船着場横の駐車場までアリバ
スAlibusが8:30～21:00に6
便運行。所要約1時間、切符
€12。前日(⑧⑧利用の場合
は⑥の)11:00までにホームペ
ージまたは☎で要予約。切符
は車内で購入。
URL www.safprenotazioni.com
☎ 0323-512172
※タクシー利用でマルペンサ
空港から€90程度

NAVIGATOR

　鉄道fsストレーザ駅から船着
場までは約1km。駅を出て、坂
道を下り、すぐの大きな通り
Viale Duchessa di Genova
を左に折れて湖畔に出、右に曲
がって湖沿いを500mほど歩く
と、船着場に到着。

ストレーザ Stresa　P.14 B2／P.144 A1

　マッジョーレ湖およびボッロメオ諸島の観光の基点となるマッジョーレ湖の西側に位置する、国際的な保養地。昔から数多の芸術家たちを魅了した町で、今ではヨット、テニス、水遊びに興じる人々でにぎわう。冬には、約30km離れたモッタローネMottaroneの山で、スキーも楽しめる。

　モッタローネ山からは、マッジョーレ湖をはじめ、モンテ・ローザなどのアルプスの山々のパノラマが楽しめる。

湖畔
ルンゴラーゴ
Lungolago ☆

　ホテルとヴィッラが並ぶ湖畔沿いの道からは、湖とボッロメオ諸島が見渡せる。湖畔沿いに続く緑のなか、よく整備された遊歩道が続き、島影を眺めながらの散策が楽しい。

　船着場のあるマルコーニ広場Piazza Marconiに面して新古典様式の1700年代のサンタンブロージョ教会S. Ambrogioが建ち、その左側には、1770年に建てられたかつての王宮Villa Ducaleがある。

　船着場から道を渡り、小路を抜けたカドルナ広場Piazza Cadornaがこの町の繁華街。レストランやカフェが並び、周囲にも商店が続く。

マルコーニ広場

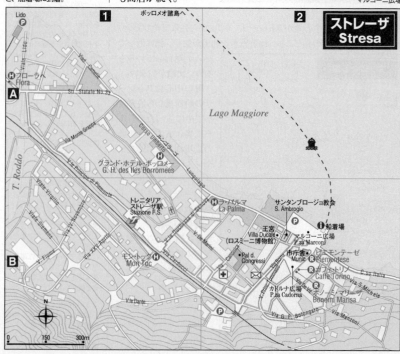

ボッロメオ諸島
イソレ ボッロメエ
Isole Borromee P.144 A1

マッジョーレ湖に浮かぶ島々で、ベッラ島、マードレ島、ペスカトーリ島など5つの島からなる。12世紀以来、ミラノの貴族ボッロメオ一族が領有していた。(島々の見学は、3月下旬から10月下旬頃までの期間のみに限られているので注意)

ベッラ島
イソラ ベッラ
Isola Bella ★★★

スタッコ装飾の美しい大広間

ボッロメオ諸島で一番大きく最も美しい島。ストレーザから約400m。長さ320m、幅180m。島のほとんどは、17世紀のボッロメオ宮殿Palazzo Barromeoと美しい庭園で占められている。白い孔雀が遊ぶ庭園は優雅。ロンバルディア・バロック様式の宮殿の内部は、スタッコ装飾、フレスコ画、絵画、タペストリーなどで華やかに飾られている。絵画は、カラッチ、ティエポロ、ルーカ・ジョルダーノなどの作品で壁面が埋め尽くされている。

とりわけ見事なのが、近年の装飾で華麗によみがえった大広間Salone。湖に向かって開かれた高いクーポラのある壮大な空間でスタッコと金で豪華に装飾されている。続いて、ナポレオ

どこも手の込んだ趣のある作庭だ

階段上のイタリア式バロック庭園

ンが泊まった部屋やムッソリーニが会談に利用した部屋、舞踏の間などの華麗な部屋を抜けると、地下には凝灰岩で造られた洞穴grotte風の部屋もあり、貝や大理石が散りばめられた幻想的な雰囲気だ。

続いて庭園に出ると、彫刻や噴水で飾られた10段の階段状のイタリア式のバロック庭園が広がる。最上段には噴水が白いしぶきを上げ、ボッロメオ家の紋章の白い一角獣が立っている。庭には、珍しい木々や南国の植物が緑に茂り、優しい香りを漂わせ、涼しい木陰を作り出している。また庭の中央部の貝殻形の円形劇場もすばらしい趣を与えている。

島内を散歩するのは、もちろんのこと、船の上から眺める光景もまるで1枚の絵のように美しい。

エレガントなイタリア庭園

✉ 行ってみて!!

マッジョーレ湖はおすすめスポットです。遊覧船は公共のNavigazione Lago Maggioreに乗りましょう。別会社の人が「うちも公共だ」とか、いろいろウソを言って来ます。必ず切符を買う建物で社名を確認して購入を。3島めぐりで1人€16.90でした。とても人が多く、船待ちの行列がすごかったので、午前中に行くのがおすすめです。
(広島県 ピーちゃん '16 8月)

白孔雀を
ボッロメオ一族が愛した

■ベッラ島
(宮殿と庭園見学)
☎ 0323-30556
開 3月下旬から10月下旬まで
2019年3/22〜10/20
9:00〜17:30
休 上記期間内無休
料 €16(マードレ島との共通券
€21)

157

ちょっとご注意!
ペスカトーリ島はスペリオーレ島とも呼ばれています。また、ベッラ島とマードレ島は年により多少オープン期間が異なる場合があります。詳細は URL www.borromeoturismo.it で検索可。

■マードレ島
（宮殿と庭園）
☎ 0323-30556
🕐 3月下旬から10月下旬まで
2019年3/22～10/20
9:00～17:30
休 上記期間内無休
料 €13（ベッラ島との共通券€21）

✉ ストレーザから
オルタ湖へ

駅始発のミニバスが湖岸沿いを停車してオルタへ向かいます。夏ならストレーザ泊で日帰りが可能です。

オルタ湖で天気がよければお得な船の周遊切符（€4）で対岸のPellaに渡ってお茶……というのもいい気分です。行きか帰りにサン・ジュリオ島へも寄れます。オルタの坂の上の教会（通称La Motta）へ行く途中の左側にあるPalazzo Penotti Ubertiniはすてきな建物で、夏季には美術展が開催されていておすすめです。 （大阪府 T.H.）

ストレーザ・オルタ間のバス
2018年6/10～9/9の運行
ストレーザfs駅前発
9:00、14:00、17:00
オルタPiazzale Prarondo発
10:00、15:00、18:00
所要約50分、切符€3.55
詳細は URL www.safduemilla.com/stresa-omegna-orta-san-giulio.html

ペスカトーリ島／スペリオーレ島
― Isola dei Pescatori/Isola Superiore
イソラ デイ ペスカトーリ イソラ スペリオーレ

レストランやホテルが多いペスカトーリ島

ベッラ島の北西にある島。長さ350m、幅100m。

かつては、その名のとおり（ペスカトーリPescatoriとは漁師の意味）漁師の住む家々が連なった島だったが、現在は、湖畔沿いにしゃれたレストランやホテルが並ぶ。湖に張り出されたテラスには、季節の花々があふれるように飾られ、湖上の船からの眺めもロマンティック。

マードレ島
― Isola Madre ☆
イソラ マードレ

こぢんまりとした美しい庭園

ボッロメオ湾の中央に位置する島。長さ330m、幅220m。

静けさに包まれた島で、1700年代に建てられたボッロメオ宮殿Palazzo Borromeoがある。内部には、17世紀の美術品で飾られた美しい広間がある。

またベッラ島のマリオネット小劇場の収集品、マリオネット人形が展示されている。

周囲の庭園には、珍しい外来植物や南国の花々が植えられ、すばらしい庭園となっている。とりわけ春、椿の季節が見事だ。

マリオネット小劇場

ボッロメオ諸島への遊覧船情報

遊覧船の運航は朝7時から19時頃まで。日中はほぼ10～30分ごとに運航。

ストレーザからの所要時間と料金(往復)
● ベッラ島へ………10分
€6.80、65歳以上€5.60、子供€3.40
● マードレ島へ……35分
ベッラ島＋マードレ島€12.70、65歳以上€10.30、子供€6.40

■往復切符
Tariffa Speciale Turistica di andata e ritorno
● ストレーザ↔ベッラ島↔マードレ島↔ペスカトーリ島／スペリオーレ島
€16.90、65歳以上€13.60、子供€8.50(有効1日)

遊覧船情報
Navigazione Lago Maggiore
free 800-551801（イタリア国内フリーダイヤル）
URL www.navigazionelaghi.it
ボッロメオ諸島のベッラ島、マードレ島、ペスカトーリ島の3つを回るのは駆け足でも半日がかり。時間がない場合は、行きたい島だけの往復券の購入が経済的。

帰りの時刻表を確認してから出発しよう。

マードレ島の船着場

イタリア屈指のグランドホテルの滞在を楽しむ

グランド・ホテル・デ・ジル・ボッロメー Grand Hotel des Iles Borromees

グランドホテルとは？

部屋からはベッラ島が望める

グランドホテルとは、一般的に「歴史と伝統を誇る規模の大きなホテル」の総称として用いられる。イタリアでも湖水地方にはその土地が誇るグランドホテルが各所にあり、かつては王侯貴族や社交界の人々の集う場でもあった。今も優雅なバカンスを楽しむ人たちでにぎわい、歴史的な建造物、豪華な内装、居心地のよいパブリックスペース、広い庭園、木陰や湖畔のプール、充実したスパやサービスなどにそれぞれのホテルの特徴が現れている。

　今回はコモ湖畔に比べ、ややお値頃なマッジョーレ湖畔でグランドホテルの滞在を楽しもう。

グランド・ホテル・デ・ジル・ボッロメー

　1863年創業、マッジョーレ湖畔に建つ6階建て、約200室の大規模なホテル。ストレーザとこのホテルが急激に規模を拡大し、世界的な保養地として有名になったのは1900年代初めのこと。ロンドンとコンスタンティノープル（トルコ・イスタンブール）を結ぶオリエント急行がストレーザに停車したことが始まりだ。オリエント急行を利用する王侯貴族や裕福な旅行客や商人が、その温暖な気候や美しい自然に魅せられてこの地に逗留するようになった。

テラスでの朝食がすてき！

■グランド・ホテル・デ・ジル・ボッロメー ★★★★★L
　Grand Hotel des Iles Borromees
High 5/4～10/6
住 Lungolago Umberto I 58　地 P.156 A1
☎ 0323-938938　Fax 0323-32405
SB €163/292　TB €163/451
室 179室　朝食込み Wi-Fi
休 11月中旬～2月上旬
C A.D.M.V.
URL www.borromees.it

エレガントなサロン

　その同じころ、第一次世界大戦の最中に赤十字の一員として北イタリア戦線に赴いたアメリカ人の作家ヘミングウェイが戦後の療養のためにこのホテルに滞在し、その美しさを記憶にとどめ、小説「武器よさらば」に書いたことで世界的に知られることになった。

　ゼラニュウムがテラスを彩り、堂々と美しい姿を見せるグランド・ホテル・デ・ジル・ボッロメー。湖に面したガラス張りの開放的なエントランスにはムラーノグラスシャンデリアが輝き、優雅なバーカウンターが美しい曲線を描く。全体がリバティ様

時代を感じさせるレセプション

式でまとめられ、階ごとに時代様式の異なる美術品（著名作品のコピー）で飾られていてまるで美術館のよう。

エレベーターにもびっくり

　広い庭園には樹齢100年を超える巨木が茂り、ベルヴェデーレのテラスは花と彫像、噴水で飾られ、散策が楽しい。植物の名前も部屋に置かれた地図でわかるのも楽しい趣向だ。小さな日本庭園も一角に設けられている。

　湖水を眺めながらの静かなテラスでの優雅なランチ、木陰のプールや庭園の散策……。滞在中の一番の楽しみは朝に夕に、マッジョーレ湖とそこに浮かぶベッラ島が手に取るかのように眺められること。ライトアップされた夜はさらにロマンティックで美しい。

堂々とした外観

■モッタローネ・
ロープウエイとリフト
Funivia del Mottarone
開 夏季(2017年3月23〜9/30)
9:30〜17:40
料 往復€19、片道€11.50
(リフト代を含む)
※乗り場は船着場Lido脇から。
ストレーザから約1.5km、徒
歩なら湖畔沿いのCorso
Umbertoを進み、途中の
Lido/Funiviaの標識を右に
湖方向へ下る。または遊覧
船でLidoへ。(→P.161)

モッタローネ山

モッタローネ
Mottarone

ゆるやかな山頂(1491m)からは、マッジョーレ湖、オルタ湖をはじめ、大小8つの湖を眼下にすることができ、マッジョーレ湖の対岸にはヴェルバニアの町が広がる。時間があれば帰路に高山植物園Giardino Botanico Alpinoへ。湖に面したテラスからは、

山々を背景にマッジョーレ湖に浮かぶベッラ島、マードレ島、ペスカトーリ島、さらに右にヴァレーゼ湖、対岸にヴェルバニアを一望するすばらしい景色が広がる。

植物園のテラスから

オルタ湖も見下ろせる

🍴🏨 RISTORANTE HOTEL　**ストレーザのレストラン&ホテル**

🍴 カフェ・トリノ
Caffe Torino　P.156 B2

✉滞在中3回も通ったレストラン兼スナックバー兼ジェラテリア。いつも地元の人や観光客でにぎわっています。前菜、パスタ、デザートで€15くらい。量も十分、味も満足です。
(大阪府　内田美由紀)['19]

住 Piazza Cadorna 23
☎ 0323-30652
営 7:00〜22:00
休 11/1〜2/28の㊋、1/6〜1/31
料 €16〜20、定食€40
C A.D.M.V.

🍴 ピエモンテーゼ
Piemontese　P.156 B2

優雅な中庭があり、夏にはオープンエアで伝統的なピエモンテ料理が味わえる。船着場にも近く、観光途中に利用するのにも便利。
夏予約

住 Via Mazzini 25
☎ 0323-30235
営 12:00〜15:00、19:00〜24:00
休 ㊍、12〜1月
料 €35〜75(コペルト€3.80)、定食€39、55
C A.M.V.

🍴 リストランテ・アンティーカ・ストレーザ・ディ・ボノーミ・マリーザ
Ristorante Antica Stresa di Bonomi Marisa　P.156 B2

✉カドルナ広場のレストラン・バールの3軒のうち、私のおすすめは真ん中のここ。魚介のパスタSpaghetti allo Scoglioがおいしく、2日間通ってしまいました。家内は絶品の味だとあとからもこの味を求めていました。
(京都府　戸川隆博)['19]

住 Piazza Cadorna 34
☎ 338-9831378
営 10:00〜22:00
休 10/20〜3/15
料 €25〜60、定食€30
C M.V.

★★★★ ラ・パルマ
Hotel La Palma　P.156 B2

エレガントな調度やサービスもよく、ボッロメオ島を望む屋上のスカイバーやプールからの景観が見事。温水プール、サウナ完備。レストランも好評。
URL www.hlapalma.it

住 Corso Umberto I 33
☎ 0323-32401
Fax 0323-933930
SS SB €113/180
TB €100/290
室 118室　朝食込み Wi-Fi
C A.D.J.M.

★★★ フローラ
Hotel Flora　P.156 A1外

fs駅から西へ500m。Roddo川を渡る。白いヴィッラ(別荘)風の建物で愛らしく、湖の眺望が最高。緑に囲まれた庭園がありゆったりとした雰囲気。
Low 3、4、10月
URL www.hotelflorastresa.com

住 Via Sempione Nord 30
☎ 0323-30524
SB TB €145/230
室 32室、朝食込み Wi-Fi
休 12〜2月
C A.D.J.M.V.

★★ ヴィッラ・モン・トック
Hotel Villa Mon Toc　P.156 B1

fs駅から150m、湖に300mと便利で、雰囲気も快適。とてもいいペンションで、2食付きにするほうが得。家庭的で味もよく外で食べるよりよい。夕食は€18。
URL www.hotelmontoc.com

住 Viale Duchessa di Genova 69
☎ 0323-30282
Fax 0323-933860
SS T €48〜　TS €70〜
室 15室　朝食込み Wi-Fi
休 11月、1月
C M.V.

※ストレーザの滞在税　YH €0.50　★€0.50　★★€0.50　★★★€1　★★★★€1.50　★★★★★€2　6歳以下免除

160

パッランツァ Pallanza P.144 A1、P.155

マッジョーレ湖のほぼ中央にある有名な保養地。緑の木々や季節の花々の間に多くのヴィラが点在し美しい。

ターラント邸庭園

ジャルディーニ ボ タ ニ チ ディ ヴィッラ ターラント
Giardini Botanici di Villa Taranto ★★

花々の競演、ターラント邸

湖水巡りのハイライトともいえる美しい庭園。整備された庭園と豊富な植物の種類は筆舌に尽くしがたいほど。限られた期間のオープンのためか、庭園狭しと花々も咲き競う。

ベコニア、スイレン、ダリア、日本の松や柿にいたるまでの木々が起伏のある20ヘクタールの庭園に芸術品のように配されている。その美しさは、一種驚嘆すべきものだ。

切符売り場でくれる地図を手に回ろう。庭園内に順路が数字で表記してあるので、これに従えば花や木々を眺めながら容易に一周することができる。1周約3km、所要2時間程度だ。

芸術品のように配置された花々

庭園の創立者は英国軍隊長のスコットランド人Neil Boyd Watson McEacharm。植物への飽くなき情熱を持ち、イタリアを愛した人物で、1928年に広大な庭園にふさわしい地を求めてここにたどり着いたという。現在はイタリア共和国が所有・運営する庭園だ。庭園の一角に大統領の迎賓館がおかれているため、入場・写真撮影が一部禁止されている。

高低差があって美しい庭園

春には桜が咲き、4月は8万本のチューリップが咲き誇り、5月にはカラフルなアザレアや純白のマグノリア、6月にはハスが天高く茎をもたげ、バラや百合、柑橘類の花が甘い芳香を漂わす。7月下旬から9月は300種ものダリアが豪華絢爛に咲き誇る。秋は美しい紅葉が丘を染める。

周囲の山並みとの調和も見事

遠くには迎賓館として使われているヴィラ

■ヴェルバニア（パッランツァ）の❶
住 Piazza Garibaldi
☎ 0323-542283
開 9:30～12:30 15:00～17:00
休 日
※ターラント邸庭園の行き方
　ストレーザから遊覧船利用でVilla Tarantoまで約50分。30分～1時間間隔の運航。船着場から階段を上がり、道路を渡れば庭園入口。入口近くにカフェ・レストラン、トイレがある。
　ストレーザからSAF社のバス利用で所要約20分。平日のみ約3便。

■ターラント邸庭園
☎ 0323-556667
開 2019年3/15～11/3
3月　　　8:30～17:30
4～9月　8:30～18:30
10/1～10/14 9:00～17:00
10/15～10/31 9:00～16:30
11/1～11/3 9:00～16:00
（切符売り場は閉場1時間前まで）
休 上記期間内無休
料 €11、6～14歳€5.50

✉ **ターラント邸で夢のひととき**
ほんとうにすばらしい庭園です。春の初めは雪を頂くアルプスの山並みを借景に色とりどりの花々の饗宴でした。
（東京都　花乙女）

モッタローネ山の歩き方
ロープウエイは中間駅で乗り換えて上駅へ。上駅から左方向へ進むとリフト乗り場があるので、これを利用して山頂へ。山頂にはAlpylandがあり、1人乗りの（子供や女性は2人可）のジェットコースター（料€5）でパノラマとスリルを楽しみながらリフトの下駅まで下ることができる。高山植物園（開 4～10月の9:30～18:00、料€4）は中間駅から徒歩7分程度。

湖水地方

マッジョーレ湖　ボッロメオ諸島／パッランツァ

■オルタ・サン・ジュリオの❶

- 住 Via Panoramica
- ☎ 0322-905163
- 開 夏季 9:30～13:30
  14:00～17:00
  冬季10:00～13:00
  14:00～16:00
- 休 夏季の⊛、冬季の⑪⊛

詩情あふれる湖畔

湖の周囲に小さな町並みが続き、印象的な風景を作りあげているオルタ・サン・ジュリオ。交通はやや不便ながら、静かでゆったりとした滞在が約束されている。湖畔で島を眺めてお茶をしたり、石畳の道に花があふれる町並みを散策したりと気ままに過ごしたい町だ。高台のサクロ・モンテから望むサン・ジュリオ島の美しさは格別。町からは山の中の道を通るハイキング・コース（運動靴で）がある。またはバスがサクロ・モンテの下まで連絡している。サクロ・モンテの中心にはカフェやレストランもあるので、ハイキングコースとして楽しめる。

✉ サクロ・モンテへ

鉄道駅から向かう場合は、❶を背にした丘に向かう山道を登ると近道。冬でも、礼拝堂は9:00に開門。ただ、とても寒いので防寒着は必須。Orta-Miasino駅には券売所、券売機ともにありません。車掌さんから購入。　　　　（匿名希望）

オルタ・サン・ジュリオへの行き方

🚃 電車で

●ミラノから
中央駅
↓ 鉄道 fs RV＋R
　…1時間46分～5時間24分
オルタ(Orta Miasino駅)
ノヴァーラNovara経由。ノヴァーラーオルタ間は本数が少ないので注意

駅近くから湖畔やサクロモンテまでは汽車型の観光バスが運行。湖畔までは約2kmの道のり。大きな荷物を持って宿泊する場合は、事前にホテルに列車の到着時間を知らせ、タクシーを手配してもらうといい。

🚌 バスで

●ストレーザ
↓ S.A.F.社 約50分
オルタ湖
※6～9月のみ、1日3便
(→P.158)
🌐 www.safduemila.com

オルタ湖　*Lago d' Orta*
面積18.15km²　最深143m
P.14 A・B2

小高い山と緑に囲まれた湖の中央には、木々が茂る小さなサン・ジュリオ島が浮かび、神秘的かつ絵のような美しさに包まれている。

大きな湖の観光地化した光景に食傷気味の人には、こぢんまりとしたホッとする雰囲気に湖水地方の別の魅力を発見することができる。

オルタ・サン・ジュリオの広場にて

■オルタ・サン・ジュリオ　Orta San Giulio　P.144 A1

オルタ湖の東側に広がる、湖の中心の町。緑と花が湖畔を彩り、町には趣のある小路が幾重にも通る。

のんびり過ごせるオルタ・サン・ジュリオ

湖に隣接した中央広場には、かつての**市庁舎 Palazzo della Comunita**（1582年）があり、1階はポルティコで囲まれている。静かさにあふれた小路、バロック様式の古い家々。その家々には鋳鉄製の優美なバルコニーと花の咲き競う中庭。美しい絵画的な光景が広がる。

オルタ湖とマッジョーレ湖南側

オルタ・サン・ジュリオの市庁舎

サクロ・モンテ
サクロ モンテ
Sacro Monte 世界遺産

オルタの町から約1.5km。森の高台（標高401m）にサクロ・モンテがある。聖フランチェスコにささげられた至聖所で、20の礼拝堂があり、1591年から1700年代後半に建てられた。内部は、17～18世紀のフレスコ画とテラコッタの人物群像で飾られている。

聖フランチェスコの生涯を
表わしたテラコッタ

サン・ジュリオ島
イソラ ディ サン ジュリオ
Isola di S. Giulio

オルタ・サン・ジュリオより船で約5分。長さ300m、幅160mの絵のように美しい小さな島。中央には、4世紀に聖ジュリオが島に来たときに建立されたという、バジリカ・ディ・サン・ジュリオが建つ。現在のバジリカは、12世紀に再建されたもの。鐘楼は11世紀の物。

内部にある、ロマネスク様式の彫刻を施した**説教壇**Amboneは、11～12世紀の物。

1400年代のフレスコ画と16世紀のガウデンツィオ・フェッラーリ派のフレスコ画で飾られている。

地下聖堂には、聖ジュリオの遺骸を収めた聖遺物箱がある。

サン・ジュリオ島

🏛 世界遺産

ピエモンテとロンバルディア州の聖地サクロ・モンテ
登録年2003年　文化遺産

■サクロ・モンテ
開 夏季　9:00～18:30
　　冬季　9:00～16:30

■バジリカ
開　9:30～12:15
　　14:00～18:00

✉ サクロ・モンテへ

テラコッタの人物群が強調され、重苦しい雰囲気の場所だと思っていましたが、実際に訪ねると、穏やかな山の上に広がる、のんびりとしたよいところでした。　　（兵庫県　ゆうこ）

🚢 サン・ジュリオ島への行き方

🚢 船で
●サン・ジュリオ島へ
　船で約5分、往復€3.15。3～10月の圓のみの運航で、オルタ発10:15～17:00、約40分間隔の運航。
　船のほか、乗り合いのモーターボート（15～40分間隔の運航。1人往復€4.50）もある。
※遊覧船の情報は URL www.navigazionelagodorta.it

🍴🏨 RISTORANTE HOTEL — オルタ湖のレストラン＆ホテル

❀ ヴィッラ・クレスピ
Villa Crespi

緑に包まれた、花の咲く庭園と湖を見下ろすミシュランの2つ星。エレガントなインテリアのなかでピエモンテ料理が味わえる。下記同名ホテルのレストラン。
要予約

- 住 Via G. Fava 18
- ☎ 0322-911902
- 営 12:30～14:00、19:30～21:45
- 休 圓、㊌昼、1/14～2/7頃
- 予 €180～250、定食€150
- C A.D.J.M.V.

★★★ ラ・ブッソラ
Hotel La Bussola

町の中心の高台に位置し、オルタ湖とサン・ジュリオ島を見下ろす眺めのよいホテル。プールもあり、バカンスに最適。
URL www.hotelbussolaorta.it

- 住 Via Panoramica 24
- ☎ 0322-911913
- ☎ 0322-911934
- SS €90/140　TS €135/190
- 室 42室　朝食込み WiFi
- 休 11月　C A.D.J.M.V.
- 交 町の中心

★★★★ ヴィッラ・クレスピ
Hotel Villa Crespi

大きな庭園に囲まれた19世紀末のヴィッラをムーア風の歴史あるインテリアが飾る。客室もサロンも華やか。いくつかの客室には天蓋付きのベッドに大理石の浴槽も用意されている。
High 4～12月
URL www.hotelvillacrespi.it

- 住 Via G. Fava 18
- ☎ 0322-911902　Fax 0322-911919
- TB €319/669　ハーフペンションネ（2食付き）あり（HPのパッケージに詳細あり）室 14室　朝食込み WiFi
- 休 1/14～2/7頃　C A.D.J.M.V.
- 交 町から1.5km

※オルタ・サン・ジュリオの滞在税　B&B★～★★€0.50　★★★€1　★★★★€1.50　★★★★★€2　★★★★★★L€3　10歳以下免除　SS シャワー付きシングル料金　SB バス付きシングル料金　TS シャワー付きツイン料金　TB バス付きツイン料金　SU スイート料金

ルガーノへの行き方

🚋 **電車で**

●ミラノから
中央駅
　│ 鉄道fs EC、R
　│ …約1時間10分
　▼
ルガーノ

●コモ(S.Giovanni駅)から
　│ 鉄道fs R
　│ …31分
　│ 鉄道fs S11+S-Bahn
　│ …43分
　▼
ルガーノ

🚌 **バスで**

●コモ湖のメナッジョMenaggio
　│ バスC12番
　│ …約1時間
　▼
ルガーノ

ルガーノ湖
面積48.7㎢　最深288m
Lago di Lugano **P.14 A2**

コモ湖とマッジョーレ湖に挟まれた湖。イタリアでは、チェレジオ湖とも呼ばれ、ほとんどの部分はスイス領。細く曲がりくねった湖の面積は48.7平方km。一番広い幅が3kmと細長い。

マッジョーレ湖やコモ湖に比べ、湖畔の伸びやかな開放感は少ないが、温暖な気候と湖畔に広がる緑濃い険しい山々の光景が魅力的。

市民公園よりルガーノ湖を望む

■ ルガーノ Lugano(スイス領) **P.144 A2**

ルガーノ湖畔に広がる湖の中心地。駅に向かう坂道や湖畔沿いには、しゃれたスイスの民芸品などを売る、こぎれいな商店やホテルが軒を連ねる。穏やかな明るい保養地ならではの雰囲気にあふれている。湖畔に広がる緑と花いっぱいの市民公園Parco Civicoや遊歩道を散歩するのも楽しい。

手入れのいき届いた市民公園

カンピオーネ・ディタリアへの行き方

🚢 **船で**

●ルガーノ
　│ SNNL社………約20分
　▼
カンピオーネ・ディタリア

■カンピオーネ・ディタリアの🛈

🏠 Corso Italia 2
☎ 091-6495051
🕐 (月)～(金)8:30～17:00
　 (水)　8:30～14:00
🚫 (土)(日)(祝)、(水)午後
🗺 P.165 A

カンピオーネ・ディタリア Camipione d'Italia **P.144 A2**

カジノが有名

スイスにあるイタリアの飛び領土。カジノがあることでも有名。船着場の左側から延びる遊歩道から望むルガーノ湖の眺めは、広々として大パノラマが楽しめる。

湖沿いの道を(左側)北へ200mほど進むとカジノCasinòがあり、昼夜を問わず大勢の人でにぎわっている。カジノの手前には、かつての教区教会サン・ゼノーネがある。現在は、市立美術館Galleria Comunaleとなっており、特別展が開かれる。内部には、1300～1400年代の彫刻がある。

船着場すぐ右側の広場の奥には、サン・ピエトロ礼拝堂Oratorio di S. Pietro。これは、カンピオーネ出身の建築家、彫刻家によって14世紀に建てられた優美な建物。今ではやや古ぼけてしまっているが、カンピオーネ出身の彼らは、「カンピオネージ」と呼ばれイタリア全土にロンバルディア様式を広めるのに多大な貢献をしたことでも有名。

陽光まぶしいカンピオーネ・ディタリア

■マドンナ・デイ・ギルリ教会
マ ド ン ナ デイ ギ ル リ
Madonna dei Ghirli

カンピオーネ・ディタリア
Campione d'Italia
Lido
Via Matteo da Campione
Piscina
N
0　100m
A
カジノ・
Casino
Corso Fratelli Fusina
P.le Milano
Corso Italia
市庁舎
Municipio
市立美術館
(旧サン・ゼノーネ教会)
S. Zenone(Galleria Com.)
船着場・
Imbarcadero
P.le Roma
サン・ピエトロ
礼拝堂
S.Pietro
ルガーノ湖
Lago di Lugano
サン・ゼノーネ教会
S. Zenone
Corso
Via Marco da Campione
Corso Italia
B
マドンナ・デイ・ギルリ教会
Madonna dei Ghirli
P.zza
Indipendenza

　船着場の右側から湖沿いに延びるViale Marco da Campioneを700mほど歩く。1300年代のオリジナルで、1700年代に再建された。躍動的なバロック様式の正面が湖に面している。ポルティコの下には、最後の審判の1400年代のフレスコ画とロンバルディア派のフレスコ画で飾られている。

■カジノ
住 Piazzale Milano 1
☎ 091-6401111
開 月〜木12:00〜翌4:00
　　金土、祝前日
　　　　12:00〜翌5:00
　　日祝　11:00〜翌4:00
休 12/24、12/25
地 P.165 A
要パスポート。上着、ネクタイ着用。
URL www.casinocampione.it
※ミラノから送迎バスあり

■市立美術館
開 催時のみ
料 無料
地 P.165 A

■M.デイ・ギルリ教会
　見学は❶に申し出る
地 P.165 B

マドンナ・デイ・ギルリ教会

ルガーノ湖では時はゆったり流れる

🍴 **RISTORANTE**　　　　カンピオーネ・ディタリアのレストラン

❊ダ・カンディーダ
Da Candida　　　　　地図外

歴史ある館の中の、エレガントなレストラン。味、サービスともに定評のある1軒。フォアグラ入りのテリーヌや仔羊のコンフィなどフランス料理の影響を受けた独創的イタリア料理が楽しめる。ミシュランの1つ星。

要予約

URL www.dacandida.ch
住 Viale Marco da Campione 4
☎ 0041-91-6497541
営 12:00〜14:30、19:00〜23:00
休 月、火昼、2月、6月末〜7月初旬3週間
予 €70〜110(コペルト€4.50)、定食€65、110
C J.M.V.

🚃 電車で

●ミラノから
中央駅
｜ 鉄道 fs FRECCIABIANCA
｜　　…約50分
↓ R……1時間22分
デセンツァーノ・デル・
ガルダ－シルミオーネ(駅)
●ヴェローナから
｜ 鉄道 fs R
↓ …………約25分
デセンツァーノ・デル・
ガルダ－シルミオーネ(駅)
※駅から湖畔の船着場への
行き方。徒歩で15～20
分、または市バス2または
3番で所要約10分。平日
30分に1便、圓祝運休。

🚌 バスで

●ヴェローナから
駅前のプルマン乗り場
｜ ARRIVA/SIA社
｜ ……約1時間25分
↓ 約1時間に1便
デセンツァーノ
※下記参照

ガルダ湖巡りに
便利なプルマン
　ARRIVA社の運行で、バス
26番がヴェローナ←(約1時間)
→シルミオーネ←(10～30分)
→デセンツァーノ・デル・ガル
ダ←(55分～1時間20分)→ブ
レーシャを結んでいる。
　ヴェローナではポルタ・ヌ
オーヴァ駅前発車でアレーナ
そばなどにも停車。デセンツ
ァーノ・デル・ガルダでは港
や駅前に停車。ブレーシャは
駅前のバスターミナルが終
(始)点。平日1時間に1便、圓
祝1～2時間に1便、学校の休
暇期間は減便。
　時刻表は URL www.arriva.it

■ガルダ湖の遊覧船の❶
Navigazione Lago di Garda
住 Piazza Matteotti, Desenzano
☎ 030-9149511
デセンツァーノにある。

ガルダ湖　Lago di Garda

面積370km²　最深346m

P.15 B3

レモン栽培の果樹園と湖

　ベナコ湖とも呼ばれるイタリア最大の湖。西にロンバルディア州、東にヴェネト州、北にトレンティーノ＝アルト・アディジェ州と3州にまたがり広がる。湖の西側には、標高1508mのカルツェン山。東側には2218mのバルド山などの高い山々が湖を取り囲んでいる。また北側のドロミテ山塊が壁となって冷たい風を防ぐため、温暖な気候となっている。

　ガルダ湖の美で特筆すべきものに、湖水の美しさが挙げられる。深く透みきった青々とした水。冬でも平均気温は、2～3℃。夏は23～25℃という温暖な地中海性気候のこの地では、オリーブの木が茂り、レモンが実を結ぶ。野菜や果実の栽培も盛ん。穏やかな光景が湖の周囲には広がっている。

岩山が迫るガルダ湖周遊道路

ガルダ湖の遊覧船情報

　遊覧船と高速船がデセンツァーノ・デル・ガルダ、シルミオーネ、ペスキエーラ・デル・ガルダから北のリーヴァ・デル・ガルダまで運航している。
●デセンツァーノ・デル・ガルダ↔シルミオーネ
　　高速船……約20分
●デセンツァーノ・デル・ガルダ↔ガルドーネ・リヴィエラ
　　高速船……80分　遊覧船……2時間30分
●デセンツァーノ・デル・ガルダ↔リーヴァ・デル・ガルダ
　　高速船……約3時間　遊覧船……約5時間
●湖を東西に横断するトスコラーノ・マデルノ↔トッリ・デル・ベナコ
　　遊覧船……25分

保養と観光の中心は、湖の西側。とりわけリヴィエラ・ブレシャーナ(ブレーシャのリヴィエラ)と呼ばれるサロからガルニャーノの間には、別荘や美しい庭園をもつホテルが並ぶ。湖の南西の端に位置するデセンツァーノは湖の中心的な商業の町。遊覧船の基点でもある。その東側には、湖に突き出た岬の突端にあるシルミオーネの町があり温泉地として有名。

湖の東側には、バルドリーノ、ガルダ、美しい湖が一望できるサン・ヴィジリオ岬がある。さらに続く、トッリ・デル・ベナコやマルチェージネは、キャンパーでにぎわう。

さらに、北側のリーヴァ・デル・ガルダとトルボレは、よく整備されたトレンティーノ州の美しい保養地。

デセンツァーノ・デル・ガルダ Desenzano del Garda P.145 B4

鉄道駅にも近く、ガルダ湖の玄関口ともいうべき町。駅にはデセンツァーノやシルミオーネ行きのバスが発着している。駅からデセンツァーノの町へは約1kmで、徒歩でも十分だ。途中のデセンツァーノ城周辺からの湖と町並みの景色もすばらしい。見どころは湖畔に集中しており、ドゥオーモのティエポロの『最後の晩餐』Ultima Cenaは見逃せない。また、やや北側に位置するローマ時代の別荘Villa Romana

(住 Via Crocefisso 22、開 夏季8:30〜19:00、冬季8:30〜17:00、通年㊍8:30〜14:00、休 ㊊、1/1、5/1、12/25、料€4) には色鮮やかな1世紀頃の床モザイクが残っている。

伸びやかなデセンツァーノ・デル・ガルダの町

NAVIGATOR

ガルダ湖に沿って周囲114kmの道路が整備されているが、船での遊覧のほうが湖の魅力を堪能できる。

遊覧船の一部はフェリーにもなっている。また、バールや音楽付きの観光船で湖を一周するツアー、土曜の夜にはナイトクルーズもある。詳細は船の❶へ。

■デセンツァーノの❶
住 V. Porto Vecchio 34
☎ 030-3748726
開 夏季　　10:00〜19:00
　㊐㊗　　10:00〜13:00
　　　　　14:00〜17:00
　冬季　　10:00〜12:30
　　　　　14:00〜17:00
休 10〜5月の㊐

■城
開 6〜9月　　9:30〜13:00
　　　　　　16:30〜19:30
　4・5・10月 10:00〜12:30
　　　　　　15:00〜18:00
　11〜3月㊏㊐のみ
　　　　　　10:00〜12:30
　　　　　　15:00〜18:00
休 ㊊、復活祭の㊐、12/25
料 €3、6〜18歳、65歳以上€1

✉ お城を見学
　内部見学可。シニア割引で€1で入場。室内、塔、城壁、中庭などを見学。町と湖の眺めがよかったです。
　　　　(千葉県　シニョーラK)

■ドゥオーモ
開 　9:00〜12:00
　　15:30〜19:00

🍴🏨 RISTORANTE HOTEL　デセンツァーノ・デル・ガルダのレストラン&ホテル

✳ エスプラナーデ
Esplanade

夏は湖へと続く庭園にテーブルが並び、リゾート気分あふれる1軒。湖からの淡水魚など、季節の素材を生かした料理に定評があるミシュランの1つ星。
要予約

住 Via Lario 10
☎ 030-9143361
営 12:30〜13:45、20:00〜22:00
休 ㊌　予 €68〜153(コペルト€8)、定食€80、100
C A.D.J.M.V.
交 船着場そば

★★★ ピロスカーホ
Hotel Piroscafo

船着場の近くにある家族経営のホテル。光が差し込む客室は明るく清潔。部屋によっては、湖を見渡せる。
URL www.hotelpiroscafo.it

住 Via Porto Vecchia 11
☎ 030-9141128
Fax 030-9912586
SS SB €60/80
TS TB €90/140
室 32室　朝食込み W-F
C A.M.V.　休 11〜3月

★★★ シティー
Hotel City

町の中心から300mほどの所に位置する。クラシックスタイルで居心地よくしつらえられたホテル。シンプルで清潔。スタッフも親切。
読者割引 3泊以上で10%、P.9参照
Low 2〜3月、10/15〜2/15
URL www.hotelcity.it

住 Via Nazario Sauro 29
☎ 030-9911704
Fax 030-9912837
SS €60/90　TS TB €90/160
室 39室　朝食込み W-F
休 12/15〜1/31　C A.D.J.M.V.
交 町の南東、考古学博物館の近く

■シルミオーネの❶IAT
住 Viale Marconi 8
☎ 030-3748721
開 9:30～12:30
15:00～18:00(夏季18:30)
休 11～3月の㊐、㊗、㊏午後
地 P.168 B

シルミオーネへの行き方

船で

●デセンツァーノから
↓ 遊覧船 …約20分
シルミオーネ

●リーヴァ・デル・ガルダから
↓ 遊覧船 …2時間30分～4時間30分
シルミオーネ

バスで

●ヴェローナまたはブレーシャから
↓ ARRIVA/SIA社 LN026番 …約1時間
シルミオーネ
※約1時間に1便の運行。㊐㊗は減便の場合あり

URL www.trasportibrescia.it

■スカラ家の城塞
☎ 030-916468
開 8:30～19:30
㊐8:30～13:30
㊗8:30～19:00
休 ㊊、1/1、5/1、12/25
料 €5
地 P.168 B

■ローマ時代の遺跡
☎ 030-916157
開 夏季8:30～19:30
㊐㊗9:30～18:30
冬季8:30～17:00
㊐㊗8:30～14:00
休 ㊋、1/1、12/25
料 €8
地 P.168 A
※スカラ家の城塞、ローマ時代の遺跡の共通券€12

シルミオーネ Sirmione

P.145 B4

ローマ時代の詩人カトゥッロが称賛した土地で、起源はローマ時代に遡る。湖に突き出た細長い岬の突端にある町で、周囲が水に囲まれ美しい。

また、特に耳鼻科の病に効能のある温泉地としても有名。全体的に明るく、おしゃれな保養地。

オリーブ林の中、すばらしい眺望が広がるローマ時代の遺跡

スカラ家の城塞 Rocca Scaligera

ロッカ スカリジェーラ

湖と港を取り囲むように城壁と塔が建つ。13世紀にスカラ家のマスティーノI世が建造した物。とりわけ興味深いのが、珍しい造りの船だまりDarsenaで、保存状態もよい。

内部は二重の城壁で囲まれており、外側の城壁からの湖の眺めがすばらしい。ポルティコに隣接した内部には、ローマ時代と中世の墓碑が陳列されており、階段が連絡壕へと続いている。

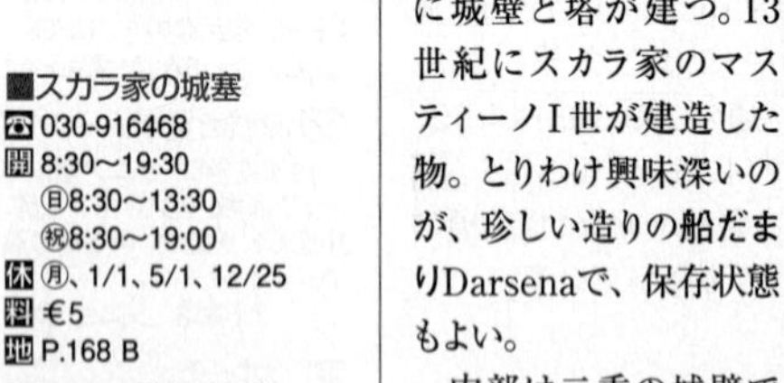

スカラ家の城塞からのガルダ湖の眺めがすばらしい

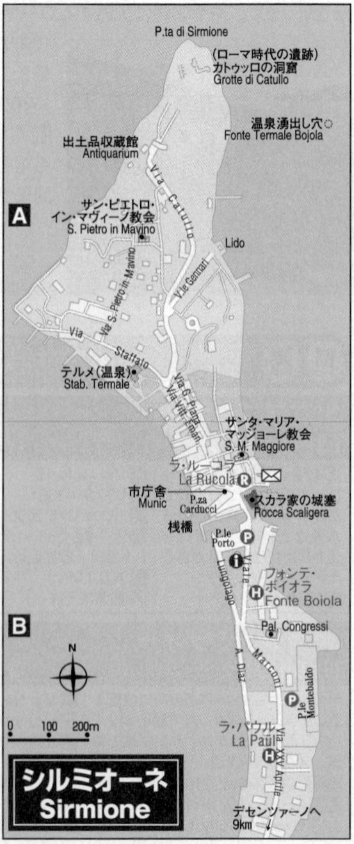

P.ta di Sirmione
(ローマ時代の遺跡)カトゥッロの洞窟
Grotte di Catullo
温泉湧出し穴
Fonte Termale Bojola
出土品収蔵館
Antiquarium
Via Catullo
A
サン・ピエトロ・イン・マヴィーノ教会
S. Pietro in Mavino
Lido
V.le Gennari
Via S. Pietro in Mavino
Via Staffalo
テルメ(温泉)
Stab. Termale
Via G. Piana
Via Vitt. Eman.
サンタ・マリア・マッジョーレ教会
S. M. Maggiore
ラ・ルーコラ
La Rucola
市庁舎
Munic
P.za Carducci
スカラ家の城塞
Rocca Scaligera
桟橋
P.le Porto
Lungolago
Viale
フォンテ・ボイオラ
Fonte Boiola
B
Pal. Congressi
N
A. Diaz
Marconi
P.le Montebaldo
0 100 200m
ラ・パウル
La Paul
Via XXV Aprile
シルミオーネ
Sirmione
デセンツァーノへ 9km

ローマ時代の遺跡
グロッテ ディ カトゥッロ
Grotte di Catullo

岬の先端の高台にあり、あたりはオリーブの林が広がっている。ここからのパノラマのすばらしさは特別だ。**カトゥッロの洞窟**Grotte di Catulloと呼ばれるローマ帝政初期の別荘Villa Romanaの遺構が残る。ローマ時代の別荘の遺跡には、古代ローマ時代の柱廊、温水プール、広い集会場、廊下が残る。

柱廊の続く、ローマ時代の遺跡

✉ 無料温泉へ

場所はスカラ家の城塞からLidoに向かって湖畔の遊歩道を3分ほど歩いた所。遊歩道のすぐ横の砂地に、温泉の出水口があり、大小の穴が掘ってあります。小さい穴では岩に座って足湯を楽しめます。大きい穴では全身つかることができます（水着必須）。出てくる温泉水は90度くらいで熱々、穴をちょっと掘ると地熱で水が熱くなるので、湖の水と混ぜてちょうどいい温度にします。湖や城壁を眺めながら鳥のさえずりを聞きつつ入る足湯で、旅の疲れも吹っ飛び、とてもリフレッシュできました。　　　（Urara '17）

🍴🏨 RISTORANTE HOTEL　**シルミオーネのレストラン＆ホテル**

❋ ラ・ルーコラ
La Rucola　　　　　**P.168 B**

スカラ家の城塞近く、港に面した細い路地にある。ミシュランの1つ星で、定評ある創作料理の店。エレガントな雰囲気でテーブルデコレーションも見事。ワインの品揃えが充実している。

- 🏠 Vicolo Strentelle 7
- ☎ 030-916326
- 🕐 12:00〜15:00、19:00〜22:00
- 休 冬季休みあり。2月中旬より再開。
- 💶 €70〜100(コペルト€5)、定食 €70、90　🅒 A.D.M.V.
- 🚋 スカラ家の城塞そば

★★★ フォンテ・ボイオラ
Hotel Fonte Boiola　**P.168 B**

町の城門の手前にある温泉施設、プライベートビーチ、温水プールなどの施設も充実したホテル。ゆったりと滞在して温泉療法にもトライしてみたい。時期により泊数条件あり。

- 🏠 Viale Marconi 11
- ☎ 030-916431
- 📠 030-916192
- SB €100/137　EB €103/226
- 🛏 60室　朝食込み W-F
- 🅒 A.D.M.V.
- URL www.termedisirmione.com
- 🚋 スカラ家の城塞近く

★★★ ラ・パウル
Hotel La Paül Smeraldo　**P.168 B**

プライベートビーチ、室内・屋外プール、庭園、手頃な価格のレストランもあり、家族でゆっくり滞在するにも最適なホテル。

- 🏠 Via XXV Aprile 32
- ☎ 030-916077
- 📠 030-9905505
- TS €76/140　TB €92/160 (眺望よし)
- 🛏 37室　朝食込み
- W-F　🅒 A.M.V.　休 11/1〜3/31　🚋 城塞から南に600m
- URL www.hotellapaul.it

SB シャワー付き シングル料金　BB バス付きシングル料金　TS シャワー付きツイン料金　TB バス付きツイン料金

ガルドーネ・リヴィエラ Gardone Riviera **P.145 B4**

ガルダ湖の西側。風光明媚なリヴィエラ・ブレシャーナの中でも最もエレガントな保養地。湖に沿っていくつものヴィッラやホテルが並び、町の後方には丘が広がる。湖畔から湖の眺めがすばらしい。また夏には、コンサートやバレエなども催される。

糸杉とガルダ湖のパノラマ。ヴィットリアーレの野外劇場から

ガルドーネ・リヴィエラへの行き方

🚢 **船で**
●シルミオーネから
↓　　…1時間20分〜2時間40分
ガルドーネ・リヴィエラ €9.80〜13.80
※1日4便

🚌 **バスで**
●ブレーシャ
↓　ARRIVA/SIA社
…………約1時間
ガルドーネ・リヴィエラ
※平日30分に1便、⑥⑳1時間に1便

■ガルドーネのⓘIAT
- 🏠 Corso della Repubblica 1
- ☎ 0365-20347
- 🕐 10:00〜12:30
  夏季15:00〜18:30
  冬季14:15〜18:00
- 休 冬季⑥　地 P.170 B1

■アンドレ・ヘラー植物園
住 Via Roma 2
☎ 336-410877
開 3/1〜11/4頃
　9:00〜19:00
料 €12

渋滞を避けるなら
　夏季はシルミオーネやガルドーネ・リヴィエラ付近は渋滞することが多い。そんな時はフェリーでの移動を考えよう。

ダヌンツィオの家、ヴィットリアーレ

■ヴィットリアーレ
住 V. Vittoriale 12
☎ 0365-296511
開 3月最終⑤〜10月最終⑤
　8:30〜19:00(20:00閉園)
　10月最終⑤〜3月最終⑤
　9:00〜17:30(17:00閉園)
休 1/1、12/24、12/25、博物館のみ⑪
料 ヴィットリアーレとダヌンツィオの家と博物館€16、7〜18歳、65歳以上€13
地 P.170 A2

ダヌンツィオの独自の
美意識で作られた美しい庭

アンドレ・ヘラー植物園と市立公園
—— ジャルディーノ ボタニコ アンドレ ヘラー パルコ コムナーレ
Giardino Botanico "André Heller" & Parco Comunale

　町の中心からやや離れたローマ通りVia Romaから、植物園が広がる。岩が巧みに配されていて見事だ。中心から500mほど離れると市民公園があり、4万3000平方メートルの広大な庭園にネオクラシック様式のヴィッラが点在し、季節の草花や緑の木々が茂る。

ヴィットリアーレ
ヴィットリアーレ
—— Vittoriale ★★

　船着場から曲がりくねった坂道を上るとヴィットリアーレ・デッリ・イタリアに出る。1700年代の教区教会とロマネスク様式の鐘楼、夏に音楽会やバレエが催される野外劇場がある。1938年3月1日に没したイタリアの詩人ガブリエーレ・ダヌンツィオの最後の住まいとして有名な場所だ。

　野外劇場からは、パノラマがすばらしい。内部にはアール・デコの時代を中心に活躍した詩人の審美眼にかなったコレクションのほか、墓、彼の遺品と作品を展示する博物館が続いている。

ガルドーネ・リヴィエラ
Gardone Riviera

🏨 HOTEL　ガルドーネ・リヴィエラのホテル

★★★ ベルヴュー
Hotel Bellevue
P.170 A2

階段上に広がる庭園の上に建つ、ヴィッラのホテル。緑の中にプールもあり、落ち着いた雰囲気。湖の見える部屋は早めの予約を。ハーフペンション(2食付)あり。
Low 4/10〜6/30
URL www.hotelbellevuegardone.com

住 Corso Zanardelli 87
☎ 0365-290088
Fax 0365-290080
SB €79.50(TBのシングルユース)
TS TB €100/117
室 30室　朝食込み WHF 休 冬季
C A.M.V.　交 ヴィットリアーレから300m

※ガルドーネ・リヴィエラの滞在税　5/13〜9/30に、宿泊料金により€0.50〜2　15歳以下免除

ヴェネツィアと
ヴェネト州

Venezia e Veneto

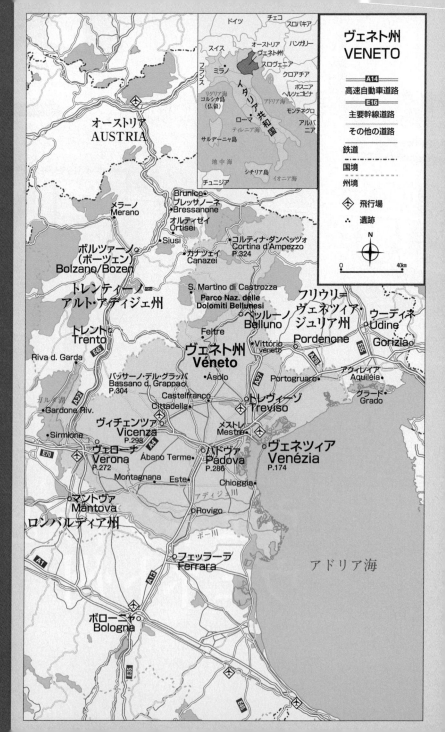

ヴェネト州の魅力

- **面積** ： 18,264k㎡
- **人口** ： 492万6820人
- **州都** ： ヴェネツィア
- **行政区**：
  ベルーノ県、パドヴァ県、トレヴィーゾ県、ヴェネツィア県、ヴェローナ県、ヴィチェンツァ県、他

◆健闘する農業とワイン生産

アカデミア橋から望むサルーテ教会と運河の風景

　ポー平野の北東部に位置するヴェネト州は、平野部と山間部が織りなす複雑な地形をもつ。ただ、このヴェネト州の歴史を語るときには、「本土」と「潟」とに分けられるのが特徴だ。「本土」は全ヴェネト州、「潟」はヴェネツィアを意味する。

パッラーディオの傑作が州内に残る

　現在のヴェネト州は、イタリア第2位の工業生産を誇り、ヴェネツィアのメストレ地区には重工業地帯が広がる。また、伝統的な羊毛加工が、ヴィチェンツァの北西に位置する山間部で盛んだ。農業従事者は10%を切るが、ワイン用ブドウ、とうもろこしの生産はイタリアの州の中で第1位。ワイン製造は第2位と健闘している。特筆すべきは、伝統的な地場産業で、ヴィチェンツァの金細工、ムラーノのガラス工業、バッサーノの陶器などが有名。また、世界中の人を魅了する観光都市ヴェネツィアを筆頭に、歴史と芸術を誇る各都市、美しい山岳地帯、温泉、砂浜と、さまざまな魅力にあふれる州である。

◆「本土」と「潟」の歴史

　ヴェネト州の歴史に最初に登場するのはパドヴァ。古代ヴェネト人が住み、独自の文明を開化させ、紀元前3世紀頃にはローマ化された。当時のパドヴァは、ローマに次ぐイタリア第2の都市として繁栄した。民族大移動の時代の後には、ロンゴバルド族の襲来により、「本土」と「潟」が分裂した。「潟」には、蛮族の襲来から逃れた人たちが住み着いた。その後「本土」は、ロンゴバルド族、フランク族、皇帝が統治し、一方「潟」では、ビザンチン支配に続き、ヴェネツィア共和国の時代がやってくる。小さな「潟」から出発したヴェネツィアは、14世紀に入るとしだいに「本土」までも支配するようになった。その支配は、ヴィスコンティ家との抗争を経て、共和国が滅亡する1796年まで続いた。一方、「本土」では、11～12世紀のコムーネ形成の後は、封建領主の時代になる。13～14世紀には、ヴェローナのスカラ家、パドヴァのカッラーラ家、エステ（後にフェッラーラに移る）のエステ家などが歴史に登場する。現在もそれらの町に残る、芸術作品に彼らの名前を見出すことができる。

ヴェローナの領主、スカラ家の廟。勇ましい騎馬を抱く墓碑

Veneto

S. Alvise

サンタ・ルヴィーゼ教会
S. Alvise P.252

Mad. dell'Orto

P.252
ダ・ラ・マリーザ
Dalla Marisa

アニーチェ・ステッラート
Anice Stellato

マドンナ・デッロルト教会
Madonna dell'Orto
P.231

P.252
アル・ティモン
Al Timon

Abbazia della
Misericórdia

イエズス会
Gesuiti
Fond. Nuove

メストレへ8km

リベルタ橋
P.te della Liberta

サン・ジョッベ
教会
S. Giobbe

ゲットー・ヌオーヴォ
Ghetto Nuovo

カ・ゲットー・ヌオーヴォ

CANNARÉGIO

Sacca della
Misericórdia

トレニタリア
サンタ・ルチア駅
Staz. F. S. Venezia S. Lucia

Rio Terra S.Leonardo

サン・ジェレミア教会
Campo S.Geremia
S. Geremia

オステッロ
サンタ・フォスカ
Ostello Santa Fosca
P.271

S. Fosca

カ・レルジ宮
Pal. V. Calergi

サンティ
アポストリ教会
Ss. Apostoli

リ・スカルツィ教会
Gli Scalzi

Ferrovia
P.te d. Scalzi

Riva de Biasio

サンタ・スタエ教会
S. Stae

カ・ペーザロ
Ca' Pesaro

カ・ドーロ
Ca' d'Oro

サンタ・マリア・
デイ・ミラーコリ教会
S. M. d. Miracoli

S.CROCE

Campo S.
Sauro

S. G. オリオ教会
S. Giacomo d. Orio

S.カッシアーノ教会
S. Cassiano

魚市場

S.G.クリソ
ストモ教会
S. G. Crisostomo

ローマ広場
Piazzale Roma

コープ
Coop

P.te d. Costituzione

P.le Roma

ACTV社

S.POLO

S.G.リアルト教会
S. Giacomo di Rialto

ドイツ商館

P.268
パパドーポリ
Papadopoli

サン・ロッコ教会
S. Rocco

サンタ・マリア・グロリオーサ・
ティ・フラーリ教会
S. M. G.
d. Frari

リアルト橋
P.te di Rialto

スクオーラ・グランデ・ディ・
サン・ロッコ(大同信組合)
Scuola Grande di San Rocco
P.265

S.シルヴェストロ教会
S. Silvestro

S.M.フォル
モーザ教会
S. M. Formosa

DORSODURO

NH ヴェネツィア・リオ・ノーヴォ
NH Venezia Rio Novo

コルネ・ル・
スピネッリ宮
Pal. Corner Spinelli

S.ズリアン教会
S. Zulian

S.マルゲリータ広場
Campo S. Margherita

Campo S.
Margherita

カ・レッツォーニコ
Ca' Rezzonico

グラッシ宮
Pal. Grassi

S.ファンティン教会
S. Fantin

サン・マルコ寺院
S. Marco

P.238 スクオーラ・グランデ・
デイ・カルミニ(大同信組合)
Scuola Grande dei Carmini

カルミニ教会
I Carmini

S.ステーファノ教会
S. Stefano

S.MARCO

サンマルコ広場
P.za S. Marco

サン・
ニコロ教会
S. Nicolo
dei Mendicoli

アンジェロ・ラッファエレ教会
Angelo Raffaele

Campo S.
Stefano

S.モイゼ教会
S. Moisè

カーザ・カブリロット
Casa Caburlotto
P.271

サン・
セバスティアーノ教会
S. Sebastiano

アカデミア美術館
Gallerie dell'Accademia

アカデミア橋
Ponte dell'Accademia

コルネール宮(カ・グランデ)
Pal. Corner Ca' Grande

ドゥカーレ宮殿
Palazzo Ducale

S.Marco/
Vallaresso

S.Marco/
Giardinetti

S.トロヴァーゾ教会
S. Trovaso

ヘギー・
グッゲンハイム美術館
Collezione
P. Guggenheim

プンタ・デッラ・ドガーナ
Punta della Dogana

Sacca Fisola

ザッテレ
Fondamenta Zattere Ponte Lungo
P.217

Zattere

S.M.デッラ・サルーテ教会
S. Maria
d. Salute

CANALE
DELLA
GIUDECCA

Spirito Santo

Zitelle

le Zitelle

S. Eufemia

Palanca

Redentore

ジューデッカ島
LA GIUDECCA

レデントーレ教会
Il Redentore
P.240

ジェネレイター・
ホステル・ヴェニス
Generator Hostel Venice
P.271

ヴェネツィア
Venezia

N

A

0   250   500m

サン・ミケーレ教会
S. Michele

サン・ミケーレ島
Isola di S. Michele

P.176-177ヴェネツィア中心部

コッレオーニ騎馬像
Mon. al Colleoni

サンティ・ジョヴァンニ・
エ・パオロ教会
S. Giovanni e Paolo

Celestia

サン・フランチェスコ教会
S. Francesco d. Vigna

Bacini

S. Lorenzo

スクオーラ・ダルマータ・
サン・ジョルジョ・デッリ・
スキアヴォーニ（同信組合）
Scuola Dalmata S. Giorgio
degli Schiavoni

CASTELLO
アルセナーレ（造船所）
Arsenale P.226

Dársena
Grande

サン・ザッカリア
教会
S. Zaccaria

造船所の塔
Torri dell' Arsenale

S. Pietro di Castello

サン・ピエトロ島
Isola di S. Pietro

S. M. d. Pietà

S. Giovanni in
Bragora

S. Zaccaria

Riva degli Schiavoni

Arsenale

P.226
海洋史博物館
Museo Storico
Navale

C.po di
Ruga

Can. di
Pta. Nuova

Can. di San Pietro

C.po d.
Pomeri

C.po S.
Biagio

Via Giuseppe Garibaldi

Fondam. S. Anna

Rio di Quintavalle

CANALE DI S. MARCO

サン・マルコ運河

Riva dei 7 Martiri

Via Garibaldi

ダルミ広場
Piazza d'Armi

S. Giorgio

Bacino

サン・ジョルジョ・マッジョーレ教会
S. Giorgio Maggiore
P.208

サン・ジョルジョ・マッジョーレ島
Isola di S. Giorgio Maggiore

Teatro Verde

Giardini
Esposizione

Riva dei Partigiani

Secco Marina

Rio di San Giuseppe

C.po d.
Giuseppe

現代美術国際展示場
（ヴィエンナーレ会場）
Esposizione Internazionale
d'Arte Moderna

Dársena
di S.
Élena

Calle del Pasotion

市立公園
Giardini Pubblici

運動場
Campo Sportivo

S. Élena

C.po d.
Chiesa

サンテレナ島
Isola di S. Élena

Calle della Grazia

S. Élena

Canale di San Pietro

A列
- P.269 グエッツェリーニ Guerrini
- ロッシ Rossi P.269
- P.269 アッバアッツィア Abbazia
- リ・スカッツィ教会 Gli Scalzi
- Ferrovia トレニタリア サンタ・ルチア駅 Staz. F. S. Venezia S. Lucia
- P.269 アロッジョ・ジェロット・カルデラン Alloggi Gerotto Calderan
- P.269 ロカンダ・ディ・オルサリア Locanda di Orsaria
- サン・ジェレミア教会 Campo S. Geremia S. Geremia
- Dal Mas P.258
- P.253 アッカーデミア・アル・アンフォラ All'Anfora
- P.268 アイ・ドゥエ・ファナーリ Ai Due Fanali
- Pizzeria Trattoria
- S.G. オリオ教会 S. Giacomo d. Orio
- P.252 ラ・ズッカ La Zucca
- Riva di Biasio
- ベッローニ・バッタジア宮 Pal. Belloni Battaglia
- サン・スタエ教会 S. Stae P.233
- Despar Teatro Italia P.258
- ヴェンドラミン・カレルジ宮 Pal. Vendramin Calergi (カジノ)
- S. Marcuola
- P.253 ヴェーチャ・カルボネーラ Vecia Carbonera
- P.258 コープ Coop
- パラッツォ・ジョヴァネッリ Palazzo Giovanelli
- S. Stae
- P.233 カ・ペーザロ Ca' Pesaro P.222
- カ・ドーロ Ca' d'Oro
- Rialto Mercato
- サン・カッシアーノ教会魚市場 S. Cassiano Pescheria

B列
- P.268 パパドーポリ Papadopoli
- S. N. di Tolentino
- スクオーラ・ディ・サン・ジョヴァンニ・エヴァンジェリスタ (同信組合) Scuola di San Giovanni Evangelista P.236
- サン・ロッコ教会 S. Rocco P.236
- P.234 サンタ・マリア・グロリオーサ・デイ・フラーリ教会 S. M. G. d. Frari
- Campo dei Frari
- スクオーラ・グランデ・ディ・サン・ロッコ (大同信組合) Scuola Grande di San Rocco P.236
- P.265 NHヴェネツィア・リオ・ノーヴォ NH Venezia Rio Novo
- P.258 トーロロ Tonolo
- S.トマ S. Toma
- サン・ポーロ広場 Campo S. Polo P.234
- サン・ポーロ教会 S. Polo
- パパドーポリ宮 Pal. Papadopoli
- S.シルヴェストロ教会 S. Silvestro
- グリマーニ宮 Pal. Grimani
- CANAL GRANDE
- S. Angelo
- コルネール・スピネッリ宮 Pal. Corner Spinelli
- コンタリーニ・デル・ボーヴォロ階段 Scala Contarini del Bovoro

C列
- P.238 スクオーラ・グランデ・デイ・カルミニ (大同信組合) Scuola Grande dei Carmini
- カルミニ教会 i Carmini
- P.257 シニョール・ブルム S.Blum
- P.238 カ・フォスカリ Ca' Foscari
- P.257 カ・マカーナ Ca' Macana
- P.239 カ・レッツォーニコ Ca'Rezzonico
- サン・バルナバ教会 S. Barnaba
- グラッシ宮 Pal. Grassi
- S. Samuele
- S.ステーファノ教会 S. Stefano P.218
- フェニーチェ劇場 Teatro la Fenice P.218
- P.251 アッラ・トレッタ alla Toretta
- P.270 アンティカ・ロカンダ・モンティン Antica Locanda Montin
- コンタリーニ・デル・スクリーニ宮 Pal. Contarini D'Scrigni
- Accademia
- バルバロ宮 Pal. Barbaro
- コルネール宮 (カ・グランデ) Pal. Corner Ca'Grande
- アカデミア美術館 Gallerie dell' Accademia P.210
- アカデミア橋 Ponte dell'Accademia P.210
- Giglio
- S.トロヴァーソ教会 S. Trovaso
- ゴンドラ造船所 (スクエーロ) Squero di S. Trovaso P.217
- ペギー・グッゲンハイム美術館 Collezione P. Guggenheim P.216
- ダリオ宮 Pal.Dario
- Salute
- S.M.デッラ・サルーテ教会 S. Maria d. Salute P.216
- ザッテレ Fondamenta Zattere Ponte Lungo P.217
- P.256 ジェラテリアニコ Gelateria Nico
- Zattere
- CANALE DELLA GIUDECCA ジューデッカ運河

176

ヴェネツィア中心部

Abbazia della Misericordia

Canale della Misericordia
Fondamenta Nuove

V Fond. Nuove

イエズス会
Gesuiti

P.253
アッラ・ヴェードヴァ
alla Vedova

P.265
ウナホテル・ヴェネツィア
Una Hotel Venezia

P.257
ティポグラフィア・バッソ・ジャンニ
Tipografia Basso Gianni

P.261
ヴィットリオ・
コスタンティーニ
V. Costantini

P.268
カ・サグレード
Ca'Sagredo

P.268
ジョルジョーネ
Giorgione

サンティ・アポストリ教会
Ss. Apostoli

Campo
Ss. Apostoli

Pal. Michiel
D. Colonne

P.253
オステリア・ダ・アルベルト
Osteria da Alberto

P.230
スクオーラ・グランデ・ディ・サン・マルコ (同信組合)
Scuola Grande di S. Marco

Ospedale

P.260
マッシミリアーノ
C. Massimillano

P.178-179サン・マルコ周辺部

サン・ジョヴァンニ・
エ・パオロ教会
S. Giovanni e Paolo

V S. Giustina

カ・ダ・モスト
Ca'da Mosto

サン・ジョヴァンニ・
クリソストモ教会
S. G. Crisostomo

サンタ・マリア・
デイ・ミラーコリ教会
S. M. d. Miracoli

Fabbriche Nuove

P.223
S. Giov. Elemosinario

サン・ジャコモ・リアルト教会
S. Giacomo di Rialto

C. Civran

DFS

ドイツ人商館
Fondaco dei Tedeschi

Pal. Dieci Savi

リアルト橋
P.te di Rialto
P.220

コッレオーニ騎馬像
Mon. al Colleoni

サン・フランチェスコ教会
S. Francesco d. Vigna

Campo
S. Giustina

Campo
S. Marina

サンタ・マリア・
フォルモーザ広場
C. S. Maria
Formosa
P.227

S. M. フォル
モーザ教会
S. M. Formosa

Rialto

ベンボ宮
Pal. Bembo

サン・バルトロメオ教会
S. Bartolomeo

C.po
della Fava

サン・
サルヴァドール教会
S. Salvador
P.220

S. ズリアン教会
S. Zulian

クエリーニ・
スタンパリア
絵画館
Museo
Querini Stampalia
P.228

サン・ロレンツォ
S. Lorenzo

Campo S.
Lorenzo
P.227

スクオーラ・ダルマータ・
サン・ジョルジョ・デッリ・
スキアヴォーニ (同信組合)
Scuola Dalmata S. Giorgio
degli Schiavoni

P.250
P.247
アチュゲータ
Aclugheta
イル・リドット
Il Ridotto

ビザンツィオ
Bisanzio

P.267
ラ・レジデンツァ
La Residenza

P.206
時計塔
Torre dell'Orologio

サン・マルコ寺院
S. Marco

P.250
トラットリア・
アッラ・リヴェッタ
Trattoria Alla Rivetta

P.225
サン・ザッカリア教会
S. Zaccaria

S. Provolo

Campo
Zaccaria

P.226
ピエタ教会
La Pietà

S. Giovanni
in Bragola

サン・マルコ広場
P.za S. Marco

牢獄
Prigioni

Pal. Dandolo

Daniell

バガネッリ
Paganelli

Corte Sconta
P.250

コッレール博物館
Museo Correr
P.207

鐘楼
Campanile
P.205

ドゥカーレ宮殿
Palazzo Ducale
P.200

サン・マルコ広場
Piazzetta S. Marco
P.205

P.267

V S. Zaccaria

Riva degli
Schiavoni

スキアヴォーニ河岸

H メトロポール
Metropole
P.264

S. モイゼ教会
S. Moisè
P.218

Capitan
di Porto

Rio dei
Giardinetti

溜息の橋
P.te dei Sospiri
P.204

国立マルチャーナ図書館
Liberia Marciana
P.206

メット
Met
P.247

Arsenale

Marco/Vallaresso

V S. Marco/Giardinetti

サン・マルコ運河
CANALE DI S. MARCO

サンタ・デッラ・ドガーナ
nta della Dogana

サン・ジョルジョ・マッジョーレ島
Isola di S. Giorgio Maggiore

S. Giorgio

Bacino

0   100   200m

N

A

B

C

3   4

サン・マルコ周辺部

🏛 世界遺産

ヴェネツィアとラグーン
登録年1987年　文化遺産

●郵便番号　　　30100〜
（後ろ2桁は変化する）

小路も楽しい

大運河からの眺めもすばらしいが、ヴェネツィアの魅力のひとつが小路。町の北側、鉄道駅からサン・マルコ広場へと続く通りは、いくつもの商店が並びにぎやかだ。とりわけ、リアルト橋からサン・マルコ広場の北側へと続くメルチェリエ界隈やリアルト橋からサン・ポーロ教会へと向かう通りはひときわにぎやかでそぞろ歩きが楽しい。

何を目印に歩くの？

ヴェネツィアの通りはまるで迷路のように入り組んでいるが、町は東西約4.5km、南北0.5〜2kmと小さい。各所にある行き先案内板には駅へPER FERROVIA、サン・マルコ広場へPER SAN MARCO、リアルト橋へPER RIALTOの表示があるので、この3ヵ所の位置を把握しておくと、迷子になる心配は少ない。サンタ・ルチア駅からサン・マルコ広場まで徒歩で30分〜1時間程度だ。

地図はホテルで

❶で地図を入手すると有料（€2.50）。ホテルを出る前に1枚入手しておこう。

もうひとつの空港

おもに格安航空LCCが利用するのがトレヴィーゾ空港Aeroporto di Treviso Antonio Canova。バスやプルマンがトレヴィーゾ、ヴェネツィア・メストレ駅、ヴェネツィア・ローマ広場を結んでいる。ローマ広場までATVO社のプルマンで所要1時間10分、料金€15.70（往復€29.20、10日間有効）。
www.trevisoairport.it

ヴェネツィアはこんな町

①海の潟に浮かぶ、「水の都ヴェネツィア」。本土とは、海の上を一直線に走る約4kmの線路とそれに平行する道路とで結ばれているのみで、まさに海に浮かぶ孤島。周囲には、ヴェネツィアングラスで名高いムラーノ島、ヴェネツィア発祥の地トルチェッロ島など大小100以上の島々が点在している。

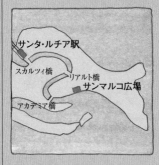

②ヴェネツィアの町には縦横に大小の運河が流れ、橋で結ばれている。町を二分するように大きく蛇行して流れるのが大運河。大運河にかかる橋はローマ広場そばの近代的な新橋、駅前のスカルツィ橋、町の中央のリアルト橋、アカデミア美術館そばのアカデミア橋のみ。どの橋を渡るかによって、おのずと目的地や観光ルートも決まってくる。

③まずは、ヴァポレットに乗って、大運河沿いに点在するリアルト橋、アカデミア美術館、サン・マルコ広場を訪ね、町の概観を頭に入れて、歩きだすといいだろう。見逃せない、S.ジョヴァンニ・エ・パオロ教会はリアルト橋の東側、S.M.グロリオーサ・デイ・フラーリ教会は西側だ。

ヴェネツィア特有の住所表示

ヴェネツィアの住所表示は独特で、よく見かけるものには次のようなものがある。

●**CALLE**　人が歩く通り

●**SOTTOPORTEGO**
建物の下を空けて道と道をつなぐトンネルのような通り

●**RIO**
運河（ヴェネツィアには177あるといわれている）

●**SALIZZADA**
CALLEより広く舗装されている道

●**FONDAMENTE(A)**　運河に沿って続く道

●**CAMPO**
広場（一般的に広場はPIAZZAと呼ばれるが、ヴェネツィアでPIAZZAと名がつくのはサン・マルコ広場だけである。CAMPOの数は127）

●**CORTE**　中庭

●**RIO TERRA**
もとは運河だった所を埋め立てた道

ヴェネツィアに着いたら

町への行き方、
サンタ・ルチア駅

●町への行き方

ヴェネツィアへ入るには空路と陸路の方法がある。

空路（飛行機の場合）

ヴェネツィアはローカル空港ではあるが、ヨーロッパ各地からのフライトが運航。日本からの直行便はないので、ローマまたはヨーロッパ各地

サンタ・ルチア駅前のヴァポレット乗り場

で乗り換える必要がある。空港はヴェネツィアの北約8kmのTesseraにある近代的なマルコ・ポーロ空港。ここからはバスもしくは船で本島中心部へ。バスはヴェネツィア本島入口のローマ広場やメストレへ。ローマ広場(サンタ・ルチア駅)

近くに宿泊するなら、バスの利用が便利。船は路線によりサン・マルコ広場、リアルト橋(大運河)、ムラーノ島などに停船するが、ヴァポレットに比べ下船地が限られている。いずれの場合もヴァポレットに乗り換えると、宿泊ホテル近くまで行ける。ヴァポレットは頻繁にあり、便数は少なくなるものの、深夜も運航している。

【バスでローマ広場へ】

市営バスACTV社のバス5番またはATVO社のプルマンAirport Shuttle（料金：いずれも€8、往復€15）でローマ広場まで20〜30分。ACTV社のバスは空港始発4:08、最終翌1:10、ローマ広場始

マルコ・ポーロ空港とローマ広場を結ぶプルマン

発4:35、最終24:40、いずれも15分〜1時間間隔の運行。ATVO社のシャトルバスは空港始発5:20、最終翌24:50まで20〜50分間隔の運行。ローマ広場からはヴァポレットなどでの移動になる。ACTV社では、AEROBUS＋NAVE券＝バス5番とヴァポレットのセット券（90分有効）€14も販売。ローマ広場からホテルなどへヴァポレットで移動する場合に便利。セット券は切符販売窓口で。

【船でサン・マルコ広場へ】

アリラグーナ社Alilagunaの船が空港からサン・マルコ広場などを結んでいる。4路線（1路線は島めぐり）あり、地名はヴァポレットの路線図を参照。いずれも15〜45分間隔の運航。一部、冬季運休や減便もあり。URL www. alilaguna.itから時刻表の検索可、オンラインで割引切符の販売もあり。

ヴェネツィアへの行き方

●ミラノから	
中央駅	
↓	鉄道 fs FRECCIAROSSA …2時間25分
ヴェネツィア(S.L駅)	
●ヴェローナから	
	鉄道 fs FRECCIAROSSA …1時間10分
↓	RV …1時間27分
	R …2時間20分
ヴェネツィア(S.L駅)	

🚌🚢 **空港からのアクセス**

●空港から	
↓	Alilaguna社の船
サン・マルコ広場	
＊€15	…約1時間30分
●空港から	
↓	ACTV社、ATVO社のバス
ローマ広場	
＊€8	…20〜30分

■ACTV社
URL www.actv.it

■アリラグーナ社
URL www.alilaguna.it
☎ 041-2401701

バス乗り場
　空港では到着ロビーを出るとシャトルバスの乗り場は目の前。切符は乗り場横の自販機や空港内の切符売り場HELLO VENEZIAで購入可。市バス乗り場（切符は売店などで購入）は左に進む。
　ローマ広場ではACTV社の市バスはA1乗り場、ATVO社のプルマンはD2乗り場から。

ヴェネツィア周辺

A27
14b
メストレ Mestre
カ・ダリオ Ca'da Lio
マルコ・ポーロ空港 Aeroporto Marco Polo
トルチェッロ島 Torcello
ブラーノ島 Burano
サンテラズモ島 Sant'Erasmo
14
リベルタ橋 Ponte della Libertà
ムラーノ島 Murano
サン・ミケーレ島 San Michele
レ・ヴィニョーレ島 Le Vignole
ローマ広場 Piazzale Roma
サンタ・ルチア駅 Santa lucia
サン・マルコ広場
ジュデッカ島 La Giudecca
サン・ジョルジョ・マッジョーレ島 I.S.G. Maggiore
ヴェネタ潟 La Giudecca
リド島 Lido
アドリア海 Mare Adriatico
0　2km　4km

メストレへのバス便

ATVO社のプルマンMestre Expressで所要20〜30分、€8（往復€15）。メストレ駅前からローマ広場までは市バス2番で15〜20分。

■マルコ・ポーロ空港の❶
- ☎ 041-5298711
- 開 9:00〜20:00
- 休 1/1、12/25

■サンタ・ルチア駅の❶
- ☎ 041-5298711
- 開 13:30〜19:00
- 休 1/1、12/25
- 地 P.174 A1
- ●1番線ホーム脇

■ローマ広場の❶
- 開 9:00〜14:30

Alilaguna社の切符
ネットで購入した場合は切符売り場での引き換えが必要。切符は空港内窓口（バウチャーの引き換えなし）、一部の❶、旅行会社などで販売。船内購入は€1の追加料金が必要。スーツケース、手荷物各1個は切符に含み、超過荷物は1個€3。

車で
ローマ広場またはトロンケットTronchettoにℙがある。広くて料金の安いトロンケットがおすすめ。ローマ広場へはモノレールが運行（切符€1.50）。

荷物預けKi Point
- 料 5時まで　　　　　€6
- 6〜12時間　€1/時間
- 13時間以降　€0.50/時間

青線Blu 空港↔ムラーノ（コロンナ）↔フォンダメンテ・ヌオーヴェ↔リド↔サン・ザッカリア↔サン・マルコ↔ザッテレ↔ジューデッカ（Stucky）↔フェリー・ターミナルTerminal Crociere　所要1時間49分　空港・S.マルコ間1時間28分　空港発6:15〜翌0:30、サン・マルコ発3:50〜22:55。料金€15（往復€27）

赤線Rosso 4〜10月のみ　空港↔ムラーノ（ムゼーオ）↔チェルトーザ↔リドS.M.E↔サン・マルコ↔ジューデッカ・ジテッレ　所要約1時間13分　空港発9:40〜18:40、ジューデッカ・ジテッレ発8:10〜18:10。料金　空港・ムラーノ間€8（往復€15）

オレンジ線Arancio 空港↔フォンダメンテ・ヌオーヴェ↔マドンナ・デッロルト↔グーグリエ（fs駅近く）↔サン・スタエ↔リアルト↔サンタンジェロ↔カ・レッツォーニコ↔サンタ・マリア・デル・ジーリオ　所要1時間14分、空港・リアルト間55分　空港発7:45〜23:45、サン・マルコ発5:46〜22:16。リアルト発6:05〜22:35。料金€15

※Alilaguna社共通券　24時間券€30、72時間券€65

【メストレへ】
空港からはACTV15番（空港発5:45〜20:15、メストレ駅前発7:06〜20:06、所要24分）、ATVO Mestre Express（空港発6:06〜翌00:50、メストレ発5:20〜21:15、所要17分）。いずれも切符€8、往復€15。メストレからローマ広場へは駅前からバス2番で（切符€1.50、75分有効、所要約20分。切符は駅のタバッキや売店、旅行社、ホテルなどでも販売）、サンタ・ルチア駅へはfs線（切符€1.25、所要約10分）。ATVO社のターミナルは駅前東側約200m（駅を出て右へ）。トラムがメストレとローマ広場を結んでいるが、乗り場はメストレ駅から離れている。

ヴェネツィアの玄関口サンタ・ルチア駅前とヴァポレット乗り場

陸路（列車の場合）
ヴェネツィア行きの列車は、本土のヴェネツィア・メストレMestre駅を出るとラグーナ（潟）の中を15分ほど走る。遠くにヴェネツィアの本島がくっきりと浮かび上がると、旅情に浸る間もなく、終点のヴェネツィア・サンタ・ルチアSanta Lucia駅に到着する。

駅を出ると、目の前には大運河。バスも車も広場もない。40年前の映画「旅情」で主人公がまどったのと同じだ。運河を行き交うのは、ゴンドラやヴァポレットと呼ばれる水上乗合バスだ。またモトスカーフィと呼ばれるモーターボートのタクシーも大運河を疾走する。ヴェネツィアでは、自分の足で石畳の路地を歩くか、これらの乗り物を利用する以外に移動手段はない。

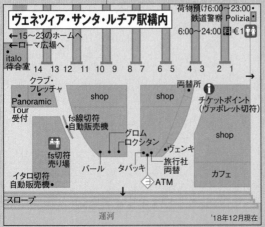

ヴェネツィア・サンタ・ルチア駅構内

- 荷物預け6:00〜23:00・鉄道警察 Polizia 6:00〜24:00 €1

←15〜23のホームへ
←ローマ広場へ
italo待合室

14 13 12 11 10 9　8　7　6　5　4　3　2　1

両替所

クラブ・フレッチャ
Panoramic Tour受付
fs線切符
・自動販売機
グロム
ロクシタン
ヴェンキ
fs切符売り場
イタロ自動販売機・
バール　タバッキ
旅行社両替
ATM
ショップ
チケットポイント（ヴァポレット切符）
shop
カフェ

スロープ

運河

'18年12月現在

サン・マルコ広場へ

まずは落ち着いたらサン・マルコ広場に急ごう。

ヴァポレットなら①番の各駅停車でじっくりと大運河巡りを楽しみながら行くのがよい。40分ほどかかる。しかし、一番

各駅停車の1番のヴァポレット

のおすすめは徒歩でサン・マルコ広場まで行くことだ。駅前のスカルツィ橋を渡って、路地を歩きながら行くのもよいし、駅から左に走る広いリスタ・ディ・スパーニャ通りを行くのもよい。どちらで行っても時間的には変わらないが、ヴェネツィアの見せる表情はそれぞれに異なる。薄暗い路地の先に突然、広場（ヴェネツィアの方言でカンポと呼ばれる）が出現する。広場の明るさと路地とのコントラストも、歩く者の気持ちを楽しませ、旅情をかきたてる。

そぞろ歩きを楽しもう

117の島、177の運河、400の橋がつなぐヴェネツィアのそぞろ歩きは、そここhere新しい発見がある。歩き尽くして理解できるのが、ヴェネツィアでもある。「迷子になったらどうしよう？」その心配は無用。道に迷い始めたら、路地の角々にある「サン・マルコへPER S. MARCO」「駅へPER FERROVIA」の表

歩き疲れたらカンポ（広場）でひと休み

示に従って進めばよい。迷うのもまたヴェネツィア歩きの楽しみのひとつでもある。

本書ではヴェネツィアの見どころをいくつかに分類したが、なかでも大運河巡りとサン・マルコ広場は滞在日数にかかわらず、絶対に外せないポイントである。しかし、じっくり回っているとこれだけで2日くらいかかってしまう。ヴェネツィアは知れば知るほど奥深い。

PER S. MARCO（サン・マルコへ）の表示が大きく示される

空港→サン・マルコ広場の水上タクシー
€120（'18）
※空港内（出口そば）にタクシーカウンターがあり、申し込み、料金の確認などが可能。

■サン・マルコ広場の❶
住 San Marco 71/f
（サン・マルコ広場のオフィス）
☎ 041-5298711
開 9:00～19:00
休 1/1、12/25
地 P.174 B2、P.179 C3
各APTの❶では、地図（有料）や資料や情報の提供のほか、ヴァポレットの切符の販売やローリング・ヴェニス・カードの発行を行っている。

若者なら上手に節約
ローリング・ヴェニス・カード
Rolling Venice Card
15～29歳を対象に、一部の美術・博物館、ヴァポレットの切符を購入するときやレストラン、ホテル、ジェラテリアなどでも、割引が受けられるカード。❶やHellovenezia、Agenzie 365などで€6を払うと発行してもらえる。発行の際には身分証明書が必要に。
詳しい情報は、
URL www.veneziaunica.it
※ローリング・ヴェニス・カードを利用すると若者用ヴァポレットの72時間券Biglietto 72 Oreは€28（この切符は発行時点で時間が刻印されるので、利用時間を考えて購入を）。これだけでも、発行代のもとはとれる。

■中央郵便局
住 San Marco, Sottoportico delle Acque, Calle S.Salvador 5016
☎ 041-2404149
開 8:30～18:30
　 ㊏8:30～13:00
休 ㊐
地 P.179 A3

■サンタ・ルチア駅そばの郵便局
住 Cannaregio, Lista di Spagna 233
地 P.176 A1

ヴェネツィア最新情報

2019年7月から**訪問税**Contributo di Sbarco€2.50～10が定められた。2019年2月に具体的な徴収方法が決められるが、ヴェネツィアに到着する飛行機、電車、バス、船などの交通機関の運賃に含まれて徴収される見込みである。今後、空港のシャトルバス、アリラグーナ社の航路、水上タクシーなどで料金の変更が予想される。

また、2018年5月からサンタ・ルチア駅を背に左に進んだLista di Spagnaの入口に**ゲート**が設置された。ゲートの脇に係員が立ち、混雑時には住民とVenezia Unicaカード保持者のみ通行可。通行不可の場合はすぐ脇のスカルツィ橋を渡ってリアルト橋やサン・マルコ広場へ向かう。やや遠回りになるが、大きな問題はないよう。冬季（2018年12月）はゲートは廃止されたが、ハイシーズンに復活するかは未定。

ヴァポレットの切符

サンタ・ルチア駅正面のヴァポレット乗り場の切符売り場は夏季には切符を求める人の列ができる。24時間券、72時間券などと表示されているが、1回券もあるのでホテルにまず向かう場合は1回券（コルサ・センプリーチェCorsa Semplice）を購入しよう。長蛇の列ができているので、つい滞在日数分の切符を購入しがちだが、ほかの切符売り場はすいていることがほとんど。また、ヴァポレット乗船口の切符売り場で販売する切符は、販売時点で日付と時間が刻印され、規定時間を過ぎると無効になるので、まとめ買いはやめよう。まとめ買いする場合は❶やたばこ屋などで。

電子切符

ヴァポレットやバスの切符はimobと呼ばれる紙製の電子切符。ヴァポレット乗船口付近やバスの車内に置かれた改札機にかざすと、ピッという音がして検札終了。時間内なら「改札済み（有効）」の緑ランプが点灯する。赤ランプは使用不能の意味。バスもヴァポレットも本日を変えて購入しても切符の見た目は同じなので、複数枚所有する時は間違えないようにしよう。

1日券などの時間券は乗船ごと・乗り換えごとに改札機にかざすのが決まり。検札は頻繁に来る。切符がない場合や改札機を通していないと€50の罰金。

ヴァポレットの切符。外観では区別がつかないので、複数枚購入した場合は注意を

改札機には切符をかざす

ヴェネツィアの交通
ヴァポレットを活用しよう

■ヴァポレット Vaporetto

水の都ヴェネツィアのバスがヴァポレット。一日中運河を巡り、旅人や町の人々にとって欠かせない足となっている。各駅停車、快速、島へ渡る船など、さまざまな路線があるが、24時間券、72時間券などを持っていれば、かなり遠くまで行け、バ

アカデミアに停船したヴァポレット

ス便にも利用できる。ヴァポレットはACTV社、空港線はAlilaguna社で共通券ではないので注意を。観光客に便利なのは次の路線だ。

行先は係員に確認しよう

1番 ローマ広場からリド島までの各駅停車。いずれもかなりゆっくり進むので、運河の周囲の建物や景色を眺めるのには最適。見たい所があったら、次の船着場で降りるのも楽しい。

2番 サン・ザッカリア（サン・マルコ広場東側）から外回りでローマ広場へ向かい、大運河（リアルト、アッカデミアなど）を運航。

同じコースでも季節などにより終点が違ったりすることがある。船の乗船口横にルートと船着場名が書いてあるので間違えないように。また係員に確認してもよい。駅名は船着場の黄色い表示に書いてある。船内でのアナウンス案内はいつもあるとは限らない。

切符の買い方、使い方

ヴァポレットの切符は乗船口の切符売り場、タバッキと呼ばれるたばこ屋、キオスク、❶などで販売。乗船口で買うときは問題ないが、

乗り場の入口entrataと出口uscitaを間違えないように

タバッキで買ったとき、また24時間券などを使い始めるときは、乗船口にある改札機に触れることを忘れないように。

夜間は運転本数は少なくなるが、ほとんど終夜運転される。ただし、ヴァポレットを乗り継いでキオッジャへ行くなど、遠くへ足を延ばしたときは、必ず帰りの船の時間を確認しておくこと。案内図はインフォメーションに置いてある。ヴァポレットを運航しているのは**ACTV社**（Azienda Consorzio Transporti Veneziana）で、事務所はローマ広場やサン・マルコ広場近くにある。チケットなども購入できる。（詳しいヴァポレット路線図はP.186〜187）

ローマ広場のACTVの事務所

■ゴンドラ Gondola

ヴェネツィアを代表する物といえばこのゴンドラ。昔は移動の足に使われていたゴンドラも、今は観光客専用。町のあちこちにServizio Gondoleと書いた表示があり、ここではゴンドリエーリたちが客引きをしながら待っている。

サン・マルコ運河をゆくゴンドラ

一応公定料金はあるが、実際は守られていない。乗る前にコースと値段は交渉が必要だ。たいていは地図を見せてコースを説明してくれる。小さな運河や大運河を巡り、リアルト橋や溜息の橋など見どころを回るのが典型的なコース。これで時間は約45分〜1時間、値段は€90〜120くらいだろうか。

値切ろうとしても、実際ゴンドラをこぐのはお任せになってしまうのでそれはなかなか難しい。1艘でいくらという設定なので、4人ぐらいで乗るのが一番おすすめだ。

■トラゲット Traghetto

橋のない場所で、対岸に渡りたいときに便利なのがトラゲットTraghetto。乗合の渡しゴンドラのことで、町の人に交じって立ったままゴンドラに乗るのもおもしろい体験。予算はないけれど一度はゴンドラに乗ってみたい人にもおすすめ。2分くらいで運河を渡る。切符はなく、乗船時に係員に現金を渡す。ただし夜は運航していないので注意。

魚市場脇のトラゲット

✉共通切符、ナニを買う!?

旅行前にネットで共通切符をいろいろ検索。さすが世界の観光地だけあって前売りは取り扱い業者が多く、値段は千差万別。€0.50〜10くらい手数料が上乗せされています。現地の美術・博物館の窓口で購入するのが面倒でなく、一番経済的です。美術・博物館は思っているほどの混雑はありませんでした。　　　（観光客に愛を）

■ACTV社

URL www.actv.it

ゴンドラの基本料金

1艘6人まで40分で€80、以降20分ごとに€40。

19:00〜翌8:00は40分で€100、以降20分ごとに€50。カンツォーネや楽団は別料金。

■均一料金の ゴンドラセレナーデ Serenata in Gondola/ Gondola Serenade

アコーデオンと歌手付きでゴンドラを楽しめる、ロマンティックなゴンドラセレナーデ・ツアー。均一料金なので、ひとり旅でも手頃に楽しめる。約40分。

料金 1人€41(乗合)

※集合Gondola Stazione Santa Maria del Giglio 18:30、19:30

※4〜11月はGiro in Gondola 15:00、17:15発　€30 音楽なし。集合はVenice Pavilionもあり。

☎ 041-2727820

URL www.gondolaserenade. com(予約可)

■ゴンドラのトラゲット

料金 1回€2

※リアルト橋そば、ペギー・グッゲンハイム美術館の近くやプンタ・デッラ・ドガーナの前など数ヵ所にある

ゴンドラのトラゲット Traghetto Gondole "da parada"乗り場と料金

●S.Sofia(カジノそば) 7:30〜20:00、㊏㊗8:45〜19:00

●Carbon(リアルト橋南) 平日のみ8:00〜13:00

●S.Toma(ヴァポレット乗り場そば) 7:30〜20:00、㊏㊗8:30〜19:30

●S.Maria del Giglio(サン・マルコ広場西) 9:00〜18:00

●Dogana(プンタ・デル・ドガーナ) 9:00〜14:00

料金 €2

各種共通切符を賢く利用しよう

各見どころをまとめた共通入場券が発行されている。各券とも1ヵ所に1回入場可。①は3ヵ月間、②は6ヵ月間有効。計画を立てて、上手に利用しよう。①については、各見どころの個別の入場券はない。販売は各見どころや❶、コールス加盟の教会で。

①サン・マルコ広場周辺共通券

Biglietto per I Musei di Piazza San Marco

対象 ドゥカーレ宮殿、コッレール博物館、国立考古学博物館、国立マルチャーナ図書館　料金 €20、割引券(6〜14歳、15〜25歳の学生(要学生証))€13

②美術・博物館パス　Museum Pass

対象 ①の見どころ、カ・レッツォーニコ、モチェニーゴ宮、ゴルドーニの家、カ・ペーザロ、ガラス博物館(ム

ラーノ島)、レース博物館(ブラーノ島)、自然史博物館 料金 €24、割引券 (6〜14歳、15〜25歳の学生(要学生証))€18

※いずれも家族割引　Offerta Famiglie Biglietto あり。大人2人、子供1人以上の家族が大人券1枚を購入すると、同一家族の割引券利用可

③教会加盟コールス共通　Chorus Pass

サンタ・マリア・デイ・ミラーコリ教会、サンタ・マリア・グロリオーサ・デイ・フラーリ教会ほか、全16教会(→P.235)に共通。

料金 €12(1年間有効)、割引券(29歳以下の学生)€8、コールス・ファミリー・パス(大人2人+子供)€24

URL www.chorusvenezia.org　☎ 041-2750462

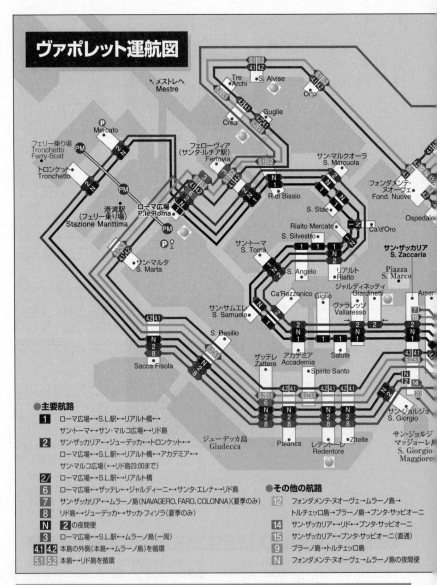

ヴァポレット運航図

メストレへ
Mestre

Tre Archi
S. Alvise
Orto
Guglie
Crea

フェリー乗り場
Tronchetto
Ferry-Boat

トロンケット
Tronchetto

Mercato

フェローヴィア
（サンタ・ルチア駅）
Ferrovia

サン・マルクオーラ
S. Marcuola

フォンダメンテ・
ヌオーヴェ
Fond. Nuove

R.di Biasio

S. Stae

Ospedale

港湾駅
（フェリー乗り場）
Stazione Marittima

ローマ広場
P.le Roma

Rialto Mercato
S. Silvestro

Ca'd'Oro

サン・マルタ
S. Marta

サン・トーマ
S. Toma

サン・ザッカリア
S. Zaccaria

S. Angelo

リアルト
Rialto

Piazza
S. Marco

Ca'Rezzonico

Giglio

ジャルディネッティ
Giardinetti

Arser

サン・サムエレ
S. Samuele

ヴァラレッソ
Vallaresso

S. Basilio

Salute

ザッテレ
Zattere

アカデミア
Accademia

Spirito Santo

Sacca Fisola

サン・ジョルジョ
S. Giorgio

ジューデッカ島
Giudecca

Palanca

レデントーレ
Redentore

Zitelle

サン・ジョルジ
マッジョーレ
S. Giorgio
Maggiore

●主要航路

1 ローマ広場↔S.L.駅↔リアルト橋↔
サン・トーマ↔サン・マルコ広場↔リド島

2 サン・ザッカリア↔ジューデッカ↔トロンケット↔
ローマ広場↔S.L.駅↔リアルト橋↔アカデミア↔
サン・マルコ広場（↔リド島23:00まで）

2/ ローマ広場↔S.L.駅↔リアルト橋

6 ローマ広場↔ザッテレ↔ジャルディーニ↔サンタ・エレナ↔リド島

7 サン・ザッカリア↔ムラーノ島（NAVAGERO, FARO, COLONNA）（夏季のみ）

8 リド島↔ジューデッカ↔サッカ・フィソラ（夏季のみ）

N **2**の夜間便

3 ローマ広場↔S.L.駅↔ムラーノ島（一周）

4.1 **4.2** 本島の外側（本島↔ムラーノ島）を循環

5.1 **5.2** 本島↔リド島を循環

●その他の航路

12 フォンダメンテ・ヌオーヴェ↔ムラーノ島→
トルチェッロ島→ブラーノ島→プンタ・サッビオーニ

14 サン・ザッカリア↔リド↔プンタ・サッビオーニ

15 サン・ザッカリア↔プンタ・サッビオーニ（直通）

9 ブラーノ島→トルチェッロ島

N フォンダメンテ・ヌオーヴェ↔ムラーノ島の夜間便

荷物を持っての移動に便利

　階段が多いヴェネツィア。重い荷物の運搬は意外と大変だ。そんなときに便利なのが**荷物運び屋さんPortabagagliポルタバガーリ**。fsサンタ・ルチア駅内（☎041-715029、24時間☎041-785531）、サン・マルコ広場、リアルト橋などで待機し、ホテルなど希望の場所まで荷物を運んでくれる。基本料金は駅前からヴェネツィア本島内で、1～2個€25、3～4個€35など。荷物の大きさや距離などにより料金は異なるので、現地で確認しよう。
URL www.trasbagagli.it

　荷物も多く、人数も多いときに便利なのが**水上タクシーTaxi Acquei**のモーターボートだ。ヴェネツィアでは、高級ホテルでは宿泊者専用の船着場があるし、経済的なホテルでもボートですぐ脇まで行くことができる。料金は、サンタ・ルチア駅前からサン・マルコ広場周辺まで約€80。初乗り€15、迎船料金€5などのほか、普通のタクシー同様深夜、休日料金などが加算される。サンタ・ルチア駅前をはじめ、各地に乗り場がある。
URL www.motoscafivenezia.it（日本語あり）。予約・料金調べ可。

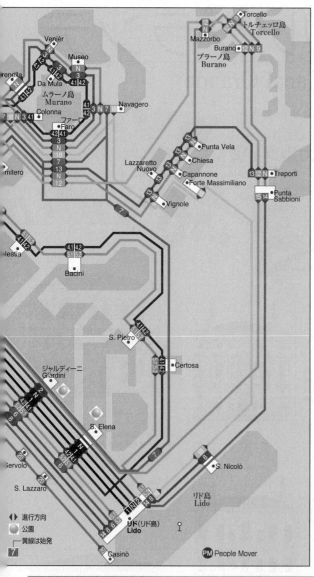

●ヴァポレットの切符

[1回券]
1回乗り券(75分有効)
Biglietto Corsa Semplice €7.50

[時間券]
24時間券Biglietto 24 Ore €20
48時間券Biglietto 48 Ore €30
72時間券Biglietto 72 Ore €40
7日券　7 giorni　€60

[荷物券]
追加荷物券
Ogni Bagaglio Aggiuntivo　€7
※すべての切符代に手荷物1個を
含む。また、1回乗り券を除き、
メストレ、リドのバスやトラム
に共通。

●大運河巡りを何度もしたい人
や島巡りをする人は、24時間券な
どの時間券の利用が便利で節約
になる。ヴェネツィアを徒歩で楽
しむ場合は、1回券の購入がいい。
●検札は厳しい!!。毎回、乗船口
にある検札機でヴァリデーション
を。忘れると罰金€52の場合あり。

✉ ヴァポレット24時間券
　　最大活用法

　ヴェネツィアではヴァポレットで
楽しんでください。滞在期間にもよ
りますが、24時間券で十分満喫で
きました。町をひととおり船上から
眺められますし、夜景を船から眺め
るのも最高です。ムラーノ島とブラ
ーノ島へも行きました。ガラス工房
があるムラーノ島は雑貨が安く購
入できるので、おみやげはここまで
我慢しておいて損はないです。カ
ラフルな家並みとレースで有名な
ブラーノ島では、カーニバル時期
だったので「子供カーニバル」のイ
ベントが開かれていて、小さな子
供たちが可愛らしい仮装をしてたく
さん集まっているので絵になりまし
た。
　注意する点は、24時間はかなり
正確に厳しく取り締まっています。
制限時間内に乗ればよいと思って
いたのですが、乗っている間に時
間切れになっていたら罰金がとれ
ます。私たちも切れて乗ってってい
たので係員と口論になり、罰金は
払わずにすみましたが、最寄りの
乗り場で降ろされました。
（ぽっちゃり・ぽっきー　'16）

交通情報

●サン・マルコ広場へ　2019年1月現在、サン・マルコ広
場に直接接岸するヴァポレットの船着場はない。San
Marco〜と表示されている次の3カ所。広場西側のジャル
ディネッティGiardinetti（ジャルディーニGiardiniと間違
えないこと）。さらに少し西側のヴァラレッソVallaresso。
1と**2**はヴァラレッソに停まるので、ここで下船しよう。
右に進めば広場だ。広場を運河から眺め、次のサン・ザッ
カリアS. Zaccariaで下船するのもよい。
●スーツケースは有料?　ヴァポレットでは3辺の計150㎝
の手荷物1個が乗船券に含まれる。大きな荷物や2個目の

荷物などには荷物券が必要。荷物は中央あたりの荷物置
場や通行のじゃまにならない場所に。

✉ 荷物運び屋さん（→P.186）を利用

　ローマ広場南側に宿泊しました。サンタ・ルチア駅から近く
て便利だと思いましたが、ホテルまでは3カ所橋があり、大き
なスーツケースがあって移動に苦労しました。帰りはホテル
でポーターを呼んでもらい、1個€5×4個（大小混ぜて）でした。
とても便利で助かりました。着いたときにホテルの場所がよく
わからなかったので、最初からポーターを頼めば楽で簡単にホ
テルに到着したのに……と思いました。駅前で聞いても同じ
値段でした。（東京都　丹羽茂子　'19）

カナル・グランデ
大運河—Canal Grande

Ponte degli Scalzi
スカルツィ橋

サンタ・ルチア駅の正面にある
石橋。駅を造った頃と同じく、
1934年に建築された比較的
新しい物である。

ベッローニ・バッタジア宮
Belloni Battagia

ロンゲーナによる17世紀の建物
で、壮麗なロッジアが印象的。屋根
に立つ2本のオベリスクは飾りだが、
家族にヴェネツィア艦隊の司令官が
いたことを示すという説もある。

カ・ペーザロ　Ca' Pesaro

切り詰み石の上に何層にも彫刻の多い
階が載る重々しい雰囲気の建物は、ヴェネ
ツィアン・バロック様式の典型といわれる。
内部は現代美術館および東洋美術館となって
いる。

パパドーポリ宮
Palazzo Papadopoli

1500年代に古典様式を模して建
てられた物。ふたつの様式の混じり
合った調和のよいロッジアがある。

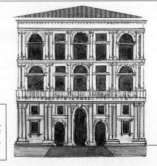

グリマーニ宮　Palazzo Grimani

1500年代のロンバルディア様式の、白大理石でできたエレガ
ントな建物。サン・マルコの行政長官グリマーニのために建てら
れた。現在は裁判所になっている。

駅からサン・マルコ広場まで、ヴェネツィアの町を大きく蛇行してゆっくりと流れる大運河。流れには、観光客や町の人々を乗せて走るヴァポレットや、カンツォーネやアコーデオンを聴かせながらゆっくりと進むゴンドラ、食料や商品を積んで走るモーターボートなどが浮かび、この町ならではの風景と魅力を漂わせている。長さ約4kmの運河に沿って、12～17世紀の建物が運河に面して建ち並んでいる。とりわけ1300～1400年代の丸窓とアーチに飾られたゴシック様式の優美な建物が多く、この町の歴史と富裕で華麗な文化を絵巻物のように見せてくれる。運河巡りには、ヴァポレット利用が便利。駅からでは混んでいて、思いどおりの場所に座るのは難しいので、ヴァポレット①の始発のローマ広場(駅前の船着場からひとつ奥に進む)から乗り込むのがよい。混んでいても、少し待てば次のヴァポレットの一番前の席に座れて、左右がよく眺められる。

ヴェンドラミン・カレルジ宮
Palazzo Vendramin Calergi

初期ヴェネツィアン・ルネッサンス様式の建物はコドゥッチらの手による。現在、市営カジノが開催されている。ここで1883年に作曲家ワーグナーが没し、彼の博物館Museo Richard Wagnerがおかれている(見学は要予約)。

カ・ドーロ Ca' d'Oro

連続したアーチが印象的な、ヴェネツィアン・ゴシックを代表する建築。かつては、正面は黄金に塗られていたという。現在内部はフランケッティ美術館となっている。

ドイツ商館 Fondaco dei Tedeschi

1505年にスカルパニーノによって建てられた。昔は外壁がティツィアーノやジョルジョーネのフレスコ画で飾られていたといわれるが今は残っていない。現在は大規模な免税ショップDFS。

Ponte di Rialto
リアルト橋

16世紀にアントニオ・ダ・ポンテの設計で造られた橋。長らく大運河に架かる唯一の物だった。アーケードと階段が融合されていて店が並び、にぎやかな町のシンボルである。

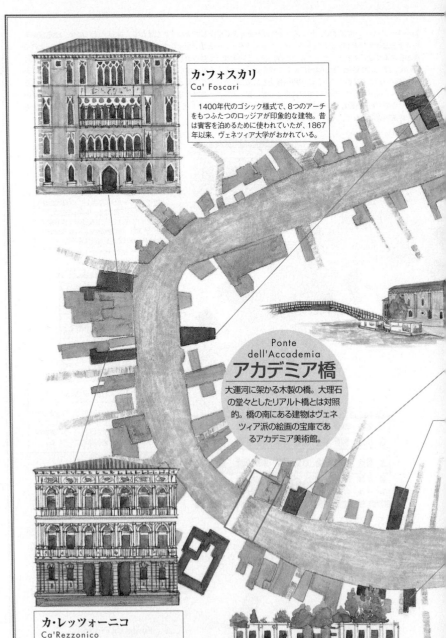

カ・フォスカリ
Ca' Foscari

1400年代のゴシック様式で、8つのアーチをもつふたつのロッジアが印象的な建物。昔は賓客を泊めるために使われていたが、1867年以来、ヴェネツィア大学がおかれている。

Ponte dell'Accademia
アカデミア橋

大運河に架かる木製の橋。大理石の堂々としたリアルト橋とは対照的。橋の南にある建物はヴェネツィア派の絵画の宝庫であるアカデミア美術館。

カ・レッツォーニコ
Ca'Rezzonico

ロンゲーナ（1649年）によるバロック建築で、マッサリ(1740年)によって完成された。現在は1700年代ヴェネツィア博物館がおかれている。

ペギー・グッゲンハイム美術館
Collezione Peggy Guggenheim

建築途中のままになっていたヴェニエール・デイ・レオーニ宮をペギー・グッゲンハイムが購入し、住居兼ギャラリーとした。白いイストリア石の建物が異色。

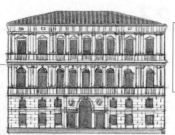

グラッシ宮
Palazzo Grassi

18世紀マッサリの手になるバロック建築で、大運河沿いに建てられた最後の大きな建物。現在は同名の現代美術館。

バルバロ宮
Palazzo Barbaro

多くの芸術家のサロンとして使われた。モネのアトリエがあったほか、作家ヘンリー・ジェイムズも滞在し、ここで「鳩の翼」を書いた。映画で舞台に使われたのもここ。

コルネール宮
Palazzo Corner Ca' Grande

サンソヴィーノ作の堂々とした威厳あふれる建物。有数の繁栄を誇ったコルネール家のために建設された。現在はヴェネト州庁舎として使われている。

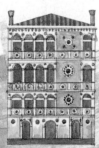

ダリオ宮
Palazzo Dario

多色大理石の象嵌細工のファサードが美しい、ロンバルド作の15世紀初期ルネッサンス様式の館だが、持ち主が次々に不幸に見舞われるという忌まわしい伝説でも有名だ。

サンタ・マリア・デッラ・サルーテ教会
Santa Maria della Salute

大運河の終点に位置し、ヴェネツィアン・バロックを代表するロンゲーナの建築。大きなクーポラが乗った八角形で真っ白な大理石の外観がすがすがしく、印象的だ。

エリア・インデックス

1 サン・マルコ広場 　P.194

ヴェネツィア観光のハイライト。広場のカフェで
は楽隊が音楽を奏で、光を浴びたサン・マルコ寺院
は金色に輝く。「水の都ヴェネツィア」の豊かさを物語
るドゥカーレ宮殿はレースのような美しい彫刻を施さ
れ、眼前の大運河にはゴンドラが浮かぶ。幾多の芸
術家が描いた広場は、何世紀を経ても変わらぬまま
のよう。誰もが夢見るロマンティックなヴェネツィア
がここにある。

2 サン・マルコ広場～アカデミア
美術館～サルーテ教会にかけて 　P.209

ベッリーニ、ジョルジョーネ、カルパッチョ、ティン
トレット……、イタリア美術を代表する潮流のひとつ
であるヴェネツィア派の絵画が凝縮されたエリア。静
かな教会で作品と向き合い、あるいはアカデミア美術
館でその大きな流れを感じよう。絵の背景に描かれた、
当時のヴェネツィアと現在の姿を比較してみるのも一
興だ。美術館巡りに疲れたら、光にあふれる明るいザ
ッテレでひと休み。

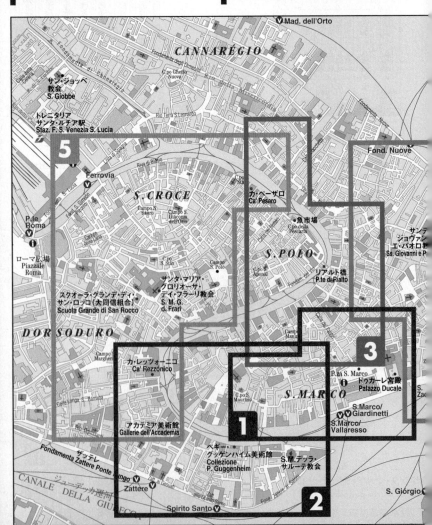

3　メルチェリエ通り〜リアルト地区にかけて　P.219

ヴェネツィアらしいそぞろ歩きが楽しいエリア。かつては貴族たちのオフィスが立ち並んでいた地域だが、現在は細い路地にヴェネツィアン・グラスをはじめとするみやげ物屋、ブランドショップなどがぎっしりと並び、世界中からの観光客で大にぎわい。リアルト橋を下った魚市場では、町の人々の暮らしがのぞける。「黄金宮殿カ・ドーロ」では、美術品とともに、テラスから運河の眺めを楽しもう。

4　スキアヴォーニ河岸〜カステッロ地区にかけて　P.224

サン・マルコ広場東側に広がるエリア。運河沿いには広い遊歩道が広がり、これまでのヴェネツィアとは異なる顔を見せる。路地が続く界隈はカステッロ地区と呼ばれ、ヴェネツィアの下町といった風情だ。点在する教会やスクオーラにはヴェネツィア派のすばらしい作品が残る。歴史あるサンタ・マリア・フォルモーザ広場には生鮮市場が立ち、周囲では子供たちがサッカーに興じる。

5　サン・ポーロ地区〜大運河にかけて　P.232

ヴェネツィアならではの社会的組織、スクオーラ(同信組合)。その中心をなした大同信組合会館と歴代の総督を祀るサンタ・マリア・グロリオーサ・デイ・フラーリ教会が連なるエリア。中世から、この町の宗教の中心地ともいえる地域だ。ゴシックからルネッサンス、そしてバロック様式が建物の外観、内部ともに華やかに飾る。カ・レッツォーニコでは18世紀の芸術や風俗に出合える。

6　周辺の島巡り　P.240

運河の左右にガラス店がひしめく、ヴェネツィアン・グラス一色のムラーノ島。カラフルな家々とのどかな雰囲気が印象的なブラーノ島。アシが茂るヴェネツィア発祥の地トルチェッロ島。世界に名立たるビーチ・リゾートのリド島。それぞれの島々は、まったく違う顔を見せる。ここに挙げた4つの島を巡るには、1日かがりでもかなりの駆け足になる。季節と興味に合わせて回ろう。

1. サン・マルコ広場

Piazza San Marco

「世界で最も美しい広場」、「大理石造りのサロン」と呼ばれるサン・マルコ広場。無数の鳩が飛び交い、カフェからは日がなロマンティックな調べが聴こえ、広場を取り囲む回廊には、宝石店やヴェネツィアングラスのギャラリーが軒を連ね、人々がゆったりと散策する。いにしえには、ヴェネツィア共和国の政治・経済の中心であった場所だが、今はヴェネツィアらしい優雅さと華やかさをたたえ、訪れた人を魅了する。見どころは広場周辺に集中しているが、じっくりと見て回ると半日以上は優にかかる。見学に疲れたら、広場のカフェに座ってゆっくりと過ごすのも一興だ。(所要時間約4〜5時間)

サン・マルコ寺院の屋根

ドゥカーレ宮殿の繊細な飾り

マルチャーナ図書館を飾る彫像

Rio di S. Angelo
Calle de la Mandola

コンタリーニ・デル
ボーヴォロ階段
Scala Contarini del Bovo P.22

Rio di Verona

Campo S. Angelo

S.ファンティン教会
S. Fantin

Campo S. Fantin

S.ステーファノ教会
S. Stefano P.218

フェニーチェ劇場
Teatro la Fenice P.218

Rio dei Santissimo

Campo S. Maurizio

3月22日通り
Calle Larga
P.218

Rio dell'Albero

Dose Da Ponte

コルネール宮(カ・グランデ)
Pal. Corner Ca Grande

Pal. Gritti

Giglio

❶ サン・マルコ広場

ひときわ目を引く金色のモザイクで輝くサン・マルコ寺院とその隣のドゥカーレ宮を背にして広がる、奥行き157m、幅82mの広い空間。広場を回廊が取り巻き、さまざまな商店が並んでいる。

★★★ P.196

❷ サン・マルコ寺院

町のシンボルであり、ロマネスク・ビザンチン様式建築の傑作。828年にエジプトのアレキサンドリアから運ばれたこの町の守護聖人聖マルコを祀るために9世紀に建てられた。

★★★ P.197

❸ ドゥカーレ宮殿

サン・マルコ寺院の南側、大運河に面して建つ、かつてのヴェネツィア共和国のずば抜けた富と権力を象徴する建物。共和国の総督の居城および執務所として使われていた。

★★★ P.200

❹ 溜息の橋

ドゥカーレ宮殿から新牢獄へ通じる橋。この橋を渡った囚人は2度とこの世に戻って来られないといわれ、橋の小窓からこの世に別れを惜しみ、溜息をついたということから名が付いた。

★★ P.204

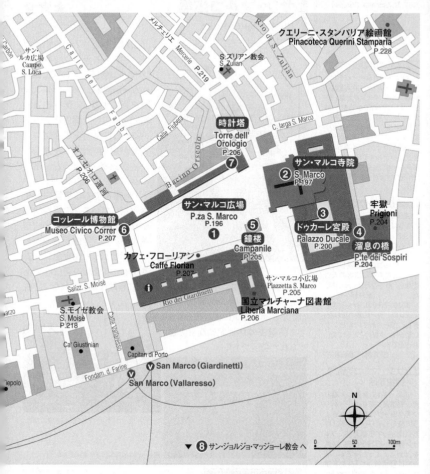

クエリーニ・スタンパリア絵画館
Pinacoteca Querini Stampalia
P.228

サン・ルカ広場
Campo
S. Luca

S.ズリアン教会
S. Zulian

メルチェリエ
Mercerie P.219

時計塔
Torre dell'
Orologio
P.206

⑦

サン・マルコ寺院
② S. Marco
P.197

C. larga S. Marco

牢獄
Prigioni
P.204

サン・マルコ広場
P.za S. Marco
P.196

①

コッレール博物館
⑥ Museo Civico Correr
P.207

⑤

鐘楼
Campanile
P.205

③

ドゥカーレ宮殿
Palazzo Ducale
P.200

④ 溜息の橋
P.te dei Sospiri
P.204

カフェ・フローリアン・
Caffè Florian
P.207

サン・マルコ小広場
Piazzetta S. Marco
P.205

Salizz. S. Moisè

Rio dei Giardinetti

国立マルチャーナ図書館
Liberia Marciana
P.206

S.モイゼ教会
S. Moisè
P.218

Ca' Giustinian

Capitan di Porto

Fondam. d. Farine

Ⓥ San Marco (Giardinetti)

Ⓥ San Marco (Vallaresso)

Tiepolo

N

0   50   100m

▼ ⑧サン・ジョルジョ・マッジョーレ教会 へ

---

⑤ 鐘楼

サン・マルコ寺院の入口前にある高さ96.8mの鐘楼。屋上まではエレベーターで上がれ、そこからのヴェネツィアの町とラグーナの眺望がすばらしい。

★★★ **P.205**

⑥ コッレール博物館

広場を挟んでサン・マルコ寺院と向き合う場所にある。階段を上がった2、3階が博物館。内部には14〜18世紀のヴェネツィア共和国時代の歴史と人々の暮らしぶりをしのばせる展示品が並ぶ。

★★ **P.207**

⑦ 時計塔

サン・マルコ寺院に向かって左側にある。屋上にあるブロンズ製のムーア人が大きな鐘を長い金づちで打って時を告げる。

★★ **P.206**

⑧ サン・ジョルジョ・マッジョーレ教会

ドゥカーレ宮殿と運河を隔てて向かいにある小さな島に、建築家パッラーディオの代表作のひとつサン・ジョルジョ・マッジョーレ教会があり、ここの鐘楼の上からの眺めもすばらしい。

★★ **P.208**

■サン・マルコ広場
地図 Ⓥ1、2番 S.Marco (Vallare sso)、S.Zaccaria (Daniele)

サン・マルコ広場 ★★★
Piazza San Marco　　　　　　ピアッツァ・サン・マルコ

観光客であふれるサン・マルコ広場

広場でひときわ目を引くのが、金色のモザイクで輝くサン・マルコ寺院。その隣にはドゥカーレ宮殿。サン・マルコ寺院を背にすると、奥行157m、幅82mの広い空間が広がっている。右に見えるのがブロンズ像が乗る時計塔、左側の高い塔が鐘楼、さらに左、運河の近くに立つ円柱にはヴェネツィアの象徴である有翼の獅子像が乗っている。広場は回廊が取り巻き、さまざまな商店が並んでいる。寺院から向かって右側は、15〜16世紀にヴェネツィアの最高の司法府であった旧政庁の建物。左側には16〜17世紀に新政庁がおかれた。寺院の正面はナポレオンの翼壁と呼ばれ、ナポレオンによるヴェネツィア制覇後の19世紀になって建てられた場所である。

サン・マルコ広場名物のカフェ

鐘楼からは広場の広さが実感できる

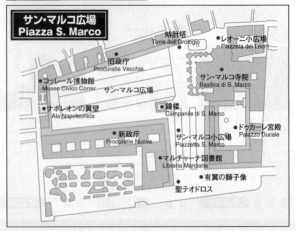

サン・マルコ広場
Piazza S. Marco

時計塔
Torre dell'Orologio

レオーニ小広場
Piazzetta dei Leoni

旧政庁
Procuratie Vecchie

コッレール博物館
Museo Civico Correr

サン・マルコ広場

サン・マルコ寺院
Basilica di S. Marco

ナポレオンの翼壁
Ala Napoleonica

鐘楼
Campanile di S. Marco

新政庁
Procuratie Nuove

サン・マルコ小広場
Piazzetta S. Marco

ドゥカーレ宮殿
Palazzo Ducale

マルチャーナ図書館
Libreria Marciana

有翼の獅子像

聖テオドロス

✉ 迷路の町の歩き方
　リアルト橋からサン・マルコへ向かいましたが、運河を渡り路地に入るとやっぱり迷路。でも、サン・マルコPer S.Marcoの案内板が道の角ごとにあってわかり易く、迷うことはありません。　　　　　　　（kacha）
　地図を持っていても迷うこと必至。ホテルまでの道のりはポスターやショーウィンドーで目印をつけながら歩くのがいいです。　　　　　　　　（Hero）

✉ 鐘楼からの絶景
　鐘楼から見るヴェネツィアの夜景は絶景でした。8月末では19:30〜20:30頃の間、日没とともにどんどんと色が移り変ります。ライトアップされたサン・マルコ広場も美しいです。この時間帯は広場の人も少なく、並ぶことなく入れました。　　　（東京都　H.M.）
　8/20、20:00に行くとすぐにエレベーターに乗れました。夕日に照らされて町がピンクに染まり、夕焼けとともに美しかったです。
　　　　　（東京都　津崎園子）

✉ サン・マルコ寺院の
　荷物預け
　サン・マルコ寺院に入場の際、警備員に背中のデイバックをクロークに預けて来るように言われました。場所は寺院に向かって正面左側、ライオン像の小広場から細い路地を20mほど入った所。私たちは警備員から「荷物を預けたら入場待ちの列に並び直さず、直接ここへ。そのまま入っていいから」と言われたので、戻った際に預けた荷札を見せてすぐに入れました。長い行列があり、事前予約の入口からサッサと入る人、荷物預けの後にすぐに入る人など、ゴチャゴチャしていてわかりづらい。列の整理をする係員もいないので、積極的に周りの人に聞いてみるのがいいです。
　　　　　　　　（なかのん）

✉ カーニバル時の行列
　2016年2/6の10:00頃、サン・マルコ広場の鐘楼の入場待ちの行列は、カフェ・フローリアンまで、サン・マルコ寺院は広場を越えてコッレール博物館まで列ができていました。
　　　　（東京都　ドラゴン　'16）

MAP P.195、P.179 B4

サン・マルコ寺院 ★★★

Basilica di San Marco　　バジリカ・ディ・サン・マルコ

町のシンボル、そして宗教的よりどころでもあるロマネスク・ビザンチン建築の傑作。828年にエジプトのアレキサンドリアからふたりのヴェネツィア商人が運んできた、聖人マルコの遺体を祀るために9世紀に建て

サン・マルコ寺院正面
聖マルコの像の下には金色の有翼の獅子像が見える

られた。聖マルコはキリストの福音書の4人の著者のひとりでこの町の守護聖人とされ、彼のシンボルが有翼の獅子。そのため、ヴェネツィアの権威の象徴としての獅子像は町のいたるところで見かけられる。寺院は火災に遭ったため、11世紀、17世紀に大幅に改修され、より東洋的なイメージに近づいた。

13世紀のモザイク

●正面

大理石による2層建て。いくつもの柱が連なり、2層のアーチが横に5つ並んでいる。中央のひときわ大きいアーチの上には**聖マルコとそのシンボル有翼の獅子像**が飾られている。どのアーチも金色のモザイクとゴシック様式の繊細な縁飾りのような尖塔で装飾されている。この正面の5つのモザイクは聖マルコの遺体を運び出す一連の伝説を描いた物で、正面に向かって一番左の物だけが13世紀の作で古い。

広場を見下ろす中央入口上部のバルコニー部分には、ブロンズ製の4頭の馬像がある。ヴェネツィア総督率いる十字軍が、コンスタンティノープルを占領した記念に1204年に持ち帰った物のコピー。紀元前4世紀から2世紀頃の作といわれ、オリジナルは寺院2階にある付属博物館に展示されている。

この正面が一番美しく見えるのは夕日に輝く時刻だ。青空の下、正面のモザイクの金色が光に反射して、文字どおりきらきらと輝く様子が見られる。

2回の改修を経て、より東洋的なイメージに変わった寺院正面

■サン・マルコ寺院
住 Piazza San Marco
☎ 041-5225205
寺院(予約→P.205)
開 4/16〜10/28　9:30〜17:00
　　日祝 14:00〜17:00
　　10/29〜4/15　9:30〜17:00
　　日祝 14:00〜16:30
パラ・ドーロと宝物庫
開 4/16〜10/28　9:45〜17:00
　　日祝 14:00〜17:00
　　10/29〜4/15　9:45〜16:45
　　日祝 14:00〜16:30
料 パラ・ドーロ€2.50
　宝物庫€3
博物館
開 4/16〜10/28　9:35〜17:00
　　10/29〜4/15　9:45〜16:45
料 €5　休 いずれも無休
※寺院のみは無料
　入場は閉場15分前まで
　寺院内部の照明は平日11:30
　〜14:45、日祝は全日。
文化財保護のため、少人数のグループで入場。
服装チェックあり
　入口に係員が立ち、服装チェックがある。ノースリーブ、短いスカートや短パンなど肌の露出の大きい服装では入場不可。リュックなどの大きな荷物も不可。
※入口で肌を覆う不織布の販売€1あり。
⊠ サン・マルコ寺院の予約
　前日にネット予約しました。予約料€3で時間節約になり、ストレスフリーなら安いです。
(神奈川県　匿名希望 '17)['19]

ブロンズ製の4頭の馬像が広場を見守る

サン・マルコ広場
(鐘楼から旧政庁を眺める)

●内部

モザイク画が豪華に装飾された寺院内部

入口を入ってすぐのナルテックス（玄関廊）の天井のモザイク画には、旧約聖書の物語が描かれている。一番右の円蓋天井には、天地創造の物語が三重の同心円で描かれていて圧巻。寺院内部はビザンチン建築に特徴的なギリシア十字架様式で、中央に大きなドーム、その回りに少し小さめのドームが4つという構成。主身廊は円柱列で仕切られた三廊式で、大きなアーチが5つのドームをつないで支える構造になっている。床は大理石モザイク、柱も珍しい大理石、壁は板状の大理石とすべてに大理石が使われている。上部の壁とクーポラは金とガラスモザイクで覆い尽くされ、その豪華さ、華やかさには圧倒される。全体が同じトーンのモザイクで覆われているため、実際よりも大きな広がりが感じられるだろう。とりわけクーポラ部分のモザイクがすばらしい。モザイクの主要テーマはキリストの生涯と受難、そして復活である。中央の一番大きなクーポラには天使に囲まれたキリストとその周囲でキリストを見上げる聖母マリアと12使徒の姿があり、「昇天」のクーポラと呼ばれ、寺院の精神的中核をなすものといえる。

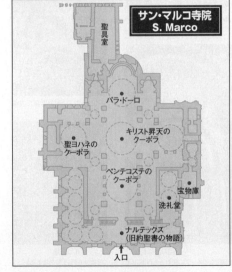

ギリシア十字架様式の小クーポラ

寺院の中では天井を見上げるだけでなく、床にも注目したい。床に施された装飾も見事で、大理石やメノウで描き出された華麗な模様が見られる。

内陣と身廊を分ける聖像壁（ここでは中央に銅と銀でできた大きな十字架があり、その両側に聖母マリアと12使徒の像が並んでいる）はビザンチン教会に典型的な物であり、ここにも東方の影響が色濃く見られる。その奥、内陣の主祭壇には聖マルコの遺体が収められている。この主祭壇の裏側にあるのが、寺院最大の宝物であるパラ・ドーロPala d' Oro。高さ1.4m、幅3.48mの祭壇画で、ビザンチンとヴェネツィアの金銀細工芸術の粋を集結させた、細かな細工と金色に輝くその

サン・マルコ寺院 S. Marco

- 聖具室
- パラ・ドーロ
- キリスト昇天のクーポラ
- 聖ヨハネのクーポラ
- ペンテコステのクーポラ
- 宝物庫
- 洗礼堂
- ナルテックズ（旧約聖書の物語）
- 入口

モザイク模様の見事な床

聖像壁にビザンチンの影響が見られる

サン・マルコ広場を
運河から眺めよう
　サン・マルコ広場へヴァポレットで向かう場合、広場手前のSan Marco VallaressoやGiardinettiで下船してしまう人がほとんど。ドゥカーレ宮殿やサン・マルコ寺院の雄大な姿を運河から眺めるなら、次のSan Zaccariaで下りるのがおすすめ。

切符売り場と閉館時間
　ヴェネツィアの多くの見どころの切符売り場は閉館1時間前に閉まる。

姿はため息を誘うような見事さ。10世紀にコンスタンティノープルで作られ始め、1342年に完成した。1300粒の真珠、400のガーネット、300のエメラルドとサファイア、90のアメジスト、ルビー、七宝などで飾られている。
　寺院右側奥にある**宝物庫**Tesoroには、1204年に十字軍がコンスタンティノープルから運んできた11〜12世紀ガラス器やイコンなどの財宝が展示されている。なかでもサン・マルコ寺院に似た形をした銀の容器などが見もの。

サン・マルコ寺院の至宝
パラ・ドーロ

4頭の馬像のオリジナル

正面玄関廊右側の階段を上ると、ガッレリア（博物館）に通じている。寺院正面を飾る4頭の馬像のオリジナル、モザイクの破片、寺院の歴史を彩った絨毯、タペストリーなどが展示されている。バルコニーからはサン・マルコ広場全体を俯瞰（ふかん）できる。

年齢割引について
　イタリアでは年齢割引がある見どころでの年齢証明の呈示が厳しくなった。18歳以下、学生、60または65歳以上という区分けが多いので、これに該当する場合はパスポートのコピーなどの持参を。

ゴンドラ *column*

　ゴンドラは11世紀の終わりに初めて現れたといわれている。現在の形は17世紀の物で、それ以前の物はもう少し直線的で高さが低かった。艫（とも）と舳（さき）先は金属装飾で飾られており、フェッロと呼ばれる舳先飾りの6つの歯は6つの行政区と反対側のひとつはジューデッカ島を表すという。また6つの歯の間にある3つの飾りは大運河にかかる大きな3つの橋、フェッロの上部の曲線は、総督がかぶるコルナ帽の形を意味しているという。昔のゴンドラは金や銀やさまざまな色で飾られてカラフルだったといわれる

が、17世紀に華美贅沢を規制するため政府によって黒に統一された。ゴンドラはよく見る

と左右非対称で、右舷が少し広くなっている。そのままでは傾いてしまうので、船頭が船尾に立って片足を右舷にかけ、船をこぐ動作そのものによってゴンドラを平衡に保っている。全長の半分しか水に接しないように設計され、底は平たくなっており、水に沈む部分はわずかなので浅い運河のどこでも行くことができる。ゴンドラ漕法の特徴は、こぎ手が船首を向いて立ち、櫂栓Forcolaのカーブに当てる位置と向きを変えながら櫂を前後に動かすことにある。最盛期には1万もあったといわれるゴンドラも現在は観光用に約500を残すのみとなった。ゴンドラの船頭ゴンドリエーリはかつては厳しい世襲制の職業であったが、後継者不足から現在は外国人にも門戸が広がれた。2009年には初の女性のゴンドリエーリも誕生した。黒い服にリボンを付けた麦わら帽をかぶる彼らの姿はヴェネツィアの風情に欠かせないものだ。

■ドゥカーレ宮殿
Ⓘ Piazzetta San Marco
☎ 041-2715911
開 4/1〜10/31 8:30〜19:00
11/1〜3/31 8:30〜17:30
休 1/1、12/25
料 共通券€20または€24
（→P.185）
交 Ⓥ1、2番S. Marco Valla
ressoまたはSan Zaccaria
下船
● 切符売り場は閉館1時間前
まで。

ドゥカーレ宮殿の
シークレットツアー
Itinerari Segreti di Palazzo
Ducale/Secret Itineraries
in the Doge's Palace
　通常の入場で見ることが
できる豪華な部屋とは対照的
に質素な実際の執務官の部
屋、裁判をつかさどる四十人
委員会の部屋から、拷問が行
われた部屋、カサノヴァが最
初の12ヵ月間入れられたとい
う「鉛」牢獄、梁がむき出しの
屋根裏などを見ることができ
る。ドゥカーレ宮がヴェネツ
ィア共和国の総督の住まいで
あると同時に、執務所であり、
裁判所であり、また牢獄も兼
ねていたという表と裏ふたつ
の側面をもっていたことがわ
かる。ツアーの所要時間は約
1時間〜1時間30分、シークレ
ットツアーに参加した人はそ
のあとに表側の部屋を見学す
ることができる。
☎ 041-2715911
開 英語ガイドは9:55、10:45、
11:10、イタリア語ガイドは
9:30、11:00
料 €20、ヴェニス・カード、
ローリング・ヴェニス・カ
ード所有者€14
ツアーは毎日催行。予約がベタ
ー。予約は**☎** 041-42730892
またはドゥカーレ宮殿の窓口へ。
URL www.palazzoducalevisit
imuve.itから切符購入・予約可。

町の富と権力の象徴

MAP P.195、P.179 B4

ドゥカーレ宮殿 ★★★
Palazzo Ducale　　　パラッツォ・ドゥカーレ

　サン・マルコ寺院の南側、大運河に面して建つ、いにしえのヴェネツィア共和国の図抜けた富と権力を象徴する建物。ヴェネツィア共和国の総督の居城として使われていたほか、国会、行政、裁判をつ

サン・マルコ小広場から見たドゥカーレ宮殿

かさどる場所であり、牢獄もおかれた。大きく窓の開いたビザンチン風のエレガントなアーチが続く柱廊、繊細な飾りの施された小尖塔、壁面にひし形を描くピンクと白の大理石など異国情緒にあふれ、また天気のよい日は青い空と水に映えて実に美しい。基礎の作られた9世紀には城塞としての趣が強かったが、その後14〜15世紀には、ヴェネツィアン・ゴシックの典型ともいえる伸びやかで、装飾の多い現在の建物へと変化してきた。サン・マルコ寺院のすぐ脇にあるのが、15世紀のゴシック様式の**布告門**Porta della Carta。高く大きな門はB.ボンほか多くの彫刻家の手により、たっぷりの彫刻で飾られている。

●内部
　現在、入場口は大運河に面した側にある。入口を入って左側が切符売り場と売店。中へ入ると、1500年代の**ブロンズ製の井戸**がある中庭へと通じている。中庭の向かって右側の階段から上へ上がり、内部を見学する。2階は回廊となっており、見どころは3階と4階。3階へは、A.ヴィットリアの手による16世紀の黄金の化粧漆喰で天井が豪華に飾られているドーム型の黄金階段Scala d'Oroを上がって行く。

ブロンズの井戸のある中庭

ヴェネツィア共和国の共和制　　*column*

　ヴェネツィア共和国では、20歳になった貴族の男子すべてが共和国国会の議員の資格を得た。共和国国会には立法権はなかったが、それを審議する権利が与えられていた。その議員が一堂に会するための場所がティントレットの油絵『天国』で有名な3階の大会議場の間（SALA DEL MAGGIOR CONSIGLIO）である。また、その中から実務担当として100名余りが選ばれ、元老院議員となる。この議員たちが集まる場所が4階の元老院の間（SALA DEL SENATO）である。さらに重大な国家機密など

を決定するために、元老院から10名が選ばれた。この10名と総督、そして総督補佐官6名を合わせた17人が十人委員会を組織した。この委員たちの部屋がSALA DEL CONSIGLIO DEI X）だ。これらはすべてドゥカーレ宮殿の中にあった。また犯罪などを裁くためには共和国国会から選ばれた40人が委員会を組織した。終身制の総督を除き、いずれのメンバーも1年ないし2年での交替制をとり、ひとりに権力が集中するのを防ぎ、共和制を保つことに工夫が凝らされていた。

◆3階

　ヴェネツィア共和国総督の公邸である3階部分はいくつもの部屋に分かれ、総督の政庁としての雰囲気にあふれるサロンが続く。ルネッサンスの雰囲気に満ちた地図の間Sala delle Mappeではティツィアーノの『増水

地図の間

した河を渡る聖クリストフォーロ』S. Cristoforoのフレスコ画を見よう。

◆4階

　階段を上って右側の最初の部屋が4つの扉の間Sala delle Quattro Porteである。ここで目を引くのが入って右側の壁にあるティツィアーノ1555年の作『祈りを捧げるグリマーニ総督』Il Doge Grimani adora la Fede（必見❶）である。またティエポロによる『ヴェネツィアの海神のオマージュの受容』Venezia che riceve l'omaggio di Nettunoも必見の作品。

　その次の間が謁見控えの間Anticollegioである。扉の両側の壁には四季を表現しているという、ティントレットによる4枚のパネルが飾られている。また入って右側奥にはヴェロネーゼの傑作のひとつ『エウロペの略奪』Ratto di Europaがある。

『エウロペの略奪』が飾られる謁見控えの間

　続く部屋が、各国大使との謁見や条約の調印などに使われた謁見の間Sala del Collegio。部屋の正面、玉座の壁を飾るのがヴェロネーゼ作『レパントの海戦の勝利を感謝するヴェニエル総督』Doge Veniere il Redentore（必見❷）。天井はヴェロネーゼとその弟子による11枚の板絵がはめ込まれている。玉座と反対側の壁にはティントレットによる『サン・マルコ広場で聖マリアにかしづく総督アンドレア・グリッティ』がある。

　その隣の部屋が元老院の間Sala del Senato。天井の中央に描かれているのはティントレットによる『ヴェネツィア称揚』。どの部屋でも、金箔を施した化粧漆喰と華麗な絵画が共和国の富の象徴として豪華で重厚な印象を与えている。ここから一度4つの扉の間へ戻り、さらに奥の部屋へ。隣が重大な国家機密を決定した十人委員会の間Sala del Consiglio dei Dieci。ここの天井もヴェロネーゼの絵画で彩られており、なかでも『老いと若さ』Vecchiaia e Gioventù（必見❸）がすばらしい。その次の羅針盤の間Sala della Bussolaの扉の横には、市民からの投書を受け付けたライオンの口Bocca di Leoneがある。ドゥカーレ宮殿内にはいくつかその種の投書口があった。その奥には武器庫があり戦時の武器や遺品が置かれている。ここから階段を下りてもう一度3階へ向かう。

『ヴェネツィア称揚』が描かれた元老院の間

黄金階段を上って総督の公邸に入る

✉ ドゥカーレ宮殿の見学順路

　最初に4階まで上がり、3階、2階と下りる順路です。下から順に見学して行くと、3階の「大評議の間」へはロープが張ってあり、見学できず焦ってしまいました。　　（ヤマケイ）

ドゥカーレ宮殿情報
●中庭に面した1階の階段横にあるトイレは管理もよく無料。その並びにはGUARDAROBA（クローク）もある。
●2階出口近くにはミュージアムショップと隣合わせにカフェがあり、見学に疲れたら休憩するのに最適。
●オーディオガイド（英・伊語）もあり。

✉ わからなかったら

　ティツィアーノの『増水した河を渡る聖クリストフォーロ』はベランダへ上る階段の背面壁にあるので見つけるのが大変でした。わからなかったら、スタッフに聞くのがいいです。
（岡山県　村木俊文）

✉ 閉館間近ならすいてる

　ドゥカーレ宮殿やコッレール博物館は混んでいることが多いですが、閉館2時間前に入場するとゆっくりと静かに見学できます。ドゥカーレ宮殿ではサンタ・マッジョーレ教会が見られる窓が開いているので、天気のよい日にはのぞいてみて。夕日があたってとてもきれいです。　　（栃木県　さとぼん）

「地球の歩き方」が選んだ

ドゥカーレ宮殿
Palazzo Ducale

必見ベスト**5**

3階

0　　　10m　　　20m

漆喰の間

テラス
Terrazza

エリッツォの間
Sala Erizzo

総督の居室
Appartamento
del Doge

グリマーニの間
Sala Grimani

地図の間
Sala delle Mappe

スカルラッティの間
Sala degli Scarlatti

黄金階段
Scala d'Oro

投票の間
Sala dello Scrutinio

四十人の裁判官
からなる法廷

溜息の橋

新市民の四十人の
裁判官の間

入口

検閲官
の階段

旧市民の四十人の
裁判官の間

軍隊の間
Sala dell'
Armamento

大評議の間
Sala del Maggior Consiglio

大評議の間・通路
Andito del Maggior Consiglio

5 ヴェロネーゼ作
『ヴェネツィアの勝利』(天井画)

4 ティントレット作『天国』

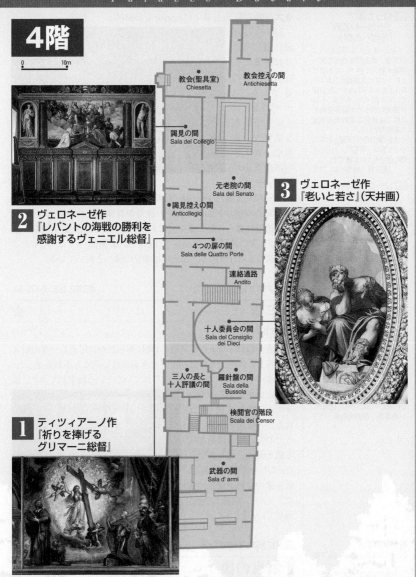

4階

0 — 10m

教会(聖具室)
Chiesetta

教会控えの間
Antichiesetta

謁見の間
Sala del Collegio

元老院の間
Sala del Senato

謁見控えの間
Anticollegio

3 ヴェロネーゼ作
『老いと若さ』(天井画)

2 ヴェロネーゼ作
『レパントの海戦の勝利を
感謝するヴェニエル総督』

4つの扉の間
Sala delle Quattro Porte

連絡通路
Andito

十人委員会の間
Sala del Consiglio
dei Dieci

三人の長と
十人評議の間

羅針盤の間
Sala della Bussola

検閲官の階段
Scala dei Censor

1 ティツィアーノ作
『祈りを捧げる
グリマーニ総督』

武器の間
Sala d' armi

ヴェネツィア共和国の総督(ドージェ)　　*column*

　総督はヴェネツィア共和国の象徴であり、共和国会から選ばれる終身制であった。通常貴族の名門家系の相当の年齢に達した人が選ばれていた。しかし総督は君臨すれど統治せずという立場で、重要な決定にはすべて関与してはいるものの、その権限や行動は厳しく限定されていた。6つの行政区ごとに選ばれた6人の補佐官の同意がなくてはいかなる決定も下せず、ヴェネツィアから出ることも、補佐官2名の同行なくしては許されなかったという。その意味で、真に力を持っていたのは、国家の安全保障にかかわる案件を決定する十人委員会と元老院であったといえる。

◆大評議の間 Sala del Maggior Consiglio

大評議の間

3階の大運河に面した部分にあるこの宮殿の一番の見どころ。54m×25mという広大で豪華な広間で、世界で一番大きい油絵といわれる、ティントレットの『天国』Paradiso（**必見❹**）が正面の壁一面を覆っている。また周囲の壁の上部には当時の総督の肖像画76枚が並んでいる。黄金漆喰で飾られた天井中央にあるヴェロネーゼ最後の作品、『ヴェネツィアの勝利』Apoteosi di Venezia（**必見❺**）もすばらしい。この広間の正面左奥の小さな入口は溜息の橋へと続いている。

カサノヴァも投獄された　　　MAP P.195、P.179 B4

牢獄　☆
Prigioni
プリジオーニ

元来牢獄はドゥカーレ宮殿の1階にあったが、増える一方の囚人を収容しきれず、天井裏や運河の水面に近い所にも牢獄を造った。屋根裏の物がカサノヴァが入れられていたという鉛牢獄であり、運

河に近い所にあるのがポッツォ（井戸）牢獄と呼ばれるが、環境も劣悪となったので、政府は新たに牢獄を造ることを決定した。これが新牢獄である。新牢獄の建物が溜息の橋でドゥカーレ宮殿の2階と通じている。

牢獄

現世に別れを告げた橋　　　MAP P.195、P.179 B4

溜息の橋　☆☆
Ponte dei Sospiri
ポンテ・デイ・ソスピーリ

16世紀半ばにドゥカーレ宮殿に隣接して新牢獄が造られた。ドゥカーレ宮殿で有罪の判決を受けた者が、この新牢獄へ移されるときに通る橋が溜息の橋。外観は美しい大理石で造られているが、内部は木造の質素な造り。この橋から外を見渡し、この世に別れを告げて溜息をついたことからこの名が付いたという。

溜息の橋

✉知ってる!?　ドゥカーレ宮殿「牢獄への扉」

フランチェスコ・モロシーニの死後、凱旋門を作って彼の業績を讃えたという。これはヴェネツィアに大貢献したダンドロさえも与えられなかった栄誉で、イスタンブールでダンドロが最初に葬られた墓碑を眺めた私には非常に違和感を覚えた凱旋門でした。

大評議の間の『天国』右下の小さな扉は、牢獄に入れられる際に使われていた扉です。
（東京都　浜ちゃん　'16）

✉シークレットツアー、夏は要予約

当日の申し込みで参加できる場合もあるようですが、私たちが行った8月はハイシーズンということもあって、何と2週間待ち‼　予約なしで行くなんて、とてもとても……という感じでした。時期によるかもしれませんが、世界中から観光客が集まるヴェネツィアにハイシーズンに行く方は早めの予約がよいと思います。
（神奈川県　KOZUE0223）

✉撮影依頼スリに注意

ドゥカーレ宮殿前から続く溜息の橋の手前は絶好の撮影スポット。ここで撮影を依頼され、ワナにはまりバッグから財布をスラれてしまいました（→P.405）。親切心を欺く卑劣な行為です。皆さまもご注意を。
（埼玉県　篠田真由美　'17）

■溜息の橋
🚢 Ⓥ 1、2番San Zaccaria下船

✉土・日のヴェネツィア

イタリアをはじめヨーロッパ各国からの観光客が多いようなので避けるのがベターかも。
（東京都　Ichi&Megu）

✉ヴァポレット利用時は時間に余裕をもって

時間帯によってはヴァポレット乗り場に行列ができていることがあります。私は夕方のサン・ザッカリアでヴァポレットに乗るのに30分かかり、予約したツアーに遅れそうになってヒヤヒヤしました。
（麻由美　'17）

204

広場と潟を一望する

MAP P.195、P.179 B4

鐘楼
Campanile
★★★

カンパニーレ

サン・マルコ寺院の入口前にある高さ96.8mの鐘楼。赤いれんが色で天を突くようにそびえるシンプルなフォルムが、寺院とは対照的な美しさを示している。888〜1514年の間に建てられ、昔は灯台の役目も果たしていた。しかし1902年7月4日の朝突然倒れ、1912年に元

眼下に広がるサン・マルコ寺院とカステッロ地区

のままの姿で再建された。エレベーターで鐘のある場所まで上がれ、そこからのヴェネツィアの町とラグーナの眺望がすばらしい。

360度の眺望が広がり、眼下には迫力のサン・マルコ寺院、運河の向こうには白い貴婦人のようなたたずまいのサン・ジョルジョ・マッジョーレ教会……。ボートが描く白い軌跡の先には緑のリド島やム

ラーノ島、遠くの工業地帯までが望める。カラフルな長い絵巻物のような眺望は、まさに「水の都」を作り上げた人々の情熱と歴史を眺めるかのようだ。

サン・ジョルジョ・マッジョーレ教会の鐘楼も見える

運河を望む小広場

MAP P.195、P.179 C4

サン・マルコ小広場
Piazzetta San Marco
★★

ピアツェッタ・サン・マルコ

寺院を背にして左側、大運河に面している広場で、12世紀に建てられた2本の石柱が立っている。運河に向かって右側の石柱には9世紀以前のヴェネツィアの守護聖人聖テオドロス、左側の石柱の上には9世紀以降の守護聖人聖マルコの象徴、有翼の獅子の像が載っている。運河の向こうに見えるのが、サン・ジョルジョ・マッジョーレ島と教会だ。その昔、この柱の間には絞首刑の死刑執行台が置かれていたといい、ヴェネツィア人は不吉だとして決してこの柱の間を通らなかったという言い伝えがある。この広場からドゥカーレ宮殿を眺めると、2階アーチの花部分の中央には剣を持つ女性、運河に面した1階の角の柱廊の飾り柱頭の上にはアダムとイブの像があり、興味深い。

サン・マルコ小広場(ピアツェッタ)

■鐘楼
住 Piazza San Marco
電 041-5224064
開 4/1〜4/15　9:00〜17:30
　4/16〜9/30　8:30〜21:00
　10/1〜10/27　9:30〜18:00
　10/28〜1/6、1/21〜3/31
　　　　　　9:30〜16:45
※濃霧、強風、極寒の日は閉場の場合あり
休 1/7〜1/20
料 €8、6〜18歳€6
※切符売り場は閉場1時間前まで。入場は閉場1時間前まで。
※サン・マルコ寺院と鐘楼の予約 URL venetoinside.com/.../basilica-di-san-marco-accessoで4/1〜11/1の期間のみ予約可。予約料：寺院€3、鐘楼€5

✉ 鐘楼でひと息
　夏季のサン・マルコ広場の鐘楼は日陰がなくて暑いうえに行列します。切符売り場に自販機があり冷たいお水が€1で売ってます。リーズナブルですし、絶景を見ながらひと息つけます。
(小池匡史 '16)

100m近い高さの鐘楼

✉ 鐘楼の行列情報
　昼頃に出かけると、かなりの行列!!並んでいる人に聞くと「45分〜1時間程度の待ち」とのこと。夕方、19:00頃に行くと、切符売り場の待ち時間はなく、エレベーター待ちの15分ほどで上がれました。夕方か早めの午前中が待ち時間が少ないようです。すばらしい眺めは思い出に残りました。
(東京都 ICM '17)

聖テオドロスの像

■国立マルチャーナ図書館
住 Piazzetta San Marco
☎ 041-2407223
開 4～10月　9:00～19:00
　　11～3月　9:00～17:00
休 1/1、12/25
料 共通券€20(→P.185)
※切符売り場は閉場1時間前まで。閉場15分前から退出開始

✉ ヴァポレットの
　切符売り場

　駅正面のヴァポレットの券売機にATMあり。無人のヴァポレット乗り場には券売機がないので、近くの売店で切符を購入する必要があります。売店ではクレジットカードは使えないので、現金が必要。6歳までは無料だそうです。また、美術館はすべて子供無料でした。
（大阪府　つむぎちゃん　'17）

オルセオロ運河のゴンドラだまり

■時計塔
住 Mercerie, San Marco
開 10:00～18:00各回12人までのガイド付き見学のみ
英語
　月火水　　11:00、12:00
　木金土日　14:00、15:00
イタリア語
　毎日　　　13:00、16:00
休 1/1、12/25
料 €12 (予約およびガイド料金を含む)
※内部は狭く、階段のみ。歩行に障害のある方、閉所恐怖症、心臓病の持病のある方、妊婦はおすすめできない。6歳以上のみ
※予約は☎ 848082000(コールセンター)、日本からは☎ 041-42730892、または URL www.torreorologio.visitmuve.itへ

時計塔のムーア人

16世紀を代表する建築物　　　　MAP P.195、P.179 C4

国立マルチャーナ図書館　★
Libreria Marciana　　　　　　　リブレリア・マルチャーナ

　ドゥカーレ宮殿と向き合う位置にある1500年代を代表する建築物で、サンソヴィーノの設計による。柱廊、ロッジア、バラスター (手すりや欄干を支える小柱)で飾られ、古典的な荘重さにあふれている。内部には、中世から現代にいたる各種さまざまな分野の書物が収蔵されている。

サン・マルコ小広場に面して建つ、サンソヴィーノ設計のマルチャーナ図書館(正面)

　現在もヴェネツィア市民に利用される図書館でもある。その母体は15世紀、東ローマ帝国の陥落後、貴重な文化財が失われることを危惧したひとりの枢機卿が古代ギリシアから中世のおびただしい蔵書をヴェネツィア共和国に寄付したことが始まりだ。
　1階が図書館の閲覧室、2階は企画展示を行う大広間になっている。2階大広間はティツィアーノ、ティントレット、ヴェロネーゼ、スキアヴォーニなどの絵で飾られている。なかでも天井を飾る21枚のフレスコ画が圧巻。見学は、コッレール博物館内から入場する。2階に展示してある古書はコピーだが、壁面の哲学者たちの肖像画、天井画、玄関ホールの彫像などが見事だ。

ヴェネツィアらしい風情に満ちた　　　MAP P.195、P.179 B3

オルセオロ運河　★
Bacino Orseolo　　　　　　　　バチーノ・オルセオロ

　サン・マルコ寺院から向かって右側の奥、回廊を抜けた所がオルセオロ運河で、ゴンドラの係留所となっている。運河の向こうには町で最も古いホテルのひとつ、Cavalletto e Doge Orseoloがあり、ここの前の運河と、そこに映り込むゴンドラの風景は水の上に浮かぶ町ヴェネツィアらしさにあふれている。

ムーア人が時を告げる　　　　MAP P.195、P.179 B4

時計塔　★★
Torre dell' Orologio　　　　　トッレ・デッロロージョ

　ヴェネツィア・ルネッサンスを代表する建築家マウロ・コドゥッチによって1496～1499年に建てられた。黄道12宮を表した文字盤の上には聖母子像が置かれており、屋上ではブロンズ製のムーア人が大きな鐘を長い金づちで打って時を告げる。

サン・マルコ広場北側にある。
ここから商店が続くメルチェリアへ

町の歴史と人々の暮らしを伝える

MAP P.195、P.179 B3

コッレール博物館 ★★
Museo Civico Correr

ムゼオ・チヴィコ・コッレール

コッレール博物館

　広場を挟んで、サン・マルコ寺院と向き合い、入口はアーケード右側の階段を上がる。2、3階が博物館。特別展のときに使われる舞踏の間Salone da Balloがとりわけ有名だ。内部は、14～18世紀のヴェネツィアの歴史と人々の暮らしぶりをしのばせる展示品が多く、当時の献立表やイタリア陶器、ゴンドラの図、ルネッサンス期の小さなブロンズ像などが興味深い。また絵画館Pinacotecaでは、ヤコポ・ベッリーニの傑作のひとつである『キリストの磔刑』Crocifissione、その息子であるジョヴァンニ・ベッリーニの『キリストの磔刑』Crocifissione、『キリストの変容』Trasfigurazione、『ピエタ』Pietà、カルパッチョの『ヴェネツィアの二人の婦人』Le due Veneziane、トゥーラの『ピエタ』Pietà、アントネッロ・ダ・メッシーナの『ピエタ』Pietà、ロレンツォ・ロットの『肖像画』Ritrattoなどのすばらしい作品がある。

カルパッチョ作『ヴェネツィアの二人の婦人』

18世紀のままに残る優雅なカフェ

MAP P.195、P.179 B4

カフェ・フローリアン ★
Caffè Florian

カフェ・フローリアン

落ち着いたインテリア、カフェ・フローリアン

　コーヒーは、17世紀初めにトルコからヴェネツィアに持ち込まれ、そしてヨーロッパ中に広まったといわれる。最初のカフェはサン・マルコ広場に17世紀に開かれたというが、現在残っている老舗カフェで最も有名なのは、サン・マルコ広場新政庁側にあるカフェ・フローリアンで1720年のオープン。バイロン、ディッケンズ、プルーストらの文学者たちに愛されたというカフェは、昔のインテリアそのままに今も旅人たちの旅情を誘っている。

■コッレール博物館
🏠 Piazza San Marco
☎ 041-2405211
🕐 11/1～3/31 10:00～17:00
　 4/1～10/31 10:00～19:00
休 1/1、12/25
料 共通券€18または24
　（→P.185）
※切符売り場は閉館1時間前まで。

✉ 知ってる!?
**マルチャーナ図書館
アルド社の書籍**
　図書館の展示はヴェネツィアで印刷業を開いた、15世紀ルネッサンス時代の商業印刷の父といわれるアルドゥス・マヌティウスによるアルド社の「イルカと錨イカリ」のマークの書籍。持ち歩ける小型本のためにイタリック体を開発し、本にページをつけたのも彼の功績。当時ヴェネツィアの出版業はヨーロッパ第1位。さまざまな小型本とともにポケットに入る大きさの実物もあり、大変興味深かった。
　　　　　（東京都　浜ちゃん　'16）

✉ **私のおすすめ、
コッレール博物館**
　ヴェネツィアの歴史小説を読んでから出かけたので、当時の生活の様子がいっそう興味深く、見応え十分でした。サン・マルコ広場周辺共通券で入れますし、内部にはサン・マルコ広場を見下ろすリーズナブルなカフェもあります。落ち着いた雰囲気で楽しめます。　　（東京都　のり）

■カフェ・フローリアン
※詳細データはP.256参照

✉ **霧のヴェネツィア**
　晴れの日も朝は霧がかかることがあります。そんなときは運河沿いに出ると幻想的な風景が見られます。特に大運河に架かる橋の上から見る景色は風情があります。ただ、朝は道に犬のふんが多いので気をつけてください。特にキャスター付きのかばんは悲惨なことになります。　　（ありまの大猫）

✉ **混雑のヴァポレット**
　観光客が爆発的に増えてどの路線も混んでいて、トランクを持っていて乗せてもらえない観光客をたくさん見ました。駅前にポーターがたくさんいるので、利用するのがいいかもしれません。
　（大阪府　つむぎちゃん　'17）

■サン・ジョルジョ・
マッジョーレ教会

住 Isola di San Giorgio Maggiore
☎ 041-5227827
開 4〜10月9:00〜19:00
　11〜3月8:30〜18:00
料 €6、学生、65歳以上€4
　（鐘楼へ上る場合）
※宗教行事の際は鐘楼への入
　場は休止（日10:40〜12:00
　頃）。鐘楼へのエレベー
　ターは内部正面左奥。エレベー
　ターは閉場20分前まで。
交 S. Zaccaria、Zattereなど
　から♥2番S. Giorgio下船

✉ 絶対のおすすめ

　サン・ジョルジョ・マッジョ
ーレ教会の鐘楼。サン・マル
コ広場からヴァポレット2番で
1つ。サン・マルコ広場の鐘楼
は非常に混雑していますが、
こちらは€6でとてもすいてい
ます。晴れた日の眺望はすばら
しく、四方を3周くらい見てし
まいました。また、島の対岸から
見るサン・マルコ寺院もすてき
です。　　　　　（なお　'16）

パッラーディオの代表作
サン・ジョルジョ・マッジョーレ教会

水辺の白亜の貴婦人

MAP P.175 C3

サン・ジョルジョ・マッジョーレ教会 ★★

San Giorgio Maggiore
サン・ジョルジョ・マッジョーレ

明るい教会内部

　サン・マルコ広場と運河を
隔てた向かいにある小さな島、
サン・ジョルジョ・マッジョー
レ島にあるベネディクト派の
修道院。古典的な教会建築
を理想としたルネッサンス末
期の建築家、アンドレア・パ
ッラーディオの代表作のひと
つで、1566年に着工。コリン
ト様式の4本の円柱をもつファサードは、遠くからでも印象的な風景
を生み出し、特にサン・マルコ広場付近から見ると最も美しくなる
よう計算されているという。内部は中央にクーポラのある幅広の3廊
式で、厳粛ななかにも明るさに満ちている。必見は祭壇に向かって
右側にある『最後の晩餐』Ultima
Cena、左側の壁にある『マナの収
拾』Caduta della manna、いず
れもティントレットの後期の作品
である。また入口近くの右廊にあ
るヤコポ・バッサーノの『羊飼い
たちによる礼拝』Adorazione dei
pastoriも光と影の使い方が印象
的ですばらしい。祭壇の奥から
鐘楼に上ると、ヴェネツィア本島

祭壇の右にはティントレット作『最後の晩餐』

やラグーナだけではなく、天気がよければ本土や遠くドロミテのシル
エットさえ望むことができる。

ヴェネツィア1の眺望は？

ヴェネツィアの眺望ベスト3は、
①サン・マルコ広場の鐘楼（→P.205）約99m
②サン・ジョルジョ・マッジョーレ教会の鐘楼
（→P.208）約75m

すがすがしいサン・ジョル
ジョ・マッジョーレ島からの
眺め。ジューデッカ島が一
望できる

③ドイツ商館 Fondaco dei Tedeschi
（リアルト橋脇のDFS）4階テラス

ドイツ商館屋上からは、臨
場感あふれる眺めが広がる

①の高さは格別でヴェネツィアの町並みから遠く
の島影までが望める。ただし、いつも行列ができ
ているので、長い待ち時間がネック。
②ドゥカーレ宮殿からスキアヴォーニ河岸、さらに
運河の流れが手にとるように見られる。サン・マ
ルコ広場の美しい遠望は、対岸の島ならでは。入
場待ちの時間は少ないが、ヴァポレットにひと駅
乗らないといけない。
③2016年にオープンしたDFS店舗の4階テラス。
①②に比べ低層ながら、眼下に大運河が両手を伸ば
すように広がり、臨場感あふれる眺めが広がる。
予約不要で無料で見学できる。
③の入場情報
住 Calle del Fondaco dei Tedeschi
　4階Quattro Pianoからイベントスペースを抜
　けたテラス（地 P.219、P179 A3）
開 6〜8月10:15〜20:15、4〜5月、9〜10月10:15〜19:45
　11〜3月10:15〜19:15

2. サン・マルコ広場～アカデミア美術館～サルーテ教会にかけて

P.za S.Marco～Accademia～Dorsoduro

サン・マルコ広場からイタリアを代表するブティックが並ぶ3月22日通りを歩いてアカデミア橋を渡ると、やがてヴェネツィア派絵画の宝庫・アカデミア美術館に着く。ここにはゆっくりと時間をかけて鑑賞したい名品が多い。またヴェネツィアン・バロックの傑作サンタ・マリア・デッラ・サルーテ教会から島の最先端プンタ・デッラ・ドガーナをぐるりと回って、ジューデッカ島に面したザッテレ河岸まで行くと、運河を渡る風に吹かれながら、サン・マルコ広場付近とは違うのどかで静かなエリアの散策が楽しめる。ザッテレ近くにあるゴンドラ造船所の風景はヴェネツィアならではの物だ。ゆっくりと時間をかけて回りたいルートである。(所要時間約5時間)

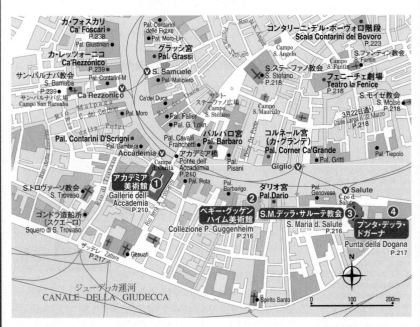

① アカデミア美術館

アカデミア橋のたもとにある、元は教会とその付属の学校を改造した建物で、14～18世紀のヴェネツィア派絵画を代表する傑作を数多く収蔵していることで有名。

★★★ **P.210**

② ベギー・グッゲンハイム美術館

大運河に面して建つ、白亜の館。女主人が暮らした館には彼女が収集した近代絵画の傑作が並び、緑の中庭も美しい。周囲には画廊や美術品のグッズを売る店が多く、楽しい散歩道。

★★ **P.216**

③ サンタ・マリア・デッラ・サルーテ教会

白い大理石が大きな八角形を描き、その上に白いクーポラが乗る、ヴェネツィアン・バロック様式を代表する美しい教会。大運河とともにヴェネツィアを代表する風景である。

★★ **P.216**

④ プンタ・デッラ・ドガーナ

サルーテ埠頭にある、15世紀の「海の税関」を改装した美術館。名高い現代美術の作品を収蔵。フランス人実業家と建築家安藤忠雄のコラボで生まれた第1級の現代美術館。

★★ **P.217**

■アカデミア橋
⛴ Ⓥ1、2番Accademia下船
■アカデミア美術館
🏠 Accademia,Dorsoduro 1050
☎ 041-5200345
🕐 8:15～19:15
　㊐8:15～14:00
🚫 1/1、5/1、12/25
💴 €9～15(特別展により変更あり)
⛴ Ⓥ1、2番Accademia下船
※切符売り場は閉館1時間前まで。ミュージアムショップは館内にある。リュックや大きな荷物はクロークへ預ける。クロークは€1。日本語のオーディオガイド（€6）もあり（要パスポート）
※毎月の第一㊐は入場無料。

改装工事が続く
アカデミア美術館
　2016年にパッラーディオの翼廊に18～19世紀のヴェネツィアとヴェネトの作品を中心にした展示室がオープン。このアカデミアと関係が深い、ヴェネツィアやその近郊で生まれ、活躍した芸術家たちの作品やその自画像、彫像なども含まれ、芸術家たちが身近に感じられる場でもある。
　オープンまたは展示が加えられたのは下記の展示室。2019年1月現在、部分公開。
◆第7室　カノーヴァによる2頭のライオンの石膏像が入口を飾る。同じくカノーヴァによる法王クレメンス13世の記念碑Monumento funebre di papa Clemente XⅢなど。
◆第8室　1800年代の作品。
◆第9室　カナレット、『柱廊の眺め』Prospettiva con portico や自身唯一の自画像など
◆第10室　カノーヴァのテラコッタによる習作、『闘士』Lottatori、『アポロ』Apollo、『ピエタ』Pietàなど
◆第11室　フランチェスコ・アイエツ(ハイエツ)。カノーヴァの教え子のなかで最も有名なひとり。彼の傑作の『エルサレム神殿の破壊』La distruzione del tempio di Gerusalemme。
◆第12室　ベッリーニをはじめとする、ヴェネツィアの巨匠たちの胸像
◆第13室　古代ローマの建築に影響を受けたパッラーディオの意匠に従った翼廊にカノーヴァの彫刻、石膏による習作Creuganteやナポレオンの胸像などを展示

運河に風情を添える木造の橋　MAP P.209、P.178 C1

▶アカデミア橋　★★
Ponte dell' Accademia
ポンテ・デッラッカデミア

木製のアカデミア橋

芯に鉄を隠した褐色の木造りの優美な橋。大運河に架かる4つの橋のなかでも木製の物はこれだけである。この橋から望む大運河の流れのすばらしさはもとより、見え隠れするサルーテ教会の大きなクーポラ、風に揺れる柳など、絵になる風景が広がっている。

ヴェネツィア派絵画の傑作を一堂に集めた　MAP P.209、P.178 C1

▶アカデミア美術館　★★★
Gallerie dell' Accademia
ガッレリエ・デッラッカデミア

　アカデミア美術館は、14～18世紀のヴェネツィア派絵画の集大成ともいえる美術館。題材のなかにもヴェネツィアを取り上げた物が多いので、自分が今見てきた物とさして変わらぬいにしえの風景に出合えるという不思議な感慨に襲われるだろう。また絵画から当時の時代風俗がうかがえるのも興味深い。大きくて古いこの建物にはかつて、教会、修道院、同信組合などがおかれていた。

ヴェネツィア派絵画の宝庫
アカデミア美術館入口

　ヴェネツィア派を語るとき、アカデミア美術館を欠くことはできない。アカデミア美術館の前身は、1750年に創立された美術学校で、ティエポロが校長を務めた時期もあり、彫刻家カノーヴァもここで学んだ。1797年、ヴェネツィア共和国崩壊後、ナポレオン統治下の市政府は、ここに占領政策で閉鎖されたスクオーラ(同信組合)、教会などからの絵画を集めた。1807年学校を改め、ここが絵画の展示場となった。その後、ヴェネツィアがイタリア王国に加盟したあとは、ヴェネツィア絵画の収集を主としてきた。この時代から現在まで寄贈と収集

ヴェネツィア派の大型の絵画が並ぶ

によって、約500年のヴェネツィア派絵画の集大成の場となってきたのだ。詩情あふれる光と影が交錯するヴェネツィア派の絵画は、町の風景と重なって旅人の心を引きつけてやまない。

……アカデミア美術館……

展示室は入口そばの階段を上がった2階と1階の中庭に面して新設されたカノーヴァの翼廊。まず2階を見学し、エレベーターまたは内階段で1階へ。中庭から入館した出入り口へ通じている。2019年1月現在、大規模の『グランデ・ガッレリア』のプロジェクトが進行中、また修復作業のため、作品は移転の可能性あり。

◆第1室
14世紀後半の初期ヴェネツィア派ビザンチン様式の強い影響がうかがえる作品が多い広い展示室は、かつて教会の集会場だった所。ヴェネツィア派の創始者、パオロ・ヴェネツィアーノの多翼祭壇画Polittico（**必見1**）は豪華な作品。

◆第2室
15〜16世紀初頭にかけてのヴェネツィア派絵画。カルパッチョ『キリストの奉献』Presentazione di Gesù al Tempio、『アララト山の変容』Crocifissione e apoteosi dei diecimila martiri del Monte Ararat、ジョヴァンニ・ベッリーニ『玉座の聖母子と諸聖人』Madonna in Trono col Bambino e Santi, detta Pala di S. Giobbe（**必見2**）、チーマ・ダ・コネリアーノ『聖母と聖人』La Madonna e il Bambino con I Santi Caterina(?), Giorgio, Nicola Abate, Sebastiano e Lucia(?)などが見られる。

カルパッチョ作『キリストの奉献』

◆第3室
15〜16世紀初頭にかけてのヴェネツィア派およびヴェネト地方の絵画。ジョヴァンニ・ベッリーニ『受胎告知』L'Angelo annunciate e L'Annunciata、ピオンボ『聖母子と聖人』Madonna col Bambino e Santiなど。

◆第4室
ジョヴァンニ・ベッリーニとジョルジョーネの作品。ジョルジョーネの印象的な『老婆』La Vecchiaは有名。『ピエタ』Pietàなど秀作が小さな部屋に詰まっている。

ジョルジョーネ作『老婆』

ジョヴァンニ・ベッリーニ作『ピエタ』

◆第6室（※6〜11室閉鎖中）
ティツィアーノ、ティントレット、ヴェロネーゼら16世紀のヴェネツィア派絵画。『聖母子』、ティントレット『アダムとイブの誘惑』La Tentazione di Adamo e Eva、ヴェロネーゼ『贖罪の聖ジローラモ』S. Girolamo Penitenteなど。

◆第7室
16世紀のヴェネトおよびロンバルディア地方の絵画。

◆第8室
ロレンツォ・ロット、パルマ・イル・ヴェッキオなど16世紀ヴェネツィア派。ティツィアーノ『聖ヨハネ』San Giovanni Battista。

ティツィアーノ作『聖ヨハネ』

アカデミア美術館

Galleria dell'Accademia

必見ベスト**10**

8 カルパッチョ作 『リアルト橋から落ちた 聖遺物の奇跡』

Miracolo della Reliquia della Croceal Ponte di Realto 1494年

悪魔に取りつかれた人の奇跡的な治癒を物語る作品。カルパッチョは、橋の上での行進、大司教の入場、開廊で起こる奇跡の物語の、3つの瞬間を画面にまとめた。

7 ジェンティーレ・ベッリーニ作 『サン・マルコ広場の祝祭行列』 Processione in piazza 1496年

大画面に多くの人物を描く歴史画を得意とした、ベッリーニ一族の兄、ジェンティーレ。聖人の遺物を持った各同信組合の人々と16世紀の改修前のサン・マルコ寺院に注目。

5 マンテーニャ作 『聖ジョルジョ』

San Giorgio 1446年頃

多翼祭壇画の一部。マンテーニャの義父であったヤコポ・ベッリーニの絵に描かれた、よろいに身を包んだ若い青年貴族のような聖人「聖ジョルジョ」が美しい。

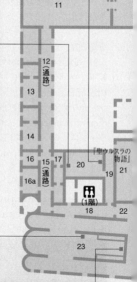

6 ジョルジョーネ作 『嵐』

La Tempesta 1505-1506年

水辺で乳を飲ませる女、空に光る稲妻、左端に立つ兵士。この絵の主題については、さまざまに議論されてきたが、美しいひとつの風景画とする見方もある。

11

12 (通路)

13

14

16　15　17　20
16a (通路)

『聖ウルスラの物語』

19　21

(1階)
18　　22

23

4 ティントレット作 →最新情報参照
『聖マルコの奇跡の4連作』より
『奴隷を救うサン・マルコ』
San Marco libera una schiavo 1547年頃

サン・マルコ同信組合の評議の間を飾った作品。刑の宣告を受けた奴隷を解放する聖マルコが、強い光のコントラストの中でドラマチックに描かれる。

3 パオロ・ヴェロネーゼ作 →最新情報参照
『レヴィ家の饗宴』 Convito a casa di Levi 1573年

「最後の晩餐」として注文を受けたが、世俗的な要素が強すぎるということで異端諸問所に修正を求められた作品。レヴィという収税吏の家で開かれた宴会に題名が変更された。

2 ジョヴァンニ・ベッリーニ作
『玉座の聖母子と諸聖人(サン・ジョッベの祭壇画)』
Pala di S. Giobbe 1478年

15世紀のヴェネツィア派をけん引したベッリーニ一族を代表するジョヴァンニの方向性を決めた作品。ビザンチン美術から抜け出し、写実性と遠近法が駆使されている。

1 パオロ・ヴェネツィアーノ作
『多翼祭壇画』(聖母の戴冠)
Polittico 1350年頃

ビザンチン文化の影響が濃い初期ヴェネツィア派を代表する作品。黄金色の多翼祭壇画の中央に描かれるのは『聖母マリアの戴冠』。左右には『キリストの生涯』。

10 ティツィアーノ作
『聖母の神殿奉献』
Presentazione di Maria 1534-1539年

アカデミア美術館の前身、S.M.カリタ同信組合の「もてなしの間」を飾っていたもの。物語画に建築の知識を駆使し、列をなす同信組合の人々の人物画と美しく調和した作品。

9 ヴィットーレ・カルパッチョ作
『聖ウルスラの物語』連作
『ブルターニュの宮廷に来たイングランド大使』
Arrivo degli ambasciatori inglesi presso il re di Bretagna 1490〜1495年

聖ウルスラ同信組合からの注文で描かれた「聖女ウルスラの物語」の6つの連作の一部。大使たちの到着、結婚の申し入れ、ウルスラが父に結婚の条件を出す場面が描かれる。

◆第10室（15室通路に移動中）

ティツィアーノ最後の作品で弟子のパルマ・イル・ジョーヴァネによって完成された『ピエタ』Pietàのほか、最初は「最後の晩餐」として描かれたものの、宴会の豪華さや登場人物が不謹慎ということで宗教裁判にかけられた、ヴェロネーゼの大作が右側の壁面いっぱいに広がっている。絵の変更を拒否したため、題名を『レヴィ家の饗宴』Convito in Casa di Levi（必見 **3**）と改名したいわく付きの作品である。遠近法と幻想的な色彩を巧みに使ったティントレットによる6枚の大きな作品『聖マルコの奇跡の4連作』Miracolo di S. Marco（必見 **4**）はサン・マルコ同信組合のために描かれた連作。ティントレットの登場人物の動きと光をドラマチックに捉えた技量を示している。

ティツィアーノ最後の作品『ピエタ』

ティントレットの6枚の大作のうちの1枚『聖マルコの遺体を火葬の焼却から救う』

このほか、ヴェロネーゼの『受胎告知』Annunciazione、『玉座の聖母子と聖人』Madonna col Bambino in Trono e i santi Giovanni Battista Fanciullo, Girolamo, Giustina e Francesco、豊かな色彩感覚を駆使した『聖カテリーナの結婚』Sposalizio mistico di S. Caterinaがすばらしい。

色彩の美しいヴェロネーゼ作『聖カテリーナの結婚』

◆第11室

ティントレットの『天地創造』の連作5点、ベルナルド・ストロッツィの『シモーネ家の饗宴』Convito in casa di Simone fariseo、ヴェロネーゼの『金持ちのエプローネ』Il Ricco Epulone、ティントレット『聖母子と諸聖人』Madonna col Bambino も目を引く。またかつてヴェネツィアの教会や宮殿の壁などを飾っていたティエポロによるだまし絵のフレスコ画が天井近くに展示されているのも見もの。

（第2室に移転中）

◆第12室

マルコ・リッチ、ジュゼッペ・ツァイス、フランチェスコ・ズッカレッリらによる18世紀のヴェネト地方の風景画。

◆第13室

ヤコポ・バッサーノ、ティツィアーノ、ティントレットなど。

◆第14室

ストロッツィ、ドメニコ・フェッティら16世紀のヴェネツィア派。

◆第15室（閉鎖中。一部作品は第5室で展示）

ティエポロ、グアルディなど18世紀のヴェネツィア派。18世紀の優雅なヴェネツィアの風俗や日常の情景、風景を描いた作品が多く、ひとときタイムスリップしたような優しい気分にさせてくれる。ロンギの連作『薬局』Il Farmacista、『仕立屋』Il Sarto、『化粧』La Toilette della Dama、『占い』L'Indovinoなど。

ロンギの連作『薬局』

◇2019年最新情報◇

長期に渡る大幅改修工事の『グランデ・ガッレリア』のプロジェクトが続行中。'19年1月現在、6〜11室、21、24室は修復のため閉鎖中。10室にあったヴェロネーゼの大作などは12、15室（通路）に展示。21室の『聖ウルスラの物語』は期間限定で修復作業の見学ツアー（要予約）を実施。詳細は **URL** www.galleriaccedemia.itで。

1階のカノーヴァの翼廊は、アイエツの展示室など一部閉鎖中。

◆第19室
15～16世紀にかけてのヴェネツィア派の絵画。

◆第20室
サン・ジョヴァンニ・エヴァンジェリスタ同信組合が所有していた、「聖十字架の奇跡」の物語の連作がある。巧みな遠近法はもとより、当時この同信組合に属していたほとんどの人の似顔絵が描かれているという群集の姿に圧倒される。また、当時の町の風景がきちんと描き込まれていて興味深い。なかでも必見は、ジェンティーレ・ベッリーニが描いた3作『聖十字架の治癒の奇跡』Miracolosa guarigione di Pietro de'Ludovici、『サン・ロレンツォ橋から運河に落ちた聖遺物の奇跡』Miracolo della reliquia della Croce al Ponte di S.Lorenzo、『サン・マルコ広場の祝祭行列』Processione in piazza S. Marco(必見 **7**)。同じテーマを描いたカルパッチョ『リアルト橋から落ちた聖遺物の奇跡』Miracolo della Reliquia della Croce al Ponte di Rialto(必見 **8**)も印象的だ。

ジェンティーレ・ベッリーニ作
『サン・ロレンツォ橋から運河に落ちた聖遺物の奇跡』は大作

◆第21室

カルパッチョのみの展示。傑作『聖ウルスラの物語』Storie di Orsola(必見 **9**)の連作が展示されている。とりわけ『ウルスラの夢』Sogno di Orsolaの清澄な色彩が印象的だ。

カルパッチョ作
『ウルスラの物語』の中の『ウルスラの夢』

◆第22室
新古典主義の彫刻など。

◆第23室
この展示室は、かつてカリタ教会がおかれていた所。15世紀のイタリアおよびフランドル派の絵画。マンテーニャ『聖ジョルジョ』S. Giorgio (必見 **5**)、ピエロ・デッラ・フランチェスカ『聖ジローラモと信者』S. Girolamo e un devoto、コスメ・トゥーラ『ゾディアコの聖母』

コスメ・トゥーラ
『ゾディアコの聖母』

Madonna dello Zodiacoなどの傑作がある。ベッリーニの『双樹の聖母』Madonna degli Alberetti、この美術館を代表する作品のひと

つ、ジョルジョーネの『嵐』Tempesta(必見 **6**)。このほか、ティツィアーノ、ティントレットなど。美術館の傑作が集められている。

ジョヴァンニ・ベッリーニ作
『双樹の聖母』

◆第24室
この展示室は、かつてサンタ・マリア・デッラ・カリタ同信組合の宿泊所のサロンとして使われていた所。壁面にあるティツィアーノの『聖母の神殿奉献』Presentazione di Maria al Tempio(必見 **10**)は、もともとここに描かれたままの状態で残っている。

◆1階カノーヴァの翼廊
パッラーディオの設計による中庭に面した、新展示室。明るい室内にカノーヴァの作品を展示。企画展の会場に使われる場合もあり(→P.210)。

『聖ウルスラの物語』 *column*

　ブルターニュの王女であるウルスラは、ある日イングランド王より息子の妻にと請われた。ウルスラは、結婚を了承するにあたって3つの条件を提示した。「その1、結婚まで3年間の猶予をおくること。その2、将来の夫となる王子はキリスト教へ改宗すること。その3、ウルスラと特別に選別された10人の乙女の御供、そしておのおのに1000人の侍女が付いてローマへの巡礼が行われること」
　イングランド王に、すべてが認められたウルスラはローマ巡礼へと旅立ったものの、帰途、ケルンでウルスラと王子、そして御供の1万人以上もの乙女がフン族の襲撃に遭って皆殺しにされてしまった。

■ペギー・グッゲンハイム美術館

住 San Gregorio 701, Dorsoduro
☎ 041-2405411
開 10:00〜18:00
休 ㊌、12/25
料 €15、10〜18歳・26歳以下の学生€9、65歳以上€13、10歳以下無料
交 Ⓥ1、2番Accademia下船

カフェもおすすめ
　誰かの邸宅に招かれたようなスペシャルな気分にさせてくれるペギー・グッゲンハイム美術館。庭園奥の木陰にはカフェがあり、高級レストランのAi Gondolieriの料理が楽しめる。また、時には入館者に係員が声をかけて、英語でペギーの生い立ちなどを解説してくれるサービスもある。

熱心なファンが多い美術館だ

緑のオアシスが広がる美術館　　　　MAP P.209、P.178 C2

ペギー・グッゲンハイム美術館　★★
Collezione Peggy Guggenheim　　コレッツィオーネ・ペギー・グッゲンハイム

運河側のテラスにも
マリーノ・マリーニの作品が

　アメリカの富豪であり近代美術のコレクターでもあったペギー・グッゲンハイムのコレクションが公開されている。一時シュールレアリズムの大家マックス・エルンストと結婚生活を送ったことでも知られる彼女は、1949年にコレクションを公開して以来、1979年に亡くなるまでヴェネツィアのこの館に住んだ。

　緑と運河に囲まれた18世紀の館にあり、庭園の木陰にも作品が並べられ、ヴェネツィアのほかの美術館と異なる雰囲気がある。庭園を挟んで、2館に分かれ、運河側はペギー・グッゲンハイム・コレクションで近代絵画の傑作がいくつものサロンに分かれて展示されている。ところどころに掛けられた、彼女の写真にここでの暮らしぶりうかがえるのも興味深い。カンディンスキー『白い十字架』Weisses Kreuz、ピカソのモノトーンの『詩人』Le Poeteや『浜辺にて』La Brignade、シャガール『雨』La Pluine、デ・キリコ『赤い塔』La Tour rouge、このほか、ダリ、バッラ、エルンストなど。対面の館は特別展の会場となり、ブックショップがおかれている。

カンディンスキー『白い十字架』は
正面入口に展示

■サルーテ教会

住 Campo della Salute 1
☎ 041-2743928
開 教会
　9:30〜12:00
　15:00〜17:30
　聖具室
　10:00〜12:00
　15:00〜17:00
　㊐15:00〜17:00
料 €4、学生・65歳以上€2
　（聖具室のみ）
交 Ⓥ1番Salute下船
●聖具室は30分前に閉まる。

ペスト終焉に感謝してささげられた教会　　MAP P.209、P.179 C3

サンタ・マリア・デッラ・サルーテ教会　★★
Santa Maria della Salute　　サンタ・マリア・デッラ・サルーテ

水の都に浮かぶサルーテ教会は、ヴェネツィアの顔

　当時蔓延していたペスト終焉を聖母マリアに感謝して、ロンゲーナにより1631年から1681年の間に建立された、ヴェネツィアン・バロックを代表する教会。丸いクーポラが乗り、真っ白な大理石が大きな八角形を描く教会は運河の水と太陽に照らし出されてキラキラと輝き、ヴェネツィアを語るときに忘れられない物のひとつだ。特にサン・マルコ広場側から見る夕映えの姿は美しい。

●内部
　中央のクーポラの下の空間は広く、内部は明るさに満ちている。必見は中央祭壇左から入る聖具室Sagrestia。小さくて質素な場所だが、壁面と天井はティツィアーノとティントレットの絵画で飾られている。祭壇部分にあるのは、ティツィアーノの若い頃の作品『聖マルコと諸聖人』San Marco in Trono e Santiであり、そのほかにも天井に3

明るい八角形の内部

点、壁には8点の作品がある。また壁面のティントレットの大作、キリストの奇跡を描いた『カナの結婚』Nozze di Canaも必見の作品である。

ティントレットの大作『カナの結婚』

現代美術の粋を集めた、中世の「海の税関」　MAP P.209、P.179 C3

プンタ・デッラ・ドガーナ ★★
Punta della Dogana
プンタ・デッラ・ドガーナ

古材を生かした安藤氏の建築と前衛芸術がよく似合う

サルーテ埠頭の舳先、地球を支える2体のアトラスと回転する運命の輪を表す金色のオブジェが輝くプンタ・デッラ・ドガーナ。15世紀には船荷の荷揚げ場「海の税関」と呼ばれていた。ここに2009年、現代美術館がオープンした。古い建物を生かして改装を手がけたのは安藤忠雄。集められた古材と安藤氏ならではの艶やかに輝くコンクリートの打ちっ放しの空間は、展示された現代美術と美しい調和を見せる。展示品はフランス人の実業家で、現代美術の世界的コレクターで知られるピノー氏のコレクション。

　毎年大規模な企画展が開催され、2019年3/24〜12/15は『場と痕跡LUOGO E SEGNI』を開催。ピノー・コレクションのヴェネツィア初の公開で30名のアーティストによる約100点の作品を展示。ヴェネツィアの水と太陽のきらめきのなか、五感で作品とその展示空間を楽しみたい美術館だ。

美術館の入口

光と開放感あふれる海岸通り　MAP P.209、P.176 C1

ザッテレ ★
Zattere
ザッテレ

ジューデッカ島とヴェネツィア本島が運河を挟んで向かう海岸通り（マリッティマ船着場から税関くらいまで）をこう呼ぶ。運河の水面にきらめく陽光が明るく、開放感にあふれ、サン・マルコ広場周辺とはまた違ったヴェネツィアが味わえる。

明るく、開放感にあふれるザッテレ

✉ **ヴァポレットの最前列に座るなら**
サンタ・ルチア駅→サン・マルコ広場行きの最前列に座りたいなら、逆方向に少し乗ってから2番や夜ならN番に乗り換えるとほぼ確実に座れます。
（東京都　Tintoretto）

✉ **ヴァポレットいろいろ**
アリラグーナ社の空港行きはほぼ満席で、最後にヴェネツィアの余韻を楽しみながらとはいきませんでした。人数が多ければ、水上タクシーの利用もよいかもしれません。またヴァポレットは時間にピッタリ、遅延なく運航されていますが、1番線は各駅停車でなかなか進まず、満員状態なので、目的地が決まっているなら早く進む航路を選ぶべきです。船に弱い人は着席せずに風通しのよい所に立っているとよいです。
（神奈川県　匿名希望　'17）

■ **プンタ・デッラ・ドガーナ**
🏠 Dorsoduro 2
☎ 041-2001057
🕐 10:00〜19:00
❌ ㊋、12〜3月頃
💶 €18、12〜19歳・学生・65歳以上€15
（グラッシPalazzo Grassiとの共通券）
🚤 Ⓥ1番サルーテSalute下船
🔗 www.palazzograssi.it/en/exhibitions/upcoming/

✉ **楽しいザッテレ**
日曜日にはザッテレ（サン・マルコ広場西側）のカフェではバンドのライブ演奏がありました。対岸の町並みを眺め、運河の風を受けて、スピリッツ€3、ビール€3.50を片手にご機嫌な時間を過ごしました。少し先にスーパーがあるのも便利でした。
（東京都　柏　'17）

■ **ザッテレ**
🚤 Ⓥ2、8、5.2番Zattere下船

✉ **おみやげどこで買う**
スキアヴォーニ河岸は高いです。同じ物でも4倍もする物がありました。サン・マルコ広場からリアルト橋に続くメルチェリア界隈は町一番の安さです。かわいいおみやげを見つけても、すぐに買わずに周囲の相場もチェック。隣のお店で同じ物の値段が違うこともしばしばでした。(Hero)

■サン・モイゼ教会
🏠 Campo San Moisè
☎ 041-5285840
🕐 9:30～12:30
休 ⑪
🚢 Ⓥ1、2番S.Marco（Valla
resso）下船

■フェニーチェ劇場
🏠 Campo San Fantin
☎ 041-786511
🕐 9:30～18:00
料 €11、学生、65歳以上€7
※オーディオガイド（英・伊な
ど）込み
予約・インフォメーションは
URL www.festfenice.com
🚢 Ⓥ1番Giglio下船

フェニーチェ劇場見学
　フォワイエ、ロイヤルボック
ス、大広間などを見学。公開
日や時間は公演日程により変
更あり。（→P.231）

再建された美しいフェニーチェ劇場

✉ フェニーチェ劇場で
　オペラを鑑賞しました。観光
客が多いのでドレスコードは気
にしなくてもよさそうです。ロン
グドレスの人もいれば、Tシャツ
にジーンズの人もいました。で
も、劇場のすばらしさに敬意を
払ってワンピースくらいは着て
行くべきだと思いました。
　　（東京都　多賀敦子　'18）

■3月22日通り
🚢 Ⓥ1、2番S.Marco（Valla
resso）下船

■S.ステファノ教会
🏠 Campo S. Stefano 3825
☎ 041-5222362
🕐 ⑪～⑤10:30～16:30
休 ⑪、1/1、復活祭の⑪、
8/15、12/25
料 €3（共通券→P.185/235）
🚢 Ⓥ1番Giglio下船
※切符売り場は閉場15分前まで

船底構造の天井

ティントレット晩年の作品が飾る MAP P.209、P.179 C3

サン・モイゼ教会 ★
San Moisè
サン・モイゼ

サン・モイゼ広場正面に建つ、ヴェ
ネツィアン・バロック様式の教会。内
部は彫刻や絵画で飾られ、ティントレ
ット晩年の作品である『弟子の足を洗
うイエス』Lavanda dei Piediがある。

バロック装飾で覆われた
サン・モイゼ教会のファサード

再建された「不死鳥」 MAP P.209、P.179 B2

フェニーチェ劇場 ★
Teatro la Fenice
テアトロ・ラ・フェニーチェ

　17世紀から18世紀にかけて、ヴェネツィアでは劇場は人々の
最大の娯楽の場であり、この時代に多くの劇場が貴族らによっ
て建てられた。フェニーチェ劇場も、ヴェネツィア共和国が滅び
るわずか数年前の1792年に建築された。純バロック様式で統一
された内部は、豪華で贅を尽くした物だった。1837年火事で焼
失し、再建されたが、1996年1月再び火事で内部がすべて焼失。
修復後、2013年12月に杮落しを終え、オペラなどが上演されている。

高級感漂う散歩道 MAP P.209、P.179 C3

3月22日通り ★
Calle Larga il 22 Marzo
カッレ・ラルガ・イル・ヴェンティドゥエ・マルツォ

サン・マルコ広場、ナポレオンの
翼の建物下からサント・ステーファ
ノ広場までを結ぶ広い通り。道の
両側にはイタリアを代表する有名ブ
ランドショップ、ホテル、銀行など
が集中して並び、高級感を漂わせ
ている。運河を渡りながらのそぞろ
歩きが楽しいルートだ。

ブランドの大型店舗が並ぶ3月22日通り

アーチを描く天井が印象的 MAP P.209、P.178 B2

サント・ステーファノ教会 ★
Santo Stefano
サント・ステーファノ

　14～15世紀にかけて建てられたゴシック様式の教会で、船底構造
を用いて木で造られた天井が印象
的である。内部聖具室の壁にはキ
リストのエピソードを描いたティン
トレットの3つの大作『弟子の足を
洗うイエス』などがあり、必見。

サント・ステーファノ教会と
広々としたサント・ステーファノ広場

3.メルチェリエ通り～リアルト地区にかけて

Mercerie～Rialto

サン・マルコ広場の時計塔の下から、にぎやかなメルチェリエ通りを歩いてまずリアルト橋へ行こう。橋の上から大運河を行き交う船の風景や町のにぎわいを見下ろせば、ヴェネツィア旅情がたっぷり味わえる。橋の両側に並ぶみやげ物屋をひやかしたり、地元民でにぎわう魚市場や野菜市場で新鮮な季節の食材を眺めてみよう。魚市場のすぐ脇の水際にはカフェやレストランも並び、この町ならではの伸びやかな雰囲気に、いつも多くの人のくつろぐ姿が見える。魚市場から運河を挟んだ左に見えるのは、大運河に並ぶなかでも最も美しい建物カ・ドーロだ。ヴェネツィアらしい路地のそぞろ歩きや町のにぎわいが楽しめる地域である。(所要時間約4時間)

❶ リアルト橋

大運河にまたがる最大の橋で、長さ48m。ヴェネツィアを代表する風景のひとつでもある。橋の上にはみやげ物屋が並び、眼下にはヴァポレットやゴンドラが行き交う。

★★★　P.220

❷ 魚市場

リアルト橋を渡って直進すると右側に魚市場および野菜市場がある。多くの買い物客でにぎわい、ラグーナで取れる魚を中心にさまざまな種類の物が見られる。

★★　P.221

❸ カ・ドーロ

魚市場の運河を隔てた向こう側に見える、ヴェネツィアン・ゴシックを代表する建物。アーチが連続するバルコニーが印象的だ。現在はフランケッティ美術館となっている。

★★　P.222

❹ コンタリーニ・デル・ボーヴォロ階段

マニン広場近くの細い路地の奥に建つ15世紀の建築であるが、有名なのは連続したアーチがらせん状に連なる外階段である。この階段を上まで上ることができる。

★★　P.223

（地図）

N
0 ─ 100m

Pal. Molin
Rio di Noale
カ・ペーザロ Ca' Pesaro P.233
カ・ドーロ Ca' d'Oro P.222 ❸
Ca' Corner d'Regina
Ca'd'Oro
Pal. Brandolin-M.
S.カッシアーノ教会 S. Cassiano
魚市場 Pescheria ❷ P.221
Campo S. Cassiano
Calle dei Botteri
Campo della Pescaria
Fabbriche Nuove
Fabbriche Vecchie
Pal. Dieci Savi
Calle delle Beccarie
Ruga Vecchia S. Giovanni
Pal. Civran
Ruga dei Speziali
S. Aponal
Campo S. Aponal
S.シルヴェストロ教会 S. Silvestro
C.po S. Silvestro
パパドーポリ宮 Pal. Papadopoli
Pal. Rava
❹ S. Silvestro
Fondam. del Vin
Pal. Dona
Pal. Loredan
Ca' Farsetti
Pal. Volpi
CANAL GRANDE
Rio di S. Luca
グリマーニ宮 Pal. Grimani
ルカ広場 Campo S. Luca
Campo S. Beneto
マニン広場 Campo Manin
Calle de la Mandola
Campo S. Angelo
❹ P.223 コンタリーニ・デル・ボーヴォロ階段 Scala Contarini del Bovoro

Pal. Foscari
Pal. Michiel D. Colonne
Campo Ss. Apostoli
サンティ・アポストリ教会 Ss. Apostoli
Pal. Mangilli-Valmarana
カ・ダ・モスト Ca'da Mosto
Rio dei Santi Apostoli
サン・ジョヴァンニ・クリソストーモ教会 S. G. Crisostomo P.223
サンタ・マリア・デイ・ミラーコリ教会 S. M. d. Miracoli P.230
サン・ジャコモ・リアルト教会 S. Giacomo di Rialto
リアルト橋 P.te di Rialto ❶ P.220
ドイツ人商館 Fondaco dei Tedeschi
DFS
サン・バルトロメオ広場 Campo S. Bartolomeo
Ⓥ Rialto
サン・バルトロメオ教会 S. Bartolomeo
Salizzada di S. Lio
Rio della Fava
Campo della Fava
ベンボ宮 Pal. Bembo
Pal. Dolfin-Manin
Pal. Dandolo
サン・サルヴァトール教会 S. Salvador P.220
Rio di S. Zulian
メルチェリエ通り P.219
S.ズリアン教会 S. Zulian
時計塔 Torre dell' Orologio P.206
Bacino Orseolo
Calle Fiubera

219

■メルチェリエ
🚢 Ⓥ1、2番S.Zaccaria下船

✉リアルトの
　ヴァポレット乗り場

リアルトの船着場は1、2、N番の3路線が停まりますが、1番の乗り場と2とN番はやや離れています。ただ、21:30過ぎになると1番も2とN番の乗り場にのみ停まります。乗り場の時刻表の地色が黄色の時間帯は1番乗り場は利用されないので注意を。この時間帯は20分間隔の運航となっているので、1本逃すとだいぶ待たなければならなくなります。
（モモハスクイ）

■S.サルヴァドール教会
🏠 Campo San Salvador
☎ 041-5236717
🕐 9:00〜12:00
　15:00〜19:15
　6〜8月®16:00〜19:00
　9〜5月®15:00〜19:15
🚢 Ⓥ1、2番Rialto下船

すがすがしいサン・サルヴァドール教会のファサード

■リアルト橋
🚢 Ⓥ1、2番Rialto下船

リアルト橋のにぎわい

みやげ物屋がひしめくにぎやかな通り　　MAP P.219、P.179 B4

メルチェリエ ★
Mercerie　　　　　　　　　　　　メルチェリエ

　小間物屋通りという意味で、サン・マルコ広場の時計塔の下から始まり、リアルト橋のたもとサン・バルトロメオ広場へ向かう曲がりくねった細い通りを呼ぶ。道の両側にはおしゃれなブティックやバール、みやげ物屋などがひしめいて軒を連ね、一日中にぎやかな一帯である。

おみやげ探しが楽しい、メルチェリエ

ティツィアーノの作品が飾る　　MAP P.219、P.179 A3

サン・サルヴァドール教会 ★
San Salvador　　　　　　　　　　サン・サルヴァドール

教会内部

　メルチェリエからサン・バルトロメオ広場へ右折する手前左側にあるルネッサンス建築の教会。入口は教会正面でなく、メルチェリエ側にある階段を上る。身廊右側には、サンソヴィーノの『総督ヴェニエール』の像とティツィアーノ後期の『受胎告知』Annunciazioneがある。主祭壇には同じくティツィアーノによる『キリストの変容』Trasfigurazioneがある。

眼下に行き交うゴンドラが風情を添える　　MAP P.219、P.179 A3

リアルト橋 ★★★
Ponte di Rialto　　　　　　　　　ポンテ・ディ・リアルト

　大運河にまたがる4つの橋のうちで最大、長さ48m、幅22.1mの堂々とした美しい橋。1264年に木造で建設されたが、1444年のフェラーラ侯爵の行進の際、殺到した群集の重みで落ちてしまい、1558年から1592年にアントニオ・ダ・ポンテにより大理石製の橋に架け替えられた。この地区には一番最初に人々が住み始めたといわれ、町の経済の中心でもあった。今は橋の上にはみやげ物屋などが並び、眼下にはヴァポレットやゴンドラが行き交う。

大理石の美しい橋

リアルト橋からの眺めを楽しむ

カラフルな色彩があふれる

魚市場
Pescheria

★★

ペスケリア

ラグーナで獲れた近海物が旨い

リアルト教会を過ぎて真っすぐ行き、突き当たる小広場の右側に魚市場の建物がある。カ・ドーロの対岸に位置し、にぎやかなのは朝10時頃。日曜・月曜を除く毎日、朝から昼過ぎまで開いている。イカ、タコ、ヒラメ、蝦蛄、さまざまな種類のエビなど新鮮な魚介類を間近に見られるのは楽しい体験だ。一見似ているようでも日本の物とはちょっと趣の異なる物が多い。ラグーナで取れた近海ものはNostraniと書かれている。Scongelatoとあるのは解凍もの。大胆な包丁さばきで魚を扱う売り手や買い物客でいつもにぎわっている。隣接して野菜・果物市場があり、こちらもカラフルな季節の食材でいっぱいだ。果物など少しずつでも買えるのがうれしい。

アーチの美しい魚市場の建物

■魚市場
魚 ㊋～㊏7:00～14:00頃
野菜・果物 ㊊～㊏7:00～20:00頃
🚤 ⓥ1番Rialto Mercato下船

魚を選ぶのは真剣勝負

✉ 私のおすすめ
歴史的ユダヤ人居住地のゲットーエリア。ヴェネツィアらしい一般的な住宅街です。ユダヤ人向けに建てられた天井の低い7階建ての建物があったりします。地図ではP.174 A1 A2周辺です。駅からも近いのでぶらぶら散歩するのにおすすめです。
（大阪府 つむぎちゃん '17）

北イタリア建築を見るために—ヴェネツィアの建築家たち *column*

●15世紀
中世以来、独自の文化圏を形成してきたヴェネツィアでは、ビザンチン的色彩が濃く、**サン・マルコ寺院**は1094年、コンスタンティノープルの教会堂をモデルに建造された。**カ・ドーロ**（1421～40）のような華麗な**ゴシック様式**の建物が造られていたが、これを

小さな宝石箱のような
S.M. デイ・ミラーコリ教会

トスカーナ様式と結びつけたのがアントニオ・リッツォAntonio Rizzo（1440頃～99）である。そしてマウロ・コドゥッチMauro Coducci（1440頃～1504）によって**ルネッサンス様式**が確立された。**サン・ミケーレ・イン・イーゾラ教会**（1469）、**サン・ザッカリア教会**（1480～1500）は彼の代表作である。宮殿建築では**パラッツォ・ヴェンドラミン**（1500頃）が挙げられる。
ピエトロ・ロンバルドPietro Lombardo（1435頃～1515）は、小さいが宝石箱のように華麗な**サンタ・マリア・デイ・ミラーコリ教会**（1480～89）が代表作。

●16世紀
15世紀は、建築設計を彫刻家や画家が行うことは珍しくなかったが、16世紀になると専門の建築家が活躍を始め、古典主義建築を開花させた。

ヴェネトでは、ヴェローナ出身でローマで修行したミケーレ・サンミケーリMichele Sanmicheli（1484～1559）や建築家で彫刻家でもあったヤコポ・サンソヴィーノJacopo Sansovino（1486～1570）が登場する。
サンソヴィーノはローマでブラマンテに学んだ後、ヴェネツィアで活躍した。**ツェッカ**（造幣局、1536～47）、**パラッツォ・コルネロ・デッラ・カ・グランデ**（1537～56）、なかでもパッラーディオに称賛された**マルチャーナ図書館**（1537～64）は代表作。
アンドレア・パッラーディオAndrea Palladio（1508～80）はブラマンテ、ミケランジェロと並んでルネッサンスの重要な建築家のひとりである。ヴィチェンツァの**パラッツォ・キエリカーティ**（1550～80頃）、

パッラーディオの代表作、
S.G. マッジョーレ教会

ヴィッラ・ロトンダ（1567～70）、マゼールの**ヴィッラ・バールバロ**（1557起工）、ヴェネツィアの**サン・ジョルジョ・マッジョーレ教会**などが代表作。古代建築の研究のすえに構成された簡明で典雅な古典的な様式は、後世の古典主義建築の規範となった。彼の著した「建築論」4巻は彼の名を高め、アルプス以北の国々に大きな反響を及ぼした。

MAP P.219、P.176 A2

かつては黄金で飾られた宮殿

カ・ドーロ ★★
Ca' d' Oro

カ・ドーロ

■カ・ドーロ
（フランケッティ美術館）
📍 Cannaregio 3932
☎ 041-5200345
🕐 2階Primo Piano
　8:15～19:15
　㊐8:15～14:00
　3階Secondo Piano
　10:00～18:00
　㊐10:00～14:00
🚫 1/1、5/1、12/25
💰 €11（グリマーニ宮との共通
　券€13）
　※クローク€1
🚢 Ⓥ1番Ca'd'Oro下船
※毎月第1㊐は無料

クロークは有料
　アカデミア美術館やカ・ドー
ロガラス博物館をはじめとす
る美術・博物館では、見学の
際はリュックやバッグなどをク
ロークに預けるシステム。預け
代として1個につき€1が必要。

大運河で最も優美なカ・ドーロ

ヴェネツィアン・ゴ
シックを代表する建築
で、バルトロメオ・ボン、
M.ランベルティによっ
て1421年から1440年に
かけて建てられた。カ・
ドーロとは黄金宮殿と
いう意味で、かつて大
運河に面したファサー
ドが金で装飾され光り
輝いていたことから、こう呼ばれたという。3層の装飾的なアーチが
連続するバルコニーは編まれたような優美な手すりが付き、まるで水
に浮かぶ宝石のようである。この正
面の風景は、運河の対岸もしくは
ヴァポレットなどの船上からしか見る
ことができない。内部はフランケッティ
美術館となっており、15～18世紀の
イタリアおよび外国からの絵画、彫
刻、ヴェネツィアン陶器などが展示
されている。バルトロメオ・ボンによ
る15世紀の井戸がある美しい中庭も
見どころだ。

井戸のある美しい中庭

✉ 迷わず
　　ホテルへ行くなら
　ヴェネツィアのホテルの場所
はわかりにくいことが多いです。
そんな場合はホテルのスタッフ
に一番近いヴァポレットの船着
場まで迎えに来てもらいましょ
う。無論相応のチップが必要
ですが、夜間に重い荷物を持
って太鼓橋を渡った上、道が
違っていた……なんてことにな
ったら本当に困ります。ヴェネ
ツィアのホテルはそういう対応
に慣れているようで（金次第と
いう側面も……）依頼すればち
ゃんと来てくれます。（はねうま）
　S.L.駅前の階段下に荷物運
び屋さんが待機しています。スー
ツケースをホテルに運んでく
れ、後について行けば迷うこと
はありません。料金も明瞭でぼ
られる雰囲気はありませんでし
た。ただ、すごく速足でビック
リ!!　　　　　　（H.ケイ '18）

フランケッティ美術館入口

●フランケッティ美術館内部
◆2階

　必見のマンテーニャの最後
の作品『聖セバスティアヌス』
S. Sebastianoとカルパッチ
ョの3つの作品『受胎告知』L'
Annunciazione、『聖なる乙女
の死』La Morte della Vergine
のほか、トゥリオ・ロンバルドの
彫像『ふたりの肖像』もある。ピ
サネッロ作のメダルやルカ・シ
ニョレッリの『苔打ち』、ピアジョ・ダ
ントーニオ・ディ・フィレンツェの
長持ち装飾絵画『ルクレツィア
の物語』Storie di Lucreziaな
ども鑑賞したい。この優美なバ
ルコニーから眺める大運河の風
景も美しい。

美術館の至宝は、マンテーニャの最後の作品
『聖セバスティアヌス』

◆3階

ドイツ商館に飾られていたティツィアーノのフレスコ画のほか、グアルディの描いた2枚のヴェネツィアの風景、ティツィアーノ『鏡に映るヴィーナス』Venere allo Specchio、ティントレット『肖像画』Ritratto del procuratore Nicolò Priuli、パリス・ボルドン『眠れるヴィーナス』Venere dormiente、フランドル製のタペストリー（16世紀）などが見どころである。

ヴィットーレ・カルパッチョの手による『受胎告知』

聖母マリアの聖地とあがめられる　MAP P.219、P.179 A3

サン・ジョヴァンニ・クリソストーモ教会 ☆
San Giovanni Crisostomo　サン・ジョヴァンニ・クリソストーモ

サン・バルトロメオ広場から駅へ向かって歩いて行く道の右側にある、テラコッタカラーの建物。15世紀末にマウロ・コドゥッチによって建てられたギリシア十字架式の教会で、必見は第1祭壇にあるジョヴァンニ・ベッリーニによる『3聖人』。

印象的な階段が弧を描く　MAP P.219、P.179 B3

コンタリーニ・デル・ボーヴォロ階段 ☆☆
Scala Contarini del Bovoro　スカーラ・コンタリーニ・デル・ボーヴォロ

ボーヴォロとはヴェネツィア方言でカタツムリのこと。連続したアーチが円筒形のらせん状になっていることから名がついた。哲学者の一族として知られるコンタリーニ家のために15世紀末に建てられた宮殿に付随して造られている外階段で、ルネッサンス様式とゴシック様式が混ざり合った美しく印象的な建築である。階段を上まで上ると、町が見渡せる。

「カタツムリ」と呼ばれるらせん状のアーチ

階段の内部

なるべく身軽な格好で出かけるのがいいです。時間帯にもよりますが、大きな荷物を持って混雑したヴァポレットに乗るのは厳しいですし、道は狭く、階段も多いので、荷物を持っての移動も大変です。駅で荷物を預けようとしましたが、長蛇の列ができていました。短期滞在なら、最低限の荷物で訪れることをおすすめします。
（ビーバー）

方向音痴の人は大きな目印のある所にホテルを取るべし。迷路のような道もあるので、1～2泊程度の滞在だと、迷っている間に終わっちゃいます。また、段差や橋も多いので、足の不自由な方、ベビーカーの方はかなりつらいです。
（ドイツから）

■サン・ジョヴァンニ・クリソストーモ教会
住 Salizada S.Giovanni Crisostomo
☎ 041-5227155
開 8:15～12:15 15:00～19:00
交 Ⓥ1、2番Rialto下船

■コンタリーニ・デル・ボーヴォロ階段
住 San Marco 4299, Calle dei Risi
☎ 041-2719012
開 10:00～13:30 14:00～18:00
休 1/1、8/15、11/1、12/25、12/26
料 €7、26歳以下65歳以上€6、12歳以下無料
※切符売り場は閉場30分前まで
交 Ⓥ1、2番Rialto下船
✉ ボーヴォロ階段への行き方

長い間閉まっていましたが、見学ができるようになりました。ただ、行き方が難しい。なぜなら、町歩きでは全く目に入りません。まずはマニン広場へ行き、目をこらして家の壁にある表示をよく見ます。Contarini del Bovoro➡とある看板を見つけたら、その路地に入り、左に曲がるとすぐに行き先看板があり、それを入った右です。
（大阪府　YU5　'17）

223

4.スキアヴォーニ河岸～カステッロ地区にかけて

Schiavoni～Castello

サン・マルコ寺院の裏手にあるサン・ザッカリア教会を見学したあと広々としたスキアヴォーニ河岸へ出て、造船所の入口まで行ってみよう。このカステッロ地区にはヴェネツィアの下町らしい雰囲気が残っている。クエリーニ・スタンパリア絵画館にある18世紀のヴェネツィアの風俗を描いたガブリエル・ベッラの連作は楽しい作品だ。見学に疲れたら、広場付近のカフェでひと休みするのもよい。美しいステンドグラスで有名なサンティッシマ・ジョヴァンニ・エ・パオロ教会、小さいが美しい装飾が印象的なサンタ・マリア・デイ・ミラーコリ教会など、点在する対照的な教会巡りができるルートだ。(所要時間約4時間)

❶ サン・ザッカリア教会

15世紀にゴシック様式で建築が始められ、マウロ・コドゥッチによって完成されたヴェネツィアン・ルネッサンス様式の教会であり、内部にも傑作絵画を多く有している。

★★　P.225

❷ クエリーニ・スタンパリア絵画館

サンタ・マリア・フォルモーザ広場近くにあり、クエリーニ財団が所有するヴェネツィアの風俗が描かれた絵画や陶磁器の展示がされている。

★★　P.228

❸ サンティッシマ・ジョヴァンニ・エ・パオロ教会

ドメニコ派によって建造された、壮麗なゴシック様式の教会で、歴代のヴェネツィア共和国総督が祀られている。また美しいステンドグラス、ベッリーニの祭壇画などの傑作がある。

★★★　P.228

❹ サンタ・マリア・デイ・ミラーコリ教会

15世紀に建てられた外観にも内部にも多色の大理石が使われている、初期ルネッサンス様式による美しい教会。内部装飾の彫刻にもすばらしいものが多い。

★★　P.230

マドンナ・デッロルト教会へ
Madonna dell'Orto P.231

スクオーラ・グランデ・ディ・サン・マルコ(信者会)
Scuola Grande di S. Marco P.230

❹ サンタ・マリア・デイ・ミラーコリ教会
S. M. d. Miracoli P.230

Campo S. Giov. e Paolo

❸ サンティ・ジョヴァンニ・エ・パオロ教会
S. Giovanni e Paolo P.228

コッレオーニ騎馬像
Mon. al Colleoni

Campo S. Marina

ドナ宮
Pal. Dona

Rio di S. Giovanni Laterano

サンタ・マリア・フォルモーザ広場
Campo. S. Maria Formosa P.227

ヴィットゥーリ宮
Pal. Vittur.

S.M.フォルモーザ教会
S. M. Formosa

❷ クエリーニ・スタンパリア絵画館
Museo Fondazione Querini Stamparia P.228

Campo S. Giustina

S. Lorenzo

Campo S. Lorenzo

スクオーラ・ダルマータ・サン・ジョルジョ・デッリ・スキアヴォーニ(同信組合)
Scuola Dalmata di S. Giorgio degli Schiavoni P.227

アルセナーレ(造船所)
Arsenale P.226

サン・ザッカリア教会
S. Zaccaria P.225

❶

Campo S. Zaccaria

Pal. Dandolo

S. Zaccaria

ピエタ教会
La Pietà P.226

Campo Bandiera e Moro

S. Giovanni in Bragola

Riva Schiavoni

スキアヴォーニ河岸
Riva degli Schiavoni P.225

造船所の塔
Torri dell' Arsenale

Darsena

Arsenale

海洋史博物館
Museo Storico Navale P.226

0　100　200m

傑作絵画で埋め尽くされている

MAP P.224、P.177 B4

サン・ザッカリア教会 ★★
San Zaccaria

サン・ザッカリア

G.ベッリーニ作『玉座の聖母と諸聖人』

15世紀にゴシック様式で建築が始められ、マウロ・コドゥッチによって完成された。中央のドームの両脇に小さな半円型のドームが対称に並ぶファサードのデザインはコドゥッチ特有でヴェネツィアン・ルネッサンス様式の典型を示し、扉の上部にはA.ヴィットリアによる聖ザッカリアの像が立っている。

内部は3身廊に分割されており、後陣の回りには回廊が続き、放射状に礼拝堂が広がっている。左側の第2祭壇には、ジョヴァンニ・ベッリーニの晩年の傑作『玉座の聖母と諸聖人』Madonna in trono e Santi（1505年）がある。聖母の優しい表情が印象的な作品である。身廊右側のサンタ・タナシオ礼拝堂には、ティントレットによる『洗礼者ヨハネの誕生』Nascita del Battistaがある。またこの奥から地下に下りて行くと、地盤沈下のため水につかったクリプタ（納骨堂）がある。

美術品の宝庫の教会内部

合唱隊席から続くサンタ・タナシオ礼拝堂の後陣にはフィレンツェ出身のアンドレア・デル・カスターニョとフランチェスコ・ダ・ファエンツァによる貴重なフレスコ画『キリストと諸聖人』Padre Eterno e Santiがあり、またここにはA.ヴィヴァリーニとダレマーニャによる3枚の板絵も残されていて見逃せない。

活気あふれる河岸通り

MAP P.224、P.177 C4

スキアヴォーニ河岸 ★★
Riva degli Schiavoni

リヴァ・デッリ・スキアヴォーニ

ゆったりと広い運河沿いの通り、スキアヴォーニ河岸

ドゥカーレ宮殿の前から東に続く大運河に面した広い通りがスキアヴォーニ河岸Riva degli Schiavoniだ。ここにはヴァポレットの船着場やゴンドラの係留場があり、いつも多くの人々でにぎわっている。また運河に面して高級ホテルが建ち並び、運河の向こうにはサン・ジョルジョ・マッジョーレ島やリド島が見える。

■S.ザッカリア教会
住 Castello, Campo S. Zaccaria
☎ 041-5221257
開 10:00〜12:00
　 16:00〜18:00
　 ⑥16:00〜18:00
料 €2(聖具室、サンタ・タナシオ礼拝堂)
交 Ⓥ1、2番S. Zaccaria下船

ヴェネツィアン・ルネッサンス様式の典型、サン・ザッカリア教会のファサード

冬のヴェネツィア
想像以上に底冷えのする冬のヴェネツィア。町行くシニョーラは毛皮のロングコート、手袋、帽子は欠かしません。冬の旅行には厚手の物のご用意を。帽子も防寒にかなり役立ちます。かさばらない簡易カイロもおすすめ。また、アクア・アルタ（→P.363）に備えて、防水の靴もあると便利。

■スキアヴォーニ河岸
交 Ⓥ1、2番S. Zaccaria下船

便利な船着場
スキアヴォーニ河岸にあるヴァポレットの船着場が、サン・ザッカリア。まるでターミナルのように多くの路線が集中し、船着場も4ヵ所に分かれている。行き先により、乗り場が違うので、まずは係員に確認しよう。空港行きの船着場もここにある。

■ピエタ教会
住 Riva degli Schiavoni
☎ 041-5204431
開 ⑥〜⑥10:15〜12:00
　　　　15:00〜17:00
　　⊕⊕ 10:15〜13:00
　　　　14:00〜17:00
休 ⑪
⊠ ⓥ1、2番S. Zaccaria下船

⊠ トイレ事情

ヴェネツィアのトイレ事情はなかなか厳しい。有料トイレ1回€1.50は高い!!支払いは自動の料金機で、係員はいるもののなかなか取り合ってくれません。ちょうどの金額を用意していくのがいいです。レストランなどを利用すれば無料ですが、いつもきれいだとは限りません。まあ、水上都市なので仕方がないことかも知れませんが……。
（岐阜県　ジョーンズ・有子）

■海運史博物館
住 Castello, Riva S.Biasio
　2148
☎ 041-2441399
開 4/1〜10/31 10:00〜18:00
　11/1〜3/31 10:00〜17:00
休 1/1、5/1、12/25
料 €10、6〜14歳、15〜25
　歳の学生€7.50
⊠ ⓥ1、4.1、4.2番Arsenale
　下船

■アルセナーレ
⊠ ⓥ1、4.1、4.2番Arsenale
　下船
※見学不可

⊠ フェニーチェ劇場へ
（→P.218）

到着日の午後にフェニーチェ劇場へ行き、「本日コンサートはありますか?」と聞くと、「今日はないが、明朝10:00に来れば明日の切符はある」とのこと。翌朝10:00に行くと、その夜のコンサートチケット€50のところ€20で購入できました。当日券なので、ディスカウント」ということでした。席は舞台正面の平土間で前から4列目で迫力がありました。音響にこだわる人はボックス席の方がいいかもしれませんが、劇場の雰囲気を味わいたい人には十分にお得だと思います。観光客はラフな服装が多かったですが、地元の人はコートを脱ぐと男性はスーツに蝶ネクタイ、女性は黒のノースリーブドレスの人も多く、さすがのオペラ大国のお国柄だと、そちらを眺めるのも楽しかったです。大判スカーフを1枚巻いて行けば、ドレスアップの仲間入りはできるかな!?と思いました。（京都府　S&G）

ヴィヴァルディが教鞭を執った

 MAP P.224、P.177 C4

ピエタ教会 ★
La Pietà
ラ・ピエタ

スキアヴォーニ河岸に建つ大きなゴシック様式の教会で、内部はティエポロ、モレット・ダ・ブレーシャらのフレスコ画で飾られている。ここにはもともと女子孤児院があり、作曲家ヴィヴァルディが聖歌隊の指導をしていたことでも知られる。教会内部ではヴィヴァルディをしのぶコンサートが定期的に開かれている。

古典様式のファサードをもつ
ピエタ教会

海運国ヴェネツィアの歴史を語る　　　MAP P.224、P.175 B3

海洋史博物館 ★
Museo Storico Navale
ムゼオ・ストーリコ・ナヴァーレ

スキアヴォーニ河岸に面した15世紀の建物で、かつてヴェネツィア共和国の穀物庫がおかれていた所。内部は輝かしい海運国であったヴェネツィアの15〜18世紀を知る、武器・船の模型、イタリア海軍の歴史までの資料などが置かれている。なかでもブチントーロBucintoroと呼ばれる御召船は豪華だ。

海運国ヴェネツィアの歴史が
詰まる海洋史博物館

栄えあるヴェネツィア船団の造船所　　　MAP P.224、P.175 B3

アルセナーレ ★
Arsenale
アルセナーレ

海洋史博物館前の小運河に沿って右に行き、突き当たりの橋を渡るとそこがアルセナーレの入口。ここは14〜16世紀にかけて世界を制覇した海運国ヴェネツィア共和国の輝かしい歴史をもつ造船所だった所。入口にはギリシアのピレウスから17世紀に戦利品として持ち帰ったライオン像が威容を誇っている。現在はイタリア海軍の軍事施設なので内部の見学はできない。

国営造船所、アルセナーレ

カルパッチョの傑作が飾る

MAP P.224、P.177 B4

スクオーラ・ダルマータ・サン・ジョルジョ・デッリ・スキアヴォーニ ★★

Scuola Dalmata San Giorgio degli Schiavoni

スクオーラ・ダルマータ・サン・ジョルジョ・デッリ・スキアヴォーニ

1500年代に、現在のクロアチアのアドリア海沿岸の一部、ダルマチア地方から来た人々によって建てられた同信組合の建物。内部はカルパッチョが10年の歳月をかけて描いた最高傑作、『聖人達の生涯の逸話を描いた連作』の絵画で飾られている。道から

カルパッチョ作『聖アウグスティヌスの幻影』

直接入る内部はこぢんまりしているが、壁に張られた木の板や天井すれすれに帯状にずらりと並んだ絵が迫りくる印象は強烈だ。大半のスクオーラが機能を失った今でも、ここは葬儀や結婚式などが執り行われている。

カルパッチョ作『聖ゲオルギウスの竜退治』

庶民的な開放感に満ちた広場

MAP P.224、P.177 B3

サンタ・マリア・フォルモーザ広場 ★

Campo Santa Maria Formosa

カンポ・サンタ・マリア・フォルモーザ

ヴェネツィアの庶民的な雰囲気を残した大きな広場で、昔は野外劇場や牛狩りなどの舞台にもなっていたという。平日には露天市も立つこの開放感あふれる広場でひと休みするのはくつろげる。広場は

13世紀のヴィットゥーリ宮、15世紀のゴシック様式のドナ宮など、歴史ある建物で囲まれている。広場に隣接するサンタ・マリア・フォルモーザ教会はヴェネツィアで最も古い物のひとつであり、パルマ・イル・ヴェッキオの多翼祭壇画『聖バルバラと4聖人』S. Barbara e 4 Santiは彼の最高傑作といわれている。

広場の一角に建つヴェネツィア最古の教会のひとつ、S.M.フォルモーザ教会

■スクオーラ・ダルマータ・サン・
ジョルジョ・デッリ・スキアヴォーニ
住 Calle dei Furlani
Castello 3259/a,
☎ 041-5228828
開 月 13:30〜17:30
火〜土 9:30〜17:30
日祝 9:30〜13:30
休 月午後、日午前、1/1、5/1、
6/2、8/15、11/21、12/8、
12/25
料 €5
交 ✓1、2番S. Zaccaria下船
短パン、ノースリーブは不可。
服装チェックがあるので注意。

見落としそうに小さなスクオーラ

■S.M.フォルモーザ教会
住 Castello 5263
☎ 041-5234645
開 10:30〜16:30
休 1/1、復活祭の日、
8/15、12/25
料 €3、共通券€12
(→P.185/235)
交 ✓1、2番S. Zaccaria下船

✉ スーパー情報
(→P.258)

ヴェネツィアに新しいスーパーが続々登場。旅行者が行きやすい場所を挙げると、①ローマ広場の運河沿いの奥、ヴァポレット乗り場近くにある**コープ**COOP。②S.L.駅からサン・マルコ方向へ進んだLista di Spagnaに入ってすぐに**デスパ**DESPAR(以前セルフレストランのBrekだった所)。③②の先を道なりにずっと進んだ道沿い(カジノのあるV.カレルジ宮そば)のCampiello de L'Anconetaにある**デスパ**DEASPARはかつての劇場Teatro Italiaを改装した場所。④③のすぐ先右側にも**コープ**COOP。⑤さらに道なりに進むと(カ・ド・ーロ近く)左に**コープ**COOP。①③⑤がちょっと大きなスーパーです。私のおすすめは③で、当時のフレスコ画が残り、ヴェネツィアらしい雰囲気もすてきです。

(東京都 ICM '18)

■クエリーニ・
スタンパリア絵画館
住 Castello 5252
☎ 041-2711411
開 10:00〜18:00
休 ⑥
料 €14(特別展込み)、学生、
ローリング・ヴェニスカー
ド、ヴェニスカード所有者、
70歳以上€10
交 Ⓥ1、2番S. Zaccaria下船

ヴェネツィアの名門家系クエリ
ーニ家によって設立されたクエ
リーニ・スタンパリア財団がお
かれる館

バルトロメオ・コッレオーニの
騎馬像

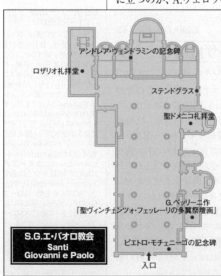

アンドレア・ヴェンドラミンの記念碑
ロザリオ礼拝堂
ステンドグラス
聖ドメニコ礼拝堂
G.ベッリーニ作
『聖ヴィンチェンツォ・フェッレーリの多翼祭壇画』
ピエトロ・モチェニーゴの記念碑
入口

S.G.エ・パオロ教会
Santi
Giovanni e Paolo

いにしえの生活をしのばせる絵画館　　MAP P.224、P.177 B3

クエリーニ・スタンパリア絵画館　★★

Museo Fondazione Scientifica Querini Stamparia　ムゼオ・フォンダツィオーネ・シェンティフィカ クエリーニ・スタンパリア

　サンタ・マリア・フォルモーザ教会の裏側、運河を渡った所にあり、
1869年に設立されたクエリーニ・スタンパリア財団がおかれている。
内部は20の室に分かれ、18世紀の家具、14〜18世紀のヴェネツィア
派の絵画などが展示されている。1階が図書館、2階が展示室。なか
でも必見はG.ベッリーニ『**神殿奉献**』、ピエトロ・ロンギの連作『**7つの
秘儀**』、ガブリエル・ベッラの18世紀の『**ヴェネツィア庶民の祝祭の
様子を描いた連作**』。当
時のヴェネツィアの風俗
が生きいきと描かれてお
り、暮らしぶりがうかが
えて楽しい。

ガブリエル・ベッラ作の
連作のひとつ
『サルーテ教会での結婚式』

歴代総督の葬儀が執り行われた　　MAP P.224、P.177 B4

サンティ・ジョヴァンニ・エ・パオロ教会　★★★

Santi Giovanni e Paolo　　　サンティ・ジョヴァンニ・エ・パオロ

　サンタ・マリア・フォルモーザ広場から
Calle Lunga Santa Maria Formosa通り
へ出、2本目の細い小路を左に曲がって運
河を渡って進むと見えるのが、**サンティ・
ジョヴァンニ・エ・パオロ広場**。この広場
に立つのが、A.ヴェロッキオがヴェネツィ

ドメニコ会により建立された
サンティッシマ・ジョヴァンニ・
エ・パオロ教会

ア共和国に仕
えたベルガモ
の傭兵隊長コッレオーニ(1400〜1475
年)を表現した、**コッレオーニ騎馬像**と
呼ばれる記念碑。パドヴァにあるドナ
テッロによるガッタメラータ像とともに、
ルネッサンス騎馬像の傑作と呼ばれて
いる。ヴェロッキオの死後は、A.レオパ
ルディによって受け継がれて像および台
座が完成された。

　騎馬像奥に建つのが、**サンティ・ジ
ョヴァンニ・エ・パオロ教会**。壮麗なゴ
シック様式の教会で、1296年〜1430年
に建造された。未完成の正面の大理石
製の大扉は、ゴシック・ルネッサンス様
式でバルトロメオ・ボンの作(1461年)。
多角形の後陣は1300年代の物で、ゴシ
ック特有のバラ窓が印象的。

●内部

荘厳なゴシック様式で中は広く、サンタ・マリア・グロリ

G.ベッリーニ作
『聖ヴィンチェンツォ・フェッレーリの多翼祭壇画』

木製の梁が渡る1身廊の内部

オーサ・デイ・フェッレーリ教会同様に14〜17世紀にヴェネツィアで活躍した総督などの多くの芸術的な墓碑がある。なかでも入ってすぐの右にあるピエトロ・モチェニーゴの記念碑はピエトロ・ロンバルド作の美しい物だ。右側廊にあるジョヴァンニ・ベッリーニの『聖ヴィンチェンツォ・フェッレーリの多翼祭壇画』Polittico di S. Vincenzo Ferreri、

その奥の聖ドメニコ礼拝堂の天井を飾るピアッツェッタの『聖ドメニコの栄光』Gloria di S. Domenicoなどの絵画は一見に値する。さらにその奥の翼廊にあるのは、当時の芸術家を集めて描かれ、ムラーノ島の職人によって16世紀初めに造られた鮮やかなステンドグラス（縦17.5m、横6.3m）で、ヴェネツィアに残る唯一の物である。一方左の翼廊奥には、1571年のレパントの勝利にささげられ、ヴィットリアによって設計されたロザリオの礼拝堂がある。天井にはヴェロネーゼの絵画『受胎告知』Annunciazione、『聖母被昇天』Assunta、『牧者の礼拝』Adorazione dei pastoriがある。

ヴェロネーゼ作『聖母被昇天』が
ロザリオの礼拝堂の天井を飾る

ピアッツェッタ作『聖ドメニコの栄光』

■サンティ・ジョヴァンニ・エ・パオロ教会
住 Campo San Giovanni e Paolo 6363, Castello
☎ 041-5235913
開 9:00〜18:00
　日祝12:00〜18:00
料 €3.50、学生€1.50
交 ♥41、42、51、52番
　Ospedale下船
※12/25、復活祭の日は
　12:30〜16:00は閉場

✉ S.ジョヴァンニ・エ・パオロ教会周辺
　サン・マルコ広場からさらに奥に進んだ所にあり、あまり観光客の姿は見かけませんでした。小さな橋が運河に架かり、その脇には古い教会のような病院があり、どこか下町を感じさせる界隈です。薄暗い教会の内部のG.ベッリーニの祭壇画はすばらしく、とても印象的でした。ロザリオの礼拝堂は入口近くにライトのスイッチがあり、室内が明るく照らされて鑑賞できました。思い出に残る教会です。
（東京都　マリリン）

229

■スクオーラ・グランデ・
　ディ・サン・マルコ
住 Castello 6777
☎ 041-5294323
開 ⑧〜④、第1⑪9:30〜17:30
地 P.224、P.177 A4
交 Ⓥ41、42、51、52番
　Ospedale下船

✉ イベントに注意
　2018年5/20はヴォガロン
ガ（手漕ぎボートレース）の日で
した。日中はヴァポレット、水
上タクシーが全面運休。ヴェネ
ツィアは駅まで歩けない距離で
はありませんが、荷物を持って
の移動はたいへんです。9月の
レガッタレースは有名ですが、
このほか、前述のレースやマラ
ソンなどヴァポレットが運休に
なるイベントがあるので、移動
日は気をつけないといけないで
す。（東京都　多賀敦子　'18）

■S.M.ミラーコリ教会
住 Castello, Campiello dei
　Miracoli
☎ 041-2750462
開 ⑧〜④10:30〜16:30
休 ⑪、1/1、復活祭の⑪、
　8/15、12/25
料 €3、共通券€12
　（→P.185/235）
交 Ⓥ1、2番Rialto下船

宝石箱のように愛らしい
S.M.デイ・ミラーコリ教会

■フォンダメンタ・
　ヌオーヴェ
交 Ⓥ41、42、51、52番
　Fondamenta Nuove下船

呼び方いろいろ
　ムラーノ島行きなどのヴァポ
レットの船着場がフォンダメン
タ・ヌオーヴェFondamenta
Nuove。地図や路線図の種類
によってはフォンダメンテ・ノー
ヴェFondamente Noveとも
表記される。

教会を出るとすぐ右側にあるのが**スクオーラ・グランデ・ディ・サン・マルコ**（同信組合）の建物。現在は市民病院として使われている。

大理石で仕上げられた初期ヴェネツィア・ルネッサンス様式の優雅なファサードは、れんが造りの教会と好対照をなしている。

病院として使われている
スクオーラ・グランデ・
ディ・サン・マルコ(左)

色大理石と彫刻で飾られた美しい小教会　　MAP P.224、P.177 B3

サンタ・マリア・デイ・ミラーコリ教会　★★
Santa Maria dei Miracoli　　サンタ・マリア・デイ・ミラーコリ

　サンティッシマ・ジョヴァンニ・エ・パオロ教会の正面から真っすぐ行き、運河を3つ渡った所の左側にある。ピエトロ・ロンバルドによる初期ヴェネツィア・ルネッサンス様式の小さいが美しい教会。外部も内部もピンク、グレー、銀、白などの大理石が描く幾何学模様で飾られていて内部と外部の印象が一致する宝石箱のような教会だ。T.ロンバルドによる後陣上部の手すりを支える小柱の洗練された彫刻も見ものである。

色大理石の装飾が美しい教会内部

サン・ミケーレ島を望む　　MAP P.224、P.177 A3・4

フォンダメンタ・ヌオーヴェ
Fondamenta Nuove　　フォンダメンタ・ヌオーヴェ

　新しい河岸という名前の、サン・マルコ広場とは反対側、ムラーノ島に面した側一帯を指す。すぐ目の前には墓地の島、サン・ミケーレ島がある。ここからはムラーノ島、ブラーノ島へ行く船だけでなく、島を一周するヴァポレットなど数多くの船が発着している。

多くのヴァポレットが発着する
フォンダメンタ・ヌオーヴェ

ティントレットの作品と墓が残る

MAP P.174 A4

マドンナ・デッロルト教会 ★★

Madonna dell' Orto　　　　　　　マドンナ・デッロルト

近くの畑（Orto）から聖母マリアの像が発見されたことからこの名で呼ばれるようになった。れんが造りの丸いクーポラがイスラム的な感じを漂わせている。すぐ近くに住んだヤコポ・ティントレットの墓が内陣右側の礼拝堂にある。『最後の審判』Giudizio Universale、『黄金の仔牛の崇拝』

れんがと彫像のファサード

Adorazione del vitello d'oroなどのティントレットの作品の宝庫となっていることから、ティントレットの教会とも呼ばれる。

内陣（左）には『最後の審判』が飾られる

■マドンナ・デッロルト教会
🏠 Cannaregio, Campo della Madonna dell'Orto
☎ 041-2750462
開 月～土10:00～17:00
　日祝　12:00～17:00
休 1/1、復活祭の日、8/15、12/25
料 €2.50
交 ⑫4.1、4.2、5.1、5.2番 Orto下船

✉ 音楽会情報

毎夜（20:00くらい～）いろいろな場所（教会、小劇場、ドゥカーレ宮殿など）で、1時間前後のミニコンサートが開催されます。ホテルにはたくさんのパンフレットが置いてあるので、そこで情報を入手できます。料金は3000～3500円程度。曲目はやっぱり、ヴィヴァルディのそれも『四季』が多いです。
　　　　　（神奈川県　アンダンテ）

✉ スクオーラ・グランデ・カルミニにて

オペラとバレエの夕べを開催。仮面をかぶった人が演奏し、バレリーナが踊り、歌手もとても上手でした。料金€22～50、火土の21:00頃から。こぢんまりとしたおすすめの催しです。
　　　　　（北海道　ナオ）
URL www.musicainmaschera.it
☎ 041-5287667

ヴェネツィアでコンサートを

さまざまなコンサートが定期的に開かれている。なかでも有名なのはヴィヴァルディがそこで教えていたというピエタ教会やサン・スタエ教会でのコンサート。教会の荘厳な雰囲気の中、手頃な価格でコンサートが楽しめるのはイタリアならでは。冬には暖房が入っているので快適だ。リアルト橋近くのサン・バルトロメオ教会 San Bartolomeoをはじめ、当時の衣装で演奏するコンサートも開かれている。情報はヴェネツィアの❶、ホテルでも入手できる。開演は20:30頃からが一般的。

町のいたるところでコンサートが開催されている

コンサート情報

●フェニーチェ劇場　Teatro la Fenice
　イタリアを代表する劇場のひとつ（→P.218）。オペラやコンサート、バレエが上演される。カーニバル期間には仮装でのダンスパーティー Gran Ballo della Cavalchina（要前売り券）も開催。
URL www.teatrolafenice.it
☎ 041-2424（コールセンター・ハロー・ヴェネツィア）
料 オペラ€500～10、コンサート€80～15
●ワーグナー・デイズ　le Giornate Wagneriane
　カジノとフェニーチェ劇場の協同で、ワーグナーが暮らしたカ・ヴェンドラミン・カルレジ宮（現、カジノ）で11月頃開催されるワーグナーにささげる音楽会。
URL www.casinovenezia.it
URL www.richard-wagner.org
●サン・テオドーロ同信組合　Scuola Grande di San Teodoro（リアルト橋近く）
　1700年代の衣装でのコンサート（ヴィヴァルディの四季）またはバロック音楽と有名オペラのアリア。
URL www.imusiciveneziani.com
☎ 041-5210294　料 €25～40
●サン・ヴィダル教会　San Vidal（アカデミア橋近く）
（Interpreti Veneziani主催）
URL www.interpretiveneziani.com
☎ 041-2770561　料 €25～30
※コンサートをはじめ各種イベント情報
URL www.unospitedivenezia.it

5.サン・ポーロ地区～大運河にかけて
San Polo～Dorsoduro

駅とリアルト橋に挟まれたサン・ポーロ地区は、観光客よりも地元民の姿が目につく庶民的な雰囲気だ。ここでの見どころはサンタ・マリア・グロリオーサ・デイ・フラーリ教会で、主祭壇の後陣にあるティツィアーノの代表作「聖母被昇天」は必見だ。教会のすぐ裏にはティントレットの絵画で埋め尽くされたスクオーラ・グランデ・ディ・サン・ロッコがあるのでこちらも見逃せない。絵画鑑賞のあとは路地を歩いて映画「旅情」の舞台にもなったサン・バルナバ広場へ行ってみよう。当時の雰囲気がまだ十分に味わえるのも楽しい。広場の横にはカ・レッツォーニコがあり、内部がそのまま1700年代ヴェネツィア博物館となっていて興味深い。(所要時間約4時間)

① サンタ・マリア・グロリオーサ・デイ・フラーリ教会

フランチェスコ派の修道士によって建てられたゴシック様式の教会で、町でも有数の大きさを誇る。ティツィアーノによる『聖母被昇天』など重要な作品が多く見られる。

★★★　**P.234**

② スクオーラ・グランデ・ディ・サン・ロッコ

フラーリ教会のすぐ近くにある、ティントレットが20年以上の歳月をかけて描いた、聖書に題材を求めた天井画と油絵に飾られた豪華な建物。

★★★　**P.236**

③ カ・レッツォーニコ

大運河に面したバロック建築の建物だが、現在内部は1700年代ヴェネツィア博物館になっており、18世紀のヴェネツィアの風俗、文化を伝える資料が展示されている。

★★　**P.239**

大運河からもファサードを望める

MAP P.232、P.176 A2

サン・スタエ教会
San Stae

サン・スタエ

躍動感あふれるバロック様式の
ファサードをもつサン・スタエ教会

18世紀初めにドメニコ・ロッシによって建てられた教会はピアッツェッタやティエポロなど18世紀を代表する画家たちの作品によって飾られている。現在ここでは定期的にコンサートが開かれており、荘厳な雰囲気の中で音楽を楽しむことができる。

ヴェネツィア貴族の館

MAP P.232、P.176 A2

カ・ペーザロ ☆
Ca' Pesaro

カ・ペーザロ

17世紀中頃ロンゲーナの設計によって着工され、18世紀になって完成したこの建物は、13世紀に輸送業で財を築いたペーザロ家出身で、サン・マルコ寺院の行政官ペーザロの館として建てられた。重量感ある切石積みの1層、円柱と大きな窓からなる2層、3層という構成はヴェネツィアン・バロック様式の典型である。現在2、3階は初期のヴェネツィア・ビエンナーレに展示された作品を収蔵した現代美術館Galleria d' Arte Moderna、4階は日本・中国などから運ばれた美術工芸品を収蔵する東洋美術館Museo Orientaleとなっている。

運送業で富を築いた
ペーザロ家の館

井戸を囲む下町風情あふれる広場

MAP P.232、P.176 A2

サンタ・マリア・マーテル・ドミニ広場 ☆
Campo Santa Maria Mater Domini

カンボ・サンタ・マリア・マーテル・ドミニ

カ・ペーザロから大運河と反対方向へ100mほど進むとヴェネツィアの下町らしい風情のある広場、サンタ・マリア・マーテル・ドミニ広場に着く。中央には1300年代の井戸があり、周囲を13〜15世紀の建物が取り囲んでいる。この広場に建つのがサンタ・マリア・マーテル・ドミニ教会 Santa Maria Mater Domini。15世紀にサンソヴィーノによって建てられたルネッサンス式の教会で、内部には、翼廊左にティントレットの『聖十字架の発見』Invenzione della Croce、身廊右にV.カテーナによる『聖クリスティーナ』S. Cristinaなどのフレスコ画がある。

14世紀の井戸を中心に、中世が息づく広場

ヴェネツィア ルート5 ● サン・ポーロ地区〜大運河にかけて

■サン・スタエ教会
住 Campo S. Stae, Santa Croce
☎ 041-2750462
開 13:45〜16:30
休 ⑧、1/1、復活祭の⑪、8/15、12/25
料 €3、共通券€12（→P.185/235）
交 ①1番S. Stae下船

今注目の界隈
サン・ジョルジョ・マッジョーレ教会(P.208)の先へ
　サン・ジョルジョ・マッジョーレ教会裏手はヨットの船着場の続く静かな散歩道。この界隈はチーニ財団による現代アートのスペースが並び、運河に面して巨大なオブジェが置かれ、現代アートを鑑賞しながらのそぞろ歩きが楽しい。ヴェネツィアングラスの博物館や現代美術のギャラリーもあるのでのぞいてみよう。

✉ **世界最古のカジノへ**
　ローマ広場（スカルツィ橋の西側）に世界最古のカジノ=ヴェンドラミン・カレルジ宮を往復する水上タクシーが待機しています。カジノのお客は無料で利用でき、ゆっくり走って観光させてくれるようで楽しかったので、チップを渡しました。ギューギューのヴァポレットを尻目に私たち夫婦だけの贅沢空間でした。　（むく　'16）

■カ・ペーザロ
交 ①1番S. Stae下船

■現代美術館
■東洋博物館
住 Ca' Pesaro内、Santa Croce 2070/2076
☎ 041-5240662
開 4/1〜10/31　10:00〜18:00
　11/1〜3/31　10:00〜17:00
休 ⑧、1/1、5/1、12/25
料 €10、6〜14歳、15〜25歳の学生、65歳以上€7.50（2館共通）
※切符売り場は閉館1時間前まで

■サンタ・マリア・マーテル・ドミニ広場
交 ①1番S. Stae下船

233

■サン・ポーロ教会
☎ 041-5237631
🕑 10:30〜16:30
休 ®、1/1、復活祭の®、
　8/15、12/25
料 €3、共通券€12
　（→P.185/235）
🚤 Ⓥ1、2番S. Toma下船

ヴェネツィアっ子に愛される広場　MAP P.232、P.178 A2

サン・ポーロ広場　★
Campo San Polo
カンポ・サン・ポーロ

　フラーリ教会より東に200mほど行った所にある、町で一番大きな広場。昔も今も、祭りの際にはさまざまな催しが開かれるにぎやかな広場であるが、普段は地元民がのんびりとくつろいだり、子供たちが遊んだりする風景が見られる。しかし1548年にはここで従兄弟のアレッサンドロ・メディチを殺してヴェネツィアに逃れてきたロレンツォ・ディ・メディチが追っ手によって暗殺されるという事件が起こっている。

ひなびた雰囲気の
サン・ポーロ広場

　この広場に面して建つのが、サン・ポーロ教会S. Polo、大きな正面扉は15世紀のゴシック様式。鐘楼は1362年に建てられた。入って左の壁には、ティントレットの『最後の晩餐』Ultima cena、左の第2祭壇には、G.B.ティエポロ、主祭壇左の礼拝堂にはヴェロネーゼの絵がある。必見はこの教会の初期の礼拝堂から運ばれたG.D.ティエポロによるキリストの受難を描いた『十字架の道の14留』Stazione della Via Crusis。

■S.M.G.d.フラーリ教会
住 Campo dei Frari
☎ 041-5222637
🕑 9:00〜18:00
　®13:00〜18:00
休 ®午前、1/1、復活祭の®、
　8/15、12/25
料 €3、共通券€12
　（→P.185/235）
🚤 Ⓥ1、2番S. Toma下船
※入場17:30まで

ヴェネツィアを代表する教会のひとつ　MAP P.232、P.178 A1

サンタ・マリア・グロリオーサ・デイ・フラーリ教会　★★★
Basilica di S. M. Gloriosa dei Frari
バジリカ・ディ・サンタ・マリア・グロリオーサ・デイ・フラーリ

　小さな運河の向こうに威容を誇る、この町を代表する教会のひとつで、サン・マルコ寺院に次ぐ高い鐘楼（70m、1396年築）が付属している。フランチェスコ派の修道士によって1340年に建築が始められ、約1世紀後に完成した。サンティッシマ・ジョヴァンニ・エ・パオロ教会とともにゴシック様式を代表する教会建築で、バラ窓の曲線とその上にそびえる尖塔の直線が美しい調和を見せている。

高い鐘楼が目印、S.M.グロリオーサ・デイ・フラーリ教会

S.M.G.デイ・フラーリ教会
S. Maria
Gloriosa dei Frari

ティツィアーノの
『聖母被昇天』が
ある主祭壇

G.ベッリーニの
『聖母と諸聖人』

ドナテッロの『バッティスタ』
（洗礼者聖ヨハネ）

ヴィヴァリーニの
多翼祭壇画

聖歌隊席

ティツィアーノの
『ペーザロ家の祭壇画』

カノーヴァの墓碑

ティツィアーノ
への記念碑

入口

趣のあるエレガントな内部

●内部

　広く厳粛な趣のある内部は3つの身廊に分かれ、14〜19世紀のヴェネツィア総督の墓をはじめ、この町の政治や芸術の場で活躍した人々をしのばせる作品であふれている。

　中央身廊の中央にある**聖歌隊席**Coroは1475年のゴシック・ルネッサンス様式。外側に大理石の上塗りが施してあり、彫刻を施したひじ掛け椅子も見事だ。

見事な聖歌隊席

　この教会は数多くの重要な美術品であふれているが、なかでも一番の宝は後陣の主祭壇の背後にあるティツィアーノの代表作『**聖母被昇天**』Assuntaである。当時としては斬新な、動きのあるドラマチックな構図とあたたかく輝くような色調が見る者を引き込まずにはおかない。内陣右手の第1礼拝堂にはヴェネツィアにある唯一のドナテッロ作品、木彫りで彩色されたバッティスタBattista（洗礼者聖ヨハネ）があ

教会の至宝はティツィアーノ作、『聖母被昇天』

り、さらに右側第3礼拝堂にあるB.ヴィヴァリーニによる多翼祭壇画Politticoも必見だ。続く聖具室Sagrestiaには、ジョヴァンニ・ベッリーニの『聖母と諸聖人』の三幅対祭壇画Madonna col Bambino e Santiがある。聖母と4人の聖人、玉座を支える天使たちの表情がすばらしい傑作である。身廊左側の第2祭壇にはティツィアーノのもう

ひとつの傑作『**ペーザロ家の祭壇画**』Madonna di Ca'Pesaroがある。ダイナミックな構図に赤の使い方が印象的な作品だ。そのすぐ左にあるのが新古典主義の彫刻家カノーヴァの墓碑で、その向かい、身廊右側にあるのはティツィアーノへの記念碑である。19世紀に制作された新古典主義の作品で、彼の『被昇天の聖母』の絵が浮き彫りにされている。

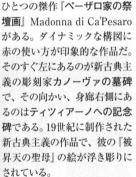

『フラーリの祭壇画』とも呼ばれる、G.ベッリーニ作
『聖母と諸聖人』の三幅対祭壇画の中央部分

ドナテッロ作の木彫彩色像
『バッティスタ』

■スクオーラ・G.S.G.
エヴァンジェリスタ
住 San Polo 2454
☎ 041-718234
開 主に金土日月の週末を中心
に公開
9:30～14:00
14:30～17:15
料 €10、26歳以下の学生€8
交 V1、2番S. Toma下船
※開の詳細は
URL www.scuolasangiovanni.
itで検索可

優美な中庭から続く大信者会　　MAP P.232、P.178 A1

スクオーラ・グランデ・サン・ジョヴァンニ・エヴァンジェリスタ ★
Scuola Grande San Giovanni Evangelista　　スクオーラ・グランデ・サン・ジョヴァンニ・エヴァンジェリスタ

ピエトロ・ロンバルドの作といわれるルネッサンス様式のエレガント
な中庭を囲んで、ゴシック様式の教会と同信組合の建物が建ってい
る。さまざまな色大理石で飾られた美しい大広間から、コドゥッチに
よる正面の大階段で階上の大広間へ通じている。この大広間は、天

井が16世紀末から18世紀
の絵で飾られている。ま
た十字架が置かれた部屋
に飾られていたベッリー
ニなどの絵画は現在アカ
デミア美術館に展示され
ている。

4世紀にわたって建築が続けられた信者会

⊠ アクア・アルタ

冬の終わりから春にかけてと
思っていましたが、4/29でもサ
ン・マルコ寺院の前には水たま
りが残り、寺院の2階に上がる
手前まで簡易橋での入場にな
りました。町のあちこちに、簡
易橋が積み重ねられていまし
た。　　　　（山梨県 佐藤聖美）
アクア・アルタは午前中で
ほぼ収まり、一日中続くもので
はありません。また、水を避け
る簡易通路も設けられます。あ
まり心配しないで。（編集部）

⊠ じっくり鑑賞

スクオーラ・ディ・サン・ロ
ッコではオーディオガイドを全
部聞くと90分くらいかかりまし
た。貸し出してくれる鏡を使い
ながら解説を聞くとよくわかり
ます。2月の見学でしたが、暖房
が効いていないのでじっくり鑑
賞する場合はしっかり防寒対策
を。全部聞き終わる頃には体
が冷え切っていました。
（東京都 ドラゴン '16）

■スクオーラ・グランデ・
ディ・サン・ロッコ
交 V1、2番S. Toma下船
●サン・ロッコ（大信者会）
■サン・ロッコ教会
住 Campo San Rocco,
San Polo 3052
☎ 041-5234864
開 9:30～17:30
休 12/25、1/1、復活祭の日
料 €10、26歳以下の学生、
65歳以上€8
入場は閉館の30分前まで。
※家族が同伴する18歳以下は
無料

ティントレットの作品に圧倒される　　MAP P.232、P.176 B1

スクオーラ・グランデ・ディ・サン・ロッコ ★★★
Scuola Grande di San Rocco　　スクオーラ・グランデ・ディ・サン・ロッコ

フラーリ教会のすぐ裏手にある。サン(聖)・ロッコは中世に猛威
をふるったペストに対する守護聖人であるため、たびたびペストの
流行に苦しめられたヴェネツィ
アでは聖ロッコを信仰する同信
組合が15世紀に作られた。集
会堂としての建物はバルトロメ
オ・ボンによって1517年に着手
され、スカルパニーノによって
完成された。

サン・ロッコ大同信組合(左)と
サン・ロッコ教会(正面)

●内部

内部はティントレットの美術館ともいえるほどの圧倒的な彼の絵

で飾られてい
る。ティントレ
ットが46歳か
ら69歳までを
かけて描いた、
聖書に題材を
取った天井画
と油絵70余点
は見応え十分。
時間をたっぷ
り取って見学
したい。

聖母マリアの生涯を描いた連作の初めの1枚、『受胎告知』

豪華な2階の大広間に、サン・ロッコ大同信組合の富を感じる

スカルパニーノの
大階段を上って2階へ

◆1階

薄暗い大きなサロンの壁面、天井の絵はすべてティントレットによる物。壁面を飾る8枚の絵はいずれも聖母マリアの生涯に題材を取った物で、入口の正面、祭壇に向かって左の『受胎告知』Annunciazioneから始まり、入口右横にある『聖母被昇天』Assunzioneで終わる。

◆2階

装飾豊かなスカルパニーノ設計の大階段から2階へ上がると、高い天井には大きな絵が並んでいて、上を見ているだけで首が疲れてしまいそう。そんなときには備え付けの鏡を上手に利用しよう。天井には旧約聖書から題材を取った全部で21点のティントレットの作品が大迫力で迫る。なかでも必見は中央の大きな3点、階段側から『マナの収拾』Caduta della manna、『ブロンズ蛇の奇跡』Il Miracolo del Serpente di Bronzo、『岩から水を湧き出すモーゼ』Mosè fa scaturire l' Acqua della roccia。おのおのには空腹、病気からの救い、渇きというスクオーラの願いを込めた意味がある。一方壁面には新約聖書から題材を取った作品がずらりと並ぶ。また祭壇左にはティツィアーノの『受胎告知』Annunciazioneがあるのも見逃せない。

◆接客の間 Sala dell' Albergo

2階の大広間奥にある部屋で、天井には大きな『聖ロッコの祝福』S. Rocco in Gloriaがあり、正面には巨大な『キリストの磔刑』Crocifissioneがある。ディテールの豊かさと臨場感あふれる表現は感動的で見る者を圧倒する。

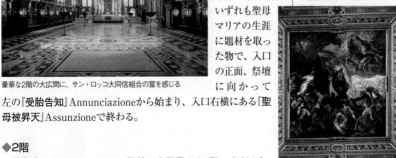

ティントレット作『岩から水を湧き出すモーゼ』には「渇き」からの救いという願いが込められる

☒ カーニバルの混雑

カーニバル期間の土曜は、昼過ぎからリアルト橋からサン・マルコ広場へ行く道が混雑のため一方通行でした。メルチェリエはサン・マルコからリアルト方向への一方通行。宿泊していたホテルからサン・マルコ広場やリアルト橋まで平日の倍以上かかりました。この時期はゆったりした計画を。
（東京都 ドラゴン '16）

☒ 早めに出発を

ハイ・シーズンのヴェネツィアの混雑ぶりにはビックリ。ヴァポレット乗り場も運河の混雑で時間がかかります。列車の発車時間の1時間30分前にはヴァポレット乗り場へ。サン・マルコ広場から駅までは1時間はかかります。
（広島県 ピーちゃん '16）

スクオーラ Scuola　　　　*column*

元来スクオーラとはイタリア語で「学校」や「同業者組合」のことだが、聖母や守護聖人を頂いた信徒のグループや集会所のことを、ヴェネツィアではスクオーラ（同信組合）と呼び、中世に誕生してから、18世紀末共和国の崩壊まで活動が続けられていた。特に中産階級を中心に職人・商人らに深く浸透し、信者は共通の出身地や職業によって団結し、相互扶助や慈善活動などを行うほか、献金によって集会堂を建てた。各スクオーラは、その本部として豪華な建物を所有し、その中に当時の贅と芸術の粋を凝らした大サロンや礼拝堂を造った。通常スクオーラは2階建てになっており、3階部分に大広間などがおかれていることが多かった。ヴェネツィア共和国時代の威光と当時の人々の豊かさを実感させてくれる場所でもある。

カンナレッジョ地区にあるミゼリコルディア旧スクオーラ（同信組合）

■スクオーラ・グランデ・デ
イ・カルミニ(大同信組合)
住 Campo dei Carmini,
　Dorsoduro 2617
☎ 041-5289420
開 11:00〜17:00
休 1/1、12/25
料 €7、26歳以下の学生、65
　歳以上€5
交 Ⓥ1番Ca' Rezzonico下船

✉ カーニバルの楽しみ方

　サン・マルコ広場には特設
ステージが設けられ、1日中催し
をやっていますが、あまりおも
しろくありません。楽しみのポ
イントはやはり、仮装している
人をウオッチすること。おすす
めの場所はスキアヴォーニ河岸
の「溜息の橋」寄りです。見学
ポイントとして、カフェ・レスト
ラン、プリンチペッサがおすす
めです。ピッツァが€12〜、ラ
ンチが€25くらいで、味
は普通で値段は観光地価格で
すが、運河沿いのせり出した席
で、ヴァポレットを降りてサン・
マルコ広場へ向かう仮装した
人々を、のんびりと何時間も眺
めることができます。
Ⓡ Ristorante Principessa
住 Castello 4187
　(神奈川県　アンダンテ)
　サント・ステーファノ広場
(P.178 BC2)ではカーニバル
期間のみ、仮面や仮装の衣装
を売る屋台が出ます。リアル
ト橋付近の屋台では紙吹雪が
売られていて、カーニバルの
雰囲気を盛り上げます。仮面
をしたまま歩いていると、紙
吹雪をかけられることもありま
した。　　　(千葉県　よこやん)

■カ・フォスカリ
交 Ⓥ1番Ca' Rezzonico下船

ティエポロの傑作が飾る優美な信者会　MAP P.232、P.176 B1

スクオーラ・グランデ・デイ・カルミニ ★
Scuola Grande dei Carmini　スクオーラ・グランデ・デイ・カルミニ

ティエポロの傑作が天井に残る

　サンタ・マルゲリータ広場の西外れにあ
る、17世紀半ばにロンゲーナによって建
てられたカルメル派聖母修道会のスクオ
ーラ。2階の大広間「Sala Superiore/Sala
Capitale」の天井は、G.B.ティエポロの円熟
期の傑作である9枚の連作 9 TELEで飾ら
れている。明るさと華やかさに彩られた聖
母像や、群
れ飛ぶよう
に天使が舞
い、金やピンクを多用したロココ調
の意匠は優美で、聖母崇拝を信仰
の柱とした女性信者中心のスクオ
ーラにふさわしい。

G.B.ティエポロの傑作が残る
カルミニ大信者会

ゴシック様式の豪奢な館　MAP P.232、P.178 B1

カ・フォスカリ ★
Ca' Foscari　カ・フォスカリ

　よく調和の取れた1400年代のヴェネツィアのゴシック様式を代表
する建物。白のイストリア石のファサードは、8つのアーチとふたつ
のロッジアが印象的
な建物である。現在
はヴェネツィア大学
となっている。

16世紀、フランスの
アンリ3世の宿泊所に
選ばれたカ・フォスカリ

井戸(ポッツォ)　　　column

カンポ(広場)の中央には井戸がおかれる

　ヴェネツィアの広場や館の中庭には、大きさに
かかわらず必ずその中央に彫刻が施された井
戸Pozzoがある。時代によって形は多少変化

しているものの、仕組みは同じ。これは飲料水の
確保という重要な課題を解決するための貯水槽
の一部。敷石から砂にしみ込んだ雨水が濾過さ
れ、井戸からくみ上げられるシステム。潟に木の
杭を無数に打ち込んで造った海上都市ヴェネツ
ィアでは地下水がないため、こうして飲料水を確
保したのである。よく見ると、井戸の周辺部に水
を集めるための小さな取り入れ口があるのがわ
かる。

ヴェネツィアの生活博物館

`MAP` P.232、P.178 B1

カ・レッツォーニコ ★★

Ca' Rezzonico

カ・レッツォーニコ

1649年カ・ペーザロを設計したロンゲーナが建設に着手し、1750年マッサリによって完成されたバロック建築の建物。内部は18世紀当時のまま残されており、現在は1700年代ヴェネツィア博物館となっている。

ヴェネツィアのバロック様式の建築例、カ・レッツォーニコ

■1700年代ヴェネツィア博物館
Museo del Settecento Veneziano

18世紀のヴェネツィアの風俗、文化を伝える博物館。展示品は家具、タペストリー、洋服、ガラス製品などのほか、当時のマリオネット劇場や薬局も再現されていたりと、バラエティに富んでいる。また当時のいなかや家庭の光景、カルネヴァーレの仮面をかぶった人々の様子も興味深い。2階の大広間の天井は、G.B.ティエポロとその弟子によるフレスコ画で飾られている。また、当時の風俗を描いたピエトロ・ロンギの絵画、カナレットによる風景画などにも興味深いものが多い。

18世紀のヴェネツィアの生活を伝える博物館

映画「旅情」の舞台

`MAP` P.232、P.176 C1

サン・バルナバ広場 ★

Campo San Barnaba

カンポ・サン・バルナバ

カ・レッツォーニコから運河沿いに戻ると左に教会がある広場に出る。ここのサン・バルナバ教会は、映画「インディ・ジョーンズ最後の聖戦」の舞台にもなった。またこの運河にかかる橋のたもとにある店は、映画「旅情」で主人公のアメリカ女性が恋に落ちる相手のイタリア人骨董店主の店になったところ。今はみやげ物屋になっているが、

「インディ・ジョーンズ」の舞台サン・バルナバ広場と教会

当時の雰囲気はまだ驚くほど失われていない。運河に浮かぶ船の八百屋など、下町らしい風情が感じられる広場である。

映画「旅情」に登場した店が残る

✉ ヴァポレット2番で一周を

サン・マルコのサン・ザッカリアSan Zaccariaから2番(リド島行きとは反対方向)に乗ると、大運河と外湾を巡り、島を一周して戻れます。有名な橋や建物、豪華客船も見られて楽しい体験でした。所要約60分。時間に余裕があれば、のんびり周遊を。　　　(抹茶)

■カ・レッツォーニコ
🏠 S. Barnaba, Dorsoduro 3136
☎ 848082000
🕐 4〜10月　10:00〜18:00
　　11〜3月　10:00〜17:00
🚫 ⊗、1/1、5/1、12/25
💰 €10、6〜14歳、15〜25歳の学生、65歳以上€7.50
（共通券€18→P.185）
🚢 Ⓥ1番Ca' Rezzonico下船

✉ 緑が茂る庭園でひと休みカ・レッツォーニコ

運河に面した美しい建物と、ヴェネツィアらしい展示物が楽しい博物館でした。隣接して小さな庭園があり、ここは無料で入れます。藤棚があり、初夏にはすてきだろうと思います。観光に疲れたら、ひと休みに最適です。カ・レッツォーニコに入館しなくても、1階のバールも利用できます。
(東京都　マリリン)

■サン・バルナバ広場
🚢 Ⓥ1番Ca' Rezzonico下船

✉ 効率的に移動を

ヴァポレットの時間券を購入する場合は、ある程度路線を理解し、効率的な利用がいいです。4.1と5.1は反時計回り、4.2と5.2は時計回りと方向によって路線が違うものもあります。ムラーノ島もローマ広場からは3番、フォンダメンタ・ヌオーヴェからは4.1、4.2、12といろいろあり、所要時間も異なります。路線図、時刻表は`URL` www.actv.itで公開されているので、印刷して持参する、スマホで参照する、など準備しておくとスムーズに移動できます。
(匿名希望)

✉ 優先席もあるヨ

ヴァポレットには優先席があります。一般の人が座ると係員に注意される場合があります。混んでいても座らないように……。　　(匿名希望)

ヴェネツィア周辺の島巡り
Le Isole

ヴェネツィア本島の周囲には、それぞれに特徴をもった島が点在する。なかでも有名なのはヴェネツィアングラスが発展したムラーノ島、ヴェネツィア発祥の地としての面影が残るトルチェッロ島、色鮮やかな家々が並び、レース編みで知られるブラーノ島だ。時間が許せば1日をかけてこれらの島々を巡ると、本島とはまた違った雰囲気を満喫できる。

トルチェッロ、ブラーノ行きの船

ジューデッカ島への行き方

ヴァポレット

●島の対岸、本島のザッテレZattere、スピリト・サントSpirito Santo、サン・マルコ広場東側のサン・ザッカリア
↓　2番、8番
ジューデッカ島 ジテッレZitelle、レデントーレRedentore、パランカPalanca

●サン・ザッカリア San Zaccaria
↓　4.1番、4.2番
ジューデッカ島 ジテッレ Zitelle

■レデントーレ教会
☎ 041-5231415
開 10:30~16:30
休 ⑥、1/1、復活祭の⑥、8/15、12/25、博物館のみ⑥も
料 €3、共通券€12（→P.185/235）

すっきりとした
レデントーレ教会内部

ジューデッカ島 Isola della Giudecca ★★

ヴェネツィアの南に位置し、サン・マルコ広場からも眺められる細長い島。島の名は、かつてユダヤ人保護区のゲットーがおかれたため、ユダヤ人に由来しているという説と、裁かれ（ジューディカート=giudicato）、追放された者が住んだことからこの名がついたというふたつの説が有力だ。島の中央やや東よりに建つのが、レデントーレ教会。

サン・ジョルジョ・マッジョーレ島の鐘楼から眺めたジューデッカ島

パッラーディオの最高傑作のひとつ

MAP P.174 C2

レデントーレ教会
Il Redentore

★

イル・レデントーレ

教会の建築にあたってコンクールが開催され、パッラーディオが優勝し、作品が採用されたものの、建築が開始されたのは彼の死後の1576年からで、1580年に完成。献堂式が1592年に行なわれた。内部は1身廊で内陣へと続き、その上にクーポラがのっている。祭壇は16~17世紀のヴェネツィア派の絵画で飾られている。有名なレデントーレの祭りは7月の第3日曜に行われる。その日だけザッテレからレデントーレ教会の前まで仮設の橋が架けられ、1630年のペストの終焉を神に感謝するため人々は橋を渡って教会へ参拝する。また前夜には花火大会、当日はゴンドラレースが華やかに繰り広げられる。

ジューデッカ島の至宝

リド島 Lido di Venezia ★

ヴェネツィアの東南に横たわる長さ約12㎞の細長い島。白い砂浜が続く海岸には、海水浴客のためのしゃれた小屋が並ぶ。ここは、イタリアのみならず世界に知られた高級リゾートだ。ヴァポレットの船着場から並木道を一直線に抜けるとすぐに海岸に出る。これを右に折れて（海を左に見て）進むと、右側にヴェネツィア映画祭の会場となるパラッツォ・デル・チネマPalazzo del Cinema。入場券を購入すれば映画祭に出品している作品の鑑賞も可能だ。開催時ならトライしてみては？　高級ホテルのプライベートビーチが続くこのあたりは、夏はヴァカンスの華やいだ雰囲気に包まれる。ここで海水浴をしたい場合は、ゲート入口の案内所で料金（着替え小屋や寝椅子の使用料、入場料など）を払って入ろう。ただし、1ヵ月以上利用のお客がほとんどなので、1週間でも1ヵ月でも料金はほとんど変わらずかなり割高だ。島の東側（並木道の突き当たり周辺）には市営の海水浴場がある。

リド島の海岸風景

美しい砂浜が続く島

自転車が楽しい島

リド島への行き方

ヴァポレット

- サン・マルコ広場東のサン・ザッカリアS. Zaccaria
  ↓　1番、2番、5.2番
- サンタ・ルチア駅前フェッロヴィアFerrovia
  ↓　1番、2番、5.2番
  リド島
- 島内のバスはヴァポレットの切符と共通

ヴァポレットの
逆コースにご用心

ほとんどのヴァポレットは運河を循環しているので、逆コースに乗ってしまうと思いがけず時間がかかってしまう。たとえば、サン・ザッカリアから4.2番でムラーノ島へ向かう場合、時計逆まわりなら約45分。遠まわりの逆コース（時計まわり）だと約1時間15分もかかってしまう。

**✉ 必携
虫除けスプレー**

ヴェネツィアやミラノの運河周辺では蚊に刺されました。虫除けスプレーや、ホテルでは1発で駆除できる部屋用のスプレーがあると安心です。虫刺されの薬もネ。

（東京都　デリケート）

✉ 島への行き方

駅近くに宿泊していたので、駅前Ferrovie乗り場から3番ヴァポレットでムラーノへ。そこからは12番に乗り換え、5分程度でブラーノ。ブラーノからシャトル船でトルチェッロ島へ着きました。フォンダメンタ・ヌオーヴェからはブラーノで1回乗り換えればトルチェッロへ行けます。途中、お墓の島というサン・ミケーレ島も見られ、景色もよかったです。ブラーノ島もムラーノ島もそぞろ歩きが楽しいです。ブラーノ島はカラフルな家が多く、歩いていても楽しいし、写真もよいものが撮れました。

（群馬県　ヨーコ）

ムラーノ島への行き方

🚌 ヴァポレット

●サン・マルコ広場東側のサン・ザッカリアSan ZaccariaからMurano-Museoまで4.1、4.2番で約50分。
●駅前のフェローヴィアFerroviaから直通3番でムラーノ・ムゼオMurano-Museoまで約25分。
●フォンダメンタ・ヌオーヴェFondamenta NuoveからもMurano-Museoまで4.1、4.2番で約20分。

ガラス製作の実演が見られる

■ガラス博物館

🏠 Murano, Fondamenta Giustinian 8
☎ 041-739586
🕐 4/1〜10/31 10:00〜18:00
　 11/1〜3/31 10:00〜17:00
🚫 1/1、5/1、12/25
💶 €12、6〜14歳、15〜25歳の学生、65歳以上€9.50
　 （共通券€24→P.185）
※入館は閉館1時間前
ヴァポレットはMurano-Museoで下船。

クリスマス前はショッピングに最適

11月下旬からクリスマス前まで、ムラーノ島では「小さなクリスマス市」Mercatini di Nataleが開催される。これは多くのガラス店が行うバーゲンのことで20〜50％引きでガラス製品が購入できるチャンス‼ 店頭に割引率などが貼られているので、気になったらのぞいてみよう。ただ、期間中でも対象商品がなくなると売り切れ御免なので、早い者勝ちだ。

ムラーノ島 Murano ★★

ヴェネツィアより1.5km、ラグーナの中央、大小5つの島からなるヴェネツィアングラスの島としてあまりに有名だ。そのガラスは、ルネッサンスの時代にヴェネツィア共和国の経済を支えた重要な商品であり、国に莫大な富をもたらした。13世紀にはガラス職人はその技術をほかに漏らさぬようにとこの島に幽閉されていたともいう。15〜16世紀には、ヴェネツィアの貴族たちが町の喧騒を逃れて静かなこの町を訪れたという。今では昔日の面影はなく、ガラス作りの実演を見せてくれる工房やガラス製品を売る店が軒を連ね、ガラス一色の観光地の面持ちだ。

ガラス工房やガラス製品を売る店が軒を並べる

ガラスの芸術と歴史を一堂に集めた `MAP P.243 A・B2`

ガラス博物館
Museo del Vetro ★

ムゼオ・デル・ヴェトロ

17世紀のパラッツォ・ジュスティニアーニ館Palazzo Giustinianiに、古代ガラスから現代のガラス芸術までを展示。

1階　エジプト、アレキサンドリア、ローマなどの古代遺跡から発見されたガラス器の展示。

2階　15〜18世紀のヴェネツィアングラスが展示されている。とりわけ1470〜1480年代に天才と呼ばれたバロヴィエールの『婚礼の杯』Coppa nuziale detta Barovierは必見。濃紺のガラスとエナメル彩色の対比が実に美しい。このほか、ボヘミア地方やドイツのガラ

ジュスティニアーニ館の装飾もすばらしい、ガラス博物館

ス、現代の洗練された作品が展示され、ガラスの歴史、そしてその多様な魅力が理解できる。

長期の修復が終了して2015年にリニューアルオープンし、規模は小さいながら1階にガラス素材の展示室、歴史や製作過程を見られるオーディオルーム、2階にはビーズに関する展示室が新設され、ガラスがより身近に感じられる展示となった。

博物館の宝、
新郎新婦と祝賀の場面を描いた『婚礼の杯』

天井のシャンデリアに往時をしのぶ　　MAP P.243 A2

サンティ・マリア・エ・ドナート教会 ☆

Ss. Maria e Donato
サンティ・マリア・エ・ドナート

　鐘楼を付したビザンチン様式の教会。内部は美しい柱頭で飾られた柱が並び、床には12世紀のモザイクが残っている。後陣には、13世紀のビザンチン様式の聖母のモザイクと15世紀のフレスコ画がある。14世紀の多翼祭壇画の『聖母の死』Morte di Maria、L.バッティスタによる15世紀の『聖母子』Madonna col Bambinoもあり、教会の名の由来・聖ドナート像は彩色の板絵(1310年)となって飾られている。古くてきしみそうな教会だが、天井から下がるヴェネツィアングラスのシャンデリアが、この島の栄華と歴史をしのばせる。

柱廊の美しい
ビザンチン様式のドナート教会

G.ベッリーニのファン必見　　MAP P.243 B2

サン・ピエトロ・マルティーレ教会 ☆

San Pietro Martire
サン・ピエトロ・マルティーレ

　ジョヴァンニ・ベッリーニの絵画『聖母子と天使と聖人達』、『聖母の被昇天』があることで知られる。15世紀半ばに建てられたものの、16世紀に再建された。現在は、教会と修道院にあった美術品を収蔵する。

16世紀再建の教会

ムラーノ島
Murano

■Ss.M.エ・ドナート教会
☎ 041-739056
開 9:00～18:00
　日祝12:30～18:00

✉ ムラーノ島へ
　ヴェネツィア本島よりも広々としていて、町並みも美しく、のんびりした気持ちになります。ガラス店もピンからキリまであり、いかにも敷居が高そうな店も勇気を出して入ってみましょう。「Just looking!」と言えば、店員さんも寄って来ないので、ゆっくり目の保養もできます。帰りは「Grazie!」のひと言を忘れずに。　　(ミルキー)

✉ 3番のヴァポレット
　ムラーノ島へは3番が直行ですが、時間帯に制限があります。ムラーノ島から戻る際は15:30が最終でした。やや遠くへ移動する場合は帰りの時刻表の確認を。
　(大阪府　つむぎちゃん　'17)

✉ トイレ情報
　コロンナの船着場を左に行った所にあります。(はねうま)

■S.ピエトロ・
　マルティーレ教会
住 Campiello Michieli 3
☎ 041-739704
開 教会
　9:00～17:30
　土日祝12:00～17:30
　美術館
　月～金10:00～16:00

島巡りには
船着場も選ぼう
　時間を気にせずゆっくりとヴァポレットから水の流れや運河沿いの美しい建物を眺めるのも、ヴェネツィアならではの楽しみ。ただ、ときには時間が不足してしまうこともあるはず。特に島巡りは思いがけず時間がかかる。ムラーノ島へは駅Ferroviaから直通3番でムラーノ・ムゼオまで所要25分。北側のフォンダメンタ・ヌオーヴェから4.1、4.2番で約20分。
　ブラーノ島へもフォンダメンタ・ヌオーヴェからの利用が便利、所要42分。トルチェッロ島へはブラーノ島で乗り換える必要がある。

トルチェッロ島への行き方

ヴァポレット

●フォンダメンタ・ヌオーヴェ
Fondamenta Nuoveから
↓ 12番 所要42分
ブラーノ島
↓ 9番 所要5分
トルチェッロ島

✉ **トルチェッロ島の有料トイレ**

エストゥアリオ博物館のすぐ横にあります。（麻由美　'17）

✉ **「静寂の島」を堪能したければ午前中に**

「静寂の島という言葉にひかれてトルチェッロ島を訪れたが、実際には人が多くて静寂の島とはいえなかった」という内容の投稿が掲載されていましたが、平日の午前中に行ったところ、観光客も少なく、まさに「静寂の島」でした。お昼過ぎから徐々に観光客が増えてきたので、「静寂の島」を堪能したければ午前中がねらい目です。　　（麻由美　'17）

■S.M.アッスンタ聖堂
☎ 041-730119
開 聖堂
3～10月　10:30～17:30
11～2月　10:00～17:00
鐘楼
3～10月　10:30～17:00
11～2月　10:00～16:00
（入場は閉場30分前まで）
休 1/1、12/25、博物館のみ
（月）（祝）
料 聖堂€5
鐘楼€5
聖堂＋鐘楼€9
聖堂＋博物館€8
聖堂＋鐘楼＋博物館€12

ヴェネツィアで最古の教会
サンタ・マリア・アッスンタ聖堂

トルチェッロ島 Torcello ★★

船着場からは、悪魔の橋を右手に見て、見どころに向かう

トルチェッロ島はヴェネツィア発祥の地のひとつ。7～10世紀には重要な町として栄え、2万人を超える人々が暮らしたというが、マラリアの蔓延により人々はほかの島々へ移住し、建物も解体されて運び去られたという。繁栄の歴史は、唯一残された教会にのみ見ることができる。

　船着場の右側の運河沿いの細い小道を500mほど進むと猫たちがのんびりと集う広場が現れる。途中にある橋はヴェネツィアでも珍しい手すりのない橋で、悪魔の橋Ponte del Diavoloという名がついている。野原や自然の木立ちが残る島はヴェネツィアでは貴重で、休日には町の人が子連れで集う。ゆったりとした時間が流れている。

ヴェネツィア最古の教会

サンタ・マリア・アッスンタ聖堂 ★★

Cattedrale di Santa Maria Assunta カッテドラーレ・ディ・サンタ・マリア・アッスンタ

　広場の奥に建つ、サン・マルコ寺院より2世紀も早い7世紀に建てられたヴェネツィアで最も古い教会である。その後9世紀と11世紀に改築された。堂々とした鐘楼も11世紀に付け加えられたもので、この町最古の物。

教会内部のモザイク『12使徒と聖母子』

　内部は、11世紀の柱廊で飾られた列柱で分割された3身廊で、ビザンチン様式。大理石のモザイクの床は11世紀の物。内陣には、12～13世紀の『12使徒と聖母子』Madonna col Bambinoの金色に輝くモザイク、反対の正面の壁にはモザイク画『最後の審判』Giudizio Universaleがある。幼子を抱いた姿は『慈悲の聖母』と呼ばれ、哀しみをたたえながらも凛とした姿が印象的だ。聖堂の前の丸い遺跡は、7世紀に建てられた洗礼堂の跡であり、石の椅子はアッティラ王の椅子と呼ばれる。

殉教者を祀った

サンタ・フォスカ教会 ★

Santa Fosca サンタ・フォスカ

　回廊でつながれているS.M.アッスンタ聖堂の右側にあり、円錐状の屋根が乗り、建物を取り巻くポルティコ（柱廊）の八角形、五

角形の入口が珍しい。11世紀の終わりに建てられた、後期ビザンチン様式とヴェネツィアン・ロマネスク様式の混ざり合ったもの。この教会は当初、殉教者を葬るために建てられたという。

ギリシア十字形プランの教会

島の歴史を伝える

エストゥアリオ博物館

Museo dell'Estuario／Museo di Torcello　ムゼオ・デッレストゥアリオ／ムゼオ・ディ・トルチェッロ

博物館の中庭

S.M.アッスンタ聖堂前に建つ14世紀の建物の内部は博物館になっている。エストゥアリオEstuarioとは、河口とか入江の意味どおり、トルチェッロ島およびラグーナからの発掘物、11〜15世紀の絵画、彫刻、13世紀に聖堂を飾った銀の壁画などが展示されている。

ブラーノ島 Burano ★★

ヴェネツィアの北東9kmにある、4つの島からなる漁師の島。緑、ピンク、黄色などの鮮やかな色に塗られた家は、漁師が霧の中からでも遠くからでも自分の家を見分けられるように

漁師の生活の知恵から生まれたカラフルな家並み

工夫されたといわれている。レースを売るみやげ物屋を除けば、観光地の雰囲気から遠く、ゆったりと人々が暮らすのどかな島だ。

　この島の特徴といえば、16世紀に漁の網から派生したといわれる細かなレース編みメルレットMerletto。針を使って編み上げてゆくPunto in aria（空中刺し）と呼ばれる技法は手が込んでおり、継承者も今は少ない。かつては上流階級の人々の装飾品として手厚く保護

■サンタ・フォスカ教会
開 10:00〜16:30

✉ 署名サギに注意!
　ブラーノ島でヴァポレットを降りてすぐの広場で女学生らしい4〜5人組が日本語で「マヤク、ハンタイ!」のように話しかけて来ました。直感で怪しいと思い無視しても囲まれて逃げられなかったため、イタリア語で会話すると開放されました。後で調べると、署名させた後、寄付と称してお金をとるサギでした。大都市でなくても要注意です。
（神奈川県　匿名希望 '17）

■エストゥアリオ博物館
住 Palazzo del Consiglio
☎ 041-730761
開 3〜10月　10:30〜17:30
　 11〜2月　10:00〜17:00
休 月㊗、1/1、12/25
料 €3
　博物館と聖堂の共通券€8
※入場は閉場30分前まで

✉ 島巡りの順番
　ムラーノ島とブラーノ島を朝から回る場合は、まずブラーノ島を観光し、ムラーノ島でのランチをおすすめします。多くの人が先にムラーノ島を観光するので、昼前頃から大勢がブラーノ島へ向かい、島も船も混み合います。両島ともFond.Nuoveから12番の船に乗ると早く着きます。私が乗った船は船内にトイレがありました。（Y.H '16）

ブラーノ島への行き方

🚢 ヴァポレット
●フォンダメンタ・ヌオーヴェ
Fondamenta Nuoveから
↓ 12番 所要42分
ブラーノ島

✉ ブラーノ島から
　土曜だったためか観光客が多く、30分に1便ある帰りの便は満員で乗ることができず、1本見送りました。ブラーノ発は、ムラーノ島経由本島行きとリド島Punta Sabbioneta行きがあるので、どちらかの列かを確認して並ばないと時間をロスしてしまいます。
（spumami）['19]

✉ おすすめ、
　ブラーノ島めぐり
　本島からヴァポレットで約40分。カラフルな家並みとヴェネツィアンレースで有名な島です。家並みだけでも見る価値あり。心和む半日となること間違いなし。帰りはムラーノ島で下船して、ヴェネツィアングラスで目の保養を。
（山梨県　佐藤聖美）

✉ **3島ツアーはおすすめ**
　ムラーノ、ブラーノ、トルチェッロ島の3島巡りツアーに参加しました。14:30(夏季は9:30も)出発で所要3時間30分〜4時間でひとり€20。3島それぞれに30〜40分程度の見学時間がありました。ガラス工場、レース編み見学もあり、英語ガイドもありますが、あまり英語がわからなくても(集合時間さえわかれば)十分楽しめる内容だと思います。風情の異なる3つの島を効率よく回って、時間のない方にはおすすめ。
出発地　Hotel Danieliそば
詳細は URL www.serenissimamotoscafi.it　(N.A.)['19]

どれを選ぶ？ 島巡りツアー
　上記のほか、ガイド付きでムラーノ、ブラーノ、トルチェッロ島を4時間30分で回るツアーを❶で実施。
10:30、11:30、12:30、13:30、14:30、15:00発(時期により変更あり)
料 €20
　6〜11歳　€10
※催行4人から。
❶や URL www.veniceevents.comから申し込み。
※同様ツアーをALILAGUNA社もLINEA VERDEとして実施。
※Alilaguna社の72時間券所持者は無料
S.Lucia(fs駅前)、San Marco Giardinetti (Alilaguna San Marco)などから乗船。

✉ **穴場のおすすめスポット**
　12番のヴァポレットでサン・テラズモ島を訪ねよう！石の迷宮のようなヴェネツィアとは別世界の緑の田園が広がっています。
(埼玉県　篠田真由美 '17)

■**レース博物館**
住 Piazza B. Galuppi 187
☎ 041-730034
開 4/1〜10/31　10:00〜18:00
　11/1〜3/31　10:00〜17:00
休 ⑪、1/1、5/1、12/25
料 €5、6〜14歳、15〜25歳の学生、65歳以上€3.50、共通券€24(→P.185)

されていたが、共和国の崩壊後に廃れてしまい、後年学校が作られて伝統が何とか維持されようとしている。かつては島のいたるところでおしゃべりをしながらレース編みに精を出す婦人たちを見かけた。またみやげ物屋などで売っているレース編みはほとんどが輸入品。これを見てメルレットと思うのは早計。まずはレース博物館で本物を見てみよう。

みやげ物屋には外国産のレースが多い

本物のメルレットをじっくり鑑賞　　MAP P.246・2

レース博物館
Museo del Merletto　　　　ムゼオ・デル・メルレット

メルレットレースはとても繊細だ

　1872年、マルゲリータ王妃の命により開校した、かつてのレース学校にある博物館。メルレットレースは編み物というよりも刺繍といえるほどの繊細なレース。16〜20世紀にブラーノ島で発展した美しく貴重なレース約200点を展示。入口近くではDVDでメルレットの歴史やその製法を知ることができ、より興味を深めてくれる。

メルレットレースの歴史が学べる、レース博物館

ブラーノ島
Burano

グルメレストラン

　世界中の観光客の憧れの地ヴェネツィアだが、グルメレストランのコストパフォーマンスはいい感じだ。2019年現在、6軒ある星つきはすべて1つ星。その中でオステリア・ダ・フィオーレとイル・リドットは特におすすめ。ランチには手頃な値段のコースメニューが用意されて敷居も高くない。どちらのお店でも、ヴェネツィアの素材を使った、斬新でおいしいひと皿に出会えるはずだ。

❀ メット　　Map P.177 C4

Met

若いサービス係がテキパキと働くサロンは大人のための空間

ヴェネツィアらしい優雅なメトロポールホテル内にあるミシュランの1つ星レストラン。キャンドルがともる店内はエレガントな大人の隠れ家のよう。同じ料理がクラシックな郷土料理とユニークで洗練された創作料理で用意され、驚きと感動が。特に創作料理は、目にも舌にも楽しい。新旧料理対決は、きっと旅の思い出に残るはず。　要予約

住 Riva degli Schiavoni 4149, Castello(Metropole Hotel内)
☎ 041-5240034
営 12:30〜14:30、19:00〜22:30

海の幸の前菜(郷土料理)。素材の扱いがすばらしい

休 月、火〜金の昼、1/7〜1/21
予 €155〜210、定食€130、170
C A.D.M.V.
交 V No.1などでSan Zaccaria下船徒歩3分

❀ オステリア・ダ・フィオーレ　　Map P.178 A1

Osteria da Fiore

バカリの面影を残す入口を入ると、サロンが広がる

現在、人気、味ともにヴェネツィアNo.1と評判。シーフードを主体にヴェネツィアの伝統料理を洗練された味と盛りつけで供する。どちらかというと濃いめの味が多いレストランのなかではあっさりめの味で量も控えめ。「海老といかのマリネ・レモン風味」、「海の幸の前菜」などが有名。メニューは日替わり。ミシュランの1つ星。　要予約
(→P.248〜249に特集)
住 Calle del Scaleter 2202/a, San Polo
☎ 041-721308
営 12:30〜14:30、19:00〜22:30
休 日、月、8月の2週間、1月2週間

手作りデザートも絶品揃い

予 €70〜150、定食€39、49(昼)、€140、160　C A.D.J.M.V.
交 V No.1、2 San Tomaより徒歩7分。サン・ポーロ広場の奥の橋を渡った左側

❀ イル・リドット　　Map P.177 B3

Il Ridotto

シンプルな店内は席数も限定されているので予約を

サン・マルコ広場の裏手、たくさんの観光客が行き交うにぎやかな界隈にある。店内はさほど広くはないが、モダンでおしゃれ。シェフ自らが市場に足を運んで選ぶ新鮮な野菜と魚介類を使った料理は色彩豊かで美しく美味。夏はテラス席でゆっくりランチをするのがおすすめ。ミシュランの1つ星ながら手頃なランチ€35が好評。予約はURLからも可。要予約 (→P.248〜249に特集)
URL www.ilridotto.com
住 Campo SS.Filippo e Giacomo 4509, Sestiere Castello
☎ 041-5208280
営 12:00〜13:45 (最終入店)、18:45

火の通りが絶妙なスズキ。日本人におすすめの一品

〜21:45(最終入店)　休 水、木昼
予 €95〜130 (コペルト€4)、定食€35(昼のみ)、€95、110、140
C A.M.V.　交 V No1、5.1 San Zaccariaから徒歩3分

レストランピクト案内　❀高級店　❀中級店　①庶民的な店　Pピッツェリア　バカリ　BB級グルメ　ジェラテリア　カフェ　**247**

プランツォ(ランチ)を楽しむ

　旅行者にはちょっと敷居が高い高級レストラン。ところが近年、イタリアの高級レストランでも日本のように手頃なランチメニューが用意されることが多くなってきた。レストランが高い、料理の量が少ない……といわれたヴェネツィアでも例外ではない。皿数を少なくし、待ち時間を減らしたビジネスランチもあるし、その店の長く続くスペシャリティがぎゅっと凝縮されたメニュー構成も多い。高級レストラン入門者にもグルメにも十分楽しめる内容だ。

　高級レストランの味と雰囲気、サービスが手頃に満喫できるので、ちょっと奮発してもかなりのお得感あり。予約して、ちょっとおしゃれして出かけよう。

オステリア・ダ・フィオーレ(→P.247)

Osteria da Fiore

テーブルのリネンとヴェネツィアグラスがエレガントな大人の雰囲気を醸し出す店内

Menu 1

Zuppa fredda di menta e ostriche scottate

スペシャリテのミントとカキの冷たいスープ

Bisato di laguna sull'ara

今や珍しい郷土料理、ラグーナ産ウナギのローリエ風味

Sorbetto di limone naturali con liquirizia gratugiata

レモンのソルベ

　観光客でにぎわうヴェネツィアで、オステリア・ダ・フィオーレは静かで落ち着いた美食のオアシス。小さな運河に面した1テーブルだけのテラス席ではハネムーナーたちがロマンティックな食事を楽しんでいる。にこやかなサービス係が、テーブルの上のヴェネツィアングラスのオブジェに数種の自家製パンを運んできたらランチのはじまり。

　ランチのコースは4種類のメニューがあり、前菜またはプリモ、セコンド、デザートにグラスワイン、ミネラルウォーター、コーヒー、サービス料、コペルトまでがセットになって€50。アラカルトの料理とは、内容・量が違うものの、セコンドが1皿€38くらいなので、かなりリーズナブルな料金設定だ。

　ランチメニューは伝統的メニューMenu della Tradizioneで、ビゴリのヴェネツィア

ソースBigoli in salsa alla venezianaやタリアテッレのグリーンピース風味はこの町の郷土料理。ミントとカキの冷たいスープZuppa fredda di menta e ostriche scottateは、長く続くスペシャリテだ。セコンドはおなじみのエビとイカのフリットFrittura di scampi e calamariから、ウナギの伝統料理のBisato、舌平目Sogliola、仔羊Agnelloなどから選べ、ヴァリエーションも豊富。

Bigoli in salsa alla veneziana

Costicine di agnello alle erbe aromatiche impanata e fritte

ビゴリのヴェネツイアソース（玉ねぎとアンチョビー風味）は、優しい素朴な味わい

仔羊の香草パン粉のフリットは洗練された一品

Alzami su di amaretti

アマレッティの
ティラミス

イル・リドット（→P.247）
Il Ridotto

店外のパラソルの下の食事が楽しい。目にも
楽しい前菜。見かけよりもボリューミー

にぎやかにバールやピッツェリアが並ぶ広場の一角にあり、外にもテーブルがセッティングされている（ランチはこちらに案内される場合が多い）。店内はシックでモダンな雰囲気。新鮮な魚介類と野菜、香草を組み合わせた優しく独創的な味わいで評価の高い1軒だ。

ランチは前菜（3種）盛り合わせとセコンドで€35（サービス料、コペルト込み）。前菜はおまかせで、セコンドは魚か肉かを選べ、この日はスズキBranzinoか仔豚Maialino。ランチの料理は日替わりのようで、紙に書かれたものはなく口頭での説明（英語あり）だ。

この日の前菜は、ホタテ貝のソテー紅茶の燻製風味 ニンジンのソース、バッカラ・マンテカート、エビのアーモンドとカリフラワー風味（写真上：左から）。セコンドを含め、いずれもメニューにある料理なので、この店のエッセンスを味わうにはうってつけのランチだ。

Maialino da latte in due cotture con mela verde e lamponi

仔豚の2種の料理、青リンゴとラズベリー
風味。シェフの才気あふれる一皿だ

サン・マルコ周辺(S. Marco, Castello)

　サン・マルコ広場の東西方向には、大運河に面して高級ホテルのレストランが多い。眺めがよく、味も折り紙つきの所が多いがかなり高額。一方、サン・マルコ広場の裏手あたりには、お値頃価格の店が多い。B級グルメレストランも案外見つかりうれしい界隈だ。また、スキアヴォーニ河岸通りを海洋史博物館のほうに進んだカステッロ地区には、地元の人が利用する店が点在している。

✳ ラ・カラヴェッラ　　　　Map P.179 C3

La Caravella

4つ星ホテル、サトゥルニア内にある。帆船をイメージしたインテリアと、ヴェネツィア郷土料理を洗練させた料理の数々が売り物。400種を超える豊富なワインもここの自慢。日本語可。
要予約

🏠 Calle Larga XXII Marzo, San Marco 2397/2402
☎ 041-5208901
🕐 12:00〜15:00、19:00〜23:00
休 無休
💰 €75〜98、定食あり
C A.J.M.V.
🚇 Hotel Saturnia & International1階

✖ アル・コーヴォ　　　　Map P.177 C4

Al Covo

新鮮なシーフードを使い、ひと工夫凝らしたヴェネツィア料理が味わえる。田舎家風のインテリアと落ち着いたサービスも心地よく、ワインの品揃えも充実している。昼は手頃な定食もあり。メニューは日替わりで種類は多くないが、料理の満足度は高い。　**要予約**
🏠 Campiello della Pescheria, Castello 3968

☎ 041-5223812
🕐 12:45〜14:00、19:30〜22:00
休 ㊌、㊍、夏季10日間、1月の3週間
💰 €55〜90(コペルト€6)、定食€49(昼のみ)、78(€50以下でコペルト€5)　C M.V.
🚇 Ⅴ No.1、4.1、4.2 Arsenaleより徒歩3分。スキアヴォーニ河岸の路地の奥、小広場の左側にある

✖ コルテ・スコンタ　　　　Map P.177 B4

Corte Sconta

"隠れ家"レストランとしてすっかり有名になってしまい、いつも予約でいっぱいの人気店。シーフードのみのメニューはイタリア風小皿料理とでもいうべきものが次々に出てきて、思いがけない素材をはじめ、一度にいろいろの味が味わえるのもうれしい。　**できれば予約**

🏠 Calle del Pestrin, Castello 3886
☎ 041-5227024
🕐 12:30〜14:15、19:00〜21:30
休 ㊐、㊊、1/7〜1/31、7/27〜8/17
💰 €60〜80(コペルト€3)、定食€80
C M.V.
🚇 Ⅴ No.1、4.1、4.2 Arsenaleより徒歩4〜5分

🍴🍷 トラットリア・アッラ・リヴェッタ　Map P.177 B4

Trattoria alla Rivetta

狭い店内は庶民的な雰囲気でいつもにぎわっている。店の入口横に並べられた数々のおつまみCichettiが食欲をそそる。昼休みなしの営業が便利。
日本語メニュー
🏠 Salizzada San Provolo, Castello 4625
☎ 041-5287302

🕐 10:00〜22:00
休 ㊋、8/1〜8/26
💰 €30〜40(12%、コペルト€1.50)
C M.V.
🚇 サン・マルコ寺院の裏(東側)、溜息の橋を右に見て渡った橋の先の小さな広場をさらに東に進んだ橋の手前右側

🍷🍴 アチュゲータ　　　　Map P.177 B3

Aciugheta

サン・マルコ広場裏、飲食店が集中する小さな広場にあるバカリ兼オステリア兼ピッツェリア。開放的な雰囲気と長い営業時間で利用しやすい。3種類のチケットとセコンド(魚または肉)の定食€19.50もあり。

🏠 Campo Santi Filippo e Giacomo, Castello 4357
☎ 041-5224292
🕐 12:00〜23:00
休 一部の㊗
💰 €20〜
🚇 サン・マルコ寺院の裏から橋を渡った小さな広場の左側

ヴェネツィア

レストラン ● サン・マルコ周辺／アカデミア・リアルト橋周辺

アカデミア(Dorsoduro)、リアルト橋(S. Polo)周辺

大運河の内側の地域。アカデミア美術館付近のドルソドゥーロ地区には、庶民的だが、おいしい料理を提供する地元民向けのお店が多い。サン・トロヴァーゾと近くの姉妹店(地 P.178 C1)は、ヴェネツィア料理入門者にはおすすめの気取らず経済的な店。サン・ポーロ地区の魚市場の付近は、バカリやワインを気軽に飲ませる店が多く、夜になると旅行者を中心ににぎわいを見せる。

⊗ アイ・ゴンドリエーリ　　　　Map P.176 C2

Ai Gondolieri

ヴェネツィアでは珍しく、凝った肉料理と野菜料理のみを供する。名物は牛肉を使ったやや重い味のリゾット"Ai Gondolieri"(2人前〜)やジビエ料理。
できれば予約

☎ 041-5286396
営 12:00〜15:00、19:00〜23:00
休 無休
予 €65〜120(コペルト€5、10%)、定食€40、65　C A.M.V.
交 Ⓥ No.1、2 Accademiaより徒歩5分。アカデミア橋を渡り、サルーテ教会の方向へ行き、小運河を右に渡った突きあたり
住 Fondamenta de l'Ospedaletto, San Vio, Dorsoduro 366

🍴 Ⓟ タヴェルナ・サン・トロヴァーゾ　　Map P.178 C1

Taverna San Trovaso

内部は広く、1階と2階に分かれている。ヴェネツィアのレストランには珍しく、ピッツァのメニューも豊富。値段は安く、量もたっぷり、雰囲気も気さくで入りやすい。魚介の前菜盛り合わせ、ボンゴレのパスタ、魚介類のスープなどがおすすめ。
要予約

住 Fondamenta Priuli, Dorsoduro 1016
☎ 041-5203703
営 12:00〜14:45、18:45〜21:30
予 €20〜40(コペルト€2)、定食€35、40
C A.M.V.
交 Ⓥ No.1、2 Accademiaより徒歩1分。アカデミア橋近くの路地の角

🍷 カンティーナ・ド・モーリ　　Map P.179 A3

Cantina do Mori

1462年創業の最も古いバカリといわれる。カウンターでつまみと飲み物を注文する立食式。天井からはその昔井戸水をくむのに使ったという銅のおけがたくさん下がっている。ワインは一杯約€2.50〜。

住 Calle dei Do Mori, San Polo 429
☎ 041-5225401
営 8:00〜20:00
休 Ⓢ　予 €10〜15
C A.D.J.M.V.
交 Ⓥ No.1、2 Rialtoより徒歩3分。リアルト橋を渡り、アーケードを抜けた先の通りを左折した先の路地の奥

🍷 カンティノーネ　　Map P.178 C1

Cantinone Gia Schiavi

小さな運河沿いにある、いつも地元の人でいっぱいの気取りのないバカリ。カウンターにはさまざまな前菜、壁際にはワインボトルがズラリと並ぶ。カウンターのみなので、バカリ初心者は少し時間をずらしてトライしてみよう。

住 Fondamenta Nani 9, Dorsoduro 992
☎ 041-5230034
営 8:30〜20:30
休 Ⓢ
予 €5〜25　C 不可
交 Ⓥ No.1、2 Accademiaより徒歩2分

Ⓑ バール・アッラ・トレッタ　　Map P.176 C1

Bar alla Toretta

店内のガラスケースにはこれでもか!というほど具だくさんのサンドイッチが山積み!中身はヴェネツィアならではのバッカラBaccalaやカニGranchioなど多種多様。持ち帰りとイートインどちらも可能。
✉ 具だくさんのサンドイッチがおいしい。
(広島県　ピーちゃん　'16)

住 Drosoduro 1191
☎ 041-5200196
営 7:00〜20:00
休 12/24、12/25
予 €4〜15(1個€1.60、店内のテーブルで食べると1個に付き+€1)
交 Ⓥ No.1、2 Accademiaより徒歩4分

サンタ・ルチア駅周辺(Cannaregio, S. Croce)

　サンタ・ルチア駅前からリスタ・ディ・スパーニャ通りを進んだ奥にあるのがカンナレッジョ地区。駅前の橋を渡った所が、サンタ・クローチェ地区だ。庶民的な界隈で、伝統的なバカリ&トラットリアが充実している。バカリを極めたいのなら、S.G.パオロ教会あたりに出かけてみよう。カ・ドーロ近く、V.エマニュエーレ通り奥の小路にある、伝統的なスタイルのバカリ&トラットリアもおすすめ。

😣 ヴィーニ・ダ・ジージョ　　Map P.176 A2

Vini da Gigio

駅から続くにぎやかな通りから小路をちょっと運河沿いに進んだ便利な場所にある。落ち着いた家族経営のレストランで、天井に太い梁が渡る店内はあたたかい雰囲気。ヴェネツィアの郷土料理のほか、肉料理も充実しているので好みが分かれるグループにも最適。おすすめは、特製ヴェネツィア風前菜Antipasto misto "Specialità

Veneziane". いつも混雑しているので、予約をして出かけよう。**要予約**
🏠 Fondamenta San Felice, Cannaregio 3628/a
☎ 041-5285140　🕐 12:00〜14:30、19:00〜22:30　休 ⑪、⑫、1〜2月、8〜9月各3週間　💰 €40〜75　C J.M.V.
🚃 V No.1 Ca'd'Oroから徒歩3分

🍴 アニス・ステラット　　Map P.174 A2

Anice Stellato

サンタ・ルチア駅の東側、かつてのゲットーを越えた静かな運河沿いにある。天井には太い梁が渡り、大きなテーブルが並ぶ店内は古きよき昔の雰囲気。伝統的なヴェネツィア料理にひとひねりした料理が味わえる。ワインも充実の品揃え。早めに予約して出かけよう。**要予約**

🏠 Fondamenta della Sensa, Cannaregio 3272
☎ 041-721744
🕐 12:15〜14:00、19:15〜22:00
休 ⑪、3月の1週間、11月末〜12月中旬　💰 €32〜65　C M.V.
🚃 ゲットー・ヌオーヴォから徒歩4〜5分

🍴 ダッラ・マリーザ　　Map P.174 A1

Dalla Marisa

ローカルに大人気の定食屋。なんとメニューは1コースのみ！ 味、量、価格と大満足のコスパのよさでヴェネツィアに来たらここ！という国外からのリピーターも多い。その日に買い付けた新鮮な食材を使うのでメニューは日替わり。**要予約**

🏠 Calle Magazzen 65
☎ 041-720211
🕐 12:00〜14:15、20:00〜24:00
休 ⑪⑭⑪夜
💰 €15〜40、定食€15(昼)、€40(夜、⑪昼)
C M.V.
🚃 V No.3などでCreaから徒歩2分

🍴 ラ・ズッカ　　Map P.176 A2

La Zucca

店名はイタリア語で「カボチャ」という意味。女性シェフの作る野菜を中心とした料理が特徴。滑らかな口当たりのカボチャのフランFlan di Zuccaがお店の人のおすすめ。メニューは日替わりも充実している。**要予約**
🏠 presso campo San Giacomo Dell'Orio,

Santa Croce 1762
☎ 041-5241570
🕐 12:30〜14:30、19:00〜22:30
休 ⑪、8/15、クリスマスの1週間
💰 €35〜50(コペルト€2)
C A.M.V.　🚃 V No.1 San Staeより徒歩3分。サン・ジャコモ・デロリオ広場近くの小運河の横にある

😣🍴 アル・ティモン　　Map P.174 A2

Al Timon

駅からも近いゲットー・ヌオーヴォ広場の裏手、小さな運河沿いにあるバカリ兼ステーキハウス。飲食に運河に浮かぶ船が利用できるのもおもしろい。地元の若者でいつも激混み。チケットは、どれでもひとつ€1と安い。

🏠 Fondamenta ormesini, Sistiere Cannaregio 2754
🕐 19:00〜23:00
休 ⑪
💰 チケットは1個€1、食事は€20〜
C V.
🚃 ゲットー・ヌオーヴォから徒歩3〜4分

ヴェネツィア

レストラン ● サンタ・ルチア駅周辺

🍷🍴 アッラ・ヴェドーヴァ   Map P.177 A3

alla Vedova

アドリア海の新鮮な魚介料理とミートボールが名物のバカリ&トラットリア。お店の人のおすすめがいい。看板には、大きくalla Vedovaと書かれているが、Trattoria Ca'd'Oroとも呼ばれる。地元の人と観光客でいつもいっぱい。開店時間早々を狙うか予約を。**要予約**

🏠 Ramo Ca'd'Oro, Cannaregio 3912
📞 041-5285324
🕐 11:30〜14:30、18:30〜22:30
休 🔴昼、🔴、7月末〜8月末
💰 €30〜40(コペルト€1.50)、定食€35
💳 D.M.V.
🚉 V No.1 Ca'd'Oroより徒歩2〜3分

🍷🍴 オステリア・ダ・アルベルト   Map P.177 A3

Osteria da Alberto

1920年代から続く、時代を感じさせるオステリア兼トラットリア。店頭ではワインを立ち飲みする地元の人でいつもにぎわい、カウンターにはおいしそうな前菜がズラリと並ぶ。奥のテーブルではヴェネツィアの伝統的な食事が楽しめる。**できれば予約**

🏠 Calle Giacinto Gallina, Cannaregio 5401
📞 041-5238153
🕐 10:30〜15:00、18:30〜23:00
休 一部の🔴、1月と7月の10日間
💰 €30〜50(コペルト€1.80)、定食€50
💳 M.V.
🚉 サンティ・ジョヴァンニ・エ・パオラ教会前から橋を渡った所

🍷 ヴェーチャ・カルボネーラ   Map P.176 A2

Vecia Carbonera

サンタ・ルチア駅からリアルト方面へ向かう途中、いつも大にぎわいを見せるバカリ。カウンターには種類豊富なおつまみが並び、店先はグラス片手におしゃべりする人であふれている。夕方の混雑時は観光客にはちょっと敷居が高いが、時間を外せば店の奥のテーブル席で運河を眺めながらの1杯もいい。

🏠 Campo della Maddalena, Cannaregio 2329
📞 041-710376
🕐 10:30〜21:00
休 🔴 💰 €2〜 💳 A.D.J.M.V.
🚉 V No.1、2 S.Marcuola下船、徒歩4〜5分

🅿🍴 アッランフォラ   Map P.176 A1

Pizzeria Trattoria All'Anfora

サンタ・ルチア駅からスカルツィ橋を渡り、ヴェネツィアらしい小路にあるピッツェリア兼トラットリア。サロンの奥に緑に囲まれた愛らしい中庭があり、夏は気持ちいい。50以上と種類が豊富で、薄くて大きなピッツァが人気。

🏠 Calle dei Bari, S.Croce 1223
📞 041-5240325
🕐 12:00〜15:00、17:00〜22:30
休 🔴、12月末〜1月末
💰 €30〜45(コペルト€2)
💳 A.M.V.
🚉 サンタ・ルチア駅から徒歩7〜8分

おすすめのB級グルメレストラン

バカリの定番、ミートボールをテイクアウト

世界一ロマンティックな都市と呼ばれるヴェネツィア。それだけに強気な価格帯の店が多いのも事実。しかし案ずることなかれ、B級グルメは存在する。地元民に愛されるセルフの総菜屋や実力派テイクアウトの店を紹介しよう。

🏠 Calle della Bissa, San Marco 5424/A
📞 041-5223569 🕐 9:00〜21:30 休 12/25
💰 €20〜25(コペルト€2)、定食€21 💳 M.V.
🚉 V No.1、2 Rialtoより徒歩2〜3分 🗺 P.179 A3

サン・バルトロメオはGislonの看板も

ロスティチェリアの
サン・バルトロメオ／ジスロン
San Bartolomeo/Gislon

1階はカウンター形式、2階はテーブル席のレストラン。魚から肉、野菜までメニューは種類豊富で値段もお手頃。ケースの中の総菜を係りの人に伝え盛ってもらう。テイクアウトも可。

焼き立てピッツァは地元の人にも大人気

テイクアウトの
チップ・チャップ Cip Ciap

テイクアウト専門のピッツェリア。100g€1.50〜のピッツァのほか、パイやキッシュも100g€1.70〜と軽食にぴったり。サンタ・マリア・フォルモーザ広場近くの橋のたもとにある。

🏠 Calle del Mondo Novo, Castello 5799/a
📞 041-5236621 🕐 10:00〜21:00 休 🔴、1月
💰 €1.70〜9 💳 不可 V No.1、2 RialtoまたはVallaressoより徒歩7分、Salizzada di San LioからCalle del Mondo Novoへ 🗺 P.179 A4

バカリを楽しむ

▲ヴェネツィアのワインバー

ヴェネツィア名物、スタンディング形式の居酒屋**バカリ**Bacari。入口にカウンターがあり、そこに種類豊富なおつまみが並んでいるのが定番スタイル。立ち飲みが主流だが、奥にテーブル席がある店も多い。昼間も営業しているが、やっぱりにぎわいは夕方から。

ワイン片手に楽しそうなヴェネツィアっ子の姿を見ると、私たち観光客もトライしたくなるが、カウンター前はほぼ常連やイタリア人が占めてしまうので、バカリのテーブル席がおすすめ。パスタやセコンド、簡単なデザート類がある店も多い。夜は軽くおいしいものを食べて飲んで過ごしたい人にもピッタリ。

ヴェドーヴァ（→P.253）の店頭。薄暗い路地の奥、暖かい光に満ちたバカリ

チケット案内

チケットCicchettoとは、バカリでサービスされるヴェネツィアの伝統的なおつまみのこと。魚介類を中心に、カナッペ状や楊枝に刺したもの、小皿に盛られたものなどさまざま。ここではテーブルでサービスされたお皿から料理を見てみよう。

チケット8種のお味見
Degustazione 8 Cicchetti (Aciugheta €18〜)

❶肉団子
Polpetto

小さく作ったハンバーグのトマトソース煮。平らにして油で揚げたものもある。意外な気もするが、チケットの定番のひとつ

❷ペペロナータ
Peperonata

イタリアではおなじみの、赤や黄色の大型ピーマンとナスなどのトマト煮。肉厚の果肉が甘く、優しい味わい

❸小イワシのマリネ
Alici marinate

新鮮な小イワシをレモン汁や酢に漬けたマリネ。ヴェネツィアの伝統的な保存食のひとつ。骨まで柔らかく、酸味が食欲をそそる

❹魚のサラダ
Insalata di Pesce

ゆでたスズキの身をほぐしてゆでたジャガイモと合わせて、オリーブ油と塩、パセリで調味

❺イカのサラダ
Insalata di Calamaro

イカをゆでてセロリと合わせたサラダ。オリーブ油、塩で調味

❻サルデ・イン・サオール
Sarde in Saor

天ぷらのような衣をつけて揚げた（または素揚げ）イワシを甘酢に漬けたマリネ。炒めたたっぷりの玉ねぎ、松の実、レーズンが入る。これも伝統的な保存食のひとつ

❼バッカラ・マンテカート
Baccala mantecato alla Veneziana

干タラを戻して、水と牛乳で煮、オリーブ油とともにペースト状にし、パセリとニンニクで風味をつけたもの。ポレンタに添えたりパンにカナッペのようにのせることも多い

❽タコのサラダ
Insalata di Polpo

ゆでたタコとトマトなどのサラダ

❾ゆで卵のアンチョビのせ
Uova soda e Acciughe

バカリのおすすめ料理

バカリのテーブル席で味わえるおすすめ料理は、ヴェネツィアのスペチャリテ!!

menu
魚介類のサラダ
インサラータ・ディ・ペッシェ
Insalata di Pesce

 サン・バルトロメオ
San Bartolomeo　€13

ゆでた魚介類（エビ、イカ、ムール貝など）とセロリ、トマトなどのサラダ。オリーブ油と塩で味付けしてある。レモンを絞って。

menu
魚介類の盛り合わせ
セレツィオーニ・ミスト・ディ・マーレ
Selezioni misto di Mare

 アッラ・ヴェドーヴァ
alla Vedova　€12

タコ、シャコ、サーモン、スズキ、イカなどを軽くボイルした盛り合わせ。オリーブ油、レモン、塩、パセリで調味。

menu
イカスミのスパゲッティ
スパゲッティ・アル・ネーロ・ディ・セッピエ
Spaghetti al nero di Seppie

 アッラ・ヴェドーヴァ
alla Vedova　€12

甲イカのスミとトマトソースで作ったイカスミのソースのスパゲッティ。海の香りとコクのある味わい。

menu
魚介類のミックス・グリル
グリリアータ・ミスト・ディ・マーレ
Grigliata misto di Mare

 サン・バルトロメオ
San Bartolomeo　€18

舌ヒラメ、エビ、サーモン、イカなどのミックスグリル。白いのは、ヴェネツィア定番の付け合わせのポレンタ。ポレンタはトウモロコシ粉の種類により、白や黄色がある。

menu
魚介類のミックスフライ、ポレンタ添え
フリット・ミスト・ディ・マーレ・コン・ポレンタ
Fritto misto di Mare con Polenta

 サン・バルトロメオ
San Bartolomeo　€15

イタリア料理としておなじみの魚介類の揚げ物。エビgamberetti、小イカtotani、小魚pescioliniなどに軽く小麦粉をまぶして揚げたもの。

menu
手長エビのスパゲッティ
スパゲッティ・アッラ・ブーサラ
Spaghetti alla Busara

 アッラ・ヴェドーヴァ
alla Vedova　€12

アカザエビ（スカンピ）とトマトソースであえたスパゲッティ。ニンニクと唐辛子がきいた風味豊かな1品。ヴェネツィアの伝統的料理のひとつ。

※サン・バルトロメオについては（→P.253）、ヴェドーヴァについては（→P.253）参照

☕ カフェ・フローリアン

Map P.179 B4

Caffè Florian

1720年創業。多くの詩人、作家たちに愛されたヴェネツィアを代表するカフェ。3つに分かれたサロンに入れば、当時の雰囲気をたっぷりと味わうことができる。軽食もある。楽団の演奏時のテーブルチャージは€6。初回の注文時のみ必要。

住 Piazza San Marco 56-59
☎ 041-5205641
営 夏季9:00～24:00、冬季㊊～㊍10:00～21:00、㊎㊏9:00～23:00、㊐9:00～21:00
休 1月の5日間、不定休あり
料 €6～40（食事） C A.D.J.M.V.
交 サン・マルコ広場 新政庁側

☕ カフェ・クアードリ

Map P.179 B4

Caffè Quadri

1638年創業の老舗カフェ&バー。店内は1800年代のカーニバルを描いた絵画などで飾られ、内装も華やかな雰囲気。ケーキなどお菓子もおいしい。2階は上着着用のフォーマルなミシュランの1つ星の高級レストラン。

住 Piazza San Marco 121
☎ 041-5222105
営 カフェ9:00～24:00（冬季23:30）、レストランは12:00～15:00、19:00～22:30 休 ㊊
料 €4～14.50（カフェ）、€180～280（レストラン） C A.D.J.M.V.
交 サン・マルコ広場 旧政庁側

☕ ハリーズ・バー

Map P.179 C3

Harry's Bar

ヴェネツィアを代表する高級バー&レストラン。2階はフォーマルなダイニングだが、1階のカウンターやラウンジで軽食と飲み物を楽しむなら気楽。ここが発祥のカクテル、ベッリーニ（桃のジュースとプロセッコ）が楽しめる。1階でも服装チェックあり。

住 Calle Vallaresso, San Marco 1323
☎ 041-5285777
営 10:30～23:00
休 無休
料 €8～20（バーのみ）
C A.D.J.M.V.
交 Ⓥ No.1、2 Vallaresso下船すぐ

☕ カフェ・タイム・マルキーニ

Map P.179 B3

Caffè Time Marchini

リアルト橋からサン・マルコ広場へ向かう途中にあり、ガラス張りの店内はいつも大にぎわい。ショーケースには美しいケーキやクッキーなどが並び、小休止にぴったりのおしゃれなカフェ。カウンターのみ。

住 Calle San Luca 4589, San Marco
☎ 041-2413087
営 7:30（㊐8:00）～20:30
休 無休
料 €1.50～10
C 不可
交 リアルト橋から徒歩3分

🍦☕ ジェラテリア・ニコ

Map P.176 C1

Bar Gelateria Nico

ここの名物はGianduiottoというボリュームたっぷりのアイスクリームの盛り合わせ。テイクアウトもOK。夏は運河沿いに広がるテラスに座ってくつろぐひとときは気持ちがいい！
✉ 運河沿いの席で食べた朝食が最高！スプレムータがおいしい。
(東京都　マダムK　'17)

住 Zattere, Dorsoduro 922
☎ 041-5225293
営 6:45（㊐7:30）～23:00（夏季）8:00～21:00（冬季）
休 11～1月の㊍、12月1週間
料 €2～10 C 不可
交 Ⓥ No.52、61、2 Zattere下船すぐ。ザッテレ河岸に面したカフェ

🍦 ジェラテリア・スーゾ

Map P.179 A3

Gelateria Suso

いつも行列、満員御礼のジェラテリア。フレーバーの組み合わせが絶妙。おすすめはヘーゼルナッツといちじくNocciolo e Fichiや店名のついたキャラメルSusoなど。いま最もヴェネツィアで勢いのあるジェラテリア。

住 Calle della Bissa 5453
☎ 398-5646545
営 10:00～23:30（冬季～20:00）
休 一部の㊗
料 €1.80～7
C V.
交 リアルト橋から徒歩2分

ヴェネツィアらしいおみやげ

ガラスに限らず、ヴェネツィアでは中世から職人による手工芸が発達していた。その伝統は今でもさまざまな分野に受け継がれている。なかでも仮面は、ヴェネツィアで最高の盛り上がりを見せたカーニバルで重要な役割を果たしていた。1979年にカーニバルが再開されてから仮面を作る工房が増え、今や町を代表する主要なおみやげのひとつになっている。そのほかにも共和国の昔から名声を有していたヴェネツィアンシルク、マーブルプリント、おみやげはたくさん見つかる。

カ・マカーナ 【仮面】　Map P.176 C1

Ca' Macana
●インテリアに最適な仮面
紙を張り合わせて作る仮面は思ったよりも軽い仕上がり。部屋のアクセントになるような個性的な仮面が多く、店内では製作実演も見られる。ヴィネツィアに2店舗あり。

住 Calle delle Botteghe, Dorsoduro 3172
電 041-5203229
営 夏季10:00〜20:00、冬季10:00〜18:30
休 一部の㊗
C A.D.J.M.V.
交 Ⓥ No.1 Ca' Rezzonicoより徒歩3分

スコーラ・サン・ザッカリア 【ギャラリー】　Map P.178 C2

Schola San Zaccaria since 1983
●中世の即興仮面劇の絵画
中世イタリアで流行したコメディア・デラルテという即興仮面喜劇中の人物を独自のタッチで描いたミッシァイヤ氏のギャラリー。ポスターやカード類もあり。カステッロにも店舗あり（住 Castello, Salizzada dei Greci 3456）。

住 Campo S.Maurizio, San Marco 2664
電 041-5234343
営 11:00〜18:00
休 一部の㊗
C A.D.J.M.V.
交 サン・マルコ広場より徒歩6〜7分

シニョール・ブルム 【趣味】　Map P.176 C1

Signor Blum
●楽しいカラフルな木のオブジェ
動物や建物を模し、カラフルに色付けしたオブジェの店。そのほかヴェネツィアの風景をモチーフにした木組みのパネル絵やそれらの絵はがきなどもすてき。オーダーメイドも可。

住 Campo San Barnaba, Dorsoduro 2840
電 041-5226367
営 10:00〜13:30、14:30〜19:30
休 1/1、12/25、復活祭
C A.D.J.M.V.
交 Ⓥ No.1 Ca' Rezzonicoより徒歩3分、サン・バルナバ広場の運河に面した角

ティポグラフィア・バッソ・ジャンニ 【名刺】　Map P.177 A3

Tipografia Basso Gianni
●オリジナルの名刺が作れる
活版印刷でオリジナルの名刺やカードが作ってもらえる。デザインは数多くのサンプルのなかから相談。名刺100枚約€50、3日くらいでできる。

住 Calle del Fumo Fondamente Nuove, Cannaregio 5306
電 041-5234681
営 9:00〜13:00、14:00〜18:30
休 ⓐ、⊕午後、8月、12月末〜1月初旬
C A.M.V.
交 フォンダメンテ・ヌオーヴェ船着場より徒歩3分

エミリオ・チェッカート 【趣味】　Map P.179 A3

Emilio Ceccato 1902
✉ゴンドリエーレの制服ゲット
メルチェリア側からリアルト橋を渡ったたもと（左岸）にゴンドリエーレの本物の制服を売る店があります。ボーダーのシャツ、セーターなど普段着として着こなせるかわいいものばかり、シャツは€24〜とお手頃でした。メルチェリエにも店舗あり。

（山梨県　佐藤聖美）['19]
住 Orafecio 16, San Polo
電 041-3198826
営 10:00〜13:30、14:30〜19:00
休 一部の㊗
C A.D.J.M.V.
交 リアルト橋の下

ヴェネツィアのお菓子をおみやげに

　お菓子や食料品は、手頃で誰にでも喜ばれる手軽なおみやげ。カラフルな色や形がさまざまなパスタを選ぶのは楽しい。ヴェネツィア名物のパスタソースとセットにすれば、手軽にヴェネツィアの味を持ち帰れる。ヴェネツィアはこの町ならではのお菓子も豊富。カーニバルの仮面を象ったチョコもいいし、美しいパッケージや形が個性的なクッキーなどもおすすめ。専門店で味にこだわるのもいいし、便利さと経済性を追求するならスーパー巡りははずせない。小さな食料品店では掘り出し物が見つかるかも。

パスティチェリア・トノーロ 【お菓子】 Map P.176 B1

Pasticceria Tonolo
●古きよきヴェネツィアのお菓子屋さん
さまざまな焼きたてのお菓子の香りが店内を包み、朝食時には近くで働くローカルでにぎわう。お菓子はほぼ一律€1。先に会計を済ませてケースから取ってもらう形式。おみやげにも最適な味のよいヴェネツィア菓子が好評。

住 Calle S.Pantalon 3764
☎ 41-5237209
営 7:45〜20:00（日13:30）
休 月、8月
C 不可
交 V No.1、2、NでS.Tomaから徒歩5分

ダル・マス 【お菓子】 Map P.176 A1

Dal Mas
●おいしいおみやげを
駅近く、いつも地元の人でにぎわう、1906年創業のお菓子屋兼バール。店頭には生ケーキ、棚にはヴェネツィア名物のクッキーなどが並ぶ。隣のチョコレートショップには手作りチョコやクッキーが勢揃い。仮面型のチョコや伝統的なクッキ

ーはおみやげに最適。
住 Lista di Spagna 149-150/A, Cannaregio
☎ 041-715101
営 7:00〜22:30
休 一部の祝
C M.V.
交 S. Lucia駅から徒歩2〜3分

ディー・エフ・エス 【ブランド・お菓子・食品】 Map P.179 A3

DFS
●ドイツ商館がDFSに！
リアルト橋近くのDFSは高級ブランド品のほか、お菓子や食材の宝庫。特にイタリア中の銘産品の品揃えがすごい。もちろんヴェネツィア名物も充実。最上階のテラスからはカナル・グランデを見渡すこともできる。

住 Calle del Fontego dei Tedeschi
☎ 041-3142000
営 4〜9月9:30〜21:30、10〜3月10:00〜20:30
C A.D.J.M.V.
交 リアルト橋より1〜2分

デスパ・テアトロ・イタリア 【スーパー】 Map P.176 A2

Despar Teatro Italia
●歴史ある建物がスーパーに変身
20世紀はじめの劇場（映画館）を当時の雰囲気を残して改装したスーパー。当時のファサード、店内には美しいフレスコ画や階段が残る。広い店内は近代的で充実の品ぞろえ。オリジナルパッケージの商品もあるので、おみやげに探してみるのも楽しい。

住 Cannaregio 1939, Campiello de L'Anconeta
営 8:00〜21:30
休 一部の祝
C A.D.J.M.V.
交 S.L.駅から徒歩7〜8分

コープ 【スーパー】 Map P.174 B1

Coop
●駅に近いスーパー
ローマ広場、ヴァポレット乗り場の一番奥、運河に面してある。間口は狭いが、内部は広々としていてヴェネツィアではかなり充実の品揃え。飲み物や簡単なおみやげまで手頃に調達できるのがうれしい。カ・ドーロ近く（住 Cannaregio 3660）にも店舗あり。

住 Piazzale Roma, Santa Croce 49
☎ 041-2960621
営 8:00〜22:00
休 一部の祝
C A.D.J.M.V.
交 ローマ広場、ヴァポレット乗り場奥

ヴェネツィアのお菓子

　ヴェネツィアのお菓子屋さんの店先で、目にする田舎風の無骨なクッキーやビスケット類。手のひらほどの大きさから一口サイズのものまでズラリと並んだ様子は圧巻!!　実は「水の都、ヴェネツィア」では、伝統的な常備食。軽くて日持ちするクッキーやビスケット類は漁師たちの海での食事として、あるいは船で移動する際の食料としての重要な役割を果たしていた。今でも、簡単なデザートやお茶、朝食のお供として愛されている。様々な種類があり、方言で呼ばれることが多いので地域により、少しずつ呼び方が変わる。

いろいろな形が楽しい。
ポレンタ粉の黄色がヴェネツィアのクッキーの個性

バイコリ
Baicoli

　極薄で、軽い、ラスクのようなお菓子。甘めのパン生地をナマコ状に成型して焼き、2mmほどの薄切りにして、さらに焼き上げたもの。ちょっと甘めで、サクサク、ポリポリ。素朴な味と食感ながら、それゆえに後を引く。ジャムや蜂蜜をつけて、朝食にする人も多い。出回っているのは、箱入り(€2くらい)や大きな缶入りで持ち運びにも便利。

ザエティ／ザレティ
Zaeti/Zaleti

　レモンが香る、黄色でサクッとしたレーズン入りのビスケット。各種のビスケットのなかでもとりわけ古い歴史をもち、ブラーノ島あるいは内陸のウーディネに起源があると伝えられている。Zaeti/Zaletiとは方言で黄色の意味。ごく細かく挽いたトウモロコシの粉を使うことから、この名前がついた。

ブッソライ／エッシ・ディ・ブラーノ
Bussolai/Essi di Burano

　材料は同じながら、形によって名前が違う。ブッソライはちょっと大きめのリング状。エッシ・ディ・ブラーノはS字型(S=esse／エッセ、複数形エッシが語源)のビスケット。ザエティとよく似ているがバターが入り、ちょっと硬めの食感ながら風味豊か。

オッシ・ダ・モルデレ
Ossi da Mordere

　ピエモンテ発祥といわれ、直訳すると「死者の骨」という、ちょっと怖い名前のクッキー。メレンゲにアーモンドを入れて大きく焼き上げ、切り分けた断面のアーモンドが骨のようだからこの名前がついた。ココア粉はお店によって、入れたり入れなかったりする。歯応えのある、軽いメレンゲのクッキー。

どこで買う？

　お菓子屋さんはもちろんのこと、スーパーでも袋入り(袋の大きさにより€3〜7程度)で売られている。お店によって、味や食感はそれぞれ特徴があるので、自分好みの味を見つけてみよう。おすすめ店は、左ページを参照。バイコリは工場生産の箱入りが一般的だ。

お店により大きさもイロイロ。
ザレティは代表的なヴェネツィア菓子

ヴェネツィアングラス

　ガラス製品はそれこそピンからキリまで、何十万円とする作家のオブジェからみやげ物屋の店先のチープな置物まで数限りなくある。大きな物は日本まで郵送もしてくれるが、持ち運びを考えると買いやすいのは小さな置物やグラス、写真立て、ボトルの栓、アクセサリーなど。値段も手頃で、旅の記念にはぴったりだ。ちょっと歩けばお店はいくらでもあるが、ここではオリジナリティある商品を取り揃えたお店を選んでみた。

パウリー【ガラス】　　Map P.179 B3

Pauly
●ヴェネツィアを代表する老舗
1866年創業の老舗。高級感あふれるウインドーと店内には大きなオブジェから、比較的買いやすいグラスやアクセサリーまで多様な物が揃う。

🏠 Piazza San Marco 73-77, San Marco 316
☎ 041-5235484
🕐 10:00～19:00
休 無休　💳 A.D.M.V.
🚃 サン・マルコ広場・ナポレオンの翼壁下アーケード、サン・マルコ寺院横・レオンチーニ広場

ヴェニーニ【ガラス】　　Map P.179 B4

Venini
●斬新なデザインで有名
現代イタリア、そして現代ヴェネツィアングラスを代表する斬新なデザインと高度な技術の結晶がここの作品。ただし値段もそれなりに覚悟が必要。

🏠 Piazzetta dei Leoncini 314, San Marco
☎ 041-5224045
🕐 9:00～18:00
休 ㊏㊐
💳 A.D.J.M.V.
🚃 サン・マルコ寺院横、レオンチーニ広場

ラ・クポール【ガラス】　　Map P.179 B4

La Coupole
●アクセサリー類が充実
ヴェネツィアで有名なセレクトショップのガラス店。作家物のオブジェなどの大作から色鮮やかな現代風のヴェネツィアンビーズを使ったブレスレットやリング（€60～）が揃う。個性的なヴェネツィアン・グラスを探すならおすすめ。

🏠 Piazza S.Marco 289/305
☎ 041-2770739
🕐 10:00～19:00
休 12/25
💳 A.D.J.M.V.
🚃 サン・マルコ広場の一角

アストルフォ・グローリア【アクセサリー】　　Map P.179 B3

Astolfo Gloria
●ガラスのデザインアクセサリー
ムラーノガラスを使ったしゃれたアクセサリーの店。ガラスの輝きと流行を意識したデザインのハーモニーが魅力的。おすすめはブレスレット。メルチェリエにも店舗あり。

🏠 Frezzeria, San Marco 1581
☎ 041-5206827
🕐 10:00～19:30
休 一部の㊗
💳 A.D.J.M.V.
🚃 サン・マルコ広場より徒歩2分

カルダローネ・マッシミリアーノ【アクセサリー】　　Map P.177 A3

Bottega Artistica di Caldarone Massimiliano
✉オリジナルのヴェネツィアングラスのアクセサリーほんの15分くらいで、好きな色でオリジナルアクセサリーをその場で作ってくれます。私はネックレスとブレスレットをお揃いでゲット。値段もブレスレットが€15とリーズナブルでした。とっても気さくなお兄さんがオーナーです。フォンダメンテ・ヌオーヴェの船着場からちょっと路地を入った広場Campo Widmann

にあります。　　　　（神奈川県　ぴのこ）['19]
🏠 Sestiere Cannaregio 5419/B
☎ 345-8179190
🕐 10:00～12:30、15:30～18:45、16:00～19:00（夏季）
休 ㊐、不定休あり
💳 A.D.J.M.V.
🚃 サンティ・アポストリ教会すぐ

ヴェネツィア
ショッピング ● ヴェネツィアでショッピング／ヴェネツィアングラス

リゾラ 【ガラス】　Map P.178 B2

L' isola

●毎年限定のグラスが人気
ヴェネツィアングラスに現代感覚を取り入れたことで知られるカルロ・モレッティ氏の店。斬新な色合わせやデザイン性あふれるフォルムが特徴。日本への配送も可。

🏠 Calle de le Botteghe 2970
☎ 041-5231973
🕙 10:30～19:30
休 1～3月の⑥、1/1、1/6、12/25、12/26　C A.D.J.M.V.
🚶 サン・マルコ広場西側より徒歩10分。最寄りの船着場はS.AngeloまたはS.Samuele

ヴィットリオ・コスタンティーニ 【ガラス】　Map P.177 A3

Vittorio Costantini

●繊細な作りの海の生物たち
海の生物をイメージした作品で著名な作家、コスタンティーニ氏の工房兼ショップ。本物と見まがうばかりの美しさと繊細さにため息。蝶や魚のオブジェひとつ€40ぐらいから。

🏠 Calle del Fumo 5311, Fondamente Nuove
☎ 041-5222265
🕙 9:30～13:00、14:15～17:30
休 ⑥⑥(⑥は予約すれば営業)、7月中旬～8月中旬　C M.V.(€50～利用可)
🚶 フォンダメンテ・ヌオーヴェ船着場より徒歩3分

バロヴィエール&トーゾ 【ガラス】　Map P.243 B1

Barovier & Toso

●併設の美術館が興味深い
1295年創業、ガラス博物館に並ぶ数々の名品を生んだバロヴィエール一族による、ガラス工房のショールーム。「鳥にそよぐグラス」もここから誕生した。奥の美術館には歴史ある作品が並ぶ。

🏠 Fondamente dei Vetrai 28, Murano
☎ 041-739049
🕙 10:00～18:00
美術館10:00～11:00、15:00～16:00
休 ⑥　C A.D.J.M.V.
🚶 V No.3、4.1、4.2 Colonna船着場より徒歩3分(ムラーノ島)

シモーネ・ジョヴァンニ・チェネデーゼ 【ガラス】　Map P.243 B1

Simone Cenedese

●洗練されたデザインの数々
曲線を巧みに使ったシモーネ・チェネデーゼSimone Giovanni Cenedese氏の作品が並ぶショールーム。現代ムラーノグラスの芸術をじっくりと堪能できる。要予約で工房見学可。

🏠 Calle Bertolini 6
☎ 041-5274455
🕙 10:00～18:00
休 ⑥
C A.D.J.M.V.
🚶 V No.3、4.1、4.2 Colonna船着場より徒歩4分(ムラーノ島)

ヴェネツィアングラスの賢い購入方法

個人旅行でヴェネツィアに出かけ、三つ星クラス以上のホテルに宿泊すると、フロントの人に「ムラーノ島への無料ツアー」をすすめられることが多い。これはムラーノ島の特定のガラス工場への買い物ツアーとなっている。ヴェネツィアングラスの製造工程の実演を見せた後に、ショールームに案内し、「気に入らなければ購入することはない」というのだが、日本人観光客の多くはその場の雰囲気に飲まれ、思いもかけぬ何万円もするヴェネツィアングラスのセットを購入するということが多い。そこで、次のことを頭の隅においておこう。

❶ヴェネツィアングラスを売っているお店は、ヴェネツィアのいたるところにある。その場の雰囲気に飲まれないようにするためにも、ヴェネツィアングラスの値段を比較検討して買うという気持ちをもとう。

❷ムラーノ島に行くなら、ヴァポレットを利用して自分で行くこと。ムラーノ島のガラス工場では、かなりの店で実演販売をしており、製造工程の見学も容易にできる。

❸ヴェネツィアングラスをおみやげに欲しいと思ったら、ムラーノ島に行く前に、下見をしてみること。サン・マルコ広場の裏手のショッピング街では、さまざまな店がヴェネツィアングラスを扱っている。ヴェネツィアングラスの品質がピンからキリまで、お値段もピンからキリまであることを知っておくこと。

❹最後に、本物のヴェネツィアングラスは案外少ないということを肝に銘じよう。従来日本で、ヴェネツィアングラスと呼ばれて、誰もがそう思っている、赤や青のグラスで、金の縁取りがあり、中央に花が描かれている物は、チェコガラスに金彩を施した物で、ヴェネツィアングラスの特徴を示しているとは言い難い。

ヴェネツィアングラスの特徴は、宙吹きによる形のおもしろさや、レースガラスやムリーネと呼ばれる細かい繊細な模様の生み出す色合いの美しさなどにある。手作りの芸術品であるヴェネツィアングラス、本物を手に入れるためには事前の勉強が必要だ。

ヴェネツィアのブランドショップI（3月22日通りとその付近）

　　サン・マルコ広場から西側アーケード内の❶の前を抜けると、サン・モイゼ通りから3月22日通りへと続いている。このあたりがヴェネツィア一番のブランドストリート。サン・モイゼ通りのブランド密集度はかなりもの。もちろん、ヴァラレッソの船着場までの小路も見逃せない。運河を渡った3月22日通りCalle Larga XXII Marzoは広々とした通りでそぞろ歩きも楽しい。

ルイ・ヴィトン 【ブランド】　　Map P.261 ❶

Louis Vuitton

●新着商品も豊富に揃う
機能性と優雅さを併せもった憧れのブランド。この店で扱っているのはバッグと革製品のみ。新着モノグラム・ヴェルニシリーズも。

🏠 San Marco 1345
☎ 041-8844310
🕐 10:00〜19:30
休 無休
💳 A.D.J.M.V.
🚇 サン・マルコ広場西端より徒歩1〜2分

ゼニア 【ブランド】　　Map P.261 ❷

Ermenegildo Zegna

●コンサバなイタリア男性御用達
服地メーカーだったゼニアは、派手さはないが長く着られるデザインが魅力の高級紳士服ブランド。イタリア式の対面販売が健在で、体にフィットしたスーツを店員と相談して選ぶ楽しさが味わえる。

🏠 Bocca di Piazza, San Marco 1242
☎ 041-5221204
🕐 10:00〜19:00
休 一部の㊗
💳 A.D.J.M.V.
🚇 サン・マルコ広場西端より徒歩1〜2分

エトロ 【ブランド】　　Map P.261 ❸

Etro

●色彩とパターンの魔法使いエトロ
1968年創業、独特の色彩とパターンで有名なエトロ。店内はブラックで統一され、飾られている色とりどりの品はまるで美術品のよう。素材のよさ、時代に左右されないデザインは一生もの。婦人服、男性服、アクセサリーを扱う。

🏠 Calle Vallaresso, San Marco 1340
☎ 041-5232599
🕐 10:00（㊐㊗11:00）〜19:30（冬季19:00）
休 一部の㊗　💳 A.D.J.M.V.
🚇 Ⅴ No.1, 2 Valaresso船着場より徒歩1〜2分

ミッソーニ 【ブランド】　　Map P.261 ❹

Missoni

●色の魔術師の織りなすニット
カラーコーディネートの見事さはあまりにも有名。どこにでも着ていける高級ニット。シーズンごとのコレクションが充実し、季節ごとにテーマに沿った新作が展示される。

🏠 Calle Vallaresso 1318/A, San Marco
☎ 041-5205733
🕐 10:00〜19:30
休 一部の㊗
💳 A.D.J.M.V.
🚇 Ⅴ No.1, 2 Vallaresso船着場より徒歩1〜2分

ヴェネツィアのショッピング通り

　　上記の3月22日通りがヴェネツィア一番のショッピングストリート。ここからサン・マルコ広場へ続くサン・モイゼ通りも有名店が軒を並べ、さらにここから小路に入るヴァラレッソValaressoの船着場までの小路には高級店が並ぶ。

　　お手軽なおみやげやカジュアル系ならメルチェリアやリアルト橋界隈へ。メルチェリアはリアルト橋近く（頭上の傘が入口の目印）からサン・マルコ広場へ続いている。リアルト橋は橋の左右に商店が並び、周囲もカジュアル系のお店が多い。

アンティーク探しが楽しい

プラダ 【ブランド】 　Map P.261⑤

Prada

●都会的で活用的なデザイン
「ポコノ」と呼ばれるナイロン地を使ったバッグのほか、シンプルなカッティングの服や靴が時代を感じさせる。すぐ近くにメンズ店あり。

🏠 Salizzada San Moisè, San Marco 1464
☎ 041-5283966
🕙 10:30〜19:30(冬季19:00)
🚫 一部の㊗
💳 A.D.J.M.V.
🚉 サン・マルコ広場西端より徒歩1〜2分

モンクレール 【ブランド】 　Map P.261⑥

Moncler

●おしゃれな高級ダウン
フランス生まれの高級ダウンメーカー。ヴェネツィアにもオープンした。メンズ、レディスからサングラス、ブーツなど小物まで幅広い品揃えだが、ディスプレイされている商品は一部なので、店員さんに好みを伝えて、商品を見せてもらおう。

🏠 Calle Larga XXII Marzo, San Marco 2088
☎ 041-2960605
🕙 10:00〜19:00、㊐㊗10:30〜19:00
🚫 一部の㊗
💳 A.D.J.M.V.
🚉 サン・マルコ広場西端より徒歩2〜3分

サルヴァトーレ・フェラガモ 【ブランド】 　Map P.261⑦

Salvatore Ferragamo

●フェラガモの大店舗
3月22日通りの角にあるフェラガモの大型店舗。定番の靴やバッグのほか、おみやげにも最適な小物も充実。流行を意識したレディスの服の試着もゆっくりできる。

🏠 Calle Larga XXII Marzo, San Marco 2093
☎ 041-2778509
🕙 10:30〜19:30
💳 A.D.J.M.V.
🚉 サン・マルコ広場西端より徒歩3〜4分

グッチ 【ブランド】 　Map P.261⑧

Gucci

●新作もズラリと並ぶ大型店舗
メルチェリア店に比べて店内はかなり広々としており、入りやすく見やすいのが魅力。アクセサリーからバッグ、靴、スーツなど幅広い品揃え。ミラノやローマで見つからない人気の品が残っていることも。

🏠 Calle Larga XXII Marzo, San Marco 2102
☎ 041-2413968
🕙 10:00〜19:30
💳 A.D.J.M.V.
🚉 サン・マルコ広場西端より徒歩3〜4分

ヴェネツィア ショッピング ● ブランドショップ（3月22日通りとその付近）

3月22日通り周辺
P.176 C2・3

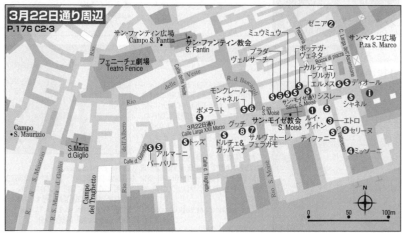

ヴェネツィアを代表する高級ホテル

世界中から年中観光客が押し寄せるだけにヴェネツィアのホテルは数多く、大運河とサン・マルコ広場付近に集中している。特にサン・マルコ広場に近い大運河沿いには、共和国時代の宮殿を改造した規模も大きな高級ホテルがずらりと並び、妍を競っている。値段は高く、雰囲気も圧倒されるような豪華絢爛さだが、ヴェネツィアの旅情を満喫したい人には奮発する価値がある。

★★★★★L グリッティ・パラス　Map P.178 C2
Hotel Gritti Palace

17世紀の共和国総督の住居だった館を改造した、ヴェネツィアならではの歴史と高級感があふれるホテル。内装はヴェネツィアン・ロココ様式でまとめられ、豪華絢爛そのもの。大運河に面したテラスで取る朝食は雰囲気も最高だ。ヘミングウェイやチャーチルなどの有名人がここを常宿にしていたことでも知られる。大運河に面した部屋はスイート3室を含め全部で18室。
URL www.thegrittypalace.com

住 Campo Santa Maria del Giglio, San Marco 2467
041-794611　Fax 041-5200942
TB €620/1870
82室　朝食€53 W-F
C A.D.J.M.V.
V No.1 Giglio前

★★★★★ ダニエリ　Map P.177 C4
Hotel Danieli

大富豪で何度も総督を輩出したダンドロ家の14世紀に建てられた宮殿を改造し、1822年よりホテルになった。河岸からの回転扉の入口はさりげないが、中へ入ると吹き抜けのロビーがあり、その内装の豪華絢爛さに圧倒される。建物は3つに分かれている。60室ある運河を望む部屋からの眺めがすばらしい。ここをひいきにしたVIPやスターが多いことでも有名。
URL www.danielihotelvenice.com

住 Riva degli Schiavoni, Castello 4196
041-5226480　Fax 041-5200208
SB €330/1200　TB €440/1830
220室　朝食€53 W-F
C A.D.J.M.V.
V No.1、2、4.1、5.1、5.2
San Zaccaria下船徒歩1分

★★★★★ メトロポール　Map P.177 C4
Metropole

目の前に運河が広がるスキアヴォーニ岸に建つ16世紀の邸宅にあるホテル。1900年代初頭のインテリアと当時のアンティークが豊富に飾られ、内部は華やかなヴェネツィアの時代感にあふれている。客室はアールヌーヴォーとアールデコ様式でまとめられ、落ち着いた雰囲気。よい季節には緑の中庭での朝食が格別な一日を約束してくれる。併設のレストランMet（→P.247）やクラシックなバーも評判がよい。
URL www.hotelmetropole.com

住 Riva del Schiavoni 4149
041-5205044　Fax 041-5223679
SB €210/768　TB €560/2790
86室　朝食€35 W-F　C A.D.J.M.V.
V No.1、2、4.1、5.1、5.2
San Zaccaria下船徒歩3分

SS シャワー付きシングル料金　SB バス付きシングル料金　TS シャワー付きツイン料金　TB バス付きツイン料金　JS ジュニアスイート料金

ヴェネツィアの注目ホテル
この町らしい4つ星ホテル

世界的観光地のヴェネツィアには超高級ホテルが多い。でも多くの旅行者には高嶺の花。そこで、この町らしい旅情と雰囲気が味わえるちょっと高級なおすすめホテルを紹介。アイ・レアリとウナホテルは小運河に面して静かな立地。エヌ・エイチも静かな住宅街の一角にある。

★★★★ アイ・レアリ　Map P.179 A4
Ai Reali

17世紀の貴族の邸宅を改装し、当時の面影を感じさせるクラシックで華やかな雰囲気のホテル。にぎやかなリアルト橋のそばだが、小さな運河にかかる橋を渡った場所に位置し、ホテル付近は静か。ショッピングや観光へのアクセスもとてもよい。客室は、古きよきヴェネツィアを思わせるクラシックな調度品や家具、そして美しいシルクのはられた壁、大理石のバスルームなど贅を尽している。最上階にはスパもあり、ゆったりとリラックスした滞在に宿泊したい。部屋が選べる直接予約がおすすめ。
URL www.hotelaireali.com

住 Campo della Fava 5527, Castello
☎ 041-2410253　Fax 041-2415562
SB €154/285　TB €171/377
室 30室　朝食込み WiFi　C A.M.V.
交 リアルト橋から徒歩3分

★★★★ エヌ・エイチ・ヴェネツィア・リオ・ノーヴォ　Map P.176 B1
NH Venezia Rio Novo

1950年代の建物を改装した近代的で明るいホテル。太陽光が入る室内は明るく、ヴェネツィアとしては室内も広くて快適。レストランも併設しており、朝食が充実。観光客が少ない界隈なので、喧騒を避けたい何度目かのヴェネツィア滞在におすすめ。スタッフも親切。ローマ広場やS.L.駅から徒歩圏内。
URL www.nh-hotel.com

住 Calle Larga Ragusei Dorsoduro 3489/E
☎ 041-2753511
SB €104.55/343
TB €104.55/575
室 144室　朝食込み WiFi
C A.D.J.M.V.
交 ローマ広場から徒歩7〜8分

★★★★ ウナホテル・ヴェネツィア　Map P.177 A3
UNA Hotel Venezia

カ・ドーロとフォンダメンテ・ヌオーヴェのほぼ中ほど、観光客の少ない静かな界隈にある。運河に面した歴史ある邸宅を近代的に改装したホテル。客室はヴェネツィア風にまとめられ、優雅で機能的。特別な看板はないが季節の鉢植えが彩りを添える外観で、近づけばわかるはず。ヴァポレットの乗り場カ・ドーロからは橋をひとつ渡るだけ。
URL www.unahotels.it

住 Ruga Do Pozzi, Cannaregio 4173
☎ 041-2442711　Fax 041-2442712
SB €99/262　TB €122/375
室 34室　朝食込み WiFi
C A.D.J.M.V.
交 V No.1 Ca'd'Oro下船、徒歩6〜7分

265

サン・マルコ地区とカステッロ地区

　ヴェネツィアの観光の中心地サン・マルコ地区は高級ホテルが建ち並び、華やかな雰囲気がいっぱい。サン・マルコから東側に続くカステッロ地区は地元の人が多い。やや庶民的な界隈で、規模の小さな手頃なホテルが点在している。細い路地が続くので、荷物はコンパクトにするのが鉄則。経済的なホテルにはエレベーターがないことが多いので、心配なら最初にエレベーターの有無を確認しよう。

★★★★　モナコ・エ・グランド・カナル　Map P.179 C3

Monaco e Grand Canal

サン・マルコ広場に近い、ヴァポレットの停留所Vallaressoからすぐ。ヴェネツィアらしい光と雰囲気にあふれたロマンティックなホテル。一部の客室や大運河に面したテラスからはジューデッカ島を望むすばらしい風景が広がる。

URL www.hotelmonaco.it

住 Calle Vallaresso, San Marco 1332
電 041-5200211
Fax 041-5200501
TB €151/729
室 139室　朝食込€25　WF
C A.D.J.M.V.
交 サン・マルコ広場から徒歩3分

★★★★　サトゥルニア&インターナショナル　Map P.179 C3

Hotel Saturnia & International

サン・マルコ広場から徒歩5分、イタリアを代表するブランドショップが並ぶ3月22日通りに面している。建物はピサーニ家の住居だった14世紀の館を改造しており、落ち着いたなかにも華やかさが感じられるインテリアがすてき。

Low 1/1～3/15(カーニバル期間を除く)

URL www.hotelsaturnia.it
住 Via XXII Marzo, San Marco 2398
電 041-5208377　Fax 041-5207131
SB €77/458　TB €103/592
室 87室　ビュッフェの朝食込み　WF
C A.M.V.
交 V No.1、2 Vallaresso下船徒歩5分

★★★★　コンコルディア　Map P.179 B4

Hotel Concordia

サン・マルコ寺院に向かって左側奥にあり、唯一サン・マルコ広場に面したホテル。広場に面した部屋は全部で15室。入口は反対側の通りに面してあり、階段を上った2階がフロント。内部は改装されており、各客室の設備も完備。広場のにぎわいが感じられる1階には広場に面してレストランとカフェが併設されている。

URL www.hotelconcordia.com
住 Calle Larga, San Marco 367
電 041-5206866　Fax 041-5206775
SB €92/479　TB €105/588
US €140/712　室 51室　朝食込み
WF　C A.D.M.V.
交 V No.1、2、4.1、5.1、5.2 San Zaccaria下船徒歩3分

★★★★　ビザンツィオ　Map P.177 B4

Hotel Bisanzio

スキアヴォーニ河岸をサン・マルコ広場から東に5分ほど行った所、ピエタ教会横の細い路地の奥、突き当たりにあり、静かな雰囲気で落ち着ける。フロントはこのクラスのホテルにしてはゆったりとしている。

Low 11～3月(クリスマス、新年、カーニバルを除く)

URL www.bisanzio.com
住 Calle della Pietà, Castello 3651
電 041-5203100　Fax 041-5204114
TS TB €95/347(シングル利用も同様)
室 40室　朝食込み　WF
C A.D.J.M.V.
交 V No.1、2、4.1、5.1、5.2 San Zaccaria下船 徒歩4分

★★★　フローラ　Map P.179 C3

Hotel Flora

ホテル・サトゥルニア向かいの路地を入った奥にある、家族経営の小さなホテル。特に欧米人に人気が高く、シーズン中は早めの予約が必要そうだ。ホテル自慢の中庭での朝食が快適。

High 4～10月
URL www.hotelflora.it

住 Calle dei Bergamaschi, San Marco 2283/a
電 041-5205844　Fax 041-5228217
SS €71/221　TS €90/341
室 40室　朝食込み　WF
C A.D.J.M.V.
交 V No.1、2 Vallaresso下船徒歩5分

SS シャワー付きシングル料金　SB バス付きシングル料金　TS シャワー付きツイン料金　TB バス付きツイン料金　3B シャワーまたはバス付き
トリプル料金　US ジュニアスイート料金

★★★ パガネッリ　　Map P.177 C4

Hotel Paganelli

サン・マルコ広場の東側、高級ホテルが並ぶ一角にある。大運河に面し、部屋によってはサルーテ教会を正面に望む眺めのよいロケーション。系列レストランでの割引きあり。
【読者割引】HPからプロモーションコード「500」入力で10%

URL www.hotelpaganelli.com
住 Riva degli Schiavoni, Castello 4182
☎ 041-5224324　Fax 041-5239267
SS €70/280　TS TB €70/380
€130/500(ラグーンビュー)
室 19室　朝食込み WF C A.J.M.V.
交 V No.1、2、4.1、5.1、5.2
San Zaccaria下船徒歩1分

★★ ラ・レジデンツァ　　Map P.177 B4

Hotel La Residenza

ヴェネツィアを代表するグリッティー一族も所有した14世紀の由緒ある館にあるホテル。サロンや客室も古きよきヴェネツィアン・スタイルに飾られている。
【読者割引】5%(P.9参照)
Low 1・2・11月
URL www.venicelaresidenza.com

住 Campo Bandiera e Moro, Castello 3608
☎ 041-5285315
Fax 041-5238859
SS €50/140　TS €80/250
室 14室　朝食込み WF C M.V.
交 V No.1、2、4.1、5.1、5.2
San Zaccaria 下船

★★ セレニッシマ　　Map P.179 B3

Hotel Serenissima

このクラスのホテルにしては、38室と部屋数も多い。近くに同系列の4つ星ホテルHotel Al Codega (URL www.alcodega.it)あり。
Low 2/14〜4/15、8月、11/3〜12/1
URL www.hotelserenissima.it

住 Calle Goldoni, San Marco 4486
☎ 041-5200011　Fax 041-5223292
SS SB €80/110
TS TB €100/150
室 38室　朝食込み WF
C A.M.V.
交 V No.1、2 Rialto 下船徒歩7分。
サン・ルカ広場Campo S. Luca近く

★ リーヴァ　　Map P.179 B4

Hotel Riva

サン・マルコ広場へも近く、運河と小路に面したプチホテル。小規模で経済的なホテルながら、ヴェネツィアらしさを感じさせてくれる1軒。
✉ 広くて清潔、この町としてはお得感ありのホテルでした。　(KM生　'09)['19]
URL www.hotelriva.it

住 Ponte dell'Angelo, Castello 5310
☎ 041-5227034　Fax 041-5285551
S €60/70　SS €80/90
T €80/100　TS €90/120(運河側)
室 29室　朝食込み
休 11月上旬〜2月上旬　C 不可
交 V No.1、2、4.1、5.1、5.2
San Zaccaria 下船徒歩5分。

★ ロカンダ・シルヴァ　　Map P.179 B4

Locanda Silva

幾重にも小さな橋の続く、昔からのヴェネツィアらしいたたずまいを残した一角にある家庭的なホテル。この界隈には小さな経済的ホテルも多い。
Low 11〜3月(カーニバル期間を除く)
URL www.locandasilva.it

住 Fondamenta del Remedio, Castello 4423
☎ 041-5227643　Fax 041-5286817
S €45/80　SS €55/95
SS €80　SB €100/175
室 24室　朝食込み WF 休 11〜1月
C M.V.　交 V No.1、2、4.1、5.1、5.2 San Marco下船徒歩10分。サン・マルコ広場の北東200m

━━ ヴェネツィアのホテルの選び方は難しい ━━

イタリアの都市のなかでも物価の高いヴェネツィア。ただ、ホテル料金は季節による差が大きく、ローシーズンとハイシーズンではホテルによっては5倍近くの差がある場合も。ハイシーズンは気候のよい春と秋、そしてヴェネツィアの代名詞ともいうべきカーニバルの期間だ。

一方、日本人には旅行しやすい8月や1月の価格設定はやや低め。とりわけ冬は底値だ。厳しい寒さをいとわなければ、4つ星程度の高級ホテルも手頃な料金で宿泊できる。夏は観光客であふれ、歩くのもたいへんな小路も冬は静かで旅情もたっぷり。美術館も空いているので、ゆったりと美術鑑賞を楽しむのはおすすめの季節だ。

サンタ・クローチェ地区とカンナレッジョ地区

　サンタ・ルチア駅近く、大運河の左岸がカンナレッジョ地区、右岸がサンタ・クローチェ地区。駅をはじめ空港からのバスが発着するローマ広場からは徒歩圏内で便利な地域だ。大運河に面しては団体客の利用する大型ホテルが多いが、駅から続くLista di Spagnaとそこから続く小路には経済的なホテルが多い。予約なしで、ホテルを探すなら、早めに到着してこのあたりを探してみよう。

★★★★★　カ・サグレード　Map P.177 A3

Ca' Sagredo

カ・ドーロのすぐ近く、1300年代のヴェネツィアの大邸宅にある。大理石の大階段、彫像、ティエポロのフレスコ画が飾り、まるで美術館のよう。一部の客室からは大運河を見渡すことができ、客室は洗練されたヴェネツィアスタイルで、思い出に残るホテル。

URL www.casagredohotel.com
住 Campo Santa Sofia 4198
☎ 041-2413111
Fax 041-2413521
SB TB €220/550
室 42室　朝食€31 W-F
C A.D.J.M.V.
交 V No.1 Ca'd'oroから徒歩1分

★★★★　パラッツォ・ジョヴァネッリ　Map P.176 A2

Palazzo Giovanelli

サン・スタエ教会そばに位置する16世紀の邸宅を近代的に改装したホテル。ベランダから大運河を眺められる部屋もある。ホテルの奥に大運河に面してよく手入れされた庭園があり、季節にはバラの香りに包まれて、飲み物を楽しむことができる。

住 Santa Croce, San Stae 2070/a
☎ 041-5256040
Fax 041-2440224
SB €144/574
TB €144/769
室 43室　朝食込み W-F
C A.M.V.
URL www.hotelpalazzogiovanelli.com
交 V No.1 San Staeから徒歩1分

★★★★　パパドポリ　Map P.176 B1

Papadopoli

空港からのバスが到着するローマ広場の東側。パパドポリ公園の緑を背景に、目の前には小さな運河が流れる静かで落ち着いた界隈にある。ヴェネツィアスタイルの家具が置かれた客室は、エレガントでロマンティック。植物が茂るエキゾチックな雰囲気のレストランでは土地の料理が味わえる。

URL www.accorhotels.com
住 Santa Croce 245, Giardini Papadopoli
☎ 041-710400
Fax 041-710394
SB €149/598
TB €155/812
室 102室　朝食€24 W-F
C A.D.J.M.V.
交 ローマ広場から徒歩2〜3分

★★★★　ジョルジョーネ　Map P.177 A3

Giorgione

古い邸宅の趣がよく残り、かつての貴族の暮らしを想像できるような愛らしいホテル。ムラーノグラスのシャンデリアをはじめ、この町らしいインテリアで装飾されたあたたかな雰囲気。ジャクージのある中庭は夜にはライトアップされて幻想的。スパを併設。

URL www.hotelgiorgione.com
住 SS.Apostoli, Cannaregio 4587
☎ 041-5225810　Fax 041-5239092
SB €54/455　TB €58/630
室 76室　朝食込み W-F
中 11/22〜12/22
C A.D.J.M.V.
交 V No.1 Ca'd'oroから徒歩2分

★★★　アイ・ドゥエ・ファナーリ　Map P.176 A1

Hotel Ai Due Fanali

運河を見渡す小さな広場に建つプチ・ホテル。2002年に全面改装され、内装・設備もグレードアップした。木を多用したインテリアや暖炉のあるサロンなどあたたかな雰囲気。春から秋までは花の咲く屋上での朝食も楽しみ。

住 Campo San Simeon Grande, Santa Croce 946
☎ 041-718490
Fax 041-2448721
SS SB €95/304　TS TB €95/412
室 20室　朝食込み W-F
C A.D.J.M.V.
URL www.aiduefanali.com
交 サンタ・ルチア駅から徒歩5分

SS シャワー付きシングル料金　SB バス付きシングル料金　TS シャワー付きツイン料金　TB バス付きツイン料金　SB バス付きトリプル料金
SB シャワー付きトリプル料金　JS ジュニアスイート料金

★★★ アッバツィア　Map P.176 A1

Hotel Abbazia

アッバツィア（修道院）の名前どおり、古い修道院を改装した日本人旅行客に人気のホテル。木を多用した趣のあるロビーやラウンジに当時の空気を感じる。さらにかわいらしい中庭があり、駅近くとは思えない静かで落ち着いた雰囲気。3つ星ホテルで、かつヴェネツィアのホテルにしては、朝食のメニューが比較的豊富。スタッフは親切と好評。駅から近くに位置し、重い荷物を引いての移動がしやすいのも人気の理由。
読者割引 10%
URL www.abbaziahotel.com

住 Calle Priuli, Cannaregio 68
☎ 041-717333
Fax 041-717949
SS SB €70/230
TS TB €80/270
3B €105/350
室 39室　朝食込み　W-F
C A.D.J.M.V.
交 サンタ・ルチア駅からLista di Spagnaを100m、左側

★★★ ロカンダ・ディ・オルサリア　Map P.176 A1

Locanda di Orsaria

駅に近くて便利で優雅なプチホテル。18世紀のヴェネツィア風インテリアの明るいスーペリアルームからは、隣接の庭園の緑が望めるのがすがすがしい。
読者割引 直接予約、3泊以上8%
High 4〜10月
URL www.locandaorsaria.com

住 Calle Priuli,Cannaregio 103
☎ 041-715254　Fax 041-715433
休 12/10〜12/27
SS €70/140　TS €80/210
TB €100/230(スーペリア)
SS €100/250　4S €130/290
室 15室　朝食込み　W-F　C A.D.J.M.V.
交 サンタ・ルチア駅から徒歩5分

★★ グエッリーニ　Map P.176 A1

Hotel Guerrini

駅から続く大通りの左、小さな門の奥に建つ。表通りから小路に入っているので、便利な場所ながら静か。ホテルの人も親切で部屋は清潔。
High 12〜3月
URL www.hotelguerrini.it

住 Lista di Spagna, Cannaregio 265
☎ 041-715333
Fax 041-715114
S €44/107　SS €50/115
T €50/97　TS €59/167
室 33室　朝食込み
休 1/7〜2/5　C A.M.V.
交 サンタ・ルチア駅から徒歩3分

★ ロッシ　Map P.176 A1

Hotel Rossi

駅近くの小路の奥にあり、静かで落ち着いたホテル。鍵は三重にかかり、安全対策も万全。客室は清潔で、ホテルの人も親切。
High 3/15〜11/2、年末年始、カーニバル期間
URL www.hotelrossi.ve.it

住 Lista di Spagna, Cannaregio 262
☎ 041-715164　Fax 041-5242342
SS €30/80　SS €35/60
TS €45/100　3S €72/120
4S €94/150
室 14室　朝食込み　W-F
C M.V.
交 サンタ・ルチア駅から徒歩3分

アロッジ・ジェロット・カルデラン　Map P.176 A1

Alloggi Gerotto Calderan

かつての邸宅を改装した内部は広々としてきれい。共同シャワーが各部屋ごとに分かれているのも使いやすい。冷房完備。夏は1週間以上前に予約を。
読者割引 ハイシーズン（週末とDは除外）の電話予約で5%
High 3/15〜11/2、年末年始、カーニバル期間
URL www.283.it

✉ 宿の人も親切。部屋も毎日ベッドメイキングしてくれ、ホテルと同じでした。　（奈良県　pinkstrato）['19]
住 Campo S. Geremia, Cannaregio 283
☎ 041-715562　Fax 041-5242342
D €21/27　SS €35/70　TS €50/110
3S €72/130　室 36室100床　朝食なし　W-F
C 不可　交 サンタ・ルチア駅から徒歩3分

ドルソドゥーロ地区とホステル

　ローマ広場の南側、ジューデッカ運河側に広がるのがドルソドゥーロ地区。観光客の姿は少なく、くつろいだ地元の人の姿が見られる落ち着いた地域だ。メストレはヴェネツィアの手前約10km、本土にある町。駅前にホテルが集中している。大きな荷物があったり、早朝に鉄道利用を計画している場合には便利。ヴェネツィアのホステルは、宗教団体が経営しているところが多く、人気がある。

★★★★ カ・ピサーニ 　Map P.176 C1

Ca Pisani

静かな小路に面した、16世紀末のパラッツォを1998〜2000年に改装したヴェネツィア初のデザインホテル。どこか懐かしい雰囲気とモダンさがミックスされた客室はくつろげる空間だ。アカデミア美術館や船着場にも近く、観光にも移動にも便利。
URL www.capisanihotel.it

住 Rio Terà Foscarini, Dorsoduro 979/a
☎ 041-2401411　Fax 041-2771061
SS SB €111/580　TS TB €111/610
室 35室　朝食込み W-F
C A.D.J.M.V.
交 V No.1、2 Accademia 下船徒歩1〜2分

★★★★ サン・カッシアーノ 　Map P.176 A2

Ca' Favretto San Cassiano

リアルト橋から徒歩10分、カ・ドーロ対岸の大運河に面したホテル。2階のテラスで取る朝食は快適。大運河に面した部屋なら、323号室がおすすめ。
読者割引 3泊以上5%(P.9参照)
URL www.sancassiano.it

住 Santa Croce 2232
☎ 041-5241768
Fax 041-721033
SB €80/200　TS TB €120/300
室 36室　朝食込み W-F
C A.D.J.M.V.
交 V No.1 San Stae下船徒歩5分

★★★ アッリ・アルボレッティ 　Map P.178 C1

Hotel Agli Alboretti

アカデミア美術館の横にある家庭的なプチ・ホテル。緑が茂る中庭での朝食やくつろぎの時間もうれしい。併設のレストランにはP.グッゲンハイムも芸術家とともによく食事に訪れたという、この町らしい歴史ある1軒。5階にテラスあり。
URL www.aglialboretti.com

住 Rio Terra A. Foscarini, Dorsoduro 884
☎ 041-5230058
Fax 041-5210158
SS €85/250　TS TB €100/300
室 20室　朝食込み W-F
休 1/8〜2/9頃　C A.M.V.
交 V No.1、2 Accademia 下船徒歩1分

★★ アンティカ・ロカンダ・モンティン 　Map P.176 C1

Antica Locanda Montin

アカデミア橋から4〜5分ほど、町の中心から離れた静かな運河沿いにあり、ダヌンツィオが滞在していたことでも知られる。レストラン併設で夏はブドウ棚の下での食事が人気。3〜7日間の料理教室も開催。
URL www.locandamontin.com

住 Fondamenta di Borgo, Dorsoduro 1147
☎ 041-5227151
Fax 041-5200255
S €68/113　T €103/207
SS €143/230　SB €171/257
室 11室　朝食込み　C M.V.
交 V No.1、2 Accademia下船徒歩4〜5分

📧**メストレ、どこに泊まる？**

　本島よりも空港へ近く、電車の便がよいメストレを私はおすすめします。ホテルはプラザ・ヴェニスが快適でした。駅から近く、部屋も清潔で広々、朝食も充実。
（つくばのにゃんこ先生）
Ⓗプラザ・ヴェニス ★★★★　Plaza Venice
住 Viale Stazione 36　☎ 041-929388
URL www.hotelplazavenice.com

　私はメストレ駅前のホテル、トリトーネ・ゴールデン・チューリップがおすすめです。バスタブあり、無線LAN完備、朝食豪華でした。
（増田洋）
Ⓗトリトーネ・ゴールデン・チューリップ ★★★★
Tritone Golden Turip
住 Viale Stazione 16　☎ 041-5383125
Fax 041-5383045　URL www.hoteltritonevenice.com

ヴェネツィア

ホテル ● ドルソドゥーロ地区とホステル

ジェネレイター・ホステル・ヴェニス　Map P.174 C2

Generator Hostel Venice

YH 本島の向かい、ジューデッカ島にある。かつての穀物倉庫を近代的に改装したユースで、運河に面して建ち、開放的な雰囲気。運河を挟んだサン・マルコ広場方面の美しい夜景も楽しめる。受付時間は14:00～24:00、15泊まで。レストラン、バール、無料のロッカー完備。222ベッド。

e-mail venice@generatorhostels.com
URL www.generatorhostels.com
住 Fondamenta della Zitelle, Giudecca 84/86
☎ 041-8778288　D €14/60
TS €76.50/300　4S €88/450　朝食€4
(7:00～10:00)、夕食€10.50(18:30～22:30)
予約はURLから。W-F　C D.M.V.
交 V No.1、4.1 Zitelle(Ostello)下船

カーサ・カブルロット　Map P.174 B1

Casa Caburlotto

YH ✉ サンタ・ルチア駅からもローマ広場からも近く、修道院を改装した建物でYHとか宿舎という感じですが、朝食付きでシングル€40はホテル代の高いヴェネツィアではうれしい。バス・トイレは共同ですが、清潔でした。無料 W-F あり。
(KIYO)['19]

URL www.casacaburlotto.it
住 Fondamenta Rizzi, Santa Croce 316
☎ 041-710877
S €25/75　SS €35/85
T €50/130　TS €50/140　朝食
込み　室 64室　94床(門限23:00)
C M.V.
交 ローマ広場から7～8分

オステッロ・サンタ・フォスカ　Map P.174 A2

Ostello Santa Fosca

YH 古い教会の一部を利用した100人以上収容の大型YH。キッチン利用可。チェックイン14:00～。門限なし。19:00～22:00以降のチェックインは事前連絡を。有料の場合あり(€15)。

URL www.ostellosantafosca.it
住 Cannaregio 2372
☎ 041-715775
D €20～　T €25～朝食
€1 W-F　C A.D.J.M.V.
交 V No.1 S. Marcuola
下船。駅から徒歩10分

サン・ジュゼッペ　Map P.179 B4

Istituto San Giuseppe

YH 運河のそばにひっそりとたたずむ、宗教団体経営の宿泊施設。部屋は質素ながら各部屋にシャワーが付き、清潔で過ごしやすい。家族連れなどに最適。

住 Castello 5402
☎ 041-5225352
FAX 041-5224891
休 12/23～26
SS €40/53　TS €70/88
室 14室　朝食なし
URL sangiuseppecaburlotto.it
交 メルチェリアから徒歩4～5分

●・ヴェネツィア市滞在税 ●

ヴェネツィア市滞在税 Imposta di Soggiorno

ヴェネツィアのホテルなどに宿泊の際、1泊当たりひとり最大€5、最長5泊まで課税される。シーズン(ローシーズンはハイシーズンの70%)、地域(3ゾーン)、ホテルのランクにより税額は細分化されている。支払いは直接ホテルへ。

シーズナリティ
ハイシーズン：2/1～12/31　ローシーズン：1/1～1/31

地域＝ゾーン
A：歴史地区＝ヴェネツィア本島、ジューデッカ島、サンクレメンテ島
B：リド島、ブラーノ島、ムラーノ島
C：本土地域(島しょ部以外)＝メストレなど　　　　　※シーズナリティ、税額については今後変更の場合あり

ホテルのランクと地域(ゾーン)別課税額(左：ハイシーズン、右：ローシーズン)

(ひとり1泊当たりの税額、単位：ユーロ、最大5泊まで課税)

施設＼ゾーン	A 歴史地区などヴェネツィア本島、ジューデッカ島他		B その他、島しょ部リド島、ブラーノ島、ムラーノ島		C 本土地域メストレなど	
5つ星ホテル	5	3.50	4	2.80	3.50	2.40
4つ星ホテル	4	2.80	3.20	2.20	2.80	2
3つ星ホテル	3	2.10	2.40	1.70	2.10	1.50
2つ星ホテル	2	1.40	1.60	1.10	1.40	1
1つ星ホテル	1	0.70	0.80	0.56	0.70	0.49
ヴィッラなどの歴史的建造物	2～5	1.40～3.50	1.60～4	1.10～2.80	1.40～3.50	1～2.40
B&B	2～5	1.40～3.50	1.60～4	1.10～2.80	1.40～3.50	1～2.40

※5泊まで、10～16歳は半額。10歳以下は免除　　　　　2018年1月改訂

🏛 世界遺産

ヴェローナ
登録年2000年　文化遺産

ヴェローナへの行き方

🚃 電車で

●ミラノから
中央駅
鉄道fs FRECCIAROSSA
　　　……1時間13分
↓ R　……1時間50分
ヴェローナ・ポルタ・ヌオーヴァ駅
●ヴェネツィアから
S.L.駅
鉄道fs FRECCIAROSSA
　　　……1時間10分
↓ RV　……1時間27分
↓ R　……2時間13分
ヴェローナ・ポルタ・ヌオーヴァ駅

■ブラ広場の🛈IAT
🏠 Via degli Alpini 9
☎ 045-8068680
開 ⑥～⑦10:00～18:00
　　⑧　10:00～15:00
地 P.275 B3

■中央郵便局
🏠 Via del Pontiere 3
☎ 045-8059811
開 8:30～17:30
　　⊕8:30～13:00
休 ⑧㊗
地 P.275 C3

バスの切符
■1枚　　€1.30（90分間有効）
　　　　　　車内購入€2
■10枚綴り　　　　€11.70
■1日券　　　　　　€4
駅から町の中心へはバス11、
12、13番で約5分。約1.5km
で徒歩なら約20分。

✉ 空港へのバスチケット
　ヴェローナ空港から市内への
バスは€6。このチケットは75
分有効なので、ヴェローナ駅
で旧市街行きのバスにそのまま
乗り換えて使えます。帰りもチ
ケットさえあればこの逆が可能。
ただ、空港行きのチケットがな
いタバッキも多く、私は3軒目
でようやく入手できました。行
きに空港で、帰りの分も買って
おいた方が便利です。
　　　（滋賀県　JOKO　'18）

✉ バス停位置は？
　ブラ広場←→fs駅はバス11、
12、13番が便利。駅に近いB1乗り場から、帰路は
駅からやや離れたD1/2に到着。
　　　（東京都　TSUNE　'16）

ヴェローナ 🏛世界遺産

P.15 B3
Verona

ロマンティックな恋物語が似合う町

アディジェ川がゆったりと流れるヴェローナの町

　緩やかな丘に抱かれ、アディジェ川がゆったりと蛇行するヴェローナ。ガルダ湖からの風が、町を優しく横切る。古代ローマ時代から芸術、文化、農業、商業の中心地として、北イタリアの繁栄の鍵を握っていた町であった。

　ローマ時代の名残は、アレーナ、テアトロ・ロマーノ、ボルサーリ門などに見ることができる。中世においては、自治自由都市として神聖ローマ皇帝に対抗した「ロンバルディア同盟」の一員であったが、もともとは皇帝派の都市であった。

　その後、野心的なスカラ家を領主としていただく領主制国家（13～14世紀）となり、特にカングランデⅠ世の時代には繁栄を極め、教皇派の町・フィレンツェを追われた、皇帝派のダンテを受け入れた。この時代、聖なる物と世俗的なる物が、バランスよく建築され、サン・ゼーノ・マッジョーレ教会をはじめ、サンタナスターシア教会、カステルヴェッキオ、スカラ家の廟などが造られた。

　その後、ミラノの支配を経て、15世紀からはヴェネツィアの支配下におかれるが、数多くの芸術家に活躍の場を提供し、その才能を開花させた町でもあった。ヴェローナ派と呼ばれるピサネッロPisanelloやヴェロネーゼVeroneseなどの画家だけでなく、ヴェローナの主要建築物を手がけたミケーレ・サンミケーリMichele Sanmicheliやコンシリオの回廊を造ったフラ・ジョコンドFrà Giocondoなどがいる。

エルベ広場とランベルティの塔。
中世都市ヴェローナの雰囲気が漂う界隈だ

夏の風物詩 アレーナの野外オペラ

「カルメン」の華やかな舞台

6月初旬から8月下旬、週末を中心に上演される。ヴェローナの町に夜のとばりが下りる頃、アレーナを埋め尽くした人々のろうそくがキラキラきらめき始め、ドラの音とともにオペラの開幕。舞台上のスケールの大きさ、登場人物の多さは、芸術鑑賞というよりも、派手なスペクタクルという雰囲気。開演前や幕間にはアイスクリーム売りやプログラム売りが現れ、野球場のようでもある。

1年前には演目も決まり、世界各地からの引き合いも多いので、思いどおりの席の切符の入手はかなり難しい。舞台正面の土間席は€131〜226、舞台周囲の階段席（指定席）が€107〜123で、土間席は早くから旅行代理店などを通じて予約しないと入手が難しい。階段自由席の最後部席（€24〜30）は、当日でも入手可。土間席の前のほうでない人には、オペラグラスまたは双眼鏡は必携。なお、階段席の人は石段の上に座るので、有料の貸し座布団がある。

切符の購入の方法は①ネット、②コールセンターへ電話（受付㊊〜㊏9:00〜18:00）、③切符売り場、④各地の旅行代理店、認証ホテルなどで。

①は URL www.arena.itから、ONLINETICKETSに進む。演目、日にち、席（画面内に座席表あり）を選ぶ（65歳以上は割引あり、またディスカウント・チケットが表示される場合も）。クレジット・カード（A.D.V.M.）の情報、名前、住所、確認のためのe-mailなどを入力。チケットレスを選択した場合は、確認e-mailが入場券となる（印刷して現地へ持って行こう）。希望した演目の10日以上前なら、自宅などへの切符の配送が可能。この場合、日本へは別途配送料€36が必要。②③については右記参照。

「マダム・バタフライ」のセット

オペラ実用情報

📩 **切符はネットで**

オペラの切符はネット購入後、入手方法としてチケットレスを選ぶことができます。すると、pdfで書類がメールで送られてくるので、これを印刷して公演当日に持参すると入場ゲートのバーコードリーダーが読み取って入場できます。切符を受け取る手間が省けるのでおすすめです。　　　　　　　　　　　（兵庫県　レオ）

📩 **どの席にする?**

直前でも前方の土間席以外ならけっこう空席があります。とにかくスケールが大きいので雰囲気を楽しむのなら階段席でもいいです。ただ、舞台からはかなり離れています。階段席はかなりの急傾斜で上がり下りは大変なので、年配者は避けるのが賢明です。オペラを楽しみたいなら土間席。土間席は一応ドレスコード席ということで、短パンやビーチサンダルは禁止。　　　　（兵庫県　30年ぶりのドロミテ）

📩 **昼と夜、寒暖の差にご注意**

2014年7/9「トゥーランドット」の切符をアレーナの当日券売り場で座席表を見て入手。日中は晴天でしたが、夕方から本格的な雨。公演中止かと思いましたが、21:00には雨が上がって予定通り公演が始まりました。日中雨でも簡単にあきらめなくてもいいです。ただ、昼と夜の気温差は本当に想像以上なので気をつけて。　　（滋賀県　ゆうこ）

アレーナでオペラを見るには、先手必勝!!

公演はほぼ21:00に開始され、終演は1:00過ぎになることもあるので、オペラを観たらヴェローナで宿泊したい。ただ、オペラの開催地のホテルを取るのはシーズンが近づくにつれて難しいのが実情。1年前には演目が決まり、切符の販売も開始されるので切符の手配とホテル予約は同時に早めにしてしまおう。切符は URL www.arena.itから席を確認して購入でき、同ホームページのINFORMATIONからホテル予約のサイトへ進むこともできる。

■アレーナのオペラ❶
Ente Arenaと切符売り場

🏠 Via Dietro Anfiteatro 6/b
☎ 045-8005151（コールセンター）
📠 045-8013287
🕐 シーズン前　9:00〜12:00
　　　　　　　15:15〜17:45
　　㊏　　　　9:00〜12:00
シーズン中　9:00〜21:00
シーズン中の上演のない日
　　　　　　10:00〜17:45

🗺 P.275 B3
アレーナの翼壁の前。
URL www.arena.it

第97回アレーナ音楽祭
Arena di Verona Festival 2019 プログラム

● オペラ「椿姫La Traviata」
作曲:G.ヴェルディ
2019/6/21、6/28、7/11、7/19、7/25、8/1、8/8、8/17、8/22、8/30、9/5

● オペラ「アイーダAida」
作曲:G.ヴェルディ
2019/6/22、6/27、7/5、7/9、7/12、7/21、7/24、7/28、8/3、8/9、8/18、8/25、8/28、8/31、9/3、9/7

● オペラ「イル・トロヴァトーレ Il Trovatore」
作曲:G.ヴェルディ
2019/6/29、7/4、7/7、7/20、7/26

● オペラ「カルメンCarmen」
作曲:G.ビゼー
2019/7/6、7/10、7/13、7/18、7/23、7/27、8/2、8/24、8/27、9/4

● バレエ「ロベルト・ボッレとフレンズRoberto Bolle and Friends」
2019/7/16

● コンサート「プラシード・ドミンゴ50周年記念の夕べPlacido Domingo 50 th Arena Anniversary」
2019/8/4

● オペラ「トスカTosca」
作曲:G.プッチーニ
2019/8/10、8/16、8/23、8/29、9/6

● ミュージカル「カルミナ・ブラーナCarmina Burana」
作曲:C.オルフ
2019/8/11

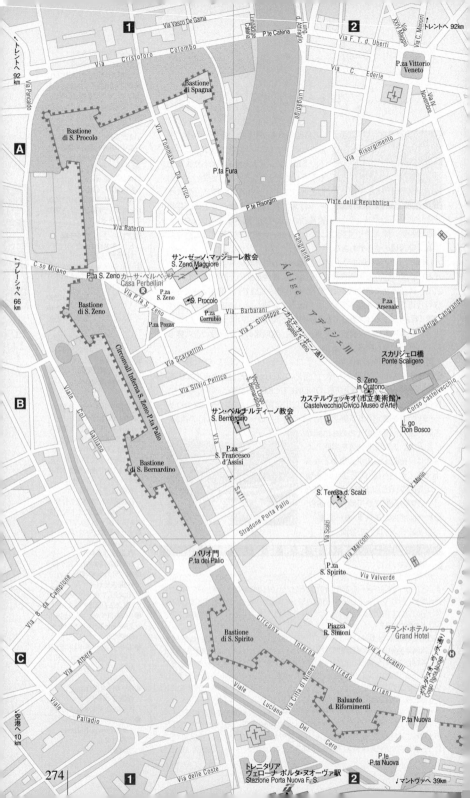

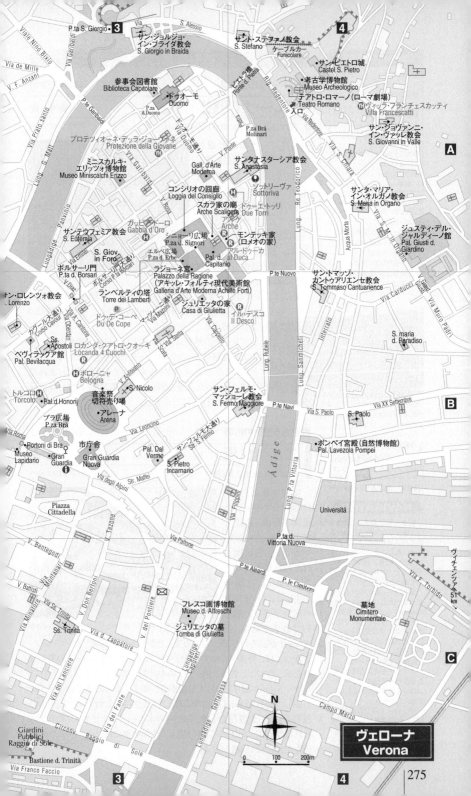

P.ta S. Giorgio **3**
Via S. Alessio
Viale Nino Bixio
Via de Mille
Via Garibaldi
V. F. Anzani
Via Prato Santo
Lung. G. Matti

サン・ジョルジョ・イン・ブライダ教会
S. Giorgio in Braida

サント・ステファノ教会
S. Stefano
ケーブルカー
Funicolare

4

サン・ピエトロ城
Castel S. Pietro

参事会図書館
Biblioteca Capitolare
P.le Garibaldi

ドゥオーモ
Duomo
P.za d.Duomo

ピエトラ橋
Ponte d. Pietra

考古学博物館
Museo Archeologico

テアトロ・ロマーノ（ローマ劇場）
Teatro Romano
入口

ヴィッラ・フランチェスカッティ
Villa Franceschatti

P.za Brá
Molinari

サン・ジョヴァンニ・イン・ヴァッレ教会
S. Giovanni in Valle

プロテツィオーネ・デラ・ジョーヴァネ
Protezione della Giovane

A

ミニスカルキ・エリッツォ博物館
Museo Miniscalchi Erizzo

Gall. d'Arte
Moderna

サンタナスターシア教会
S. Anastasia

ゾットリーヴァ
Sottoriva

サンタ・マリア・イン・オルガノ教会
S. Maria in Organo

コンシリオの回廊
Loggia del Consiglio

スカラ家の廟
Arche Scaligere

ドゥーエ・トッリ
Due Torri
アルケ
Arche

ジュスティ・デル・ジャルディーニ館
Pal. Giusti d.
Giardino

サンテウフェミア教会
S. Eufemia

ガッビア・ドーロ
Gabbia d'Oro

シニョーリ広場
P.za d. Signori

モンテッキ家（ロメオの家）
R

S. Giov.
in Foro

エルベ広場
P.za d. Erbe

Pal. d. Duca
アル・ドゥーカ
Pal. d. Capitanio

ボルサーリ門
P.ta d. Borsari

Via A. Cantore

ラジョーネ宮
Palazzo della Ragione
（アキッレ・フォルティ現代美術館
Galleria d'Arte Moderna Achille Forti)

サン・トンマッソ・カントゥアリエンセ教会
S. Tommaso Cantuarience

サン・ロレンツォ教会
S. Lorenzo

カヴァール広通り
Corso Cavour

ランベルティの塔
Torre dei Lamberti

ジュリエッタの家
Casa di Giulietta

イル・デスコ
Il Desco

S. maria
d. Paradiso

ドゥ・デ・コーペ
Du De Cope

ロカンダ・クアトロ・クオーキ
Locanda 4 Cuochi

Ss.
Apostoli

ベヴィラックア館
Pal. Bevilacqua

ボローニャ
Bologna

トルコロ
Torcolo

Pal.d.Honorij

S. Nicolo

音楽祭切符売り場

アレーナ
Arena

サン・フェルモ・マッジョーレ教会
S. Fermo Maggiore

P.te Navi

S. Paolo

B

ブラ広場
P.za Brá

Via Roma

Portoni di Bra
Museo
Lapidario

Gran
Guardia

市庁舎
Gran Guardia
Nuova

Pal. Dal
Verme

S. Pietro
Incarnario

サン・ステーファ大通り
S. Fermo

ポンペイ宮殿（自然博物館）
Pal. Lavezola Pompei

Via degli Alpini

Str. Maffei

Università

Piazza
Cittadella

V. Bentegodi

P.ta d.
Vittoria Nuova

P.te Aleardi

P. le Cimitero

ヴィチェンツァ大通り
Via F. Torbido

V. Battisti

V. Ss. Trinità

Ss. Trinità

V. d. Zappatore

フレスコ画博物館
Museo d. Affreschi

ジュリエッタの墓
Tomba di Giulietta

墓地
Cimitero
Monumentale

C

N

0   100   200m

Giardini
Pubblici
Raggio di Sole

Bastione d. Trinità
Via Franco Faccio

3

4

ヴェローナ
Verona

275

■アレーナ
住 Piazza Brà
☎ 045-8003204
開 8:30～18:30（閉場19:30）
料 €10、14～30歳の学生€7.50
　（共通券→P.283）
　10～5月の第1⑧は€1
※公演日は開場時間短縮で
　16:30まで

野外オペラの舞台は迫力満点。
夏のアレーナ

✉ 絶景、ランベルティの塔へ
　エレベーターを利用し、さらに
階段を少し上がると美しいヴェロー
ナの街並みが一望できます。
（兵庫県　30年ぶりのドロミテ）

NAVIGATOR

　駅から町の中心へは約1.5
km、徒歩なら20分ほどかかる
のでバスを利用しよう。アレー
ナのあるブラ広場近くへは
11、12、13番、夜間は、91、
92番など。アレーナより北の
旧市街は徒歩で十分だ。
　駅前から続くポルタ・ヌ
オーヴァ大通りCorso Porta
Nuovaから、1389年建造の
2重アーチのブラ門をくぐる
と町の中心ブラ広場Piazza
Bràに到着する。左にはカフェ
が弧を描いて建ち並び、右側
には緑の公園とアレーナ。
　カフェが途切れた所から始
まる歩行者天国のマッツィー
二通りを散歩しながらエルベ
広場に向かおう。
　ヴェローナ滞在には2日は
欲しい。1日目はルートの主要
見どころを回り、2日目はサン・
ゼーノ・マッジョーレ教会を
はじめとする教会巡りを。

おもな見どころ

ヴェローナのシンボル　　　　　　MAP P.275 B3

アレーナ（円形闘技場）　★★★
Arena/Anfiteatro Romano　アレーナ／アンフィテアトロ・ロマーノ

夜のアレーナはロマンティック

　古代ローマの円形劇場
で、コロッセオに次ぐ規模と
壮大さを誇る。1世紀に、城
壁外に建設されたが、3世紀
に防衛の目的でガッリエーレ
によってここに移された。楕
円形に広がるアレーナの大
きさは、長さ約152m、幅約
128m。平土間の広さは、お
よそ3200平方メートル。
　夏には、壮大な野外オペラが上演されることで世界的に有名だが、
44段の階段座席が舞台横から設営され、何と、1万8000
人を収容することができる。
　アレーナの外側は、れんがとヴェローナ産の赤い切石
による、2層になった72のアーチが取り巻いている。一段
と高くそびえる、4つのアーチは、アーラと呼ばれる建造
当時にはあった、2重の囲いの一部で、ほかの部分は地震
などにより消失してしまった。

歴史ある憩いの広場　　　　　　MAP P.275 A3

エルベ広場　★★
Piazza delle Erbe　ピアッツァ・デッレ・エルベ

16世紀のフレスコ画で飾られたマッツァンティ家の家並み

　ローマ時代、フォ
ロ・ロマーノがあった
場所。今は、窓辺に
花の美しい古い民家
やカフェ、塔に囲ま
れた開放的な広場と
なっている。広場の
中央には、白いテント
の屋台が並び、庶民
的で活気がある。ヴ
ェローナが誇る1枚の絵のような美しさが残る名物広場となっている。
　かつては、野菜（エルベ）だけが売られていたことから、この名がつ
いたが、今では、野菜、肉、花、みやげ物屋の屋台が並ぶ。
　マッツィーニ通りを抜け左に広がる広場手前からの建造物の説明を
しよう。必見は1401年の市場の柱。16世紀のさらし台（ベルリーナ）の
通称をもつ、大理石の小堂。1368年のボニーノ・カンピオーネの作とい
われるヴェローナのマドンナの噴水。広場の奥には、サン・マルコの獅
子を上部に頂く円柱が建つ。

広場を取り囲む建物にも、記念すべき物が多い。アルベルト・デッラ・スカラ I 世により1301年に建設された、ロマネスク様式の**商人の館**Casa dei Mercanti（西側）。

広場の奥に建つのは、ヴェローナのバロック様式の代表作と呼ばれるのにふさわしい堂々とした**マッフェイ宮**Palazzo Maffei（北側）。1688年に建設された上部を囲む回廊

マッフェイ宮とガルデッロの塔

には、ヘラクレス、ゼウス、ビーナスなど6体の彫像が飾られている。その隣には**ガルデッロの塔**Torre del Gardelloがある。

ヴェローナ像の右側の建物（Caffè Filippini）には、アルヴェルト・カヴェッリが16世紀に描いたフレスコ画で飾られた**マッツァンティ家**Casa Mazzanti（東側）がある。さらに同じ側には、1172年に建設が始められ、15世紀に完成した高さ84mの**ランベルティの塔**Torre dei Lamberti（→P.278、塔からの眺めよし）が市庁舎に建っている。

静けさあふれる空間

MAP P.275 A3

シニョーリ広場 ★★
Piazza dei Signori

ピアッツァ・デイ・シニョーリ

コンシリオの回廊（左）とスカラ家の宮殿（右）

庶民的で活気あふれるエルベ広場とは対照的な、静かで落ち着いた広場。中央に立つのは、スカラ I 世の下、この地で亡命生活を送ったダンテの像。ジョットも一時逗留した。

優美な建物で囲まれた広場を見てみよう。まず目を引くのが、広場の後方、ダンテやジョットが過ごしたという、かつての**スカラ家の館**Palazzo di Cangrande。14世紀に建てられ、たびたび改修が行われたが、現在はオリジナルに近い状態に復元された。**大きな扉口**は1532年のサンミケーリの作。中庭には、ルネッサンス期の井戸とアルティキエーロのフレスコ画がわずかに残っている。

その左側にあるのは、ヴェネツィアン・ルネッサンス初期のフラ・ジョコンドの秀作、**コンシリオの回廊**Loggia del Consiglio。ここにかつては、議会がおかれていた。8つのアーチがエレガントな曲線を描き、壁面には多色の美しい上塗りが施され、両開きの窓が並んでいる。端正な屋根の上に並ぶのは、ヴェローナの名士の像で、アルベルト・ダ・ミラーノの作。

回廊の右側には、12世紀の**市庁舎**Palazzo del Comuneがある。16世紀には、大部分が破壊されてしまったが、美しいロマネスク様式の中庭にはゴシック様式の優美な階段が残る。

市庁舎の中庭にある優美な階段

✉ **おすすめのルート**

アレーナ、ジュリエットの家を見て、アディジェ川に出てポンテ・ヌオーヴォあたりからカステルヴェッキオまで散策し入場。このあたりは木陰があり、人も少なく中世の町を感じられました。ヴェローナカードを駅の❶で購入し、ブラ広場までバスに乗車し、アレーナ、ジュリエットの家、カステルヴェッキオの入場でヴェローナカード€18の元はとれます。
（東京都 柏 '17）

✉ **徒歩で駅へ**

ブラ広場で地元の人と話す機会があり、駅へのバスを聞くと、「近いから歩くべき。右に右に行けば着く」と言われました。ブラ広場から15分で到着でした。
（東京都 柏 '17）

✉ **ヴェローナのバス**

車内には停留所の表記はあったものの、間違っていました。車内での切符購入は€2。黄色い箱に€2を入れ、赤いボタンを押すとレシートが出てきます。黄色い箱は運転席の後ろまたは少し離れた場所に設置されています。時刻などは遅延がなく問題がありませんでしたが、不安な人はタクシー利用がおすすめです。
（神奈川県 匿名希望 '17）
車内に電光掲示板があり、とてもわかりやすかったです。駅から町の中心までは本数も多いです。
（大阪府 つむぎちゃん '17）

✉ **ヴェローナカード**

ホテルでは売り切れ！カステルヴェッキオの美術館では、24時間券のみで、さらにカードの読み取り機の不調で、カードで購入できず。オンライン購入が安心だと思いました
（神奈川県 匿名希望 '17）

✉ **ミニトレインバスで町をゆっくり眺めよう**
Tour of Verona by Train

市内周遊のトレイン型のバスがブラ広場から出ます。30分くらいで市内スポットを回ります。ランベルティの塔に上がって市内を俯瞰した後にこのバスで市内を回ると全体がつかめます。特に夕暮れ時は落ち着いた街並みが見られてよかったです。
（東京都 TSUNE '16）
ブラ広場（アレーナ）→カステルヴェッキオ→ガヴィの門→ボルサーリ門→ドゥオーモ→サンタナスタージア教会→エルベ広場→ジュリエッタの家→サン・フェルモ教会→ブラ広場と回る。所要25分。料金€5、5〜15歳€3　ブラ広場発10:00〜19:00の運行。

左欄（サイドバー）

■ランベルティの塔
■アキッレ・フォルティ
現代美術館
住 Via dalla Costa 2
☎ 045-9273027
開 10:00〜18:00
　⊕⊕11:00〜19:00
料 ⊕・他の曜日は現代美
術館GAM＝Galleria
d'Arte Moderna Achille
Fortiとの共通券で€8(共
通券→P.283)
地 P.275 A3(コムーネ宮脇)
※シニョーリ広場の南側、ブック
ショップ内に切符売り場が
ある。切符を購入すると、コ
インをくれるので、すぐ奥の
入口口にコインを入れてエ
レベーターを利用する。エ
レベーターを降りた後に368段
の階段を上る。美術館へは
出口脇の階段を上がる。

ランベルティの塔

✉ **すてき!スカリジェロ橋!**
　まるで要塞のようなスカリジ
ェロ橋はヴェローナの人気観光
スポットでした。私のおすすめ
は早朝と夜。朝霧の中、人影の
少ない橋はおとぎ話に出てくる
ようでした。夜のライトアップも
美しかったです。 (かび '15)

■スカラ家の廟
住 Via Arche Scaligere
開 6〜9月10:00〜13:00
　　　15:00〜18:00
休 ⊕
料 €1
※外側から見学できる

スカラ(階段)模様の鉄格子が囲
む、マスティーノⅡ世の廟

本文

町を見下ろす塔とアイエツの傑作　　　　　　　　　MAP P.275 A3

ランベルティの塔とアキッレ・フォルティ現代美術館 ★★★
Torre dei Lamberti e Galleria d'Arte Moderna Achille Forti
トッレ・デイ・ランベルティ／ガッレリア・ダルテ・モデルナ・アキッレ・フォルティ

ランベルティの塔

ランベルティの塔からの眺め

　1172年にランベルティ家により、当時流行していたロマネスク様式で37mの高さで建設され、1463年に84mの高さに修復され、さらに1779年に時計を設置。エレベーターと階段で上がったテラスからはアディジェ川が流れるヴェローナの町並みを一望できる。眼下にエルベ広場、さらにアレーナやカステルヴェッキオ、教会の塔などが緑の丘陵に包まれ、れんが色の美しい町並みが広がる。

アキッレ・フォルティ現代美術館

　ランベルティの塔とともにラジョーネ宮を構成する建物の2階にある。中庭から15世紀の階段La Scala della Ragioneを上ろう。14世紀には公証人の事務所、さらに、裁判所や市庁舎がおかれていた場だ。近代的な内部には1800年代末から1900年代中ごろまでの彫刻や絵画を展示。注目したいのは、アイエツの女性像『瞑想』Meditazione、このほかヴェネト地方の画家によるこの地の生活を描いた作品、15世紀のフレスコ画が描かれた公証人の礼拝堂La Cappella dei Notaiなど。

アイエツ作『瞑想』

死者の栄華を語る、美しき墓　　　　　　　　　　MAP P.275 A3

スカラ家の廟 ★★
Arche Scaligere
アルケ・スカリジェーレ

　シニョーリ広場の東側にある、12世紀の小さなロマネスク様式のサンタ・マリア・アンティカ教会S. Maria Anticaの前にある。ヴェローナの領主たちの墓碑として建てられた物。

　スカラ家の紋章(スカラ＝階段)を形取った1300年代の鉄の柵で囲まれている。スカラ家は1260〜1387年ヴェローナを支配した。ほとんどの墓碑が、石棺に横たわる死後の体と躍動感のある勇ましい騎馬像で表されている。

　柵の中、教会入口の左すぐ脇にはマスティーノⅡ世の墓Arca di MastinoⅡ。その奥は、レース編みのような繊細な尖塔で飾られた、最も美しく華やかなカンシニョリオの墓Arca di Cansignorioで、ボニーノ・ダ・カンピオーネ作。地面に置かれた質素な石棺も、スカラ家の人々の墓。柵から少し離れ、教会の扉の上にあるのは、カングランデの墓Arca di Cangrandeだ。

教会の入口にはカングランデの墓

ロメオとジュリエッタの ヴェローナ

Romeo e Giulietta

シェークスピア

ヴェローナ1の観光名所、ジュリエッタの家

ロメオの家の外壁

　この町を語るときに欠かせないのが、シェークスピアの名作「ロメオとジュリエッタ」。真憑性はともかくも、この町には彼らの遺物が今も多く残る。この美しい古都は、ロマンティックな想像をいっそう膨らませ、夢物語を現実の物として仕立ててしまったのだろうか。ちなみに、シェークスピアは、ヴェローナを訪れたことはなかったという。

　スカラ家の廟のあるVia Archeに、ロメオもその一員であったモンテッキ家 (Via Arche Scaligere 4) がある。1300年代に建てられた、今では崩れそうに古い家だ。(中には入れない)。

　このすぐ近く、エルベ広場を抜けるとジュリエッタの家がある。ツタのからまる13世紀の建物で、小さな中庭にはジュリエッタの像が立ち、ロメオと愛を交わした大理石のバルコニーは、今も残っている。

「ロメオとジュリエッタ」の伝説が町のいたるところに残る。ジュリエッタの墓が残るカプチン派修道院

　ここから、アレーナのあるブラ広場に戻り東に延びる、Via degli Alpini、Via Palloneを通り、橋の手前を右に折れたLungadige Capuletiの右にあるかつてのカプチン派の修道院 (現在はフレスコ画博物館Museo degli Affreschi) の中に、ジュリエッタの墓はある。中庭にある地下埋葬所の石造りの古い狭い一室に、赤大理石の石棺が置かれる。フタもなく、中は空だがひとときき美しいジュリエッタを思い描いて……。

ジュリエッタの墓

ジュリエッタの家

　物語のなかの「家」ながら、内部は当時のよう設えている。5階建てで、台所やサロン、愛をささやいたバルコニーをはじめ、若々しく情熱的で愛らしいオリビア・ハッセーが記憶に残る1968年の映画「ロメオとジュリエッタ」のワンシーンを再現した寝室もある。ベッドはルネッサンス時代のものを模したもの。

■ジュリエッタの家
- 住 Via Cappello 23
- ☎ 045-8034303
- 開 8:30〜19:30
- (月)13:30〜19:30
- 料 €6(共通券→P.283)
  1〜5月、10〜12月の第1(日)は€1
- 地 P.275 B3
- ※中庭へは自由に入ることができる

■ジュリエッタの墓
- 住 Via del Pontiere 35
- ☎ 045-8000361
- 開 8:30〜19:30
- (月)13:30〜19:30
- 料 €4.50(フレスコ画博物館と共通)、(共通券→P.283)
  1〜5月、10〜12月の第1(日)は€1
- 地 P.275 C3
- ※切符売り場は18:45まで

サイドバー（左列）

■サンタナスターシア教会
住 Piazza S.Anastasia
☎ 045-592813
開 3〜10月　　9:00〜18:30
　　　(日)(祝)　　13:00〜18:00
　　11〜2月　　10:00〜17:00
　　　(日)(祝)　　13:00〜18:00
　　通年(土)、(祝)前日
　　　　　　　　9:00〜18:00
料 €3(共通券→P.283)

正面右上に注目!
ピサネッロの「聖ゲオルギウスと王女」は内陣(主祭壇)右側、柱の上部にある。かなり高い位置にあるので、オペラグラスなどがあると便利。これは、一度壁から剥がされてカンヴァスに移され、このもとの場所に戻された。

✉ ピサネッロとビデオ
ピサネッロのフレスコ画の下には解説ビデオが流れていて、日本語はないものの高くてよく見えない細かいところまで詳細に見ることができました。 (aida '14)

水盤を支える「せむし像」

ピサネッロ作
『聖ゲオルギウスと王女』

■ドゥオーモ
住 Piazza Duomo
☎ 045-592813
開 3〜10月　　10:00〜17:30
　　　(日)　　　13:30〜17:30
　　11〜2月　　10:00〜13:00
　　　　　　　　13:30〜17:00
　　　(日)　　　13:30〜17:00
※12/25は観光客拝観不可。
料 €3(共通券→P.283)
服装チェックあり。短パン、ノースリーブなど拝観不可。

メインコラム

ピサネッロの傑作が残る　　　　　　**MAP** P.275 A4

サンタナスターシア教会 ★★
S. Anastasia　　　　　　　　　サンタナスターシア

サンタナスターシア教会の
ファサード(正面)

ゴシック様式のこの町で一番大きな教会。1290〜1481年に、殉教者聖ピエトロを記念して、ドメニコ会修道士によって建立。かつてここに聖アナスターシアにささげられた小さな教会があったので、こう呼ばれる。

正面は未完成で、現在は損傷も激しい。正面の2枚の木製の扉は1300年代の物。右側のレリーフは、聖ピエトロの生涯を描いている。アディジェ川に面して、多角形の後陣があり、ほっそりした美しい鐘楼(1481年)が脇にそびえ立っている。この場所からのアディジェ川の眺めはすばらしい。

内部は、12本の赤大理石の円柱によって、3身廊に分割されている。色大理石が美しい模様を描く床は、ピエトロ・ダ・ポルレッツァ(15世紀)の作。アーチ状に渡る天井には、図案化された花が描かれている。

価値ある芸術品のなかでも以下のものはとりわけ目を引く。最初の柱の下部にあるふたつのせむし像Gobbi。風刺的、人間の苦痛の表現とも奇怪ともいえるが、違和感はない。後陣右側2番目の**カヴァッリ礼拝堂**には1390年代北イタリアで最も知られたアルティキエーロの**奉納フレスコ画**Adorazione della Vergineがある。3人の聖人に導かれて、カヴァッリ家の騎士が聖母に慈悲を乞う姿が描かれている。

内陣右側、ペッレグリーニ礼拝堂Cappella Pellegriniには、ピサネッロによる『聖ゲオルギウスと王女』S. Giorgio che parte per liberare la donzella dal dragoの有名なフレスコ画がある。騎士ゲオルギウスが、竜に人身御供にされそうになった王女を助ける伝説で、その出発場面が描かれている。不思議な幻想性にあふれる、静かな画面が見る人を魅了する。

聖堂内陣の右壁には、トゥローネによる『**最後の審判**』Giudizio Universaleの大きなフレスコ画がある。

翼廊左側、ロザリオの礼拝堂Cappella del Rosarioにはヴェネツィアーノの『**聖母子**』Madonna col Bambinoがある。

様式美が混在する　　　　　　　　　**MAP** P.275 A3

ドゥオーモ ★
Duomo　　　　　　　　　　　　　ドゥオーモ

さまざまな建築様式をもつドゥオーモ

初期キリスト教時代のバジリカのあった場所に建てられた。ロマネスク(12世紀)とゴシック(15世紀)の混合様式。3重になった三角の屋根、そびえる塔のためか不思議な存在感がある。

正面には、ロマネスク式教会特有の柱廊玄関があり、ニコロ(12世紀)の手

による1対のライオン像が上下で柱を支えている。そのほかにも中世の叙事詩のなかの伝説上の英雄や聖人、動物などが彫られている。右側には、12世紀のロマネスク様式の鐘楼があるが、サンミケーリ・ファジュオーリの手が加えられ完成したのは16世紀のこと。

内部は、幾何学模様の床、赤大理石の複合式角柱から力強いアーチが天井に伸び、この柱により3つの身廊に分割される。主祭壇は、サンミケーリによる列柱に囲まれている。

ティツィアーノ作『聖母被昇天』

ここは、14〜16世紀の絵画、彫刻の宝庫で、壁面いっぱいにだまし絵が広がり、見事な迫力だ。必見は、左側最初のカルトラーリ礼拝堂Cappella Cartolariで、ティツィアーノがヴェローナで唯一制作した『聖母被昇天』Assunta(1535〜1540)。あたたかなフレスコ画だ。また、主祭壇奥には初期キリスト教時代の聖堂が残り、7世紀のローマ彫刻の傑作と呼ばれる洗礼盤Fonte Battesimaleやモザイクが残っている。

ヴェローナの町を一望する　MAP P.275 A4

テアトロ・ロマーノ(ローマ劇場) ☆
Teatro Romano

テアトロ・ロマーノ

1世紀に建造され、その後大理石で改築された。夏には芝居、バレエが上演される。階段上からのアディジェ川と町並みは絶景。隣接するかつてのサン・ジェロラーモ修道院の中に、現在は考古学博物館Museo Archeologicoがおか

舞台が造られたテアトロ・ロマーノとアディジェ川

れている。展示品は、エトルスク、ギリシア、ローマ時代のモザイク、彫刻、ガラス、テラコッタなど。修道院は1400年代の回廊付き中庭をもち、教会内の天井には、カロートなどによるフレスコ画、ヴェローナ派によるルネッサンス様式の三幅対祭壇画が残る。

ヴェローナを一望する高台　MAP P.275 A4

サン・ピエトロ城 ☆☆
Castel San Pietro

カステル・サン・ピエトロ

カフェ近くからの眺めがよい

テアトロ・ロマーノの上部の高台に位置する公園。ヴェローナの町並みを一望するすばらしい眺めが楽しめる。ローマ時代には宗教儀式が行われた聖なる地で、中世には教会が築かれた。その後、町の防御のために造られた城壁の一部として、見晴らし台や兵舎がおかれていた。現在、城はなく、入口手前にカフェ・レストランがあるので、風景を楽しみながらのひと休みもいい。

ガルダ湖へのプルマン

ガルダ湖行きのAPTV社のプルマン(湖の東側を北上する路線。ガルダを経由しリーヴァ・デル・ガルダが終点)は、ポルタ・ヌオーヴァ駅前のプルマン乗り場が始発で、アレーナ近くのポルタ・ヌオーヴァ大通りにも停車。旧市街からはここからの乗車が便利。6:28〜22:08までほぼ30分〜1時間間隔の運行。ガルダまで所要約1時間、リーヴァまで約2時間。
APTV社　☎045-8057911
URL www.aptv.it

■テアトロ・ロマーノ
(考古学博物館)
住 Rigaste Redentore 2
☎ 045-8000360
開 8:30〜19:30
(祝)13:30〜19:30
料 €4.50、14〜30歳の学生、60歳以上€3、1〜5月、10〜12月の第1(日)€1
夏のテアトロ・ロマーノでは、Estate Teatrale Veroneseと銘打ったバレエやジャズが楽しめる。

⊠ トイレ情報
有料の公共トイレが、ブラ広場とエルベ広場、サンゼーノ教会前にあります。サンゼーノ教会前が€0.50、他が€0.70です。また、ヴェローナ駅のトイレは€0.60でした。
(滋賀県　JOKO　'18)

⊠ カステルヴェッキオのビューポイント
カステルヴェッキオの切符がなくても中庭は入場できました。カルロ・スカルパの設計のすばらしさはこの中庭だけでも堪能できますよ。静けさに浸れる空間でした。
市立美術館に入場すると砦の上に登ることができます。対岸の景色、スカリジェレ橋やアディジェ川を眺められる穴場のビューポイントでした。
(かび　'15)

■サン・ピエトロ城
開 6:30〜24:00
※ピエトラ橋(地 P.275 A4)から横断歩道を渡り、道なりに階段を上がる。または横断歩道を左に進んで、サント・ステファノ教会そばにケーブルカーFunicolareの駅があり、約90秒で到着。往復€2、65歳以上€1(4〜10月10:00〜21:00、11〜3月10:30〜17:00)ただし、見晴らしのよい場所まではやや歩く必要あり。
レ・テオドリコRe Teodolico
開 6:00〜24:00
※公園入口のカフェ・レストラン

■カステルヴェッキオ
（市立美術館）

■カステルヴェッキオ
（市立美術館）
🏠 Corso Castelvecchio 2
☎ 045-8062611
🕐 8:30～19:30
　　⑭13:30～19:30
💰 €6、14～30歳の学生
　€7.50（共通券→P.283）
　1～5月、10～12月の第1⑪
　は€1
※切符売り場は18:45まで

カングランデ1世騎馬像

✉ 旅の提案
　あまり注目されていませんが、アディジェ川の左岸には、古いよい教会がたくさんあり、"Verona Minor Hierusalem"と称したスタンプラリーをしていました。€1～2ほどで周辺の教会の説明と地図とスタンプ用紙が1枚になった用紙がもらえます。スタンプを押せる7つの教会では、ボランティアの説明員が常駐して、英語で教会の説明もしてくれました。7つの教会は、東から、サンタマリア・オルガノ教会、サンティシーロ・エ・リベラ教会、サンジョヴァンニ・イン・ヴァッル教会、サンタ・マリア・ディ・ナザレ教会、サンジョルジョ・イン・ブライダ教会、サンタ・マリア・イン・ベツレヘム教会、サントステファノ教会です。いずれも、とても雰囲気のある美しい教会でした。ヴェローナに3日以上逗留するなら、ぜひ回ることをおすすめめします。詳細は🔗 www.veronaminorhierusalem.it参照。（滋賀県　JOKO '18）

■サン・ゼーノ・
　マッジョーレ教会
🏠 Piazza San Zeno
☎ 045-592813
🕐 3～10月　　8:30～18:00
　　⑪㊗12:30～18:00
　　11～2月　10:00～13:00
　　　　　　　13:30～17:00
　　⑪㊗12:30～17:00
💰 €3（共通券→P.283）
サン・ゼーノ・マッジョーレ教会の入口は青銅の正面扉からではなく、教会左の回廊付き中庭側から入る。

カステルヴェッキオ ★★
Castelvecchio

カステルヴェッキオ

要塞としての役割をもった城

　アディジェ川に沿って堂々と建つ、中世ヴェローナ市民建築の代表的な建物。カステルヴェッキオとは古い城の意味。れんが造りで、6つの見張り塔、銃眼のある城壁をもち、スカラ家のカングランデⅡ世によって、1354～57年にかけて建てられた。

　現在内部は、**市立美術館**Civico Museo d'Arteとなっており、おもに14～18世紀のヴェネツィア派やヴェローナ派の絵画、彫刻が収蔵されている。

　まず目を引くのが、1300年代のヴェローナ彫刻の傑作と呼ばれる大きな**カングランデⅠ世馬像**Statua equestre di Cangrande。そのほかの必見の作品は、ステファノ・ダ・ヴェローナの『**バラ園の聖母**』Madonna del Roseto、ピサネッロの『**ウズラの聖母**』Madonna della Quaglia、カロートの『**戯画を持つ少年**』Ritratto di ragazzo con disegno、

国際ゴシック派の画家たちの秀作の揃う市立美術館

マンテーニャの『**聖家族**』Sacra Famiglia con Una Santa、ジョヴァンニ・ベッリーニの『**聖母子**』Madonna col Bambino、C.クリヴェッリの『**聖母の受難**』Madonna della Passione、ティントレットの『**ミューズと女神たちのいさかい**』La Contesa fra le Muse e le Pieridiなど。このほかにもヴェロネーゼ、ティントレットの作品があり、"小さな宝石箱"ともいうべき愛らしい美術館となっている。

ヴェローナの信仰の中心　　　　　　　　MAP P.274 A・B1

サン・ゼーノ・マッジョーレ教会 ★★
San Zeno Maggiore

サン・ゼーノ・マッジョーレ

サン・ゼーノ・マッジョーレ教会のファサードと鐘楼

　静かな広場に面して建つ堂々とした教会。右に11～12世紀の鐘楼が高くそびえ、左には**修道院の塔**がある。イタリアン・ロマネスクの傑作で、この町ではアレーナと並ぶ代表的建築物。大きなバラ窓（「運命の車輪」と呼ばれる）が際立つ、あたたかな象牙色のエレガントなファサード。正面扉には、ニコロによる（1138年）、新旧の聖書などから題材を取った価値ある24枚の青銅製のレリーフがある。

　内部は、暗く堂々としており、アーチ状の柱が連なる3身廊となっている。中央奥には内陣、そこから階段を下りると地下納骨所がある。正面の『**十字架刑**』Crocifissoは、ロレンツォ・ヴェネツィアーノの作。

マンテーニャの力量が発揮された傑作
『聖母と諸聖人』

身廊右側(本来の入口前)には、12世紀の大きな八角形の洗礼盤がある。続く壁には、13～15世紀のフレスコ画が残っている。主祭壇に向かう上部には、7つのアーチの上に『キリストと12使徒』Cristo e Apostoli (13世紀)の像が並んでいる。

この教会で最も貴重なのが、主祭壇のマンテーニャによる三幅対祭壇画『聖母と諸聖人』Madonna e santi。豊かな色彩にあふれ、周囲の彫刻との調和のなかで、まばゆいばかりに輝いている。なお、下に描かれた裾絵の部分は、フランス人により持ち去られ、現在はルーヴルの所蔵。残されている物はコピー。主祭壇左には、『サン・ゼーノ像』(14世紀)がある。

身廊左側(現在の入口)からは、回廊付き中庭へと通じている。

ヴェローナのそのほかの魅力的な教会

サン・ベルナルディーノ教会

魅力的なスポットが多いヴェローナで、余裕があれば訪れたい教会を紹介しよう。

サン・ベルナルディーノ教会San Bernardinoは、教会前に回廊付きの中庭が広がり、ゴシックからルネッサンスへ移行する建築様式が見られる端正なたたずまいの教会。内部は15～16世紀のヴェローナ派の絵画で飾られている。

サン・フェルモ・マッジョーレ教会San Fermo Maggioreはふたつの異なる建物を2層に重ねた興味深い建築様式で、2色の石づかいがダイナミック。内部にはピサネッロの『受胎告知』Annunciazioneが描かれた礼拝堂がある。

サン・ジョルジョ・イン・ブ

サン・フェルモ・マッジョーレ教会

ライダ教会San Giorgio in Braidaはアディジェ川がゆったりと蛇行する場所に大きなクーポラを頂いて建つ姿が印象的。内部にはティントレットの『幼子イエスの洗礼』Battesimo di Gesú、ヴェロネーゼの傑作『聖ジョルジョの殉教』Martirio di S.Giorgioがある。

サン・ジョルジョ・イン・ブライダ教会

内陣と主祭壇

ヴェローナ・カード
Verona Card
アレーナ、ランベルティの塔、ジュリエッタの家、ジュリエッタの墓、スカラ家の廟、テアトロ・ロマーノ、カステルヴェッキオ、サン・ゼーノ、ドゥオーモ、サンタナスターシア、サン・フェルモなどの主要見どころを網羅した共通券。特別展での割引もあり。このカードを提示すれば、市バスAMTも無料。
24時間券：€18
48時間券：€22
各見どころ、❶、タバッキなどで販売。

■サン・ベルナルディーノ教会
住 Stradone A.Provolo 28
☎ 045-596497
料無料 地P.274 B1・2
※宗教儀式の際は拝観不可

■サン・フェルモ・マッジョーレ教会
住 Stradone San Fermo
☎ 045-592813
開3～10月(7～9月9:30)
　　　　　　　　10:00～18:00
　　　⑰⑱12:30～18:00
　11～2月　10:00～13:00
　　　　　　　13:30～17:00
　　　⑰⑱12:30～17:00
料 €3(共通券→P.283)
地 P.275 B4

■サン・ジョルジョ・イン・ブライダ教会
住 Lungadige San Giorgio
☎ 045-8340232
開 ミサ等の前後のみ拝観可
地 P.275 A3

カステルヴェッキオ、サン・ゼーノ教会へのバス
ポルタ・ヌオーヴァ駅前からカステルヴェッキオへはバス21、22、23、24番。カステルヴェッキオからサン・ゼーノ教会へはバス31番(約20分間隔の運行)。駅前からサン・ゼーノ教会へは73番。逆ルートの⑰⑱は93番。町なかにいれば歩いても、さほど時間はかからない。

RISTORANTE ヴェローナのレストラン

カーサ・ペルベッリーニ
Casa Perbellini
P.274 B1

サン・ゼーノ広場に面したミシュランの2つ星レストラン。「革新と伝統」がコンセプト。料理は定食が2種類でその1つは提示された素材から2品を選択€124と賞味メニュー€140。 要予約

住 Piazza San Zeno 14
☎ 045-8780860
営 12:30～14:00、19:30～22:00
休 ㊐、㊊、1月末～2月中旬と8月の3週間　予 €110～250、定食€73(平日昼のみ)、165
C A.D.M.V.

イル・デスコ
Il Desco
P.275 B4

伝統料理を基本とした創作料理。町一番の店として地元の人や観光客に人気。ミシュランの1つ星。ワインのペアリングにも親切に対応してくれる。 要予約

住 Via Dietro San Sebastiano 7
☎ 045-595358
営 12:30～13:45、19:30～22:15
休 ㊐、㊊、7月夜、8月、12月
予 €88～150、定食€100、150　C A.D.J.M.V.
交 ジュリエッタの家の近く

ロカンダ・クアトロ・クオーキ
Locanda 4 Cuochi
P.275 B3

アレーナ近く、シンプルな店内だが、プレゼンテーションが楽しいテーブル。季節の素材と料理法にこだわった伝統的な郷土料理が、手頃な値段で味わえる。ミシュランの星付き店と同経営。スタッフも親切。定食がおすすめ。必ず予約を！

住 Via Alberto Mario 12
☎ 045-8030311
営 12:30～14:30、19:30～22:30
休 ㊊、㊋昼、1月末～2月上旬
予 €28～45、定食€39
C A.D.M.V.

アルケ
Arche
P.275 A3

ヴェネト地方由来の魚料理が中心。スカラ家の廟の近く。1879年まで続いた、ロメオの家の一部が、入口外側になっている。1877年から続く家族経営。重厚でエレガントな雰囲気。
要予約

住 Via Arche Scaligere 6
☎ 045-8007415
営 10:00～15:00、18:00～24:00
休 ㊐夜、㊊、1月～2月上旬
予 €27～60
C A.D.J.M.V

オステリア・アル・ドゥーカ
Osteria al Duca
P.275 A4

田舎家風のあたたかいインテリアのなか、ヴェローナの郷土料理が手頃な料金で楽しめる。ポレンタをはじめ、ロバ肉asinoや馬肉cavalloなども勢揃い。いずれもクセはなく、食べやすい。
できれば予約 日本語メニュー

住 Via Arche Scaligere 2
☎ 045-594474
営 12:00～14:30、18:30～22:30
休 ㊐、㊋昼、6月
予 €25～40(コペルト€2)、定食€20
C A.M.V.
交 ロメオの家の隣

ピッツェリア・ドゥ・デ・コーペ
Pizzeria Du De Cope
P.275 B3

ボルサーリ門近く、町の人でいっぱいのピッツェリア。店内の一角にある大きな薪窯で焼かれるピッツァは種類豊富で、ぱりぱりした本格派でボリューミー。各種あるサラダの量もたっぷり。サラダとピッツァをシェアするのがおすすめ。

住 Galleria Pellicciai, 10
☎ 045595562
営 12:00～14:30、19:00～23:00
休 一部の㊗
予 €10～25(コペルト€1)
C A.M.V.

オステリア・ソットリーヴァ
Osteria Sottoriva
P.275 A4

河の下の意味の店名通り、アディジェ川沿いの風情ある小路にあるオステリア。元はワインを飲ませる店だったが、料理も提供する。名物は、郷土料理のミートボール。魚や野菜などもありさっぱりとおいしい。お財布の心配のない一軒。

住 Via Sottoriva 9°
☎ 045-801-4323
営 11:00～15:00、18:30～22:30
休 ㊌
予 €13～28(コペルト€2)
C M.V.

ヴェネト州

ヴェローナ

★★★★★ ドゥエ・トッリ
Due Torri　　P.275 A4

サンタナスターシア教会の脇に建ち、便利な立地。歴史と格式を誇るヴェローナを代表する老舗ホテル。ロビーや客室のエレガントな内装では、リバティ様式が特に美しい。屋上のレストランは眺めがよい。朝食の食材はよく吟味されている。

- URL www.duetorrihotels.com
- 住 Piazza S.Anastasia 4
- ☎ 045-595044
- Fax 045-8004130
- SB €148/380　TB €163/890
- 室 朝食込み W-F
- C A.D.M.V.

★★★★★ ガッビア・ドーロ
Hotel Gabbia d'Oro　　P.275 A3

洗練された雰囲気の落ち着いたプチホテル。エルベ広場の近くながら、町の喧騒は感じさせない。ロビーや部屋は、ヴェローナの歴史ある雰囲気をもつ田舎家風。部屋も広めで、ゆったりしている。サービスはエレガント。

- URL www.hotelgabbiadoro.it
- 住 Corso Porta Borsari 4/a
- ☎ 045-8003060
- Fax 045-590293
- SB (TBのシングルユース) €206/375
- TS TB €207/412　JS €238/827
- 室 27室　朝食 €25 W-F
- C A.M.V.

★★★★ グランド・ホテル・デザール
Grand Hotel Des Arts　　P.274 C2

ロビーなどにはアンティークが飾られ、緑あふれる庭園も気持ちよいホテル。ゆったりとビュッフェの朝食を楽しもう。

- High 音楽祭と主要見本市の期間
- URL www.grandhotel.vr.it
- ✉ オペラで遅くなっても明るい広い道をまっすぐ帰れてよかった。（滋賀県　ゆうこ）['19]
- 住 Corso Porta Nuova 105
- ☎ 045-595600
- Fax 045-596385
- SS €111/189　TS TB €131/450
- 室 62室　朝食込み W-F
- C A.D.M.V.
- 交 駅から徒歩10分、バスなら11、12番

★★★ ボローニャ
Hotel Bologna　　P.275 B3

アレーナの近くにある、伝統的なホテル。内部は機能的で快適。評判のよいレストラン併設。ビュッフェの朝食がよい。

- Low 11/1〜12/29、1/1〜3/30
- URL www.hotelbologna.vr.it
- 住 Piazzetta Scalette Rubiani 3
- ☎ 045-8006830
- Fax 045-8010602
- SS €90/280　TB €110/325
- 室 32室　朝食込み W-F
- C A.M.V.
- 交 駅からは11、12、13番のバスで

★★ トルコロ
Hotel Torcolo　　P.275 B3

町の中心にあるアンティークな雰囲気と清潔感が気持ちよいホテル。静かな小さな広場に面し、フロントの人もあたたかく、家庭的な雰囲気。評判のよいレストラン併設。

- 読者割引 Eメールでの直接予約、3泊以上で5% P.9参照
- Low 1、2、3、10、11月
- URL www.hoteltorcolo.it
- 住 Vicolo Listone 3
- ☎ 045-8007512　Fax 045-8004058
- SS €60/135　TS TB €82/200
- 室 19室　朝食込み W-F
- C A.D.J.M.V.　休 1月下旬〜2月上旬、クリスマス前1週間　交 ブラ広場近く

プロテツィオーネ・デッラ・ジョーヴァネ
Protezione della Giovane　　P.275 A3

YH カトリック国際協会の運営でユース並みの料金で、部屋は広くてきれい。女性のみの利用。チェックインは20時まで。門限は23時だが、オペラのときは終了時刻まで延長。

- ☎ 045-596880
- Fax 045-8005449
- S €22　SS SB €35/40
- T €60　TS €64/70
- C A.D.J.M.V.　受 9:00〜20:30　交 エルベ広場から7〜8分。 W-F
- URL www.protezionedellagiovane.it
- 住 Via Pigna 7

ヴィッラ・フランチェスカッティ
Ostello della Gioventù Villa Francescatti　　P.275 A4

YH 場所は少しわかりにくいが、美しく清潔なホステル。門限は24時までだが、オペラに行く場合は特別に延長してもらえる。タオルの貸し出し無し。

- ☎ 045-590360
- Fax 045-8009127
- D €18　予約不要。予約の受付はファミリールームおよび10人以上のみ。朝食込み。夕食€8（要予約）
- e-mail info@villafrancescatti.it
- URL www.ostelloverona.it
- 住 Salita Fontana del Ferro 15
- 交 ローマ劇場近く。駅からはバス73番でPiazza Fra'Giovanni下車。

※ヴェローナの滞在税　★ €0.50　★★ €1　★★★ €1.50　★★★★ €2　★★★★★ €3

S シャワー共同シングル料金　SS シャワー付きシングル料金　SB シャワー付きシングル料金　T シャワー共同ツイン料金　TS シャワー付きツイン料金　TB バス付きツイン料金　BS シャワーまたはバス付きトリプル料金　D ドミトリー料金　JS ジュニアスイート料金

パドヴァへの行き方

🚃 電車で

●ヴェネツィアから
S.L.駅
┃ 鉄道fs FRECCIAROSSA、EC
┃ FRECCIARGENTO……26分
▼ RV…26分、R…49分
パドヴァ
●ミラノから
中央駅
┃ 鉄道fs FRECCIAROSSA
┃ ……1時間57分
▼ R+RV …2時間54分
パドヴァ

🚌 バスで

●ヴェネツィアから
ローマ広場
┃ BUSITALIA(SITA)社
┃ ACTV社
┃ ……約45分
▼
パドヴァ
※BUSITALIA社 015番、ACTV
社 53E番、20〜30分に1便
※ヴェネツィア空港行きも
運行(→P.293)
※乗り場Autostazioneはfs
駅前東側

■パドヴァ駅の🛈

🏠 Piazzale Stazione
☎ 049-2010080
🕐 9:00〜19:00
　⑧㊗10:00〜16:00
🗺 P.287 A2
ホテル案内、両替も可。駅構
内、駅舎に向かい左。

パドヴァの歩き方

●スクロヴェーニ礼拝堂
↓　　　　　　P.288
●市立博物館　　P.289
↓
●エレミターニ教会　P.289
↓
●エルベ広場とシニョーリ広場周辺
○ラジョーネ宮　P.291
○洗礼堂　　　　P.291
○パドヴァ大学　P.290
↓
●サンタントニオ聖堂　P.292

パドヴァ

P.15 B3

Padova

パダナ平野のなかに位置する芸術都市

サンタントニオ聖堂とガッタメラータ騎馬像

　活気あふれる商業と工業の中心地。パダナ平野と東方を結ぶ重要な拠点として、文化と芸術の中心となってきた。

　ローマ皇帝ティトゥス (40〜81年頃) の伝説の生まれた地であり、12〜13世紀の都市国家の時代には、歴史の渦に巻き込まれたが、この時代は宗教的文化、芸術が充実した時もあった。

　1222年に大学が設置され、アルプスを越えてやってきた学生やダンテ、ペトラルカなどの一流の教授を受け入れた。この頃、ラジョーネ宮、サンタントニオ聖堂、エレミターニ教会が建てられ、スクロヴェーニ礼拝堂のジョットのフレスコ画が描かれた。

世界遺産に登録された植物園

　1405年ヴェネツィアの支配下におかれた。15世紀には、ドナテッロやマンテーニャが活躍し、近隣の町をおさえ芸術、文化の中心だったが、その後はヴェネツィアにその座を譲った。

　現在のパドヴァは、郊外に大きく広がり、農業の中心地として、また服飾、繊維、食品業などの工業が主要な産業となっている。世界的な見本市が開かれることでも有名だ。

パドヴァの楽しい市場

　都会的な雰囲気のパドヴァながら、市場がとっても充実している。屋台をのぞいて、果物を買ったり、洋服やアクセサリーを探したりするのが楽しい。お値頃でも味は本物の特産のハチミツもおすすめだ。1階に食料品店が並ぶ**ラジョーネ宮**の周辺に市場は集中している。**シニョーリ広場**(圏⊗〜㊎8:00〜14:00、㊏8:00〜20:00、㊌と㊏は植物の市)。**エルベ広場**(圏㊊〜㊎7:30〜13:30、㊏7:30〜20:00)、**フルッティ**

広場(圏㊊〜㊌(衣料品は㊊休み)8:00〜14:00、㊌〜㊏8:00〜20:00)。

　プラート・デッレ・ヴァッレの一角では平日の午前中に果物や野菜の市が立つほか、土曜 (圏㊏8:00〜20:00 (冬季19:00) は200以上の屋台が出てお祭りのよう。食料品はなく、靴やバッグ、衣料品、植物が中心。

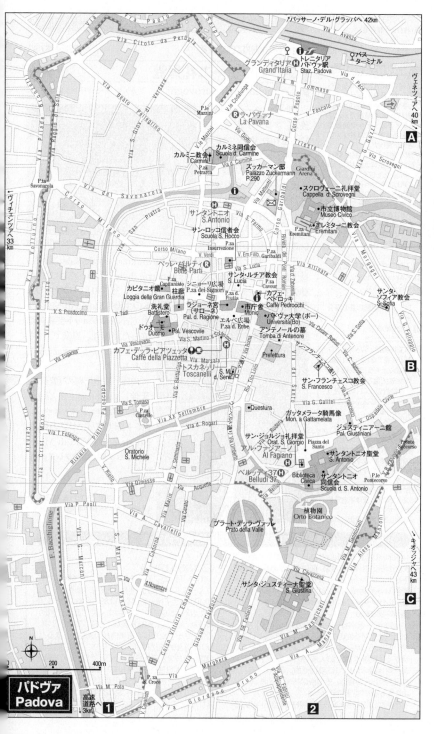

バッサーノ・デル・グラッパへ 42km

Via J. Avanzo

グランディタリア
Grand'Italia
トレニタリア
パドヴァ駅
Staz. Padova
バス
ターミナル

ヴェネツィアへ 40km

P.le
Mazzini

ラ・パヴァーナ
La Pavana

A

カルミネ教会
I Carmini
カルミネ同信会
Scuola d. Carmine
P.za
Petrarca
ズッカーマン邸
Palazzo Zuckermann
P.290
Giardini
Arena
スクロヴェーニ礼拝堂
Cappella d. Scrovegni

ヴィチェンツァへ 33km

サンタントニオ
S.Antonio
市立博物館
Museo Civico

サン・ロッコ信者会
Scuola S. Rocco
P.za
Insurrezione
エレミターニ教会
Eremitani

Corso Milano
V. Verdi
P.za
Em.Filib.
P.za
Garibaldi

ベッレ・パルティ
Belle Parti
サンタ・ルチア教会
S. Lucia
P.za
Cavour

カピタニオ館
Loggia della Gran Guardia
シニョーリ広場
P.za dei Signori
サンタ・
ソフィア教会
S. Sofia

洗礼堂
Battistero
鐘楼
ラジョーネ宮
(サローネ)
Pal. d. Ragione
P.za
d. Frutta
カフェ・
ペドロッキ
Caffè Pedrocchi

ドゥオーモ
Duomo
Pal. Vescovile
エルベ広場
P.za d. Erbe
Munic
パドヴァ大学（ボー）
Università(Bo)

カフェ・デッラ・ピアツェッタ
Caffè della Piazzetta
Via S. Martino
アンテノールの墓
Tomba di Antenore

B

トスカネッリ
Toscanelli
S. M.
d. Servi
Prefettura

サン・フランチェスコ教会
S. Francesco

P.za
Castello
Questura
ガッタメラータ騎馬像
Mon. a Gattamelata
ジュスティニアーニ館
Pal. Giustiniani

Oratorio
S. Michele
サン・ジョルジョ礼拝堂
Orat. S. Giorgio
アル・ファジアーノ
Al Fagiano
Piazza del
Santo
サンタントニオ
S. Antonio
Pronto
Soccorso

ベッルーディ 37
Belludi 37
Biblioteca
Civica
サンタントニオ
同信会
Scuola d. S. Antonio
P.le
Pontecorvo

植物園
Orto Botanico

プラート・デッラ・ヴァッレ
Prato della Valle

キオッジャへ 43km

C

サンタ・ジュスティーナ聖堂
S. Giustina

N

200   400m

P.za
S. Croce

高速
道路へ
↓3km

1

2

287

■スクロヴェーニ礼拝堂
住 Piazza Eremitani
☎ 049-2010020
開 9:00〜19:00
　22:00まで開館延長の場合あり。
休 博物館のみ(月)、1/1、12/25、12/26
料 市立博物館、ズッカーマン邸と共通で€13、6〜17歳、65歳以上€6、予約料€1。
　博物館が休の(月)は€8
市立博物館の入口(切符売り場)から入り内部通路(公園)を抜けて礼拝堂へ。

ジョットの傑作に包まれる　　　　　　　　　MAP P.287 A2

スクロヴェーニ礼拝堂 ★★★
Cappella degli Scrovegni
カッペッラ・デッリ・スクロヴェーニ

　1世紀のローマ劇場の残る、アレーナ市民公園にある礼拝堂で、アレーナのマドンナという異名をもつ。ロマネスク・ゴシック様式のシンプルな建物で、1305年にE.スクロヴェーニが奉納したもの。内部は、すべてジョットのフレスコ画で覆われている。

内陣には「聖母マリア」の物語が描かれる

　入口扉の壁上部には、『最後の審判』Giudizio Universale、側面の壁下部、右側には『徳の姿』Figurazione delle Virtù、左側には『悪徳の姿』Figurazione dei Vizi。その上には、38枚の『マリアとキリストの生涯』Storie di Maria e di Cristo。ジョット芸術の際立った芸術性、簡素でありながらドラマチックな構成を感じ取れる。

　内陣、祭壇上部の『聖母と2天使』Madonna e 2 Angeli像は、ジョヴァンニ・ピサーニ作。内陣席の『マリアの生涯』Storie della Vita di Mariaは、ジョット後期のフレスコ画。

かつての入口の壁、現在は「温度調整室」から入ると正面に『最後の審判』が飛び込んでくる

絵画館は必訪

エレミターニ市立博物館 ★★
Musei Civici Eremitani

ムゼイ・チヴィチ・エレミターニ

考古学部門も充実

スクロヴェーニ礼拝堂の入口、共通券の切符売り場がある。かつてのエレミターニ修道院に置かれ、市が収集した美術品を展示。中庭と1階はヴェネト地方の先史時代からローマ時代の葬祭品をはじめとする出土品。2階は絵画館となっている。

必見なのは絵画館で、1300〜1700年代のヴェネツィア派の作品が多数収蔵されている。重要な作品は、ジョットの板絵に描かれた『十字架刑』Crocifisso、ジョヴァンニ・ベッリーニ『若き評議員』Giovane Senatore、ジョルジョーネ『白鳥のレダ』Leda col cigno、『牧神の風景』Scena pastorale。ティツィアーノの『神話の光景』Scene mitologiche、マンテーニャの『慈しみの聖母』Madonna della Tenerezza、ティントレットの『ミケーレ家の評議員』Ritratto di Senatore di Casa Micheleほか8点など。

ティツィアーノの大作がすばらしい

14世紀のフレスコ画が残る

エレミターニ教会 ★★
Eremitani

エレミターニ

戦後修復されたエレミターニ教会

ロマネスク・ゴシック様式で、1276年に建造が始まり、1306年にフラ・ジョヴァンニ・デッリ・エレミターニによって完成された。木製の美しい天井、外側の柱廊が見事。1944年に空爆を受け、戦後修復された。市民団結しての修復は今もパドヴァ市民の誇りだ。

内部は大きな1身廊で、三弁模様の木の天井で飾られ、14〜16世紀の墓碑と彫刻が多く残る。ヤコポ・ダ・カラーラの墓Jacopo da Carrara（左側）には、ペトラルカのラテン語の詩句が刻まれている。右側は、ウベルティーノ・ダ・カラーラの墓。どちらも1300年代の物。

右側、奥のオヴェターリ礼拝堂Cappella Ovetariには、マンテーニャなどのフレスコ画が残る。爆撃により消失した物もあるが、祭壇裏手の『聖母被昇天』Assunta、『聖クリストフォロの殉教』Martirio di S. Cristoforoはマンテーニャの作。祭壇飾り壁のテラコッタ『聖母子と聖人』Madonna col Bambino e Santiは、N.ピッツォロの作。

マンテーニャ作『聖クリストフォロの殉教』は復元されたもの

■エレミターニ市立博物館
スクロヴェーニ礼拝堂と同様。

■エレミターニ教会
🏠Piazza Eremitani 10
☎049-8756410
🕐夏季　　　8:15〜18:45
　　(日)(祝)10:00〜13:00
　　　　　16:30〜20:00
　冬季　　　7:30〜12:30
　　　　　15:30〜19:00
　　(日)(祝)9:00〜12:30
　　　　　16:00〜19:00

ヴェネト州　パドヴァ

大学の中庭と柱廊

優雅な邸宅美術館　　　　　　　　　　　　　MAP P.287 A2

ズッカーマン邸 ★★
Palazzo Zuckermann
パラッツォ・ズッカーマン

大邸宅、ズッカーマン

トラムの走る大通りに面して堂々と建つズッカーマン邸。19世紀はじめ、企業家ズッカーマンのために建てられたもので、内部1階は現代彫刻（企画展）、2階は装飾美術館Collezioni di Arti Applicate e Decorativeでレース、指輪やブローチなどの宝飾品、陶器などを展示。

3階はボタンチン博物館Museo Bottancinでトリエステで暮らした布を扱う商人だったボタンチンによる4万点に及ぶ紀元前からの貨幣やメダル、家具などの寄贈コレクションを展示。

充実したコレクションに驚嘆！

町の歴史と栄光を伝える　　　　　　　　　MAP P.287 B2

パドヴァ大学 ★★
Università di Padova
ウニヴェルシタ・パドヴァ

別名ボーBoとも呼ばれているのは、ここに同名のホテル（旅籠）があったことに由来する。イタリアおよびヨーロッパでも古い大学で、その伝統・文化・歴史は1222年に遡る。多くの外国人の学生、教授が過ごしたが、とりわけ1500年代には、ガリレオがここで18年間教えた。

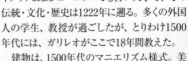
歴史を感じさせるパドヴァ大学

建物は、1500年代のマニエリズム様式。美しい中庭、柱廊（ポルティコ）、ロッジアで彩られ、内部の壁画は大学の紋章で飾られている。興味深いのは、中庭からの階段で通じる2階のアウラ・マーニャAula Magnaと解剖教室Teatro Anatomicoだ。前者は、壁面の紋章の装飾と天井を埋め尽くしたフレスコ画がすばらしい。後者は、楕円形の階段教室になっており、幾重にもなった見学台が特徴的だ。

町の歴史を刻むカフェと博物館　　　　　　MAP P.287 B2

カフェ・ペドロッキ ★
Caffè Pedrocchi
カフェ・ペドロッキ

重厚なカフェ・ペドロッキ

1831年創業の老舗カフェで、見学は建物横の階段で2階へ。19世紀当時の美しい装飾が残るサロンの奥にリソルジメント＝イタリア統一運動とファシズムの時代の町の歴史を伝える小博物館がある。当時の映像が視聴できる1室もある。

巨大な木馬とフレスコ画が飾る

MAP P.287 B2

ラジョーネ宮（サローネ） ★★
Palazzo della Ragione (Salone)

パラッツォ・デッラ・ラジョーネ(サローネ)

サローネとエルベ広場

サローネSaloneとも呼ばれる、この町の人々に最も親しまれている建物。1218～19年の間にパドヴァの行政府の法廷として建てられ、1306年に改築された。周囲を飾るアーチの続く柱廊と、緩やかなアーチを描く竜骨状の屋根は、ジョヴァンニ・デッリ・エレミターニの設計で、1306年に付け加えられた。内部の2階は、長方形の大きな建物で、幅27m、奥行き78m、高さ27m。

広いサロンは、宗教および占星術に題材を取ったフレスコ画で飾られている。フレスコ画の原画は、ジョットとその学派によるものと伝えられる。サロンの奥にある大きな木製の馬は、ドナテッロによるガッタメラータ(→P.293)のコピー。

1階、アーケードおよび柱廊には、50以上もの商店が並び、かつてはヨーロッパ最古の商業センターであった。何世代にもわたり、エルベ広場Piazza delle Erbeでは、果物、野菜、花、衣服の市が開かれている。

歴史と活気あふれる市の広がる

MAP P.287 B1

シニョーリ広場 ★
Piazza dei Signori

ピアッツァ・デイ・シニョーリ

1300年代のエレガントな**大理石の柱廊**Loggia della Gran Guardiaがアクセントを添える。奥には**旧総督官邸**Palazzo del Capitanio、その正面には大きな時計塔がそびえる。これはイタリア最初の時計塔で1437年に再建された。時計塔をくぐると総督の中庭Corte Capitaniatoが続き、1500年代の建物に面している。中庭は、フレスコ画や彫刻で飾られている。建物の2階は、1500年代の大広間Sala dei Gigantiになっている。内部は、王や英雄を描いた16世紀の絵で飾られている。角にあるのは、1300年代のペトラルカの肖像。

美しいフレスコ画に圧倒される

MAP P.287 B1

ドゥオーモと洗礼堂 ★
Duomo e Battistero

ドゥオーモ・エ・バッティステロ

ドゥオーモは1522年に再建されたもの。れんがを積み上げた粗削りな物。円筒形の屋根の乗る**洗礼堂**が隣接している。13世紀に建てられたロマネスク様式。四角形の建物に円筒形の大きな屋根が乗る。

内部は、壁面、天井とも1300年代の**洗練されたフレスコ画**で覆われている。ジュースト・デ・メナブオイの手になる傑作。明るく細やかな描写で、遠近法が巧みに使われている。クーポラの内側、キリストを取り囲むようにたくさんの聖人が並ぶ。クーポラの下にもメナブオイの手により旧約・新約聖書の物語が描かれる（修復が完了して、かつての驚くべき美しさが再現された）。

■ラジョーネ宮
住 Piazza delle Erbe
電 049-8204508
開 2/1～10/31 9:00～19:00
　　11/1～1/31 9:00～18:00
休 月、1/1、5/1、12/25、12/26
料 €6(特別展の場合変更あり)
※入口は噴水側の階段を上がる。途中に切符売り場あり。

フレスコ画で飾られたサロン

NAVIGATOR

エルベ広場の見学後は、パドヴァ大学東側のサント通りVia del Santoをさらに500mほど進むと、サンタントニオ聖堂に到着する。この通りの左右には宗教祭事の品々を売る店が並び、にぎわいを見せるのもこの町ならでは。

市が立つ、シニョーリ広場

■ドゥオーモ
住 Piazza Duomo
電 049-662814
開 7:00～12:00
　　16:00～19:30
　　日祝8:30～19:30
■洗礼堂
電 049-656914
開 10:00～18:00
休 12/25、復活祭の日
料 €3

洗礼堂はジョットの影響を受けたメナブオイのフレスコ画で飾られる

■サンタントニオ聖堂
住 Piazza del Santo
☎ 049-8225652
開 4/1〜11/2　6:20〜19:45
　　11/3〜3/30　6:20〜18:45
聖地であるため、タンクトップ、半ズボン、ミニスカートなどは厳しくチェックされ、入場できないので注意すること。

✉ わたしのおすすめ

サンタントニオ聖堂に併設されたおみやげ屋さんでは、ハーブのコスメ、蜂蜜、ジャム、お菓子などを販売。修道士の作ったクッキーはとてもおいしく、ここの名物です。
　　　（千葉県　シニョーラK）
入口は中庭奥。Gialletti alla Noci e Uvetta（ポレンタの粉とクルミとレーズンが入ったクッキー）がこのあたりのスペチャリテとか。1袋€5くらいで、おいしかったです。（東京都　ミミ　'17）

サンタントニオ聖堂の回廊

門前町の様相。祭壇に供えるろうそくが売られる聖堂広場

■サント広場の❶
　（4〜10月の季節営業）
住 Piazza del Santo
☎ 049-20100800
開 9:00〜13:00
　　14:00〜18:00

熱心な信者の続く、聖地　　　　　　　　　　　**MAP** P.287 B2

サンタントニオ聖堂　★★★
Basilica di S. Antonio　　　　　バジリカ・ディ・サンタントニオ

サント（聖なる地）とも呼ばれている聖堂で、イタリアで最も有名な聖地。

ロマネスク・ゴシック様式でパドヴァの聖アントニオ（1195年、リスボンに生まれ、さまざまな奇跡を行い、パドヴァ近郊のチェッラで1231年に亡くなった）の墓のために建てられた。正面はゴシック様式で、ビザンチン様式の8つのドームの回教

イル・サントと呼ばれ、イタリア中からの巡礼者を集めるサンタントニオ聖堂

寺院風の尖塔が付く異国風の巨大な聖堂。1232年に着工し、16世紀に完成された。

広い内部は、太い柱で分割され、広い周歩廊が内部を取り囲んでいる。豊かな装飾の施された内部には身廊右、第1礼拝堂にガッタメラータの墓（15世紀）、翼廊右、1300年代のサン・フェリーチェ礼拝堂は、美しいゴシック様式で、ジャコボ・アヴァンツォのフレスコ画（1377年）、『聖ジャコモの伝説』Leggenda di S. Giacomo、『十字架刑』Crocifissioneなどで飾られている。

聖堂内陣の主祭壇は、ドナテッロのブロンズで飾られており、前部装飾と台座は、『音楽の天使と聖アントニオの奇跡』Angeli musicanti e Miracoli di S. Antonioのレリーフ。祭壇裏には、『キリスト降架』Deposizioneがレリーフで描かれる。祭壇左側には、装飾豊かなブロンズ製の燭台（1515年）があり、ブリスコの作。聖堂内陣の長い壁面には、旧約聖書を題材としたブロンズ製の12のレリーフがあり、B.ベッラーノとA.ブリスコの作。

周歩廊の第5礼拝堂は、F.パロディの設計（彫刻も1689年のパロディ作）。豊富な宝物が収められている。聖アントニオの聖骨箱（13〜15世紀）や（船型）香炉（15世紀）、聖アントニオの遺品など。

翼廊左側の聖アントニオの礼拝堂Cappella di S. Antonioは、1500〜49年に建てられた物。壁面には、聖人の生涯が9枚のレリーフで描かれている。T.およびA.ロンバルドとサンソヴィーノの作品。

History & Art

パドヴァの聖人、サンタントニオ

イタリアでも聖地として名高い、サンタントニオ聖堂。数百年の抗争の続いた13世紀の初め、平和を説いた、ポルトガル・リスボン出身フランチェスコ会の修道士の聖アントニオ・ディ・パドヴァの墓として彼の死後間もなく建設された聖堂だ。

聖堂周辺にはろうそくをはじめ、宗教儀式に用いるさまざまな品を売る商店が軒を連ね日本の門前町の様相だ。広場には聖地詣での団体のにぎやかな姿、内部では熱心に祈りをささげる人々の姿が絶えない。

生活のよりどころである宗教というものを実感、再認識させてくれる場だ。

ドナテッロの傑作彫像

MAP P.287 B2

ガッタメラータ騎馬像
Monumento al Gattamelata ★★★

モニュメント・アル・ガッタメラータ

ヴェネツィア共和国の傭兵隊長であったエラスモ・ダ・ナルニ、別名ガッタメラータの騎馬像で、ドナテッロの傑作。堂々とした英雄が、生きいきと馬にまたがっている。

ドナテッロの傑作、
『ガッタメラータの騎馬像』

14世紀最大のフレスコ画

MAP P.287 B・C2

サン・ジョルジョ礼拝堂とサンタントニオ同信組合 ★★
Oratorio San Giorgio / Scuola del Santo

オラトリオ・サン・ジョルジョ／スクオーラ・デル・サント

サンタントニオ教会の右側にある、サン・ジョルジョ教会の礼拝堂。マルケージ・ルーピ・ディ・ソラーニャ一族の礼拝堂として1377年に建てられた。小さいながらも内部一面、アルティキエーロとその弟子によるフレスコ画で覆われ

サン・ジョルジョ教会と礼拝堂

ている。14世紀最大の、同一主題を巡って描かれたフレスコ画といわれる。正面には、『キリストの十字架刑』、その上部には『キリストの戴冠』、

入口上部には『受胎告知』、『東方三博士の礼拝』などキリストにまつわる、おなじみの場面が描写に富んだひとつのドラマとして巧みに描かれている。

2階の司教座聖堂参事会員室Sala Capitolareには、1500年代のヴェネツィア派の画家たちによる、聖人の生涯を描いた18枚のフレスコ画がある。ティツィアーノ（1511年の作）やティエポロ（1512年の作）などが名高い（入口入って右側の2点および左の角の2点がティツィアーノの作品）。

サンタントニオ同信組合の参事会員室を飾る
若きティツィアーノの傑作『母の無罪を話す赤ん坊』

NAVIGATOR

サンタントニオ聖堂の見学後は、さらに南に進み、緑のあふれる植物園やプラート・デッラ・ヴァッレを訪れよう。駅からはかなりの距離を歩いたので、帰りはプラートからバスに乗るのもいい。

■サン・ジョルジョ礼拝堂
住 Piazza del Santo
☎ 049-8225652
開 通年午前　　9:00～12:30
　4～9月　　14:30～19:00
　10～3月　　14:30～17:00
料 €3、礼拝堂と同信組合€5

お得な共通券

パドヴァカード2種
Padovacard
対象：スクロヴェーニ礼拝堂（予約料€1は別途）、市立博物館、ズッカーマン邸、ラジョーネ宮、ドゥオーモ洗礼堂、サン・ミケーレ礼拝堂Oratorio S. Micheleなど12ヵ所で無料。このほか、パドヴァおよび近郊各見どころやブレンタ運河のボートツアー、シティ・サイトツーリングバスでも割引あり。さらに、APS社市内および近郊バスが無料。1枚で14歳以下の子供の同伴可。
料 48時間券：€16
　72時間券：€21
販売場所：❶や各見どころの切符売り場、駅や駐車場のAPS社の窓口など。

ヴェネツィア空港からパドヴァへ
　BUSITALIA社のE015番がヴェネツィア空港からヴェネツィアのローマ広場を経由してパドヴァを結んでいる。30分～1時間間隔の運行。所要約1時間。パドヴァ駅脇のバスターミナル発着。切符€8.50（車内購入€10）　　　['19]
URL www.fsbusitaliaveneto.it

✉ パドヴァ駅前の
　　バスターミナル
　市内行きは駅正面の広場、SITA(BUSITALIA)やヴェネツィア行きのACTVなどの市外行きプルマンバスは駅を正面に見た右へ少し進んだところです。駅前は移民街で、女性ひとりだと夜は少し怖く感じます。駅近くにはレストランはほとんどなく、宿泊は不便です。
（兵庫県　M　'16）

ヴェネト州　パドヴァ

世界遺産

植物園
登録年1997年　文化遺産

ゲーテも称賛した棕櫚の木

■植物園
🏠 Via Orto Botanico 15
☎ 049-8273939
🕐 6/1～9/30　9:00～19:00
　 10月　　　9:00～18:00
　 11～3月　　9:00～17:00
休 (月)(4～5月を除く)、1/1、
　 12/25
💴 €10、65歳以上€8、学生
　 €1、パドヴァカード提示で
　 €5

ヨーロッパ最古の植物園

植物園 世界遺産 ★★★
Orto Botanico
オルト・ボタニコ

ミストがかかり熱帯雨林が出現！

1545年、パドヴァ大学薬学部付属の薬草園として設立。A.モローニにより配列(設計)されたヨーロッパ最古の植物園で、イタリアをはじめヨーロッパ、南方の植物までが揃い、希少植物も少なくない。図書館、大学の植物コレクション部門も併設されている。1585年に植えられた棕櫚の木は、1786年に訪れたゲーテを引き付け、そして今も緑の葉をそよがせている。

2014年には庭園東側に1.5ヘクタールの大規模な温室「生物多様性庭園」Il Giardino della Biodiversitaが新設された。ガラス張りの5つの温室が連なり、熱帯、熱帯雨林、温帯、地中海性気候、砂漠と区分され、そこに息づく植物の生命力に圧倒される。現代技術を駆使した温室では世界5大陸の気候がほんの少し歩くだけで体感できるのも珍しい体験だ。

「生物多様性庭園」が見事

市も立つ、市民の憩いの場

プラート・デッラ・ヴァッレ ★
Prato della Valle
プラート・デッラ・ヴァッレ

美しい彫像が彩る堀を持つ、
プラート・デッラ・ヴァッレ

サンタ・ジュスティーナ聖堂の北西隣にある、広大な楕円形の公園(広場)。古代にはローマ劇場のあった場所に、18世紀に建造された。緑の多い公園の中央には堀が広がり、80体に上る彫像が周囲を縁取っている。日中には市が開かれ、夕方からは市民の憩いの場ともなってにぎわいを見せる。

ジュスティーナ聖堂との調和が美しい

■S.ジュスティーナ聖堂
🏠 Prato della Valle
☎ 049-8220411
🕐 8:00(夏季7:30)～12:00
　 15:00～20:00
　 (日)(祝) 8:00(夏季6:30)～13:00
　 15:00～20:00

簡素なバロック空間

ヴェロネーゼの作品の残る

サンタ・ジュスティーナ聖堂
Santa Giustina
サンタ・ジュスティーナ

サンタ・ジュスティーナ聖堂

16世紀に建てられた、8つのクーポラを抱く大きな教会。柱廊で分割された3身廊。後陣の聖職者席Coroは1566年の作。祭壇の飾り壁(1575年)は、ヴェロネーゼ作。翼廊左側のアーチの部には、ピサーナ派のレリーフがある。

❋ ベッレ・パルティ
Belle Parti
`P.287 B1`

美食の館。町の中心にある、グルメに愛される店。店内はエレガントで重厚。魚、肉とも最高の素材で、おいしい季節の料理が楽しめる。スタッフも親切。歴史ある名店としても有名。
要予約

🏠 Via Belle Parti 11
☎ 049-8751822
🕐 12:30～14:00、19:30～22:00
休 ⑪
予 €30～100(コペルト€4.50)
C A.D.M.V.

🍷☕🍴 カフェ・デッラ・ピアツェッタ
Caffè della Piazzetta
`P.287 B2`

ランチやアペリティーヴォ(食前酒)、ひと息つきたいときにおすすめのカフェ。白いパラソルの下、静かで落ち着いた時間を過ごせると評判。軽食やスイーツ、しっかりしたランチまで幅広く、おいしい。

🏠 Via S.Martino e Solferino 49
☎ 049-657057
🕐 7:30～21:00
休 ⑪
予 €5～16
C V.

🍴P ラ・パヴァナ
La Pavana
`P.287 A2`

駅近のおすすめ店。雑多な人が多いパドヴァ駅近くで、地元の人でいっぱいの店。前菜、パスタ、メイン料理の種類が多く、おいしく安い。ピッツァもあるので、時間をかけずに食事もできる。

🏠 Via Trieste, 2
☎ 049-8759994
🕐 12:00～14:30、18:00～24:00
休 ⑨
予 €20～30
C M.V.

★★★★ マジェスティック・トスカネッリ
Majestic Toscanelli
`P.287 B2`

旧市街の中心に位置し、町歩きには絶好のロケーション。客室はやや古風だがエレガントで、しっかり手入れをされていて快適。駅まではトラムかタクシーの利用が便利。
読者割引 直接予約(Eメール)の3泊以上で10%

URL www.toscanelli.com
🏠 Via dell'Arco 2
☎ 049-663244
FAX 049-8760025
SB €109/123　TB €143/183
🍴 朝食 W-Fi　C A.D.J.M.V.
🚃 エルベ広場から100m

★★★★ グランディタリア
Grand'Italia
`P.287 A2`

20世紀初頭の貴族の館を改装したホテル。ロビーは当時の優雅な雰囲気を残しエレガントにまとめられ、客室は明るく近代的。白を基調にしたロココ風の朝食室もすてき。駅前に位置し、便利。

URL www.hotelgranditalia.com
🏠 Corso del Popolo 81
☎ 049-8761111
SB €68/175　TB €76/251
🍴 61室　朝食込み W-Fi
C A.D.J.M.V.
🚃 駅からすぐ

★★★ サンタントニオ
Hotel S. Antonio
`P.287 A2`

中心街からややそれているものの、そのぶん静かで、お値頃感もある。見どころへも徒歩で十分。駅からも徒歩圏。

☎ 049-8751393
FAX 049-8752508
S €35/40　SB SB €50/60
TS TB €75/80　SS SB €100/105
🍴 33室　朝食込み W-Fi
休 12/24～12/26
URL www.hotelsantantonio.it
🏠 Via San Fermo 118
C J.M.V.　🚃 駅からバス9番で

★★ ベルッディ37
Belludi 37
`P.287 B2`

モダンで快適。サンタントニオ聖堂近くの便利なロケーション。センスのよいモダンな客室は過ごしやすいとファンが多い。スタッフも親切で、2つ星ながら満足度が高い。自転車のレンタルあり。

URL www.belludi37.it
🏠 Via L. Beato Belludi, 37
☎ 049-665633
FAX 049-658685
SS €74～　TS €103～
🍴 17室　朝食込み W-Fi
C A.M.V.

★★ アル・ファジアーノ
Hotel Al Fagiano
`P.287 B2`

サンタントニオ聖堂の近く、ちょっとレトロなホテル。町の中心にあり便利。

🏠 Via A. Locatelli 45
☎ 049-8753396
SB €49/61　TB €73/93
SS €90/130　🍴 37室　朝食
€7 W-Fi　C A.M.V.
🚃 駅からトラムまたはバス3、12、18番でSanto下車
Low 1、2、7、8、11、12月
URL www.alfagiano.com

※パドヴァの滞在税　★€1　★★€1.50　★★★★€2　★★★★～★★★★★€3
S シャワー共同シングル料金　SB シャワー付きシングル料金　TS シャワー付きツイン料金　TB バス付きツイン料金　D ドミトリー料金

ブレンタ川にヴィッラを訪ねて 🏛世界遺産

ヴィッラ見学の注意

パドヴァ周辺には今も多くのヴィッラが残る。いくつかは美術館やレストランとして利用されているが、私邸のため、あるいは管理上の問題から内部を公開しない所も多い。また公開していても、予約のみ、あるいは決められた日のみという場合も多い。ツアーに参加する場合は問題はないが、個人で訪ねる場合はヴェネツィアやパドヴァの❶で確認を。
※ここで紹介したヴィッラへは、パドヴァやヴェネツィアからACTV社の53番のバスでも行ける。切符は事前にキオスクなどで購入のこと。['17]

■ヴィッラ・ピサーニ
Museo Nazionale
di Villa Pisani
住 Via Doge Pisani 7, Stra
☎ 049-502074
開 4～9月　9:00～19:00
　　10～3月　9:00～16:00
休 (月)(祝を除く)、1/1、12/25
料 €7.50、18～25歳€3.75
　　庭園のみ€4.50、18～25
　　歳€2.25
※庭園の木立の迷路は悪天候時、第1(日)は閉鎖
※毎月第1(日)は無料

ヴェネツィアとパドヴァを結ぶブレンタ運河は、ローマ時代からの歴史をもち、ふたつの都市間の交通手段として、また、16世紀から18世紀にかけて船遊びの場として愛されてきた。ゴルドーニやバイロンも好んで訪れ、心地よい川遊びの様子を謳っている。運河の周囲には、ヴェネツィア共和国の繁栄の下、豪奢で豊かな人々の生活をしのばせるヴィッラが点在している。

ヴィッラ・ピサーニ
Villa Pisani

祝祭の間、天井には『学問と芸術に取り囲まれたピサーニ家の栄光』がある

11ヘクタールの広大な土地にヴェネツィアで成功を収めたピサーニ家がその力を誇示するために建てた物で、114室を有する最大のヴィッラ。建設が始まった1735年はアルベージ・ピサーニがヴェネツィア総督に選出された時代であり、ピサーニ家の絶頂期でもある。運河が大きく蛇行する川べりに建つこのヴィッラはパッラーディアン様式の二階建てで、正面には8本のコリント様式の柱の上に大きな三角形のティンパヌム、その上には影像が乗っている。

このヴィッラで一番の見どころであり、一番重要な広間はティエポロの豊かなフレスコ画で飾られた広い**祝祭の間**Salone delle feste（舞踏の間Salone da ballo）だ。ピエトロ・ヴィスコンティ設計のこの広間はオーケストラが陣取る黄金の華麗なバルコニーを配し、明るく、輝くような豪華さに包まれている。天井は廊下の2倍の高さを有し、ティエポロが1760年から1762年にかけて作成したフレスコ画『**学問と芸術に取り囲まれたピサーニ家の栄光**』Gloria della Famiglia Pisani attorniata dale Arti e dale Scienzeが描かれている。巧みな遠近法と明るい色彩を用い窓からの光を受けて、まるで現実の空へ続くかのような躍動感を感じられる。

2008年にイタリアで最も美しい庭に選ばれた庭園はパドヴァの建築家によりヴィッラの建築以前に設計された。一年中花々が咲き誇り、優雅に流れるブレンタ川を眺められるよう設計された庭には生垣でできた迷路もある。

ヴィッラ・ピサーニ

ヴィッラ・フォスカリ
Villa Foscari

ヴィッラ・フォスカリ

　ここがラ・マルコンテンタLa Malcontenta(**不満のご婦人**)と呼ばれる由来は、たくさんの愛人を作りフォスカリ氏の怒りを買った夫人がここに居を強いられご機嫌が悪かったから。1555年に**A.パッラーディオ**が建設した彼の傑作のひとつ。

　3階建ての1階は台所、歴史をしのばせる2階は大きなサロンを囲うようにオーロラの間、バッカスの間、半神獣の間、ジャイアンツの間の4部屋からなっている。それぞれの間は名前どおりのフレスコ画で飾られ、オーロラの間の画のなか、扉から入ろうとしている女性が伝説の夫人「ラ・マルコンテンタ」といわれている。

ヴィッラ・ヴィッドマン
Villa Widmann

ヴィッラ・ヴィッドマン

　運河に面したヴィッラは質素な印象を受けるが、内部および裏に続く庭園は当時の伸びやかな雰囲気がそのままに残りすばらしい。1719年にアンドレア・ティラーニがセリマン家のために建築したが、その後オーストリアの絨毯商のヴィッドマンが1740年にこのヴィッラを購入、そして彼好みの**ロココ調**に改造した。

　入ってすぐの舞踏の間は化粧漆喰(しっくい)で縁取られジュゼッペ・アンジェリの優雅なフレスコ画が描かれている。だまし絵の手法を取り入れたフレスコ画の主題は「ヴィッドマン一族の栄光」、「エレナの掠奪」だ。

■ヴィッラ・フォスカリ
Villa Foscari
(別名ヴィッラ・マルコンテンタVilla Malcontenta)
🏠 Via dei Turisti 9, Mira
☎ 041-5470012
🕐 4/1～10/31
　火水金土日のみ9:00～12:00
💴 €10

オーロラの間のフレスコ画

■ヴィッラ・ヴィッドマン
Villa Widmann
🏠 Via Nazionale 420, Mira Porte
☎ 041-8627167
🕐 10:00～13:00
　13:30～16:30
休 月(祝を除く)、祝
💴 €5.50

庭園の彫像

イル・ブルキェッロツアー　Il Burchiello

　バスと船を乗り継いで、ブレンタ運河を巡り、周囲に点在するヴィッラを訪ねるツアー。3月初旬～11月初旬のみ運行され、火曜・金曜・日曜はパドヴァ発でヴィッラ・フォスカリ、ヴィッラ・ピサーニ、ヴィッラ・ヴィッドマンなどを訪ねる。火曜・木曜・土曜はヴェネツィア発で見学場所は同様。乗客の顔ぶれにより、伊・英・独・仏語などでのガイドがある。

　料金は1日ツアーで€109、6～17歳€55。半日ツアー€60～70。昼食€23～30。ヴェネツィア出発の場合は、昼食時の船着場周辺にはバールなどがないので、昼食付きがベターかも。このほか、ツアーは各種あり。

　予約は、必ず前々日までに。ヴェネツィアやパドヴァの旅行会社なら、どの旅行社でもO.K.だし、ホテルでも手配してくれる。予約の際には、全額を支払って、クーポンをもらい、それをガイドに提示して乗船する。

　1日ツアーの場合は出発時間(8時～9時頃)が早いので、集合時間と場所を予約の際によく確認すること。ヴェネツィア出発はパドヴァ、パドヴァ出発はヴェネツィアでの解散(夕方6時～7時頃)になる。船からバスへの乗り換え時には、大きな荷物はじゃまになるので注意。

　(訪問ヴィッラ、ルートはその日の天候などによって変更される場合もある。)

ネットからの予約は 🔗 www.booking-on-line.com
ツアーの詳細は 🔗 www.ilburchiello.it
　　　　　　 🔗 www.battellidelbrenta.it
上記2社は同グループで、ほぼツアーは同じ。
(🏠 Via Porciglia 34, PADOVA ☎ 049-8760233)

　このほか、Delta Tour (🏠 Via Toscana 2/2, Padova ☎ 049-8700232 🔗 www.deltatour.it)でも催行。　　　　　　　　　　　　　　[19]

水門が開くのを待つ

ヴィチェンツァ 🏛

P.15 B3

Vicenza

パッラーディオの夢の詰まった華麗な町

パッラーディオ設計のバジリカが目立つヴィチェンツァの町

ヴィチェンツァへの行き方

🚃 **電車で**

●ヴェネツィアから
S.L.駅
鉄道fs FRECCIAROSSA ……43分
RV ………45分
R ………1時間15分
ヴィチェンツァ

●ヴェローナから
鉄道fs FRECCIAROSSA ……24分
RV ………39分
R ………54分
fsバス…50分〜1時間16分
ヴィチェンツァ

■ヴィチェンツァの🛈
🏠 Piazza Matteotti 12
☎ 0444-320854
🕐 9:00〜17:30
　（7〜8月18:00）
休 12/25　🗺 P.299 A2

✉ ガッレリア・ディタリア美術館
ヴィチェンツァ

Galleria d'Italia Vicenza
　イタリア最大手の銀行の所有する美術品を展示する美術館。室内はスタッコ装飾やフレスコ画で天井まで華麗に飾られ、宮殿の趣。ティエポロ、カナレット、グアルディ、ロンギなどのすばらしい絵画とロシア以外では世界最大のロシア・イコンのコレクションを展示しています。　（長野一隆）
🏠 Contrà S.Corona 25
☎ 800-578875
🕐 10:00〜18:00(入場17:30まで)
休 ㊊、12/24、12/25
料 €5、25歳以下、65歳以上€3
🗺 P.299 A1・2

パッラーディオの町ヴィチェンツァは、町の小道に面して華麗な館が昔のままの姿をとどめ、イタリアでも屈指の美しい町である。豊かな色使い、静かな小道、ヴェネト地方の家並み……町はどこも絵画的な美しさで彩られている。

　町の歴史は、自治都市の時代を経て、ヴェローナ、パドヴァに勝利しながらも、1404年には、ヴェネツィアの支配下におかれた。

　16世紀に始まった建築上の革新は、この町でパッラーディオの手によって花咲き、今やヴィチェンツァは"パッラーディオの町"という呼称をもっている。

　さて、この町の建物の建築様式の移り変わりを簡単に追ってみる(下記コラム参照)と、初期においては、ヴェネツィアン・ゴシック様式、1400年代のヴェネツィアおよびエミリア・ルネッサンス様式と続き、1500年代にアンドレア・パッラーディオ(1508〜80)の登場となる。パッラーディオは、古典様式を取り入れながらも、革新的かつ光あふれるパッラーディアン様式という建築様式を完成させ、この町のみならずヨーロッパ各地の建築に大きな影響を与えた。

　このパッラーディアン様式の典型が、バジリカ、キエリカーティ宮、オリンピコ劇場などに見られる。パッラーディアン様式は、パッラーディオの死後(1580年ヴィチェンツァで死去)、ヴィンチェンツォ・スカモッツィなどに引き継がれ、1800年代まで続いた。

パッラーディオの足跡を訪ねて
アンドレア・パッラーディオ大通り　Corso Andrea Palladio

column

　アンドレア・パッラーディオ大通りは、ヴィチェンツァの町を東から西へ横切る大通り。商店の間を、14〜18世紀の建物や教会が建ち並び興味深い。町の城門前にある、カステッロ広場から歩き始めよう。

　No.13 (13番地以下同) 大きなボニン・ティエーネ邸。パッラーディオが建築を始め、弟子のV.スカモッツィが完成。

　No.45、1440年代末のルネッサンス様式のカプラ邸。No.47、15世紀のヴェネツィアン・ゴシック様式のティエネ邸サンタ・コローナ。No.67、15世紀のヴェネツィアン・ゴシック様式のエレガントなブラスキ邸。No.98、柱廊のあるコムーネ邸でスカモッツィの傑作。美しい中庭をもつ。No.147、ダ・スキオ宮は黄金宮殿"Ca d' Oro"とも呼ばれ、14〜15世紀のヴェネツィアン・ゴシック様式建築の宝石。左側には、新古典様式のサンタ・コローナ教会。No.165〜167、パッラーディオの家とも呼ばれている。これらの家の正面は、パッラーディオが1560〜70年に付加したもの。

おもな見どころ

町の中心広場

MAP P.299 B2

シニョーリ広場 ☆
Piazza dei Signori
ピアッツァ・デイ・シニョーリ

ヴェネツィアの2本の柱が立つ
シニョーリ広場

　調和の取れた、町の記念碑の中心にある広場。南側には、パッラーディオの大傑作バジリカ。その脇には、ほっそりとしながらも大胆な82mの**広場の塔**Torre di Piazza（12〜15世紀）が建つ。広場の奥には、ヴェネツィアの2本柱が建ち、一方には、聖マルコの獅子像（1473年）が乗り、もう片方にはレデントーレが乗る。

　北側には、**カピタニアートのロッジア**Loggia dei Capitaniato（ヴェネツィア共和国総督邸）がある。3つのアーチが連なり、漆喰で化粧された物でパッラーディオの作品（1571年）。これに面して、1500年代のモンテ・ディ・ピエタ宮がある。

バジリカと広場の塔

✉ **私のおすすめ**

　ガイドでは説明が少ないですが、ガッレリア・ディタリア美術館、ヴィッラ・ヴァルマラーナ・アイ・ナーニはすばらしかった。　（兵庫県　M '16）

バスの切符
■1枚€1.30（90分有効）
鉄道駅からマッテオッティ広場まではバス1、2、5、7番で。徒歩で10〜15分程度。

ヴェネト州　ヴィチェンツァ

ヴィチェンツァ
Vicenza

299

NAVIGATOR

駅は町の南側、中心街へは徒歩で10分ほどだ。小さな町でもあり、徒歩で十分。駅を出たら、正面の緑の木立の続く通りを進もう。左正面に公園、右側に見える城門が旧市街への入口だ。ここから続く町一番の目抜き通りのA.パッラーディオ大通りの左右に見どころが点在している。シニョーリ広場からオリンピコ劇場やキエリカーティ宮のあるマッテオッティ広場へと進もう。本文で取り上げた、バジリカやキエリカーティ宮以外の多くのパッラーディオの建築物は、今もオフィスなどに利用されているので、外からのみの見学。予定に合わせて、じっくり、あるいは素早く見学しよう。パッラーディアン様式の建物は、A.パッラーディオ大通り、コントラ・ポルティ通りContrà Portiに集中している。

■バジリカ
🏠 Piazza dei Signori
☎ 0444-222122
🕐 催事のみの開館
※開館状況は URL www.basilicapalladiana.vi.itで検索可

■キエリカーティ宮／絵画館
🏠 Piazza Matteotti 37/39
☎ 0444-222811
🕐 7～8月10:00～18:00
　9～6月10:00～17:00
休 ⑪、1/1、12/25
料 €7、25歳以下の学生€5、共通券€15
※切符売り場はないので❶で購入を
※毎月第1⑪は無料
※入場は閉館30分前まで

■オリンピコ劇場
🏠 Piazza Matteotti 11
☎ 0444-222800
🕐 7～8月10:00～18:00
　9～6月10:00～17:00
休 ⑪、1/1、12/25
料 €11、25歳以下の学生€8、共通券€15
※切符売り場はないので❶で購入を

パッラーディオの代表建築　　　　MAP P.299 B1・2

バジリカ ★★
Basilica　　　　　　　　　　バジリカ

青銅色の屋根の下に、輝くような大理石の柱が並ぶ町最大の建築物。バジリカとは「聖堂」の意味だが、中世の北イタリアでは、裁判所や集会所を指した。ルネッサンス期にもとからあったバジリカの改修のためにコンペが行われ、ジュリオ・ロマーノらの案を廃し、ローマで古代建築を学んで帰郷したばかりのパッラーディオが選ばれ、彼の技量を世に知らしめた最初の傑作といわれている。

かつての「バジリカ」を内包した建築物

1617年の完成までに約60年の歳月がかけられた。1・2階には高い天井のロッジアが配され、二重の柱が支えるアーチと丸窓や手すりが連続する、優雅で軽やかな空間が広がる。2階の広大な「審議の間」Sala del Consiglioは幅52m、高さ25mを誇り、竜骨構造の天井が乗る。2007年からの修復が終了し、2012年10月に再オープン。

パッラーディオによる堂々たる邸宅　　　MAP P.299 A2

キエリカーティ宮 ★★
Pinacoteca Civica di Palazzo Chiericati　ピナコテーカ・チヴィカ・ディ・パラッツォ・キエリカーティ

1、2階には荘厳な柱が並び、その上にいくつもの彫像が乗る姿はバジリカによく似ているが、より軽やかで優雅な面持ちの邸宅。1550年頃に建てられ、パッラーディオ初期の傑作とされ、内部に1855年から市立絵画館がおかれている。内部の構造や装飾なども当時のまま残されているので、パッラーディオの建築様式や時代性を知ることができる場だ。優美なフレスコ画やスタッコ装飾にも目を留めよう。13～18世紀の彫刻や絵画が中心で、時代別に3つのセクションに分けて展示されている。時代順に見逃せない物を挙げると、絵画館の宝であるパオロ・ヴェネツィアーノの『多翼祭壇画』Il Polittico、ハンス・メムリングの『キリスト磔刑』Crocifissione。ヴィチェンツァの芸術家の粋を集めた『サン・バルトロメオ教会の祭壇』Monumentali pale d'altare della chiesa di San Bartolomeo、バッサーノ（ヤコポ・ダル・ポンテ）の『聖母と聖人に跪くヴィチェンツァの統治者たち』I Rettori di Vicenza Silvano Cappello e Giovanni Moro iginocchiati dinnanzi alla Madonna in trono tra I santi Marco e Vicenzo。ヴァン・ダイク『4世代の男』Le Quattrio età dell'Uomo、ルーカ・ジョルダーノ『カナの結婚』Nozze di Cana、ティエポロ『無原罪の御宿り』Immacolata Concezione など。

パッラーディオ設計のキエリカーティ宮

天才の偉業を一堂に集めた

MAP P.299 A1

パッラーディオ博物館
Museo Palladiano
ムゼオ・パッラディアーノ ⭐

映像が使われた展示方法

町の中心近く、パッラーディオが都市型の住居として手がけた豪壮なバルバラン宮Palazzo Barbaranにある。パッラーディオ博物館はこの邸宅の一角を占め、彼の生涯や手がけた建築物の設計図、模型などが展示され、彼の建築哲学やその流麗な様式を知ることができる。また、マルチガイドにより、世界中に点在している彼の様式を踏まえた建築物を映像で見ることができるのも楽しい。

古代の夢を誘う

MAP P.299 A2

オリンピコ劇場
Teatro Olimpico
テアトロ・オリンピコ ⭐

パッラーディオ最後（1580年）の作品で、スカモッツィによって、1584年に完成された。木と漆喰で造られ、その形は古代の古典劇場のよう。舞台を囲んで、楕円に広がる階段席。その上には彫像。舞台は、遠近法を巧みに利用して、奥行きの深さを錯覚させる。舞台正面の門の奥には大通り、さらにその左右に路地が続き、天井の青空が高さと荘厳さを感じさせる。

これは、古代エジプトのテーベの町の様子で、スカモッツィのデザイン。舞台の下には、オーケストラボックスがある。舞台の上には、ギ

オリンピコ劇場内部

リシア式の円柱が乗り、また階段座席の柱の上には、28体の彫像、そして、その下の柱の間をも23体の彫像が飾っている。現在も1600年代のオペラを中心に上演される現役の劇場だ。

古い趣のある庭園から内部に入ると、オペラが流れる室内は、肖像画や舞台衣装など、舞台にまつわる小さな品々が飾られて、当時の雰囲気に浸れる。

■パッラーディオ博物館
🏠 Contrà Porti 11
☎ 0444-323014
🕐 10:00～18:00
休 月
料 €8、25歳以下の学生、60歳以上€6、共通券€15

バジリカ近くのパッラーディオ像

お得な共通入場券

ビリエット・ウニコ
-ヴィチェンツァ・カード
Biglietto Unico
-Vicenza Card
料 €15、7日間有効
　25歳以下の学生€12、家族券Unico Family（大人2人＋17歳以下の子供4人まで）€18
オリンピコ劇場、キエリカーティ絵画館、考古学博物館、パッラーディオ博物館、サンタ・コローナ教会などに共通。
◆共通入場券は❶、パッラーディオ博物館、ガッレリア・ディタリア美術館の窓口で。

✉ ラ・ロトンダへ
駅からバス8番で10～15分ほど。8番の乗り場は、駅を背にして右手に延びる道沿いに少し行ったところで、駅駐車場の前あたりにあります。バスは、午前中は1時間に1本、午後は2～3本程度。バスが線路を渡り街道に沿ってしばらく走ると、右手にbenzaというガソリンスタンド（兼観光バス駐車場）の看板が見えてきます。そこで降車スイッチを押しましょう。その100m向こうがバス停です。行きに帰りのバスの時間を確認しておくこともお忘れなく。
（滋賀県　JOKO　'18）

郊外にパッラーディオの傑作『ラ・ロトンダ』を訪ねる

パッラーディオの傑作『ラ・ロトンダ』

パッラーディオのヴィッラのなかでも一番有名な物。1550年にパッラーディオが建築に着手し、1600年に入って弟子のスカモッツィが完成させた。パッラーディアン様式の特徴が外部、内部ともに見られる。
■Villa Capra Valmarana"La Rotonda"
🕐 3月中旬～10月下旬　10:00～12:00、15:00～18:00
　10月下旬～3月中旬　10:00～12:30、14:30～17:00
内部は3月中旬～11月上旬の水土祝のみ　※祝を中心とした特別公開（外観・内部）あり。詳細は URL www.villarotonda.it
休 月、1/1、復活祭の日、12/25　料 €5（庭園のみ）　€10（庭園および内部）　交 ヴィチェンツァ駅前よりバス8番で、10～15分

サイドバー（左段）

■ドゥオーモ
住 Piazza del Duomo
開 ㊊〜㊎10:30〜12:00
　　　15:30〜17:30
　㊏　10:30〜12:00

✉ ラ・ロトンダから
　　足を延ばして
　駅前からバス8番でラ・ロトンダと同じバス停Riviera Bericaで下車します。ラ・ロトンダへ行く道を進み、手前の階段を上って真っすぐ進むとヴィッラ・ヴァルマラーナ・アイ・ナーニVilla Valmarana ai Naniに着きます。
住 Via S. Vastian 12
☎ 0444-1543976
開 2018年11/5〜2019年3/1
　　　10:00〜16:00
　2019年3/2〜11/3
　　　10:00〜18:00
料 €10
　邸内の壁面一面にはG.B.ティエポロと息子のG.D.ティエポロのフレスコ画が描かれています。緑の庭園も広がり、いにしえの優雅なヴィッラの雰囲気を満喫できます。
　（神奈川県　10月の旅人）['19]

■サンタ・コローナ教会
住 Contrà S.Corona 2
☎ 0444-222811
開 7〜8月10:00〜18:00
　9〜6月 9:00〜17:00
休 ㊊、1/1、12/25
料 €3、共通券€15
※切符売り場はないので❶で
　購入を

■サン・ロレンツォ教会
住 Piazza S.Lorenzo 4
☎ 0444-321960
開 10:30〜12:00
　　15:30〜18:00
　㊐㊗15:30〜18:00

サン・ロレンツォ教会

メイン（右段）

異なる時代様式が溶け合う美しい教会　　MAP P.299 B1

▶ ドゥオーモ
Duomo　　　　　　　　　　　　　　ドゥオーモ

　第2次世界大戦で被害を受けたが、現在の形は11〜16世紀に建てられた物。ゴシック様式の美しい正面は、色とりどりの大理石と飾りアーチで装飾されている。エレガントな後陣は、ルネッサンス様式。付属の鐘楼は、ローマ時代の基礎の上にロマネスク様式（11世紀）で建てられた。

　内部は、ゴシック様式で、広い1身廊。屋根は交差ヴォールト。礼拝堂および聖堂内陣は、フレスコ画で飾られている。右側の第3祭壇のマッフェイの『三位一体』Trinitàは必見。

さまざまな様式の混合、ドゥオーモ

ベッリーニの傑作が飾る　　　　　　　MAP P.299 A2

サンタ・コローナ教会　★★
Santa Corona　　　　　　　　　サンタ・コローナ

傑作『イエスの洗礼』

　ドメニコ派の教会。1261年に建築が始まり、大理石造りの壮大な入口とエレガントな鐘楼をもつ。内部は、ゴシック様式の3身廊。聖堂内陣はルネッサンス様式の上に増築された、ロレンツォ・ダ・ボローニャの作と思われる。右側、第3祭壇には、ヴェロネーゼの『東方三博士の礼拝』Adorazione dei Magiがある。内陣席は、15世紀の寄せ木細工。身廊左側の美しい建築様式の第5祭壇には、ジョヴァンニ・ベッリーニの傑作である『イエスの洗礼』Battesimo di Gesùがある。

エレガントなゴシック空間

テラコッタで包まれる　　　　　　　　MAP P.299 A1

サン・ロレンツォ教会　★
San Lorenzo　　　　　　　　　　サン・ロレンツォ

　フランチェスコ派の壮大な教会で、テラコッタで覆われたゴシック様式（13世紀）。正面の大扉には、14世紀の装飾豊かな彫刻が施され、脇には墓碑のアーチがある。
　内部には、円柱と14〜16世紀の墓が並び、翼廊右側の祭壇のレリーフは有名だ。後陣左側の礼拝堂のフレスコ画はモンターニャ作。回廊付き中庭は、1400年代の物。

❋ エル・コック
El Coq `P.299 B1`

ミシュランの1つ星。シンプルで洗練された雰囲気の店内からは厨房が望める。世界各地の料理からインスピレーションを受けた、美しい創作料理は目も胃袋も満足させてくれる。地産の食材を多く使用。ワインとのペアリングを楽しむのもよい。 要予約

- 住 Piazza dei signori 1
- ☎ 0444-330681
- 営 19:30〜22:30
- 休 ㊊、不定休あり
- 予 €90〜140、定食€130
- C A.D.M.V.

🍴 ポンテ・デッレ・ベレ
Ponte delle Bele `P.299 B1`

サルヴィ公園の近くに位置する、チロルの山小屋風のインテリアのトラットリア。郷土料理が中心で、お店のおすすめは、バッカラ（干タラ）のクロスティーニCrostini di BaccalàやビゴリのラグーあえBigoli al raguなど。

- 住 Contrà Ponte delle Bele 5
- ☎ 0444-320647
- 営 11:00〜15:00、18:30〜23:30
- 休 ㊐、8月中旬15日間
- 予 €30〜40(コペルト€2)、定食€30
- C A.D.J.M.V.

🍴 アル・ペステッロ
Al Pestello `P.299 A1・2`

オリンピコ劇場の近く、観光の途中に立ち寄るのにも最適。サラミの一種のブレサオラBresaolaのグラッパ風味やソバ粉のパスタ＝ビゴリBigoliなどのヴィチェンツァ料理が味わえる。夏はテラス席での食事も楽しい。

- 住 Contrà Santo Stefano 3
- ☎ 0444-323721
- 営 12:30〜14:30、19:30〜23:30
- 休 平日昼、㊋
- 予 €25〜48(コペルト€2)、定食€65
- C A.M.V.

🍴 オステリア・カンパニーレ
Osteria Campanile `P.299 B1`

ドゥオーモの近くにある伝統あるワインバー。古い大きなカウンターが時代を伝える。町の人たちに交じって、プロセッコをはじめとする近隣産のワインを楽しみながら、名物のトーストされたパニーノを楽しもう。

- 住 Contra Giuseppe Fontana 2
- ☎ 0444-544036
- 営 9:00〜14:00、17:00〜21:00
- 休 ㊊ 予 €5〜

★★★★ カンポ・マルツィオ
Hotel Campo Marzio `P.299 B1`

駅から町へと続く大通りに面し、周囲には公園が広がる。内部は明るくモダンな雰囲気。客室は、ビジネスマン向けの物から女性好みのロマンティックな部屋、設備が充実した広々としたスタイリッシュな部屋までさまざま。駐車場無料。

- Low 1〜3月、7、8、11、12月
- URL www.hotelcampomarzio.com
- 住 Viale Roma 21
- ☎ 0444-545700 Fax 0444-320495
- SS €60/203 TS TB €101/466
- 室 35室 朝食込み(プランにより€15) W-F
- C A.M.V. 交 駅の北側、公園の端にある

★★★ クリスティーナ
Hotel Cristina `P.299 B1`

規模は小さいながら、落ち着いた雰囲気の家族経営のホテル。清潔で居心地がよく、旅の疲れを取るにはぴったり。中心街や駅へも徒歩圏。無料貸し自転車のサービスあり。
読者割引 直接予約で10% P.9参照
URL www.hotelcristinavicenza.it

- 住 Corso SS. Felice Fortunato 32
- ☎ 0444-323751 Fax 0444-543656
- SS SB €65/75 TS TB €85/98
- 室 33室 朝食€8 W-F
- C A.D.M.V.
- 交 サルビ公園Giardino Salvi西、駅から500m

★★★ キー・ホテル
Key Hotel `P.299 B2`

スタディアムStadioの前に位置する。オリンピコ劇場へ徒歩10分程度。客室はモダンで明るく、快適。テラスからは町並みを望むことができる。
High 4〜7、9〜11月
URL www.key-hotel.it

- 住 Viale G. G. Trissino 89
- ☎ 0444-505476
- Fax 0444-513319
- SS €56〜 TB €58〜
- 室 56室 朝食込み W-F
- C A.D.M.V.
- 交 駅からバス3、15番で

★★ ドゥエ・モーリ
Hotel Due Mori `P.299 B1`

町の中心にあり2つ星ホテルとしては部屋、雰囲気ともによいと読者に好評。同場所にグレードアップした同経営のホテルもオープン。
URL www.hotelduemori.com

- 住 Contrà Do Rode 24/26
- ☎ 0444-321886
- Fax 0444-326127
- SS €53 T €65 TS €90
- 室 30室 朝食€7 W-F
- C M.V. 休 7/26〜8/16
- 交 シニョーリ広場西側

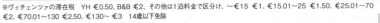

※ヴィチェンツァの滞在税 YH €0.50、B&B €2、その他は1泊料金で区分け、〜€15 €1、€15.01〜25 €1.50、€25.01〜70 €2、€70.01〜130 €2.50、€130〜 €3 14歳以下免除

ヴェネト州 ヴィチェンツァ

●郵便番号　　　　36061

バッサーノ・デル・グラッパへの行き方

電車で

●ヴェネツィアから
　S.L.駅
　　　　鉄道fs R
　　　…1時間11分〜1時間18分
　バッサーノ

●パドヴァから
　　　　鉄道fs R(Castelfranco
　　　　乗り換え、直通あり)
　　　　　　　　……約1時間
　バッサーノ

バスで

●ヴィチェンツァから
　　　　F.T.V.社5番
　　　　　　　……約1時間
　バッサーノ
※30分〜1時間ごとの運行
　バスは⊕⊕⊛はかなりの減
　便となる

プルマンの時刻表
FTV社
URL www.ftv.vi.it

■バッサーノの❶IAT
住 Piazza Garibaldi 34
☎ 0424-519917
開 9:00〜19:00
　⊛15:00〜19:00
休 1/1、復活祭の⊕、12/25
地 P.305 B2

■市立博物館
住 Piazza Garibaldi
☎ 0424-522235
開 10:00〜19:00
休 ⊛、1/1、復活祭の⊕、12/25
料 €7

NAVIGATOR

町の中心はガリバルディ広場付近だが、古都の面影を深く残すのは、マルティーリ大通りからポンテ・ヴェッキオ (コベルト橋) へ抜ける界隈。特にブレンタ川沿いの通りから眺める、コベルト橋とその周辺の風景は、まるで1枚の絵のようだ。古い家々の窓辺を飾る赤いゼラニュウムの花と遠くにはグラッパ山などの山並み。右側には、ドゥオーモの尖塔。絶好のカメラアングルでもある。ヴェティヴォ教会前から続くヴィットリア橋からの眺めもよい。

市立博物館にあるヤコポ・ダ・ポンテJacopo da Ponteの傑作を見学して、コベルト橋西側の陶器店を冷やかしても半日もあれば十分な町だ。

バッサーノ・デル・グラッパ　P.15 B3

Bassano del Grappa

ポルティコに飾られたグラッパ山麓の古都

グラッパ山とバッサーノ・デル・グラッパの町

バッサーノは、特徴のあるポルティコ (柱廊) で飾られた町で、ルネッサンス期とヴェネツィアン・バロック様式の建築群が旅人の目を楽しませてくれる。ある家の正面には、美しい絵が描かれ、赤い屋根の家の窓には花々が咲き競う。屋根付きの橋のポンテ・ヴェッキオ周辺の美しさはひときわ印象的だ。

近郊の農家の特産品は、アスパラガスで、5月には、アスパラガスの市が立つ。17世紀に源を発する彩色陶器 (グラッパ焼) も有名だ。町のいたるところにグラッパ焼の陶器屋が目につく。アンティーク調の家具や鋳鉄製品も名高い。イタリア産のリキュール、グラッパGrappa酒もこの地の名産。家具・陶器市は、7月中旬〜9月にボナグロ宮Pal. Bonaguroで開催される。

おもな見どころ

バッサーノの傑作が充実　　　　　MAP P.305 B2

市立博物館とサン・フランチェスコ教会 ★★

Museo Civico / San Francesco　　ムゼオ・チヴィコ／サン・フランチェスコ

市立博物館

42mもの高さを誇る町の塔Torre Civicaが見下ろす、美しいガリバルディ広場の東に14世紀初頭のエレガントな柱廊式玄関が正面を飾るサン・フランチェスコ教会がある。内部には14世紀のフレスコ画が残り、後陣の彩色十字架は14世紀のグルリエント作。教会脇の入口を抜けると、かつての付属修道院の17世紀の美しいキオストロ (回廊) が広がり、ここに博物館がおかれている。

1828年に開館し、ヴェネト州で最古の博物館。町の名前を取ってバッサーノと呼ばれたヤコポ・デル・ポンテJacopo del Ponteとその一派の豊富な収集品を誇る。

キオストロには石碑などが展示され、2階の絵画館は広いスペースに多大なコレクションが並ぶ。13〜20世紀のヴェネトおよびイタリア絵画が中心。とりわけ広い展示室がバッサーノに充てられている。『エジプ

バッサーノの作品が見事

トへの逃避』Fuga in Egitto、『聖ヴァレンティーノの聖ルチッラへの洗礼』S. Valentino battezza S. Lucilla、『聖マルティーノの愛徳』Carità di Martinoなどが必見。

　また、カノーヴァをはじめとするネオクラシックの彫刻家たちに広いスペースが取られ、デッサン、粗型、石膏と続く一連の彫刻作業を知ることができるのも楽しい。

ロッジアが飾る広場

MAP P.305 B1·2

リベルタ広場 ☆
Piazza della Libertà
ピアッツァ・デッラ・リベルタ

　北側には15世紀のロッジア（回廊）、裏手には18世紀の市庁舎と13世紀に着手されたものの18世紀に完成されたサン・ジョヴァンニ・バッティスタ教会が周囲を取り巻く、風情ある広場。隣接するガリバルディ広場とともに町の中心だ。

屋台が立つ広場

■サン・フランチェスコ教会
圖 8:00～12:00
　16:00～18:00

⊠ ヴィチェンツァから

　ヴィチェンツァ駅そばのバスターミナルからプルマンで約1時間（切符はバスターミナル内の窓口で。行きに往復分の切符購入が便利）。終点の駅前下車が、見どころへも近い。落ち着いた美しい町で、12月にはクリスマスマーケットもオープン。

　グラッパ博物館はバールの地下にある、第1次世界大戦のこの地の歴史博物館。バールの人にあいさつして、見学（無料）。お酒のグラッパについて知りたいなら、橋の反対側（東）には1779年の創業当時からの歴史を刻むナルディーニ社のグラッペリアがあり、そこから少し坂を上がるとポーリ社の販売所兼ミニ博物館がある。ポーリ社では日本語のビデオ上映もある。簡単に知識を得られるのがうれしい。試飲しておみやげに購入するのもいいし、グラッペリアではゆっくりと味わうことができる。

（東京都　C&M）['17]

バッサーノ・デル・グラッパ
Bassano del Grappa

左サイドバー

■グラッパ博物館
Museo della Grappa
Museo degli Alpini
住 Ponte Vecchio
開 8:00〜19:30
料 無料
地 P.305 A1

■ポーリ・グラッパ博物館
Poli Museo della Grappa
住 Via Gamba 6
☎ 0424-524426
開 9:00〜19:30
休 1/1、復活祭の⊕、12/25
料 無料
URL www.grappa.com
※ポーリ社のショールーム兼博物館。試飲€1〜。日本語のDVD視聴あり

■ストゥルム邸／陶器博物館
住 Via Ferracina
☎ 0424-524933
開 9:00〜13:00
　 15:00〜18:00
休 ⊕火⊛
料 €5

「栄光の間」

本文

パッラーディオの設計による

MAP P.305 A1

ポンテ・ヴェッキオ(コペルト橋) ★★
Ponte Vecchio(Coperto)
ポンテ・ヴェッキオ(コペルト)

　ブレンタ川に架かる木製の屋根付き(Copertoとは覆いのある、屋根付きとかの意味)の橋。橋は何度か、架け替えられており、第2次世界大戦後の1948年に架け直され今にいたる。橋のたもとには、第1次世界大戦の当地での様子などを展示したアルピーニ博物館(グラッパ博物館)がある。

歌にも登場するヴェッキオ橋
(ポンテ・コペルト)

陶器ファン必見

MAP P.305 B1

ストゥルム邸 ★
Palazzo Strum
パラッツォ・ストゥルム

　ブレンタ川を見下ろすテラスが広がる、18世紀の貴族の邸宅にある美術館。展示室のひとつである「栄光の間」Salone d' Onoreは美しいフレスコ画とエレガントなロココ様式のスタッコ装飾で飾られており、邸宅全体に優雅な空間が広がる。

　1階には18世紀の印刷技術を伝えるレモンディーニ博物館Museo Remondiniが小さな一角を占め、2階には当地バッサーノをはじめ、イタリア、ヨーロッパの18〜20世紀の陶器を展示。季節や時代を感じさせる愛らしいバッサーノの陶器から気品あるヨーロッパの名陶ものまで並び、地下にはおもに現代陶器を展示している。

ヨーロッパの名陶品の数々

レストラン＆ホテル

🍴🏨 RISTORANTE HOTEL　バッサーノ・デル・グラッパのレストラン＆ホテル

🍴 カルデリーノ
Cardellino dal 1861　P.305 B1

リベルタ広場とストゥルム邸の間にありわかりやすい。この地方ならではのインテリアの店内で伝統的郷土料理が味わえる。スローフード協会の「イタリアのオステリア2012」に選ばれた1軒。できれば予約

住 Via Bellavitis 17
☎ 0424-220144
営 12:00〜14:00、19:00〜22:00
休 ⊛、一部の㊗
予 €30〜40(コペルト€2.50)
C A.D.M.V.

🍴 ダ・バウト
Da Bauto　P.305 B2外

50年以上も続く家族経営の1軒。地元の人に愛されている老舗として有名。肉類の炭火焼きや初夏の季節には特産のアスパラガスがおすすめ。できれば予約

住 Via Trozzetti 27
☎ 0424-34696
営 12:00〜15:00、19:30〜22:00
休 ⊕(4〜5月、9〜10月を除く)、1/1〜1/15 予 €40〜70(コペルト€3.50)
C A.M.V.

★★★ アル・カステッロ
Al Castello　P.305 A1

ポンテ・ヴェッキオから約200m。古い町並みのなかに建つプチホテル。この土地ながらの太い梁の渡る天井をはじめ、土地の雰囲気もいっぱい。シングルは1室のみ。
High 4/1〜10/30
URL www.hotelalcastello.it

住 Via Bonamigo 19
☎ 0424-228665
☎ 0424-228722
SS €41/61
TS TB €81/150
客 11室 朝食€6 W-F
C A.D.J.M.V.

★★★ ブレンネロ
Hotel Brennero　P.305 A2

駅にも近く、鉄道利用者には便利。クラシックな雰囲気で心休まる、家族経営のホテル。駐車場(無料)も完備し、レンタカー利用者にもおすすめ。
URL www.hotelbrennero.com

住 Via Torino 7
☎ 0424-228538
☎ 0424-227021
SS €45
TS TB €60〜
客 28室 朝食込み W-F
C A.D.M.V.
交 駅から300m

※バッサーノ・デル・グラッパの滞在税　ホテル一律€1、ホテル以外€0.50

ドロミテ山塊

ドロミーティ
Dolomiti

ドロミテ山塊
登録年2009年　自然遺産

世界遺産

クローダ・ダ・ラーゴ Croda da Lago とベッコ・ディ・メッツォディ山 Becco di Mezzodi。Photo©Stefano Zardini

冬からカーニバルの繁忙期を終えると、初夏（7月上旬～中旬頃）までプルマンをはじめロープウエイやリフトは再び休業に入る。一部のリフトが春スキーを楽しむ人のためにオープンする程度。この期間はあまり移動せずに楽しめるドロミテの旅を計画しよう。

5月頃から牧草地をタンポポやアネモネが埋め尽くし、遠目からも鮮やかな絨毯が一面に広がる。初夏に向かう6月末頃からは、山草が可憐な花を付け始め、アルペンローズのピンクが山を染め上げる頃には夏の到来だ。

春 Primavera

4月の終わりから5月、ドロミテの遅い春は雪解けを待ってやって来る。萌え始めた牧草地の緑と青い空の下の雪山が、緑と白の美しいコントラストを見せる。まだ、肌寒い日はあるものの、訪れる人の少ない遊歩道は静寂に包まれ、誰をも詩人にしてくれる。寒さと雪を避けて下界に下りていた馬や牛も牧草地に戻り、ゆっくりと草を食む姿が見られる。

コルティナの南側からの眺望、遊歩道を下ればすぐ。緩やかな丘にときにはパラグライダーが舞い降りる

ドロミテの

ラ・ストゥアの夏の風景 Photo©D.G.Bandion

チンクェトッリからリフトで上がるアヴェラウ山小屋 Rifugio Averau（2416m）。おいしい料理と遠くにマルモラーダ山のパノラマが楽しめる

Estat 夏

ドロミテが最もにぎわうのが8月。リュックを背負い、ストックを手にトレッキングやハイキングに出かける登山姿が多い。初心者からベテラン向けまでのハイキングやトレッキングルートはよく整備され、番号でルートが示されている。詳細な地図はもちろんのこと、上級者ルートにはチェーンで体を結ぶフェッラータも含まれるので、ルートに合わせて装備を整えて出かけよう。山小屋では飲み物のほか、本格的な食事も楽しめるので、かなり身軽に出かけられるのもうれしい。歩くのが苦手なら、ロープウエイやリフトで山小屋まで上がり、張り出したテラスで刻一刻と表情を変えるドロミテの山々を眺めて過ごすのも一興だ。

華やかな民俗衣装の楽団が練り歩く「バンドの日」。この日は町のいたるところで音楽が奏でられる。スケジュールは
URL www.corpomusicalecortina.it

ロッククライミングの人々が集うチンクエトッリ
Cinque Torri (2361m)

Autunno 秋

8月中頃にはそろそろ秋の気配が感じられ、足早に短い秋が訪れる。標高の高い場所やお天気によってはそろそろ暖炉に火がつけられる。プルマンをはじめリフトやロープウエイは、9月の第2日曜あたりを目安に夏の運行を終了させる。スキーシーズンまでは、山小屋やホテルも休業となる所が多い。この期間に旅行をする場合は、町にゆっくり滞在して周囲を散策することを計画するのがベターだ。大きく移動して観光をするなら、レンタカーやタクシーなどを予定しよう。

唐松林が黄色に染まる頃には、落ち葉の下には秋の味覚「野生のキノコ」がかくれんぼ。町の人たちにとっては忙しい季節がひと段落して、「キノコ狩り」に繰り出すお楽しみのシーズンだ。ひととき静かな日々が訪れる秋を待ち望む人も少なくない。

9月には、まれに初雪を見ることがあるものの、標高にもよるが一般的に雪が降り始めるのは11月になってから。その頃には町ではクリスマス・マーケットが開かれ、クリスマスのイルミネーションや飾り付けの準備が始まる。

四　季

冬のドロミテがよりいっそうの華やかさを増すのは、スキーのハイシーズンとなるクリスマスからエピファニアの期間（12/24〜1/6頃）。ドロミテ1のリゾート地、コルティナ・ダンペッツォの目抜き通りのコルソ・イタリアでは、毛皮のロングコートをまとい優雅に散策する人々でにぎわう。スキーをしない人には、ホテルのサウナやエステでリラックスしたり、スキーなしで訪れる山小屋を訪ねて雪景色を楽しむ人の姿がみられる。

リフト券が共通のドロミテ・スーパー・スキー・エリア全域では、総滑走距離は1220kmにも及

クリスタッロ山（2932m）の途中にあるソン・フォルカ山小屋 Rifugio S.Forca。晴れた日には張り出したテラスでゆったり過ごすのが楽しい

ぶ広大なゲレンデが広がっている。

町なかやゲレンデ近くにはスキースクール、レンタルショップなどがあり、手ぶらでスキーを楽しむことも可能だ。

スキーツアーやオフピステを楽しみたいなら、スキースクールやアルペンガイドに尋ねてみよう。コースにあわせて送迎込みの料金が設定され、人数が揃えば経済的だ。

スキーシーズンは11月末〜4月末。ほとんどのスキー場には人工降雪機もスタンバイしている。

冬 Inverno

雪化粧をした山々と冬のコルティナ遠望

ドロミテ山塊を歩く

黄金の盆地、コルティナの町と周囲の山々

ドロミテへの行き方

ドロミテへはまずボルツァーノを目指し、ドロミテでプルマンの時間を確認してプランニングの後、各町へ出発するのがベター。ボルツァーノからは各町へのプルマンが多く運行している。

鉄道fsは、ボルツァーノ→キウーザChiusa→ブレッサノーネ→フォルテッツァFortezza→ブルーニコ→ドッビアーコを運行。

🚃 電車で
●ヴェローナから
ポルタ・ヌオーヴァ駅
　鉄道fs FRECCIARGENTO
　……1時間27分
　EC ……1時間29分
　RV ……1時間40分
　R ……2時間13分
ボルツァーノ
●ボルツァーノから
↓鉄道fs R RV　約40分
フォルテッツァFortezza
（乗り換え）
　鉄道fs R
　……1時間15分
　（30分に1便）
ドッビアーコ

西は、アディジェ川とその支流のイサルコ川、南西はブレンタ山塊、東はピアーヴェ川の谷、北はリエンツァ川に囲まれた地域をドロミテ山塊と呼ぶ。このドロミテの名は、18世紀に、この山塊の地質構成を研究したフランス人地質学者、ドロミユーDolomieuの名前に由来するといわれる。そのため、これらの山塊を構成する石灰質の岩石をドロマイトと呼ぶ。

ドロミテ山塊の山々の姿は、垂直に切り立った一種異様な光景と独特な赤茶色の岩肌が非常に印象的だ。これは、ドロマイトの性質と浸食作用により生まれたものだという。

トレッキングが楽しい

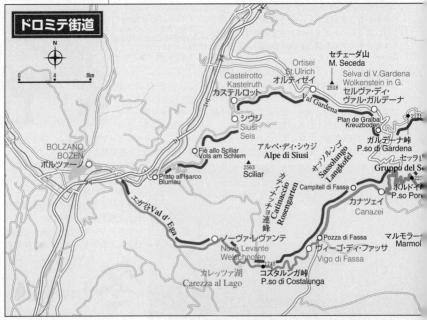

ドロミテ街道

N

0　4　8km

セチェーダ山
M. Seceda

Ortisei
St.Ulrich
オルティゼイ

Castelrotto
Kastelruth
カステルロット

Selva di V.Gardena
Wolkenstein in G.
セルヴァ・ディ・
ヴァル・ガルデーナ
2518

Val Gardena

シウジ
Siusi
Seis

Plan de Gralba
Kreuzboden

ガルデーナ峠
P.so di Gardena

BOLZANO
BOZEN
ボルツァーノ

Fiè allo Sciliar
Vols am Schlern

アルペ・ディ・シウジ
Alpe di Siusi

サッソルンゴ
Sassolungo
Langkofel

セッラ
Gruppo del S

Prato all'Isarco
Blumau

2563
Sciliar

カティナッチョ連峰
Catinaccio
Rosengarten

Campitel di Fassa

ポルドイ
P.so Por

カナツェイ
Canazei

エガ谷Val d'Ega

ノーヴァ・レヴァンテ
Nova Levante
Welschnofen

Pozza di Fassa

ヴィーゴ・ディ・ファッサ
Vigo di Fassa

マルモラー
Marmol

カレッツァ湖
Carezza al Lago

1745
コスタルンガ峠
P.so di Costalunga

🚌ドロミテ周遊　観光バスの旅

　ドロミテ周遊バスの運行は夏季のみで、曜日によりコースは異なる。2日以上前の予約および予約金が必要（参加者が少ないと中止になる場合もある）。

峠を走るバス

　コースは、巡るコースにより、大（Grande）、中（Medio）と分かれ、各週に1便くらいの運行になっている。ひとつが中止になっても、ほかのものに振り替えれば周遊はできる（年によりルート変更の場合あり）。

　また、ボルツァーノやドッビアーコなどから1日1ヵ所ぐらいを観光して回るのだったらSAD社などの路線バスでも行ける。ただし、便数は多くないので、目的地でトレッキングなどの計画がない場合は、帰りのバスまでには、かなりの待ち時間が必要。

　一方、ドロミテ周遊バスは、ガイド付きで、参加者により、独、伊、英語などで簡単な説明をしてくれる（独語のみの場合もあり）。大、中、

ファルツァレーゴ峠へは
各方面からのプルマン・バスが発着

小と分かれたツアーのうち、中と小はドロミテ山塊の西側が中心。大は、駆け足なので、コルティナやドッビアーコに滞在する予定があるのならば、東側は別の日に回る方法が効率的だ。ボルツァーノからは、中および小のコースを選ぶのがおすすめだ。

ドロミテ周遊観光バスの問い合わせ先

　ドロミテ周遊バスはMartin Reisen社やRittner Reisen社など運行。詳細は、各社や各町の❶に問い合わせる。ほとんどの❶で申し込み可能。催行は6～9月頃。

　催行は参加人数などによるので、❶などで確認してから事前申し込みを。メラーノ、ボルツァーノ発着。

○Martin Reisen社
☎ 0473-563071
📠 0473-563988
URL www.martinreisen.com

●大
「ドロミテ大周遊」
Grosse Dolomiten Rundfahrt/ Grande Gite delle Dolomiti
㊌8:30～18:00、€28
フォッサ峠→ポルドイ峠→ガルデーナ峠

●中
「ドロミテのハート、カステルロットの町でコーヒータイム」
Ins Herz der Dolomiten mit Kaffeepause in Kastelruth (Mittlere Dolomitenfahrt)/ Nel Cuore delle Dolomiti
㊌8:45～18:00、€26

○Rittner Reisen社
☎ 0471-356212
📠 0471-358737
URL www.rittnerreisen.it

●「ドロミテ周遊」
Giro delle Dolomiti Soprabolzano（ボルツァーノからロープウエイで上がった駅前）8:45発でエガ渓谷→カレッツァ峠→ポルドイ峠（ランチ）→アラッバ→カンポロンゴ峠→ガルデーナ峠→オルティゼイ→レノン18:00着。6～10月の㊌催行で€24

ロープウエイやリフトの運行期間

　毎年少しずつ異なるので、運行開始や終了間際に旅行する場合は事前に確認を。
URL www.dolomitisupersummer. comに地区別のロープウエイ、リフトの運行期間、営業時間の一覧あり。読み方はP.316。

プルマンバスの運休

　夏季の週末を中心に、自転車やクラシックカーのレースなどが開催される場合があり、大規模な交通規制も敷かれ、プルマン・バスも運休となる。滞在先の❶などで、プルマン・バスの運行状況を確認して計画を立てよう。

　ドロミテを旅する際は、季節の選定が最も大切。6月下旬から9月上旬がおすすめだ。

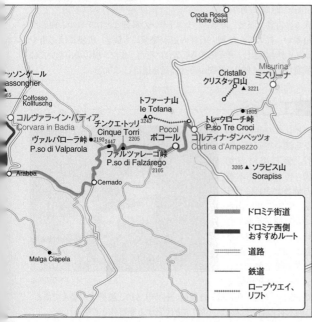

地図内のラベル：
Croda Rossa Hohe Gaisl
Misurina ミズリーナ
Cristallo クリスタッロ山　▲3221
ッソンゲール assongher
Colfosso Kollfuschg
トファーナ山 le Tofana
チンクエ・トッリ Cinque Torri 3243
トレ・クローチ峠 P.so Tre Croci ●1805
コルヴァラ・イン・バディア Corvara in Badia
ヴァルパローラ峠 P.so di Valparola 2192 2447
Pocol ポコール
コルティナ・ダンペッツォ Cortina d'Ampezzo
ファルツァレーゴ峠 P.so di Falzárego 2105
3205 ▲ ソラピス山 Sorapiss
Arabba
Cernado
Malga Ciapela

凡例：
ドロミテ街道
ドロミテ西側おすすめルート
道路
鉄道
ロープウエイ、リフト

おみやげとして売られる
エーデルワイス

ドロミテ山塊の起点は?
　イタリアの北東に広がるドロミテの山々。西の基点は、ボルツァーノBolzano。東の基点は、コルティナ・ダンペッツォCortina d' Ampezzoだ。北西には、美しい古都ブレッサノーネBressanone、北東には、山登りの基地となるドッビアーコDobbiaco。ここから10kmほど東に向かえば、オーストリアのチロル地方だ。

アルト・アディジェ州のホテル・インフォメーションおよび予約などに便利
[URL] www.suedtirol.info

ボルツァーノ発コスタルンガ峠行きのプルマン
※毎年ほぼ同様のスケジュールであることが多いが、現地での確認を忘れずに
●ボルツァーノ発SAD社バス180番コスタルンガ峠Passo CostalungaまたはPera di Fassa、Vajolet行きに乗車(1時間に1便程度、一部Ponte Nova*で要乗り換え、直通は2時間に1便程度。下記は直通便)

ボルツァーノ発	9:35
↓	
ノーヴァ・レヴァンテ	10:10
↓	
カレッツァ湖着	10:22

カレッツァ湖発11:27(平日のみ)または12:22
| ↓ | ↓ |
| コスタルンガ峠着11:34 | 12:31 |
| コスタルンガ峠発15:31 17:31 18:31(最終) |
| ↓ | ↓ ↓ |
| ボルツァーノ着 16:25 18:25 19:25 |

※平日のみ、要乗り換えでコスタルンガ峠発14:26、16:28もあり。
※コスタルンガ峠からオルティゼイへは1～2回の乗り換えが必要で所要1時間52分～2時間54分なので、ボルツァーノに宿泊して別の日にオルティゼイへ移動するのがおすすめ。ボルツァーノ～オルティゼイは約1時間。
*Ponte Novaでの乗り換えはバスターミナルでなく、幅のある道路脇のバス停。シーズンには多くの人が乗り換えをするので、迷う心配はない。['19]

ドロミテ山塊 西側ルート

　ここでは、ドロミテ山塊の西側を中心に周遊するMartin Reisen社のツアー、Medio giro delle Dolomitiのルートを基に観光地を案内する(車利用の場合も周遊ルートとしては、ベストの物だ)。このツアーは、メラーノ、ボルツァーノを朝の9時前後に出発し、18時過ぎに戻るものになっている。このルートで見落とした東側は、日を改めてドッビアーコおよびコルティナ・ダンペッツォを基点に回ろう。

■ボルツァーノ(→P.336)————*Bolzano*

　ドロミテ山塊周遊の拠点となる町のひとつ。ドロミテ山塊の入口に位置し、中心のコルティナ・ダンペッツォとを結ぶドロミテ街道はかつてイタリアとドイツを結んだ通商路だ。
　オーストリアへも50kmの距離にあり、

ドイツ的なドゥオーモが町のシンボル

人々の言葉、服装、町並み、レストランの料理などにチロルの面影が色濃い。緑のなかに細い石畳の道が幾重にも続き、広場には市場やカフェが店開きし、そぞろ歩きも楽しい町だ。また、周辺の山あいには城塞なども多く残り、時間が許せば足を延ばしてみたい。

■エガ谷————————*Val d' Ega*

　ピンクの砂岩からなる深い谷が続く峡谷。敷石用の石切場、朽ちかけた木製の橋などが目に留まる。すでに深い山あいの雰囲気を感じさせる。山道を登る車窓からは、色とりどりの花が窓を飾るペンショーネなどが見え

エガ谷の峡谷

てくる。エガ谷一帯には、針葉樹の林が広がり、製材業が盛んである。この木材の品質は高く、イタリアを代表する楽器作りに使われる。

■ノーヴァ・レヴァンテ──*Nova Levante*

夏でも雪を頂くカティナッチョCatinaccioの山がそびえ、教会の鐘楼との調和が愛らしい。チロル的な美しい家並みが続き、観光産業が村を支えている。

落ち着いた保養地

■カレッツァ湖──*Carezza al Lago*

ラテマール山と針葉樹林のコントラストが美しい

　針葉樹の森に囲まれた小さな湖。遠く望むカティナッチョやラテマール山Latemarの切り立った山々には雪が残る。標高1520mの湖は、エメラルド色、またはペパーミントグリーンと色を変える。輝く水は、澄み切り、湖面には森の木々が姿を映す。雪解け水のように夏でも冷たい水をたたえる湖の周囲は、遊歩道となっている。

　ドロミテ山塊の中でも、神秘的かつすがすがしい絵画的な風景に出合うためにも必訪の場所だ。

■コスタルンガ峠──*Passo di Costalunga*

　このあたりは、切り立った山々にも緑がはうように茂り、草刈りのあとの香りが鼻をかすめる。かつての海の堆積物の断層である、砂岩、石灰質（ドロマイト）が見える。この峠からは、カティナッチョとラテマールの山が望める。また、ロープウエイを使えば3002mのカティナッチョ山の山頂へも行くことができる。

見渡しのよいコスタルンガ峠

NAVIGATOR

　ボルツァーノからコルティナ・ダンペッツォまで見どころを巡って、約2日間の道のりをレンタカーで回るのが楽しい。とはいえ、傾斜が厳しく、それほど広くはない山道でのすれ違い、ときには牛が大手を振って歩く放牧地の間を走ることもある。カーブの続く、長い坂道の上り下りを余裕で運転できる人にはおすすめだ。駐車場はどこもよく整備されている。

　「地球の歩き方」がおすすめするのは、周遊バスを使っての ドロミテ遊覧の旅。ボルツァーノ、ドッビアーコ、セルヴァ、オルティゼイ、メラーノからは1日周遊バスが出ている。

⊠ **カレッツァ湖**

　写真のとおり、たいへん美しく感動的でした。ボルツアーノからバスで50分くらい。プルマンのターミナルからの乗車が簡単です。道路標識などはイタリア語とドイツ語の併記でした。
（愛媛県　Hisashi　'15）

　午前10時ごろと午後4時ごろに行きました。太陽光の向きから、午後のほうが山も湖もくっきりと見えました。大変な観光地で、6月初めの観光シーズン前なのに展望台は、ツアー客であふれかえってました。道路向かいのビジターセンター地下にあるトイレは無料。駐車場は15分まで無料、1時間€1と安いですが、夏のシーズン中は入れないで並ぶことも多いそうです。ビジターセンターにはみやげ物だけでなくカフェテリアもあり便利です。
（Urara　'17）

トイレ情報

　見どころそばのバス停近くには、山小屋を兼ねたバールや食堂がある。飲み物でも注文して、トイレはそこで借りるのがいい。何も注文しないときは、トイレ使用料としてレジで€0.50～1程度の支払いを求められるのが普通だ。レジ近くに書かれているので、チェックしてみよう。

■ヴィーゴ・ディ・ファッサ—*Vigo di Fassa*

ファッサ渓谷の山々が取り囲み、緑のなかにゆったりとした光景が広がる。ホテルやキャンプ場も多く、カティナッチョの山々への登山の基地である。ロープウエイもある。針葉樹で覆われた山々の斜面からは小さな滝が清涼なしぶきを上げている。

コスタルンガ峠を下るとヴィーゴ・ディ・ファッサだ

■カナツェイ————————————*Canazei*

夕日を浴びたセッラ連峰

■ポルドイ峠のロープウエイ
Funivia del Pordoi
☎ 0462-601130
🗓 5月中旬～10月中旬
　（'18年5/10～11/4）
　9:00～17:00
💶 往復€18
　上りのみ€11
　下りのみ€8.30
※スキーシーズンの運行あり

自転車でやってきた！

ポルドイ峠のロープウエイ乗り場
　観光バスが停まる駐車場に面して乗り場がある。ある程度の人数が集まるまで待たされることがあるが、手軽に高峰登山の気分が味わえる。降りた所には山小屋や展望台があり、サッソルンゴやカティナッチョ、マルモラーダなどの山並みを一望するすばらしいパノラマが広がる。トレッキング・ロードは整備され、頂上部からガルデーナ峠やカナツェイへも抜けられるが、この場合はしっかりとした装備で出かけよう。

ドロミテ山塊の中心に位置し、カティナッチョCatinaccio、セッラSella、マルモラーダMarmoladaの山々に囲まれている。ロープウエイ乗り場の左側には、サッソルンゴSassolungo（3179m）、右側には夏でも雪をかぶったマルモラーダ山（3343m）の高峰が望める。

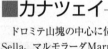

リゾートブームで有名になったこの町は、マルモラーダ連峰の周遊、登山、スキーの基地であり、夏冬ともににぎわう。

ホテルが軒を並べるカナツェイの町

■ポルドイ峠————————————*Passo Pordoi*

坂道を上がり続けたバスは、ドロミテ街道で最も標高のあるポルドイ峠（2239m）に到着する。ここからロープウエイに乗れば、標高2950mのサッソ・ポルドイSasso Pordoiへも行ける。遠くには垂直に切り立ったドロミテ特有の光景が広がる。

夏でも小雪の舞うほどの寒さに、最高標高を納得する。マルモラーダ連峰のパノラマがすばらしい。バスを降りた広場近くの山でも、草丈は短く、冷たい風に耐えているようだ。鳥さえも風に運ばれ、風の力の激しさを実感。

とはいえ、ここまで自転車をひたすらこいでやってくる人たちもいて、イタリア人のタフさにもびっくりする。

雄大な山のなかに広がる緑の谷間を下ると、しだいに明るい緑の牧草地へと変化してゆく。遠くの山々の麓には、針葉樹林の濃緑色が広がり、さまざまな緑のコントラストが見事。放牧の牛たちのカウベルが響く。

ドロミテ街道の最高標高、ポルドイ峠（2239m）も、観光ブームですっかり開けた

■コルヴァラ・イン・バディア
—— Corvara in Badia

アラッバArabbaを経由して、コルヴ
ァラ・イン・バディアに入る。この村よ
りガルデーナ峠Passo di Gardenaに向
かう道の前方右側には、サッソンゲール
Sassongher(2665m)の山がそびえる。

サッソンゲール山とコルヴァラの町

■ガルデーナ峠 —— *Passo di Gardena*

つづら折りの山道
を行く車窓からは、1
枚の絵のような光景
が広がる。彫刻刀で
切り取ったような険し
い崖からは、雪解け
水の細かい滝がしぶ
きを上げ、眼下には、
緑のやわらかな丘が
広がる。小さな花々

ガルデーナ峠からの眺め。ノコギリのようなPizzes da Cir

が咲き競い、農家が点在する牧歌的な南チロルの夏が広がる。

空を切り取ったように天に伸びた山々。ところどころに見える緑と雪
のコントラスト……と実にすがすがしい風景だ。

■セルヴァ・ディ・ヴァル・ガルデーナ
—— *Selva di Val Gardena*

切り立ったセッラ山Sella(3152m)の
谷底にある村。ホテルの並ぶ保養地で
あるが、ここの重要な産業は200年もの
歴史を誇る木彫り彫刻の民芸品。バス
では通過してしまうが、目抜き通りのみ

木彫り彫刻の店

やげ物屋の店先には、農夫やキリストの木彫りの品が見える。

ここから左側に、1970年のスキーの世界選手権が行われた斜面を見
てオルティゼイへ向かう。

ドロミテのプルマンの
時刻表は下記で検索可
プルマン
URL www.sii.bz.it
URL www.sad.it
URL www.dolomitibus.it
バス
URL www.sasabz.it

カナツェイヘイタロバスで
　ヴェローナからイタロバスが1
日1便運行。ヴェローナ・ポルタ・
ヌオーヴァ駅前15:45→Rove
reto16:50→トレント17:25→
Cavalese18:35→Predazzo
19:01→Moena19:22→Vigo
di Fassa19:43→Pozza di
Fassa19:49→カナツェイ20:10。
帰路はカナツェイ6:30発ヴェロ
ーナ着10:55。
切符購入は、イタロ窓口やURL
www.italotreno.it

✉ ガルデーナ峠の
　おすすめホテル
　ガルデーナ峠のホテル・チ
ールは最高です。峠に位置す
るすばらしいロケーションで、
美しい山々を客室からも見るこ
とができます。夜、晴れていれ
ば満点の星空、朝は美しい朝
焼けが見られます。夕食のコース
料理もとてもおいしかったで
す。スタッフもフレンドリーで気
持ちのよい接客でした。料金も
リーズナブルで、本当はあまり
人に教えたくないホテルです。
ホテル・チール
Hotel Cir　　　★★★
URL hotelcir.com
　　　（東京都 谷岡光信 '18）

✉ ドロミテ観光の
　基点は?
　やはりオルティゼイでしょう
か。私たちは毎日ボルツァー
ノからMobilカードを使ってオ
ルティゼイ経由で出かけまし
た。オルティゼイのバス乗り
場は狭い所に人が多く、いろ
いろなバスが集まってくるの
で、注意して行き先確認のう
え、乗車を。　（愛知県　mie）

マルモラーダ山　Marmolada　　　*column*

　ドロミテ山塊の最高峰(3343m)、氷河とスキー場
がある。フェダイア湖Lago di Fedaiaの南側のマ
ルガ・チャペラMaruga Ciapelaからロープウエイ
に乗れば、標高3265mまで行ける。コルティナの山々
をはじめ、オーストリア・アルプスまでが望める美し
いパノラマが広がる。

　カナツェイからポルドイ峠への道は、夏には赤い
ケシの花、デージー、エリカのようなピンクの小さ

な花々が咲き乱
れる。山あいを流
れる小川の清冽
（せいれつ）
なせせらぎを耳に
しながら進むと、
マルモラーダ連峰
の眺望が広がり始
める。

夏でも雪をかぶった
マルモラーダ山とフェダイア湖

オルティゼイへの行き方

🚌 **バスで**

●ボルツァーノから
SAD社のプルマン
直通で所要1時間
13分
夏季　ほぼ1時間
に1便あり
▼
オルティゼイ

🚂🚌 **電車とバスで**

●ボルツァーノから
Ponte Gardena
駅まで15分、ポン
テ・ガルデナ駅前
からオルティゼイ行
きのバスで約30分
▼
オルティゼイ

■オルティゼイの🛈
🏠 Via Rezia 1 Palazzo
dei Congressi1階
☎ 0471-777600
🕐 8:30〜12:30
14:30〜18:30
⑯㊗10:00〜12:00
17:00〜18:30
🚫 12/25、11月の⑯
ホテル紹介や両替のほか、ド
ロミテバスツアーの受付や、
民族衣装によるお祭りFesta
Folcloristicaの入場券も販売
している。

■ガルデーナ渓谷博物館
🏠 Via Rezia 83
☎ 0471-797554
🕐 5/21〜6/30、9/1〜10/10
⑯〜🈺10:00〜12:30
14:00〜18:00
7/1〜8/31⑯〜🈷10:00〜18:00
8/15　　　15:00〜18:00
12/15〜1/6　10:00〜12:30
1/7〜3/31🈷〜🈺14:00〜18:00
🚫 1/1、12/24、12/25、12/31、
4/1〜5/20、10/11〜12/14
💶 €8、65歳以上€5、26歳
までの学生€2.50、生徒
€1.50

■オルティゼイ ———*Ortisei/St.Ulrich*

かわいらしいオルティゼイの町

モミの木の森が周囲に広がるガルデーナ渓谷Val Gardenaの中心地。石畳の続く坂道に民芸品やかわいらしいカフェが続く。エレガントでチロル的な雰囲気に満ちた町。

ロープウエイでアルペ・ディ・シウジAlpe di Siusiやセチェーダ山M. Seceda（2518m）へ登ることができる。サッソルンゴSassolungoのパノラマがすばらしい。

スキーシーズンのアルペ・ディ・シウジ周辺

冬にはスキーの中心地となり、夏には民族衣装に身を包んだ町の人々による音楽や踊りが楽しめる。特に老若男女、子供たちまでもチロルの民族衣装を着て集う祭り（7月中旬〜8月初旬の日曜日に開催）は必見。ゆっくり滞在したいドロミテ街道沿いの町だ。

ガルデーナ渓谷博物館Museo della Val Gardenaは、ガルデーナ渓谷の村々で作られた彫刻、絵画をはじめ、この地の鉱物、植物、動物が展示され、この土地の自然や文化を知ることができる。目抜き通りの中ほど、大きな彫刻のあるにぎやかなサン・アントニオ広場Piazza S. Antonioの北側にある。

ガルデーナ渓谷博物館

また、この町の重要な産業である木彫り製品がArt 52に展示してある（🕐 9:00〜22:00　入場無料）。

ロープウエイやリフトの運行を確認しよう

毎年少しずつ運行期間が異なるので、運行開始や終了間際に旅行する場合は事前の確認がおすすめ。
🔗 www.dolomitisupersummer.comに地区別のロープウエイ、リフトの運行期間、営業時間の一覧がある。
まず、ホームページを開くと、右側にお天気（天気・気温）、ロープウエイのマーク続いて**ライブ映像**webcam、**地図**Cartina（ハイキングや登山ルート）の表示がある。ロープウエイのマークをクリックすると、地区ごと、さらに峠ごとなどでロープウエイ、リフトがマークされ、その横に**運行期間**Periodo di Stagione、**営業時間**Orari di Aperturaが表示。左側のstatoにチェックマークがあれば、閲覧時に運行している印。27/mag/2019-22/ott/2019とあれば2019年5/27〜2019年10/22に運行ということ。月は略して表示されているが、mag5月/giu6月/lug7月/aug8月/set9月/ott10月という具合だ。

オルティゼイから訪ねる山々へ

牙のようなレ・オドゥレと緑の放牧地のコントラストが美しい上駅近くからの眺め

オルティゼイはドロミテ西側に位置する、チャーミングな町。町からロープウエイが3本運行しており、トレッキングや山登りの基地。ゆったりとした放牧地が広がるシウジ（→P.344）でのトレッキングならアルペ・ディ・シウジ線Ortisei-Alpe di Siusi（川を渡った町の北側に駅）へ。簡単にサッソルンゴやセッラ山塊の眺めを楽しむならレシエーザ線Ortisei-Rescieaza、レ・オドゥレ／ガイスラー山塊の圧倒的な姿を見るならセチェーダ線Ortisei-Furnes-Secedaへ。

緩やかなレシエーザのトレイルへ

まずはレシエーザ線に乗り込み、上駅を出たら左にN.35を進もう。最初の山小屋レシエーザ小屋Rifugio Rescieaaまで行き30〜40分、帰りは20分程度だ。最初に上りがあるだけで、犬を連れた人、子供、マウンテンバイクも通る、歩きやすい広く緩やかなトレイルが続く。左手にひときわ高く、雄大な姿を見せるのは、左がサッソルンゴSassolungo（3181m）、右のやや低い三角形の山がサッソピアットSassopiatto（2956m）。

レ・オドゥレ／ガイスラー山塊を目指してセチェーダ高原へ

次は、圧倒的なレ・オドゥレ／ガイスラー山塊Gruppo "Le Odle" /Geisler Gruppeの山並みを求めてセチェーダを目指そう。オルティゼイのバス乗り場近くの乗り場からフルネスFurnesで一度乗り換えて2518mのセチェーダに到着。山裾に目をやると車や人家が見えるものの、冬にはスキーのゲレンデとなる傾斜のある緑の草原が高地へ来たような気分にさせてくれる。花畑に1本細いトレイルがレ・オドゥレ／ガイスラー山塊へ向かうのも印象的な風景だ。キバのような岩肌が重なり、深く谷に落ちる迫力ある風景を眼前にして進むのはなぜか高揚した気分にさせてくれる。1本道を20分ほど進むと行き止まり。レ・オドゥレ／ガイスラー山塊の西側部分、横顔だけを見るだけだが、周囲の風景とも相まって感動的。右手には堂々たるセッラ山だ。

ここからオルティゼイやサンタ・クリスティーナへ向かうトレイルもあるが、セチェーダ線のロープウエイの最終下りの時間は早いので、ロープウエイ駅に戻って下りよう。

お花畑のなかに1本のトレイル、フォトジェニックな風景（セチェーダ線）

かつては牛の放牧地。牛の水飲み場やベンチも点在している（レシエーザ線）

歩くならしっかりとした装備と地図を持つこと

冬のレ・オドゥレ

バスの発着する広場に建つ教会の裏を右へ進もう。ガルデーナ博物館Museo della Val Gardenaの脇を抜けると、エスカレーターと動く歩道が続いている。ここにあるのがセチェーダ線の乗り場。広場を出て、橋を渡り、標識に沿って坂を上り、左へ左へと3〜5分ほど歩くと右にレシエーザ線のケーブルカーの駅舎がある。

Ortisei-Rescieaza
☎ 2018年5/18〜10/14
　9:00〜16:30
　20分間隔
🎫 往復€19／片道€13.50

レシエーザ線ケーブルカー乗り場

Ortisei-Furnes-Seceda
☎ 2018年6/2〜10/14
　8:30〜17:00
🎫 往復€30／片道€20

セチェーダへ向かうロープウエイ

緑のなかに立つレシエーザ小屋

●ケーブルカー、ロープウエイの運行状況は
URL www.alto-adige.com/estate/orari-estivi-impianti
●バスの運行期間や時刻表は
Dolomiti Bus社
URL www.dolomitibus.it
SAD社
URL www.sad.it

背後にドロミテ連峰を抱く、
ドッビアーコ

ドロミテ山塊 東側ルート

ドッビアーコまたはコルティナ・ダンペッツォを基点とすると交通の便もよく便利。できれば、ドッビアーコ、コルティナ・ダンペッツォに数泊ずつ分けて宿泊すれば、よりゆったりとした観光が楽しめる。

■ドッビアーコ————*Dobbiaco/Toblach*

オーストリアとの国境へも東へ10kmほどの町で、セストSesto、トレ・チーメTre Cime、ブライエス湖L. di Braiesなどへの基点となる町。

長期滞在者向けの、ゆったりとした田舎風の町で、サウナ、室内プールなどの充実した宿泊施設のあるホテル、民宿などがある。

町は、鉄道駅近くに広がるドッビアーコ・ヌオーヴォDobbiaco Nuovo（新市街）とオーストリア・バロック様式の大きな教会の建つ、パロッキ広場Piazza Parocchi周辺の旧市街とに分かれている。新市街には、新しい施設をもつ大型ホテルが多い。鉄道駅から、旧市街へ延びるVia Dolomiti、Via S. Giovanniには、❶やしゃれたカフェ、みやげ物屋、スキーウエアや最新ファッションを売るブティックなどがあり、そぞろ歩きが楽しい。

ドッビアーコの新市街

夏には各種の祭りがあり、訪れる人を楽しませてくれるが、特に7月中旬～下旬にかけて催される「グスタフ・マーラー週間」が有名。1900年初頭、この地に滞在したマーラーを記念した音楽祭だ。

ドッビアーコへの行き方

電車とバスで

●ボルツァーノから
鉄道利用(fs線またはSAD社利用でFortezza乗り換えで所要約2時間。30分に1便。
↓
ドッビアーコ
※ヴェネツィアからコルティナ行きのプルマン(→P.326)を利用し、コルティナでSAD社のドッビアーコ行きに乗り継ぎあり。夏季はヴェネツィア→ドッビアーコ便も運行。

■ドッビアーコの❶
住 Vie Dolomiti 3
(Dobbiaco Nuova)
☎ 0474-972132
開 9:00～12:30
15:00～18:00
⊕10:00～12:00
休 ⊕祝

HOTEL　　ドッビアーコのホテル

★★★★ クリスタッロ
Hotel Cristallo

3代にわたって続く家族経営のホテル。客室からは雄大なドロミテの眺めが広がる。サウナ、温水プール、レストランなど設備も充実。
URL www.hotelcristallo.com

住 Via San Giovanni 37
☎ 0474-972138　Fax 0474-972755
SS €78/138　TS TE €82/138
SU €131/280
室 36室　朝食込み W-F
休 3/23～5/28、10/5～12/19
C M.V.　交 旧市街

★★★ グラッツシュヴァルト
Arthotel Gratschwirt

家族経営のホテル兼レストラン。チロル風の雰囲気のなかで郷土料理が味わえる。ホテルにはサウナや緑の庭が続き、ゆったりとした滞在に。近くにバス停設置。
読者割引 1・3・6・9月の4泊以上で10%
URL www.gratschwirt.com

住 Via Grazze 1(パロッキ広場から国道沿いに1.5km)
☎ 0474-972293　Fax 0474-972915
SS 1人€50/105　TB 1人€75/145
室 28室　朝食込み W-F
休 4/4、5/5、6/6、9～10月
C A.D.J.M.V.

※ドッビアーコの滞在税　1泊1人€1.50(14歳以下免除)

SS シャワー付きシングル料金　TS シャワー付きツイン料金　TB バス付きツイン料金　SU スイート料金

■ドッビアーコ湖——*Lago di Dobbiaco*

　町の南側には、ドッビアーコ湖Lago di Dobbiacoがある。町から歩いても30分ほど。緑の林を抜けると、散歩にも、昼寝にもうってつけのドッビアーコ湖に到着する。町にあるホテルの多くでは、レンタサイクルもしているので、サイクリングで行くのもよい。

林の中にある、ドッビアーコ湖

■ブライエス湖——*Lago di Braies*

　ドッビアーコ湖からバスで約30分。標高1493m、険しい山々に囲まれた白砂の広がる湖。周囲には、遊歩道がありゆったりとした散歩が楽しめる（ただし、多くの人はトレッキングシューズ着用）。透明な水をたたえる湖は、神秘的かつ寂寞たる雰囲気をもつ。

灰色のドロマイトの岩壁が
印象的なブライエス湖

ドロミテ山塊
東北部

Brunico
Bruneck
ブルーニコ

N

0　　4　　8km

Dobbiaco
Toblach
ドッビアーコ

S. Cándido
Innichen
サン・カンディード

Monguelfo
Welsberg

Villabassa
Niederdorf

ブライエス
Bráies
Prags

Dobbiaco
Nuovo

Sestoへ

ドッビアーコ湖
Lago di
Dobbiaco

Marebbe
Enneberg

ブライエス湖
Lago di Bráies

Val di Landro

Tre Cime
di Lavaredo
Drei Zinnen
トレ・チーメ・
ディ・ラヴァレード
▲2999

Croda Rossa
Hohe Gaisl

道路

鉄道

ロープウエイ、
リフト

Misurina
ミズリーナ

Cristallo
クリスタッロ山
▲3221

ミズリーナ湖
Lago di
Misurina

トファーナ山
le Tofana
3243

▲1805
トレ・クローチ峠
P.so Tre Croci

Gr.po dei Cadini

ヴァルパローラ峠
P.so di Valparola
▲2192 2447

Pocol
ポコール

コルティナ・ダンペッツォ
Cortina d'Ampezzo

ファルツァレーゴ峠
P.so di Falzárego

3205 ▲ソラピス山
Sorapiss

Cernado

⊠ ドロミテ東側観光に便利な
MobilecardとMuseumobil
カード（→P.340）

　モバイルカードはアルト・アディジェ州内（＝Sudtirol）の公共交通機関に有効なカード。ボルツァーノからコルティナ・ダンペッツォ間のプルマン、ボルツァーノからトレント間のfs線のR、RVなどをはじめ、州内を走るプルマン、列車、市内バス、レノン鉄道、レノンのロープウエイなどに利用可能（一部のロープウエイ、リフトは除外）。使い方によってはかなりお得感があり、切符購入の手間が省けて便利。私は美術・博物館も無料になるMuseumobilカードを購入。専用のビニールケースに入っていて持ち運びもグッド。州内80ヵ所の美術・博物館なども無料なので、欲張って見学しました。乗り物では乗車のつど、改札口に入れてヴァリデーションを。
（東京都　Joli）['19]

⊠ おすすめカード

　モバイルカードは便利でお得です。3日券€23でした。
（長野県　安井信雄）

🚌 ドロミテ巡りの路線バス
　ドッビアーコから

　ドッビアーコ駅前、❶の前の停留所、旧市街のPOST-POSTAホテル前やパロッキ広場（バスターミナル）などから乗車。パロッキ広場には、一度に各路線のバスが集まり、しばらく停車するので、乗り違いもなく便利。

　バスはドッビアーコ周辺を走るAutolinee社と南チロルの大きな範囲を網羅するSAD社、SAS社などが運行しており、切符はいずれも車内で購入。

319

ミズリーナ湖への行き方
🚌 **バスで**
●ドッビアーコから
↓ ……………約30分
ミズリーナ　SAD社
夏季のみ1日6〜7便
●ミズリーナから
↓ ……………約25分
トレ・チーメ　SAD社
夏季のみ1日6〜7便
※事前にバス時刻を確認すること

✉ **ドッビアーコ駅の券売機で
モバイルカードを購入**

平日の8:45にドッビアーコの駅に到着しましたが、駅の切符窓口はまだ開いていませんでした。券売機でモバイルカード3日券を購入。券売機には英語表示はあるものの、€5、€10の紙幣か€1と€2の硬貨しか受け付けません。近くのヘホテルで両替してもらいました。
（埼玉県　原田幸子　'17）

✉ **おすすめプライエス湖**

ミズリーナ湖は観光地化され、湖の透明度も低く、残念な印象でした。プライエス湖は湖面に山々が写し出されるほど透明度が高く、神秘的で地元のハイカーもこちらのほうが多かった。ドッビアーコからのバスも30分に1本程度と多いので、トレ・チーメやミズリーナ湖に行った後でプライエス湖へ行くことも可能です。1周2時間程度、左回りのコースが高低差が少ない。（3happy）

✉ **プライエス湖へのバス**

バスはドッビアーコのバスターミナル（駅から徒歩20分くらい）から30分に1便程度出ています。とても美しい湖ですが、ここも人が多かったです。（東京都　としちゃん　'18）

✉ **登山の準備を**

P.320に「トレ・チーメの展望台までなら、運動靴で十分歩ける」とありますが、やはりトレッキングシューズが必要だと思います。山小屋Rifugio Lavaredoから先の登山道は滑りやすい大小の石で覆われており、滑っけがしたり、足首をひねって捻挫する可能性があります。山小屋までなら、運動靴でも十分ですが、トレ・チーメの相貌と展望台（といってもやや広い空間）から見るそれとは雲泥の差がありました。
（邪想庵）
トレ・チーメのハイキングコースは砂利道なので、折りたたみ式のストックがあると歩きやすいです。
（大阪府　オーマ・オーバ）

■ミズリーナ湖 ——— *Lago di Misurina*

ドッビアーコ湖から岩がちの森の中に続く道路をしばらく走ると、急に風景が開けて、湖に到着する。

ミズリーナ湖は、ドッビアーコとコルティナ・ダンペッツォのほぼ中間あたりにあり、訪れる観光客も多い。湖には、ペダルボートが浮かび、湖畔には、ホテルやレストラン、ピッツェリア、みやげ物屋が並び、ドロミテ山塊のなかでも、観光地化が進んでいる。

湖の周囲には遊歩道が通っていて、散策（1周約1時間）もできる。

ミズリーナ湖の遊歩道を歩こう

湖の正面、北側には、トレ・チーメ・ディ・ラヴァレードの3つの岩峰がそびえている。南側に見えるのはソラピス山Sorapiss。

■トレ・チーメ・ディ・ラヴァレード ——— *Tre Cime di Lavaredo(2999m)*

トレ・チーメとは、3つの頂きの意味。その名のとおり、3つの高い頂きが並ぶ絶景。コルティナ・ダンペッツォ（→P.322）、ドッビアーコからのバス利用が便利。ドッビアーコに滞在したならば、まず一番に訪れたい名所だ。バスで約40分で、トレ・チーメの麓に到着。バス停上部のアウロンツォ小屋Rifugio Auronzoの裏手からN.101の登山路が始まる。

40〜50分でトレ・チーメの下の山小屋であるラヴァレード小屋Rifugio Lavaredoに到着する。ここからは、展望台への道が2本続いている。展望台に向って左側の道は、少し急だが最短だ（→P.323のマップ参照）。

右側の広い登山路は、それほど厳しくなく、ときには乳母車やマウンテンバイクさえも通ってゆく。広い登山道の方を上るならスニーカーでも大丈夫だが、手前の急な登山道には軽い岩場もあるので登山靴のほうが歩きやすい。

トレ・チーメ側から周囲の峰々を望む

標高が高くなるにつれ、今まで見かけなかった高山植物も目に飛び込んでくる。左側の岩肌では、ロッククライミングをする人たち。最後にやや急な坂を登って、**展望台**へ到着。目前には、トレ・チーメの3つの頂が広がる。夏でも雪の残る山々を見下ろし、太陽の光によって岩肌が、オレンジに、ブルーにと色を変える姿は、まるで彫刻を施したオブジェのようだ。四方に広がるドロミテの山々の雄姿は、いつまで見ても見飽きることがない。

左からピッコラ、グランデ、オッチデンターレの3つの頂

トレ・チーメの3つの頂は、展望台に立ち左からピッコラPiccola、**グランデGrande**、**オッチデンターレ**

ドロミテ・アルプス国立公園の標識

Occidentale(小、大、西)というシンプルな名前がついている。ここから、左側に小さく見える頂は、プンタ・フリダPunta Frida (2772m)、右側のずんぐりとした山は、サッソ・ディ・ランドロSasso di Landro(2536m)。

展望台から先の登山道の標識に従って行けば、ドッビアーコやセストへも通じている。子供や年輩の人も歩ける道だが、ドロミテ・アルプスを抜けるのだから安易な装備で歩くことは慎むべきだ。必ず、地図、食料およびトレッキング用の靴などを着用のこと。

トレ・チーメの展望台までならスニーカーで歩ける。ここからゆっくり帰り、バスの停車場上の山小屋で、お昼やお茶が楽しめる。山小屋からの眺めもすばらしい。

トレ・チーメの展望台までは、ドロミテ登山の気分に浸れる絶好のおすすめルートでもある。

ラヴァレード小屋から展望台までは15〜30分

左からピッコラ、グランデ、オッチデンターレの3つの頂

SAD社の夏季時刻表
ドッビアーコからトレ・チーメへ
●**往路バス444番**
(トレ・チーメ行き)
ドッビアーコ駅前発
8:20、8:50、9:20、9:35、9:50、10:05、10:20、10:50、11:20、12:20、13:20、14:20、14:50、15:20、15:50、17:20
所要45分、切符 €7.50
ドッビアーコ・バスターミナル発
8:12*、8:45、9:15、9:30、9:42*、10:12*、10:42*、11:12*、11:42*、14:05*、16:05*
*は要乗り換え、所要50分(直通)〜1時間23分
※ドッビアーコのバスターミナルからは直通のほか、一部(*印)は駅前などで乗り換えが必要。バスターミナルAutostazioneから駅前へはバス448番、所要4分。またはバス445番(Cortina行き)で約18分のLargo di Landro Dobbiacoで、いずれも444番(Tre Cime行き)に乗り換え。
●**復路バス444番**
(トレ・チーメ発ミズリーナ経由ドッビアーコ駅前行)
9:07、9:37、10:07、10:07、10:37、11:07、11:37、12:07、13:07、14:07、15:07、15:37、16:07、16:22、16:37、17:07、18:07(一部駅を経由してバスターミナルが終点)
所要38分、切符 €7.50
●**トレ・チーメからミズリーナ湖へ**
上記バスのほか、31番のバス(Misurina, Albergo Misurina行き)が運行。所要13〜16分。
※最新の時刻表は
URL www.sad.it
●**コルティナからのバス**
→P.322

🚌 ドロミテ巡りの路線バス
コルティナ・ダンペッツォから

コルティナの町の東側のバスターミナルAutostazioneより出発。切符はターミナル内の切符売り場(昼休みあり)およびターミナル脇の新聞売り場やバールなどで購入。

最寄りのfs駅のカラルツォCalalzoへは、1時間にだいたい1便の運行で、所要約55分。(休日の運行は半分以下なので要注意)

もうひとつの最寄り駅ドッビアーコへは1日約6便の運行で、所要約50分。

ミズリーナ湖へは約30分。このバスにさらに30分ほど揺られるとトレ・チーメへ到着する。1日に5〜6便ほどの運行だが、午前中早めにコルティナを出発すれば、ゆっくりトレ・チーメ、ミズリーナ湖を見て巡ることができる。

バスは、Dolomiti Bus、SAD、Autolineeの各社が入り組んで運行しているので、行き先および、往復切符を購入した場合には会社名に注意。

ドロミテ山塊

ドロミテ山塊東側ルート

321

トレ・チーメ
TRE CIME DI LAVAREDO
周遊ハイキング

(Occid.2973m、Grande2999m、Piccolo2857m)

展望台からの遠景。展望台と見上げる頂の標高差は約500m。左からピッコロ、グランデ、オッチデンターレ

トレ・チーメへ

コルティナのバスターミナルからDolomiti Bus 30/31/33番で8:38、10:00、14:05、16:35発。帰路(アウロンツォ小屋下の駐車場から) 10:25、11:00、15:05、16:00発。

ミズリーナ湖へは約35分、トレ・チーメまで所要1時間で料金€12.60。ドッピアーコからはP.320。

※一般的な登山時期は5月下旬から10月だが、5月初めは雪が残り、9月には雪が降る場合があるので、7〜8月がおすすめ。歩行距離9528m、所要3時間30分〜6時間、累積登高468m。トイレは各山小屋にある。地図はTabaccoのArea03を用意しよう。コルティナのバスターミナル脇のキオスクや書店で入手可。レンタカーで行く場合は、入山料と駐車料としてかなり手前のゲートで€24を支払う。バスの場合は必要ない。

ドロミテで人気の高いトレ・チーメ。天を突きさすような山々の直下の展望台まで気軽に歩けるトレッキングロードが続いている。準備があれば、トレ・チーメをぐるりと歩き、絶景を楽しめるトレッキングへ出発しよう。山の縁を巡るルートなのでアップダウンは少なく、短い急登がルートの最後にあるくらいで歩きやすい。展望台Forc. Lavaredoだけの訪問なら、帰路にミズリーナ湖へ寄り道するのも楽しい。展望台までは50分〜1時間程度だ。すばらしい風景を前に写真撮影や食事・休憩でゆっくりしていると、思いがけず時間がかかるので、ゆったりとした計画を立てよう。

コルティナからのバスはトレ・チーメの玄関口であるアウロンツォ小屋Rifugio Auronzo(2330m)下の駐車場に停車する。まずは坂の上に見える小屋を目指して歩こう。途中にトイレもある。アウロンツォ小屋にはレストラン、バールを併設しており、宿泊も可(ひとり2食込みで

展望台までの直登の急な登山路
(展望台に向って左側)。
トレッキングシューズがおすすめ

スタートはアウロンツォ小屋から。売店もあるので、忘れ物があったら補充しよう

TB €60、ドミトリー€50)。

展望台へ行くには小屋の脇から延びる、広いトレッキングロードN.101を進もう。軽装の人もたくさん歩いているが、彼らはラヴァレード小屋Rifugio Lavaredo (2344m)やそのすぐ上の展望台Forc. Lavaredoまでの人々。

お花の咲くN.101のトレッキングロード

ラヴァレード小屋までは軽装でもOK

ロカテッリ小屋。このあたりは2000m級の山々が連なり、すばらしいパノラマが広がる

トレ・チーメ トレッキングロード

ロカテッリ小屋（7〜9月営業）

45〜60分

N.105
花々が美しいエリア

45〜60分

ラングアルム小屋

N.101

展望台

Occid. 2973m　Grande 2999m

Piccolo 2857m

30〜50分

トレ・チーメ

ラヴァレード小屋

N.105　　N.101

50〜60分

バス停　アウロンツォ小屋

トレ・チーメを一周する

　一周のトレッキングをするなら、装備（雨具必携）や地図も忘れずに。展望台からトレ・チーメのオベリスクのようにそびえる雄姿を眺めたら、**ロカテッリ小屋** Rifugio Locatelli alle Tre Cime（2405m、7〜9月のみの営業）までさらにN.101を進もう。山を縁取るようなほぼ平坦な道を45分〜1時間ほどだ。ロカテッリ小屋の裏手には小さな湖Laghi dei Pianiが広

ロカテッリ小屋の周囲には愛らしい教会や湖が広がる

がり、雪と緑に縁取られたキバのような山々が続き、小さな鳥が群舞する。休憩をしたら、山小屋を背に右に下ってN.105へ。それまでと比べ細いトレイルとなり、左右に草地が広がりエーデルワイスやイワカガミ、黄色のポピー、シバザクラのようなピンクの植物など季節の花々が美しい姿を見せる。次の**ラングアルム小屋**Malga Langalm（2283m）ま

どこか高山の荒涼たる雰囲気のあるロカテッリ小屋裏の湖

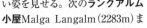

で約45分〜1時間。ここから最初のバス停までは30分〜50分程度、最後に短い急登がある。コルティナへの最終バス16:00に間に合うように行動しよう。

ラングアルム小屋。このあたりはゆったりとした斜面にトレイルが続く

7〜8月は高山植物も短い夏を謳歌して咲き誇る。遠くの山々と足元の可憐な花々に目をやりながら進む、楽しいトレイル

ドロミテの山小屋の多くには日本語メニューがあるので料理選びも楽々

よく整備されているトレイルの標識。表記時間の1.2〜1.5倍を見越して行動しよう

コルティナ・ダンペッツォ P.15 A4

Cortina d'Ampezzo

ドロミテの真珠、黄金の盆地と称される

春のドロミテ、コルティナの町遠望

コルティナ・ダンペッツォへの行き方

🚃🚌 **電車とバスで**

●ヴェネツィアから
　S.L.駅、メストレ駅、
　（パドヴァ駅）
　鉄道R RV+R+Bus
　2時間44分〜3時間
　（Conegliano, Ponte
　Nelle Alpi-Polpet,
　などで要乗り換え）
カラルツォCalalzo
　↓バス　　約1時間
コルティナ・ダンペッツォ

🚌 **バスで**

●ヴェネツィア
　メストレ、空港から
　↓Cortinaexpress社
　　約2時間20分
コルティナ・ダンペッツォ
●ヴェネツィア
　ローマ広場、メストレ駅そば
　↓ATVO社
　　約2時間45分
コルティナ・ダンペッツォ
季節により毎日または週末
のみ1日1〜2便(→P.326)
※ヴェネツィアからコルティ
ナ・ダンペッツォへのプル
マン(→P.326)

デンマーク国王の像

　ドロミテ山塊東側の中心都市、コルティナ・ダンペッツォ。標高1224〜3243mのアンペッツォの谷底に位置し、町にいながらにしてドロミテらしい山々の景観を目にすることができる。トレッキングやハイキングを楽しむ人々でにぎわう夏をはじめ、世界中からのスキー客が集う冬のハイシーズンは華やかな高級リゾート。かつてのイタリア王家のサヴォイア家やデンマーク王室の人々も愛した地でもある。

コルティナ・ダンペッツォ
Cortina d'Ampezzo

おもな見どころ

おしゃれな目抜き通り

MAP P.324 B1・2

コルソ・イタリア ★★

Corso Italia

コルソ・イタリア

季節には花があふれ、のんびりとした散策が似合うコルソ・イタリア

　町を貫く目抜き通り、コルソ・イタリア。歩行者天国となっている石畳の坂道で、左右に華やかなブティックが並び、途中の**教区教会**SS.Filippo e Giacomoの美しい鐘楼がより山岳都市の風情を盛り上げている。周囲の山々や季節には花々で飾られたホテルなどを眺めながらの散策が楽しい。ローマ広場には小規模ながら充実した**近代美術館**Museo d'Arte Moderna "Mario Rimoldi" がおかれている。

近代美術館横の建物にはスキースクールの事務所、スキーのレンタルショップもある。

教区教会　　　近代美術館

ドロミテの歴史を知る

MAP P.324 B1

古生物学博物館と民俗博物館

Museo Paleontologico e Museo Regole d'Ampezzo

ムゼオ・パレオントロジコ・エ・ムゼオ・レーゴレ・ダンペッツォ

　コルソ・イタリアを上り、左折した橋のたもと、近代的な建物内に、かつてドロミテが海の底だった数億年前からの歴史を知る**古生物学博物館**がある。古生代の化石、山塊の地質学研究を展示。この入口左には**民俗博物館**Museo Regole d'Ampezzoがあり、数百年前の農民の生活が再現され、生活に根付いた鉄細工、金銀の透かし細工をはじめ日用品や民族衣装が展示されている。

近代的なホール内にある古生物学博物館

祭りの日には民族衣装が登場する

■コルティナ行きの
プルマン切符売り場
　ヴェネツィアのローマ広場では、ヴァポレット乗り場を背にした広場中ほど右側。メストレでは駅を背に右に200mほど進んだ右側（同場所から空港行きのプルマンも発着）。
☎ 0421-594673（メストレ）
URL www.atvo.it

■コルソ・イタリアの❶
住 Corso Itaria 81
☎ 0436-869086
開 ハイシーズン
　8:30～20:00
　ローシーズン
　9:00～13:00
　14:00～19:00
　⑧㊡9:00～13:00
地 P.324 B2

コルティナから
ドロミテ各地へのプルマン
　トレ・チーメ、ミズリーナ湖（季節運行：7月上旬～9月上旬のみ）をはじめ、オルティゼイ、ドッビアーコ、ベッルーノなどへのバス便も運行している。
　プルマンのバスターミナル窓口（⑧～⊕8:00～12:30、14:30～18:00、⑧㊡8:00～12:30）で切符の購入（fs線も可）、時刻表調べができる。荷物預けもあり。
　プルマンも市内バスも車内での切符購入は割高。乗車前に購入を。オレンジ色の市バスの切符は€1.20。1日券€5、1週間券€14（1回乗り、車内購入€1.80）。ローマ広場Piazza Romaが市バスのターミナル。

■古生物学博物館
■民俗博物館
住 Via Marango 1,Alexander Hall
☎ 0436-875502
開 ⑧～⊕15:00～19:00
　⊕⑧　10:30～12:30
　　　　15:30～19:00
休 ⑧
料 共通券€7、10～18歳、65歳以上€5
古生物博物館と同じ敷地内。
※民俗博物館は入口から左下の建物。日本語のオーディオガイドあり。

ショッピング情報
　プルマンが発着する広場では毎週⑧と㊡の午前に小さな市場が開かれる。コルソ・イタリアを中心にブランドショップや高級セレクトショップ、スポーツ品店、スーパーLa Cooperativa、みやげ物屋などもあり充実している。ほとんどのお店の営業時間は9:00～12:30、15:30～19:30。昼休みが長い。

ロープウエイ情報

●コルティナ←→トファーナ
2018年6/29〜9/23
片道…€22／往復…€30
※山頂駅へは2回乗り換え。山塊の雄姿のみならず、天気がよければ、ヴェネツィアまでも望む絶景が広がる。乗り場へは徒歩またはバス8、8A番で。

●コルティナ←→ファローリア
2018年6/1〜9/23
※Cortina→Mandres（乗り換え）→Faloriaと進む。
往復……€19〜19.50
※標高2341mとトファーネよりは低いものの、ここからもすばらしい山塊が望める。乗り場はバスターミナル脇。
8:30〜16:30の約30分ごとの運行。夏季6月中旬〜9月上旬、冬季スキーシーズンのみ。

✉ ❶で地図をゲット

コルティナの❶には、とても詳しいハイキング・マップと日本語のガイドブックが用意されています。たいへん役立ちました。　（邪想庵　'12）

安心・安全な登山に

岩登りやヴィッラ・フェラータ（ハーネスとワイヤロープを結ぶ登山）をやってみたいなら、ガイド協会のホームページや現地の事務所を訪ねてみよう。初級から上級までグループ、個人のツアー、日程や料金などを知ることができる。
URL www.guidedolomiti.com/jp（日本語）
URL www.guidecortina.com/eng（英語）
住 Corso Italia 69/a（コルソ・イタリアの中ほどの教会広場）

ドロミテの自然に包まれて散策 MAP P.324

遊歩道
Passeggiata
パッセジャータ

コルソ・イタリアをほぼ下りきると左の高みに陸橋が見えてくる。これはかつてコルティナとドッビアーコを結んだ鉄道の陸橋。線路跡は現在は遊歩道として整備されている。プルマン乗り場からファローリア山へのロープウエイ乗り場の前を進むか逆方向はホテル・コ

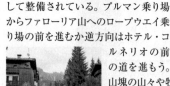

ルネリオの前の道を進もう。

かつては鉄道が通った陸橋

山塊の山々や牧草地が身近に感じられ、気ままに徒歩や自転車で進むのが楽しい。

ドロミテの自然が身近に感じられる遊歩道

360度のパノラマが広がる

ファローリア山 ★
Monte Faloria
モンテ・ファローリア

町からひとっ飛びで山頂へ

プルマン乗り場の駅舎を背に右に進み、駐車場を過ぎるとロープウエイ乗り場がある。コルティナの町と緑の谷を見下ろし、途中駅で乗り換えてロープウエイは2123mの山頂近くへと運んでくれる。2341mの山頂へは徒歩かランドクルーザー（有料）で向かおう。

ロープウエイの終点には山小屋があるので、ランチやお茶を楽しむのもいい。

ロープウエイ乗り場の案内板

コルティナへのプルマン

●コルティナエクスプレスCortinaexpress

ヴェネツィア・メストレ発	14:00	15:00	17:00
ヴェネツィア空港発	14:15	15:15	17:15
コルティナ着	16:20	17:20	19:20

料金 €25　URL www.cortinaexpress.it
※冬季（'18年12/17〜'19年3/31）はコルティナからファルツァレーゴ、コルヴァーラへの運行あり。コルティナ8:00、17:00。また週末にFLIXBUSとの共同運行でコルティナ↔ヴェローナ↔ベルガモ↔ミラノ（ランブニャーノ）便も運行。
URL //shopflixbus.it

●ATVO社のプルマン

ヴェネツィア・ローマ広場	7:50	9:50*	14:50*
ヴェネツィア・メストレ発	8:05	10:10	15:10
ヴェネツィア空港発	8:20	10:30	15:30
コルティナ着	10:35	12:35	17:45

*は空港で要乗り換え
料金 €27（要予約）　2019年4/1〜4/5、4/8〜4/12、4/15

〜4/18、4/29〜5/3、5/6〜5/10、5/13〜5/17、5/20〜5/24、5/27〜5/31、9/30、10/1以降は未定のためURL で確認を。
URL www.atvo.it

ローマ広場切符窓口
☎ 0421-594671　時 6:40〜19:35
切符は要予約（乗車日指定の事前購入）。切符売り場（→P.325）

✉ コルティナへのプルマン

電車＋fsバスでCalalzoまで行き、そこからバスという行き方がありますが、3〜4回の乗り換えが必要ですし、列車は単線のため、一度遅れだすとどんどん遅れ、乗り換えのバスに30分の余裕があっても乗れませんでした。
メストレからプルマンCortina Expressを利用することを絶対おすすめします。復路はこれを使いましたが、とても快適で移動時間もかなり短縮されました。このプルマンはマルコ・ポーロ空港からも利用できます。
（Barchetta）['19]

RISTORANTE HOTEL コルティナ・ダンペッツォのレストラン&ホテル

夏と冬のスキーシーズンの季節営業としているホテルが多い。最も混雑するのが8月とクリスマス〜1/6頃、復活祭の休暇期間。繁忙期は1週間単位での予約が優先される。早めの予約が入れられればベストだが、短期滞在の個人客は直前の予約でも可能性があるので、トライしてみよう。URL www.cortina.dolomiti.orgで多くのホテルの料金や営業期間が検索できる。3つ星以上のホテルでは2食付きのハーフペンショーネで料金設定していることがほとんど。

ティヴォリ
Tivoli `P.324 A1 外`

町からはやや離れているものの、ドロミテ山塊の眺めがすばらしい1軒。お味もミシュランの1つ星で保証付き。
要予約
🏠 Località Lacedel 34
☎ 0436-866400

🕐 12:00〜14:00、19:00〜22:00
🚫 (8月とクリスマス休暇時を除く)、ローシーズンの
☀ 昼、10、11月 🍴 €70〜140(コペルト€5)、定食 €85、105 💳 A.M.V.
🚌 町からポルドイ峠方向へ2km

チアーザ・ロレンツィ
Ciasa Lorenzi `P.324 A2`

下記のホテル・チアーザ・ロレンツィ内にある、白木を多用したアルペンスタイルのレストラン兼バール。営業時間が長く、パニーノから郷土料理まで味わえる。冬の夜は暖炉が燃えて、ロマンティック。

🏠 Via Cantore 1(ホテル・コルネリオ内)
☎ 0436-2232
🕐 10:00〜22:00
🚫 4月、11月
🍴 €20〜50、軽食€5〜
💳 M.V.

★★★★ アンコラ
Hotel Ancora `P.324 B2`

1826年創業のコルティナ最古のホテル。花々があふれるベランダや入口近くの飾り格天井、400年前の陶製ストーブ、チロル風の客室など各所に伝統を感じさせる。併設レストランは、料理の評価が高い。
URL www.hotelancoracortina.com

🏠 Corso Italia 62
☎ 0436-3261 Fax 0436-3265
1人 €115〜155
🛏 利用のハーフペンショーネ1人 €130〜
🏢 49室 朝食込み Wi-Fi
🚫 4〜5月中旬、10月中旬〜12月初旬
💳 A.D.J.M.V. 🚌 ローマ広場すぐ

★★ モンターナ
Hotel Montana `P.324 B2`

✉ バスターミナルにも近く、繁華街に位置していて便利です。チロル風のこぢんまりした宿。 (愛知県 大沢和哉)['19]
✉ きれいな部屋を割引もあって格安で宿泊できておすすめです。(平藤義裕)['19]
読者割引 3泊以上で8%、P.9参照
High クリスマス〜お正月、復活祭期間、2、8月

URL www.cortina-hotel.com
🏠 Corso Italia 94
☎ 0436-862126 Fax 0436-4286
S €35/55 S €40/100
TS €65/175 S €100/220
🏢 30室 朝食込み Wi-Fi
🚫 11月 💳 D.J.M.V.

★★★ ホテル・チアーザ・ロレンツィ
Hotel Ciasa Lorenzi `P.324 A2`

バスターミナルの広場のすぐ近くにあり、荷物を持っての移動に便利。中心街へもすぐ。近年全面改装され、全部屋バルコニー付きで、明るく清潔。12歳以下割引あり。HPをチェック。
URL www.ciasalorenzi.it
🏠 Via Cantore 1
☎ 0436-2232
S €50〜 TB €60〜
🏢 20室 朝食込み Wi-Fi
🚫 4月、11月 💳 M.V.

★★ オアシ
Hotel Oasi `P.324 B2`

長年続く家族経営のホテル。チロル風のインテリアと清潔であたたかい雰囲気。バスターミナル脇なのも便利。
High 12〜3月、7、8月
URL www.hoteloasi.it

🏠 Via Cantore 2
☎ 0436-862019
Fax 0436-879476
S €50/90 TS €90/150
US €110/180
🏢 9室 朝食込み Wi-Fi
🚫 10月 💳 M.V.

ドロミテでスキー、憧れの「セッラロンダ」へ

コルティナでのスキーもいいが、世界中のスキーヤーの憧れの**セッラロンダ**Sella Rondaへ。セッラロンダとはセッラ山塊の4つの渓谷を巡る全長約40kmのコース。雪を頂く山々の美しさは格別だし、夏の苦労が嘘のようにスキーでは移動が楽なのがうれしい。ゴンドラ待ちがなく天候に恵まれ、スピードに自信があれば4時間ほどでの完走も可能だが、

ゆっくりランチやお茶をすると1日がかりでも忙しい。コルティナからはバスでファルツァレーゴ峠やポルドイ峠などへ移動する必要があるので、できれば、セッラロンダにアクセスが容易な**コルヴァーラ**Corvara (→P.326)や**アラッバ**Arabba、**オルティゼイ**などでの宿泊がおすすめ。ガイドを依頼する場合は1日1人€110〜200(人数による)くらい。

※コルティナ・ダンペッツォの滞在税 ★ €1、★★ €2、★★★ €3、★★★★ €4、★★★★★ €5、 最長7泊、12歳以下免除
※SS シャワー付きシングル料金 SB バス付きシングル料金 TS シャワー付きツイン料金 TB バス付きツイン料金

ドロミテ地方観光のコツ

観光シーズンは短い

ドロミテ地方の観光シーズンは夏(6月下旬～9月上旬)と冬(12月初旬～5月頃)のスキーシーズンだ。ロープウエイやリフトはこの期間のみの運行がほとんど。ホテルも季節営業の所が少なくない。

■バスのスケジュールは現地で確認

便数の多い少ないはあるものの、ドロミテ周辺はバス便がよく整備されている。ただ、午前中から午後の早い時間に集中していることが多い。午後はトレッキングなどの帰路に利用することを想定しているため、最終便は夕方の早い時間帯がほとんど。出発前に帰りのバス便のスケジュールを立て、目的地に到着したら、再度帰りのバス便を確認しておこう。大きな町まで出ないとタクシーもないので、バスの乗り遅れには十分注意しよう。

■ホテル

ホテルは2食付きを提供する所が多い。2食付きはメッザ・ペンショーネMezza Pensione(ハーフペンショーネ)、3食付きはペンショーネ・コンプレータPensione Completa(フルペンショーネ)だ。観光局では食事付きは3泊からの受け付けと言われることもあるが、直接交渉すると1泊からでもOKなことも多い。2食付きは、夕食のために外出する必要がないので、思いのほかゆっくりと過ごせる。また2食付きは朝食のみと料金にさほど差がないので経済的でもある。ホテルはほかのイタリアの町に比べ、設備や清潔さでかなり値頃感がある。やはり名の知られた大きな町よりも小さな町の方が手頃な料金で提供している。3つ星程度から上のクラスは温水プールやサウナを完備している所も多い。

■服装計画

夏の日中は半袖、短パンでもOKだ。ただし、夜や標高の高い山では長袖が必要になる。標高の高い山々に登るリフトは風を受けてかなり寒い。長ズボンをはき、薄手のセーター、長袖のジャケット、軍手などがあるといい。急な気候の変化に対応するため、小さくたためるウインドブレーカー(できれば上下セパレーツの雨具)、軍手、簡易カイロなどがあると安心できる。山とはいえ、リフトやロープウエイなどで上って下りてくる場合は靴はスニーカーで大丈夫。ただし、滑りやすいのが難点。トレッキングなどを予定している場合は専用のシューズを用意しよう。町にはトレッキングシューズや登山用ストックを販売している店がある。最低限の飲み水とおやつは用意しておこう。日差しは強いので、帽子、サングラス、日焼け止めを持参しよう。

■歩き方

山小屋はよく整備され、高い山や峠でも飲み物をはじめ、温かい食事や宿泊施設を提供している。❶などで配布している登山地図には山小屋の位置が記載されるので、長く歩く予定ならば確認しておこう。夏季以外は営業期間も調べておくと安心だ。トレッキングやハイキングロードもよく整備され、目的地や次の山小屋までの目安となる距離や時間が記載された標識も多い。ルートを外れなければ危険は少ない。加えて、午後の早い時間には下山することを心がけよう。

プルマンバスは3社が運行。乗り間違えないように

ときにはホテルのバルコニーから山を眺めるひとときを

山の天気は変わりやすい。重ね着できる一着を

山小屋には土地の名物料理も

ドロミテを歩く人へのおすすめパス　　長期滞在ならお得なカード2種類

ヴァルガルデーナカード VALGARDENA CARD

オルティゼイからガルデーナ峠、セッラ峠間のバス、ロープウエイ、リフトに乗り放題のカード。3日券€70、6日券€93。オルティゼイの❶、ホテル、ロープウエイ乗り場などで販売。

詳細はURL www.valgardenacard.com

ドロミティ・スーパーサマー・カード Dolomiti Supersummer Card

ドロミティのロープウエイ、リフトなどが乗り放題(バスは含まない)のカード。1日券€46、3～4日券€107、5～7日券€143など。

詳細はURL www.dolomitisupersummer.com

トレンティーノ =
アルト・アディジェ州

フリウリ =
ヴェネツィア・ジュリア州

Trentino-Alto Adige
Friuli-Venezia Giulia

トレンティーノ＝アルト・アディジェ州の魅力

● 面積　：13,619km
● 人口　：106万7650人
● 州都　：トレント／ボルツァーノ
● 行政区：
　トレント県、ボルツァーノ県

◆山岳リゾートの魅力がいっぱい

　1948年に制定されたトレンティーノ＝アルト・アディジェ特別
自治州。トレンティーノ県は、公会議で有名なトレントが県都。
この地域は、司教領として800年近くの歴史をもち、宗教都市と
して発展してきた。ナポレオンの支配を経て、19世紀まではオー
ストリアのハプスブルグ家の支配を受けた。山岳・森林地帯が、
州の半分を占める特性を生かして、現在では観光産業が盛ん。
登山やスキーのメッカとして、または山岳保養地として整備され
ている。一方、アルト・アディジェ県は、ボルツァーノを県都と
する2ヵ国語地域で、イタリア語とともにドイツ語が日常的に使わ
れている。ドイツ語では南チロル地方と呼ばれ、アルプスの南斜
面を形成する。ドロミテ山塊もこの州にあり、本格的な山岳地帯。
広々とした谷の脇には緩やかな斜面が広がる。奇観を見せる岩石
群と起伏する草原や牧草地の高原。その間に散らばる宝石のよう
な湖。イタリア一風光明媚な州。

ドイツ語が飛び交うボルツァーノ。
ドゥオーモも北方風

フリウリ=ヴェネツィア・ジュリア州の魅力

●面積　：7,846㎢
●人口　：121万5538人
●州都　：トリエステ
●行政区：
　ゴリツィア県、ポルデノー
　ネ県、トリエステ県、ウー
　ディネ県

◆歴史に翻弄された魅惑の州

　イタリアの東端にあり、北部はプレアルプス山地の裾野から、南のアドリア海まで続く小さな州。現在の州の産業は、農業から工業へと転換し、ポルデノーネの家電、モンファルコーネの造船が有名。またグルメ垂涎のサン・ダニエレの生ハムは、この州の特産だ。歴史を遡ると、紀元前2世紀の頃には、ローマの行政区に編入され、アクイレイアがローマの港として発展した。その後

はロンゴバルド族が内陸部を支配。海岸部はビザンチンの支配を経て、11世紀にはアクイレイアの総司教の力が強まり、北イタリア最大の教会領として発展する。その後は周辺地域の政治体制の変化により支配者が目まぐるしく変わり、イタリア領になったのは第1次世界大戦後。ローマ時代の考古学遺跡はアクイレイアに、ビザンチンの初期キリスト教の建造物はグラードで見ることができる。総司教の時代の建造物としては、アクイレイアの聖堂が有名。

優美なティエポロの作品が町を彩る、ウーディネ

トレンティーノ=アルト・アディジェ州

フリウリ=ヴェネツィア・ジュリア州

A14
高速自動車道路

E16
主要幹線道路

その他の道路

鉄道

国境

州境

✈ 飛行場

∴ 遺跡

N

0 ────── 30km

オーストリア
AUSTRIA

フリウリ=ヴェネツィア・ジュリア州
Friuli-Venézia Giúlia

ドイツ　　チェコ　スロバキア
トレンティーノ=　　オーストリア　ハンガリー
アルト・アディジェ州
スイス　　　　フリウリ=
　　　　　　ヴェネツィア・
　　　　　　ジュリア州
フランス　　ミラノ　スロヴェニア
　　　　　　　　　クロアチア
リグリア海　　　　　　　ボスニア
コルシカ島　　　　　アドリア海　ヘルツェゴビナ
（仏領）
　イ　　　　　　モンテネグロ
　タ　　ローマ　　　アルバ
　リ　　　　　　　ニア
サルデーニャ島　ティレニア海
　　地中海
　　　　　シチリア島　イオニア海
チュニジア

サン・ダニエレ
San Daniele
P.16

Cividale
d.Friuli

ウーディネ
Udine
P.353

Pordenone

Portogruaro

アクイレイア
Aquiléia

Palmanova

Gorizia

スロヴェニア
SLOVENIA

Monfalcone

Lignano
Sabbiadoro

グラード
Grado

トリエステ
Trieste
P.357

トレント

P.15 A3

Trento

美しい自然と歴史に彩られた町

トレントへの行き方

🚃 **電車で**

●ボルツァーノから
　　鉄道fs
　　　EC　……31分
　　　RV　……37分
　　▼ R　……48～55分
　　トレント
●ヴェローナから
　　鉄道fs FRECCIARGENTO
　　　　　……51分
　　　RV　……1時間2分
　　▼ R　……1時間21分
　　トレント

■トレントの🛈
🏠 Piazza Dante 24
☎ 0461-216000
🕐 9:00～19:00
🗺 P.332 A1

NAVIGATOR

　トレントのおもな見どころは、中心部に集中しているため、徒歩で回れる。駅を出ると、まず、ダンテ広場Piazza Danteが目に入る。ここから5分ほどでドゥオーモ広場に到着する。町を歩くと、塔と宮殿が多いことに気づくはずだ。最大の見どころは、町の北東部にそびえる、ブオンコンシリオ城Castello del Buonconsiglio。マンチ通り、さらにはサン・マルコ通りを東に進むと、城に突き当たる。途中、右に見える美しい緑のうろこ屋根は、サン・ピエトロ教会Chiesa di S. Pietroの物。

　緑の木立と岩山が眼前に広がり、町の西側にはゆったりとアディジェ川が流れる古都、トレント。アルプス以北とイタリアを結ぶブレンネロ街道の重要拠点であったこの町は、オーストリア風の優雅なたたずまいを残している。季節にはバラが咲き誇り、緑の梢が広がる公園、鮮やかなフレスコ画で飾られた宮殿、おしゃれなショッピング・ストリートなどが広がり、散策が楽しい町並みだ。

　トレントの名が世界史の表舞台に登場したのは、16世紀のこと。ルターの宗教改革運動に対抗するため、ローマ法王らによるトレント公会議が開催された。

　現在は、トレンティーノ＝アルト・アディジェ州の州都としてビジネスの拠点。また、ボンドーネ山などへの登山やスキーの基地としてにぎわいを見せる。

クリスマスマーケット

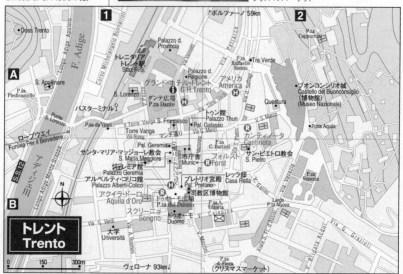

トレント
Trento

0　　150　　300m

ヴェローナ 93km

歴史と文化の中心広場

MAP P.332 B1

ドゥオーモ広場 ★★
Piazza del Duomo

ピアッツァ・デル・ドゥオーモ

1階はカフェが店開きする
レッラ邸

町の中心、ドゥオーモ広場。壮麗な建物に囲まれた広々とした空間だ。周囲にはカフェが広がり、人々の憩いの場でもある。広場の中心には18世紀のネプチューンの噴水が水を上げる。正面にドゥオーモ、その東（左）にプレトリオ宮殿（司教区博物館）、道をへだてて、フレスコ画で飾られたレッラ邸Casa Rellaが建つ。

ネプチューンの噴水が飾る、ドゥオーモ広場

司教区博物館のある
プレトリオ宮殿

美しいバラ窓のロマネスク・ゴシック様式

MAP P.332 B1

ドゥオーモ ★★
Duomo

ドゥオーモ

11〜12世紀に建設に着手され、12〜13世紀に現在の形となり、16世紀に重厚な塔が付け加えられた。荘厳な石造りの内部は三廊式で、高い屋根を支える交差ヴォールトの束ね柱が並ぶ。主祭壇脇には、13〜15世紀のフレスコ画が残る。木製のキリストの磔刑像が飾られたク

町の中心、ドゥオーモ

ローチフィッソ礼拝堂Cappella del Crocifissoの前で公会議の決定の発布が行われた。前方からは、6世紀の初期キリスト教の聖堂であった地下教会へと通じている。

■ドゥオーモ
🏠 Piazza del Duomo
☎ 0461-980132
🕐 6:30〜12:00
　 14:30〜20:00
🎫 地下遺構€1.50

公会議の歴史の証人

MAP P.332 B1

司教区博物館 ★★
Museo Diocesano Tridentino

ムゼオ・ディオチェザーノ・トリデンティーノ

歴史あるドゥオーモのとりわけ貴重な品々を展示している。16世紀のフランドルのタペストリー、14〜15世紀のトレント地方の木彫りの祭壇や彫像、トレント公会議の資料や会議の様子を描いた絵画、聖職者の豪華な衣装や飾り、司教杖などを展示。
　上階からはドゥオーモへと通じており、ドゥオーモ内部を上から俯瞰して眺めることができる。

プレトリオ宮内の司教区博物館内部

■司教区博物館
🏠 Piazza Duomo 18
☎ 0461-234419
🕐 10〜5月　　9:30〜12:30
　　　　　　14:00〜17:30
　 ⓗ　　　10:00〜13:00
　　　　　　14:00〜18:00
　 6〜9月　 10:00〜13:00
　　　　　　14:00〜18:00
🈺 ⓕ、1/1、1/6、復活祭のⓗ、6/26、8/15、11/1、12/25
🎫 €7(65歳以上€5、26歳以下€2、14歳以下無料)

■ブオンコンシリオ城
住 Via Bernardo Clesio 5
☎ 0461-233770
開 5/7〜11/3 10:00〜18:00
　　11/4〜5/6　9:30〜17:00
休 月(祝を除く)、1/1、12/25
料 €10、15〜26歳€6、65歳
　　以上€6、アクィラの塔+€2
　　要予約、オーディオガイド付

便利でお得な
ミュージアム・パス
Museum Pass
　トレントと周辺の見どころ、交通機関、レンタルサイクルなどに幅広く適用される共通券。カンティナ見学と試飲、レストランや商店でも10%の割引あり。地図と見どころのパンフレットがセットになっている。48時間有効で€22。販売は各見どころや❶で。
URL www.visittrentino.info
['19]

『12の月』のある
アクィラの塔と中庭

ボンドーネ山
Monte Bondone
　町から約20km離れたボンドーネ山Monte Bondoneでは冬はスキーが楽しめる。6〜9月には、高山植物園Giardino Botanico Alpinoがオープンし、200種以上もの高山植物を見ることができる。

■S.M.マッジョーレ教会
開 8:00〜12:00
　　14:30〜18:00

美しい中庭を包む優雅な城　　　　MAP P.332 A2

ブオンコンシリオ城　★★
Castello del Buonconsiglio
カステッロ・デル・ブオンコンシリオ

ブオンコンシリオ城の雄姿

　かつて、領主司教の居城として用いられた。向かって左側、円柱塔のある部分は旧城Castelvecchioと呼ばれ、代々の司教の肖像を描いた部屋などがある。13世紀に建築され、15世紀にゴシック・ヴェネツィアン様式に改められた。右側、ルネッサンス様式の部分は、マーニョ宮Palazzo Magnoと呼ばれ、16世紀の建築。部屋ごとに工夫を凝らした天井画が見もの。城は複数の建物からなり、堀に囲まれ、ロッジアと花の咲く中庭が周囲を飾っている。『12の月』のあるアクィラの塔は、城の入口から庭園を横切った右側が入口。城の右端のアクィラ塔Torre Aquila内部には、フレスコ画の連作『12の月』(3月欠落)が、詩情豊かに描かれている。題材は、中世の農民、貴族の日常生活。

優雅な面影を残すストリート　　　　MAP P.332 B1

ベレンツァーニ通り
Via Belenzani
ヴィア・ベレンツァーニ

美しいベレンツァーニ通り

　ドゥオーモ広場から続く通り。広々とした通りの左右は、フレスコ画で飾られたルネッサンス様式の館が点在する。20番地に15世紀のジェレミア館Palazzo Geremia、その向かいには現在の市庁舎であるトゥン館Palazzo Thun、32番地にはアルベルティ・コリコ宮Palazzo Alberti-Colicoなど。14〜15世紀に、この町で大きな影響力をもった有力家系の邸宅で、壁画は神話の物語や当時の生活を描いている。

優美な鐘楼が飾る　　　　MAP P.332 B1

サンタ・マリア・マッジョーレ教会
Santa Maria Maggiore
サンタ・マリア・マッジョーレ

　16世紀建築のルネッサンス様式。トレント宗教会議の話し合いが幾度となく行われた場所でもある。主祭壇には、ピエトロ・リッキによる「聖母被昇天」、大理石製の合唱席は16世紀半ばの傑作と称されている。

トレント宗教会議の開かれたS.M.マッジョーレ教会

そのほかの見どころ

高台の集落、サルダーニャSardagna行きのロープウエイ

町中からはロープウエイが高台の集落とを結んでいる。トレントの町が眼下に見渡せて楽しい。

科学博物館MUSE Museo della Scienzaは、レンツォ・ピアーノによる美しい近代的な建物で、展示も斬新で大人も子供も楽しめる博物館。ドロミテの地質学的発展、氷河、気候、動・植物の生態系などを知ることができる。

■科学博物館MUSE
住 Corso del Lavoro e della Scienza 3
☎ 0461-270311
開 10:00～18:00
　土日祝10:00～19:00
休 月(祝を除く)、12/25
料 €10、26歳以下、65歳以上€8、ファミリープラン(割引)あり
地 P.332 B1外
URL www.muse.it
※ドゥオーモ広場から徒歩10分

トレンティーノ=アルト・アディジェ州

トレント

🍴🏨 **RISTORANTE HOTEL**　　トレントのレストラン＆ホテル

🍺 ビッレリア・フォルスト
Birreria Forst　　P.332 B1

トレントの目抜き通りにある、ビッレリア兼レストラン。地下の醸造所からのできたてのビールが味わえる。カウンターと広いサロンは、南チロル風の装飾で美しい。料理はおいしくボリューミーで、ひと皿で十分。デザートも充実。フォルストビール直営店で、ビール好きにはたまらない。

住 Via Paolo Oss Mazzurana 38
☎ 0461-1725459
營 7:00～24:00 (料理提供は、12:00～14:30頃、19:00～23:00頃)
休 12/25　予 €25～50(コペルト€2)、定食€25　C A.J.M.V.
交 ドゥオーモ広場から4～5分

🍽 スクリーニョ・デル・ドゥオーモ
Scrigno del Duomo　　P.332 B1

1階のワインバーではワインと軽い食事が楽しめ、2階はエレガントなレストラン。季節の土地の味わいを大切にしたメニューは20日程度で変わる。チーズやサラミも充実の品揃え。ドゥオーモそば。

住 Piazza Duomo 29
☎ 0461-220030
營 11:00～14:30、18:00～23:00
休 一部の祝
予 €35～60、定食€35～60、ワインバー€30～60
C A.D.J.M.V.

🍷 カンティノータ
Cantinota　　P.332 A2

町の中心にある、土地の伝統的料理が味わえる店。16世紀の酒蔵を改装した店内には、ピアノバーやエノテカ、ターヴォラ・カルダもあり、手頃に食事したいときにも便利。

住 Via San Marco 22/24
☎ 0461-238527
營 12:00～15:00、19:00～23:00
休 木
予 €20～60(コペルト€3)、定食€25～50(ワイン1杯付)
C A.D.M.V.

★★★★ グランド・ホテル・トレント
Grand Hotel Trento　　P.332 A1

トレント駅前に位置する緑の多いダンテ広場の対面に建つホテル。楕円形で赤茶色の大きな建物なので、すぐにわかるはず。近年内部の改装がなされた部屋は、シンプルで清潔。町一番のホテルにしてはお値ごろで泊まれ、駅からも近くて便利。サービスもいい。

URL www.grandhoteltrento.com
住 Piazza Dante 20
☎ 0461-271000
SB €75.82/221　TB €88.78/249
室 130室　朝食込み　W-Fi
C A.D.M.V.
交 駅から300m

★★★★ アクイラ・ドーロ
Hotel Aquila d'Oro　　P.332 B1

ドゥオーモ広場の北側にあり、便利。清潔。朝食込み、シャワーまたはバス付き。駅からは、バスNo.Aで2つ目の停留所下車。

Low 1、2、8、11月
URL www.aquiladoro.it

住 Via Belenzani 76
☎ 0461-986282
Fax 0461-986292
SS €115
TS TB €170
室 19室　朝食込み　W-Fi
C A.J.M.V.

★★★ アメリカ
Hotel America　　P.332 A2

駅に近くて便利で、ダンテ広場の緑も間近に迫る。居心地のよい1軒。客室は近代的な雰囲気。アクティビティプランも充実。

URL www.hotelamerica.it
住 Via Torre Verde 50

☎ 0461-983010
Fax 0461-230603
SS SB €74/87
TS TB €114/168
室 67室　朝食込み　W-Fi
C A.D.M.V.
交 駅から400m

S シャワー共同シングル料金　SS シャワー付きシングル料金　TS シャワー付きツイン料金　TB バス付きツイン料金　SL スイート料金

●郵便番号　39100

ボルツァーノへの行き方

🚃 **電車で**

●ヴェローナから

鉄道fs FRECCIARGENTO
……………1時間27分

R ……2時間13分
ボルツァーノ

🚌 **バスで**

●ボルツァーノから

メラーノMerano　€3〜
……………………1時間
(30分〜1時間に約1本)
カナツェイCanazei
……1時間30分〜2時間
(約2時間に1本)
オルティセイOrtisei
……………約1時間15分
(約1時間に1本)

※駅近くのプルマン乗り場から
🏠 Via Perathoner 4
☎ 0471-975117
プルマンバスのターミナルは駅から公園の間の道を進んだ左側。多くのプルマンはターミナルと鉄道駅にも停車するが、ターミナルのほうが乗り間違いが少なそう。切符はあらかじめ、切符売り場で購入のこと。切符売り場でドロステの広域の時刻表も配布している。

■ボルツァーノの❶
🏠 Via Alto Adige 60
☎ 0471-307000
🕐 9:00〜19:00
　⊕ 9:30〜18:00
5〜10月の㊊10:00〜15:00
クリスマス市開催時
　⊕ 9:00〜19:00
　㊐10:00〜18:00も
🈺 冬季の㊐㊗
🗺 P.337 B1・2
ホテル・各種ツアーの紹介、申し込みも受け付けている旅人の強い味方。

NAVIGATOR

古都ボルツァーノには、細い石畳の道が走り、ポルティコ(柱廊)の続く通りや花々の飾られた窓をもつ民家や美しい中庭のある館が町にアクセントを与えている。通りに面した建物には、フレスコ画が描かれ、濃い緑色をした鋳物の看板が優美なカーブを描く。
ポルティチ通りには、ドイツ風のケーキを食べさせてくれるしゃれたカフェやブティック、手刺繍の品を売る店などが多い。細い路地を抜けてエルベ広場に到着すれば、果物、野菜の市場が広がる。

ボルツァーノ／ボーツェン P.15 A3

Bolzano/Bozen

ドイツの堅実さとイタリア的な明るさの混じった

アルプスの山々に囲まれ、美しい水をたたえるイサルコ川に沿って広がるボルツァーノの町。アルト・アディジェ州、ボルツァーノ県の県都であり、人口約10万人。

新聞、テレビ、ラジオには、ドイツ語とイタリア語が使われ、住民の約70%はドイツ語、約25%はイタリア語、約5%の住民はラディーノ語(ドロミテ山塊、フリウリ地方などで使われるロマンス語のひとつ)を話す。

市場が楽しいボルツァーノ

イタリアと北ヨーロッパを結ぶ要として、交易路の中心として発展し、現在でも、自動車道、鉄道の接点になっている。昔からの商業活動に加え、果実栽培やワイン作りの農業は20世紀になって大発展し、イタリアの果実の大生産地となっている。

毎年9月には国際見本市が、4月にはワインの展示試飲会が開催される。5月には民俗色の濃い祭り、夏季の8・9月には、ブソーニBusoni国際ピアノコンクールが行われ、内外の音楽愛好家が集う。

パラソルの下で、短い夏を満喫

おもな見どころ

人々の集う、町の中心広場　　　MAP P.337 A・B1

ヴァルター広場 ☆
Piazza Walther

ヴァルター広場

町の人々の憩いの場ヴァルター広場。中央には、中世ドイツの詩人ヴァルターWalther von der Vogelweideの像。ウィーン風の面影の残るノスタルジックなカフェでコーヒーをすすり、子供たちはアイスクリームに舌鼓。ときには、広場に張り出したしゃれた青空レストランで食事をするのも楽しみだ。

中世ドイツの詩人ヴァルター像のあるヴァルター広場

鮮やかな色合いの屋根が空に映える

MAP P.337 B1

ドゥオーモ ★★
Duomo　　　　　　　　　　ドゥオーモ

　町の中心、ヴァルター広場にそびえ建つ、14〜15世紀のゴシック様式の教会。エレガントな後陣をもち、この地方独特の多色で勾配のある屋根が乗っている。透かし細工のような尖塔状の飾りの付いた鐘楼62m（1519年建造）が際立っている。正面玄関とその周囲を飾るレリーフは14〜15世紀の物。

　正面には、ロマネスク様式のバラ窓があり、玄関の獅子像も15世紀のロマネスク様式。光あふれる内部は、フレスコ画（14〜15世紀）で飾られ、アーチの下の「十字に架けられたキリスト像」は14世紀中頃の物。後陣には、18世紀のグラツィエ礼拝堂があり、ここにはカール・ヘンリチKarl Henriciによるフレスコ画と13世紀のロマネスク様式の彫刻がある。

多色勾配の屋根が美しいドゥオーモ

■ドゥオーモ
🏠 Piazza Parrocchia
🕐 ㋪〜㊏10:00〜17:00
　 ㋰　 11:00〜17:00

ボルツァーノからの
1日観光
　復活祭から10月までの間、ガルダ湖、コルティナ、ドロミテ渓谷などを周遊するガイド付きツアーが出発している。この地ならではの渓谷美や小さな美しい町々を効率よく巡るには便利。曜日により行き先は異なる。また2日以上前に予約が必要。詳細は❶へ。
（→P.311）

✉ 本物の
　ザッハトルテを
　ヴァルター広場の一角にザッハトルテの支店があります。カフェではないので、お茶はできませんが、イタリアでザッハトルテを購入できるのがうれしい。
🏠 Piazza Walther 21
☎ 0471-975221
　　　　（3Happy)['19]

トレンティーノ＝
アルト・アディジェ州

ボルツァーノ

ボルツァーノ
Bolzano

337

■ドメニカーニ教会
住 Piazza Domenicani
圓 9:30〜17:00
⊕12:00〜18:00
休 ミサの時間

ボルツァーノ空港↔
町のバス
　バス10A、108番で所要15
〜20分。切符€1.50。約15
分間隔の運行。空港からバス
停まで約600m。タクシーは
空港出口に乗り場あり、レン
タカー会社も空港内にある。

⊠ 食べたぞ!!
　エルベ広場近くにはビール
屋さんをはじめ、たくさんの
レストランやバール、お菓子
屋さんがあります。レストラン
で骨つきの豚のスネ肉Stinco
di Maiale（原始人みたい…
…）を豪快に食べたら、場所
を移してオーストリア風の大
きなケーキをパクリ。周囲の
山々は美しいし、手軽でおい
しい食べ物もいっぱい。楽し
い滞在でした。
　　　　　（東京都　ぴのこ）

⊠ ワインの町、
　ボルツァーノ
　ボルツァーノ周辺の丘では
ブドウが栽培され、町を取り
巻くようにカンティナ（ワイン
醸造所兼販売所）が点在し、
ワインの町としても有名です。
町の中心の❶から徒歩15分く
らいのところ（地図P.337 A1
外）のCantina Muri Griesと
いうワイナリーでは試飲して
から買え、1本€10前後のお
いしいワインでした。
Cantina Muri Gries
住 Piazza Gries 21
☎ 0471-281116
URL www.muri-gries.com
　　（愛知県　どんちゃん）['19]
荷物預け
　fs駅構内とプルマンのター
ミナルにある。

そぞろ歩きが楽しい
ポルティチ通り

ジョット派のフレスコ画が残る　　　　　 **MAP** P.337 B1

ドメニカーニ教会 ☆
Domenicani　　　　　　　　　　ドメニカーニ

　ゴシック様式の教会。ボルツァーノにおけるイタリア風の古い教
会であったが、第2次世界大戦で破壊され再建された。
　内部は、フレスコ画（14〜15世紀）で飾られ、入口右側のサン・ジ
ョヴァンニ礼拝堂Cappella di S. Giovanniには、貴重なフレスコ画
が残る。『死の凱旋』Trionfo della Morteは、1340年頃のジョットの
影響を受けたパドヴァ派の物。隣接
のゴシック様式の回廊（入口19/a番
地）には15世紀のフレスコ画があり、
サン・カテリーナ礼拝堂Cappella di
S. Caterinaには、ジョット派のフレス
コ画がある。　　　再建されたドメニカーニ教会

教会と色とりどりの屋台が囲む　　　　　**MAP** P.337 A1

エルベ広場 ☆☆
Piazza delle Erbe　　　　ピアッツァ・デッレ・エルベ

　日曜日を除く毎日、特徴のある建物に沿って、果物や野菜の市場
が広がる。18世紀のブロンズ製のネプチューンの噴水が華やかさを
添え、広場の奥にはゴシック様式のフランチェスカーニ教会Chiesa
dei Francescaniが建つ。
この教会のヴェルジネ礼拝
堂Cappella della Vergine
（1337年）には、1500年代の
木彫りの装飾豊かな祭壇が
おかれている。また優美な
列柱の並ぶ回廊は、14世紀
の物。14世紀のフレスコ画
も残る。

色とりどりの果物や野菜の並ぶエルベ広場

歴史ある館の並ぶ、目抜き通り　　　　　**MAP** P.337 A1・2

ポルティチ通り ☆
Via dei Portici　　　　　　ヴィア・デイ・ポルティチ

　ボルツァーノの町を真っすぐ東西に抜けて走るアーケード
がポルティチ通りだ。町の商業の中心として主要な店は、み
なここに集まっている。ア
ーケードに沿って並ぶ建物
は、15〜18世紀の物。39番
地にあるバロック様式の建
物は、商業上の問題を解決
するための役所だったメルカン
ティーレ館Palazzo Mercantile。
現在はメルカンティーレ博物館（入口は裏）

世界最古のアイス・マンのミイラを展示　　　　　MAP P.337 A1

考古学博物館 ★★
Museo Archeologico dell'Alto Adige　ムゼオ・アルケオロジーコ・デッラルト・アディジェ

　旧石器時代から10世紀頃までのアルト・ア
ディジェ州の歴史を伝える品々を展示。この
博物館の主役は、1991年にシミラウム氷河か
ら発見された凍結ミイラのオーツィOetzi／エ
ッツィÖtzi。別名アイス・マンと呼ばれ、猟
師の姿をしたこのミイラは、背中に傷がある
ため戦いで死亡したともいわれている。約
5300年前に死亡し、そのまま氷河に閉じこめ
られていたため、その姿、
持ち物がよく保存されて
いることで名高い。オー

アイス・マン見学の人が絶えない
考古学博物館

ツィの姿、衣装、斧や槍といった持ち物をはじめ、当
時の様子もビデオなどで再現され、紀元前の当時の
様子をよく知ることができる。

アイス・マンと呼ばれるミイラ

●そのほかの博物館●

ドロミテの自然を知ろう　　　　　MAP P.337 A2

自然史博物館 ★
Museo di Scienze Naturali dell'Alto Adige　ムゼオ・ディ・シエンツェ・ナトゥラーリ・デッラルト・アディジェ

パネル展示が楽しい

　アルト・アディジェ州の動植物などの生態
系の展示をはじめ、海底から隆起して形成さ
れたドロミテ山塊の発展の様子などを展示。展示はわかりやすく、
動物の剥製なども多数あり、大人も子供も楽しめる。

ボルツァーノの豊かな歴史を展示　　　　　MAP P.337 A1

メルカンティーレ博物館 ★
Museo Mercantile　　ムゼオ・メルカンティーレ

格調ある会議室

　1635年に設立されたかつての商取引の役所
にあり、この町の商業活動の歴史を展示した博物館。商業活動の取り
決めを定めた重厚な会議室、この地方ならではの陶製ストーブが置か
れたサロンなどのほか、布地の見本帳、コイン、絵などを展示。

町の歴史と伝統を展示　　　　　MAP P.337 A1

市立博物館 ★
Museo Civico　　　　ムゼオ・チヴィコ

陶製ストーブが見事

　考古学および民俗学的資料（民族衣装、民
具など）が陳列されている。絵画館には、アデ
ィジェ地方の芸術家たちのバロック期の作品や13～16世紀の貴重
な木彫彫刻などがある。

■考古学博物館
住 Via del Museo 43
☎ 0471-320100
開 10:00～18:00（最終入場17:00）
　12/24・12/31　10:00～15:00
休 7、8、12月を除く⑪（祝は除
　く）、1/1、5/1、12/25
料 €9、家族券Family Card
　（大人2人＋16歳以下）€18
入館は閉館1時間前まで。

人気の散歩道
タルヴェラ橋
Ponte Talvera　ポンテ・タルヴェラ
　タルヴェラ川に架かるこの
橋の周辺は、花と緑があふれ
る遊歩道が続き川沿いの散歩
に最適の場所になっている。
地 P.337 A1

■自然史博物館
住 Via Bottai 1
☎ 0471-412964
開 10:00～18:00
休 ⑪、1/1、5/1、12/25
料 €5、学生、65歳以上
　€3.70、6歳以下無料
■メルカンティーレ
　博物館
住 Via Portici 39
☎ 0471-945702
開 10:00～12:30
休 ⑪祝
料 無料
■市立博物館
住 Via Cassa di Risparmio 14
☎ 0471-997960
開 ⑫～⑮10:00～16:00
　⑰⑪祝10:00～18:00
休 ⑪、1/1、12/24、12/26、
　12/31
料 無料

ボルツァーノカード
Bolzano-Bozen Card
　市内の主な美術・博物館8
つとアルト・アディジェ州の
80の美術・博物館が無料。さ
らに4～10月の市内ガイド付
きツアー、5～10月の❶主催
の自然公園へのエクスカーシ
ョン（トレ・チーメ、ファネス・
センネス・ブライエス、シラ
ー山塊・カティナッチョなど）
に参加可能（要予約）。観光局
の自転車、アルト・アディジ
ェ州内交通機関、ボルツァー
ノのロープウエイなどの交通
機関も無料で利用可。
料 大人€28、6～14歳€16
3日間有効。❶で販売。
詳細は URL www.bolzano-
bozen.it（一部日本語あり）

■ロンコロ城

住 Via S.Antonio 15
☎ 0471-980200
開 10:00～18:00(冬季17:00)
休 月祝 料 €8
家族券Family Card(大人
2人+14歳以下)€16
町からはバス平日12番、日祝
14番で(ヴァルター広場から
無料のシャトルバスあり)。

⊠ ロンコロ城への無料バス

ヴァルター広場南側(シュ
ロの木が目印)に看板がありま
す。30分間隔でミニバンがや
ってきます。下車後、かなり
急な坂道を上って城へ到着。
帰りの便は切符窓口でリクエ
ストが必要です。私たちは最
終便のバス(閉館時間より早
い?)に間に合うように早足で
見学。市バスは少ないです。
(東京都　Joli)

険しい山にそびえ立つ

MAP P.337 A1 外 (北へ2.5km)

ロンコロ城 ☆
Castel Roncolo

カステル・ロンコロ

緑のなかに孤高に立つ
ロンコロ城

サレンティーナ峡谷Val Sarentinaへの
道を2.5km歩くと到着する。ボルツァーノ
周辺で一番有名な城。標高361m、こん
もりとした緑
の山の中腹
にある。1237
年に建てら
れ、19世紀に再建された。内部には
14～15世紀の騎士物語のフレスコ画
が残る。

オリジナルのフレスコ画が残る

便利なモバイルカード Mobilcard Alto Adige／SÜDTIROL

アルト・アディジェ州内の列車、バス、プルマ
ン、ボルツァーノからのロープウエイなどが乗り
放題になるカード。①Mobilcard交通機関のみ、
②Museumobil Card①＋美術・博物館券、③
Bikemobil Card①＋貸し自転車(夏季のみ)の3種
類がある。①1日券€15、3日券€23、7日券€28(14歳以下の

Junior券は半額)
②3日券€30、7日券€34(14歳以下のJunior券は
半額)
③1日券€24、3日券€30、7日券€34(14歳以下の
Junior券は半額)
州内の交通機関の切符窓口、❶などで販売。
詳細はURL www.mobilcard.info

🍴🏨 RISTORANTE HOTEL ／ ボルツァーノのレストラン&ホテル

観光局❶でホテルの相談にのってもらえる。滞在型なら、ゆったりと郊外に宿泊するのもおすすめだ。
多くの3つ星以上のホテルではレストランを併設している。手頃で充実した定食が用意され、町の人の利用
も多い。連泊するなら、食事代込みのハーフペンショーネ(2食込み)を利用すれば、さらに経済的だ。ただ、
ハーフペンショーネは最低2～3泊から利用可能なことがほとんど。手軽に食事するなら、ワイン・ハウス
やビヤホールもいい。オーストリア風の郷土料理が楽しめる。

🍴 レストラン・ラウリン
Restaurant Laurin　P.337 B2

夏には緑の庭園にテーブルが広がり、
洗練された避暑地の雰囲気がいっぱ
い。魚介類を使った料理も充実して
おり、若いシェフの作り出す味わい
はどこか東洋風のテイストも感じさせ
る。

住 Via Laurin 4(Hotel Laurin内)
☎ 0471-311000
営 7:30～22:30
休 ⊛、1月～2/10頃
料 €43～85(コペルト€2.50)、定食
€25、85
C A.D.J.M.V.

🍴 カイザークラウン
Restaurant Kaiserkron　P.337 B1

町の中心にある、おしゃれで
エレガントな1軒。料理は土
地の素材を大切にした地中海
風。おすすめは、ドイツ風ポ
テトニョッキSchlutzkrapfen、
牛肉のタリアータTagliataな
ど。　要予約

住 Piazza della Mostra 1
☎ 0471-980214
営 12:00～14:00、19:00～
21:30
休 ⽇、⽇祝
予 €48～83(コペルト€2)
C D.J.M.V.

🍴 フューゲル
Vöegele　P.337 A1

木造りの田舎家風のあたた
かい雰囲気の中、郷土料
理が味わえる。チーズの品
揃えも充実している。
できれば予約

住 Via Goethe 3
☎ 0471-973938
営 11:00～16:00、18:00～
23:00
休 ⽇、⽇祝
予 €28～55(コペルト€1.50)
C J.M.V.

✖フォースターブロイ
Forsterbräu
P.337 A1

イタリアでよく目にするビールメーカーFORST社によるレストラン。ヴァルター広場の裏手、掻き絵と季節の花で美しく装飾された館にあり、店頭に張り出したテラスでの食事が気持ちいい。土地の伝統的な料理が充実。量もタップリ。

🏠 Via Goethe 6
☎ 0471-977243
🕐 9:00～翌1:00（キッチン11:30～23:30）
休 Ⓙ（12月を除く）
🍴 €30～65
C M.V.

ⓘフォッペン&コー
Hopfen & Co.
P.337 A1

エルベ広場の脇にある気取らない雰囲気のビッレリア。夏は開放的な道沿いのテーブル席でビールを飲む人や食事をする人でいつもにぎやか。店内は落ち着いた民俗風なインテリア。小窓から地下でビールを醸造するのが見られるのも珍しい体験だ。

🏠 Piazza dell'Erbe 17
☎ 0471-300788
🕐 9:30～24:00
休 一部の㊗
🍴 €20～40（コペルト€1.50）、定食 €20～40
C A.M.V.

★★★★ パーク・ホテル・ラウリン
Park Hotel Laurin
P.337 B2

緑あふれる公園の脇に建つ、1910年に建設されたアールヌーヴォー様式の館にある伝統あるホテル。冬には暖炉が燃える重厚なバーをはじめ、落ち着いた洗練された雰囲気。✉駅からもバスターミナルからも近くて便利でした。中庭のカフェでは木漏れ陽のなか、木々や花に囲まれてお茶を楽しむ

ことができました。 （滋賀県　ゆうこ）['19]
URL www.laurin.it 🏠 Via Laurin 4
☎ 0471-311000 📠 0471-311148
SB €99～ TB €145～
SU €315～
室 100室 朝食込み W-F
C A.D.J.M.V. 🚶 駅から150m

★★★★ ルナ・モンドシェン
Hotel Luna-Mondschein
P.337 A2

木々に囲まれた気持ちのよい庭園があり、くつろぎのひとときや朝食に最適。客室内は重厚な雰囲気で広くて快適。グルメに評価の高いレストランルナLunasを併設。
URL www.hotel-luna.it

🏠 Via Piave 15
☎ 0471-975642 📠 0471-975577
SS €108/125
TS TB €152/199 JS €222～
室 78室 朝食込み W-F
C A.D.M.V.
🚶 駅から500m

★★★ レーヴァルド
Hotel Lewald
P.337 B1外

長く続く家族経営のホテル兼チロル料理のレストラン。夏は庭園での食事が気持ちよく、手頃な定食もあって町の人にも人気。2食付きは1人1泊€80くらい。滞在型の旅に最適。チェックインは18:00まで。駐車場無料。
URL www.lewald.it

🏠 Via Maso della Pieve 17
☎ 0471-250330 📠 0471-251916
SB €55/79 TS TB €58/180
SU €84～500
室 14室 朝食込み W-F
C A.D.J.M.V.
🚶 駅からバス110、112番で約20分

★★★ レジーナ
Hotel Regina
P.337 B2

鉄道駅のほぼ正面に位置し、移動にも観光にも便利な立地。室内は広く、窓は二重窓なので騒音や寒さも入らず快適だ。
読者割引 直接予約の3泊以上で10%
URL www.hotelreginabz.it

🏠 Via Renon 1
☎ 0471-972195
📠 0471-978944
SS €85/100 TS €120/150
室 37室 朝食込み W-F
C A.J.M.V.
休 12/23～12/26

オステッロ・デッラ・ジョヴェントゥ・ボルツァーノ
Ostello della Gioventù Bolzano
P.337 B2

YH ✉会員証不要で誰でも泊まれるYH。駅から徒歩5分。近代的な建物で室内も機能的で使いやすい。
（東京都　津崎園子）['19]
URL //bozen.jugendherberge.it

🏠 Via Renon 23
☎ 0471-300865
📠 0471-300858
受付8:00～翌4:00（門限）
料 D €24/26 SS €33/35
（1泊の場合＋€2）朝食込み W-F
C A.D.J.M.V.

※ボルツァーノの滞在税　キャンプ、B&B ★～★★ €0.85、★★★ €1.20、★★★★～★★★★★ €1.60　14歳以下免除
S シャワー共同シングル料金　SS シャワー付きシングル料金　SB バス付きシングル料金　TS シャワー付きツイン料金　TB バス付きツイン料金　TB バス付きトリプル料金　D ドミトリー料金　SU スイート料金

レノンの町への行き方

ボルツァーノ駅を右に見て（北東方向へ）大通りを約600m進み、レノンのロープウエイ乗り場から乗車、所要12分で終点。ロープウエイを降りると、目の前がレノン鉄道のソプラボルツァーノ駅Soprabolzano駅。ここからレノン鉄道に乗車し、所要16分で終点コッラルボCollalbo駅。

■レノン・ロープウエイ
Funivia del Renon
⏰6:30～22:38
（日）祝7:10～22:45
※毎月の第1（日）は整備のため14:48が最終。以降はバスが運行

■レノン鉄道
Treno del Renon
⏰6:08（日）祝7:24）～22:20
※約30分～1時間間隔の運行。木造の車両は午前中（9:30～11:30頃）のみの運行
🚡ロープウエイ
往復€10、片道€6
レノン鉄道との共通券
往復€15、片道€9
URL www.renon.com

レノン鉄道の列車

開通100周年の記念列車は木製。午前中のみ運行

レノン宿泊者に朗報
リッテンカードRittencard
90以上の美術・博物館、交通機関で利用できる便利でお得なカード。宿泊して滞在する人への特典なので、ホテルなどで最初に尋ねてみよう。
URL www.ritten.com
※1日でレノン鉄道を経由してピラミデ、コルノ・デル・レノン（リットゥナー・ホルン）を観光する場合は最初に（午前中または午後なら早い時間）コルノ・デル・レノンへ向かおう。早い時間の方が天候は安定している。
※レノン・ロープウエイ、レノン鉄道、コルノ・デル・レノンへのバスはMobilカード利用可。コルノ・デル・レノンのロープウエイは利用不可。

ソプラボルツァーノ
レノンの町へ

標高262mのボルツァーノからロープウエイは眼下に深い緑と遠くに切り立つ山々を映し、一気に1000mを上がる。到着したレノンの町は緑があふれるすがすがしい小さな集落。森の中を100年以上の歴史を誇る愛らしい**レノン鉄道**が走り、緑のなかを進めば、珍しい自然のオブジェ＝**ピラミデ・ディ・テッラ**が現れる。ここからさらに、バスとロープウエイを乗り継げば容易に3000m級の山々を一望するすばらしいパノラマが楽しめるコルノ・デル・レノン（リットゥナー・ホルン）へと運んでくれる。

コルノ・デル・レノンのパノラマ展望台（→P.343）。ドロミテの眺望がすばらしい

レノン行きのロープウエイ。絶景が広がる

愛らしいレノン鉄道に乗って
Treno del Renon

外観も内部も木造の愛らしい列車は、20世紀はじめオーストリア・ハンガリー帝が夏の別荘への交通機関として建設し、1907年に完成。ヨーロッパ唯一という狭ゲージの列車はロープウエイを降りたソプラボルツァーノSoprabolzano/OberbozenとコッラルボCollalbo/Klobensteinを16分で結ぶ。列車はモミの木が茂る森の木立や牧草地を抜け、小さな駅に停車してゆっくりと進む。車窓からはドロミテ山塊のすばらしい雄姿が広がる。列車のたたずまいも車窓からの風景もどこかおとぎ話のように牧歌的だ。

かわいらしいソプラボルツァーノの駅

コッラルボの駅舎も美しい

狭ゲージの列車の前方から

自然のオブジェ、ピラミデ・ディ・テッラへ
Piramide di Terra/Erdpyramiden

　レノン鉄道を終点コッラルボで下車したら、ピラミデを見に行こう。駅から徒歩で20〜30分。町のいたるところにピラミデへの案内板があるので、迷う心配はない。夏には花があふれる住宅街を抜け、睡蓮が咲く池を眺めて進もう。標識に従い、アスファルトの道から右に緑の遊歩道に入

ドロミテの山を背景に牧草地と教会。
下の谷にはピラミデが

ピラミデ

り、しばらく進むと、谷間に細長い三角錐の上に石を帽子のように乗せた細長いピラミッドの林が現れる。これは氷河時代からの自然の風化作用と浸食によって造りだされたもの。谷間の荒涼としたピラミデ、奥に広がる緑の牧草地、遠くに望むドロミテの山々と、不思議なコントラストが美しい光景を造り出している。崖崩れが進み、遊歩道の一部には木作りの張り出したテラスが設けられている。時間があれば、3番目のテラスまで進んで景観を楽しもう。

コルノ・デル・レノン／リットゥナー・ホルンへ
Corno del Renon/Rittner Horn

　コッラルボからのバスは約10分で終点TreVie/Pemmern 1538mに到着。ここからロープウエイに乗ってCima Lago Nero 2070mへ。遠くからカウベルの音が聞こえ、眼下には放牧地の緑が広がり、牛たちが草を食む姿を眺めて約7分で到着。山頂駅から左へ進むと、

ロープウエイ下車後この目印を右に進もう

道は蛇行してレノン山Corno del Renon/Rittner Horn 2270mへと続いている。途中の道は季節にはシャクナゲやアルペンローズが咲く、フラワーロード。今回は右のチエロロンダCielorondaへ進もう。目的地は徒歩5分の丸いテーブルを囲んで椅子が置かれたパノラマ展望台。大自然のなかに現代アートのようにテーブルが鎮座するここからは360度の絶景パノラマが楽しめる。右から平らな塊のような山はシラー山塊Scilar 2564m、カティナッチョのアンテルモイアCatinaccio d'Antermoia 3004m、その隣に遠くにマルモラーダMarmolada 3343m、サッソ・ピアットSasso Piatto 2964m、サッソルンゴSassolungo 3179m、その奥にセッラ山塊Gruppo del Sella 3151mと3000m級の山々が続く。周囲には灌木が茂るハイキングロードSentiero Panoramicoがあり、1周約1時間。

NAVIGATOR

ピラミデ・ディ・テッラ
Piramide di Terraへの行き方
　コッラルボ駅を背に左に進む。住宅街のいたるところに標識があるので、それに沿って進もう。徒歩で所要約30分。ピラミデ・ディ・テッラ周辺は遊歩道となっており、3ヵ所に木造りの展望台が設けられている。
※ボルツァーノから下記駐車場まではバス165番も運行。所要約30分。逆方向もあり。

アルペンローズが美しい

NAVIGATOR

コルノ・デル・レノン／リットゥナー・ホルンCorno del Renon/Rittner Hornへの行き方
　コッラルボ駅を背に右に進み、すぐの坂道を下ると駐車場。駐車場Parcheggio Kaiserauに面した道路からバス166番（市バスと異なるバスで、表示がない場合があるので、バスの運転手に確認を）終点Tre Vieで下車。所要約12分、終点がロープウエイ乗り場。バスは6月中旬〜10月頃の運行で1時間に1便。ロープウエイを降りると、道は左右に分かれるので、右方向へ進むと5分ほどで展望台。

■コルノ・デル・レノン・ロープウエイ Funivia Corno del Renon
🕐 '18年12/15〜'19年3/24
　　8:30〜16:30
　'19年5/25〜11/3
　　8:30〜17:30
　（10/7以降〜16:30）
💶 往復€14、上り€10、下り€7
　60歳以上往復€12.50、子供€8
　山頂駅に隣接して、レストラン兼バールのガストハウス・チーマ・ラーゴ・ネロGasthaus Cima Lago neroが営業。ここからの眺めはよく、休憩がてらのお茶や食事にも最適。

山頂駅の山小屋の食事

アルペ・ディ・シウジへの行き方

ボルツァーノからSAD社のプルマン170番（OrtiseiまたはCastelrotto行き）で約40分。アルペ・ディ・シウジへのロープウエイ乗り場近くで下車し、ロープウエイを利用。オルティゼイからもロープウエイがアルペ・ディ・シウジ西側に運行。

✉ アルペ・ディ・シウジへ

ボルツァーノの駅を出た右のバス停からもオルティセイ行きに乗車可。運転手から切符の購入も可。ロープウエイCabinoviaに乗るのなら、シウジの町まで行かず、乗り場近くで降りるのがいいです。運転手に言っておけば安心です。

そびえる山々を近くで見るには、サルトリアSaltriaからリフトでサッソルンゴの麓まで行き、そこから徒歩でサルトリアまで下りて来るのが疲労が少なくておすすめです。

（フミッチィーノ）

放牧された牛を眼下にリフトは進む。左にセッラ山塊、右にサッソルンゴ

■シウジーアルペ・ディ・シウジ間のロープウエイ
Cabinovia Siusi-Alpe di Siusi
☎ 0471-704270
URL www.alpedisiusi.info
開 '18年5/18～6/17、9/17～11/4　　8:00～18:00
6/18～9/16 8:00～19:00
料 片道 €11　往復 €17
8～15歳 €7/€10
65歳以上 €10/€15
7歳以下無料

■オルティゼイーアルペ・ディ・シウジ間のロープウエイ
Cabinovia Ortisei-Alpe di Siusi
☎ 0471-796218
開 '19年4/7までと6/16～10/14
8:30～18:00
5/18～6/15、10/15～11/1
8:30～17:00
料 片道 €12.90
往復 €19.40
往復+リフト €23.30

■アルペ・ディ・シウジのリフト
開 9:00～12:30、13:30～17:00
※6月中旬～10月中旬とスキーシーズンのみの運行。
URL www.dolomitisupersummer.comで開 検索可

ドロミテの展望台

アルペ・ディ・シウジの休日

のんびり馬車が進む自然公園内は、忙しい日常とはまるで別世界

北をガルデーナ渓谷、西をイサルコ渓谷、南をティレス渓谷に接し、緩やかで広大な丘陵地帯が広がるアルペ・ディ・シウジAlpe di Siusi。周囲を谷に切り取られ、ぽっかり浮いたような緑の丘陵をドロミテの山々が王冠のように連なる様子は、まさに「ドロミテの展望台」の呼び名がふさわしい。サッソルンゴSassolungo、サッソ・ピアット Sasso Piatto、シリアル山塊Gruppo dello Sciliar、カティナッチョCatinaccioの山々が縁取る。ヨーロッパ最大の放牧地と呼ばれる丘は、夏には色とりどりの草花と緑で覆われる。遠くに響くカウベルの音、青々とした牧草を刈り取るすがすがしい緑の匂い、眼前には谷へと急激な落差を見せる山々。心を開放させ、どこか高揚感さえ感じさせる光景が広がる。

ヨーロッパ最大の放牧地を歩く

シウジからのロープウエイの終点駅からほど近いのが、集落の中心地コンパッチョCompaccio/Compatsch。まずは坂道を上ってパノラマ・リフトSeggiovia Panoramaに乗ろう。2011mまで約10分。リフトの降車場を背にして右に断崖のようにそびえるのがペッツ山Monte Petz（2563m）、その隣に槍のようにそびえるのがサントネール山Santner(2413m)。遠くには雪をかぶったマ

「野生の草花の宝庫」とも呼ばれる放牧地には可憐な花が咲く

ルモラーダ山、さらに天気がよければスイスアルプスまで望むことができる、すばらしい光景が広がる。周囲には湿地帯に遊歩道が続いており、周辺を散策してコンパッチョに戻ると一周約1時間30分。移り変わる風景を楽しみながら散策しよう。

アルペ・ディ・シウジ
Alpe di Siusi

すばらしい風景が広がる、カティナッチョ連峰の麓にあるヴァエル小屋

ボルツァーノから簡単アクセスで、2283mへ

カティナッチョ連峰の山小屋 ヴァエル小屋へ

ボルツァーノからバスで約1時間、パオリーナからリフトで簡単にアクセスできるカティナッチョ連峰の麓へトレッキングに出かけよう。雄大な景色とおいしいランチが待っている。

モミの木を見下ろし、山々を一望するパオリーナのリフト

ボルツァーノからのバスの車窓には30分もすると、右に夏でも雪を頂くラテマール山、左にカティナッチョ連峰が現れる。カレッツァ湖を過ぎると、下車するパオリーナのバス停も近い。バス停を下りたら、道を渡るとリフト乗り場。約12分でパオリーナ小屋Rifugio Paolinaに到着。小屋の張り出したテラスからの眺めもすばらしい。ここからヴァエル小屋まではトイレはないので、ここで利用しよう（使用料€0.50）。

ラテマール山塊やマルモラーダ山を眺めながら歩く

目的地のヴァエル小屋Rifugio Roda di VaelまでルートNo.539を進む。標識では所要30分だが、1時間を見込んで出発しよう。最初は急坂を上るが、ここを過ぎると眺望のよい歩きやすいトレッキングロードが続く。足元には季節の草花、右に雄大な山々の姿を眺めて約30分でブロンズ製のワシの記念碑Christomannos（2280m）に到着だ。山を縁取る道からは右にラテマール、正面にチゴレードの山々の眺めがすばらしい。ここから約30分で目的地に到着だ。

記念撮影や休息のポイント、クリストマンノスのワシの記念碑。碑の前にはベンチあり

標識もしっかり設置してある。所要時間は1.2〜2倍として考えよう

カティナッチョの麓、料理自慢のヴァエル小屋でランチを楽しもう！

にぎやかなヴァエル小屋前。青い空に山々が映えて美しい

ヴァエル小屋はカティナッチョ山塊のセッラ・デル・チャンパツSella del Ciampaz 2283mに位置し、このあたりではおいしい料理が楽しめる山小屋として知られている。民族衣装のサービス係の姿も楽しい。おすすめ料理はスペックのクヌーデル（カネデルリ）Canederli di Speck。パンケーキとジャムを合わせたカイザーシュマーレンKaiserschmarrenは小屋の自慢の味。山小屋ではパンは別注文が一般的。

帰りは元の道を戻ろう。下りは30分でパオリーナ小屋に到着する。

ヴァエル小屋への行き方

ボルツァーノのバスターミナル（駅前は2分後）からバス180番で所要50分。直通は30分〜1時間ごと。Paolinaで下車すると、左にリフト乗り場があり、所要12分でパオリーナ小屋に到着。トレッキングロードN.539で徒歩約1時間でヴァエル小屋に到着。

■ローダ・ディ・ヴァエル小屋 2283m
Rifugio Roda di Vael
🏠 Str.de la Veisc 89, POZZA DI FASSA
☎ 0462-7664450
📅 6月中旬〜10月中旬
URL www.rodadivael.it

■リフト・パオリーナ
Sessellift Paolina
📅 '19年5/30〜7/7、8/26〜9/29　8:30〜17:30
7/8〜8/25　8:00〜18:00
9/30〜10/13　8:30〜17:00
🎫 往復€14　片道€10
※モバイルカード利用不可

P.15 A3

メラーノ／メラン

Merano/Meran

温泉の湧く、洗練された避暑地

メラーノへの行き方

🚃 電車で

●ボルツァーノから
　　鉄道fs R.
　　　……39〜44分
メラーノ
※平日20〜30分、⽇㊗約1
時間1便、終電22:03

🚌 バスで

●ボルツァーノから
　　バス201番
　　　………1時間
メラーノ
※約1時間に1本

アルト・アディジェ地方の中心ボルツァーノから北に約30km。パッシリオ川の畔に広がるメラーノは洗練された保養地としても有名。また、湯治の保養地、冬はスキーの基地としてイタリア人にはよく知られている。

2000m級の山々に囲まれた、すがすがしいメラーノの町

■メラーノの🛈
🏠 Corso d. Libertà 45
☎ 0473-272000
開 1/7〜3月
　　㊊〜㊎ 9:00〜13:00
　　　　　14:30〜17:00
　　㊏　　 9:30〜12:30
　（2/28、3/5のみ
　　　　　 9:00〜12:00）
　4〜10月
　　㊊〜㊎ 9:00〜18:00
　　㊏　　 9:00〜16:00
　　㊐　　 10:00〜12:30
休 1/7〜3月の㊐、11月〜1/6
地 P.346 A2

町の周囲には2000m級の山々がそびえ、リフトやゴンドラで簡単に山頂に到着でき、夏はハイキングやトレッキングを楽しむ人々でにぎわう。また、周囲にはエレガントさと躍動感にあふれる古いお城がたくさんあることでも知られるこのあたりでは、1日ハイキングを兼ねてお城巡りをするのもよい。スキー場としては、メラーノの東側のMerano2000が有名。標高2350mから、延べ40kmの斜面が広がり、ダイナミックなスキーが楽しめる。

メラーノのほとんどのホテルは温水プールやテニスコートなどを備え、リゾート型のゆったりとした滞在が楽しめる。

民族衣装が日常的

メラーノ
Merano

ボルツァーノ 28km

おもな見どころ

サンタクロースの聖人を祀った　MAP P.346 A2

ドゥオーモ ☆
Duomo　　　　　ドゥオーモ

坂道を上がった高みに建つ、エレガントな鐘楼が付属した、14〜15世紀に建てられたゴシック様式の教会。建物正面の外壁は14〜15世紀のフレスコ画、レリーフなどで飾られている。内部はゴシック様式で飾られている。

鐘楼が目を引くドゥオーモ

15世紀のたたずまいが残る　MAP P.346 A1

プリンチペスコ城 ☆
Castello Principesco　カステッロ・プリンチペスコ

ポルティチ通りに建ち、市庁舎Municipioの裏手にある。1480年にオーストリアのシジスモンド皇太子のために建てられた物で、内部も当時のまま保存されている。

城正面のリフトは、高さ475mのベネデット山へ通じている。

メラーノを一望できるリフトへ

古きよきメインストリート　MAP P.346 A1・2

ポルティチ通り ☆☆
Via dei Portici　　ヴィア・デイ・ポルティチ

ドゥオーモから西に続く坂道の通り。昔のこの町の面影をよく残し、真っすぐな道の両脇にポルティコ(柱廊)が続き、商店が並んでいる。

ショッピングが楽しいポルティチ通り

町の中心にある保養センター　MAP P.346 B1

湯治センター
Centro Termale　　　チェントロ・テルマーレ

高低2つの水源から流れ出る温泉はほとんど入浴に使われ、リウマチ、婦人病系疾患などに効能があるという。2006年に複数の温水プールや庭園をもつ、療養、美容施設として再オープン。

エレガントな温泉施設

NAVIGATOR

駅から町へ向かう遊歩道や公園、川沿いの遊歩道と町なかには緑があふれ、人々はその緑のなかをゆったりと散歩している。

とりわけ、気候が穏やかになり、木々が緑に輝き、花々が咲き誇る春から秋にかけては、川沿いの遊歩道や、公園に人々は集う。古い町並みの核ともいえるのがPortici通り。

■ドゥオーモ
🏠 Piazza Duomo
🚫 冬季㊐午後

■プリンチペスコ城
🏠 Via Gal. Galilei
☎ 329-0186390
🕐 10:30〜17:00
　　㊐㊗10:30〜13:00
🚫 ㊊、1/6〜2/28
💰 €5

知ってる!?
ヴィン・ブリュレのカップはデポジット
　クリスマス・マーケット(→P.349、352)の名物のひとつ、ヴィン・ブリュレVin Brule＝ホット・ワイン。大鍋で赤ワイン、ハーブや砂糖などを軽く煮たてたもの。甘くて温かい飲み物は寒い季節には美味!!カップは陶器が一般的でデポジット制。飲み終わってカップを戻すと、カップ代を返してくれる。

■湯治センター
🏠 Piazza Terme 9
☎ 0473-252000
🕐 9:00(サウナ13:00)〜22:00
💰 2時間券€18、1日券€25（含サウナ）
広大な緑のなかに複数のプールやフィットネスやエステ施設が点在する、近代的で優雅な施設。
URL www.termemerano.it

緑のメラーノを散歩する

メラーノのおみやげ
　山登りやスキー用品の店が充実している。
　チロル風の民族衣装、織物、木彫り製品、柳細工、ワラ製品が特産。特産品の展示・即売所はVia Cassa di Risparnio 22にある。
　またスペックSpeckというチロル風の乾燥肉も特産。ポルティチ通りには、みやげ物屋やお菓子屋が軒を連ねる。

メラーノ2000
　スキーおよび夏の山歩きのためのロープウエイとリフトを利用する場合は、❶などで地図を入手し、山歩きでは番号で表示されたルートを外れないこと。ルートに沿って歩けば山頂にも容易にたどり着け、2000mの山々からはすばらしいパノラマが広がっている。山の途中にはレストハウスも存在するので、飲み物のほか、食事もできる。
　駅前から1または1A番のバスで終点がロープウエイ乗り場。所要約20分、20〜30分間隔の運行、切符€1.50は車内の自販機で。
　ロープウエイで昇れば、そこは2000m。好きなコースを歩こう。天気に恵まれれば、30分も歩くと、東の方向にドロミテ山塊が見えてくる。
圏 '19年4/13〜6/28、9/30
　　〜11/3　　9:00〜17:00
　'19年6/29〜9/29
　　　　　　8:30〜18:00
圏 ロープウエイ Funivia
　　片道　　　€14
　　往復　　　€29.50
URL www.merano2000.com
※スキーシーズンは運行
※Cabinovia Falzebenは'19年5/18〜の運行

バスの切符
　モバイルカード（→P.340）の利用可。バスの市内切符はメラーノ駅の切符売り場、バス車内の自販機で購入できる。市内切符は€1.50。自販機はおつりが出ないので、小銭の用意を。タバッキなどでは販売していない。メラーノ2000の乗り場までは市内切符€1.50でOK。またはSASAの窓口で事前に切符購入を。SASAは旧市街のポルティチ通り近く（個 Via delle Corse 82 圏⑤〜⊕8:00〜12:45、14:15〜17:00、⊕8:30〜12:00 圏 P.346 A1）。

緑の木陰でカフェを

パッシリオ川沿い遊歩道　★★
Passeggiata Lungo Passirio　　パッセジャータ・ルンゴ・パッシリオ

　パッシリオ川の右岸に沿ってポプラ並木の続く遊歩道。川風が気持ちよい緑陰にはベンチが置かれ、おしゃれなカフェもテーブルを広げている。人々はおしゃべりや散歩をゆっくりと楽しんでいる。

ポプラと白樺の並木が続く、パッシリオ川沿い遊歩道

散策に最適な

冬と夏の遊歩道　★
Passeggiata d' Inverno／Passeggiata d'Estate　パッセジャータ・ディンヴェルノ／パッセジャータ・デスターテ

　パッシリオ川沿い遊歩道のポスタ橋Ponte della Postaを過ぎ、ローマ橋Ponte Romanoまでの間の遊歩道。屋根のかかった遊歩道になっており、地中海性の植物が植えられ、冬の間も散歩が楽しめるので「冬の遊歩道」の名前がついた。
　一方、「夏の遊歩道」は、対岸にある緑の森の中の小径。

アーケードの下が冬の遊歩道と呼ばれるもの

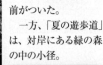

冬と夏の遊歩道の間を、パッシリオ川が流れる

夏の遊歩道の小さな公園のなかに、ハプスブルグ家のエリザベート(シシー)像がある

ブドウ畑が広がるさわやかな谷間の遊歩道

タッペイネールの遊歩道　★★
Passeggiata Tappeiner　　パッセジャータ・タッペイネール

　町の北側、ベネデット山の麓から高台のトッレ城Castel Torreまで続く遊歩道。ガリレイ通りVia Gal. Galileiから曲がりくねった坂を上がって、小高い遊歩道に入ると、公園やブドウ畑が続き、すばらしいパノラマが広がる。ここからは木陰が色濃い夏の遊歩道Passeggiata d'Estateの景観がすばらしい。

348

RISTORANTE HOTEL　メラーノのレストラン&ホテル

❌ シシー
Sissi　P.346 A2

店内は伝統と斬新さを感じさせるしつらえ。料理はピエモンテ料理をベースに新感覚を盛り込んだもので美しく美味。ベネデット山へのリフト近くで、眺めのよさも魅力。町なかだが静かな界隈。ミシュランの1つ星。

🏠 Via Gal. Galilei 44
☎ 0473-231062
🕐 12:15〜14:00、19:00〜21:45
休 ⑪、⑫昼
🍴 €56〜85(コペルト€3.50)、定食€80、90
Ⓒ M.V.　🚇 プリンチペスコ城そば

🍴🍴 フォスターブロイ
Fosterbraü　P.346 A2

リベルタ大通りに堂々と建つビアホール。チロル地方の郷土料理がおいしい。気取らない雰囲気で、一皿と飲み物で楽しめる。ポルティチ通りから入るとよりカジュアルなサロン。三角形の珍しいソーセージPelpettone/Laberkaseを味わって!

🏠 Corso della liberta 90
☎ 0473-236535
🕐 10:00(⑪15:00)〜翌1:00(キッチンは11:30〜23:30)
休 ⑪夜、⑫
🍴 €10〜20
Ⓒ M.V.

★★★★ テルメ・メラーノ
Terme Merano　P.346 B1

モダンで過ごしやすい湯治センターのホテル。宿泊者は、温泉を利用した温水プールや優雅な庭園でゆったりと過ごせる。ハプスブルグの時代から湯治で有名なメラーノ。温泉を堪能してみよう。
URL www.termemerano.it

🏠 Piazza terme 1
☎ 0473-259000
📠 0473-259-099
SB €203/280　TB €262/513
🏨 139室　朝食込み W-F
Ⓒ A.M.V.
🚇 湯治センターそば

★★★ ウインザー
Windsor　P.346 B1

軽装なら駅から徒歩圏。パッシリオ川沿いにある清潔で居心地のよい家族経営のホテル。オーナー一家が親切で、観光の相談に乗ってくれる。吟味した食材の並ぶ朝食がおいしい。夏にはプール利用も可。
URL www.windsorhotel.it

🏠 Via Rezia 2
☎ 0473-446556
SB €103〜380
🏨 41室　朝食込み W-F
休 冬季〜3/13頃
Ⓒ M.V.

★★★★ カステル・ルンデッグ
Hotel Castel Rundegg　P.346 B2

緑の庭園に包まれた、12〜16世紀の館。客室からの眺望もすばらしく、室内は優雅で洗練された雰囲気。スパやプールなどの施設も充実。
読者割引 2泊以上で10%
URL www.rundegg.com

🏠 Via Scena 2
☎ 0473-270705
SS SB €92/149
TS TB €102/130
🏨 30室　朝食込み W-F
Ⓒ A.D.J.M.V.　🎫 1/15〜2/15　🚇 ❶より1km

オステッロ・デッラ・ジョヴェントゥ・メラーノ
Ostello della Gioventù Merano　P.346 B1

YH ✉ 南チロル地方の4つの私営YHがグループになったもので、会員証不要で誰でも泊まれます。駅から徒歩10分。近代的な建物です。
（東京都　津崎園子）['19]

URL merano.jugendherberge.it
🏠 Via Carducci 77
☎ 0473-201475
📠 0473-207154
🛏 D €25　S €28.50
朝食込み(1泊のみ€2) W-F
Ⓒ A.M.V.

メラーノのクリスマスマーケットMercatino di Natale di Merano

かわいい屋台が並ぶ

数あるクリスマス・マーケットのなかでも、飲食店の屋台の数とその充実ぶりが群を抜く、メラーノ。パッシリオ川沿いの遊歩道の左右に60店ほどの屋台がズラリと並ぶ。

人気の水車小屋の窯焼きピッツァや、昔からの名物のリンゴのチョコレートがけを味わってみよう。
場所　パッシリオ川沿いの遊歩道
開催期間　2019年11/29〜2020年1/6。⑪〜⑭10:00〜19:00、㊎㊏㊐10:00〜20:00、12/24と12/31は10:00〜15:30、12/25は休み、1/1は10:00〜20:00、1/6は10:00〜18:00

※メラーノの滞在税　キャンプ、YH、★〜★★★ €1.15、★★★★ €1.50、★★★★★〜★★★★★★ €1.90　14歳以下免除
SS シャワー付きシングル料金　SB バス付きシングル料金　TS シャワー付きツイン料金　TB バス付きツイン料金　D ドミトリー料金

ブレッサノーネへの行き方

🚃 電車で

●ボルツァーノから
　　　鉄道fs EC RV R
　↓　　……………約30分
ブレッサノーネ
※鉄道駅は、町の南西にあり中心まで1km

🚌 バスで

●ボルツァーノから
　　　SAD社301番
　↓　　……………55分
平日7便、日祝4便
ブレッサノーネ
※バスは❶近くの駐車場に停まるので便利。
リフトまたはロープウエイを乗り継げば、2000m級の山へも簡単に登れる。

■ブレッサノーネの❶
🏠 Viale Ratisbona 9
☎ 0472-836401
開 月〜金　8:30〜12:30
　　　　　14:00〜18:00
　土　　　9:00〜13:00
　　　　　13:30〜17:00
休 日祝
地 P.351 A1

✉ **ブレッサノーネの
　荷物預け**
　駅のキオスクで荷物を預けられます。夜も比較的遅くまで開いていました。(3Happy)

■ドゥオーモ・キオストロ
（中庭）
🏠 Piazza Duomo
開 夏季・12月　6:00〜18:00
　11、1〜3月　6:00〜12:00
　　　　　　　15:00〜18:00

駅から町へのバス
　駅前からはPizzini社のバスで所要約3分。切符€1.50。平日約15分間隔、日祝30分間隔の運行。徒歩で10〜15分。

神童モーツァルトが
訪れた町
　1771年2度目のイタリア旅行の折に当地に滞在したモーツァルト親子は、当時の司教シュバウアー伯爵の歓迎を受けたという。大聖堂のミサでモーツァルト親子が奏楽を行ったとの記録が、ブレッサノーネの宮廷記録書にはあるという。
　ブレッサノーネにはそんな彼らを記念して、"モーツァルトの通りViale Mozart"がある。

ブレッサノーネ／ブリクセン　P.15 A3

Bressanone/Brixen

アルト・アディジェ地方の古都

標高559m。イサルコ川とリエンツァ川の合流する美しい古都。中世からバロック期の建造物が多く、司教座がおかれたため、豪華な大司教館が今に残る。ドゥオーモのパイプオルガンでは、少年のモーツァルトが演奏したという。ブレンネル峠を越えて南に近づいたモーツァルトも、穏やかで明るい南チロルの太陽を楽しんだに違いない。12月のクリスマスマーケットが有名だ。

山裾にも広がる、
ブレッサノーネの町

≫≫ おもな見どころ ≪≪

モーツァルトも訪れた　　　MAP P.351 A2

ドゥオーモ広場とパロッキア広場
Piazza Duomo & Piazza della Parrocchia

ピアッツァ・ドゥオーモ&ピアッツァ・デッラ・パロッキア

ドゥオーモ内部は、
広々とした明るいバロック空間

ドゥオーモは、ロマネスク様式で13世紀に建立された物。1745〜90年の間にバロック様式で再建され、ふたつの高い鐘楼と大きな堂々としたファサードをもち、内部は広々とした明るい物となった。
　ドゥオーモの右には、回廊付き中庭Chiostroがある。ロマネスク・ゴシック様式（13〜14世紀）の物。対の柱で飾られ、アーチを描く天井には、14世紀の美しいフレスコ画がある。隣にある洗礼堂Battisteroは13〜14世紀の建築で、内部は同時代のフレスコ画で飾られている。
　ドゥオーモの左にあるのは、教区教会サン・ミケーレ教会S. Michele（15世紀）が立つパロッキア広場。美しい鐘楼と尖塔に飾られ、「白亜の塔」Torre Biancaとも呼ばれている。

高い2本の鐘楼を持つドゥオーモ

花の咲き乱れる歴史ある館

MAP P.351 A2

大司教館と司教区博物館 ★★
Palazzo dei Principi Vescovi & Museo Diocesano
パラッツォ・デイ・プリンチーピ・ヴェスコーヴィ&ムゼオ・ディオチェザーノ

広場から続く大司教館

ドゥオーモから続く広場の一角、小さな水堀にかかる橋の先にあり、堂々としたたたずまいはまるで要塞のような大司教館だ。1565年、時の枢機卿アンドレア・ドーストリアの下で建設が始まり、続いてふたりのドイツ人司教伯の時代を経て、17世紀に完成した。18世紀のファサードから中庭に入ると、3段の柱廊のアーチが美しい幾何学模様を描く。

アーチに置かれた24体のテラコッタ像はハプスブルグ家の人々の姿で、後期ルネッサンス時代のもの。

内部にはアルト・アディジェ地方のロマネスクからゴシック期の木彫り彫刻、絵画、貴重なドゥオーモの宝物を展示。とりわけ名高いのが、プレゼーピオ・コレクションだ。キリスト降誕の場を表現した模型で、イタリアのクリスマス飾りに欠かせないもの。この地を治めたカール・フランツ司教伯のホーフブルグ家のコレクションからユーモラスな現代のテラコッタ製までが展示されている。

大司教館中庭

プレゼーピオ

司教区博物館

■大司教館司教区博物館
プレゼーピオ博物館
Museo dei Presepi
住 Piazza Vescovile
☎ 0472-830505
開 3/15～10/31のみ
12/1～1/6はプレゼーピオのみ
10:00～17:00
休 ㊊、12/24、12/25
料 €8(プレゼーピオのみ€5)

花と静寂の場、大司教館に続く公園

NAVIGATOR

市庁舎のある町の中心は、四方500mほどに広がったこぢんまりとしたもの。ドゥオーモと司教区博物館、大司教館を中心に、のんびりと散歩したい。パロッキア広場から続く、ポルティチ・マッジョーリ通りは、昼間でも薄暗く、静かな界隈で、中世の人々が歩いた当時の雰囲気を残している。

トレンティーノ=アルト・アディジェ州

ブレッサノーネ

ブレッサノーネ
Bressanone

✉ **12月のブレッサノーネ**

ドゥオーモ広場ではクリスマス市が開かれていました。大きなモミの木の下にはたくさん屋台が並び、馬ソリが走り、音楽隊が音楽を奏でます。幸福感あふれるクリスマス市でした。町の人も親切で過ごしやすく、駅からも徒歩圏内です。ただ、この時期のレストランは予約しないとムリです。

（東京都　3姉妹）

✉ **交通便利なブレッサノーネ**

ボルツァーノ以外にも、オルティセイ、カステルロット、シウジなどからバスがあります。オルティセイからは350番、カステルロット、シウジからは171番でいずれも所要約1時間です。　　　　　　　（KIYO）

そぞろ歩きが楽しい

MAP P.351 A2

ポルティチ・マッジョーリ通り ☆
Via dei Portici Maggiori
ヴィア・デイ・ポルティチ・マッジョーリ

北イタリアらしい小窓の付いた家並み、ポルティチ・マッジョーリ通り

パロッキア広場から続く風情ある石畳の通りで、左右にはアーチを描く柱廊が続く。狭間と張り出し窓が特徴的な14〜17世紀の建物が連なり、中世の面影が色濃い。カフェやおしゃれな商店も多く、ウインドーショッピングやそぞろ歩きが楽しい界隈だ。14番地は旧市庁舎で、『ソロモンの審判』Giudizio di Salomoneの絵が描かれている。

🍴🏨 **RISTORANTE HOTEL** 　ブレッサノーネのレストラン&ホテル

❌ オステ・スクーロ・フィンスターヴィルト
Oste Scuro-Finsterwirt　P.351 A2

郷土料理を中心とした創作料理。アンティークの飾られたチロル風の室内で味わうチロル料理は思い出に。
🏠 Vicolo del Duomo 3（ホテルGoldener Adler内）
☎ 0472-835343

🕐 11:45〜14:15、18:45〜21:15
休 ⽇夜、㊗、1月の2週間、6月の2週間　🍴 €40〜60（コペルト€2）、定食€45〜65　C M.V.
🚇 ドゥオーモそば

❌ オステッロ・デッラ・ジョヴェントゥ・ブレッサノーネ
Ostello della Gioventù Bressanone　P.351 A2

🏠 会員証不要で誰でも泊まれるYH。朝食がすごくよかった。部屋も広くてきれい。2食付もあり。
（東京都　津崎園子）['19]
URL brixen.jugendherberge.it

🏠 Via Bruno 2
☎ 0472-279999
📠 0472-279998
🚿 シャワー共同1人
D €26/33.50　SS €38
朝食込み（一泊のみ€2）
昼・夕食各€12.50 W-F

★★★★ エレファント
Hotel Elephant　P.351 A1 外

16世紀、オーストリア皇太子にささげられたゾウが逗留したというエピソードがある郵便馬車の中継所を改装した歴史あるホテル。アンティーク家具に囲まれたエレガントな雰囲気。庭園に温水プールあり。レストラン併設（1月2週間程休）。4泊の2食付のハーフペンションネが1人€649〜（夏季のみ）。

URL www.hotelelephant.com
🏠 Via Rio Bianco 4
☎ 0472-832750　📠 0472-836579
SB €96/258　TB €172/315
US €210/400　🏨 44室　朝食込み
W-F　C A.D.M.V.
🚇 ドゥオーモから400m

★★★★ グリュナー・バウム
Grüner Baum Hotel　P.351 A2

チロルスタイルのホテル。庭には温水プール、サウナもあり。スキーバスの運行、レンタサイクルなどもあり、滞在型におすすめ。2食付のハーフペンションネは1人＋€20〜23。
URL www.grunerbaum.it

🏠 Via Stufles 11
☎ 0472-274100
📠 0472-274101
SB €83/178　TB €142/230
🏨 80室　朝食込み W-F
休 4月、9月下旬、11月
C A.D.M.V.

ブレッサノーネのクリスマスマーケット

にぎわうパロッキア広場

規模は大きくないものの、手作り感のあるクリスマス・マーケット。馬に引かれたソリや馬車が広場の回りを駆け抜け、子供たちはメリーゴーラウンドで遊ぶ。時には民族衣装の町人によるアルプホルンが響き、お祭り気分を盛り上げてくれる。揚げたてをジャムとともに食べる**ストゥルーベン**Straubenやチーズが溶ける**ティルトル**Tiltlなどの名物にもトライしてみよう。
場所　ドゥオーモ広場から続くパロッキア広場
開催期間　2018年11/23〜2019年1/6　10:00〜19:00頃、12/24、12/31は10:00〜16:00　12/25は休み、1/1は12:00〜19:00、1/6は10:00〜18:00（'19年は1月現在未発表）

※ブレッサノーネの滞在税　キャンプ、YH〜、★〜★★★ €1.55、★★★★ €1.90、★★★★★〜★★★★★★ €2.30　14歳以下免除

　SS シャワー付きシングル料金　SB バス付きシングル料金　TS シャワー付きツイン料金　TB バス付きツイン料金　US ジュニアスイート料金　D ドミトリー料金

ウーディネ

P.15 A4

Udine

優美なフレスコ画の巨匠、ティエポロの町

カステッロへ続く落ち着いた道

ロマネスク・ゴシック様式の記念物が残る、周囲を丘に囲まれた美しい古都。アクイレイアの大司教座を1238年に移して以来、発展した。1420年からは、ヴェネツィアの支配下におかれた。

1700年代には、ティエポロが数々の色鮮やかな作品を残した。それらは、大司教館、ドゥオーモ、ドゥオーモ脇のプリタ礼拝堂に見られる。

現在は、フリウリ地方の中心。産業は農業のほか、ビールとグラッパなどの食品と機械工業の分野が有名。若者の姿が目立つのは、大学と軍隊があるから。

大司教館に残るティエポロの作品

●郵便番号　33100

ウーディネへの行き方

電車で

●ヴェネツィアから
S.L.駅
　　鉄道fs
　　RV ……1時間49分
　　R ……2時間15分
ウーディネ

●トリエステから
中央駅
　　鉄道fs
　　RV…1時間8分〜1時間20分
　　R ……1時間〜1時間24分
ウーディネ

※駅は町の南にあり、中心までは約1km。
駅からはバス1番で約10分（切符€1.25）

※トリエステ空港からAPT GoriziaのプルマンE51番で40分〜1時間。平日15分〜1時間に1便、⊕⑰約2時間に1便。切符€6.80。
URL www.aptgorizia.it

フリウリ=ヴェネツィア・ジュリア州

ブレッサノーネ／ウーディネ

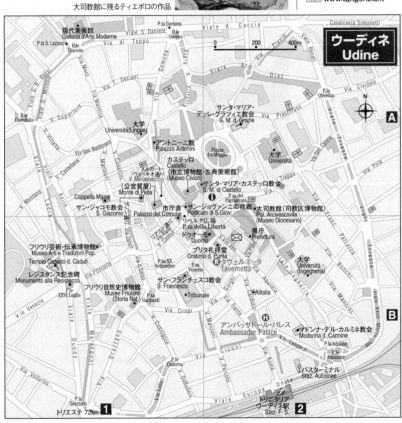

ウーディネ
Udine

現代美術館
Galleria d'Arte Moderna

大学
Università(Lingue)

アントニーニ館
Palazzo Antonini

カステッロ
Castello
（市立博物館・古典美術館）
(Museo Civico)

サンタ・マリア・デッレ・グラツィエ教会
S. M. d. Grazie

大学
Università

サンタ・マリア・カステッロ教会
S. M. di Castello

公営質屋
Monte di Pietà

メルカート
ヴェッキオ通り
V. Mercatovecchio

サン・ジャコモ教会
S. Giacomo

市庁舎
Palazzo del Comune

サン・ジョヴァンニの柱廊
Porticato di S.Giov.

大司教館(司教区博物館)
Pal. Arcivescovile
(Museo Diocesano)

リベルタ広場
P.za della Libertà

県庁
Prefettura

フリウリ芸術・伝承博物館
Museo Arti e Tradizoni Pop.

ドゥオーモ
Duomo

プリタ礼拝堂
Oratorio d. Punta

タヴェルネッタ
Tavernetta

テンピオ・オッサリオ記念堂
Tempio Ossario d. Caduti

レジスタンス記念碑
Monumento alla Resistenza

フリウリ自然史博物館
Museo Friulano
(Storia Nat.)

サン・フランチェスコ教会
S. Francesco

大学
Università
(Ingegneria)

Alitalia

Tribunale

アンバッサドール・パレス
Ambassador Palace

マドンナ・デル・カルミネ教会
Modonna d. Carmine

バスターミナル
Staz. Autolinee

トリニタリア
ウーディネ駅
Staz. F. S.

トリエステ 72km

■ウーディネの❶

- 🏠 Piazza I Maggio 7
- ☎ 0432-295972
- 開 (月)～(金) 9:00～17:30
  - (土) 9:00～13:00
  - 13:30～17:30
  - (日) 9:00～13:00
- 地 P.353 A2

✉ 見どころも、アクセスも魅力的

ウーディネは町全体が非常に魅力的ですが、フリウリ州の観光拠点としても便利な位置にあります。世界遺産のアクイレイアまで直通バスで57分、トリエステまでRVで1時間8分、そのほかの観光地へも30分以内で行けます。

FVGカードも便利です。入場の際に小銭で支払うわずらわしさがなく、また、世界遺産のチヴィダーレへの列車も無料です。72時間券を購入しましたが、1.5倍以上はタダになった計算で、本当にお得だったと思います。

（東京都　TAK3）

お得な共通入場券

フリウリ・ヴェネツィア・ジュリア州を旅するなら
フリウリ・ヴェネツィア・ジュリア(FVG)カード
Friuli Venezia
Giulia Card

ウーディネ、トリエステをはじめ世界遺産のアクイレイアのバジリカなどのほとんどの入場料、各町のガイド付きツアー、一部のバスやロープウエイなどが無料になるカード。劇場や商店でも割引が受けられる。種類は3種類あり、フリウリ・ヴェネツィア・ジュリア州内の各❶で販売。

48時間券	48ore	€18
72時間券	72ore	€21
7日券	7giorni	€29

URL www.turismofvg.it
☎ 800-016-044（イタリア国内フリーダイヤル）

✿ おもな見どころ ✿

町の中心の美しい広場 MAP P.353 A・B1

リベルタ広場 ★★
Piazza della Libertà ピアッツァ・デッラ・リベルタ

イタリア屈指の美しき広場

町の中心にあり、にぎやかな周囲の繁華街のなかで、静かな時の流れる空間となっている。カステッロ（城）が小高い丘の上にそびえ、その麓の美しい建物に囲まれ調和を保っている。時計塔を抱く、柱廊（ポルティコ）は、サン・ジョヴァンニ教会。教会に続く階段状の坂道にあるのは、ボッラーニの門Arco Bollani（1556年）で、パッラーディオの設計だ。時計塔の正面に一段と高くそびえるのは市庁舎。このほか、16世紀の噴水やさまざまな彫像が広場に気品を与え、季節の花の美しさと相まって、イタリア屈指の美しい広場となっている。

優雅な柱廊の続く MAP P.353 B1

市庁舎 ★
Palazzo del Comune パラッツォ・デル・コムーネ

リオネッロのロッジア

市庁舎は、リオネッロのロッジアLoggia del Lionelloとも呼ばれる。N.リオネッロの設計により、1448～56年の間に建てられたエレガントなヴェネツィアン・ゴシック様式。1階は、一段高くなりポルティコに囲まれている。右側角のニッチには、B.ボンによる聖母像（1448年）が立つ。

ムーア人が時を告げる MAP P.353 A1

サン・ジョヴァンニの柱廊 ★
Porticato di San Giovanni ポルティカート・ディ・サン・ジョヴァンニ

サン・ジョヴァンニの柱廊

サン・ジョヴァンニ教会の柱廊（ポルティコ）は、16世紀のルネッサンス様式で、中央に時計塔（1527年）が建つ。翼をもつライオン像の上には、時計と鐘があり、ふたりのムーア人が鐘を打ち時を告げる。

History & Art

大司教座とウーディネ

ロンゴバルド族の侵入により、アクイレイア、コルモンス、チヴィダーレと移転を続けた大司教座（地方ごとのカトリック教会の司教の最高位者）がウーディネに拠を定めたのは13世紀のこと。以来、この町はフリウリ地方の中心として発展を遂げてきた。15世紀にはヴェネツィアの支配下におかれて、文化・芸術が成熟し、18世紀にはティエポロが町を彼の美しい色彩で埋め尽くした。19世紀には、ほんの一時期であるもののオーストリア領に併合された歴史をもつ。

ティエポロの作品で埋まる MAP P.353 B1・2

ドゥオーモ ★
Duomo

ドゥオーモ

ドゥオーモのファサード

1300年代にゴシック様式で建築され、1700年代に修復された。正面（ファサード）は、ゴシック特有の細かな彫刻を施した尖塔のある様式で飾られている。土台部分、とりわけ鐘楼は、八角形の洗礼堂の上に1400年代に建てられた物。

内部の身廊と外陣の交差部と聖堂内陣は、バロック様式の化粧漆喰（スタッコ）、彫像、フレスコ画で飾られている。ティエポロの描いた著名な作品は、主祭檀右の**第1礼拝堂**の『**三位一体**』Trinitàをはじめ、同**第2礼拝堂**、**第4礼拝堂**に見られる。第1、第4礼拝堂近くの壁面の**オルガンの扉**は、アマレットの作。

ティエポロの描いた礼拝堂

身廊奥、彫刻の施された1737年の説教壇近くの、彩色された欄干のあるふたつのオルガンのうちの右側は、ポルデノーネの作品。左側は、F.フロレアーニとG.B.グラッシの作品（現在のものはコピーで、オリジナルは聖具室にある）。

一度外に出て正面左へ回ると**ドゥオーモ博物館**Museo del Duomoの入口がある。1300年代の聖ニコロの礼拝堂でもあり、『**聖ニコロの生涯**』Vita di S. Nicolòの**フレスコ画**（ヴィターレ・ダ・ボローニャ作）が、壁に描かれている。

ティエポロの世界が広がる MAP P.353 B1・2

プリタ礼拝堂 ★★
Oratorio della Purità

オラトリオ・デッラ・プリタ

ティエポロ（父）の傑作、
『聖母被昇天』

ドゥオーモの東南方向、通りを挟んであるのがプリタ礼拝堂。1757年に建てられ、一時は劇場として利用されていた。内部はティエポロ一族の作品で覆いつくされた空間だ。天井にはG.B.ティエポロ（父）2度目のウーディネ滞在の傑作と称されている『**聖母被昇天**』Assunta、祭壇には『**無原罪の御宿り**』Immacolataがある。左右の壁面、金を背景にした浮き彫り彫刻（レリーフ）のように見えるのはモノクロームのフレスコ画。息子のジャンドメニコ・ティエポロにより聖書の物語の8つの場面が描かれている。

ティエポロ（子）の作品

NAVIGATOR

落ち着いた美しさに安らぎを感じてしまうリベルタ広場付近は、市民の憩いの場であり、洗練されたカフェが多い。繁華街でもあり主要な商店なども、このあたりに集中している。

リベルタ広場からカステッロに続く静かな石畳の坂道Salita al Castelloを歩いてみたい。広場から、15世紀のボッラーニ門Arco Bollaniをくぐると急な坂道になり、美しく優美なゴシック・ヴェネツィアン様式の柱廊が、丘の頂上のカステッロへと続く。カステッロの脇には、この町最初の教区教会（7世紀頃）である、サンタ・マリア・カステッロ教会がある。カステッロの裏手からは、広大な5月1日広場に下ることができ、広場の隅に**①**がある。

■**ドゥオーモ**
住 Piazza Duomo
開 7:00〜12:00
　　 16:00〜18:45
■**ドゥオーモ博物館**
開 (月)〜(土)10:00〜12:00
　　 16:00〜18:00
　 (日) 16:00〜18:00
休 (月)午前、1/1、復活祭の(日)、12/25
料 無料
※博物館はドゥオーモを正面に見た左奥(外側)に入口あり

ティエポロ一族の作品空間、プリタ礼拝堂

■**プリタ礼拝堂**
Oratorio della Purità
住 Piazza Duomo
☎ 0432-506830
開 (木)(金)10:00〜12:00

カフェでひと休み
リベルタ広場周辺にはカフェが多い。ぜひのぞいてみたいのが、**カフェ・コンタレーナ**Caffe Contarena。20世紀はじめに建てられたもので、内部はアールデコ。町の豊かな歴史を感じさせてくれる。
住 Via Cavour 11
☎ 0432-512741
開 8:00〜24:00

フリウリ=ヴェネツィア・ジュリア州

ウーディネ

カステッロと博物館 ☆
Castello & Castello Musei
カステッロ&カステッロ・ムゼイ

貴重なロンゴバルト族の宝飾品

■カステッロと博物館
- **住** Castello内
- **開** 11〜3月　10:30〜17:00
　　4〜10月　10:30〜19:00
- **休** 月、1/1、12/25
- **料** €5〜8
- ※坂を上がった広場側、建物中央あたりに入場口あり

城の裏手は広大な緑の広場

✉ 写真博物館では戦前のウーディネの町や人々の写真がたくさん展示されています。豊かな時代を感じさせるもの、農民の生活など、興味深く見ることができました。
（東京都　ティエ子）

1500年代の優美な城。アクイレイアの大司教の城跡に建てられた物。G.フォンタナの設計でG.ダ・ウーディネによって改修された。

切符売り場を抜け、テラスに出ると左右に展示室が続き、5つの美術・博物館がおかれている。右にリソルジメント博物館Museo del Risorgimento、左に考古学博物館Museo Archeologico、階段を上がると古典美術館Galleria d'Arte Antica、素描・印刷美術館Galleria dei Disegni e delle Stampe、写真博物館Museo Friulano della Fotografio。いずれもウーディネおよびフリウリ地方からの発掘品や歴史がわかる展示品が並び、この町の興味を深めてくれる。

城の中央部には、議会の大広間Salone del Parlamentoがあり、一時期フリウリ議会がおかれていた。内部は、G.B.ティエポロの作品で飾られている。『剛毅と英知』La Fortezza e la Sapienzaは必見。

古典美術館のティエポロの作品

■大司教館／司教区博物館
- **住** Piazza del Patriarcato 1
- **☎** 0432-25003
- **開** 10:00〜13:00
　　15:00〜18:00
- **休** 火、1/1、復活祭の日、12/25
- **料** €7、6〜18歳€3、65歳以上€5

大司教館（右）

歴代の大司教の肖像画

若きティエポロの代表作が残る MAP P.353 A2

司教区博物館 ☆☆
Museo Diocesano e Galleria del Tiepolo
ムゼオ・ディオチェザーノ・エ・ガッレリア・デル・ティエポロ

18世紀の大司教館。室内装飾を若き日のG.ティエポロが担当し、700もの作品を残した場所だ。その傑作とされるのが、最上階Piano Nobileの賓客のギャラリーGalleria degli Ospiteの一連のフレスコ画だ。細長い通路の壁と天井いっぱいに軽やかで優しい色彩のフレスコ画が劇的なドラマを繰り広げる。続く赤の間Sala Rossaには天井画が残る。

自然光のなか輝く「賓客のギャラリー」のフレスコ画。旧約聖書から「イサクの犠牲」ほか

🍽 🏨 RISTORANTE HOTEL　ウーディネのレストラン&ホテル

✖ ホスタリア・アッラ・タヴェルネッタ
Hostaria Alla Tavernetta P.353 B2

「クラシックで懐かしい味、でもそれだけじゃない」。フリウリ州の郷土料理が自慢の人気店。店内は、オーナー夫妻の人柄を感じさせる、温かみあふれる楽しげな雰囲気。山の幸、海の幸ともにメニューは豊富でボ

リュームも満点。　要予約
- **住** Via Artico di Prampero 2
- **☎** 0432-501066
- **⏰** 12:00〜15:30、19:00〜23:30
- **休** 日、1月1週間、8月2週間
- **予** €35〜60（コペルト€3）、定食€50
- **C** A.M.V.

★★★★ アンバッサドール・パレス
Hotel Ambassador Palace P.353 B2

駅と町の中心の中ほどの静かな界隈にある。クラシックな雰囲気を生かしながらも近代的なしつらえで快適。レストランも好評。
- **URL** www.ambassadorpalacehotel.it
- **住** Via Carducci 46
- **☎** 0432-503777
- **Fax** 0432-503711
- **SS SB** €84/185
- **TS TB** €99/225
- **室** 78室　朝食込み **W-Fi**
- **C** A.D.M.V.　**交** 駅から300m

SS シャワー付きシングル料金　**SB** バス付きシングル料金　**TS** シャワー付きツイン料金　**TB** バス付きツイン料金　**SU** スイート料金

トリエステ

P.15 B4

Trieste

さまざまな支配を経た、古きよき港町

カステッロより港を望む

イタリア半島の付け根の東端にある、フリウリ＝ヴェネツィア・ジュリア州の州都。商業と工業の中心地。ローマ、アクイレイア、ヴェネツィアの支配を経て、14世紀後半からは、オーストリアの保護下にあった。1719年にハプスブルグ家のマリア・テレジアとジュゼッペⅡ世の下、オーストリア・ハンガリー帝国の軍港となり、その後自由港として発展した。海上交通は増大し、この当時、新市街と港を結ぶ石畳の道が整備された。その後、ドナウ川沿いの国々の船が寄港する、地中海有数の港として発展した。

町のいたるところに散らばった博物館、邸宅、カフェなどが、町の歴史の古さを物語る。

雪は少ないものの、冬季は強い季節風ボーラBoraが吹く。

●郵便番号　　34100

トリエステへの行き方

🚃 **電車で**

●ヴェネツィアから
S.L駅
│　鉄道fs
│　FRECCIAROSSA …1時間38分
▼　RV …2時間5分～2時間58分
トリエステ(中央駅)
●ウーディネから
│　鉄道fs
▼　RV …1時間8分～1時間30分
│　R　…1時間～1時間24分
トリエステ(中央駅)

■トリエステの❶
🏠 Via dell'Orologio 1
（ウニタ広場との角）
☎ 040-3478312
🕐 9:00～18:00
㊗9:00～13:00
休 1/1、12/25
地 P.357 B1

✉ **バスの1日券の利用方法**
ほかの町と異なり、切符の中央に名前欄があり、必ず氏名を書き込む必要があります。1日券でミラマーレ城やOPCINA行きのトラム（坂の途中でトラムがケーブルカーに切り替わるという乗り物マニア必見）まで乗れる優れ物です。(かつかつ '16)

トリエステ
Trieste

0　200　400m

バスに乗るなら
中央駅からウニタ・ディタリア広場へはバス8、30番で。

バスの切符	60分券€1.25
	75分券€1.55
	1日券€4.35

NAVIGATOR
駅を出て、カヴール通りから海沿いを抜けて、まずは町の中心のウニタ・ディタリア広場付近へ。近くのヴェルディ劇場や市庁舎は、隆盛を誇った19世紀のネオクラシック様式の建物として名高い。カルドゥッチ通りは、あか抜けたショッピング通りになっている。カフェが多く、人々は夏も冬もカフェに集うのが、この町の伝統でもある。

近代的なトリエステ駅
近代的な駅構内にはスーパーもあり、長距離を移動する際にパニーノなどの軽食や飲み物などを調達するのに便利。駅正面の広場に市バスのバス停、タクシー乗り場は、ホームを背にした左（スーパー側）に出るとある。

✉ 便利なスーパー
トリエステの駅中にスーパーがあり、品揃えも日本のコンビニのようで、すぐに食べられるお総菜類がたくさん売っています。入口近くにイートインコーナーがあり、電子レンジもありました。私はスーパーで昼食を買って海沿いのベンチで食べました。　（ゆうちゃん）['19]

ウニタ・ディタリア広場の裏手にたたずむローマ劇場

■サン・ジュスト聖堂
🏠 Piazza della Cattedrale 2
☎ 040-309666
🕐 4/6〜9/30　7:30〜19:30
　10/1〜4/5　8:00〜12:00
　　　　　　15:30〜19:30

簡素だがモザイクが美しい内部

❀❀❀ おもな見どころ ❀❀❀

海に面した優雅な広場　　　　　　　　　MAP P.357 B2

ウニタ・ディタリア広場とその周辺 ★★
Piazza dell' Unità d' Italia　　ピアッツァ・デッルニタ・ディタリア

19世紀末に造られた、港に面して広がる大きな物で、町の人々の集う中心的な広場。港を背に左側には政庁舎（1904年）、右側にはロイド保険トリエステ館Palazzo del Lloyd Triestino（1883年）とバロック様式のピッテリ邸Palazzo Pitteri（1790年）。奥には、市庁舎。正面の柱は、自由港を設けたカルロVI世のコロンナColonna di Carlo VI。明

海に面したすがすがしい広場

るく陽気な噴水（1750年）は、4大陸の像と商業の天使で飾られている。

噴水そばから左に曲がれば、かつて証券取引所（ボルサ）があったことから名づけられた、にぎやかなボルサ広場やヴェルディ劇場へと通じている。広場を抜けて左折し、テアトロ・ロマーノ通りVia del Teatro Romanoを進むと右に、2世紀に造られたローマ劇場Teatro Romanoがある。

美しいモザイクに圧倒される　　　　　　MAP P.357 B2

サン・ジュスト聖堂 ★
Basilica di San Giusto　　バジリカ・ディ・サン・ジュスト

町のシンボル、サン・ジュスト聖堂

サン・ジュストの丘に建つ、町のシンボルであり、最高の文化財ともいえる聖堂。5〜6世紀のローマ時代のふたつのバジリカ跡に、サン・ジュスト教会（右）とアッスンタ教会（左）のふたつを結合させて1300年代に再建した物。正面は、1300年代のゴシック様式で、高部を大きなバラ窓が飾る。入口左側の、低くどっしりとした鐘楼は、14世紀の物で、ローマ時代の神殿入口跡を使った物。壁龕の聖ジュスト像は、1300年代の物。

内部は、柱の並ぶ5身廊で、非対称的。中央身廊の彩色された竜骨状の天井は、16世紀の物で、右側にはクーポラが目を引く。

後陣右には、1200年代のフレスコ画と著名なモザイク『キリストと聖ジュストと聖セルヴォロ』Cristo fra i Ss. Giusto e Servolo。後陣中央にはC.カドリンによる、近代のモザイク（1932年）、カルパッチョのタブロー『聖母と聖人』Madonna e Santi（1540年）。後陣左には『聖母と大天使聖ミカエルとガブリエル』Madonna fra gli arcangeli Michele e Gabriele。床には、5世紀の聖堂のモザイクが残る。

海と町を一望する

MAP P.357 B2

カステッロ(サン・ジュスト城) ☆
Castello　　　　　　　　　　　　　　　カステッロ

緑の海岸線とにぎやかな港を望む

町を見下ろす丘の上、古代には城壁があったとされる場所にフェデリコ2世の命により、1471〜1630年にかけて建てられた城。堅牢な城ながら戦いの場として使われたことはなく、見晴らしのよい町の監視場としての役割を担っていた。実際、城のテラスや城壁からは町と海を見渡すすばらしい風景が広がる。

内部は武器庫Armeriaがおかれ古武器を展示。中庭から階段を下りると(16世紀の堡塁地下)テルジェスティーノ石碑博物館Lapidario Tergestinoがある。テルジェスティーノとは、この丘にあった紀元前1世紀のローマ植民地のことで、当時の石碑、彫像、モザイクなど多数を展示している。

通路を利用した武器庫

華やかな歴史を伝える邸宅美術館

MAP P.357 B1

レヴォルテッラ美術館 ☆
Museo Civico Revoltella/Galleria d'Arte Moderna ムゼオ・チヴィコ・レヴォルテッラ/ガッレリア・ダルテ・モデルナ

当時のままに書籍の残る書斎

商才に長けた実業家(スエズ運河会社の副社長も務めた)で、社会貢献、芸術保護に力を注いだ男爵レヴォルテッラの邸宅。

建物は1853〜1859年にベルリンの建築家フリードリヒ・ヒツィヒによって建てられたネオクラシック様式の3階建て。内部は家主の好みと財力を示すかのように、まさに豪華絢爛。1階のネオ・バロック様式の書斎、大階段から続く2、3階の大理石の彫像やレリーフ、寄せ木張りの床、輝くシャンデリヤなど、見事な装飾が広がる。

邸宅と続くブルンネール館Palazzo Brunnerには美術館がおかれている。

華やかに装飾されたサロン

■カステッロ
(サン・ジュスト城)
住 Piazza Cattedrale 3
☎ 040-309362
開 10:00〜17:00
休 ㊊
料 €3
中央駅からバス24番で。

✉ お得に観光するなら
　フリウリ・ヴェネツィア・ジュリア・カード(→P.354)がお得で便利です。市内バスや近郊へのプルマン、州内の列車に利用でき、ほとんどの美術、博物館で利用できます。私たちは、これとカフェ6ヵ所券Trieste in Tazzina (48時間有効、€3)ですごく歩き回りました。トリエステは歩き甲斐のある、歴史と文化、美しい建物にあふれたすばらしい町でした。でも、2日間でコーヒー6杯は、ちょっとつらいかも。
　　　(東京都　C&M)['19]

✉ FVGカードを購入するなら
　トリエステに滞在してFVGカードを使うなら、Travel Stickerを付けることをおすすめします。トリエステのバスが期間中乗り放題になります。FVGカード同様日数分の購入ができ、文字通りのステッカーで係員がカードの裏側に貼ります。48時間券€3、72時間券€4、1週間券€6です。
　　　(埼玉県　大西慎一郎　'17)

■レヴォルテッラ美術館
住 Via A. Diaz 27
☎ 040-6754350
開 10:00〜19:00
　(切符売り場〜18:15)
休 ㊋
料 €7

History & Art

変遷の町、トリエステ

　19世紀初めのトリエステでは、海運業の発展にともない、保険会社、船会社、造船所がいっそうの発展を遂げ、美しい新古典様式の建物がいたるところに建設され、町は急激に発展した。また、18世紀の自由港時代には、政治的亡命者も受け入れた伝統をもつ新進の町であった。

　その後、第1次世界大戦後はイタリア領となり、さらに、第2次世界大戦後には英米とユーゴスラビアの共同管理地区になり、1954年に再度イタリア領となった。

MAP P.357 B1

市立サルトリオ博物館

■市立サルトリオ博物館
住 Largo Papa Giovanni XXIII
開 ⊗⊗⊗10:00〜13:00
　　金土　14:00〜17:00
　　⊜　10:00〜17:00
休 ⊜、1/1、復活祭の⊜、
　4/25、5/1、8/15、12/25
料 無料

陶器を一堂に集めた

市立サルトリオ博物館
Civico Museo Sartorio
チヴィコ・ムゼオ・サルトリオ

　1700年代に建てられた建物（1800年代に修復）の中に、19世紀の富裕なトリエステの家をモデルに内装されている。

　内部には、トリエステ、イタリア、ヨーロッパ全土の**陶器コレクション**（15〜19世紀）がある。そのほか、絵画（16〜18世紀）なども展示される。

■ミラマーレ城
☎ 040-224143
開 9:00〜19:00
休 1/1、12/25
料 €12
地 地図外
駅前のバス停から36番のバス（約25分ごと）、または6番で約35分。

■ミラマーレ城公園
開 8:00〜19:00（冬季15:00）
料 無料
地 地図外

海を見下ろす豪華な白亜城

ミラマーレ城 ★★
Castello di Miramare
カステッロ・ディ・ミラマーレ

　市の北西6kmにある海に面した古城ミラマーレ城Castello di Miramareは、オーストリア皇太子F.マクシミリアン大公の華麗な城。

　内部は歴史博物館となっており、王族由来の品々や豪華な家具、絵画、陶磁器などの調度もそのままに残る。また、岬の突端に位置した城の周囲には、よく整備されたイタリア式庭園が広がり、すばらしい景観が楽しめる。

華麗なミラマーレ城

**⊠ ミラマーレ城への
バス停**
　駅のタクシー乗り場と同じ所に36番/6番のバス停があります。ミラマーレ城方面は道を挟んだ反対側です。ホテル・ローマの前にも36番/6番のバス停があります。城行きはホテル正面の横断歩道を渡った所のバス停です。　（ゆうちゃん）['19]

ミラマーレ城へのバス
　バス36番（夏季のみ）は終点下車。城までは海沿いの道を1.3kmほど歩く。夏は海水浴客でにぎわう浜辺から湾の風景を楽しめる坂道を上がる。

🍴🏨 RISTORANTE HOTEL　トリエステのレストラン＆ホテル

🍴 ダ・ペーピ
Buffet Da Pepi　P.357 B2

ブッフェBuffetとは、トリエステ独特の朝から晩まで通じて営業している気軽な食堂のこと。ここは1897年創業、豚肉ひとすじで、ひととおり味わいたいなら盛り合わせ=ミストMistoがおすすめ。お味

見程度ならパニーノを。
住 Via C.di Risparmio 3
☎ 340-1609087
営 9:30〜22:00
休 無休
料 €15〜25（コペルト€1.50）、定食€22

★★★★ ドゥーキ・ダオスタ
Hotel Duchi d'Aosta　P.357 B2

古きよき時代を伝える白亜の宮殿にあるホテル。クラシックな雰囲気の客室の設備は近代的で全室にジャクージ設置。広場に向いたテラスもすてき。
URL www.magesta.eu

住 Piazza Unità d'Itaria 2
☎ 040-7600011
fax 040-366092
SB €108/249　**TB** €122/340
室 53室　朝食込み　**Wi-Fi**
C A.D.M.V.
交 イタリア統一広場の一角

★★★★ サヴォイア・エクセルシオール・パラス
Starhotel Savoia Excelsior Palace　P.357 B1

海岸通りに面した、歴史ある白亜のホテル。モダンと重厚さがマッチした古きよき時代の華やかな雰囲気。レストラン併設。
High 4〜10月
URL www.starhotels.it

住 Riva del Mandracchio 4
☎ 040-77941
fax 040-638260
TS **TB** €200/630
室 144室　朝食込み　**Wi-Fi**
C A.D.J.M.V.

★★★ ローマ
Hotel Roma　P.357 A2

駅近くで便利。1800年代の建物を改装した快適なホテル。朝食も充実。もう少し経済的なアパートResidenza（朝食なし）も併設。
Low 1〜2月、10/15〜12/31
URL www.hotelroma-trieste.it

住 Via C. Ghega 7
☎ 040-370040
fax 040-3483574
SS €47/81
TS €61/95
室 40室　朝食込み　**Wi-Fi**
C A.D.J.M.V.

アルプスの水を集めたアディジェ川が蛇行し、バラ色の屋根との調和が美しいヴェローナの町

Consigli
per il VIAGGIO

旅の準備と技術

北イタリアを知ろう！

北イタリアの物価

市場の立つ広場をもつ北イタリアの町。
はちみつが有名なパドヴァ

商・産業活動が盛んな北イタリア。ミラノなどの大都市は観光地というよりも、ビジネス都市という感覚だ。東京同様、高価な物、場所がある一方で、物価の安い場所もあるので、自分のお財布に合わせた滞在も可能だ。

ただ、世界的観光地のヴェネツィアは、土地が限られていることもあって手頃なホテルやレストランをほかの町のように探すのは容易なことではない。経済的に旅行するなら、必ず事前にYHや手頃なホテルなどに予約を入れて利用したい。サン・マルコ広場のカフェでの優雅なくつろぎのひとときやゴンドラ・セレナーデは外せないというなら、ヴェネツィアでは多少の予算オーバーには目をつぶり、ほかの町で節約するのもひとつの方法だ。

しかし、北イタリアはミラノやヴェネツィアなどのように、物価が高い町ばかりではない。小都市、中都市になると、同程度でもずいぶんホテルやレストラン代も安くなる。北イタリアは鉄道、バス路線も充実しているので、少し郊外に宿を取るのもいい。

さらに足を延ばした地方では経済的なホテルでも北イタリアらしい清潔感がうれしい。都市ばかりに目が行きがちだが、地方の魅力を文化的にも経済的にも楽しみたい北イタリアの旅だ。

北イタリアの気候

夏の日暮れが遅いイタリアのなかでも、緯度が高い北イタリアではよりいっそう、夜の訪れが遅くなる。夜の9時頃までも薄明るいのでゆっくり観光に使うことができる。夏は、欲張り観光客にはうれしい季節だ。

ローマやフィレンツェなどの中部イタリアを旅行する場合は東京と同程度の服装で十分だが、北イタリアではやや寒さ対策が必要だ。とりわけ、冬は石作りの建物内部は冷えるので、コートやセーターは必携だ。夏の観光の際はくだけた服装になりがちだが、イタリア全土がそうであるように、ショートパンツ、ミニスカート、ノースリーブ、ランニング、ビーチサンダルでは教会内部には入れない。女性なら、肌が隠せる大判スカーフなどもあると便利。

初春と晩秋は気候がやや不安定となるので、簡単な防寒具と傘も用意したい。

北イタリアとひと口でいっても、避暑と避寒でにぎわう年中穏やかな湖水地方、夏でもスキーのできるアルプス地方……とずいぶん気候が違う。各地の特徴を見てみよう。

スキーヤーでにぎわう冬のドロミテ。
セッラ山を周遊するセッラロンダが人気

北イタリア各地のおもな伝統行事

2月～3月	**カーニバル**（ヴェネツィア）	7月	**救世主の祭り**（ヴェネツィア）
5月	**海との結婚式**（ヴェネツィア）	9月第1日曜日	**歴史装束のレガッタ**（ヴェネツィア）
	ミッレミリア・クラシックカーレース （ブレーシャ～ローマ間）	9月	**弦楽器音楽祭**（クレモナ）
		10月第2日曜日	**秋祭り**（メラーノ）
5月～6月	**中世4大海運共和国レガッタ** （ヴェネツィア、アマルフィ、ピサ、ジェノヴァの持ち回り）	11月下旬～1/6頃	**クリスマス・マーケット** （ボルツァーノ、メラーノ、ブレッサノーネなど）

各地方の様子

● アルプス近く

　北のアルプス側は長い冬と短い夏が特徴だ。標高が100m上がると気温が約0.7度下がるといわれるので、高地に滞在、あるいは通過するだけでも、それなりの服装計画が必要だ。ドロミテ山塊では、夏でもときには小雪が舞うので、暖かい上着は必携だ。スキー一色となる冬は、スキーをするしないにかかわらずスキーウエア程度の防寒具を用意したい。ただし、冬季は観光バスは休止となる。ホテルも季節営業が多く、スキー客の滞在するクリスマスから復活祭頃までと6月頃から晩秋まで営業する所が多い。目的に合わせて旅行期間を選ぼう。

　また、ハイキングやトレッキングなどを予定している場合は登山靴やストック、ザック、食料なども用意したい。

ハイキングやトレッキングは北イタリアでも流行中。
メラーノ近郊にて

● 湖水地方

　ひとことで湖水地方といえども気候は異なる。北のコモ湖周辺は冷涼だ。春には、天候が荒れ、雨の場合は体感温度はかなり低くなるし、よく晴れた夏の日でも夕暮れはかなり寒さを感じさせる。夜のそぞろ歩きや遊覧船に乗る場合は晴れた日中でも、風を通しにくい羽織る物が1枚あると重宝する。

　一方、ドロミテ山塊が壁となって北からの風を遮るガルダ湖周辺は、地中海性気候となり、冬でも平均気温2〜3℃、夏23〜25℃と温暖で過ごしやすい。同様にマッジョーレ湖周辺も温暖だ。ただし、遊覧船に乗る場合は羽織る物を1枚バッグに入れておこう。

湖水地方に残るひなびた風景を求めて

● 平野部

　ミラノ周辺から南東に広がる、広い範囲のロンバルディア平野は晩秋から冬にかけては、朝と夜には霧に包まれることが多い。どこか幻想的でロマンを誘うが、空港が霧に包まれて、発着不能になることもときにはあるので、ちょっと厄介なもの。レンタカーを利用する場合は、霧が晴れるのを待って運転したい。

　また、雪が降ることもあるので、冬季の旅行には底が滑らない防水加工の靴があるといい。

ミラノの夏は暑い。帽子やサングラスを忘れずに!

ヴェネツィアのアクア・アルタ

　地球温暖化が原因のひとつともいわれるアクア・アルタ(高潮)。とりわけ、低地のサン・マルコ広場周辺の浸水の程度が大きい。水たまりというよりも、水位が1mほどにもなる年もあり、通路には簡易橋が渡されて、行き来する。ホテルでは長靴をレンタルしてくれる場合もあるし、安い長靴も売られている。午後には水が引くので、それほど心配することはないが、水にぬれてもよい靴が一足あると心強い。なお、アクア・アルタは冬に多いが、春から初夏にも出現する。確実に予測するのは難しいので、おもしろい体験として楽しもう。一般的にヴェネツィアは、冬はかなり寒く、夏は暑くて湿気が多い。

アクア・アルタのヴェネツィア

北イタリアの世界遺産

さまざまな文化が花開いた北イタリア。
知られざる世界遺産を訪ねる旅へ。
（紹介は登録順）

詳しくはインターネットで
日本ユネスコ URL www.unesco.or.jp

カモニカ渓谷の岩石画
Rock Drawings in Valcamonica

登録年：1979年

　氷河の浸食によってできた滑らかで大きな岩の表面に農耕、航行、戦い、魔力、文字などの線刻画14万点が描かれている。紀元前8000年頃の石器時代から始まり、紀元前16年のローマ侵略まで営々と歴史が刻まれている。しかし、ローマ侵略後この文化は間もなく消滅し、いまだに多くの謎に包まれている。

おおらかに「家」を描いた線刻画

イセオ湖畔をかすめて列車は進む

行き方

　ブレーシャからEDOLO行きの列車で所要1時間35分。カーポ・ディ・ポンテCapo di Ponte下車、駅から徒歩約20分で線刻画のあるナクアネ岩壁彫刻国立公園Parco Nazionale delle Incisioni rupestri di Naquaneへ到着。

ヴィチェンツァ市街とヴェネト州のパッラーディオのヴィッラ
City of Vicenza and the Palladian Villas of the Veneto

登録年：1994/1996年

P298、P.301参照

　古代ローマ建築に学んだ建築家パッラーディオ。堂々と風格ある彼の革新的な建築はパッラーディアン様式と呼ばれ、ヴェネト地方のみならず、ヨーロッパ各地、アメリカへも広がっていった。現在、ヴィチェンツァの町をはじめ、ヴェネツィアからパドヴァへと続くブレンタ川のリヴィエラによく残っている。

パッラーディオの傑作に数えられる『ラ・ロトンダ』はヴィチェンツァの近郊に残る

パッラーディオの代表作バジリカは、ヴェネト・ルネッサンス様式の特徴をもつ

クレスピ・ダッダの町
Crespi d' Adda

　19世紀後半、アッダ川のほとりにクリストフォロ・クレスピが紡績工場を建設。当時の産業革命の気運とは逆に、労働者の幸福を願う一大ユートピアを目指したものだった。教会、幼稚園や学校、病院、墓地、水力発電設備までをも備えた、労働者にとって画期的な理想郷。

クレスピ家の館は「キャッスル」と呼ばれていた

工場と労働者のための住宅が緑の多い敷地に整然と並ぶ

近代産業を支えた文化遺産としてクレスピ・ダッダは選ばれた

ひときわ目を引く紡績工場。クレスピ一族の理想を伝えるにふさわしい堅実な建築群は今も健在

行き方
ミラノから地下鉄2線ゲッサーテ駅でトレッツォTrezzo行きの市バスATMに乗りVia Biffi下車(所要約25分)、徒歩約20分。
　集落は川沿いに広がり、周囲には案内板も立っている。クレスピ・ダッダは当時の景観をよく残すものの、多くの部分は個人所有などになっており、観光施設ではないため通常は内部見学はできない。内部見学は要予約でガイド付きツアーを実施。詳細は URL www.villaggiocrespi.it(日本語あり)

パドヴァの植物園
Botanical Garden (Orto Botanico), Padova

P.294参照

　パドヴァ大学の付属薬草園として創設されたヨーロッパ最古の植物園。運河の脇、うっそうとした緑に包まれて広がる。1585年に植えられ、植物園最古の巨大な棕櫚の木は、ゲーテがエッセイにも綴ったもの。2014年には広大な温室がオープン。

ゲーテも見たという棕櫚の木

アマゾン原産の珍しい植物なども展示される

緑に囲まれた静寂の空間

市民の憩いの場でもある「植物園」

アクイレイアの遺跡とバジリカ
Archaeological Area and the Patriarchal Basilica of Aquileia

登録年：1998年

ローマ・モザイクの残るバジリカと鐘楼

初期ローマ帝国の都市、アクイレイア。ナティーソ川に沿って築かれた町は海路、陸路で東のバルト海沿岸諸国とヨーロッパを結び、商業と戦の前線基地として繁栄を遂げた。その輝かしい歴史は、フォロ、住居群跡、港をはじめとする考古学遺跡に刻まれている。

また、キリスト教が公認された313年の「ミラノ勅令」後間もなく、教会が建設され、キリスト教伝道の場としても大きな役割を果たした。バジリカに残るヨーロッパ最大のモザイクは、中央ヨーロッパに伝播したキリスト教の教えをよく伝えている。縦横65m×29mという床モザイクは全体が9つに分割され、デザインは寓意に満ち、精妙で美しい。モザイクはまた、文字を知らない人々にキリスト教を教える道具として使われ、絵柄それぞれが宗教的な意味合いを持つといわれている。

ローマのフォロの保存状態もよい

行き方

鉄道fs線の最寄り駅はチェルヴィニャーノ-アクイレイア-グラード駅Cervignano-Aquileia-Grado。ヴェネツィアのメストレ駅からRV利用で1時間15分。駅からはSAF社のグラードGrado行きプルマンでアクイレイア下車、所要約10～20分。見どころはバス停近くに集中している。プルマンは30分～1時間に1便程度の運行。ただし、日祝はかなりの減便となる。

レーティッシュ鉄道　アルブラ線/ベルニナ線とその景観
Rhaetian Railway in the Albula/Bernina Landscapes

登録年：2008年

P.141参照

氷河が流れ落ちる谷を見ることができる絶景の駅、アルプ・グリュム

スイス最大の私鉄会社レーティッシュ鉄道のトゥズィス（スイス）からサンモリッツを結ぶアルブラ線とサンモリッツからイタリアのティラーノまでを結ぶベルニナ線。約100年の歴史と伝統、そして周辺に広がる景観が世界遺産に登録された。登録範囲はスイスとイタリアに渡り、イタリア領はベルニナ線の南端の短い区間だ。

ベルニナ線は1910年に開通したアルプスを南北に縦断する絶景の鉄道路線。通常のレールを用い、アルプスの最高地点を走る列車としてその高い技術は、後に続く鉄道計画のモデルになったといわれている。4000m級のベルニナ山群や氷河がきらめくアルプス、そしてのどかな緑の谷へと2253mから429mまでの高低差を走り抜ける。

行き方

ティラーノTiranoへはミラノ中央駅からR利用で2時間32分。レッコから約1時間50分。
ティラーノとサンモリッツ間は所要約2時間30分。夏季は1～2時間に1便程度の運行。季節運行や特定日のみの運行も多いので、日帰りする場合は事前に帰路の時刻表の確認を（パスポート必携）。通常列車のほか、天井までをガラスで覆ったパノラマ車両（ハイシーズンは要予約）も連結している。

北イタリア、その他の世界遺産

ミラノ、サンタ・マリア・デッレ・グラツィエ教会および修道院とレオナルド・ダ・ヴィンチの「最後の晩餐」

Church and Dominican Convent of Santa Maria delle Grazie with "The Last Supper" by Leonardo da Vinci

登録年：1980年　　　　　　　　　P.62参照

ヴェネツィアとラグーン（潟）

Venice and its Lagoon

登録年：1987年
P.180参照

大運河がゆったり流れる

トリノのサヴォイア王家住居

Residences of the Royal House of Savoy

登録年：1997年

ヴェローナ

City of Verona

登録年：2000年
P.272参照

エルベ広場と
ランベルティの塔

ピエモンテとロンバルディア州の聖地サクロ・モンテ

Sacri Monti of Piedmont and Lombardy

登録年：2003年　　　　　　　　P.163参照

ジェノヴァ、レ・ストラーデ・ヌオーヴェとロッリの邸宅群

Le Strade Nuove and The system of Palazzi dei Rolli

登録年：2006年

マントヴァとサッビオネータ

Mantua and Sabbioneta

登録年：2008年　　　　　P.123、P.132参照

ドロミテ

The Dolomites/Le Dolomiti

登録年：2009年　　　　　　　　P.307参照

すばらしい景観が堪能できるドロミテ山塊

ロンゴバルト族の繁栄（568〜774年）を伝える地

The Longobards in Italy, Place of power

登録年：2011年　　　　　　　　P.113参照

（チヴィダーレ・デル・フリウリ、ブレーシャほか、イタリア全土での複数ヵ所登録）

アルプス山脈周辺の先史時代の湖上家屋遺跡

Prehistoric Pile dwellings around the Alps

紀元前5000〜500年にかけてアルプス山脈周辺の湖畔や川辺に建てられた湖上家屋の遺跡群

登録年：2011年

（北イタリア、スイス、オーストリア、フランス、ドイツ、スロヴェニアにまたがる共同登録で全111ヵ所。イタリア19ヵ所）

ピエモンテ州のブドウ畑の景観

The Vineyard Landscape of Piedmont: Langhe-Roero and Monferrato

登録年：2014年

16〜17世紀ヴェネツィア共和国建造の軍事防御施設

Venetian Works of Defence Between 16th and 18th centuries: western Stato da Mar

ベルガモ、ペスキエーラ・デル・ガルダ、パルマノーヴァ

（イタリア、クロアチア、モンテネグロの共同登録）

登録年：2017年

カルパティア山脈と欧州各地のブナ原生林

Primeval Beech Forests of the Carpathians and other Regions of Europe

サッソ・フラティーノ保護区にあるブナ林
（全12ヵ国、イタリア国内5ヵ所の共同登録）

登録年：2017年

旅の準備

旅の必需品

パスポート（旅券）

政府から発給された国際的な身分証明証がパスポート。日本からの出国、他国へ入国するために必要な物だ。パスポートは有効期間が5年（濃紺）と10年（エンジ）の2種類がある。パスポートの申請から取得までは1〜2週間かかる。直前に慌てないよう、早めに取得しておこう。

※イタリア入国の際には、パスポートの有効残存期間が90日以上必要。

◆申請場所
住民登録をしてある各都道府県庁の旅券課またはパスポートセンター。

◆必要書類
一般旅券発給申請書（旅券申請窓口で配布）、戸籍抄本または謄本、住民票（住基ネット利用者は不用）、顔写真、本人確認用書類など。

◆受領方法
パスポート名義の本人が申請窓口で受け取る。

ドロミテ登山にチャレンジ！クリスタッロ山直下にて

詳細は、パスポートアンサーや地元のパスポートセンターなどで確認を。

ビザと滞在登録

日本のパスポート所持者は、イタリアでの90日以内の滞在には不要。ただし、原則として有効残存期間が90日以上あること。予防接種も必要ない。仕事などでイタリアに91日以上滞在する場合は、ビザと滞在登録が必要。ビザの取得はイタリア大使館、領事館で。滞在登録は到着後現地で。

イタリアに91日以上滞在する場合は、目的地に到着後8日以内に地方警察Questura（クエストゥーラ）で滞在登録をしなければならない。

国際学生証 ISIC International Student Identity Card

国際的に学割が利用できるのが国際学生証。数は多くないが、一部の博物館、美術館などの見どころや劇場などで、入場料が割引や無料になる。種類は、学生Studentと生徒Scholarの2種で、対象、有効期限が異なる。申請は、主要大学の生協などで。

国際青年旅行証 IYTCカード

学生でなくても、26歳未満なら取得できるカード。国際学生証と同様の特典を受けられる。申請は右記URLからや各地のYH協会などで。

外務省パスポートA to Z
URL www.mofa.go.jp/mofaj/toko/passport/index.html

■東京都パスポート案内センター（24時間テレホンサービス）
東京 ☎ 03-5908-0400

旅券発給手数料
10年旅券　1万6000円
5年旅券　1万1000円（12歳未満6000円）
収入印紙や現金（各自治体により異なる）で納付。旅券受け取り窓口近くに売り場がある。

■イタリア大使館
〒108-8302
東京都港区三田2-5-4
☎ 03-3453-5291
ビザ関係業務
月〜金9:30〜11:30
※ビザの書式や情報はURLで入手可能
URL www.ambtokyo.esteri.it/ambasciata_tokyo

■在大阪イタリア総領事館
〒530-0005
大阪府大阪市北区中之島2-3-18　中之島フェスティバルタワー17階
☎ 06-4706-5841（ビザ課）

欧州旅行にも電子渡航認証が必要に！
2021年1月より、ビザが免除されている日本やアメリカなどの国民がシェンゲン協定国（イタリア、フランスなど26ヵ国）にビザなしで入国する際、ETIAS（エティアス、欧州渡航情報認証制度）電子認証システムへの申請が必須となる予定。各種条件や導入時期などは変更される可能性もあり、ホームページなどで最新情報の確認を。
URL etias-euvisa.com

見どころの割引
'19年現在、イタリアの見どころの一部では学生やシルバー割引などを実施している。ただし、EU諸国の人のみを対象としていることが多いので、日本人は残念ながら対象外となることが多い。下記のウェブサイトでチェックしてみよう。

■国際学生証ISIC
URL www.univcoop.or.jp/uct/index.html（日本語）
URL www.isic.org（日本語）
トップページから国際学生証の割引サービスの検索可能。

国際ユース ホステル会員証

海外のYHユースホステルを利用する際に必要な物。直接イタリアのYHでも作成できる場合もあるが、原則として自国で作成することになっている。人気の高いYHでは国際YH会員証の呈示がないと宿泊できない場合もあるので、事前に準備しておこう。会員証の申請は、各地のYH、大学生協などで。

国外運転免許証 International Driving Permit

イタリアでレンタカーを利用する人は必要だ。その際には、日本の免許証の呈示も求められるので一緒に持っていこう。レンタカー会社によっては年令や運転歴によって貸出し制限があるので注意。申請は住民登録をしている都道府県の公安委員会。

海外旅行 傷害保険

必要に応じて、傷害死亡、後遺症、傷害治療費用の基本契約のみにするか、盗難に対する携行品保険や救援者費用保険などの特約までを含めるか検討しよう。保険の掛け金は旅行期間と補償金額によって変動する。申し込みは、各地の保険会社、旅行会社、各空港内保険カウンターなどで。

現金と クレジットカード

家から空港までの往復の交通費などには日本円がいるし、少額のユーロはイタリアに着いた瞬間から必要だ。現地の空港や駅の両替所に行列するのが嫌な人は日本で購入できる（三菱UFJ銀行やその系列のトラベルコーナーのほか、各取扱い銀行、郵便局、空港内の両替所など）。ただし、紛失や盗難に遭ったらアウト。日本円はどこでも両替できるし、商店によっては支払いにも使える場合もある。

いちいち両替の必要がなく、現金を持ち歩かなくてもよいのがクレジットカードやデビットカード。イタリアでも多くのホテルやレストラン、商店で利用できる（ただし、経済的なホテルやレストラン、少額の買い物などでは使えないことがある）。レンタカーやホテルの予約時にも、提示を求められ、一種の支払い能力の証明ともなっているので持っていると安心だ。できれば複数の国際カードを持っていこう。

日本で情報を入手する

イタリア政府観光局ENIT

イタリア政府観光局ENITでは、ウェブサイトでイタリア各地の旅の情報を提供している。ただし、あまり細かい情報は現地から届いていないこともあるので、直接イタリアで入手すること。

そのほか、イタリア文化会館では、イタリアの芸術、言語、文化などを日本に紹介するための機関として、イタリア語の語学コースや歴史・映画などテーマ別の文化講座などを開講している。留学情報も提供しているほか、無料のイベントなども実施しているのでチェックしてみよう。また、「地球の歩き方」公式サイトでは、現地特派員による最新情報やトピックスを読むことができる。

最新の安全情報を
　外務省が運営する「たびレジ」では、滞在先の最新の安全情報や緊急事態発生の連絡が受けられる。登録は URL www.ezairyu.mofa.go.jp/tabireg

■IYTCカードの申請先
URL www.isicjapan.jp
　上記URL、各YH、大学生協でも可。

■国際ユースホステル 会員証の申請先
URL www.hyh.or.jp
　上記URLまたは各県のYH、旅行会社などで可。

パスポートのコピー
　パスポートの盗難の危険を避けるため。クレジットカード利用の際に、身分証明書の呈示を求められることもある。また、イタリアでは60歳または65歳以上でシルバー割引を実施している見どころもあるので、パスポートのコピーを持っているとよい。

国外運転免許証の情報
警視庁
URL www.keishicho.metro.tokyo.jp/menkyo/index.html

1ユーロ=128.68円
（'19年2月三菱UFJ銀行調べ）

ユーロの入手先
　ユーロの現金は銀行、郵便局、トラベルコーナー、成田や関空の空港内両替所などで。ただし、すべての支店で可能ではないので、まず最寄りの支店で情報の入手を。
●三菱UFJ銀行
URL www.bk.mufg.jp/tsukau/kaigai/senmon/index.html

■おもなCC（→P.383）

■イタリア政府観光局 ENIT
〒108-8302
東京都港区三田2-5-4
（イタリア大使館内）
URL www.italia.it
※直接訪問、メールでの問い合わせは行っていない。

日本からの アクセス

北イタリアへ

最短のルートで時間を節約するか、予算や好みに合わせた航空会社を選ぶかで、おのずからルートは決まる。到着が夜間遅くになる場合は、事前に交通機関の確認を。

ヨーロッパ内の飛行時間
パリ→ヴェネツィア
　　　　約1時間40分
パリ→ミラノ　約1時間30分
ロンドン→ヴェネツィア
　　　　約2時間
ロンドン→ミラノ　約1時間
アムステルダム→ヴェネツィア
　　　　約1時間50分
アムステルダム→ミラノ
　　1時間45分〜2時間
ミラノからの飛行時間
ヴェネツィア　約50分〜1時間
トリエステ　　約1時間20分
ローマ　　　　約1時間10分
ミラノ各空港からの交通手段
詳しくはP.33参照
ヴェネツィア空港からの交通手段
詳しくはP.181参照

日本から空路で入る

日本からのイタリア直行便が到着するのはミラノ・マルペンサ空港。北イタリアの旅を始めるには最適なロケーションだ。成田空港からは約12時間30分のフライト。アリタリア航空'19年冬季スケジュールの場合、成田発13:20でミラノ着18:10。日本をたったその日にイタリアでディナーを楽しむこともできるし、翌日からの観光に備えてゆったり体を休めるのもいい。

北イタリアの町では、北イタリアのハブ空港であるミラノ・マルペンサ空港が規模、発着便ともに群を抜いている。世界的観光地であるヴェネツィアのマルコ・ポーロ空港には国内線、ヨーロッパ線のほか、北米線も乗り入れている。このほか、トレヴィーゾ、トリエステ、ベルガモ、ヴェローナなどに空港がある。

空港と町の間は公共交通で結ばれており、最寄り駅から北イタリアの鉄道の旅が始められる。

航空券の賢い買い方は?

航空券について

パソコンに「航空券」と入力すれば、航空券を販売する旅行会社のサイトや比較サイトがいくつも、出て来る時代。クレジットカードがあれば、希望に合わせてすぐに簡単に購入できる。

航空券は需要と供給のバランスの世界。一般的な休暇期間の夏休みや正月休みには高くなる。ちょっと無理をしても期間をずらすのが節約するコツ。また、早めの予約（3ヵ月以上前）ならかなり割安で購入できる可能性大だ。**航空券比較サイト**に希望の日程を入れて料金を把握しよう。次は、目星をつけた**航空会社のホームページ**を確認しよう。期間限定などの独自のセールを行っている場合もある。

ミラノ、ヴェネツィアと湖水地方の旅行を扱う会社
●フェロートラベル
☎ (03) 5489-9541 (東京)
　(06) 6347-8984 (大阪)
　(052) 569-1071 (名古屋)
URL www.fellow-travel.co.jp

●レッツスイス
☎ (048) 240-4478
FAX (048) 240-4479
URL www.letsswiss.com

航空券比較サイト
URL www.skyscanner.jp
URL www.tour.ne.jp/w_air/
URL www.free-bird.co.jp

液体物の機内持ち込み

機内持ち込み手荷物の規則

あらゆる液体物（歯磨き、ジェルおよびエアゾールを含む）は100mℓ以下の容器に入れ、再封可能な容量1000mℓ（20cm×20cm）以下の透明プラスチック製袋（ジップロックなど）に余裕をもって入れる。袋は1人1つまで。ただし、医薬品、乳幼児食品（ミルク、離乳食）などは除外されるが、処方箋の写し、乳幼児の同伴など適切な証拠の提示を求められる。

機内持ち込み手荷物については、利用航空会社や国土交通省航空局のホームページを参考に。

URL www.mlit.go.jp/koku/03_information/13_motikomiseigen/index.html

同日乗り換えの場合は、機内手荷物制限にご注意

化粧品などの液体物は、最初からスーツケースなどに入れてチェックインしてしまえば問題はない。制限対象となるのは、左記の通り機内持ち込みをするもの。また、チェックイン後に免税店で購入した酒類や化粧品は、そのまま持ち込むことができる。

ただし、乗り換えをする場合は、免税店で購入した物も含めて、経由地で100mℓを超える物は廃棄、100mℓ以下の場合はパッケージを開けて再封可能な袋に入れることが求められる。同日に乗り換えを予定している人は注意しよう。免税品については、経由地により、やや異なることがあるので、購入前に免税店で確認しよう。

イタリアに着いたら

ミラノ・マルペンサ空港から市内へ

日本やヨーロッパからの航空便はおもにマルペンサ空港へ到着

　ミラノには空港がふたつある。マルペンサ空港とリナーテ空港だ。日本からの直行便、ヨーロッパの各空港からの便はおもにマルペンサ空港に到着する。リナーテ空港には一部のイタリア国内便、ヨーロッパ線が到着する。航空券にはマルペンサ空港MXP、リナーテ空港LINと表記されているので一度確認しておこう。マルペンサ空港はミラノの北西約46km、リナーテ空港は南東約10kmに位置している。マルペンサ空港は広大な近代的空港。飛行機到着後、バスまたはモノレール、徒歩で空港内に向かう。

国内線への乗り換え
　一般に1階のパスポート・コントロールを通らずに、2階通路からパスポート・コントロール、手荷物検査を経て、乗り継ぎ便が発着するサテライトへ移動する。空港内は広いので、早めの移動を。

✉ マルペンサ空港
ターミナルを間違えないで
　帰路、ミラノ中央駅からのプルマンをターミナル2で下車。成田行きはターミナル1！でも、ターミナルを結ぶ無料のシャトルバスが運行していて助かりました。
（埼玉県　かわた）

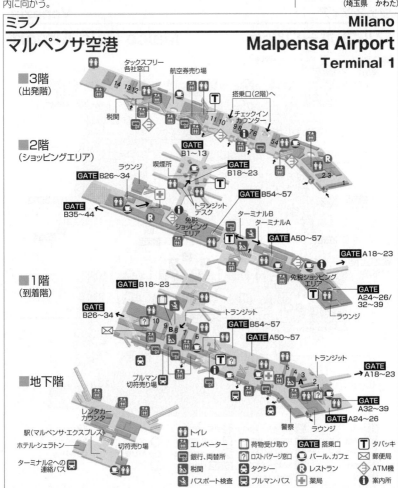

ミラノ　Milano
マルペンサ空港　Malpensa Airport
Terminal 1

■3階（出発階）
■2階（ショッピングエリア）
■1階（到着階）
■地下階

タックスフリー各社窓口　航空券売り場　搭乗口（2階）へ
税関　チェックインカウンター
GATE B1〜13
ラウンジ　喫煙所　GATE B18〜23
GATE B26〜34　GATE B54〜57
トランジットデスク　ターミナルB　ターミナルA
GATE B35〜44　免税ショッピングエリア　GATE A50〜57
GATE A18〜23
免税ショッピングエリア　GATE A24〜26/32〜39
GATE B18〜23　トランジット
GATE B26〜34　GATE B54〜57　ラウンジ
GATE A50〜57
プルマン切符売り場　トランジット　GATE A18〜23
レンタカーカウンター　警察　GATE A32〜39
駅（マルペンサ・エクスプレス）　ラウンジ　GATE A24〜26
ホテル・シェラトン　切符売り場
ターミナル2への連絡バス

🚻 トイレ
🛗 エレベーター
🏦 銀行、両替所
🛃 税関
🛂 パスポート検査
🧳 荷物受け取り
❓ ロストバゲージ窓口
🚕 タクシー
🚌 プルマン・バス
GATE 搭乗口
☕ バール、カフェ
Ⓡ レストラン
💊 薬局
T タバッキ
✉ 郵便局
ATM ATM機
ℹ 案内所

371

空港からローマ広場へ

近年改装が進むヴェネツィア空港。到着ロビーを出ればローマ広場、メストレ行きなどのプルマンバスの乗り場がある。ATVO社の切符はバス停横に自販機がある。ACTV社（市バス）の切符は空港内の売店や切符売り場で。

船着き場へ

船を利用する場合は、動く歩道が新設された2階の通路から進む。やや距離がある。夜間に水上タクシーを利用する場合は事前の予約がベター。

レンタカーは?

空港内の事務所で手続き後、少し離れた大きな駐車場ビルから車をピックアップする。

ヴェネツィア・マルコ・ポーロ空港から市内へ

ローマまたはヨーロッパ内で乗り換えてヴェネツィア空港に到着

日本からの直行便はないので、ローマまたはヨーロッパなどで乗り換えて到着する。ヴェネツィアまで約12km。ATVO社とACTV社のプルマンバスがローマ広場やメストレまで、船ならAlilaguna社がサン・マルコ広場やリアルト橋などを結んでいる。

ローマ広場からホテルへ

ヴァポレットは便数の多い少ないはあるものの、終日運航している。ホテル最寄りの停船場まで移動しよう。ヴェネツィアの町並みはわかりづらいので、事前に場所の確認を忘れずに。心配なら空港から水上タクシー、あるいは荷物運びのポーター（S.L.駅前などに常駐）を利用するのもいい。

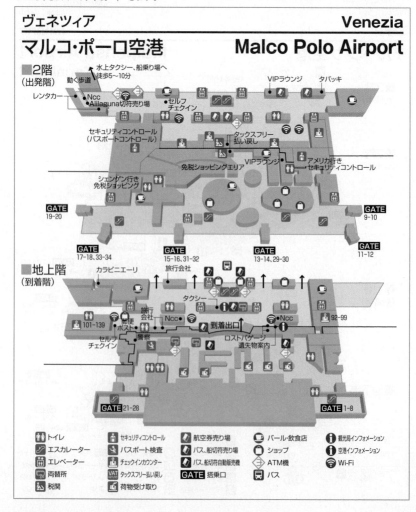

イタリア
国内の交通

列車　Treno（トレノ）

　イタリア鉄道Ferrovia dello Statoフェッロヴィア・デッロ・スタートは略してfs（トレニタリアTRENITALIAとも呼ばれる）。ミラノから、イタリアの各都市へ向かうにはたいへん便利だ。ときとしてストSCIOPERO（ショーペロ）があるものの、運行時間の遅れはそれほどない。安心して利用できる交通機関だ。

列車の種類と料金

　トレニタリアの列車は大きく分けて、長距離部門と地域運輸部門に分かれる。イタリア国内の主要都市間を結ぶ高速列車としてフレッチャロッサ（FR）、フレッチャルジェント（FA）がある。FRはローマ〜ミラノ間を最短3時間で結んでいる。高速列車FRやFAを補完する形でフレッチャビアンカ（FB）、インテルシティ（IC）が運行している。夜行列車はインテルシティナイト（ICN）が運行している。地域運輸部門の列車は、普通列車に該当するレジョナーレ（R）と快速列車に該当するレジョナーレ・ヴェローチェ（RV）がある。

　トレニタリア社以外の高速列車では、2012年に登場したNTV社のイタロ（.italo）が、ローマを中心にミラノ、フィレンツェ、ナポリ、ヴェネツィア間で運行している。

FR-AV「フレッチャロッサ」

　RとRVの列車は予約不要な列車なので、鉄道パスのみで利用可能だ。乗車券を購入し、RやRVを利用する場合は、乗車前にホームにある自動検札機（→P.374）で、乗車券に刻印をすること。

トレニタリアの切符自動販売機（券売機）の利用方法

　英語表示があり、係員がいる場合も多いので、スムーズに購入でき、時間短縮になる。券売機は現金とクレジットカードが利用できるものがほとんどだが、ときとしてひとつしか利用できない場合があるので、希望する支払い方法ができるかを確認しよう。トップページに表示。

　まず、画面をタッチして**言語を選択**。国旗で選択➡Buy Your Ticketへ。**目的地**を入力すると、右に目的地が表示されるが、ない場合は画面をタッチして入力➡**その日の乗車可能の列車**が表示される。翌日以降利用する場合は、Modify Date and Timeから**日にち**を選択。時刻表が表示されるので、希望の列車を選択。BASEは**基本料金**、FAMILYは**複数人での割引**、PROMOは**割引切符**、

GLOBALは**パス所要者の追加料金**。まずPROMO、続いてBASEを見て切符の種類を選択。人数を入力すると、料金が表示される➡FORWARDをタッチすると**座席が表示**。AISLE（通路側）、CENTER（中央）、WINDOW（窓側）なので、希望座席を指定（機種による。できなくてもほぼ近くの席を販売）。希望した出発日時、列車（種類）、座席、人数、1・2等、料金が表示されるので、確認を。**戻る場合**はBACK、**終了の場合**はEXIT。**購入の場合**はPURCHASEをタッチ➡支払い画面が出て、券売機へのカード挿入・取り出し、暗証番号の入力などがアナウンスされるのでそれに従って操作。プリント・アウトされた切符（人数分）が出るので内容を確認して終了。

イタリア鉄道の時刻表などの検索サイト
URL www.trenitalia.com
NTV社（高速列車イタロ）
URL www.italotreno.it

イタロも経済的で便利
　2012年4月に登場した鉄道会社。ミラノ〜ブレーシャ〜ヴェローナ〜ヴェネツィア〜ボローニャ〜フィレンツェ〜ローマ〜ナポリ〜サレルノなどの主要幹線を走る高速列車。fs線に比べ、便数は少ないが、経済的な切符もあるので利用価値大。fs線の線路を走るので、駅もfsと同じ。ただし、別会社なので**各種パス類は使用できない**。fsと同様にパス便も運行。切符はイタロ発着駅のイタロ窓口や切符の自動販売機、ネットで。ヴァリデーションは必要ない。

主要列車は全席指定
　R（レジョナーレ）、RV（レジョナーレ・ヴェローチェ）を除き、ほぼすべての列車で座席指定制となった。切符なしで乗り込むと車内検札の際に€50以上の罰金が徴収される。予約変更は簡単で（発車前ならほぼ無料、発車後でも€3程度）なので、早めに駅窓口や係員に相談しよう。

各種列車のパス追加料金
鉄道パス所有の場合。
距離、等級にかかわらず一律

AV	€10
ES, EScity	€10
EC	€3〜10
IC	€3

便利な鉄道パス
　鉄道がおもな移動手段となる旅には鉄道パスの利用が便利だ。利用頻度によってはかなり得にもなる。
・**ユーレイルイタリアパス**
　（3、4、5、6、8日の好きな利用日を選択）イタリア鉄道fsの路線で利用できるパス。有効期間1ヵ月間の中で好きな上記の期間の乗車日が選べるフレキシータイプのパス。
　いずれのパスも特急料金は不要だが、FRやFAなどの全席指定列車の座席指定券や寝台料金は別途支払う必要がある。購入は日本の旅行会社で。

切符購入ひと言会話

入手したい切符や予約を紙に書いて、窓口で見せよう。「切符と予約をお願いします」とまずはひとこと。「ビリエット・エ・プレノタツィオーネ・ペル・ファヴォーレ」"Biglietto e prenotazione, per favore."

■日付(乗車希望日)
2019年8月14日
data 14/Agosto/'19(イタリアでは日・月・年の順に書く。月は日本と同様に数字でもOK)

■列車番号
Numero del Treno
(わかれば。時刻表の冊子や駅構内に張り出してある時刻表に掲載してある)

■行き先　per～
ミラノへ per Milano
(～からは、da～／ベルガモからda Bergamo)

■発車時間
Ora di Partenza

■1・2等の区別
1等　Prima Classe
2等　Seconda Classe

■片道・往復の区別
行きのみ　solo andata
往　復　andata e ritorno

■切符枚数
Numero (i) di Biglietto (i)
(複数形は語尾に i になる)

■大人　Adulto(i)
子供　Ragazzo(i)
(複数形は語尾に i になる)

切符が買えたら、日付、発車時間、人数などを確認しよう。最後に「グラツィエGrazie.」とごあいさつ。

✉ fs線割引切符の購入
現地の駅員さんに教えてもらったのですが、券売機で購入する場合も割引切符が簡単に購入できます。切符の種類表示の画面でPROMOを選択しましょう。残席があればお得です。　　(あなご　'16)

時刻表キーワード
Arrivi　到着
Partenza　出発
Binario　ホーム
Orario／Ore　時間
Rit.(Ritardo) 遅れ／遅延

切符の買い方と予約

切符の購入と予約は、**駅の窓口**か駅構内の**自動券売機**、fsのマークのある**旅行代理店**で。窓口に長蛇の列がある場合もあるので、前日までに切符の手配をしておくのが賢明だ。

まずは、駅の切符窓口へ。日本同様に、列に並ぼう。大きな駅では切符売り場に発券機があり、番号札を取って順番を待つことになる。発券機には、**高速列車**FRECCIA、**地方列車**REGIONALE、**案内**INFORMAZIONEなどのボタンがあるので、該当するものを押して札を取ろう。電光掲示板に番号が表示されたら窓口へ。

行き先、人数、おおよその出発時刻を告げれば買うことができる。しかし、言葉が心配なわれわれとしては、事前に**列車の種類、列車番号、出発日時、行き先**、客車の**等級、往復**か**片道**かを紙に書いて窓口で示そう。

ミラノ中央駅のfs線切符売り場

切符の読み方(指定券の場合)

①乗車人数 (Adulti:大人、Ragazzi:子供)　②乗車日　③発車時間　④乗車駅　⑤下車駅　⑥下車日　⑦到着時間　⑧客車の種類(1等、2等)　⑨列車番号　⑩号車　⑪座席番号(Finestrino:窓側Corridoio:通路側)　⑫備考欄(これはフレッチャビアンカのベース料金と記載)　⑬料金　⑭総切符枚数　⑮発行駅・日時

列車の乗り方

まず、目的の列車が何番線の**ホーム**Binario(ビナーリオ)に入るか、駅構内の時刻表や行き先掲示板で確認しよう。

R(レジョナーレ)など、時間指定のない切符の場合は、列車に乗る前に、改札口やホーム入口にある**自動検札機**Obbliteratrice(オブリテラトリーチェ)で、日時を刻印しよう。切符を持っていても、刻印を忘れると罰金だ。

指定席券を持っている場合は、自分の**予約**Prenotato(プレノタート)した指定の車両と席へ。入口に近い(先頭)車両が1両目とは限らないので、ホームの途中にある列車の連結位置を示すボードで確認しておくと、自分の乗り込む車両の位置がわかりやすい。R(レジョナーレ)の場合は、座席指定ではないので好きな席へ着こう。

R(レジョナーレ)など、時間指定のない切符の場合は、自動検札機での刻印を忘れずに

日本で鉄道切符を購入するには

　日本の旅行会社をはじめ、ネット上には日本語で購入できるサイトがある。ただし、それなりの手数料がかかるのが難点。イタリア全土を網羅するトレニタリア（旧イタリア国鉄）のホームページで日本から購入でき、手数料もかからないので、これを利用しよう。

ネットで切符購入の利点

◉経済的に購入するなる早めの予約

　ネット予約の最大のメリットは割引切符の購入と現地での時間の節約。トレニタリアのホームページには正規料金のほか、割引切符がある。割引切符は枚数制限があり、早い者勝ちなので、早めの手配を。ただし、割引率が高いほど、変更や返金が難しい。

◉いつから購入可能?

　発車日の4ヵ月前から発車10分前までネットで購入できる。

便利なホームページの利用方法

　ホームページでは、利用日、区間の選択➡時刻表・料金を表示➡切符・席の種類➡座席表示➡購入へと進む。購入の予定がなくても、時刻表まで進んでみよう。時刻表、所要時間、乗り換え情報などが詳細に表記され（Regionaleの場合は❶をクリックすると各駅の到着・発車時間も表示）、旅のプランニングにも大いに役立つはずだ。

```
実践!　ネット購入
```

　まず、URL www.trenitalia.comを開けてみよう。右上に、イタリア国旗とイタリア語の表記があるので、これをクリックして英語を選択。トップページには割引切符の知らせが載っており、Special 3×2 Offerとは、⊕㊌限定3人の利用でベース料金2人分というお知らせ。

希望区間・日にちを入力

　中央に四角く囲った部分に左上にALL TRAIN／すべての列車、FRECCE／高速列車、REGIONALE／地方列車とあるが、まずはALL TRAINのままで希望列車を検索。From/Toに欧文を入れると、途中で駅名が表示されるので、選択。ONE WAY／片道、RETURN／帰路（往復）、カレンダーから日にちを選び（隣の数字は希望出発時間。特に処理しなくてOK）、人数を入力し、SEARCH。

時刻表を表示

　時刻表の一覧が表示され、左から発車時間と駅名➡到着時間と駅名、DURATIONは所用時間、列車の種類・番号、料金が表示される。同じFRECCIAROSSAでも料金の差がある。これは2日以上前の予約で、割引切符がある場合に表示されるもの。FRECCIAROSSAでもRとほぼ変わらない場合もある。希望時間の列車の欄をクリックすると、詳細な値段が表示される。経済的な切符を探しているなら、最低金額を表示している、希望時間帯の列車をクリック。

事前の切符購入は必要?

　現地到着後に、窓口や切符自動販売機（券売機）でも希望時間帯に少し幅があれば、切符がまったく取れないということはない。地方列車のRやRVの場合は座席指定がないので、現地で購入するのが簡単。

　大都市の切符窓口には行列ができている場合が多いが、以前のように長時間待たされることは少なくなった。券売機は多数設置され、近くには係員も待機しているので、券売機での購入は難しくない（ただし、制服着用または公式の名札をつけた係員に聞くこと。怪しげな人物が券売機周辺で使い方がわからない旅行者からチップやつり銭を巻きあげることもあるが、現在では警官の巡回も多く被害は減少）。前日までに切符を購入すれば問題はない。

✉ **列車の種類と速さは同一!?**

　列車の種類が同じなら目的地への所要時間はほぼ同じと考えていました。ところが、時間帯によってかなり違い、近距離ならRで移動してもＩＣとそう変わらない場合がありました。より効率的に移動するなら、fs線のURLで時刻表を検索すると、料金と各列車の所要時間が表示されますヨ。
（東京都　鉄子未満）['19]

2016年夏から
RとRV切符の変更

　2016年8月1日より、RおよびRVの切符は購入当日（23:59まで）のみ有効。または乗車日を指定して切符を購入することとなった。切符は検札機での刻印から4時間有効。切符の変更は前日までは自動券売機、切符売り場で無料。

券売機近くの不審者に注意

　鉄道や地下鉄の券売機の周辺では、使い方を教えてくれるように親切そうに声をかけて来る人物がいる。ひとめで怪しげな人物から、係員を装った者、女性、子供などさまざま。彼らは、チップを要求したり、高額紙幣をわざと出させてつり銭をかすめとる。周囲には警官が巡回し、防犯カメラも設置され、被害は減少傾向にあるが、注意を。

※Executiveは車両に自由に利用できるバールが設置。Businessは各種あるが、料金の差がないようにsalottino以外ほぼ同じ。

切符の種類
Base／正規料金
発車前なら無料で変更可能。出発1時間後でも変更可で返金も可（いずれも手数料が必要）
Economy／割引料金
BASEに変更（＋差額）で、出発前なら、変更可。返金不可。
Super Economy／特別割引料金
変更・返金不可

✉ **fs切符は早めに**
ボローニャ空港到着で、すぐに電車移動を計画していました。フライトの遅延を考えて予約はしませんでしたが、希望の列車の2等は売り切れ、発車1時間前で1等も残りわずかになっていました。シーズンによると思いますが、Baseで購入しておくと安心だと思いました。ちなみにボローニャ空港は入国審査にけっこう並びます。ボローニャ中央駅から電車移動を計画している人は余裕のあるスケジュールを。
（神奈川県　匿名希望　'17）

✉ **割引切符とスマホ**
イタリア鉄道のホームページからオンラインで購入しました。2週間前でも定価の半額程度の割引切符が残っていて、お得に旅行できました。また、オンライン購入ではe-チケットのため購入後にメールで送付されるPDFの切符の印刷ができなくても、検札時にスマートフォンで表示すれば問題ありませんでした。PCRとCPという切符番号さえわかればよいということでした。また、車内ではWi-Fiが利用でき、アカウントの取得にクレジットカードで1セントの決済が必要ですが、移動中に観光情報をチェックできるので、とても重宝しました。　　　　　　（RRB）
FBフレッチャビアンカやICなどはWebで購入し、Webで購入できない普通列車R, RVは駅の券売機で購入しました。Webも券売機も英語があります。Webで購入した場合はメールに添付されてくるPDFを印刷して車掌さんに提示すればOK。FBやIC（座席予約した場合）は検札機に通す必要はありません。　　　　（匿名希望）

座席の種類（クラス）と料金の表示（列車の種類により異なる）

右上SERVICEは座席の種類　Standard／スタンダード（2等）、Premium／プレミアム（1等）、Business Salottino／ビジネス（4人または6人の個室）、Business Area Silenzio／ビジネス（オープンサロン、静かな席）、Business／ビジネス（オープンサロン）、Executive／エクゼクティブ（独立の1人席、食事込み）

左欄OFFERは切符の種類
Base／正規料金、Economy／割引料金、Super Economy／特別割引料金（左欄参照）。以下のCartafreccia～の割引料金はフレッチャ会員（イタリア居住者のみ）なので、無視。この列車の場合、料金は€29.80～136の幅があることがわかる。Soldoutは売り切れ、Only a few seats leftは残席わずか。料金表示は刻々と変化する。

希望のクラス・切符を選択して、右下の□Choose the seatを☑してContinueをクリック。（加算でランクアップまたはサービス追加などの表示

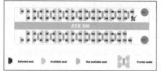

が出る場合があるが、不要withoutまたは同意Acceptで次へ）。列車と号数、座席が表示されるので、予約可能のAvailable seat（緑色）から席を選択すると赤く表示される。4人のボックス席はFrontal seatsと表示。➡Confirmで表示料金にIVA加算の総額が表記される。これが支払い額。

さらに進むと、**購入画面**となる。

※ここから10分以内に終了しないと、選択した切符はキャンセルとなるので注意。画面右上に残り時間が表示される。

上のAuthenticationは会員、または会員登録してからの手続き。やや煩雑なので、私たちは入力が容易な下のPassengerに入力。Name／名、Surname／姓、Payment で支払い方法を選択し、Continue➡Acceptで利用規約に同意。

クレジット情報の入力

Cardholder firstname/lastname／カード所有者の名姓、Cardnumber／クレジットカード・番号、Expiration／有効期限、Security code／カード裏面記載の3桁の数字を入力して➡Continue。カード確認用のパスワード入力がもとめられるので、これを入力。

購入後

登録したメールアドレスに電子チケットがPDFで届くので、これを印刷して、検札時に提示すればOK。現地でのバリデーションは不要。SNS機能がある携帯電話なら、検札時に予約内容を画面で見せればOK。

イタリアでの移動には長距離バス（プルマン）は欠かせない。レンタカーも便利な存在だ。移動の『足』を検討してみよう。

長距離バス（プルマン）

本書で取り上げた見どころのなかには、鉄道が通っていなかったり、あっても便が悪かったりする場所も少なくない。こういう町では**プルマン**Pullmanと呼ばれる中・長距離バスが人々の足となっている。

ドロミテ山塊をはじめとする北イタリアの山岳地域や湖水地方、湖周辺の小さな町を訪ねる旅には欠かせない存在だ。道路はよく整備されているので、プルマンの旅は快適で楽しい。土地の生活と密着しているプルマンでは人々の暮らしぶりがうかがえるのもおもしろい。

計画の立て方 　残念ながらイタリアのバスの全路線を網羅した時刻表なるものは存在しないので、何日もかけていくつもの場所を巡るバス旅行の計画をすべて事前に立てることはいささか難しい。本書の各都市の解説にはできる限りのバス情報を入れてはあるが、鉄道とは違って各地方の自治体や会社が運行するので、ダイヤや料金の変更も生じやすい。したがってバスで移動したいときには、**まずツーリストインフォメーションか関連バス会社の案内所（バスターミナル周辺にあることが多い）**を訪れて最新の情報を入手することが大切だ。少し大きな町のインフォメーションなら、その町を起点にしたバス路線と時刻表が備えられている。その際に注意したいのは、ほとんどの路線で**日曜・祝日には運休または運行便数が大幅減になる**ということ、また土曜はほかの平日とは違ったダイヤで走ることも多い、ということだ。

バス会社のウエブサイトから時刻表の検索ができるので、本書掲載の URL から大まかな計画を立てることが可能だ。ただし、一部の URL は更新が遅いこともあるので、現地に着いたら最新の時刻表を確認しよう。また、北イタリアの特徴として、夏季と冬季のスケジュールがかなり異なり、学校の休暇期間も減便となる。

利用の仕方 　切符の購入に関しては、日本と違ってワンマンカーの運転手が車内で売ることは原則的にしないから、**乗車前に正しい切符を手に入れておく必要がある。**切符は、**アウトスタツィオーネ**Autostazioneと呼ばれるバスターミナルに設けられたボックス（案内所を兼ねることもある）や、小さな町ならバス発着所周辺の**バール**Barや**たばこ屋（タバッキ**Tabacchi）などで売られている。

また、日曜・祝日の便を利用するなら、当日は切符を売る窓口や代理販売をしているバールが閉まっていることが多いので、前日までにあらかじめ切符を手に入れておこう。

乗車したら、バスの出入口近くにある自動検札機に切符を入れて、鉄道と同様に日付と時間を刻印しよう。車掌または運転手が必ず切符を確認するので、切符を持っていても刻印を忘れると注意されるだけでなく、罰金を請求される場合もあるので注意。

大きな荷物は車体横へ

スーツケースなどの大きな荷物はプルマンの車体横のトランクルームへ入れる。終点前で降りる場合、下車の際には荷物があることを運転手に告げよう。

●荷物を取らなければなりません

デーヴォ リティラーレ イ ミエイ バガーリ
"Devo ritirare i miei bagagli."

車中ひとこと会話

●～で降りたいのですが

ヴォレイ シェンデレ
"Vorrei scendere ～"

●～へ行きたいのですが

ヴォレイ アンダーレ
"Vorrei andare～"

●どこで降りたらいいか教えてください

ペル ファヴォーレ ミ ディーカ ドーヴェ
"Per favore, mi dica dove

デーヴォ シェンデレ
devo scendere."

ドロミテ山塊を周遊するには、プルマンが強い味方。3社が運行中

切符が車内で売られる場合 　中・長距離のプルマンでは、切符売り場の設置されていない町などでは、車内で販売されることもある。乗車前に確認を。

バス停表示もわかりやすい

レンタカー

町なかは乗り入れ禁止ゾーンや一方通行も多いので、大きな町を車で移動するのはそれほどやさしくない。ミラノの町なかなどは運転を避けたほうが賢明だ。町と町を移動したり、交通の便の悪い見どころへの足として使いたい。また、湖水や海辺の町などは夏季は渋滞することも少なくない。

レンタカーは現地での申し込みが可能だが、身元照会に時間がかかるし、希望の車種がすぐに配車されるとも限らない。日本で予約しておくと、割引などのサービスもあるし、受付、配車もスムーズにいくのでおすすめだ。利用の際は**日本の自動車免許証も持参のこと**。

大手の会社の貸し出し条件は、

①支払いはクレジットカード

②21～25歳以上（会社により異なる）で、運転歴が1年以上（年齢の上限を設定している場合もあるので事前確認を）

③有効な日本の免許証および国際免許証を持っていること

イタリアの道路網はよく整備され、なかでも"アウトストラーダ"と呼ばれる高速道路（有料）は走りやすく快適そのもの。しかし北イタリアを車で回る楽しみの真髄は、小さな町と町を結び、美しい山岳地帯や湖水を望む街道を行くことにあるのではないだろうか。幹線道路を除けば交通量はそれほど多くはないし、ほとんどの町で旧市街への車の乗り入れ制限があるにしても、周辺にはPの表示とともに駐車場が整えられているので、さほど心配するには及ばない。

有料の駐車場では駐車時間を自己管理しよう

左段：

車が故障した場合の緊急呼び出しは、ACI☎803116へ

レンタカーなら各社の緊急連絡先を聞いておこう。

日本での予約（レンタカー）
ハーツ
Free 0120-489882
URL www.hertz-japan.com
エイビスレンタカー
Free 0120-311911
URL www.avis-japan.com

覚えておきたい交通用語
●SENSO UNICO 一方通行
●DIVIETO DI ACCESSO
　　　　　　　　進入禁止
●LAVORI IN CORSO
　　　　　　　道路工事中
●PASSAGGIO A LIVELLO
　　　　　　　　踏切注意
●DIVIETO DI SORPASSO
　　　　　　　追越し禁止
●SOSTA VIETATA
　　　　　　　　駐車禁止
●PERICOLO
　　　　　　　　　危険
●RALLENTARE
　　　　　　スピード落とせ
●CURVA PERICOLOSA
　　　　　　　カーブ注意

車の損得
　ガソリンは1ℓ€1.50くらい。高速道路アウトストラーダの通行料金はミラノ・ローマ間約560kmで€41.90。
['19]

レンタカー利用の注意点

●レンタカーの事務所はどこ？

　レンタカー事務所の多くは空港内や駅などの近くにあるが、わかりづらい場所やかなりの距離がありタクシーを利用せざるをえない場合もある。空港で借りて返すのが時間のロスもなく、迷子になる心配もない。

●事前にギアチェンジの練習を！

　イタリアでは、マニュアル車が主流。日本のオートマ車に慣れた人は、ギアチェンジの練習が必要になる。坂道や長い下り坂の多いドロミテ地方などの運転を予定している人は、特に注意が必要だ。各レンタカー会社にはオートマ車の数は多くなく、料金も割高。オートマ車を利用する場合の予約はお早めに。

✉ミラノ中心街で車両通行税導入

　ミラノ中心街のホテルにレンタカーで到着。短時間で荷物を降ろしてレンタカーを返却しに行こうとすると、ホテルの人に€5の支払いを求められました。こんな短時間で駐車禁止!?実は、2013年からミラノの中心街に入る車には、€5の税金が課されることになったそうです。一般的な支払い方法はタバッキでArea Cチケットを買い、カードをスクラッチしてIDをゲット、それを電話で専門機関に通知する必要があります。カメラでナンバープレートを撮っているので、税金徴収からは逃げられないとか……。これからミラノでレンタカー利用を予定している人はご注意を。
（東京都　オジー）

●ミラノの車両通行税Area CとZTL

①Area C（アレア・チー）とは？

　ミラノの中心街（旧城壁内）に車で進入する際にかかる税金で、平日7:30～19:30に適用される。
URL www.comune.milano.it/wps/portal/ist/en
→Area Cで詳細や地図の確認可（英語あり）

②ZTLは？

　一方イタリアの各町にあるZTL（Zone Traffico Limitato）は車両進入禁止エリアのこと。この禁止エリアにホテルがある場合は、ホテルで許可証の発行さらに警察への連絡を代行してもらうことで通行できる場合がほとんど。

※心配な場合は宿泊ホテルへ事前の問い合わせを。Area CおよびZTLは自動カメラで監視されており、違反すると違反金（€90程度）、さらにレンタカー会社の手数料が日本まで請求される。Area C、ZTLは変更される場合も少なくないので、最新の情報を。

イタリアドライブ事情

●高速道路での追い越し

イタリアの高速道路アウトストラーダAutostradaは日本やアメリカに比べ車線幅が狭く、カーブに見合った勾配があまりないので、追い越しや追い抜きの場合は十分気をつける必要がある。特にカーブでトラックを追い越したり追い抜いたりするのは、感覚が狂いやすいので避けたほうが無難。追い越し、追い抜きはあくまでも直線で。

●制限速度と最低速度

イタリア半島を縦横に走る道路には次の種類があり、各道路ごとに異なる制限速度が設けられている。

【最高速度】

アウトストラーダ(有料自動車道)	130km/h
スーパーストラーダ(幹線国道)	110km/h
ストラーダ・オルディナーレ(一般道)	90km/h

●どの車線を走行するの？

2車線の場合は右側が走行車線、左が追い越し車線。一番右の狭い部分は日本同様緊急避難用で走行禁止。3車線の場合は、左から乗用車の追い越し車線、真ん中が乗用車の通常走行および、バスとトラックの追い越し車線、右はバスとトラックの走行車線だ。

●地名をメモしておこう

日本人にとって注意しなければならないのが地名だ。目的地に向かう通過地点の地名はあらかじめメモしておくと安心だ。San~、Monte~、Villa~、Castello~などの地名はいたるところにあり間違えやすい。

●緊急時

レンタカー利用の場合は、緊急連絡先に連絡する。アウトストラーダでは、2kmごとに緊急通報のSOSボックスが備えられている。上のボタンが故障用、下が緊急用だ。通報すると近くのセンターから緊急車が来る。

●道路地図

レンタカーの場合は付近一帯を掲載した地図をくれる。ただ、これが希望の場所を網羅しているとは限らないので、やはり書店などで地図を求めよう。ACI (Automobile Club d'Italia)やAGOSTINI、Michelinなどが定評がある。

●ガソリンの入れ方

ガソリンを入れる場合はまず、ガソリン車かディーゼル車かを確認。イタリア語でガソリンはBenzinaベンズィーナ、ディーゼル油はGasolioガソリオ。蓋の裏側には指定燃料が刻印してある。

●給油

早めの給油と係のいるスタンドでの給油がおすすめ。ガソリンスタンドは22:00頃には閉まり、🅐㊗(地方では🅐も)は閉店する所が多い。

セルフスタンドも増え、クレジットカードと現金が利用できるが、機械は日本で発行されたカードは受け付けないことがほとんど。有人スタンドなら、クレジットカードの利用はできる。レンタカーは満タン返しがほぼ決まりで、返却時に満タンでないと、ガソリン代と手数料が請求される。FPOガソリン先払い制度を申し込んだ場合は、満タンは不要。

●セルフスタンドの利用方法

日本とほぼ同様。投入額や指定額(満タンはPIENO)に見合った量が給油される。硬貨は不可で紙幣(€5~50)のみを受け付け、おつりは出ない(レシート持参で後日受け取れる場合あり)。セルフを利用する場合は、少額の紙幣を何枚か用意しておくと安心だ。

●駐車

町なかでは🅿の表示のない場所には駐車しないこと。パーキングメーターがある場合は、日本同様指定の料金を投入し、レシートを外から目につく所に置く。係員のいる所もある。駐車違反は約€40の罰金だ。

●スピード違反と飲酒運転

イタリアでの高速運転は快適とはいえ、スピード違反は厳しい。ネズミ取りも多いので注意しよう。スピード違反はアウトストラーダでは140~150kmで€30の罰金、以降180kmで€50の罰金に免許没収と処罰は厳しい。酔っ払い運転も認められず、いっせい取り締まりもある。

●チェーン携行義務

11/15~4/30(州により異なる)はスタッドレス・タイヤの装着またはチェーンの携行が義務。違反すると罰金の場合あり。レンタカー会社でレンタルしており、別途料金がかかる。

ドロミテドライブは、自転車との併走が難しい

ⓘ 総合 インフォメーション

航空便は
ポスタ・プリオリタリアで

Posta Prioritaria
必要な切手と専用シール(エティケッタ・ブルー etichetta blu)を貼るかPosta Prioritariaと書けばOK。イタリア国内で翌日、ヨーロッパなら3日、日本へは一週間前後で到着する。

日本向け航空郵便料金

Posta Prioritaria

はがき	€2.40
封書(20gまで)	€2.40
封書(21〜50g)	€3.90

郵便局でのひとロガイド

切手	francobollo(i)	フランコボッロ(リ)
はがき	cartolina(e)	カルトリーナ(ネ)
手紙	lettera(e)	レッテラ(レ)
航空書簡	aerogramma(e)	アエログランマ(メ)
速達	espresso(i)	エスプレッソ(シ)
小包	pacco(pacchi)	パッコ(パッキ)
航空便	per via aerea	ペル・ヴィア・アエレア
船便	per via mare	ペル・ヴィア・マーレ

テレコムイタリアのテレホンカード。左肩を切り取って使う

プリペイド・テレホンカード
まず無料通話ダイヤルへ電話し、スクラッチ部分に隠れた番号を入力。続いて電話番号を入力。トーン信号の電話ならホテルの部屋でも使用可

テレホンカードのみ使用可能な最新型の電話器

郵便

町によりやや異なるが、一般的に大都市の中央郵便局Posta Centraleは、月曜から金曜まで8:00〜19:00頃の営業。土曜は13:15まで。日曜・祝日は休み。そのほかの支局は、平日は8:00〜14:00、土曜は正午まで営業。切手は郵便局かタバッキで買うこと。

日本宛郵便物

宛名は日本語でOK。宛先の国名Japan/Giapponeは欧文で記入しよう。

赤か黄色の郵便ポストにはふたつの投函口があり、左側が「市内宛て」per la città、右側が「他地域宛て」per tutte le altre destinazioniになっているので、日本への郵便は右側の口へ。

小包は、郵便局により取り扱いの有無や重量が異なり、また窓口時間が短いので、最初にホテルなどで確認してから出かけよう。箱に詰めた場合は、ガムテープでしっかり封印をしよう。小包用の各種のダンボール箱は、小包取り扱い局で販売している。航空便の日本への所要日数は7日前後。

青いポストは国際郵便専用
ポスタ・プリオリタリア利用なら日本へもほぼ一週間で到着

電話

電話機は、駅、バールの店先、町角などに設置されている。日本と同様に硬貨またはカードを入れて、番号をプッシュ。硬貨を使う場合は、あらかじめ多めに入れておこう。通話後に、下のボタンを押すと残りの硬貨は戻ってくる仕組みだ。ただし、日本と同様に硬貨を利用できる電話は少なくなりつつある。旅の始めにテレホンカードを1枚購入しておくと安心だ。空港などには、クレジットカードで支払うことのできる電話機もある。

各種テレホンカード

テレホンカードCarta Telefonica（カルタ・テレフォニカ）はキオスクやタバコ屋、自動販売機などで販売。発行会社により利用方法が異なる。一般的なTelecom Italia社のものは、€3、€5、€10の3種類で、ミシン目の入った角の一ヵ所を切り離して利用する。日本同様、カードを公衆電話に挿入するとカード残高が表示され、相手番号をプッシュすると通話ができる。

プリペイドカード

現地でもイタリアの各社が販売している。日本国内の空港やコンビニエンスストアであらかじめ購入し、現地で利用するものとしては、KDDI（スーパーワールドカード）、NTTコミュニケーションズ（ワールドプリペイドカード）がある。

イタリアではテレコムイタリアのテレホンカードのほか、公衆電話やホテルの客室からも利用できる**プリペイド式の格安な国際電話専用カード**Carta Telefonica Prepagata Internazionale（**カルタ・テレフォニカ・プレパガータ・インテルナツィオナーレ**）などもある。これは、通話の前にカードに記載された無料通話ダイヤルへ電話し、続いてカードのスクラッチ部分の数字の入力などの手続きが必要だ。手順は自動音声案内でアナウンスされるものの、イタリア語のみの場合もあるので、購入時に確認しよう。タバッキなどで販売。

インターネット Wi-Fi

ほとんどのホテルやYHなどで無制限で**無料Wi-Fi**が利用できる。パスワードはフロントで教えてくれる。このほか、町なかでは自治体による無料Wi-Fi、カフェやバール、市バスやバスターミナル、プルマンバス、空港、列車などでも利用できることが多い。カフェなどでは、パスワードはレシートに記載があったり、お店の人に聞く必要がある。公共の場での利用は時間制限がある場合も。

美術館・博物館など

国立の施設の休館日は原則として月曜および国定祝日。開館時間は、9:00〜14:00という所が多いが、19:00頃まで開館する所も増えてきた（曜日によっては24:00までの開館延長の所もある）。屋外のモニュメントなどは9:00〜日没1時間前までが普通。ただし、開館時間はよく変更になるので、現地で確認するのが望ましい。午前中ならまず開いているので見学のスケジュールは午前に組むとよい。

クレジットカードを使った通話で高額請求!?
会社によっては、第三国を経由しての国際通話となるため、「かなり高額。10分程度の通話で約5000円請求された」との投稿あり。

携帯電話を紛失した際の、イタリア（海外）からの連絡先（利用停止の手続き。全社24時間対応）
au
（国際電話識別番号00）+81+3+6670-6944　※1
NTTドコモ
（国際電話識別番号00）+81+3+6832-6600　※2
ソフトバンク
（国際電話識別番号00）+81+92+687-0025　※3
※1　auの携帯から無料、一般電話からは有料。
※2　NTTドコモの携帯から無料、一般電話からは有料。
※3　ソフトバンクの携帯から無料、一般電話からは有料。

宗教施設の拝観上の注意
教会など宗教施設の拝観では、タンクトップ、ショートパンツなど露出度の高い服装だと入場できない場合もあるので注意すること。また、信者の迷惑にならないよう謙虚な態度を忘れないように。教会内を走ったり、大声を上げたりするのは論外。

INFORMATION
イタリアでスマホ、ネットを使うには

まずは、ホテルなどのネットサービス（有料または無料）、Wi-Fiスポット（インターネットアクセスポイント。無料）を活用する方法がある。イタリアでは、主要ホテルや町なかにWi-Fiスポットがあるので、宿泊ホテルでの利用可否やどこにWi-Fiスポットがあるかなどの情報を事前にネットなどで調べておくとよいだろう。ただしWi-Fiスポットでは、通信速度が不安定だったり、繋がらない場合があったり、利用できる場所が限定されたりするというデメリットもある。ストレスなくスマホやネットを使おうとするなら、以下のような方法も検討したい。

☆ 各携帯電話会社の「パケット定額」
1日当たりの料金が定額となるもので、NTTドコモなど各社がサービスを提供している。
いつも利用しているスマホを利用できる。また、海外旅行期間を通してではなく、任意の1日だけ決められたデータ通信量を利用することのできるサービスもあるので、ほかの通信手段がない場合の緊急用としても利用できる。なお、「パケット定額」の対象外となる国や地域があり、そうした場所でのデータ通信は、費用が高額となる場合があるので、注意が必要だ。

☆ 海外用モバイルWi-Fiルーターをレンタル
イタリアで利用できる「Wi-Fiルーター」をレンタルする方法がある。定額料金で利用できるもので、「グローバルWiFi（【URL】https://townwifi.com/）」など各社が提供している。Wi-Fiルーターとは、現地でもスマホやタブレット、PCなどでネットを利用するための機器のことをいい、事前に予約しておいて、空港などで受け取る。利用料金が安く、ルーター1台で複数の機器と接続できる（同行者とシェアできる）ほか、いつでもどこでも、移動しながらでも快適にネットを利用できるとして、利用者が増えている。

ルーターは空港などで受け取る

ほかにも、いろいろな方法があるので、詳しい情報は「地球の歩き方」ホームページで確認してほしい。
【URL】http://www.arukikata.co.jp/net/

両替について

日本同様、イタリアもクレジットカードの普及とキャッシング網の広がりは急ピッチ。今や両替所は空港や大規模の駅、一大観光都市にほぼ集中している感がある。とはいえ、イタリアに降り立った途端必要なのが現地通貨のユーロだ。両替について考えてみよう。

両替はどこで?

空港からのバスをはじめ、地下鉄、入場料、バールでの支払いなど、こまごまとした支払いに現金が必要だ。

日本なら、空港内の両替所が便利。イタリアでは銀行(両替業務を行わない所もある)、両替所、郵便局、旅行会社、ホテルなどで行っている。入口などに大きく両替カンビオCAMBIOと表示してあるので、すぐにわかるはずだ。

有利に両替するなら

両替レートはほぼ毎日変わり、これに加え両替手数料が取られることがほとんど。窓口や店頭に両替レートが掲示されているので、両替前に必ずチェックしよう。日本円からユーロに両替する場合は、buying rateが高い所が有利。手数料comissionもかなりの割合になるので確かめよう。

両替率は店や町により異なり、同じ銀行でも支店により違う。有利に両替するなら、いろいろ見て比較検討しよう。両替所と銀行のレートは競争原理が働いている町なかではさほど差がない場合が多いが、空港などは町なかに比べて両替率は悪い。ホテルのフロントでの両替もかなり率が悪いと心得よう。

営業時間

空港の両替所はほぼフライトに合わせて営業している。町なかの両替所は一般商店並みに9:00～19:00頃の営業だ。銀行は月曜から金曜までの8:30～13:30、15:00～16:00頃。

ATMブースの利用法

24時間利用できるATMは道路に面して設置してあることがほとんどだ。しかし、カード被害などから利用者を守るため、ブース形式のものもある。常に扉が閉められており、クレジットカードなどを扉のノブ近くにあるカード挿入口に入れると、扉が開く仕組み。

両替ひとこと会話
■どこで円を両替できますか?
ドーヴェ・ポッソ・カンビアーレ・リ・イェン・ジャッポネースィ?
Dovè posso cambiare gli yen giapponesi?
■この円(ドル)を両替したいのですが?
ヴォレイ・カンビアーレ・クゥエスティ・エン(ドーラリ)?
Vorrei cambiare questi yen(dollari)?
■今日の為替レートはどうなっていますか?
クゥアレ・エ・イル・カンビオ・ディ・オッジ?
Quale è il cambio di oggi?

✉ **両替 最初に受け取り額の確認を**
町の両替所でやむなく両替。手数料20%以上で、€1=110円くらいの時に€1=約150円で換金されてしまいました。空港では、最初に受取額を示して確認してくれましたが、町の両替所ではすぐに手続きをしてしまい、文句を言うと「もう手続きしてしまったからダメ!」の一点張りでした。両替の際は、最初に受取額の確認を。
(千葉県 石井あゆみ)

✉ **ATMでのキャッシングが一番!!**
ATMでのキャッシングが手数料も最小で、一番妥当な方法です。カードホルダーは、両替屋や銀行ではなくATMに限ります。(三浦仁)

両替レート表の読み方
縦にズラリと国別の通貨が並び、その横に下記の項目に分かれてレートが書いてある。

buying rate………購入レート
selling rate………販売レート
cash………………現金
T/C……トラベラーズチェック
comission…………手数料

つまり、円(YENまたはJPYと表記)の現金cashを両替する場合は、その両替所の購入レートbuying rateを見る。この購入レートを見比べて両替しよう。ただ、このレートがよくても、手数料comissionが高ければ、有利とはいえない。

キャッシングが便利で安全

✉ 現金は盗難の心配がありますし、両替は無駄な時間が取られたり、ときとして率の悪さに憤慨することもあります。クレジットカードや銀行カードからのキャッシングは両替率も安定していますし、おかしな手数料を取られることもないので、安心して使えます。旅行は、数万円の円とカードだけで十分だと思います。ATM機はどこでも24時間利用できます。ホテルやレストランの支払いをカードですれば、さ

ほど現金の必要性はないと思います。ただ、旅行直前に航空券などの大きな買い物をした場合は、限度額を超えていないか確認しておくことをおすすめします。

イタリアのATMは引き出し額を画面から選択することが普通で、1回の引き出し額は€30～250程度の設定です。(東京都 山水澄子)['19]

キャッシングを活用しよう！

イタリア中どこにでもあり、24時間利用可能な自動現金支払い機ATMを賢く利用。いずれも事前に暗証番号の登録が必要だ。

クレジットカードでキャッシング

主要カードまたはカードにCIRRUSやPLUSの印がある物なら、同様のマークの付いたATMで可能。ATM使用料と利息を取られる。また、各クレジットカードで規定された利用限度額の制限もある。

デビットカード

使用方法は、クレジットカードと同じだが、支払いは後払いではなく発行銀行の預金口座から原則即時引き落としとなる。口座の残高以上は使えないので、予算管理にも便利。ATMで現地通貨も引き出し可能だ。

海外専用プリペイドカード

海外専用のトラベルプリペイドカードは、外貨両替の手間や不安を解消してくれる便利なカードのひとつだ。多くの通貨で国内での外貨両替よりレートがよく、カード作成時に審査がない。出発前にコンビニATMなどで円をチャージし（預け入れ）、その範囲内で渡航先のATMで現地通貨の引き出しができる。各種手数料が別途かかるが、使い過ぎや多額の現金を持ち歩く不安もない。2019年1月現在、発行されているのはおもに下記のとおり。

- ●クレディセゾン発行「NEO MONEY ネオ・マネー」
- ●アプラス発行「マネティグローバルMoneyT Global」
- ●マスターカード プリペイド マネージメント サービシーズ ジャパン発行「CASH PASSPORT キャッシュパスポート」
- ●マネーパートナーズ発行「Manepa Card マネパカード」

ATM機の使い方

クレジットカードや銀行カードを使って現地でユーロを引き出してみよう。日本でカードを作る際に、PIN（暗証番号）の登録、またカードによっては引き出し額の設定が必要だ。

機械は各種あるが、おおむね以下の通り。数字脇のボタンは

赤:キャンセル　黄:訂正　緑:確認

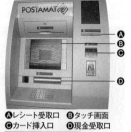

Ⓐレシート受取口　Ⓑタッチ画面
Ⓒカード挿入口　Ⓓ現金受取口

現金は素早く取る

❶ATM機にクレジットカードのマークまたはカードによっては裏面のCIRRUS、PLUSの印があるかを確認。

❷カードを入れる。

❸画面にタッチして各言語（伊·英·仏·独）からガイダンスの言語を選択。

❹PIN（暗証番号）を入力し、緑のボタンを押す。

❺画面にタッチして希望金額を選ぶ。レシートを希望する旨の表示にYESまたはNOをタッチ。

❻現金の受取口が開いたら、30秒以内に取り出す。

旅行前に暗証番号の登録と確認を

クレジットカードを利用する際に暗証番号PIN CODEの打ち込みを求められる。旅行前に暗証番号の登録や確認を。暗証番号の入力ができない場合は、パスポートなどの身分証明書の提示が必要な場合あり。

警備は万全!?

イタリアの銀行は警備が厳しい。銀行の入口は二重扉になっており、最初の扉を入ると一瞬の間隔離された状態になり、安全が確認されると、緑のランプがAVANTIと表示される。緑のランプが点灯すると次の扉が開く仕組みだ。

24時間利用できるATMは道路に面して設置してあることがほとんどだ。ブース形式のATMは常に扉が閉められており、クレジットカードなどを扉のノブ近くにあるカード挿入口に入れると、扉が開く仕組みだ。

おもなクレジットカード

URLから、各種取り扱いカード、入会申し込み、トラブルの対処法などがわかる
●アメリカン・エキスプレス
　URL www.americanexpress.com
●ダイナースカード
　URL www.diners.co.jp
●JCBカード
　URL www.jcb.co.jp
●VISA
　URL www.visa.co.jp
●Masterカード
　URL www.mastercard.co.jp

✉ 日本での両替もおすすめ

イタリアでのキャッシングもいいですが、手持ちの現金を両替したい場合もあります。そんな時は、成田空港や関空などにある両替所も便利で安全です。イタリアのようにおかしな手数料を取られることもありません。出発まで余裕がある場合や為替変動の激しい時は、こまめにレートをチェックして銀行、金券ショップ、最近ではFXもおすすめです。
（滋賀県 お父さん）

カードでキャッシング

利率や手数料が気になるカードでのキャッシング。通常はその日の円貨換算レートに、3～5%程度の上乗せと出金手数料105円が加算される。両替の煩わしさや現金を持ち歩く不安を考えれば、カードでのキャッシングは便利で安全。

NEW ホテル予約の技を学ぼう！

全世界の文化財の40%をもっている国イタリアは、観光が外貨稼ぎの上位を占めるという観光立国。また、普通の生活をしているイタリア人なら夏休みに最低2～3週間のバカンスを過ごすというお国柄だ。いきおい宿泊施設は充実している。世界のお金持ちの憧れの的である、古きよき昔を伝える最高級ホテルから、若者向けの経済的なドミトリーまでと、宿の層の厚さでイタリアの右に出る国は少ない。

エレガントなヴェネツィアン様式の
ホテルの一室

予約方法に変化が!!

数年前までは旅の途中で飛び込み、または電話、FAXの直接予約でホテルをとる、という手法がメインだった。しかし現在ではインターネットでのオンライン予約が主流になり、手持ちのパソコンやスマートフォンなどで気軽にたくさんの情報や写真が比較検討できるようになった。クラシックな邸宅を改装したホテルから、モダンでおしゃれなホテルまで、好みのホテルは選び放題！お気に入りのホテルに出合えれば旅はいっそう楽しくなる。

イタリアの宿泊施設

**ホテルの
カテゴリー**

イタリア語でホテルは、アルベルゴAlbergo、しかしホテルHotelを名乗る宿も多い。こうした宿の多くは、州または各地の観光協会によって星5つから星1つまでの5段階のランクに分けられている。これはそれぞれのホテルの設備のレベルを示すもので、料金の目安ではない。

カテゴリーはホテルの大きさや部屋数ではなく設備を基準に決められ、☆☆☆☆☆Lはデラックス、☆☆☆☆は1級、☆☆☆は2級、☆☆が3級、☆が4級となっている。また、料金にはIVAと呼ばれる税金がすでに含まれているのが一般的だ。

イタリアを代表する作曲家ヴェルデイの常宿だった「グランドホテル・エ・デ・ミラン」（→P.96）。このスイートルームは「ジュゼッペ・ヴェルディ」と呼ばれる

**個人旅行者は4～3つ星
あたりを中心に**

イタリアのデラックス（ルッソクラス、5つ星L）ホテルは**ヨーロッパの格式と伝統を誇る**、クラシックで落ち着いた雰囲気の物が多い。4つ星のホテルは豪華ではないが、快適な設備と居心地のよさを売り物にし、**クラシックタイプの宿とアメリカンタイプの近代的な宿**とある。最も層が厚く、その分選択肢もさまざまなのが3つ星のクラスで、**必要な設備と機能**

性を備え、部屋のタイプもシャワー付きのシングルからバス付きトリプルまで、人数と予算に応じて選べることが多い。2つ星や1つ星ホテルは造りも規模も質素で、値段が安いだけに、多くを望むことはできないが、探せばけっこう快適な部屋を見つけることも可能だ。

重厚なレストランやバーを備えたホテルが多い、北イタリアの町。モンツァのホテル「デ・ラ・ヴィッレ」(→P.105)

レジデンス・ホテルや話題のアグリトゥーリズモ

ペンショーネや**ロカンダ**もほぼこの5つのカテゴリーの中に分類されているが、ペンショーネPensioneは家庭的な規模のこぢんまりした宿、ロカンダLocandaはさらに経済的な宿泊所だと考えればよい。このふたつをあわせてベッド&ブレックファストBed & Breakfast(B&B)と呼ぶことも多い。**B&B**は家族経営の小規模な宿。チェックイン時に玄関と部屋の鍵を受け取り、スタッフが常駐することは少ない。朝食は事前に用意されていることが多い。1週間以上の長期滞在なら**レジデンス・ホテル Residence Turistico**やアパート Appartamentoも楽しい。キッチンや調理用具が完備され、イタリアに暮らす気分で滞在できる。最近イタリアでも人気のある、**アグリトゥーリズモ Agriturismo**の農家滞在(民宿)もほぼ3日以上の滞在から楽しめる。

近頃のユースホステル

イタリア全土に約100軒もあるユースホステル／オステッロ・デッラ・ジョヴェントゥOstello della Gioventùや私営ユースのホステル Hostelも利用価値は大きい。

大きな部屋にずらりと並んだ2段ベッド……とプライバシーがなくて落ち着かない。そんなことが昔話のように、**最近のYHやホステルは設備が充実**している。1～4人で利用できる個室(トイレやシャワー付きも)、食堂、談話室も完備。

ユース好きの大人も多いヨーロッパ(ヴェネツィアのYH)

洗濯機と乾燥機もあるので頭を悩ます旅の汚れ物も一気に解消。予約はそれほど必要ではないが、多くのYHではネット予約を行っている。YHを利用する際には会員証が必要。YH会員証は現地で作成可の場合もあるが、原則は自国で作成することになっている。手数料が必要。

会員証の提示が厳格

若い人のために

以上のほかには、ボローニャ、フィレンツェ、ミラノ、ローマなどには**学生用宿舎カーサ・デッロ・ストゥデンテ Casa dello Studente**などがある。

女性のためには、**宗教団体の施設ペンショナート Pensionato**があり、3～4人のドミトリー形式で、年齢制限や門限もあるが、ひとり旅の女性には強い味方となる(本書でもできるだけ掲載したが、現地の❶でも紹介してくれる)。また、川や海沿いや、山あいには、**キャンプ場カンペッジョ Campeggio**も整備されている。

ミラノ中央駅近くの人気のホステル

私営YH

ミラノやヴェネツィアなど大きな町には私営YHも多く、こちらは単にHostelホステルと呼ばれることが多い。下記はイタリアの1400軒もの私営YHと手頃なホテルとB&Bを掲載するサイト。
URL www.italian-hostels.com

写真や料金、評価なども掲載され、ネットから予約が可能。その際、デポジットとしてカードで料金の10%が引き落とされ、宿泊料に充当される。

■アグリトゥーリズモのサイト

Turismo Verde
URL www.turismoverde.it
Agriturismo
URL www.agriturismo.com
※アグリトゥーリズモの団体はいくつかある。イタリア全土のアグリトゥーリズモについて、情報と各アグリトゥーリズモのリンクとが、州別に掲載されている

■イタリアYH協会

Associazione Italiana Alberghi per la Gioventù
受付窓口
🏠 Via Nicotera 1
(ローマ)
📞 06-4871152
URL www.aighostels.it
※各地のYH情報の入手や予約も可。共和国広場近く

■日本ユースホステル協会

📮 〒151-0052
東京都渋谷区代々木神園町3-1
国立オリンピック記念青少年総合センターセンター棟3階
📞 03-5738-0546
URL www.jyh.or.jp
※海外オンライン予約可

✉ とりあえずは直接予約!

最近大人気というYHが気になり、ネットで検索。しかしどの予約サイトで調べても満室表示。どういうことかと直接YHのHPを見てみたらあっさり予約できました。どうやらお安めの宿は予約サイトを通さないほうが予約がとりやすく、価格も安い! よく考えたら納得ですよね。
(東京都 タラバガニ)

ボルツァーノの名門ホテル
「パーク・ホテル・ラウリン」の
庭園(→P.341)

ホテルの予約

ネットを上手に活用しよう

旅の印象を左右するホテル。出発前に日本でじっくり選びたいもの。数ある**ホテル予約サイト**はたくさんのホテルを一度に見られ、日本語で概要を知ることができ、予約、決済までできるので便利で簡単。クレジットカードさえあれば、ほんの数分で予約が完了する。

◉**まずは、ホテル探し▶**まずは日本語で予約できる適当な予約サイト(→P.386ソデ)を開いて、**希望地、宿泊日、人数**などを入力してみよう。膨大な量のホテルが表示されるので、**ホテルのカテゴリー、予算、ロケーション、設備**などで絞り込み、さらに利用した人のコメント(ユーザー評価、クチコミ)を参考に自分にあったホテルをいくつか見つけよう。

本書では、駅に近い利便性のあるホテル、特色のあるホテル、などを紹介しているので参考にしよう。

◉**料金よりロケーションに注目▶**予約サイトではホテルのランクや料金に目が行き、それで比較しがちだが、ロケーションにより価格差が生じる。郊外ならかなり格上のホテルでも値頃感があるが、観光途中にホテルに戻るのは難しいし、慣れない交通手段を使うのが煩わしいと思うなら、やはり**主要駅の近く**や**見どころの近く**に宿をとるのが便利だ。ホテル予約サイトではその町独自の地域名で表示されることが多く、日本人にはあまりなじみがないので、場所の確認は重要だ。

ここで「地球の歩き方」の出番。該当都市の地図を開いて、位置と交通機関をチェックしよう。鉄道駅や地下鉄駅の近くと表示されても、大都市では鉄道駅がいくつもあるし、観光地からかなり離れた場所は見どころへの移動時間がかかるし、飲食店が少なかったりして不便だ。

◉**比較が大事▶**自分の希望が具体化して、いくつか目ぼしいホテルが見つかったら、**ホテル比較サイト**(→P.387)や**口コミサイト**などで**料金、内容**を比較してみよう。いちばんスタンダードな部屋の料金が表示され、500円から5000円程度の幅がほとんど。最安値を選ぶのが人情だが、表示料金のみの支払いで済まない場合があるのが厄介なところ。ここでもうひと手間が必要だ。

◉**予約画面まで進んでみよう▶**サイトの予約画面に進むと、さらにログインするために、名前、パスワードの入力などが必要で、比較検討するだけなのに面倒な気がするが、**最後に表示される料金が最初の料金**と異なることがあるので重要だ。手数料、税金などと表示され、エクストラの料金が加算される場合がある。そのサイトの独自のものだが、同じサイトでもすべてのホテル、期日で同一でないこともあるので、マメにしてみることが後で後悔しないためにも大事。比較サイトで高めの料金設定でも、手数料がかからない場合はそちらのほうが安い場合もある。

もうひとつチェックしたいのが、**予約条件(キャンセル)**について。格安プランは申し込みとともにクレジットカードで決済され、返金されない「ノー・リファウンド」のことが多いし、予約取り消しができても宿泊日の2週間前など決められていることがほとんど。「**早期割引**」として、割引率が高いのは確かだが、一度でもキャンセルしたら、格安プランを申し込んでも

✉ **ホテル選び**

イタリアは石畳の道が多く、ヴェネツィアはさらに階段も多いので大きなスーツケースは苦労します。特に非力な女性はホテル選びに「位置」は重要です。また、YHはエレベーターがない所が多かったです。夏だったので、経済的な宿でエアコンがない場合は窓を開けていないと寝られず、窓を開けていると蚊が入ってくるので、虫除けスプレーなどがあるといいです。小さな懐中電灯と騒音に備えて耳栓があると便利。

（愛知県　ヒロコ414）

✉ **シーズンによって料金差が大きいヴェネツィアのYH**

オステッロ・ヴェネツィアはドミトリーで、1人1泊土曜€40、日曜€20、月曜€19。土曜は高くてちょっと後悔しました。節約するなら、まずはスケジュール管理を。（埼玉県　匿名希望）

日本語でイタリアの
ホテル・ホステル検索と
予約が可能なウエブサイト
地球の歩き方
海外ホテル予約
URL hotel.arukikata.com

ブッキング・ドット・コム
URL www.booking.com
予約がしやすく、料金が現地払いのホテル予約サイト。

エクスペディア
URL www.expedia.co.jp
米国に本社がある世界最大級のホテル予約サイト。

ホテリスタ
URL www.hotelista.jp
口コミ情報やユーザー投稿写真が多い。旧アップルワールド

ホテルズドットコム
URL www.hotels.com
キャンセル無料(ホテル独自のものは除く)、日本語サポートなどのサービスあり。

ホステルワールド
URL www.japanese.hostel
world.com
ホステルのドミトリーや、格安ホテルの手配が可能。経済的に旅したい人におすすめ。

元の木阿弥だ。

◉「あと○室」に惑わされない▶予約サイトでは「残り○室」などと表示される場合があるが、「泊まれない!!」とあせる必要はない。ホテルは客室の何割かを予約サイトに向けているので、他の予約サイト、ホテルのホームページでなら予約できる可能性は高い。

◉旅行日程を検討▶格安プランを利用する場合は、キャンセルを避けるためにも旅行日程がはっきりしていることが前提だ。また、ホテルは宿泊時期や曜日によって料金が異なることも承知しておこう。観光に最適なシーズンには料金は高めに設定されているし、ビジネス客の多い都市(ミラノなど)では、平日は高めで金曜〜日曜の宿泊はやや安め、逆にイタリア人に人気の都市は週末が高めということもある。また、大きな行事(見本市、お祭り、大規模なコンサートなど)がある場合も料金は高めだ。旅程が未確定なら、日をずらせば最安値で利用できる場合もあるので検討の価値あり。

◉ホテルのホームページをチェック▶ホテルが絞り込まれたら、そのホテル独自のホームページで料金、部屋の種類(広さ、サービス)などを比較

してみよう。部屋のタイプがより具体的に表示されるので、選択肢の幅が広く、料金による部屋の差もわかるので、納得して部屋選びができ、自分の旅を作る実感が高まるはず。

また、連泊割引などもあるので、こちらもチェック。さらにキャンセルや支払い方法もチェック。キャンセルについては24〜48時間前まで

5つ星ホテル「メトロポール」
(→P.264)の朝食室

無料が多く、比較的緩やかだが、ここでも「早期割引」予約の場合は、予約時に即決済・変更不可の場合が多い。

ホテルのサイトと予約サイト、どちらがお得!?

予約サイトでもホテルのホームページからでも、予約即決済の場合は、為替レートで料金が異なる。早期割引で予約したものの、旅行期間中に円高傾向になれば現地での支払いが得だし、その逆もある。支払い通貨として円とユーロが選べる場合もあるが、それも同様だ。

◉予約サイトのメリット、デメリット▶日本語で比較・検討、予約までできるのがうれしい利点。予約サイトによっては予約をすると割引クーポンが発行され、次回利用できる特典がある場合もある。8〜10%程度の割引なので、やや高めのホテルならかなりお得感がある。ただし、利用できるのは1万円以上のホテルなどの下限設定がある。

デメリットは、お仕着せ感が強いこと。部屋の利用人数で料金は決まっているので、部屋を選ぶことはできないし、ふたりで1室利用の場合はベッドがツインなのかダブルなのかは申し込み時点では不明。最後のメッセージ欄に希望を書いておいても、その通りになるかはホテルに直接問い合わせるか、チェックインするまでわからない。

また、手数料、税金などという名目で説明不十分な料金が加算されたり、サイトではキャンセル料無料としながら、ホテル側のキャンセル料として請求される場合もある。サイト予約でトラブルが生じるのは、キャンセルや予約変更の場合が多いので、安易なスケジュールの変更は避けるのが賢明だ。また予約したものをキャンセルして新たに予約をとった場合などは、確実にキャンセルとなっているかを確認しておこう。

■ホテル比較サイト
トリバゴ
URL www.trivago.jp
トリップアドバイザー
URL www.tripadviser.jp
ホテル価格チェッカー
URL ホテル価格.com
トラベルコ
URL www.tour.ne.jp

✉ 手数料無料って本当!?

ホテル予約サイトでは、手数料無料といいますが、ここで予約するとTAXが10%程度加算されます。滞在税は別途支払う必要があるので、これはなんでしょうか? いわゆる手数料??
(東京都 辛口花子)

料金は何種類?

予約サイト、ホテルのホームページのどちらでも客室料金が何種類か表示される場合がある。通常料金として、①変更やキャンセルが可能なもの。②長期滞在割引(ホテルによっては2泊程度から)、③予約即決済、予約変更不可のものがある。③の場合、いかなる理由でも返金されないので注意しよう。

✉ 違いを実感

ホテルのサイトで予約しました。女ふたり旅でしたが、ほとんどのホテルでダブルベッドの部屋を割り当てられてしまいました。「ツインに換えて」と頼んでも、「予約にはそんなことは書いてない」と冷たく言われてしまいました。
ホテル独自のホームページから予約したチェーンホテルでは、予約確認書を持って行ったつもりが、予約途中のもので予約が入っていませんでした。でも、対応はよく、すぐに部屋は確保でき、ランクアップもしてくれて快適でした。ホテル予約サイトと独自のホームページからの予約では違うんだなァと思いました。
(埼玉県 佐山由紀子)

北イタリアの高級ホテルには、すばらしいレストランを併設している所が多い。ホテル「デ・ラ・ヴィッレ、モンツァ」(→P.105)

19世紀のヴィッラをホテルに改装したオルタ湖畔のホテル「ヴィッラ・クレスピ」(→P.163)

必ず料金の確認を

予約のためFaxを送付すると、予約可能の旨と希望する客室の料金などの詳細が送付されてきます。ただし、ごくまれに予約可能の返事だけがあり、チェックイン当日に料金が知らされることもあります。この場合、希望よりも高額の部屋になる場合があるようです。予約の際は、部屋やサービスの内容のほか、必ず料金の確認を。 (編集部)

円orユーロ、どっちが有利!?

予約サイトでの円表示は問題ないが、一部のホテルのホームページからの円支払いは不利との投稿もある。€→円→€の一部をホテル独自のレートで計算している模様で、円が一般的なレートより悪く計算されている。

Codice Promozioniってなに?

チェーンホテルなどのサイトでよく表記されているCodice PromozioniはプロモーションNo.のことでホテル顧客に配られるカードなどに記載されているもの。顧客割引などが表示される。入力しなくても次へ進める。

✉ **ホテルのアメニティ・グッズについて**

今回は2～4つ星ホテルに宿泊しました。シャンプーはボディシャンプーとの兼用の物がほとんどで、歯ブラシはどこにもありませんでした。ドライヤーは使い勝手の善し悪しはあるものの、どこでもバスルームに備え付けてありました。 (埼玉県 荒谷真澄)

◉**ホテルのホームページから予約のメリット、デメリット▶**予約のみ日本語OKの場合があるが、デメリットは日本語表示のホームページが少ないこと。ただ、英語表示でも料金と部屋のタイプを確認して申し込むだけなので、さほど不自由はないはず。メリットは部屋を選んで**納得して予約**できること。ベッドのタイプはもちろんのこと、部屋の向きや静かな部屋などのリクエストにもできるだけ添ってくれるはずだ。また、直接予約に対するサービスがある場合もある(駐車場やフィットネスが無料、レイトチェックアウト、ウエルカムドリンクなど)。キャンセルの規定も緩やかだ。直接予約の場合は「地球の歩き方」の割引も利用できるので、メッセージ欄などにその旨を書き込んでおこう(ただし、ホテルのホームページから予約サイトに移動する場合は不可。その場合はメールで予約をしよう)。予約即決済でなければ、チェックアウト時に支払いなので、安心できる。

実際に予約してみよう

◉**ホテル予約サイトからの予約▶**ホテル予約サイトは各種あり、ホテルを世界的に網羅し、国、地域などを絞り込んで好みを見つける。日本語で、ホテルの説明、予約、決済までできるのがありがたい。ただ、サイトにより、手数料、支払い時期、支払い通貨(円またはユーロ)、予約変更の可否、無料の予約変更期間など詳細は異なる。まずは、予約サイトを開けてみよう。

❶**都市の特定**

イタリア、ミラノなどと入力。または地図をクリック。

❷**時期の特定をし、宿泊人数を入力**

チェックイン、チェックアウトをカレンダーから選択し、宿泊人数を入れよう。

❸**ホテルの絞り込み**

❶、❷を入力すると、その時期に宿泊可能なホテルが写真とともにその詳細、料金、泊まった人の評価、人気の高低などが表示される。自分の望む順に並び換えもできるし、さらにホテルのランクを示す星の数、評価、料金、地域、施設(Wi-Fi、スパ、フィットネスジム)など希望するものをリストボックスから選べば、この時点でかなりの数が絞り込まれる。

❹**ホテルを選択**

まずは各ホテルの詳細を眺めてみよう。日ごとの料金(朝食込み、または含まず)、部屋の内容や設備(広さ、ノン・スモーキングルーム、エアコン、TV、セーフティボックス、インターネット接続、バスタブ、アメニティなど)がわかる。これで納得したら❺へ進もう。

❺**予約画面へ**

部屋数と人数のみが表示されることが多く、さらにスーペリア、スタンダードの部屋タイプ、眺望などで異なる料金が示される場合がある。この際、ベッドのタイプも確認しよう。一般的に2名なら、キングサイズ(ダブルベッド)と表示される。ダブルまたはツインどちらかを選びたい場合は別項でリクエストしておくといい。

予約に進むと、

●名前 ●電話番号 ●クレジットカードの番号 ●有効期限

●セキュリティコード(カード裏面の署名欄、または表面にある番号)

●カード所持人名 ●メール番号 などが要求される。

❻**予約確定**

サイトの利用規約に承諾しないと、予約確定画面へは進めない。それほ

ど重要ということ。利用規約には、決済時期、返金の可否、予約変更やキャンセルについて書かれているので、よく読んでおこう。

最後にメッセージ欄があるので、到着時間が遅くなる場合やベビーベッドなどの貸し出し、静かな部屋を希望するならその旨を書いておこう。また、2人部屋としてリクエストした場合、ベッドはキングサイズ、ダブルまたはツインと表示されることが多く、申込み時点では確定できない。ホテルに到着時点で部屋割りが済んでいて特に遅い時間に到着した場合は変更ができない場合がある。友人同士などでツインを望むなら、リクエストしておくといい。

❼予約確認書の受領

予約後は、予約の詳細が書かれた確認メールが送られてくるので、これをプリントアウトして、旅行の際に持っていこう。確認メールが届かない場合は予約が完了していないので、サイトで予約確認をするかホテルへ問い合わせよう。

◉**ホテル独自のホームページから予約**▶本誌掲載のホテルや予約サイトなどで見つけたホテルを自分で予約してみよう。URL は本誌に掲載されているし、ホテル名、都市名を入力すれば検索するのも簡単だ。

多くの場合、国旗のマークなどが並び、イタリア語、英語のほか、近年は日本語も選ぶことができるものも増えてきた。また、予約フォームのみ日本語が用意されている場合もある。

ホームページを開くと以下のような項目が並んでいるので、開いてみよう。　※イタリア語／英語

- Informazione / **Information/About us** （総合案内）
- Posizione / **Location/Map** （場所）
- Servizio / **Service** （サービス）
- Photo/Facilities / **Rooms/Virtual Tour/Photo Gallery** （客室や施設を写真で紹介）
- Tariffe / **Rate/Price** （料金）
- Prenotazione / **Reservation** （予約）などの項目が並んでいて、ホテルの概要を知ることができる。
- Offerte Speciali/Promozioni / **Special Offers** とあれば、特別料金が表示されるので、ここものぞいてみよう。

まずは予約用カレンダーでチェックインとチェックアウトの日付、人数を入力し、空室の有無と料金を確認しよう。チェックアウトのカレンダーがなく、◯Nottiとあれば宿泊数のことなので数を入れよう。すると、部屋のタイプと料金が表示される。単に宿泊料金の総計が示される場合と日ごとに異なる料金が表示され、その総計が表示される場合がある。また、朝食が含まれているかいないかで料金が異なる場合もある。宿泊希望日に特に高い料金が表示されていたなら、その日を避けてもう一度検索してみてもいい。その場合は新たに条件を入力して再検索Ricercaなどで検索してみよう。

気に入ったら予約Prenotazione/Reservationを選んで予約しよう。予約ページに進む前に、キャンセルや支払いの説明Condizioni di cancellazione e pagamentoが出るので読んでおこう（ホテルによっては予約終了後のキャンセルについて説明がある場合もある）。

マルペンサ空港近くのホテルのシャトルバス乗り場

マルペンサ空港近くにはヒルトン・ガーデン・イン、イビスなどのホテルがある。高い時期のミラノでの宿泊を避けたい場合や翌日列車で移動する場合などに便利。空港には各ホテル専用のシャトルバスで約10分。各シャトルバスは空港到着ロビー（出口を背にした一番右側）の出口No.10付近からの乗車。15〜30分ごとの運行。行きは無料で、翌日空港まで戻る際には€2程度の運賃がかかる場合あり。

✉ **なんでも 早めの行動を**
ミラノのランドリーに洗濯物を預けました。19:30まで営業と言われましたが、19:00に取りに行くとすでに閉店。携帯で電話して店を開けてもらって洗濯物を受け取りました。こんなこともあるのでご注意を。
（埼玉県　原田幸子　'17）

✉ **傘立てに注意**
ボルツァーノのホテル・チッタのカフェのケーキはおいしいです。入口の傘立てに折り畳み傘を置いたら、帰りになくなっていました。傘は手から離さないのがベターです。
（埼玉県　原田幸子　'17）

ホテル予約事務所
ベストウエスタンホテルズ
URL www.bestwestern.jp
ヒルトン・リザベーションズ・ワールドワイド
☎03-6864-1633
URL //hiltonhotels.jp
スターウッド・ホテル&リゾート・ワールドワイド
（シェラトン、ウェスティン、メリディアン、セント・レージスなど）
URL www.mariott.co.jp

ホテルの朝食

イタリア人の朝食はカフェラッテと、コルネットと呼ばれる甘いパンやビスケットなどが基本。経済的なホテルやB&Bなどはほぼこんなメニューなので、タップリ朝食を取りたい人には物足りないかもしれない。

3つ星クラス以上のホテルはビュッフェの場合も多い。この場合は各種パン、飲み物、果物、ヨーグルト、ハム、チーズ、お菓子と充実している。

✉水が高い！

レストランでは水は有料ですし、バールでも高いときがありました。特にヴェネツィアで500㎖が€2以上でした。スーパーを見つけられるまで水代がバカになりませんでした。ちなみにサン・マルコ広場の鐘楼の入口にある自販機は1本€1でした。　（こころ）

✉コーラも高い

コーラが高くてビックリ。どこでも大体€6.50（約900円）。ちなみにコーヒーは€1から。
（ののこ）

✉クレームの伝え方

ホテルで、スタンドはつかない、冷蔵庫も壊れていて冷えないと散々。こんなときのクレームの伝え方を教えて。
（神奈川県　湯川章子）
いろいろありますが、「調子が悪い。ノン・フンツィオーナ Non funziona」、「壊れている。グアスト guasto」。名詞や動詞をつけなくても、問題の物を指さして告げれば通じます。
（編集部）

○ホームページの予約ページのおもな項目　※イタリア語／英語

Nome / **Name**　名　　　　Cognome / **Last name**　姓

Indirizzo / **Address**　住所　　Cap / **Zip**　郵便番号

Nazione / **Nation**　国　　　Telefono / **Telephone**　電話番号

Indirizzo e-mail / **e-mail address**　e-mail

以下はカレンダーやリストボックスからの選択の場合が多い

Data di Arrivo / **Arrival date**　到着日

Data di partenza / **Departure Date**　出発日

Numero di camera / **Number of rooms**　部屋数

Numero di persone（adulti）/ **Number of Persons**　人数

Numero di bambini / **Number of Children**　子供の人数

クレジットカードの情報も同時に求められることが多い

Carta di credito / **Credit card**　クレジットカード（種類）

Numero di carta di credito / **Account number**　番号

Valido a tutto（Scadenza）/ **Expiration date**　有効期限

Intestatario / **Name on card**　所持人

さらにリクエストしたいことがあれば

Commenti/Messaggi/Richiest speciali /

Message/Special request の欄に記入しよう。送信は**Invia** / **Send**。
キャンセルは**Reimposta**（Cancellazione）/ **Reset**（Cancel）だ。

必要事項を入力すると予約は完了。自動応答システムで予約確認書が瞬時に送付されることが多い。予約応答システムでなくても、1日程度で返信される。返信がない場合はホテルへ確認しよう。宿泊日や料金が載った予約確認書はプリントアウトして持参しよう。

●**FAXで予約▶**ホームページでの予約（→P.389）を参照して、必要事項（クレジットカード情報は不要）を書き込みFAXを送付しよう。宿泊予定日の1ヵ月程度前には送付しておこう。人気の宿はハイシーズンには3ヵ月前でも予約でいっぱいの場合もある。当日～2日程度で回答が送られてくる。部屋の料金、朝食の有無などのほかに、予約確定のために必要なクレジットカードの情報が求められ、期間内（ホテルにより異なり、一般的に24～48時間以内）に予約確認をしないと無効などと表記されている。予約する場合は期間内に。回答がない場合は再度問い合わせよう。

現地で探す

宿泊当日に現地でホテルを探す場合は、なるべく早い時間に目的地に着くようにしよう。「地球の歩き方」を見て、直接訪ねるのもいいし、❶で希望のホテル（地域、ランク、料金など）を告げて紹介してもらうのもいい。❶によっては、電話で予約してくれる所もある。

直接訪ねる場合は、**料金**（朝食の有無、wi-fiが無料か有料か、滞在税など）の確認をしたら**部屋**を見せてもらえば納得のホテル選びができるはずだ。気になる人はお湯の出や騒音などをチェックしておこう。

キャンセルについての注意点

メールやFAXで宿泊予約を入れると、ノーショー（無断キャンセル）に備え、クレジットカードの番号と有効期限を聞かれる。さらに、予約の確認後にホテルのキャンセルなどの決まりや予約番号が通知される場合もあるので、よく読んでおこう。

キャンセルは一般的に宿泊予定日の72～24時間前まで（1週間前というのもある）。予約番号があれば、それを告げよう。無断キャンセルした場合は、通知したクレジットカードから1泊分を引かれ、それ以降の予約もすべてキャンセルされるのが普通。

イタリア ホテル事情

現地でホテルを探す場合はなるべく早い時間に目的地に着くようにしよう。

お風呂について

日本人旅行者が不満をもらすことが多いのがお風呂。イタリア語で**シャワー付きはコン・ドッチャ con doccia**、**バスタブ付きはコン・バーニョ con bagno**と呼ぶが、コン・バーニョとあっても、シャワーしか付いていないことも多い。イタリアでは、どちらも同じという考え方なので、料金もほぼ同じだ。**バスタブ付きの部屋を希望するならコン・ヴァスカ con vasca**と告げたほうが確実だ。予約するときも、バスタブ付きの部屋を希望する人は必ず、念を押すこと。

ただし、経済的なホテルでバスタブ付きの部屋を探すのはほとんど無理と覚えておこう。経済的なホテルでは、お風呂はほとんどなく、共同でシャワーを利用することになる。シャワー代は有料の場合と宿泊料に含まれる（無料）場合があるので、確認すること。共同の場合や給湯設備が古い場合は、お湯が途中で水に変わってしまうこともあるので、そんな場合はほかの人がお湯を使わない早朝や夕方早くが狙い目だ。もちろん、お湯を無駄にしない心がけも忘れずに。

ひとり旅の女性に

女性のひとり旅と見ると、必要以上に親しげな態度にでる宿の主人や従業員もときおり見かける。こんな場合は毅然とした態度で応対し、しつこいときは無視するのが一番だ。ドアには鍵をかけ、室内に人を入れないこと。言葉が通じなくても、嫌なことには、曖昧に笑ったりしないで、ハッキリ拒絶の態度を示すことが大切だ。

ホテルのトイレとビデ

ホテルの部屋にはトイレのほか、普通ビデが付いている。ビデは水と温水の出る蛇口や噴水のような噴き出し口が付き、横と中央あたりに排水口がある物。トイレと形がやや似ているので間違えないように。形状はやや似ているが、トイレは蓋が付いていて、ビデには蓋がない。ビデは温水洗浄器のように、お尻などを洗ったり、温水をためて足を洗うのに使ったりする。ビデの横には、専用タオルが置いてあることが多い。

WI-FI事情

イタリアではほぼすべてのホテルやYHで利用できる。客室を含むホテル内すべて（電波状態は異なる場合多し）で利用できることが多いが、利用エリアがレセプション周辺やロビーだけに限られる場合もある。多くのホテルやYHでは無料で、パスワードはチェックイン時に渡されることが多い。4つ星以上の一部のホテルでは有料のことがあり、その場合はレセプションで申し込みをする必要がある。料金は時間制、日ごとの場合などいろいろなので、使用前に確認しておこう。

チェックイン時にフロントで、パスワードを渡してくれる

⊠ 変換プラグ、事前にチェック

最近の携帯電話やデジカメは変圧器が内蔵されているので、海外旅行の際も変換プラグだけを用意すればOKです。私はホームセンターで安い変換プラグを購入して持参したのですが、このプラグが持参した機器に差し込めず使用不能でした。幸い、空港で購入したドライヤーに付属されたプラグを利用できて困りませんでしたが、出発前に確認が必要です。　　　（長野県　ラムネ）

⊠ チップについて

ヨーロッパでもチップの習慣は薄れていると思います。イタリアのレストランではまったく支払いませんでした。請求書のほとんどがサービス料として10％を請求していたからでした。ホテルでもベッドメーキングに払ったことはありません。　　　（イシン）

サービス料をとるところは少ないが、コペルト（席料）を取るところは多い。（編集部　'19）

バスタブ付きを希望する場合には、予約時に確認しておこう

トイレとビデを間違えないように。上がトイレ、下がビデ。温水洗浄便座愛好者には、ビデがあると便利

北イタリアで食べる

「食」を楽しむことは「イタリアを知る」、一番身近で簡単な方法だ。水の都ヴェネツィアではアドリア海の豊富な海の幸を味わい、近代都市ミラノでは新傾向のイタリア料理に舌鼓。地方都市で味わう庶民的な郷土料理からは、土地の文化や生活が透けて見える。イタリアを旅するときは、少し「食」にこだわってもみよう。

飲食店の種類とT・P・O

ゆっくりと食事をしたいときに

- Ristorante　　リストランテ
- Trattoria　　トラットリア
- Osteria　　オステリア

北イタリアにはおしゃれな中庭付きレストランが多い

一般に高級店がリストランテ、家庭料理を売り物にした大衆的な店がトラットリア、居酒屋がオステリアといわれているが厳密な区分はない。高級か大衆的かという差はあるが、これらの店では、カメリエーレ（給仕係）が席に案内してくれ、注文から支払いまでをテーブルで済ませる。

料理は、イタリアの習慣どおり、**前菜またはパスタ、魚か肉料理、デザート**と注文するのが普通だ。

一般的な営業時間は、昼12:30〜15:00、夜19:00〜23:00頃まで。深夜に営業している店はほとんどない。

安く簡単に、でもしっかり食べたいときに

- Tavola Calda　　ターヴォラ・カルダ
- Rosticceria　　ロスティチェリア
- Self Service　　セルフサービス

駅や観光名所周辺や庶民的な界隈に多く、すでに調理されてカウンターなどに並んでいる料理から好みの物を選ぶシステムの店だ。料理はシンプルなパスタ類やローストした肉、サラダなどの簡単な物が多いが、自分の目で料理を選べ、ひと皿しか食べなくてもよいのが利点だ。普通は、注文した料理とともにもらったレシートかトレーに乗せた料理を見せて、レジで支払うシステムだ。

ヴェネツィアではバカリを楽しんで

手頃にイタリア名物を

- Pizzeria　　ピッツェリア

イタリアを代表する食べ物、ピッツァの店Pizzeriaはふたつのタイプに分かれている。駅前や人通りの多い界隈にある**アル・ターリョ**Al taglioとか、**ルースティカ**Rusticaと呼ばれる立ち食い専門の量り売りの店と、テーブル席でサービスし、薪（まき）を燃やす本格的なかまどで焼きあげる店だ。

立ち食い専門店は、午前中から夜遅くまで営業し、カウンターにピッツァが何種類も並んでいる。好みの物を指させば、適当な大きさに切り、はかりにかけて売ってくれる。

一方、本格的な**ピッツェリアは夜だけ**（19：00〜翌1：00頃）**営業する**

最近の食事情

レストランに入れば2皿程度食べるのが常識だったが、最近はランチでは1皿と飲み物、あるいはメインの代わりに前菜を注文してもOKの場合が多い。また、日本人は色々な味を楽しみたいので料理をシェアすることが多いが、これも浸透した模様。取り分け用の小皿を持ってきてくれることもしばしば。そんな時はチップを置くとスマートだ。

店が多い。ピッツェリアは、ピッツァを中心に、あまり手の込んでいない、前菜、パスタ類、肉や魚料理、デザートを揃えている店が多い。とはいえ、リストランテのようにコースにこだわることはない。

ほっとひと息つきたいとき

- Bar　　　　　　バール
- Caffè　　　　　カフェ
- Sala da tè　　　サラ・ダ・テ

　一日に何回もコーヒーを楽しむイタリア人にとって、息抜きの場、社交の場として欠かせないのがバールだ。町のいたるところにあり、店構えもシンプルで、どこで飲んでも値段にはそれほど差がない。

　一方、ゆっくり座って紅茶やコーヒーを楽しむカフェやサラ・ダ・テは豪華な雰囲気や町を行く人を眺められるシチュエーションが売り物だ。

　カフェでも立ち飲み用のカウンターがあるし、バールでも座る席がある店も多い。いずれも、**カウンターとテーブル席では料金が違い、その差は2〜5倍くらい。**レジ横には立ち飲みと座った料金が併記してあるので、心配ならば最初にチェックしてみよう。

　注文はテーブル席はテーブルで注文し、注文の品を持ってきたときか、自分たちが帰るときにその係の者に払う。**カウンターの場合は、まずレジで注文して支払い、そのレシート（スコントリーノScontrino）をカウンターに出して、再び注文する。**その際、イタリア人はチップを€0.50程度置くが、あなたは気分次第で。

　カフェやバールはおおむね**早朝から深夜まで**通して営業している。アイスクリーム屋や菓子店を兼ねたサラ・ダ・テのなかには、一般商店並みに早めに店を閉める所も多い。

- Gelateria　　　ジェラテリア

　最近は日本でも「ジェラート」の呼び名が広がってきたが、イタリアはアイスクリーム発祥の地。一度は味わう価値がある。営業時間は昼頃から夜遅くまで。

健康志向で生の果物を使ったジェラートが人気

お酒を楽しみたいとき

- Enoteca　　　　エノテカ
- Birreria　　　　ビッレリア

　エノテカはワインを売る酒屋のことで、ワインバーを指すことも多い。

　ビッレリアはビールを楽しむビアハウス。北イタリアには伝統的にビアハウスが多い。また、イタリアでも近年は作り手のこだわりが生むクラフトビールの人気が高

自家製のビールが楽しめる
ビッレリアは気さくな雰囲気

く、種類豊富なビールを集めた店もある。いずれも飲み物と軽いおつまみだけの利用でもいいし、料理も充実しているので手軽なレストランとしても利用できる。

簡単に食事するなら

　旅行者にとって朝食はホテルで取ることがほとんど。観光の途中、昼・夜の2回の食事をどうするかが問題だ。昼・夜をレストランで食事すると、観光の時間が少なくなるし、ボリュームのある食事が続くと食欲もあまり湧かなくなってくる。昼はバールなどでパニーノと飲み物で簡単に済ませるのもひとつの方法だ。ただ、これも回数が重なると味気なく感じるもの。そんなときは、カフェやバールなどでサラダひと皿を注文するのがいい。各種生野菜のほか、チーズやハムなどが入り、パンも添えられているので簡単な食事として十分なひと皿だ。イタリア人もオフィスで働く人たちは、サラダでランチということが多い。

山小屋でもおいしいチロル風のデザートが味わえる

✉ **トイレはどこで？**

　有料トイレは結構あります
が、€1程度を支払うなら、バールでお水を買ったりコーヒーを飲んだりして、無料でトイレを貸してもらうのがおすすめです。有料トイレとバールのトイレに差はありません。
（埼玉県　岡部篤子）

✉ **レストランで**

　ヴェネツィア、特にサン・マルコ広場では日本語メニューを渡されてもイタリア語のメニューのチェックを。日本語メニューは割高の場合がありました。支払うときは、必ず伝票のチェックをしましょう。食べていない物の記載があり、指摘すると訂正された伝票を持ってきました。

　カフェのテーブル席で現金でおつりをもらう場合は、はっきりとおつりの額を言わないと、€10くらいは平気でチップとして受け取られおつりをくれません。

　イタリアにはチップの習慣は少ないですが、タクシーやレストランなどでは端数はチップとして渡すのがスマートです。
（兵庫県　30年ぶりのドロミテ）

レストランでのひと言会話
●この店（土地）の名物料理は何ですか？
クアーレ・エ・ラ・スペチャーリタ・ディ・クエスト・ロカーレ？
"Quale è la specialità di questo locale ?"
●何がおすすめですか？
ケ・コーザ・ポテーテ・コンシリアルチ？
"Che cosa potete consigliarci ?"
●これはどんなふうに料理したのですか？
コメ・エ・クチナート・クエスト・ピアット？
"Come è cucinato questo piatto ?"

ボルツァーノなどアルト・アディジェ地方のパンは、珍しいし、おいしい！

コペルトとサービス料
　イタリア独特の料金形態がコペルトCopertoだ。席料とも訳され、レストランで席に着くと、注文の多少にかかわらず一律に請求される。北部や中部イタリアでは、このコペルトとサービス料Servizioは廃止の傾向があるが、ヴェネツィアなどの一大観光地ではいまだ健在だ。セットメニューにはすでにこれらの料金が含まれているのが一般的だ。

ワインの注文
　イタリア語でワインはヴィーノVino。
　銘柄にこだわらなければ、ハウスワイン（Vino della Casaヴィーノ・デッラ・カーサ）を1/4リットル（ウン・クアルトun quarto）、1/2リットル（メッゾ・リートロmezzo litro）と注文する。カラファに入った物が出てくる。ハウスワインがボトルの場合は、飲んだだけ請求される場合もある。

メニューの構成と注文の仕方

　メニュー（イタリアでは、リスタListaと呼ぶ）は店により異なるが、ほぼ次のように構成されている。

❶アンティパスト Antipasto（前菜）

　文字どおり食事（パスト）の前（アンティ）に取る軽いひと皿で、ビュッフェ形式に並んださまざまなアンティパストの皿から好きな物を取るようになっている店もある。種類も豊富で、野菜、魚介類、ハム・サラミ類、卵やチーズの料理など、選ぶのに迷うほどだ。一般的には、アンティパストを取れば次のプリモを飛ばしてセコンド（メインディッシュ）にいくことが多い。

ドイツ語圏の前菜

❷プリモ・ピアット Primo piatto（第1皿の料理）

　パスタやリーゾ（米）の料理、スープ類はここに含まれる。プリモはイタリア料理の特色でもあり、それだけに実に多くのバリエーションがある。イタリアに来たら、ぜひともいろいろ違った味のプリモを試してみたい。

リゾットは日本人好み

❸セコンド・ピアット Secondo piatto（第2皿の料理）

　メインディッシュにあたる料理で、肉や魚が中心である。イタリアでは一般的に魚のほうが肉より値が張ることが多く、魚は鮮魚の場合には"フレッシュ"fresco、そうでなければ"冷凍"congelatoとメニューに書いてある。料理は素材の持ち味を生かしたグリルgriglia、ローストarrostoが中心だが、ワインやトマト味の煮込みのウーミドumido、揚げ物のフリットfrittoなど、さまざまな調理法がある。

豪快なジビエ料理も食卓に上る北イタリア

❹コントルノ Contorno（付け合わせ）

　サラダをはじめ、ゆで野菜、ポテトなどがある。イタリアは野菜の種類が豊富なのでコントルノも季節や地方によって変化に富んでいる。

❺フォルマッジョ Formaggio（チーズ）

　デザートとして取る場合もあるが、セコンドの代わりにして軽く済ます方法もある。チーズ好きの人は"ミストmisto"と呼ばれる盛り合わせを注文してイタリアの代表的なチーズを味わってみるのもよい。土地ならではのチーズを味わうのも、旅の楽しみだ。

❻デザート Dolce

　ドルチェdolce（菓子類）とジェラートgelato（アイスクリーム）、フルッタfrutta（果物）がここに含まれる。

コーヒーなり "ディジェスティーヴォ digestivo" と呼ばれる食後酒を注文することもできる。食後のコーヒーはミルクの入ったカプチーノcappuccinoではなく、濃いエスプレッソespressoが普通だ。

クッキーやチョコがコーヒーとともに
サービスされることが多い

北部ではビールも最高!

❼ ワイン Vino

リストは別にあることが多い。どんな料理を選ぶかによってワインを決めるのが一般的だが、大きく分けて魚や白身の肉（鳥肉や仔牛肉）などには白ワインvino bianco、牛肉や熟成したチーズを使った料理などにはしっかりした味の赤ワインvino rossoがよいとされている。迷ったときには遠慮なく尋ね、料理に合ったワインをアドバイスしてもらうことだ。イタリアではDOCやDOCGのような銘柄ワインでも日本と比べると驚くほど安いが、注文の際には値段も聞いて決めるとよいだろう。

■水

水はミネラルウオーター（Acqua Minerale）を注文することが多い。ガス入りcon gas、ガスなしsenza gasを好みで。

■その他の項目

店によっては、次の項目がメニューや店内の黒板に書かれている。料理選びの目安にしよう。

lo chef consiglio	シェフのおすすめ料理
piatti del giorno	本日の料理
piatti tipici	典型的な郷土料理
menu turistico	（旅行者向け）セットメニュー

セットメニューは観光地のレストランに多く、コペルト、サービス料、1皿目、2皿目、付け合わせ、デザート、ときには飲み物までがセットしてある。かなり割安といえるが、メニューにバリエーションがなく、お仕着せ感が強い。

食事が終わったら

食事が終わったら、サービスしてくれた給仕人（カメリエーレ）に「お勘定をお願いします」"il conto, per favore" と頼もう。伝票がきたら、恥ずかしがらずに食べた物と値段、コペルト、税金、サービス料、そして総計を必ず確かめよう。**サービス料が付いていれば、本来チップは必要ない**が、そこはあなたの気分次第で。

帰るときには"Buongiorno."、"Buonanotte."のあいさつをして店を出たい。もしも時間が遅いなら、会計のときに頼んでタクシーを呼んでもらおう。**チップについて（→P.12）**

イタリアワインの格付け
イタリア・ワインは上位から順に、
● 統制保証原産地呼称
D.O.C.G.
（ディー・オー・チー・ジー）
● 統制原産地呼称
D.O.C.
（ディー・オー・チー）
● 生産地表示典型ワイン
I.G.T.
● テーブルワイン
V.d.T.
に格付けされている。
土地の料理には土地のワイン、まして生産地の真っただ中にいるのならローカル・ワインをぜひ味わいたいもの。

コペルトとパーネ代、
支払いは必要?
コペルト（P.394）は席料（テーブルチャージ）、パーネPaneはパン代のこと。これは店により請求される場合とそうでない場合がある。請求される店の場合は、食事をしたら、必ず支払う物。パンには手をつけなかったから、支払わないというのは通用しない。イタリアならではのことなのでとまどう人がいるかもしれないが、これがイタリアの常識だ。店頭のメニューには、コペルトやパーネの料金が表示してあるし、請求しない店もある。気になるなら、最初にチェックしよう。コペルトの多寡は店のランクにより異なり、高い店では食前酒やアミューズ・グール（突き出し）がサービスされる場合もあるので、一概に高いとは言い切れない。

北イタリア メニュー・ア・ラ・カルト

ミラノとロンバルディア州

北にはスイスに連なるアルプスの山々がそびえ、その麓には美しい湖水地方が広がる。湖水の清涼な水はポー川につながり、肥沃なパダナ平野を作り上げる。豊かな平野では稲作と豚と牛の飼育が盛んで、その恵みである米、肉類、バター、生クリームを多用することが料理の特徴だ。ほかの北イタリアの州同様、ポレンタもよく食卓に上る。州都ミラノは、イタリアでも指折りの美食の町。現代人にマッチしたさまざまな料理が楽しめる。

前菜　アンティパスト Antipasto

Nervitt
ネルヴィ

ネルヴィ

ゆでた子牛のスジ肉のスライスをオリーブ油、香味野菜などでマリネした物。庶民的な1品。

Bresaola
ブレサオーラ

ブレサオーラ

乾燥牛肉。脂が少ない牛肉を塩漬けにし自然乾燥させた物。柔らかくデリケートな味わい。薄くスライスし、オリーブ油、レモンなどで食す。

さまざまな乾燥肉の盛り合わせ。北部イタリアの定番前菜

第1皿の料理　プリモ・ピアット Primo piatto

Risotto alla Milanese
リゾット　アッラ　ミラネーゼ

ミラノ風リゾット

ミラノ料理の代表選手。サフランの香りと黄色の色合いが目にも鮮やか。タップリのバターとチーズが入りリッチなひと皿。小牛の骨付き脛肉(すねにく)を輪切りにして煮込んだオッソブーコOssobucoと一緒にサービスされることも多い。

サフランの黄金色が美しいリゾット・アッラ・ミラネーゼ

Risotto al Salto
リゾット　アル　サルト

ミラノ風焼きリゾット

前述のリゾットをフライパンで丸く焼きあげた物。

Marbini(Marubini) in Brodo
マルビーニ　イン　ブロード

詰め物をしたパスタのスープ

トルテッリーニをはじめ詰め物をしたパスタはバターやクリーム系のソースであえることが多いが、冬の定番は熱いスープに浮かべて、パルミジャーノチーズをかけた物。地方や町ごとに形や名前が変わり、Marbiniはクレモナ、Agnoli/Agnoliniはマントヴァでの呼び方。

冬のクレモナでの一番のおすすめは、熱々のマルビーニMarbini

第2皿の料理　セコンド・ピアット Secondo piatto

Cotecchino
コテッキーノ

コテッキーノ

隣の州、エミリア・ロマーニャ州の特産品でもある。豚の肉、脂、皮などをミンチにして腸詰にしたソーセージ。ゆでてサービスされる。冬の定番料理のボッリート・ミストにも欠かせない1品。

クリスマスから新年の伝統料理でもある。豚の足に詰めた物は、ザンポーネと呼ばれる

Lumache in Umido
ルマーケ　イン　ウーミド

カタツムリの煮込み

　殻を取ったカタツムリのトマト味の煮込み。ニンニク風味でクセもなく食べやすい。ポレンタを添えることも多い。ポレンタは煮上がったばかりのクリーム状のまま、あるいは冷まして固めたあと、揚げたり、焼いたりしてサービスされる。

珍しい1品だが食が進む、ルマーケ・イン・ウーミド

Faraona disossata Ripiena con Funghi e Castagna
ファラオーナ　ディソッサータ　リピエーナ　コン　フンギ　エ　カスターニャ

ホロホロ鳥のロール、キノコと栗の詰め物

Tagliata di Manzo
タリアータ　ディ　マンツォ

牛肉のタリアータ

　牛のステーキを切り分けた(tagliata=切った)ひと皿。イタリア中で食べられる人気のある料理。ローズマリーで風味をつけたり、サラダや薄切りのチーズを添えたり、さまざまにアレンジされる。オリーブ油と塩で。

Bollito Misto
ボッリート　ミスト

ボイルド・ミートの盛り合わせ

　牛肉、鶏、タン、ソーセージなどをゆでた盛り合わせ。ドライフルーツに甘い蜜をからませカラシで風味をつけたクレモナ特産のモスタルダ・ディ・クレモナMostarda di Cremonaやグリーン・ソースSalsa Verdeサルサ・ヴェルデを添える。

豪快な肉料理の代表、ボッリート・ミスト

ヴェネツィア／ヴェネト州

　水の都ヴェネツィアでは、海の幸が食卓をにぎわせ、とりわけ目の前のラグーンや近海で取れたものはノストラーノnostrano (私たちの物、故郷の物)として珍重される。各種の魚介をさまざまに料理して盛り合わせた「海の幸の前菜盛り合わせ」や「クモ蟹のサラダ」は日本人好みの味。また、山間部のバッサーノ・デル・グラッパはアスパラガスと火酒グラッパの産地。内陸のヴィチェンツァでは干し鱈(バッカラ)の料理が有名。ここでも付け合せにはポレンタが欠せない。

前菜　　　　　アンティパスト Antipasto

Granseola alla Veneziana
グランセオーラ　アッラ　ヴェネツィアーナ

クモ蟹のサラダ ヴェネツィア風

　カニの身をオリーブ油、レモンなどで調味し、甲羅に入れた豪華な料理。ヴェネツィアの代表料理。

ヴェネツィアを代表する前菜。アドリア海で取れたクモ蟹のおいしさを堪能しよう

Antipasto di Mare/Grand Misto di Pesce
アンティパスト　ディ　マーレ／グラン　ミスト　ディ　ペッシェ

魚介類の前菜盛り合わせ

　季節の魚介類をさまざまに料理した盛り合わせ。店により、種類、味わい、値段もさまざま。イカの墨煮、バッカラ・マンテカート、サルデ・インサオールなどはヴェネツィアの定番。

土地柄を反映した各種の魚介類の味わいが楽しめるひと皿

Spaghetti alla Scogliera
Spaghetti alla Pescatore
スパゲッティ　アッラ　スコリエーラ／スパゲッティ　アッラ　ペスカトーレ

アドリア海産シーフードで作ったパスタは絶品

魚介類のスパゲッティ

エビ、イカ、貝類などタップリの魚介類が入ったスパゲッティ。トマト味のものが多い。日本人好みの1品。お店や値段により内容にかなり差があるのも事実。

Spaghetti al Nero di Seppie
スパゲッティ　アル　ネーロ　ディ　セッピエ

見かけは悪いが、おいしさが口に広がるイカ墨のスパゲッティ

イカ墨のスパゲッティ

日本でもおなじみのイカ墨のスパゲッティ。イカの墨煮はリゾットとして調理されるほか、ポレンタを添えて2皿目の料理にもなる。多くの町でも見かけるが、本来はヴェネツィア料理。

Bigoli in Salsa
ビゴリ　イン　サルサ

ビゴリのいわしソースあえ

ビゴリは太い手作りパスタの一種で小麦粉以外にも、全粒粉、そば粉などで作られる。イン・サルサはニンニク、玉ねぎ、アンチョビーを炒めたシンプルなソースであえた物。

トルキオと呼ばれる器具で押し出して作る、伝統的パスタ

Grigliata Mista
グリリアータ　ミスタ

魚のミックスグリル

季節の新鮮な魚のミックスグリル。オリーブ油とレモン、塩で食す。何人かで注文すると、魚も大きく見事なひと皿になる。

イカやエビなども入るとバラエティーに富んでおいしく食べられる

Fritto Misto di Mare
フリット　ミスト　ディ　マーレ

魚介類のミックスフライ

小イカ、小エビなどのミックスフライ。どこでも手頃な値段で用意されている1品。レモンと塩で食す。

ヴェネツィアの定番料理。日本人好みの1品でもある魚介類のミックスフライ。庶民店ではボリューミー

Zuppa di Pesce
ズッパ　ディ　ペッシェ

魚介類のスープ

エビ、白身の魚、イカ、貝類などが入った具だくさんのスープ。トマト風味が一般的。プリモとしてもセコンドとしても通用するひと皿。

店により、使われる魚介類はさまざま。スープはスプーンや添えられたパンに浸して味わおう

Baccalà alla Vicentina con Polenta
バッカラ　アッラ　ヴィチェンティーナ　コン　ポレンタ

干ダラのミルク煮

干し鱈バッカラを戻して、香味野菜、アンチョビーなどで煮込み、牛乳、チーズなどで味付けた1皿。バッカラの代表料理であり、ヴィチェンツァの定番料理。

粥状のポレンタを添えるのがきまり

Stracotto d'Asino con Polenta
ストラコット　ダシノ　コン　ポレンタ

ロバ肉のシチュー、ポレンタ添え

ロバ肉を赤ワイン、トマトなどでじっくり煮込んだシチュー。ヴェローナをはじめロンバルディア州のマントヴァなどでもロバ肉はよく食べられる。

トレンティーノ=アルト・アディジェ州の料理

　国境を接したオーストリアの影響を感じさせる料理が多い。多くの町のレストランでドイツ風のザワークラウトとソーセージCrauti ai wurstel（クルーティ アイ ヴュースデル）や風乾牛肉の薄切りSpeck（スペック）、パン、チーズ、肉、野菜などで作ったさまざまなタイプのお団子Knödel（クヌーデル）や牛肉のトマト煮のパプリカ風味Gulasch（グーラッシュ）などを見かける。ボルツァーノやメラーノでは、生クリームをたっぷり使ったクラシックなオーストリア風のケーキに驚くことだろう。

Polenta
ポレンタ

ポレンタの前菜

山小屋ではポレンタにソーセージなどの素朴なひと皿が供される

Gulasch
グーラッシュ

グーラッシュ（牛肉のトマト煮パプリカ風味）

牛肉のシチュー。パプリカの粉で風味と少しの辛さをプラス

Strudel（デザート）
シュトゥルーデル

アップルパイ

リンゴ、レーズン、ナッツなどを巻き込んだ日本でもなじみのあるデザート

フリウリ=ヴェネツィア・ジュリア州の料理

　この州も、国境を接したオーストリア、旧ユーゴスラヴィアの影響が大きい。内陸部では、豚肉やソーセージSalsiccio（サルシッチョ）やサラミSalami（サラメ）などの豚肉加工品がよく食卓にのぼる。とりわけ、名高いのが、サン・ダニエレの生ハムProsciutto di S. Daniele（プロシュート ディ サンダニエーレ）。また、オーストリアのレバークヌーデルLeberknödel（レバークヌーデル）とほぼ同じGnocchi（ニョッキ）もよく食べられる。海沿いの町ではヴェネツィア同様に魚介類のスープBrodetto（ブロデット）が有名だ。

Frico（前菜）
フリコ

素朴なチーズスフレ

ポテト・ピューレ、卵、チーズを使って焼き上げた、フリウリの農民料理

Salami con Cipolla e Aceto（第2皿の料理）
サラーミ　コン　チポッラ　エ　アチェート

サラミの玉ねぎとお酢風味

厚めのサラミと玉ねぎを、酢を加えて煮、脂っこさを和らげた1品。同様に生ハムをバターでソテーしたProsciutto al Saltoもある

Gubana（デザート）
グバーナ

フリウリ風レーズンパン

ナッツやレーズンを巻き込んだ甘いパン菓子。グラッパをたっぷり染み込ませて食べるのが地元のやり方

北イタリアで
ショッピング

●まずは「ブォンジョルノ」でごあいさつ

イタリアでは気持ちよく買い物するために、お店に入るときはごあいさつがルール。昼間なら"Buongiorno"午後は"Buonasera"。ブランド店では英語が通じるし、サイズや色などの簡単な単語なら日本語が通じる場合もある。楽しく店員さんとコミュニケーションしながら買い物するなら、やっぱり言葉は大切。日本で勉強しておこう。さて、お店に入って見ているだけなら、商品に手を出さず、声をかけられたら、「見ているだけ」「これを見せて」などはっきり意思表示を。煮え切らない態度の日本の女性に、内心怒っている店員さんもいるという風のうわさもあり。もちろん、お店を出るときは、買い物をしても欲しい物がなくても、やっぱり同様に"Buongiorno""Buonasera"で、ごあいさつを。

あいさつをしよう!

●1対1の対面販売が主流

イタリアは日本と違って、自由に商品に触れられるデパートのような近代的かつ大型店舗は少ない。今も対面販売が歴然と存在している。普通の商店もブランド店でも、自分で勝手に商品に触ったり、バッグの中に手を入れて値札を探して値段を調べたりするのはご法度。値札を出そうとガサガサやっていると、「お客様、おやめください」なんてきついアッパーカットが飛んでくる。

●店員さんはお見事なプロ

体や足を見ただけで、ピッタリのサイズを持ってきてくれる店員さんも多く、その技量には脱帽。そんな人なら自分に似合う物をアドバイスしてくれるし、コーディネートもすてきで、簡単に似合うイタリアンファッションをゲットできてしまう。店員さんを信頼してみよう。もちろん、支払いはあなただから、納得した物を。商品知識も豊富なので、新商品やレア物情報も聞き出せるかも。それには好印象も大切。

●お直しするなら、早めに買い物

イタリアサイズがピッタリという人は多くないかも。裾上げなどなら数日あればできるし、やっぱり安い。日本で直すと微妙にラインが違う場合もあるから、店員さんにジャストサイズを確認してもらって、お直しもしてしまおう。これには最低3日くらいかかるので、観光の前、初日にショッピングもいいかも。

●買った荷物を預けて身軽に

ショッピングストリートには、お目当てのお店がめじろ押し。まだまだ買い物したかったら、買った商品は預けて次のお店へ。荷物はホテルへデリバリーしてくれる場合もあるけど、イタリアではまだ少ない。荷物には名前を書いて保管してくれる。買い物が終わったら、全部集めて、タクシーでホテルへゴー。特に、ブランドの袋はお金を持っている証拠だし、ブランド店とはいえ店内で店員さんに荷物に注意と言われるご時世。お買い物に夢中になるときや、ゆったりとしたソファに座ってくつろいでお連れを待っている間も、やっぱり荷物は少なめが鉄則。

●絶対タックスフリーを活用(→P.401)

EU以外に住む外国人観光客の特権のタックスフリー。加盟店で税金込み154.94ユーロ以上の買い物をすれば、税金分として総額の実質13〜14%が戻ってくるというありがたい制度。ぜひ利用しよう。

●修理のために領収書をキープ

現地調達したいとしいブランドバッグなどが壊れたりしても、まだまだ修理して使いたい。そんなとき、日本の正規のお店に持ち込むと、領収書や保証書（時計など）の提示を求められることが多い。後々のため、これらの書類は取っておこう。

●コピー商品の持ち込み禁止

ミラノなどの大都市では、大きな袋を持った他国からのお兄さんたちが、路上にあの人気商品を並べて、工場直売といって売っている。確かに安いけど、知的財産権を侵害するコピー商品の日本への持ち込みは禁止。カラビニエーリ（お巡りさんの1種）の巡回で、場所を変えるところを見ると、イタリアでもかなりヤバイ品物。

※コピー商品のバッグについては、ヴェネツィアでは「知らずに買っても€1万の罰金」というチラシが配布されています。絶対に手を出さないように!

(編集部　'19)

～ショッピングの楽しみがますます充実～

加盟店が増え、適用額も引き下げられて、より身近で便利になったタックスフリーショッピング。

このシステムを利用する場合はパスポート番号が必要となるので、番号をあらかじめ控えておくか、盗難防止のためにコピーを持っているとよい。

対象

欧州連合（EU）以外の国を居住地とする人が個人使用のために品物を購入し、未使用の状態で個人荷物とともにイタリアから持ち出す場合に、IVA（税金）の払い戻しを受けられる。

適用最小限度

1店についての購入額の合計がIVA（税金）込みで154.94ユーロ以上。

買い物時の手順

(1)TAX-FREE取り扱い免税ショッピング加盟店で買い物をする。

(2)支払いの際、パスポート番号を告げ、免税伝票を発行してもらう。このチェック（1枚か2枚、型式も店舗により異なる）はレシートとともに出国時まで保管しておく。

出国時の手順

出国時には、税関Dogana（ドガーナ）の専用カウンターで税関スタンプを受けないと、免税払い戻しが受けられないので、空港には早めに出かけよう（除外空港あり、右記参照）。イタリア出国後、ほかのEU国内を経由する場合は、最後の訪問国で同様の手続きをすることになる。

1)購入品をトランクに入れた場合

航空会社のチェックインカウンターで搭乗手続きをし、搭乗券（ボーディングパス）を受け取り、トランクに日本行き（もしくはEU圏外の目的地）のタグを貼ってもらう。このトランクを税関オフィスまたは窓口に運び、免税伝票、パスポート、搭乗券を呈示し、スタンプをもらう（この時、購入品確認のためにトランクを開けさせられる場合も）。再び、チェックインカウンターに戻り、トランクを預けて、搭乗手続きを完了させる。手続きの手順はフィレンツェでは先に税関スタンプをもらう。また、税関そばにチェックイン済みの荷物を流すターンテーブルがあってチェックインカウンターに戻る必要がないなど、空港により異なる場合もある。

※ミラノ・マルペンサ空港、ローマ・フィウミチーノ空港は税関印不要

イタリアでの購入品を受託荷物にした（トランクに入れた）場合に限り、税関審査は不要になった。出発ロビーにあるタックスフリーの該当会社の免税払い戻しカウンター（ミラノはArea12、ローマはカウンターNO.300近く）で手続きするだけ。その場で現金の受け取りまたはカードへの入金手続きができる。チェックイン前でも可。手続きには他の空港同様に、免税伝票、パスポート、E-チケット（控え）が必要。E-チケットはスマホでの呈示でも可。

2)購入品を手荷物として機内に持ち込む場合

チェックインカウンターですべての搭乗手続きを終え、パスポートコントロールを通過後、出国ロビー側の税関に行き、手荷物として持っている購入品を見せて、スタンプをもらう。手荷物用税関と払い戻しカウンターは、ローマのフィウミチーノ空港、ミラノのマルペンサ空港ともにパスポートコントロールの近くにある。

払い戻し（上記空港以外）

1)現金の払い戻し

税関でスタンプをもらった免税伝票と購入店のレシートを、空港免税店内の「免税現金払い戻しCash Refund」カウンターに提出し、払い戻しを受ける。払い戻し専用デスクは、出国ロビーの税関近くにまとまっておかれている。

2)現金以外の払い戻し

免税伝票の裏に記載されている「非現金」払い戻し＝クレジットカードを指定し、店内で渡された所定の封筒に入れて、各取扱いの事務局へ郵送する。この場合は、90日以内に書類が事務局に届かなければ無効となるので注意。

✉ マルペンサ空港で

イタリアでの購入品は12番チェックインカウンターに向かって後ろのグローバルブルーのデスクへ。搭乗手続き前にeチケット、パスポート、免税書類、クレジットカードがあれば手続きができます。現金でなく、カードへ振り込み希望の場合はDegital Validationの右端の窓口が並ばずに空いています。書類をポストに入れる必要もなく、これですべて終了です。

（大阪府　マキエッタ　'18）

以上の手順、場所などは、変更が少なくないので、早めに出かけて空港で確認を。

（2018年12月現在）

旅のイタリア語

日本人には聞き取りやすく、発音しやすいイタリア語。何日か滞在しているうちに、自然に「こんにちはBuon giornoブォンジョルノ」などと、簡単な言葉が口から出てくるはず。イタリア語を使うときは、ゆっくり書いてあるとおりに発音してみよう。駅などで、日にちや枚数などを指定するような場合は、間違いのないようフレーズを紙に書いて渡すのもひとつの方法だ。そして、「すみません」、「ありがとう」の言葉と笑顔を忘れずに。

あいさつ

チャオ! やあ! じゃ、またね!	チャオ!	Ciao!
こんにちは!	ブォンジョルノ!	Buongiorno!
こんばんは!	ブォナセーラ!	Buonasera!
おやすみなさい!	ブォナノッテ!	Buonanotte!
さようなら!	アッリヴェデルチ!	Arrivederci!

呼びかけ

すみません!	スクーズィ!	Scusi!
	（人を呼び止めて何か尋ねるときなど）	
すみません!	パルドン!	Pardon!
	（「失礼!」「ごめんなさい!」の意味で）	
すみません!	ペルメッソ!	Permesso!
	（混んだ車内や人込みで「通してください」というとき）	

敬 称

男性に対して	シニョーレ	Signore
	（シニョーリ）	（複Signori）
既婚女性に対して	シニョーラ	Signora
	（シニョーレ）	（複Signore）
未婚女性に対して	シニョリーナ	Signorina
	（シニョリーネ）	（複Signorine）

※姓名や肩書きなどの前につける敬称だが、単独でも呼びかけに使うことができる。

依頼と感謝

すみませんが……	ペルファヴォーレ	Per favore
ありがとう!	グラツィエ!	Grazie!
どうぞ	プレーゴ	Prego

謝罪と返事

すみません!	ミ スクーズィ!	Mi scusi!
	失礼! ごめんなさい!（あやまるとき）	
何でもありませんよ	ノン ファ ニエンテ	Non fa niente.

〈はい〉と〈いいえ〉

はい／ええ	スィ	Si.
はい、ありがとう	スィ グラツィエ	Si, grazie.
いいえ	ノ	No.
いいえ、けっこうです	ノ グラツィエ	No, grazie.

～したい

ヴォレイ
Vorrei～ （私は）～が欲しい（～がしたい）のですが。

英語の"I would like～"にあたる表現で、そのあとにbiglietto（切符）、gelato（アイスクリーム）、camera（部屋）などがくれば「～が欲しい」という意味になり、andare（行く）、prenotare（予約する）、cambiare（替える）などがくれば「～がしたい」という表現に。

切符を1枚ください。
ヴォレイ ウン ビリエット
Vorrei un biglietto.

1部屋予約したいのですが。
ヴォレイ プレノターレ ウナ カメラ
Vorrei prenotare una camera.

～できる?

ポッソ
Posso～? （私は）～できますか（してもよいですか）?

英語の"Can I～?"にあたる表現

クレジットカードで払えますか?
ポッソ パガーレ コン ラ カルタ ディ クレディト
Posso pagare con la carta di credito?

ユーロの読み方

ユーロは小数点以下2位までが使われる。ユーロの下の単位は¢＝セント（イタリア語では、チェンテージモcentesimo、一般的には複数形のチェンテージミcentesimiとして使う）。€1（1ユーロ）が100¢（100チェンテージミ）だ。2019年2月現在€1は128.68円前後なので1¢は約1.3円。

例えば、€20.18を日本語でイタリア的に読むと、「にじゅう.（ビルゴラ）・じゅうはち ユーロ」または「にじゅうユーロ、じゅうはちチェンテージミ」と読む。途中に, 小数点（ビルゴラ）が入っているが、これは読まないことが多い。また、小数点以下でも日本語のように「いち・はち」とは読まない。

€20.18はヴェンティ・ディチョット・ユーロまたはヴェンティ・ユーロ・ディチョット（チェンテージミ）などと読まれる。

これは便利!
町歩きのための
イタリア語

珍しい高原鉄道に乗ってみる

道を尋ねる

～へ行きたいのですが。	ヴォレイ アンダーレ ア Vorrei andare a～.
地図上で教えてください。	ミ インディーキ イル ペルコルソ スッラ ピアンティーナ Mi indichi il percorso sulla piantina.
歩いて行けますか?	チ スィ プオ アンダーレ ア ピエディ Ci si può andare a piedi?
歩いてどのくらいかかりますか?	クアント テンポ チィ ヴォレ ア ピエディ Quanto tempo ci vuole a piedi?

バスの中で

| このバスは～へ行きますか。 | クエスタウトブス ヴァ ア
Quest'autobus va a～. |
| 私は～へ行きたいのですが、降りる場所を教えてください。 | ヴォレイ アンダーレ ア ミ ディーカ ドーヴェ デーヴォ シェンデレ
Vorrei andare a～, mi dica, dove devo scendere. |

タクシーの中で

| ～ホテルまで行ってください。 | ミ ポルティ アッロテル
Mi porti all'Hotel ～. |
| ～まで、だいたいいくらくらいですか? | クアント コスタ ピュウ オ メーノ フィーノ ア
Quanto costa più o meno fino a～? |

左に
ア　シニストラ
a sinistra

真っすぐ
ディリット
diritto

右に ア デストラ a destra

| 遠い | ロンターノ lontano |
| 近い | ヴィチーノ vicino |

基本単語

駅	stazione	スタツィオーネ
列車	treno	トレーノ
旅行案内所	ufficio di informazioni turistiche	ウフィッチョ ディ インフォルマツィオーニ トゥーリスティケ
教会	chiesa	キエーザ
広場	piazza	ピアッツァ
公園	giardino / parco	ジャルディーノ／パルコ
橋	ponte	ポンテ
交差点	incrocio / crocevia	インクローチョ／クローチェヴィア
停留所	fermata	フェルマータ
始発駅・終点	capolinea	カポリーネア
バス	autobus / bus	アウトブス／ブス
プルマン	pullman	プルマン
プルマン(長距離バス)ターミナル	autostazione	アウトスタツィオーネ
地下鉄	metropolitana	メトロポリターナ
タクシー	tassi / taxi	タッシー／タクシー
タクシー乗り場	posteggio dei tassi	ポステッジョ デイ タッシー

403

ショッピングのための イタリア語

これは便利!

ショーウインドーを眺めるだけで楽しい

買い物の会話

これを試着したいのですが。

ヴォレイ　プロヴァーレ　クエスト
Vorrei　provare　questo.

あなたのサイズはいくつですか?

ケ　ターリア　ア
Che taglia ha?

別のを見せてください。

メ　ネ　ファッチャ　ヴェデーレ　ウナルトロ
Me ne faccia vedere un'altro.

いくらですか?

クアント　コスタ
Quanto costa ?

高すぎます。

エ　トロッポ　カーロ
E　troppo　caro.

ちょっと考えてみます。

ヴォレイ　ペンサルチ　ウン　ポ
Vorrei pensarci un po'.

これをください。

プレンド　クエスト(ア)
Prendo　questo/a.

靴

紳士靴	scarpe da uomo	スカルペ ダ ウオーモ
婦人靴	scarpe da donna	スカルペ ダ ドンナ
サンダル	sandali	サンダリ

靴の部分

ヒール	tacco(複tacchi)	タッコ(タッキ)
高い	tacchi alti	タッキ アルティ
低い	tacchi bassi	タッキ バッシ
甲	tomaia	トマイア
幅	larghezza	ラルゲッツァ
きつい	stringe / stretta	ストリンジェ／ストレッタ
ゆるい	larga	ラルガ

数字

0	zero	ゼーロ
1	un、uno、una、un'	ウン、ウーノ、ウーナ、ウン
2	due	ドゥエ
3	tre	トレ
4	quattro	クワットロ
5	cinque	チンクエ
6	sei	セイ
7	sette	セッテ
8	otto	オット
9	nove	ノーヴェ
10	dieci	ディエチ

衣料品の種類

上着	giacca	ジャッカ
スカート	gonna	ゴンナ
ズボン	pantaloni	パンタローニ
シャツ	camicia	カミーチャ
ブラウス	camicetta	カミチェッタ
ネクタイ	cravatta	クラヴァッタ
スカーフ	foulard / sciarpa	フラー／シャルパ
セーター	maglia	マーリア

衣料品の素材

木綿	cotone	コトーネ
絹	seta	セータ
麻	lino	リーノ
毛	lana	ラーナ
皮革	pelle	ペッレ

皮革製品の種類

手袋	guanti	グアンティ
書類カバン	portadocumenti	ポルタ ドクメンティ
ベルト	cintura	チントゥーラ
財布	portafoglio	ポルタフォーリオ
小銭入れ	portamonete	ポルタモネーテ

皮革製品の素材

ヤギ	capra	カプラ
キッド(子ヤギ)	capretto	カプレット
羊	pecora	ペーコラ
カーフ(子牛)	vitello	ヴィテッロ

⚠ 北イタリアを安全快適に旅するために

　比較的治安がよいと思われた北イタリア。しかし、観光客の犯罪被害が増加中だ。身体に危害が加えられることは多くないものの、スリ、置き引きが多い。新聞や雑誌などを手にした子供のスリ集団、赤ん坊を抱いた女、ときには授乳中の女など、日本人にとっては意外な人物がスリだが、これはイタリアで見られるスリの定番スタイル。このほか、美人やハンサムが気を引くように寄ってきたり、あるいはピンク雑誌を手に近づく色仕掛け攻撃もある。また、不特定多数の人が出入りするホテルや商店内での盗難などの被害もある。バーゲンシーズン中などの混雑した店内では、デパートやスーパーはもとよりブランド店でも荷物に注意したい。店員が頻繁にお客に注意を呼びかけているほどだ。

　観光客ばかりではなく、ビジネスマンも狙われる。ミラノの見本市(フィエラ)会場周辺ではスリのほか、衣服にアイスクリームや液体などを付着させる古典的手法の被害も減らない。

　犯罪被害は一瞬のスキを狙われる。しかし、ここで事前に相手の手口を予習すれば、被害は激減！間違いなし。もちろん、危険な場所や人物に近づかない、不用意な夜の外出は避ける、大金や貴重品は持ち歩かないなど、旅の常識はお忘れなく(→P.408)。

背中にかけられたナゾの液体

アイスクリームや色の濃い物、臭いの強い液体などを背広やリュックにかけ、別の人間が親切そうに近づいてきて汚れを指摘したり、汚れを取ってくれようとし、その間に背広やリュックから財布などを盗んでいく。

〈実例〉 仕事でミラノの見本市へ出かけたときのこと。地下鉄のドゥオーモ駅で見本市のあるフィエラへの乗り換えがわからないでいると、「同じ方向だから」と親切に言ってくれる人がいました。彼と歩いていると、突然誰かが私の背中をたたき、「背中が汚れていますよ」と言ってきました。見てみると、背中一面に白い液体がかけられていました。落とそうとしても取れず、反射的に着ていた背広の前を閉じ、鞄をチェックしました。そして、立ち止まらず歩きながら、汚れを落とそうとしました。結局彼と別れて地下鉄に乗り、目的地には着きましたが、あまりの汚れに仕事を始められず、ホテルへタクシーで戻り、着替える羽目になってしまいました。

　冷静になって考えてみると、道案内をしてくれた男と「汚れていますよ」と声をかけてきた男はグルだったのでしょう。外国人に声をかけて安心させ、もうひとりが汚れを落とすフリをして背広を脱がせて、財布をスル、という手口だったのでしょう。幸い立ち止まらなかったので、金銭的な被害はなかったのですが、スーツの汚れはクリーニングでも落ちず、着られなくなってしまいました。　　　　　　　　(大阪府　Y.Y)

対策
①町なかで不用意に話しかけてくる人物には要注意。
②もし、被害に遭っても洋服は脱がない。バッグも開けない。
③なるべく早く、声をかけてきた人物から離れる。

子供のスリ集団

新聞やダンボールを持って近づいてきて、こちらが何事かと気を取られている間にポケットやバッグから財布をスッていく。

〈実例〉 ミラノのドゥオーモ広場でスリに遭遇しました。赤ちゃんを体にくくりつけた母親数人と幼い子供が群れをなして近づいてきました。母親たちは私たちにまとわりつき、体にベタベタと触ってきます。気持ち悪いので追い払おうとした瞬間、子供がポケットに手を滑り込ませてきたのです。ポケットからはハンカチがすられただけでしたが、素早いお手並みにビックリ。

　　　　　　　　(在スイス　YUKI N.)

卑劣な撮影依頼スリ

観光地で親し気に話しかけてくる人物や依頼に注意。

〈実例〉 サン・マルコ広場近く、ため息橋を眺める撮影ポイントで、夫が白人女性からカメラを渡されシャッターを押してくれと頼まれました。そばに行こうとした私に、別の男性がスマホを渡し同じように頼んできました。1分足らずの間に夫のショルダーバッグが開けられ、マジックテープで閉じたポケットから€400入りの財布が消えていました。日本人の信じやすさと親切心をワナにする卑劣な犯罪で、お金よりも気持ちが汚れてしまいました。

　　　　　　　(埼玉県　篠田真由美　'17)

セクシースリにご注意

〈実例〉 ミラノの地下鉄1号線のロレート駅でスリに遭遇。途中で気づいたので、バックパックのフタにあるチャックを開けられただけでした。犯人は黒人の女子高生くらいの4人組で、場所は階段の下りの途中。現場を見たので犯人をにらんでいると、いきなり下着に手を入れて胸を上下に揺らし始めました。一瞬そっちに気を取られた瞬間、ヤバイと思い後ろを見ると2～3人が背後にピッタリとくっついてきました。すぐに止まって、その場を回避しましたが、下手をすると本当に被害に遭っていたかもしれません。イタリアに限らず、チャックの取っ手はチャック内にしまっておきましょう。相手はいろいろな弱点をついてスリを仕掛けてくると変な意味!?で感心してしまいました。　　　　　　　（新潟県　カトケン）

対策
①同情は禁物。「子供の新聞売りかしら」などとは思わない。
②スリ集団が目についたら、しっかり視界に入れて近づかれないようにする。最寄りの商店などに入ってやり過ごすのもいいし、にらみつけるのも効果的。
③取り囲まれたら躊躇せず、殴る、蹴るくらいのまねをして大声で助けを呼ぶ。
④上着やズボンのポケット、ウエストポーチなどは最も狙われる。貴重品は入れない。

ホテル内での盗難

ホテル内での盗難の投稿も寄せられている。客室に置いたスーツケースの中からの貴重品の盗難をはじめ、ダイニングでの朝食中に料理を取りにいっている間に椅子に置いたバッグがなくなった例もある。ロビーでの集合待ちや添乗員の説明の途中、あるいはおしゃべりに夢中になっているときなどに被害が発生している。
〈実例〉 チェックアウトの日、出発の準備をしてから朝食に行きました。その30分ほどの間に部屋に残したカバンの財布から一部の現金が抜き取られました。ホテルの朝食の際には、部屋番号を伝えるのですが、ホテルスタッフと共謀した者が取ったと思われます。外出時や夜間、貴重品はセーフティボックスに入れていたのですが、チェックアウト前の油断した一瞬を狙われてしまいました。巧妙な手口のため、気づいたのは列車の中でのことでした。　　　　　　（神奈川県　Fumi）

対策
①ホテル内、また昼間とはいえ油断しないこと。
②スーツケースに貴重品を入れて、部屋に置かない。スーツケースの鍵を過信しない。
③パスポートや貴重品はセーフティボックスに預ける。預ける際に心配なら、開封されないような用具や方法をとる。
④信用できるホテルを選ぶ。

両替金や買い物の際のおつりのごまかし

買い物の際のつり銭や両替金をごまかされることも少なくない。

対策
①イタリア式のつり銭の出し方に慣れておく。9.81ユーロの買い物をして、20ユーロ札で支払うと、まず0.09ユーロ（9チェンテージミ）、続いて0.10ユーロ（10チェンテージミ）、さらに10ユーロという具合に単位の小さい硬貨や紙幣から順に返してくる。最初に暗算でおつりを計算しておくと、ゴマかされたときにすぐに気づく。
②おつりがすべてカウンターなどに並ぶまで待って、金額を確認してから財布にしまう。一度触れてしまうと、まして財布に入れてしまっては、間違いを指摘しても認められない。
③両替の場合も（いくら長蛇の列ができていても）その場でレシートと金額を確認すること。特に両替やおつりをごまかそうと意図している場合、新旧の紙幣を交ぜたり、必要以上に細かな紙幣や硬貨を交ぜてくることがある。そして、確認に手間取る者に対し、あとがつかえているから早くどくように言うのが彼らの手口だ。焦らず、その場で確認してから財布に入れること。
④両替や支払いをするときは、お札の金額を相手の目の前で確認する。

ネットで申し込む海外旅行保険

損保ジャパン日本興亜の「新・海外旅行保険【off！(オフ)】は旅行先別に料金が設定されており、同社の従来商品に比べ安くなることがあるのが特徴。また、1日刻みで旅行期間を設定でき、出発当日の申し込みが可能なのも便利。「地球の歩き方」ホームページからも申し込める。
URL http://www.arukikata.co.jp/hoken/

車上狙い

駐車中にドアが開けられて、車内荷物が取られる。レンタカーがパンクし、（あるいはワザとパンクさせられ）、複数の人数が親切そうに近づいてきて、ひとりがパンク修理を手伝う間にほかの者が車内の貴重品を取って行く。

〈実例〉　車を借りて走りだして約10分。「スモーク、スモーク！」と叫んだ車が前に停車しました。人が降りてきたので、そちらに気を取られている隙に、助手席に置いた小型のカバンを取られてしまいました。犯人はレンタカー会社の混雑した受付周辺ですでに獲物を品定めしていたに違いありません。また、事故などを装って近づいてくる人物もいるので、車を停車したら、念のため窓を閉めて、ロックもしておくといいでしょう。

（千葉県　伊藤敬二）

対策
①故障やパンクの際は緊急連絡先に連絡する。
②車内に貴重品を置いて駐車しない。外から見える場所には地図や日本の雑誌、ガイドブックなど、ひとめで外国人観光客とわかる物は置かない。
③心配なら、車はなるべく係員のいる駐車場に停める。
④旅の荷物を全部詰めたトランクなどを持って移動しない。
⑤駐車中はもちろんのこと、走行中・停車中も常時ドアロックをかけておく。

置き引き

両手で荷物を持っているとき、写真を撮るのに夢中になっているとき、切符を買う間、電話の最中、地図で場所を確認している間など、ほんの一瞬のスキが狙われる。

〈実例〉　ミラノの中央駅でのこと。列車の行き先表示がなかったので、近くのイタリア人に聞き、発車5分前に重い荷物を持ってホームを移動。ようやく目指す列車に乗り込むと、先ほどホームを教えてくれた男が窓ガラスを猛烈にたたいて何やら叫んだ。列車を間違えたのかと、デッキに行き外を見ると誰もいない。オカシイと思いながら戻ると、席に置いてあったボストンバックが消えていた。敵は2人組だったのか……。対面に座った老人に聞くと、「知らん。イタリアでは荷物から離れたらダメだ」とひとこと。不特定多数の人が行き来する場所では、一瞬のスキに注意しよう。

（神奈川県　一色徹）

対策
①荷物は自分の体から離さない。床に置く場合も足で挟んでおく。
②不用意に話しかけてくる人物とその動きには十分注意を払う。
③ファストフードの店内やカフェなどでも、椅子の背中側に荷物やバッグを置かない。
④日本の感覚で待合室や車内で寝ないこと。

無料ガラス工場見学のワナ

ヴェネツィアでホテルのすすめるガラス工場見学に行き、高い買い物をさせられたという投稿がある。製造過程の見学は多くの工場で見せてくれ、職人の前に置かれた寄付箱にチップを入れるだけでOKで、出入りも自由だ。ホテルに集合して、貴重な時間を拘束されてまで行く必要はない。また、ときには押し売りもどきの販売員もいるので注意。

〈実例〉　ムラーノ島のガラス工場へ行き、高い買い物をしました。宿泊ホテルで「サービスの一環です。ガラスの制作過程とショールームが見学できます。楽しいですよ。」と言われ、疑うことなく出かけました。まずは格幅のよい紳士が出てきて、日本の一流デパートなどでも販売していること、工場直営なので安い、20年間の保証付きなどと、説明しました。迷っている私たちに、今度は一見誠実そうな日本人の販売員と変わりました。その人は「ワイングラスはセット売りなので、バラ売りはできません。でも、ちょうどセット崩れがあります」などと、上手に購買意欲をそそります。そして、現地通貨ではなく、すべて円換算で値段を言うので、何となく安いような気がしてしまったのです。結局買ってしまったのですが、翌日本島のほかのお店をのぞいて見ると、ずっと安いし、バラ売りが普通でした。帰国後受け取った商品も、金箔は剥げ、選んだ商品とは違っていたようでした。旅行会社で予約したホテル、そのホテルの紹介、そして、それなりの店の規模、親切な応対と、悪質なサギ行為と理解するには難しい状況です。どうぞ、皆さんもお気をつけて。

（匿名希望）

対策

①買い物を急がない。
②店員の口車に簡単に乗らないよう、事前に相場をリサーチしておく。
③工場見学に行く際は財布やカードは持たない。
④ホテルのすすめる工場見学へは行かない。

トラブルに遭ってしまったら

　十分に注意していても、不幸にもトラブルに巻き込まれてしまうこともある。こんなときには、素早く気持ちを切り替えて、前向きに次の行動を起こそう。

　また、盗難などに備え、パスポート番号、発行日、クレジットカードの緊急連絡先などを書き留めて保管しておこう。

●「盗難証明書」の発行

　盗難の被害に遭ったら、警察に届け出て「盗難証明書Denuncia di Furto」を作成してもらおう。これは、なくなった物を探してもらう手続きというよりも、保険請求などの再発行のための手続きのひとつだ。証明書の発行は各町の**中央警察Questura Centrale**の外国人向け窓口のほか、駅で被害に遭った場合は**駅の警察**で発行してくれる。やや時間はかかるが、英語の話せる係官もいるし、日本語の書式がある場合もあるのでそれほど難しくない。

●パスポートの紛失・盗難

　パスポートをなくした場合は旅行を中止しなければならない。旅行を続ける場合は、**日本大使館や総領事館**でパスポートを取り直すこととなる。日本に帰国する場合でも、「帰国のための渡航書」が必要となる。パスポートの新規発給には、約1週間から10日、帰国のための渡航書には、1〜3日かかる。

　必要な書類は、日本大使館や総領事館に用意してあるが、このほか、**日本国籍を証明する書類（戸籍謄本または抄本）と旅程が確認できる書類、写真2枚（4.5×3.5cm）、手数料が必要**なので、万一に備えて用意しておこう。地元警察発行の盗難証明書は、どのような状況でなくしたかによって必要か否かあるようなので、在イタリア日本大使館で尋ねること。また、受付時間なども確認してから出かけよう。

●航空券について

　現在、各航空会社ともeチケットと呼ばれるシステムを導入している。これは従来の紙の航空券を発券せずに、航空券の予約データを航空会社で電子的に管理するもの。利用者が携帯するのはこの控えなので、今までのように航空券を紛失するという心配はなくなっ

た。万一、控えを紛失しても搭乗は可能だがチェックインをスムーズにさせるためにも帰国まで捨てないこと。控えの再発行も可能。ただし、入国の際に出国便の予約証明が必要な場合、eチケットの控えがないと入国できないので注意。詳細は各航空会社か購入した旅行代理店まで。従来の紙の航空券を紛失した場合は、至急航空会社に連絡を取ること。

●クレジットカードの紛失・盗難

　盗まれて、すぐ使われることが多いので、当該カードを無効にし、再発行の手続きをするために最寄りの連絡事務所にすぐ連絡する。盗まれたカードが使われた場合は、基本的に保険で補てんされるが、迅速に連絡しよう。普通、24時間体制で受け付け。

●落とし物

　交通機関の中では、見つかることは少ないが、**遺失物預かり所Ufficio oggetti smarriti**で尋ねてみよう。

クレジット会社の緊急連絡先

●アメリカン・エキスプレス
　　　　　　　☎800-871-981
　　　　　　　☎800-871-972
　　　　　　　（ゴールドカード）

●ダイナースカード
　☎00-81-3-6770-2796へコレクトコールで。
　イタリアから日本へのコレクトコール：
　KDDIスーパージャパンダイレクト
　　　　　　　☎800-172242

●JCBカード	☎800-780285
●VISA	☎800-784253
●三井住友VISA	☎800-12121212
●MasterCard	☎800-870866

☎800〜はイタリア国内無料通話ダイヤル
☎は提携カードにより異なることがあります。出発前に確認を。各社ホームページに詳細あり（→P.383）。

在イタリア日本大使館（ローマ）
Ambasciata del Giappone
🏠 Via Quintino Sella 60, ROMA
☎ 06-487991　📠 06-4873316
🌐 www.it.emb-japan.go.jp

日本総領事館（ミラノ）
Consolato Generale del Giappone
🏠 Via private C.Mangili 2/4, MILANO
☎ 02-6241141　📠 02-6597201　🗺 P.31 BC2
🌐 www.milano.it.emb-japan.go.jp

イタリアをたつ

出国

　利用航空会社により、日本への出発空港は異なる。ヨーロッパの主要都市あるいは、ローマやミラノから日本への直行便を利用することがほとんどだろう。国際線なら2時間前、国内線なら1時間前にはチェックインしよう。タックスフリーを利用した人や格安航空券を使う人は、もう少し余裕をもって出かけよう。

楽しい思い出を胸に

イタリアからの輸出

　みやげ物については規制はない。骨董品、美術品の持ち出しは、環境文化財省Ministero dei Beni Culturali e Ambientaliの許可証が必要。

　生ハムやサラミ、豚肉ミンチの詰め物をしたパスタなどの豚肉加工品をはじめ肉製品の日本への持ち込みは不可。

　バッグなどブランド品のコピー商品も持ち込みは不可。

Dogana　税関関連の情報

通貨の持ち込み・持ち出し制限

　ユーロ、外貨とも持ち込み制限はない。ただし、持ち出しはユーロ、外貨を含めて1万ユーロ相当額まで(トラベラーズチェックを含む)。総額1万ユーロ相当以上を持ち込む場合は、出国時にイタリア国内での収入と見なされないように、事前に申告しておこう。申告は荷物受取所にある申請所Controllo Valutaコントロッロ・ヴァルータで、V2ヴィ・ドゥーエという書類に必要事項を記入し、証明印をもらう。書類は出国時まで保管しておくこと。

忘れずに機内で

　'07年夏より、無税・課税にかかわらず、「携帯品・別送品申告書」の提出が必要となった。書類は機内で配布されるので、必要事項を記入し、税関審査まで持っておこう。1家族1枚で可。

ユーロが大量に残ったら

　ユーロ、外貨の1万ユーロ相当を持ち出すにはV2(左記参照)が必要。大量のユーロを外貨にするときは、両替時のレシートが必要な場合もある。

日本への帰国にあたっての免税範囲(成人ひとり当たり)

品　　　　　名		数量または価格	備　　　　　　考
	酒　　類	3本	1本760mℓ程度のもの
たばこ	「紙巻きたばこ」のみの場合	400本/200本*	2018年10月からは居住者、非居住者、日本製、外国製の区別がなくなった。さらに2021年10/1〜は免税範囲が*に変更される。「加熱式たばこ」のみの場合は個別包装等20個(1箱あたりの数量は紙巻たばこの20本に相当する量)、10個*。
	「葉巻きたばこ」のみの場合	100本/50本*	
	そのほかの場合	500g/250g*	
	香　　水	2オンス	1オンスは約28cc(オーデコロン、オードトワレは含まれない)。
そのほかの品目	1品目ごとの海外市価の合計額が1万円以下の物	全量	例えば、1コ1000円のチョコレート9コや1本5000円のネクタイ2本は免税。また、この場合には1万円以下の物は免税額20万円の計算に含める必要はない。
	そのほかの物	20万円(海外市価の合計)	①合計額が20万円を超える場合には、20万円以内に納まる品物が免税になり、その残りの品物に課税される。②1個で20万円を超える品物、例えば、25万円のバッグは25万円の全額について課税される。

旅の伝言板

北イタリアを賢く旅するために。
読者の声に耳を傾けよう！

旅のアドバイス

あいさつは大事

今回の旅行であいさつが非常に重要だと感じました。日本と違い、下手でも客のほうから「ボンジョルノ!」と言うと、相手から笑顔が返ってきます。店員はこちらが何か言うまで無表情で、ずっと見てくるので早めにあいさつするとスムーズです。その後はたいがい親切にしてくれました。　　　　（埼玉県　かわた）

SIMカードを買うなら

ローマやミラノなどの大きな空港では問題ありませんが、ボローニャなどの小さな空港では、SIMカードのショップはありません。日曜日だと、町なかのショップも閉まっているので、SIMカードを購入する場合は到着空港、曜日は重要です。（神奈川県　匿名希望 '17）

共通入場券の善し悪し

ヴェローナカード（→P.283）はお得です。全部回らなくても元は取れますが、2日で回りきるのはかなりハードでした。ヴィチェンツァカード（→P.301）も、1日観光で十分活用できます。

しかしマントヴァカード＋サッビオネータ（→P.129、ドゥカーレ宮はプラス€6.50）の利用は慎重に。私たちは日帰りでマントヴァを訪れ、10:00～18:00頃まで滞在しましたが、ドゥカーレ宮（€12）とテ離宮（€12）および共通の市立博物館とサン・セバスティアーノ教会で時間いっぱいでした。マントヴァに宿泊し、サッビオネータまで行くならば有効利用できたと思います。なお、サン・セバスティアーノ教会は常に空いておらず、博物館で係員と時間を決めて教会で落ち合い、開けてもらう方式になっています。　　（滋賀県 JOKO '18）

イタリア子連れ旅

5歳の娘と母2人で約1ヵ月旅をしました。子連れ旅に役立つ情報を。

鉄道fsで

FRECCIA系のビジネスクラス（1等）では2～5人家族を対象に12歳未満半額、大人は20%割引、4歳未満の席なしは無料というBIMBI GRATISというサービスがあり、お得です。FRECCIAの1等では、新聞、コーヒーまたはジュース、お菓子などのサービスがありますが、子供には色鉛筆、塗り絵の配布もありました。

長期滞在型のアパートで

主に長期滞在型のアパートに滞在しました。備え付けの洗剤やトイレットペーパーがありますが、十分でない場合があります。早めに確認してスーパーなどで買い物をしておくと、慌てなくて済みます。

町で

地下鉄では5歳は無料、fsのローカル線は子供料金が必要でした（4歳未満は席なしの場合は無料。5～15歳は大人料金の半額）

ミラノのポルタ・ヴェネツィア駅下車すぐのところに市民公園Giardini Pubblici（→P.59）があります。遊具や売店もあり、子供を自由に遊ばせるのに最適。パレストロ駅下車すぐのGAM近代美術館（→P.60）にも公園があり、芝生の広場やアヒルのいる池があり、お散歩にいいです。　　（大阪府 つむぎちゃん '18）

fs線では4歳未満は席なしの場合は無料。5～15歳は大人料金の半額。地下鉄では10歳未満は無料で大人の同伴1人につき子供（6～10歳）2人まで。5歳未満、ベビーカーの持ち込みに人数制限はない。　　（編集部）

パヴィア僧院（→P.138）

行き方とおすすめランチ

チェルトーザ・ディ・パヴィアのバス停を降りて、バス通りから修道院に向かう道へ入ってすぐの右側にあるトラットリア・チェルトーザTrattoria Certosaは、€10でプリモ＋セコンド＋コントルノにハウスワイン又はビールと水がついたセットメニューを提供しています。我々が訪れた日は、プリモはパスタのトマトソース、ニョッキのゴルゴンゾーラソース、リゾットなど5種類、セコンドはミラノ風カツレツ、生ハムとモッツァレッラ、グリルポーク、チキンなどの4種類、コントルノはマッシュポテトやトマトサラダなどから選択できました。特にニョッキのゴルゴンゾーラソースはこれまで食べたものと比べてもとてもおいしかったですし、1皿の量もちょうどよい感じでした。家族でやっているお店のようですが、お客さんは観光客と地元の家族連れが半々くらいでした。ちなみにメニューはありませんが、内容はウエイトレスの娘さんが丁寧に説明してくれます（英語も可）。何気なく入った店ですが、味もサービスもよかったですし、何と言ってもワイン又はビール付きで€10というのは、イタリアにしては感激ものの安さです。修道院訪問に合わせて昼食をとる人はぜひ行ってみてください。

なお、**パヴィア修道院**は11:30～14:30は昼休みで閉まりますので、ミラノから日帰りで訪れるのであれば、以下のいずれかの方法がおすすめです。

1. ミラノ中央駅を08:10か09:10に出るICでパヴィアへ行き（所要時間25分）、午前中いっぱいパヴィアの町を観光して12:30か13:00発のバス（ただし⊖・㊗はどちらかは運休）でチェルトーザへ向かい（所要約15分）、昼食の後14:30に合わせて修道院へ行く（徒歩で約20分）。観光後はバスでミラノに戻る。

2. ミラノ発08:30か09:00のバス（やはり⊖・㊗はどちらかは運休）でチェルトーザまで行き（所要1時間弱）、11:30まで修道院を観光の後昼食、その後バスでパヴィアへ行って観光の後、列車でミラノへ戻る（ミラノ中央駅へ行くIC又はECは1時間おきですが、そのほかに中央駅には行かないローカル列車もあります）。

3. 12:30か13:00のバス（同上）にてチェルトーザに向かい昼食の後、修道院を観光、その後バスにてミラノに戻る。

1と2はパヴィアの町を含む1日観光にちょうどよいですし、3ならば午前中ミラノで過ごすなどして半日で行って来られます。　　　　　　　　　　（東京都　H.K.　'18）

ベルニナ線（→P.141）いろいろ

ティラーノ駅前にあるホテル・ベルニナのレストラン・ピッツェリアはおすすめ。ランチメニューが€12で、プリモ、セコンド、デザートが各数種類から選べ、どれもおいしかったです。

ベルニナ線の一部の駅はプラットホームがなく、降車ボタンを押さないと通過してしまう場合がありますのでご注意を。ホテル・モルテラッチHotel Restaurant Morteratschはモルテラッチ駅のホームと隣合わせで、ユニークな造りです。外テーブルでは目の前にピッツ・ベルニナの山頂を見ることができます。ロスティCHF23は塩かげんもほどよくておいしかったです。
　　　　　　　　　　　　（埼玉県　原田幸子　'17）

ヴェネツィア（→P.180）

深夜到着、水上タクシー利用時の注意

ヴェネツィア空港に23:00過ぎに到着。水上タクシーでホテルへ向かうつもりでしたが、窓口は23:00には閉まっており、「桟橋にいるかも」と言われて行ってみましたが、ここでも見当たらず。結局、空港からローマ広場までタクシー（車）で移動し、ローマ広場で水上タクシーを探したものの、ここにおらず、結局本数が極端に少なくなっているヴァポレットを利用しました。通常なら30分程度のところを1時間30分程度かかってしまいました。深夜、特に冬の到着は注意が必要です。
　　　　　　　　　　　　　　　　　（旅すき　'17）

空港から島内のホテルまで、水上タクシーを利用しました。旅行カバンは操縦席の隣に置かれるのですが、かなりスピードを出すのでしぶきでぬれます。室内に置くのも嫌なようなので、塩水にぬらしたくない場合は、カバーをかけるなどの対策が必要です。　（たびずき　'17）

ヴェネツィアの私的歩き方

送迎サービスなしでホテルへ向かう場合、自信がなければWi-Fiルーターをレンタルしていくのがおすすめです。迷宮都市などと呼ばれるヴェネツィアは、昼間でも迷うのに、到着したのが夜ともなれば完全に迷子になってしまう可能性があります。Wi-Fiルーターとスマホの地図アプリの組み合わせがあれば、まず迷うことはありません。ただ、ルーターはすぐにバッテリーがなくなるので、モバイルバッテリーも必須。昼間の散策時にも役立ちます。他の国でも利用しましたが、ヴェネツィアほど役立った町はなく、今回の旅で一番重宝したアイテムでした。　　　（東京都　山口徹）

リド島宿泊のすすめ

ヴェネツィア本島のホテルは値段が高く、場所もわかりづらい。また、階段が多く、ポーターにスーツケースを運んでもらっている人も多く見かけました。

そこでリド島のホテルがおすすめです。鉄道でヴェネツィア入りしたら、駅前からヴァポレット1番で大運河をゆっくり回って約1時間。1番は15～20分に1便はあるので便利です。より早くリド島へ向かう場合は5番に乗ると本島の外側を通って約40分。こちらはスピード感を楽しめます。リド島は歩道も広くスーツケースを持っての移動も問題ありませんでした。帰りはリド島からヴァポレットで1時間。ただし、この船は予定より30分遅れたので、時間に余裕をもっての利用を。リド島のヴァポレット乗り場はわかりやすいです。本島まで20分ほどかかりますが、時間的な苦痛はありませんでした。それよりもリド島へ帰るとき、本島へ近づくとき、海から眺めるサン・マルコ広場やサルーテ教会などは非常に美しい姿を見せてくれます。（なお　'16）

パドヴァ（→P.286）

パドヴァ大学のガイドツアー

開始時間の15分前に、切符の販売（現金のみ）が始まり、1人€7で、40人まで。残念ながら内部の撮影は禁止。
1）世界最古の解剖学教室
世界で最初に大学で解剖が行われたのがパドヴァ大学で、その解剖学教室が現存。冬場に1人の教官と2人の学生で解剖が行われ、解剖台がリフトアップされ、楕円形の階段状の教室に居る300名の学生が、解剖を見学できたという。解剖台が置かれていた床面から教室を見上げることができる。
2）ガリレオの教壇
ガリレオは身長が低かったので、教室内に声が届くように、実際に使われていた階段がついた木製の教壇が保存されている。
3）世界で最初に大学を卒業した女性が学んだのがパドヴァ大学。その女性を顕彰した像がガイドツアーの入口に置かれています。　（東京都　はまちゃん　'16）

ドロミテ情報（→P.307）

アルペ・ディ・シウジは広い!!

シウジはとにかく広いです。中心の**コンパッチョ**から**サルトリア**Saltriaまで歩くとかなりの距離があり高低差もあるのできついです。おすすめは途中までバス（20分に1便程度）に乗り、眺めのよいところから歩くといいと思います。あるいは電動自転車があるので、それを使うのも手です。私が出かけた7月上旬は一面の花畑でとても楽しいハイキングができました。
　　　　　　　　　　　（東京都　谷岡光信　'18）

建 築 ・ 美 術 用 語

アーキトレーブ　角柱・付け柱・円柱の上に乗った梁。

アーケード　角柱や円柱に乗ったアーチ形の構造物。

アーチ　石やれんがを放射状に積んで半円にした構造物。上部がとがっているのが、尖頭アーチ。

ヴォールト（穹窿）　半円筒形や、交差した半円筒形に石やれんがを積んだ曲面天井。

エクセドラ　壁面から半円形に引っ込んだ部分。

エトルリア美術　現在のトスカーナ地方から興ったエトルリア人による紀元前7～3世紀の美術。初期の物はギリシアの強い影響を受けているが、後にはリアリスティックな表現を生み出して、ローマ美術に引き継がれた。

オーダー　ギリシアの神殿建築から生まれた円柱とその上に乗る部分の様式のことで、下記の3つのほかにトスカーナ式とコンポジット式がある。柱頭を見れば区別できる。
　　ドーリス式：杯型
　　イオニア式：両端が下向きの渦巻き型
　　コリント式：重なったアカンサスの葉型

回廊（キオストロ）　教会本堂に隣接した修道院の中庭を囲む廊下。

ギリシア十字形　十字部分のそれぞれの長さが等しい形。

クーポラ（円蓋）　半球状の天井または屋根。

クリプタ　教会の床下の地下または半地下に造られた聖堂・礼拝室・埋葬所。天井はヴォールト天井をもつ。

外陣　教会堂の内部で、身廊と側廊からなる部分。信者が礼拝する空間。
　　単廊式：側廊がまったくない物
　　三廊式：身廊の両側に側廊がひとつずつ
　　五廊式：身廊の両側に側廊がふたつずつ

後陣（アプシス）　内陣の奥にあり、平面が半円形で天井が4分の1球形になった部分。

格天井　骨組みによって区分された窪み（格間）のある天井。

国際ゴシック様式　おもに絵画と彫刻の分野で1400年前後にヨーロッパ中を支配した、宮廷風の優雅さと美しい色彩の洗練された様式。

ゴシック様式　天に高く屹立する多数の尖塔が特徴の教会建築を中心とした12～14世紀の様式。絵画では、チマブーエに続きジョットが、感情表現や空間表現に新たな境地を拓いた。シエナ派の優美なクリマを作り上げた。

コズマーティ様式（コズマ風）　大理石やガラスなどを用いた幾何学模様で教会を装飾する12～13世紀の様式。コズマとは当時ローマで活躍した、モザイク技術に長けた一族の名前。

三角破風　切妻屋根の両端部分や窓の上の三角形の壁。

シノピア　赤い顔料による、フレスコ画の下絵。複数はシノピエ。

身廊　バジリカ式教会堂の中心軸となる空間。

スコラ・カントルム　聖歌隊席。

スタッコ（装飾漆喰）　石膏を混ぜて塗る壁面や天井の仕上げ材料。さまざまな模様や像を彫刻する。

聖具室（聖器室）　教会の内陣に続く、聖具保管所および聖職者の更衣室。

前室（ナルテックス）　初期キリスト教会の本堂正面を入った玄関部。

前柱廊（ポルティコ）　建物正面に造られた、柱で支えられた吹き放ちの玄関部。

側廊　バジリカ式教会堂の身廊を挟む両側の空間。

大聖堂（ドゥオーモ）　司教座（cattedra）のある位の高い教会堂。その町で一番重要な教会。カッテドラーレ。

束ね柱　中心となる柱の周囲に細い柱を数本束ねた形の柱。

多翼祭壇画　多数のパネルに描かれた絵を組み合わせてひとつにした祭壇画。

タンパン（テュンパノン、ティンパヌム）　中央入口の上部にあるアーチ形（または三角形）の部分。

付け柱（柱形、片蓋柱）　壁から浅く突き出たように見える角柱。

テラコッタ　粘土を焼いて造った、建築用装飾や塑像。通常は素焼きの物を指す。

天蓋（バルダッキーノ）　柱で四隅を支えられた、祭壇を覆う装飾的な覆い。

テンペラ　全卵や卵黄、にかわなどと顔料を混ぜて造った絵の具。それによる画法、絵画。

トラス　各部材を接合して、三角形の集合形態に組み立てた構造。

ドラム　垂直状態の円筒形の構造物。

内陣　教会堂の内部で、外陣と後陣の間の部分。主祭壇がおかれる神聖な所。

ネオクラシック様式　新古典様式。18世紀後半から19世紀前半に流行。グレコローマンを理想とした統一性・調和・明確さを特徴とする。

ネクロポリス　古代の死者の埋葬地。墳墓群。

軒蛇腹　建物の最上部で前方に張り出した帯状の装飾部分。

狭間（メトープ）　フリーズ上部に四角い空間を挟んで交互に並ぶ装飾石板。グエルフィ狭間：教皇派に属することを示し、石板は四角。ギベッリーニ狭間：皇帝派に属することを示し、石板はツバメの尾型。

バジリカ様式　教会堂の建築様式で長方形の短辺の一方を正面入口とし、もう一方に後陣を半円形に張り出させたものが基本形。

パラッツォ　宮殿、大規模な邸宅、公共建築物。

バラ窓　ゴシックの聖堂に多く見られる、バラの花のような円形の窓。

バロック様式　劇的な効果を狙った豪華で動きのある17世紀の様式。

ピサ様式　建築におけるロマネスク-ゴシック様式の1タイプ。ファサードでは何層もの小さいアーケードが軽やかな装飾性を示し、内部は色大理石の象嵌細工などが施されている。

ビザンチン様式　4～11世紀、東西ローマ帝国で発展した様式で、その建築は外観は地味だが内部は豪華なモザイクや浅浮彫りで飾られている。プランとしてはバジリカ様式、集中式、ギリシア十字形が特徴。

ファサード　建物の正面部分。

フォロ　古代ローマの都市にあった公共広場。商取引、裁判、集会などに使われた。

フリーズ　建物外壁の装飾帯。彫刻のある小壁面。

プラン　建築物の見取り図、平面図、設計図。

フレスコ　壁に塗った漆喰が乾かないうちに絵を描く技法。絵の具が染み込んで固定するために退色しにくい。

壁龕（ニッチ）　壁をくり抜いて作った窪み。彫像などを置いて飾るための空間。

ペンデンティブ　平面が正方形をなす建物の上部にクーポラを乗せるために造られた、四隅の球面三角形。

ポルタイユ　正面入口を囲む部分。

歩廊　教会やパラッツォなどの建築で、床を石・瓦で仕上げた廊下。回廊。

マニエリスム　16世紀初頭にイタリアで生まれた技巧的でアカデミックな作風。

メダイヨン　建築物に付けられた楕円または円形の装飾。

モザイク　大理石や彩色されたガラスの小片を寄せ集めて絵や模様を描く技法。

翼廊　教会堂内部で、外陣と直交する内陣の一部。

ラテン十字形　直交する十字の一方が長い形。

ランタン　クーポラの頂上部に付けられた、採光のための小さな構造物。

ルネッサンス様式　調和のある古代建築を理想とした15～16世紀の様式。明快でボリューム感のある外観をもち、内部はフレスコ画などで飾られた。絵画・彫刻においても、同じ理想のもとに感情表現・技法ともにおおいに発展し、その中心はフィレンツェだった。

ロッジア　教会建築・世俗建築で、建物本体と屋外をつなぐ、アーケードを備えた通廊。単独の建造物としてのロッジアもある。開廊。

ロマネスク様式　11～12世紀に広くヨーロッパで普及した様式で、建築では正面は小アーケードで飾られローマなどでは内部にコズマーティ様式の装飾が施された。

写真提供：スカラ

P.50左上、P.52右中、P.55左下、P.55右下、P.56左上、P.56右、P.57上、P.57左中、P.57右中、P.57左下、P.57右下、P.58左上、P.58左中、P.62上、P.62下、P.65中、P.71中、P.71下、P.72右下、P.104、P.110左上、P.111右、P.111右下、P.117下、P.128中、P.129上、P.129下、P.132、P.202左、P.202右、P.203上、P.203中、P.203下、P.207中、P.212上、P.212中、P.212右下、P.213左上、P.213左下、P.213右上、P.213右下、P.214左上、P.214下、P.214中、P.214右、P.215右上、P.215右下、P.217上、P.222下、P.223上、P.225左上、P.227上、P.227中、P.228右上、P.229右上、P.229左下、P.229右下、P.235左上、P.235左下、P.235右下、P.236下、P.237左上、P.237中、P.242下、P.283左上、P.291下、P.293下　　©SCALA

地球の歩き方 シリーズ一覧

2024年8月現在

*地球の歩き方ガイドブックは、改訂時に価格が変わることがあります。 *表示価格は定価（税込）です。*最新情報は、ホームページをご覧ください。www.arukikata.co.jp/guidebook/

地球の歩き方 ガイドブック

A ヨーロッパ

A01 ヨーロッパ	¥1870
A02 イギリス	¥2530
A03 ロンドン	¥1980
A04 湖水地方&スコットランド	¥1870
A05 アイルランド	¥2310
A06 フランス	¥2420
A07 パリ&近郊の町	¥2200
A08 南仏プロヴァンス コート・ダジュール&モナコ	¥1760
A09 イタリア	¥2530
A10 ローマ	¥1760
A11 ミラノ ヴェネツィアと湖水地方	¥1870
A12 フィレンツェとトスカーナ	¥1870
A13 南イタリアとシチリア	¥1870
A14 ドイツ	¥2420
A15 南ドイツ フランクフルト ミュンヘン ロマンチック街道 古城街道	¥2090
A16 ベルリンと北ドイツ ハンブルク ドレスデン ライプツィヒ	¥1870
A17 ウィーンとオーストリア	¥2090
A18 スイス	¥2200
A19 オランダ ベルギー ルクセンブルク	¥2420
A20 スペイン	¥2420
A21 マドリードとアンダルシア	¥1760
A22 バルセロナ&近郊の町 イビサ島/マヨルカ島	¥1980
A23 ポルトガル	¥2200
A24 ギリシアとエーゲ海の島々&キプロス	¥1870
A25 中欧	¥1980
A26 チェコ ポーランド スロヴァキア	¥2420
A27 ハンガリー	¥1870
A28 ブルガリア ルーマニア	¥1980
A29 北欧 デンマーク ノルウェー スウェーデン フィンランド	¥2640
A30 バルトの国々 エストニア ラトヴィア リトアニア	¥1870
A31 ロシア ベラルーシ ウクライナ モルドヴァ コーカサスの国々	¥2090
A32 極東ロシア シベリア サハリン	¥1980
A34 クロアチア スロヴェニア	¥2200

B 南北アメリカ

B01 アメリカ	¥2090
B02 アメリカ西海岸	¥2200
B03 ロスアンゼルス	¥2090
B04 サンフランシスコとシリコンバレー	¥1870
B05 シアトル ポートランド	¥2420
B06 ニューヨーク マンハッタン&ブルックリン	¥2200
B07 ボストン	¥1980
B08 ワシントンDC	¥2420
B09 ラスベガス セドナ&グランドキャニオンと大西部	¥2090
B10 フロリダ	¥2310
B11 シカゴ	¥1870
B12 アメリカ南部	¥1980
B13 アメリカの国立公園	¥2640
B14 ダラス ヒューストン デンバー グランドサークル フェニックス サンタフェ	¥1980
B15 アラスカ	¥1980
B16 カナダ	¥2420
B17 カナダ西部 カナディアン・ロッキーとバンクーバー	¥2090
B18 カナダ東部 ナイアガラフォールズ メープル街道 プリンス・エドワード島 トロント オタワ モントリオール ケベック・シティ	¥2090
B19 メキシコ	¥1980
B20 中米	¥2090
B21 ブラジル ベネズエラ	¥2200
B22 アルゼンチン チリ パラグアイ ウルグアイ	¥2200
B23 ペルー ボリビア エクアドル コロンビア	¥2200
B24 キューバ バハマ ジャマイカ カリブの島々	¥2035
B25 アメリカ・ドライブ	¥1980

C 太平洋/インド洋島々

C01 ハワイ オアフ島&ホノルル	¥2200
C02 ハワイ島	¥2200
C03 サイパン ロタ&テニアン	¥1540
C04 グアム	¥1980
C05 タヒチ イースター島	¥1870
C06 フィジー	¥1650
C07 ニューカレドニア	¥1650
C08 モルディブ	¥1870
C10 ニュージーランド	¥2200
C11 オーストラリア	¥2750
C12 ゴールドコースト&ケアンズ	¥2420
C13 シドニー&メルボルン	¥1760

D アジア

D01 中国	¥2090
D02 上海 杭州 蘇州	¥1870
D03 北京	¥1760
D04 大連 瀋陽 ハルビン 中国東北部の自然と文化	¥1980
D05 広州 アモイ 桂林 珠江デルタと華南地方	¥1980
D06 成都 重慶 九寨溝 麗江 四川 雲南	¥1980
D07 西安 敦煌 ウルムチ シルクロードと中国北西部	¥1980
D08 チベット	¥2090
D09 香港 マカオ 深圳	¥2420
D10 台湾	¥2090
D11 台北	¥1980
D13 台南 高雄 屏東&南台湾の町	¥1980
D14 モンゴル	¥2420
D15 中央アジア サマルカンドとシルクロードの国々	¥2090
D16 東南アジア	¥1870
D17 タイ	¥2200
D18 バンコク	¥1980
D19 マレーシア ブルネイ	¥2090
D20 シンガポール	¥2200
D21 ベトナム	¥2090
D22 アンコール・ワットとカンボジア	¥2200
D23 ラオス	¥2420
D24 ミャンマー（ビルマ）	¥2090
D25 インドネシア	¥2420
D26 バリ島	¥2200
D27 フィリピン マニラ セブ ボラカイ ボホール エルニド	¥2200
D28 インド	¥2640
D29 ネパールとヒマラヤトレッキング	¥2200
D30 スリランカ	¥1870
D31 ブータン	¥1980
D33 マカオ	¥1760
D34 釜山 慶州	¥1540
D35 バングラデシュ	¥2090
D37 韓国	¥2090
D38 ソウル	¥1870

E 中近東 アフリカ

E01 ドバイとアラビア半島の国々	¥2090
E02 エジプト	¥2530
E03 イスタンブールとトルコの大地	¥2090
E04 ペトラ遺跡とヨルダン レバノン	¥2090
E05 イスラエル	¥2090
E06 イラン ペルシアの旅	¥2200
E07 モロッコ	¥1980
E08 チュニジア	¥2090
E09 東アフリカ ウガンダ エチオピア ケニア タンザニア ルワンダ	¥2200
E10 南アフリカ	¥2200
E11 リビア	¥2200
E12 マダガスカル	¥1980

J 国内版

J00 日本	¥3300
J01 東京 23区	¥2200
J02 東京 多摩地域	¥2020
J03 京都	¥2200
J04 沖縄	¥2200
J05 北海道	¥2200
J06 神奈川	¥2420
J07 埼玉	¥2200
J08 千葉	¥2200
J09 札幌・小樽	¥2200
J10 愛知	¥2200
J11 世田谷区	¥2200
J12 四国	¥2420
J13 北九州市	¥2200
J14 東京の島々	¥2640
J15 広島	¥2200
J16 横浜市	¥2200

地球の歩き方 aruco

●海外

1 パリ	¥1650
2 ソウル	¥1650
3 台北	¥1650
4 トルコ	¥1430
5 インド	¥1540
6 ロンドン	¥1650
7 香港	¥1650
8 ニューヨーク	¥1650
10 ホーチミン ダナン ホイアン	¥1650
11 ホノルル	¥1650
12 バリ島	¥1650
13 上海	¥1320
14 モロッコ	¥1540
15 チェコ	¥1320
16 ベルギー	¥1430
17 ウィーン ブダペスト	¥1320
18 イタリア	¥1760
19 スリランカ	¥1540
20 クロアチア スロヴェニア	¥1430
21 スペイン	¥1320
22 シンガポール	¥1650
23 バンコク	¥1650
24 グアム	¥1320
25 オーストラリア	¥1760
26 フィンランド エストニア	¥1430
27 アンコール・ワット	¥1430
28 ドイツ	¥1760
29 ハノイ	¥1650
30 台湾	¥1650
31 カナダ	¥1320
33 サイパン テニアン ロタ	¥1320
34 セブ ボホール エルニド	¥1320
35 ロスアンゼルス	¥1320
36 フランス	¥1430
37 ポルトガル	¥1650
38 ダナン ホイアン フエ	¥1430

●国内

北海道	¥1760
京都	¥1760
沖縄	¥1760
東京	¥1540
東京で楽しむフランス	¥1430
東京で楽しむ韓国	¥1430
東京で楽しむ台湾	¥1430
東京の手みやげ	¥1430
東京おやつさんぽ	¥1430
東京のパン屋さん	¥1430
東京で楽しむ北欧	¥1430
東京のカフェめぐり	¥1480
東京で楽しむハワイ	¥1480
nyaruco 東京ねこさんぽ	¥1480
東京で楽しむイタリア&スペイン	¥1480
東京で楽しむアジアの国々	¥1480
東京ひとりさんぽ	¥1480
東京パワースポットさんぽ	¥1599
東京で楽しむ英国	¥1599

地球の歩き方 Plat

1 パリ	¥1320
2 ニューヨーク	¥1650
3 台北	¥1100
4 ロンドン	¥1320
6 ドイツ	¥1320
7 ホーチミン/ハノイ/ダナン/ホイアン	¥1540
8 スペイン	¥1320
9 バンコク	¥1540
10 シンガポール	¥1540
11 アイスランド	¥1540
13 マニラ セブ	¥1650
14 マルタ	¥1540
15 フィンランド	¥1320
16 クアラルンプール マラッカ	¥1650
17 ウラジオストク/ハバロフスク	¥1430
18 サンクトペテルブルク/モスクワ	¥1540
19 エジプト	¥1320
20 香港	¥1100
22 ブルネイ	¥1430

23 ウズベキスタン サマルカンド ブハラ ヒヴァ タシケント	¥1650
24 ドバイ	¥1320
25 サンフランシスコ	¥1320
26 パース/西オーストラリア	¥1320
27 ジョージア	¥1540
28 台南	¥1430

地球の歩き方 リゾートスタイル

R02 ハワイ島	¥1650
R03 マウイ島	¥1650
R04 カウアイ島	¥1870
R05 こどもと行くハワイ	¥1540
R06 ハワイ ドライブ・マップ	¥1980
R07 ハワイ バスの旅	¥1320
R08 グアム	¥1430
R09 こどもと行くグアム	¥1650
R10 パラオ	¥1650
R12 ブーケット サムイ島 ピピ島	¥1650
R13 ペナン ランカウイ クアラルンプール	¥1650
R14 バリ島	¥1430
R15 セブ&ボラカイ ボホール シキホール	¥1650
R16 テーマパークinオーランド	¥1870
R17 カンクン コスメル イスラ・ムヘーレス	¥1650
R20 ダナン ホイアン ホーチミン ハノイ	¥1650

地球の歩き方 御朱印

1	御朱印でめぐる鎌倉のお寺 三十三観音完全掲載 三訂版	¥1650
2	御朱印でめぐる京都のお寺 改訂版	¥1650
3	御朱印でめぐる奈良のお寺	¥1760
4	御朱印でめぐる東京のお寺	¥1650
5	日本全国この御朱印が凄い! 第壱集 増補改訂版	¥1650
6	日本全国この御朱印が凄い! 第弐集 都道府県網羅版	¥1650
7	御朱印でめぐる全国の神社 開運さんぽ	¥1430
8	御朱印でめぐる高野山 三訂版	¥1760
9	御朱印でめぐる関東の神社 週末開運さんぽ	¥1430
10	御朱印でめぐる秩父の寺社 三十四観音完全掲載 改訂版	¥1650
11	御朱印でめぐる関東の百寺 坂東三十三観音と古寺	¥1650
12	御朱印でめぐる関西の神社 週末開運さんぽ	¥1430
13	御朱印でめぐる関西の百寺 西国三十三所と古寺	¥1650
14	御朱印でめぐる東京の神社 週末開運さんぽ 改訂版	¥1540
15	御朱印でめぐる神奈川の神社 週末開運さんぽ 改訂版	¥1540
16	御朱印でめぐる埼玉の神社 週末開運さんぽ 改訂版	¥1540
17	御朱印でめぐる北海道の神社 週末開運さんぽ 改訂版	¥1540
18	御朱印でめぐる九州の神社 週末開運さんぽ 改訂版	¥1540
19	御朱印でめぐる千葉の神社 週末開運さんぽ 改訂版	¥1540
20	御朱印でめぐる東海の神社 週末開運さんぽ	¥1430
21	御朱印でめぐる京都の神社 週末開運さんぽ 改訂版	¥1540
22	御朱印でめぐる神奈川のお寺	¥1650
23	御朱印でめぐる大阪 兵庫の神社 週末開運さんぽ 改訂版	¥1540
24	御朱印でめぐる愛知の神社 週末開運さんぽ 改訂版	¥1540
25	御朱印でめぐる栃木 日光の神社 週末開運さんぽ	¥1430
26	御朱印でめぐる福岡の神社 週末開運さんぽ 改訂版	¥1540
27	御朱印でめぐる広島 岡山の神社 週末開運さんぽ	¥1430
28	御朱印でめぐる山陰 山陽の神社 週末開運さんぽ	¥1430
29	御朱印でめぐる埼玉のお寺	¥1650
30	御朱印でめぐる千葉のお寺	¥1650
31	御朱印でめぐる東京の七福神	¥1540
32	御朱印でめぐる東北の神社 週末開運さんぽ 改訂版	¥1540
33	御朱印でめぐる全国の稲荷神社 週末開運さんぽ	¥1430
34	御朱印でめぐる新潟 佐渡の神社 週末開運さんぽ	¥1430
35	御朱印でめぐる静岡 富士 伊豆の神社 週末開運さんぽ 改訂版	¥1540
36	御朱印でめぐる四国の神社 週末開運さんぽ	¥1430
37	御朱印でめぐる中央線沿線の寺社 週末開運さんぽ	¥1540
38	御朱印でめぐる東急線沿線の寺社 週末開運さんぽ	¥1540
39	御朱印でめぐる茨城の神社 週末開運さんぽ	¥1430
40	御朱印でめぐる関東の聖地 週末開運さんぽ	¥1430
41	御朱印でめぐる東海のお寺	¥1650
42	日本全国ねこの御朱印&お守りめぐり 週末開運にゃんさんぽ	¥1760
43	御朱印でめぐる信州 甲州の神社 週末開運さんぽ	¥1430
44	御朱印でめぐる全国の聖地 週末開運さんぽ	¥1430
45	御朱印でめぐる茨城のお寺	¥1650
46	御朱印でめぐる全国のお寺 週末開運さんぽ	¥1540
	日本全国 日本酒でめぐる 酒蔵&ちょこっと御朱印〈東日本編〉	¥1760
	日本全国 日本酒でめぐる 酒蔵&ちょこっと御朱印〈西日本編〉	¥1760
	関東版ねこの御朱印&お守りめぐり 週末開運にゃんさんぽ	¥1760
52	一生に一度は参りたい! 御朱印でめぐる全国の絶景寺社図鑑	¥2479
53	御朱印でめぐる東北のお寺 週末開運さんぽ	¥1650
54	御朱印でめぐる関西のお寺 週末開運さんぽ	¥1760
D51	鉄印帳でめぐる全国の魅力的な鉄道40	¥1650
	御朱印はじめました 関東の神社 週末開運さんぽ	¥1210

地球の歩き方 島旅

1	五島列島 4訂版	¥1870
2	奄美大島 喜界島 加計呂麻島(奄美群島①) 4訂版	¥1650
3	与論島 沖永良部島 徳之島(奄美群島②) 改訂版	¥1650
4	利尻 礼文 4訂版	¥1650
5	天草 改訂版	¥1760
6	壱岐 4訂版	¥1650
7	種子島 3訂版	¥1650
8	小笠原 父島 母島 3訂版	¥1870
9	隠岐 3訂版	¥1650
10	佐渡 3訂版	¥1650
11	宮古島 伊良部島 下地島 来間島 池間島 多良間島 大神島 改訂版	¥1650
12	久米島 渡名喜島 改訂版	¥1650
13	小豆島～瀬戸内の島々～ 改訂版	¥1650
14	直島 豊島 女木島 男木島 犬島～瀬戸内の島々2～	¥1650
15	伊豆大島 利島～伊豆諸島1～ 改訂版	¥1650
16	新島 式根島 神津島～伊豆諸島2～ 改訂版	¥1650
17	沖縄本島周辺15離島	¥1650
18	たけとみの島々 竹富島 西表島 波照間島 小浜島 黒島 鳩間島 新城島 由布島 加屋	¥1650
19	淡路島～瀬戸内の島々3～ 改訂版	¥1760
20	石垣島 竹富島 西表島 小浜島 由布島 新城島 波照間島	¥1650
21	対馬	¥1650
22	島旅ねこ にゃんこの島の歩き方	¥1344
23	屋久島	¥1760

地球の歩き方 旅の図鑑

W01	世界244の国と地域 改訂版	¥2200
W02	世界の指導者図鑑	¥1650
W03	世界の魅力的な奇岩と巨石139選	¥1760
W04	世界246の首都と主要都市	¥1760
W05	世界のすごい島300	¥1760
W06	地球の歩き方的! 世界なんでもランキング	¥1760
W07	世界のグルメ図鑑 116の国と地域の名物料理を 食の雑学とともに解説	¥1760
W08	世界のすごい巨像	¥1760
W09	世界のすごい城と宮殿333	¥1760
W10	世界197ヵ国のふしぎな聖地&パワースポット	¥1870
W11	世界の祝祭	¥1760
W12	世界のカレー図鑑	¥1980
W13	世界遺産 絶景でめぐる自然遺産 完全版	¥1980
W15	地球の果ての歩き方	¥1980
W16	世界の中華料理図鑑	¥1980
W17	世界の地元メシ図鑑	¥1980
W18	世界遺産の歩き方 学んで旅する! すごい世界遺産190選	¥1980
W19	世界の魅力的なビーチと湖	¥1980
W20	世界のすごい駅	¥1980
W21	世界のおみやげ図鑑	¥1980
W22	いつか旅してみたい世界の美しい古都	¥1980
W23	世界のすごいホテル	¥1980
W24	日本の凄い神木	¥2200
W25	世界のお菓子図鑑	¥1980
W26	世界の麺図鑑	¥1980
W27	世界のお酒図鑑	¥1980
W28	世界の魅力的な道	¥1980
W29	世界の映画の舞台&ロケ地	¥2090
W30	すごい地球!	¥2200
W31	世界のすごい墓	¥1980
W32	日本のグルメ図鑑	¥1980
W34	日本の虫旅	¥2200

地球の歩き方 旅の名言 & 絶景

ALOHAを感じるハワイのことばと絶景100	¥1650
自分らしく生きるフランスのことばと絶景100	¥1650
人生観が変わるインドのことばと絶景100	¥1650
生きる知恵を授かるアラブのことばと絶景100	¥1650
心に寄り添う台湾のことばと絶景100	¥1650
道しるべとなるドイツのことばと絶景100	¥1650
共感と勇気がわく韓国のことばと絶景100	¥1650
人生を楽しみ尽くすイタリアのことばと絶景100	¥1650
今すぐ旅に出たくなる! 地球の歩き方のことばと絶景100	¥1650
悠久の教えをひもとく中国のことばと絶景100	¥1650

地球の歩き方 旅と健康

地球のなぞり方 旅地図 アメリカ大陸編	¥1430
地球のなぞり方 旅地図 ヨーロッパ編	¥1430
地球のなぞり方 旅地図 アジア編	¥1430
地球のなぞり方 旅地図 日本編	¥1430
脳がどんどん強くなる! すごい地球の歩き方	¥1650

地球の歩き方 旅の読み物

今こそ学びたい日本のこと	¥1760
週末だけで70ヵ国159都市を旅したリーマントラベラーが教える自分の時間の作り方	¥1540
史跡と神話の舞台をホロホロ! ハワイ・カルチャーさんぽ	¥1760

地球の歩き方 BOOKS

ハワイ ランキング&マル得テクニック!	¥1430
台湾 ランキング&マル得テクニック!	¥1430
御船印でめぐる船旅	¥1870
BRAND NEW HAWAII とびきりリアルな最新ハワイガイド	¥1650
FAMILY TAIWAN TRIP #子連れ台湾	¥1518
GIRL'S GETAWAY TO LOS ANGELES	¥1760
HAWAII RISA'S FAVORITES 大人女子はハワイで美味しく美しく	¥1650
LOVELY GREEN NEW ZEALAND 未来の国を旅するガイドブック	¥1760
MAKI'S DEAREST HAWAII	¥1540
MY TRAVEL, MY LIFE Maki's Family Travel Book	¥1760
いろはに北欧	¥1760
ヴィクトリア朝が教えてくれる英国の魅力	¥1320
ダナンとホイアン PHOTO TRAVEL GUIDE	¥1650
とっておきのフィンランド	¥1760
フィンランドでかなえる100の夢	¥1760
マレーシア 地元で愛される名物食堂	¥1430
香港 地元で愛される名物食堂	¥1540
最高のハワイの過ごし方	¥1540
子連れで沖縄 旅のアドレス&テクニック117	¥1100
食事作りに手間暇かけないドイツ人、手料理神話にこだわり続ける日本人	¥1100
台北 メトロさんぽ MRTを使って、おいしいとかわいいを巡る旅	¥1518
北欧が好き! フィンランド・スウェーデン・デンマーク・ノルウェーの素敵な町めぐり	¥1210
北欧が好き!2 建築&デザインでめぐるフィンランド・スウェーデン・デンマーク・ノルウェー	¥1210
日本全国 開運神社 このお守りがすごい!	¥1522
地球の歩き方 ディズニーの世界 名作アニメーション映画の舞台	¥2420

地球の歩き方 スペシャルコラボ BOOK

地球の歩き方 ムー	¥2420
地球の歩き方 JOJO ジョジョの奇妙な冒険	¥2420
地球の歩き方 宇宙兄弟 We are Space Travelers!	¥2420
地球の歩き方 ムーJAPAN ～神秘の国の歩き方～	¥2420

日本のよさを再発見！

地球の歩き方 国内版シリーズ

地球の歩き方国内版シリーズ
定価：2020円（税込）〜
https://www.arukikata.co.jp/web/
catalog/directory/book/guidebook-j/

ヒットの秘密

1979年創刊、海外旅行のバイブル「地球の歩き方」。2020年に初の国内版「東京」を創刊。これまでの海外取材で培った細かな取材力、その土地の歴史や文化、雑学などの情報を盛り込むことで、地元在住者に支持され大ヒット。次の新刊もお楽しみに！

あなたの**旅の体験談**をお送りください

「地球の歩き方」は、たくさんの旅行者からご協力をいただいて、
改訂版や新刊を制作しています。
あなたの旅の体験や貴重な情報を、これから旅に出る人たちへ分けてあげてください。
なお、お送りいただいたご投稿がガイドブックに掲載された場合は、
初回掲載本を1冊プレゼントします！(発送は国内に限らせていただきます)

ご投稿はインターネットから！

URL www.arukikata.co.jp/guidebook/toukou.html
画像も送れるカンタン「投稿フォーム」
※左記の二次元コードをスマートフォンなどで読み取ってアクセス！

または「地球の歩き方　投稿」で検索してもすぐに見つかります

(地球の歩き方　投稿)

▶投稿にあたってのお願い

★ご投稿は、次のような《テーマ》に分けてお書きください。
　《新発見》―――ガイドブック未掲載のレストラン、ホテル、ショップなどの情報
　《旅の提案》―――未掲載の町や見どころ、新しいルートや楽しみ方などの情報
　《アドバイス》―――旅先で工夫したこと、注意したこと、トラブル体験など
　《訂正・反論》―――掲載されている記事・データの追加修正や更新、異論、反論など

> ※記入例「○○編20XX年度版△△ページ掲載の□□ホテルが移転していました……」

★データはできるだけ正確に。
　ホテルやレストランなどの情報は、名称、住所、電話番号、アクセスなどを正確にお書きください。
　ウェブサイトのURLや地図などは画像でご投稿いただくのもおすすめです。

★ご自身の体験をお寄せください。
　雑誌やインターネット上の情報などの丸写しはせず、実際の体験に基づいた具体的な情報をお
　待ちしています。

▶ご確認ください
※採用されたご投稿は、必ずしも該当タイトルに掲載されるわけではありません。関連他タイトルへの掲載もありえます。
※例えば「新しい市内交通バスが発売されている」など、すでに編集部で取材・調査を終えているものと同内容のご投稿をい
　ただいた場合は、ご投稿を採用したとはみなされず掲載本をプレゼントできないケースがあります。
※当社は個人情報を第三者へ提供いたしません。また、ご記入いただきましたご自身の情報については、ご投稿内容の確認
　や掲載本の送付などの用途以外には使用いたしません。
※ご投稿の採用の可否についてのお問い合わせはご遠慮ください。
※原稿は原文を尊重しますが、スペースなどの関係で編集部でリライトする場合があります。

「さまざまな顔」をもつ北イタリアの町をゆっくりと旅してみませんか

　豊かな自然を背景に、イタリアの歴史と文化を担ってきた北イタリアの都市は、さまざまな顔で私たち旅人を迎えてくれます。ヴェネツィア、ミラノの魅力はもとより、珠玉のような小都市が、頑固なまでに独自の魅力を保っています。本書では、ドイツ語が飛び交うドロミテ山間の村から、ポプラ並木の美しい豊かなロンバルディアの町、歴史と芸術に彩られた重厚なヴェネト地方、国境の町トリエステや比類ない美しさの古都ウーディネなどを取り上げました。本書を片手に、これらの町をあまり急がずに旅をしていただけたら、と思います。「よいご旅行を！」"Buon viaggio!"

取材・執筆・撮影

飯島操(レ・グラツィエ)、飯島千鶴子(レ・グラツィエ)、林桃子(レ・グラツィエ)
笠井修(撮影)、平尾光佐子

STAFF

制　　作：由良暁世	Producer：Akiyo Yura
編　　集：飯島千鶴子(レ・グラツィエ)	Editor：Chizuko Iijima(Le Grazie Co., Ltd.)
デザイン：TOPPAN株式会社(TANC)	Design：Toppan Co., Ltd.(TANC)
表　　紙：日出嶋昭男	Cover Design：Akio Hidejima
地　　図：ジェオ、ピーマン	Map：GEO, P・MAN
イラスト：ワン・デザイン工房	Illustration：One-design
校　　正：石井千鶴子	Proofreading：Chizuko Ishii

イタリア語監修[Italian Superviser]：Susanna Biganzoli, Stefano Fagioni

SPECIAL THANKS TO：イタリア政府観光局(ENIT)

本書の内容について、ご意見・ご感想はこちらまで
〒141-8425 東京都品川区西五反田2-11-8
株式会社地球の歩き方
地球の歩き方サービスデスク「ミラノ ヴェネツィアと湖水地方編」投稿係
URL▶https://www.arukikata.co.jp/guidebook/toukou.html
地球の歩き方ホームページ(海外・国内旅行の総合情報)
URL▶https://www.arukikata.co.jp/
ガイドブック『地球の歩き方』公式サイト
URL▶https://www.arukikata.co.jp/guidebook/

地球の歩き方 Ⓐ11 ミラノ ヴェネツィアと湖水地方　2019～2020年版

1994年12月10日　初版発行
2024年　9月13日　改訂第17版第2刷発行

Published by Arukikata. Co.,Ltd.
　2-11-8 Nishigotanda, Shinagawa-ku, Tokyo, 141-8425
著作編集　地球の歩き方編集室
発 行 人　新井邦弘
編 集 人　由良暁世
発 行 所　株式会社地球の歩き方
　　　　　〒141-8425　東京都品川区西五反田2-11-8
発 売 元　株式会社Gakken
　　　　　〒141-8416　東京都品川区西五反田2-11-8
印　　刷　TOPPAN株式会社

※本書は基本的に2018年12月の取材データに基づいて作られています。
　発行後に料金、営業時間、定休日などが変更になる場合がありますのでご了承ください。
　更新・訂正情報：https://www.arukikata.co.jp/travel-support/

●この本に関する各種お問い合わせ先
・本の内容については、下記サイトのお問い合わせフォームよりお願いします。
　URL▶https://www.arukikata.co.jp/guidebook/contact.html
・広告については、下記サイトのお問い合わせフォームよりお願いします。
　URL▶https://www.arukikata.co.jp/ad_contact/
・在庫については　Tel 03-6431-1250(販売部)
・不良品(乱丁、落丁)については　Tel 0570-000577
　学研業務センター　〒354-0045　埼玉県入間郡三芳町上富279-1
・上記以外のお問い合わせは　Tel 0570-056-710(学研グループ総合案内)

※本書は株式会社ダイヤモンド・ビッグ社より1994年12月に発行したもの(2019年4月に改訂第17版)の最新・改訂版です。
学研グループの書籍・雑誌についての新刊情報・詳細情報は、下記をご覧ください。
学研出版サイト　https://hon.gakken.jp/